RICHARD BURTON

Journal intime

RICHARD BURTON

Journal intime

Publié sous la direction de Chris Williams

Traduit de l'anglais (Royaume-Uni)
par Alexis Vincent & Mirabelle Ordinaire

SÉGUIER

Titre original de l'œuvre : *The Richard Burton Diaries*.

Originally published by Yale University Press.

Traduction de l'introduction
et des remerciements de Chris Williams : Jean-Philippe Guérand.

Couverture
— Photographie : Richard Burton et Elizabeth Taylor, 1963 / © The Bert Stern Trust.
— Conception graphique : Mathieu Béchac.

ISBN : 978-2-84049-805-6

Séguier : 92, avenue de France – 75013 Paris
contact@editions-seguier.fr

Catalogue en ligne : www.editions-seguier.fr

S É G U I E R

• Éditeur de curiosités •

• Richard Burton dans *The VIPs* (*Hôtel international*, 1963), réalisé par Anthony Asquith •

AVANT-PROPOS DE L'ÉDITEUR

Le journal intime de Richard Burton couvre, par intermittence, une période de quarante-quatre années, qui s'étend des 14 ans du futur acteur (1939) à ses 57 ans (1983). L'ensemble de ces écrits constitue une somme considérable, au point que leur éditeur anglais, comme s'en explique Chris Williams dans son introduction, avait déjà été amené à y effectuer des coupes afin d'en rendre possible la parution au format imprimé[1].

Le présent volume prend le parti, quant à lui, d'en proposer une sélection resserrée sur les années 1965 à 1971. C'est pendant cette période, en effet, que Burton se trouve au faîte de sa carrière et de sa célébrité, et qu'il s'applique avec le plus d'assiduité à la rédaction de son journal. Ces pages proposent ainsi une plongée fascinante, « caméra à l'épaule », dans l'intimité quotidienne de l'acteur, de sa relation tumultueuse avec Elizabeth Taylor, et de la vie des tournages. Chaque fois qu'une coupe a été effectuée au sein même du texte, elle est indiquée par le signe « [...] ». Certaines de ces coupes sont donc le fait de l'édition anglaise, quand d'autres ont été opérées pour les besoins de cette traduction ; nous n'avons pas jugé utile de les distinguer.

Burton n'ayant pas rédigé son journal dans l'intention de le publier, son texte n'est pas exempt de scories ; nous avons fait le choix de procéder à un certain nombre d'ajustements et d'harmonisations afin d'en rendre la lecture plus fluide et plus

[1] Seule la version numérique publiée par Yale University Press reprend le texte intégral du journal.

confortable. La graphie des indications de temps, de distance et des unités de mesure en général, ainsi, a été unifiée, les symboles représentant des fractions (½, ¼, etc.) et certaines abréviations ont été rétablis en toutes lettres. Les mots empruntés par Burton à d'autres langues que l'anglais ont été mis en italique, et la ponctuation, quand elle manquait ou posait problème, a été localement corrigée. Les films évoqués dans le texte le sont par le titre sous lequel ils sont sortis sur les écrans français ; leur titre original est toutefois mentionné en note lors de la première occurrence. Enfin, les noms de lieux ou de personnes manifestement peu familiers à Burton, lorsqu'ils comportaient des coquilles, ont été laissés tels quels (en rectifiant en note), dans la mesure où ces menues erreurs nous semblent participer de l'authenticité du journal. Lorsqu'il s'agissait d'une faute ponctuelle sur un nom écrit par ailleurs correctement, nous avons en revanche pris le parti de corriger.

INTRODUCTION

C'est un homme profondément éduqué et remarquablement inconscient. Il concilie son éducation avec une intuition qui s'élève à un degré hors du commun. C'est un acteur brillant (en fait, c'est l'acteur total), mais c'est aussi un ennemi de la vulgarité et un homme en guerre contre l'ennui. Il ne croit pas en une quelconque élite sociale et ne s'enferme pas davantage dans une tour d'ivoire. C'est un travailleur doté d'un esprit, mais le travailleur domine. Heureusement, il n'est snob en aucune façon… Il apprécie sincèrement tous les signes d'humanité et j'envie cette caractéristique. Il est sophistiqué sans être cynique. Il est généreux sans pour autant se faire mousser. C'est un compagnon de jeu de première classe et je l'admire personnellement sans réserve.

— William Redfield,
écrivant à propos de Richard Burton, 1964[1]

*Un journal intime ? Une autobiographie ?
Le temps le dira et pourrait nous surprendre.*

— Emlyn Williams, s'exprimant lors de l'office religieux
célébré en l'honneur de Richard Burton
à l'église Saint-Martin-in-the-Fields de Londres,
le 30 août 1984

Cette introduction au journal intime de Richard Burton ambitionne de remplir plusieurs fonctions. En premier lieu, elle donne un aperçu de la vie de Richard Jenkins, devenu plus tard Richard Burton, de sa naissance en 1925 au début de ce qu'on pourrait appeler les « années du journal », en 1965. Au cours de ces quatre premières décennies, Burton a tenu deux journaux […] : un en 1939-1940 quand il était encore Richard Jenkins, et un en 1960, lorsqu'il était marié à sa première épouse, Sybil. L'un et l'autre sont intéressants, mais aucun d'eux ne propose quelque chose qui s'apparente à une narration continue susceptible de donner une vision plus étendue de la vie que menait notre sujet au cours de ces années.

Lorsque nous parvenons au début de 1965, quoi qu'il en soit, les journaux deviennent suffisamment substantiels et séquentiels pour rendre redondante n'importe quelle esquisse biographique. Des passages ont par ailleurs été intercalés au fil du texte pour résumer les événements se déroulant entre chaque journal tenu par Burton, afin d'effectuer une indispensable liaison. À partir de mars 1972, les journaux se révèlent plus fragmentés. [...]

La deuxième partie de cette introduction pose la question de la provenance et de l'objectif de ces journaux intimes. Pourquoi Burton les a-t-il conservés ? À qui les destinait-il ? Jusqu'à quel point peut-on justifier les parties manquantes ou même les nombreux mois et années qui séparent certaines des portions du journal ayant survécu ?

La troisième partie prolonge cette analyse en s'attachant à la valeur intrinsèque des journaux, notamment lorsqu'on les confronte aux nombreuses biographies de Burton et Elizabeth Taylor qui ambitionnent de raconter l'histoire de cette même période. Jusqu'à quel point – il conviendrait d'enquêter – constituent-ils un rectificatif aux ouvrages parus à ce jour ? Est-il possible de considérer les journaux comme investis d'une plus grande sincérité que les nombreuses interviews accordées par Burton ou s'agit-il d'exercices de tromperie, à peine plus dignes de foi que les autres sources existantes ?

Finalement, les principes qui ont présidé à l'édition de ces journaux et à leur préparation en vue d'une publication nécessitent d'être exposés.

Richard Burton : une esquisse biographique (1925-1965)

Richard Walter Jenkins est né le 10 novembre 1925 au 2 Dan-y-bont, à Pontrhydyfen, dans la vallée d'Afan (comté de Glamorgan), pays de Galles. Son père, également nommé Richard Walter Jenkins et né au même endroit en 1876, était mineur de fond. Sa mère, née Edith Maud Thomas en 1883, avait travaillé comme serveuse dans un bar et était originaire de Llangyfelach au nord de Swansea, à une dizaine de kilomètres plus à l'ouest. Richard Senior et Edith s'étaient mariés en 1900. Leur fils aîné, Thomas Henry, était né en 1901, et en 1925 ils avaient quatre fils de plus : Ivor (né en 1906), William (né en 1911), David (né en 1914) et Verdun (né en 1916) – et quatre filles : Cecilia (née en 1905), Hilda (née en 1918), Catherine (née en 1921) et Edith (née en 1922). Deux autres filles prénommées l'une et l'autre Margaret Hannah étaient mortes à la naissance, respectivement en 1903 et 1908. Ce qui faisait de Richard Junior le douzième enfant et le sixième fils d'une union prolifique, y compris dans le contexte des familles de mineurs du début du XXe siècle[2].

Pontrhydyfen était un village de mineurs. Les charbonnages étaient l'employeur principal, bien qu'il existe une vaste gamme d'emplois industriels à quelques kilomètres au sud, à Cwmafan et Port Talbot. Au sommet de sa gloire, juste avant la Première Guerre mondiale, Pontrhydyfen s'enorgueillissait de posséder à la fois une vaste fosse et un puits de mine désignés sous le nom de la mine de Cynon, qui employaient sept cents hommes, ainsi que les mines Merthyr Llantwit et Argoed, qui mobilisaient chacune une centaine d'hommes. Des unités plus modestes employaient une vingtaine d'hommes affectés à Graig Lyn et Wern Afon. Il y avait d'autres mines situées à une distance relativement raisonnable en allant plus au nord, aux alentours de Cymmer, et au sud, à Cwmafan.

Les versants de la vallée escarpée étaient, et sont toujours, les motifs qui dominent le paysage et confèrent à la région un caractère alpestre. L'ambiance dramatique se trouve rehaussée par deux grands viaducs : un viaduc ferroviaire composé de sept arches en brique rouge et, surmontant la maison de la famille Jenkins, ce qui était à l'origine l'aqueduc Bont Fawr qui alimentait des moulins et la ferronnerie d'Oakwood fermée depuis des lustres. Aux alentours de 1925, cet ouvrage bâti en grès de Pennant servait de passage à une petite route.

Pontrhydyfen disposait des infrastructures habituelles inhérentes aux communautés minières des Galles du Sud. Il y avait un pub (le Miner's Arms), une coopérative de vente, une école primaire, une église anglicane (St John's) et deux chapelles non conformistes. C'est l'église baptiste galloise Bethel qui avait les faveurs des Jenkins. Le gallois était la langue pratiquée à la maison, même si tous les membres de la famille sauf les plus jeunes parlaient couramment anglais.

En 1925, l'industrie minière des Galles du Sud se trouvait à l'orée de son déclin. Le charbon extrait de son sous-sol s'était toujours révélé d'une qualité supérieure, mais aussi d'un prix élevé, pour des raisons dictées essentiellement par des contingences géologiques. Elle avait en outre enduré la perte de la plupart de ses marchés de prédilection à l'exportation pendant la Première Guerre mondiale et se retrouvait désormais menacée par une concurrence qui pratiquait des prix cassés. Des difficultés structurelles de longue date se trouvaient par ailleurs exacerbées par le retour de la Grande-Bretagne à l'étalon-or en 1925 qui avait provoqué une hausse des tarifs à l'exportation ; ainsi que par l'autorisation accordée à l'Allemagne de payer ses réparations dans le cadre des accords de Paris en puisant dans sa production de charbon ; et enfin par une succession de conflits industriels, allant jusqu'à une mise à l'arrêt des mines pendant trois mois en 1921. Un conflit majeur fut évité de justesse en 1925, mais une épreuve de force paraissait inévitable entre les dirigeants de l'industrie du charbon, de notoriété publique particulièrement intransigeants, et des syndicats corporatistes également puissants.

La crise des charbonnages devait avoir des conséquences considérables sur la famille Jenkins, car Richard Senior n'était pas le seul à travailler au fond de la mine : ses fils Tom, Ivor, Will, David et Verdun l'y accompagnaient. L'année suivant la naissance de Richard, 1926, s'est révélée particulièrement traumatisante pour l'industrie minière. Un conflit industriel long de sept mois a provoqué des ravages dans des régions comme les Galles du Sud en plongeant de nombreuses familles dans la misère et l'endettement. La mine où travaillait Richard Jenkins Senior a fermé, de même que la plupart des autres à proximité, et il s'est vu contraint de chercher du travail ailleurs et d'accepter une série d'emplois précaires.

Mais en dépit des bouleversements intervenus dans le petit monde des charbonnages en général, une tragédie beaucoup plus profonde s'est abattue sur la famille Jenkins en 1927. La mère de Richard, Edith, a donné naissance à son treizième enfant, Graham, le 25 octobre. Six jours plus tard, elle mourait, à l'âge de 44 ans, des suites d'une septicémie.

La réaction de la famille Jenkins à cette catastrophe est révélatrice à la fois de ses forces et de ses faiblesses. Richard Senior – qui avait toujours été un sacré buveur, un joueur et quelqu'un d'incapable d'exercer le moindre contrôle sur ses dépenses courantes – s'est révélé ne pas avoir le sens des responsabilités dont étaient heureusement pourvus les aînés de ses enfants. Le nouveau-né Graham a été envoyé à quelques kilomètres de là, à Cwmafan où habitaient son frère Tom et son épouse, Cassie. Richard, alors âgé de 2 ans, a été envoyé encore plus loin : à Taibach, une commune du canton de Port Talbot située sur la côte, chez sa sœur Cecilia (surnommée « Cis » ou « Cissie ») et son époux, Elfed James.

Cis avait vingt ans de plus que son frère. Elle avait l'âge d'être sa mère et assumait ce rôle par bien des aspects. Elle et Elfed n'étaient mariés que depuis quatre mois lorsque Edith est décédée, et ils habitaient dans une maison avec terrasse sur Caradog Street, à Taibach. Comme tant d'autres, Elfed James était lui aussi mineur et travaillait essentiellement dans la mine de Goitre, juste au nord de Taibach. Cis et lui s'étaient rencontrés à la chapelle indépendante galloise Gibeon (de confession congrégationaliste), où le père d'Elfed officiait en tant que diacre. Il semblerait qu'Elfed, bien que parlant couramment gallois, préférait s'exprimer en anglais, la langue pratiquée chez les James, comme c'était généralement le cas à Taibach et à Port Talbot. Un an après l'arrivée de Richard est né le premier enfant de Cis et d'Elfed, Marian, en novembre 1928. Une deuxième fille, Rhianon, a suivi en décembre 1931.

Bien que Richard soit généralement associé pour le grand public à son lieu de naissance, Pontrhydyfen, il paraît plus légitime de le considérer comme un enfant de Port Talbot, dans la mesure où c'est là qu'il a vécu de l'âge de 2 ans jusqu'au moment où il a quitté définitivement les Galles du Sud, à 21 ans.

Port Talbot doit son nom à la fois aux docks qui y ont été inaugurés en 1839 et à la famille Talbot qui vivait dans la demeure de Margam Castle, de style Tudor, édifiée au XIXe siècle plus au sud. Celle-ci comprenait la partie centrale la plus ancienne du village d'Aberafan et abritait des ateliers de ferronnerie et (à partir de 1907) des aciéries. Les quais servaient aux deux activités à la fois, au même titre qu'aux cuivreries situées dans la région de Cwmafan et aux mines de charbon de la vallée d'Afan. La grande ligne de chemin de fer de l'Ouest traversait la bourgade en empruntant la ligne des Galles du Sud, proposant des correspondances pratiques en direction de Cardiff (situé à une cinquantaine de kilomètres à l'est) et de Swansea (à une vingtaine de kilomètres à l'ouest), tandis que la ligne de chemin de fer de Rhondda et de la baie de Swansea servait à transporter le charbon depuis Rhondda Fawr par le tunnel de Rhondda (le plus long du pays de Galles) en descendant la vallée d'Afan pour rallier les docks. De nouveaux quais ont été inaugurés en 1898. Les activités principales proposées aux hommes émanaient de l'industrie métallurgique, des mines et des transports. Les femmes constituaient alors officiellement moins d'un sixième des forces vives et la plupart d'entre elles travaillaient comme domestiques, ou employées dans les commerces et les banques, quoiqu'il existât certains postes accessibles aux femmes dans l'industrie sidérurgique. La majorité des femmes étaient cependant absorbées à plein temps par leurs activités ménagères.

Le recensement de 1921 a estimé la population de Port Talbot à 40 000 habitants. Le fait que celle-ci ne se soit élevée qu'à 40 678 en 1931 témoigne d'une certaine stagnation économique, surtout lorsqu'on sait que la population du comté de Glamorgan dont elle dépend a décru au cours de la même décennie de 1 252 481 à 1 225 717 habitants, ce qui permet d'en déduire que les mouvements de population étaient liés pour l'essentiel aux aléas de l'industrie minière. À l'image de nombreuses villes industrielles des Galles du Sud, elle était politiquement ancrée à gauche. Le représentant d'Aberavon au Parlement à l'époque de la naissance de Richard était J. Ramsay MacDonald, un ex et futur Premier ministre travailliste, tandis qu'un autre élu de la ville, George Thomas, deviendrait par la suite pendant de longues années le représentant travailliste de la circonscription de Cardiff Ouest au Parlement, et finalement un célèbre speaker de la Chambre des communes. Le vote travailliste s'appuyait sur une solide tradition de syndicalisme. William Abraham (« Mabon » pour le désigner par son patronyme « bardique »), le leader des mineurs des Galles du Sud à la fin du XIXe et au début du XXe siècle, était originaire de Cwmafan, alors que Clive Jenkins, né à Port Talbot quelques mois après son homonyme Richard, deviendrait l'un des leaders emblématiques du congrès intersyndical dans les années 1970.

Ni la puissance de tels représentants de la classe ouvrière ni le fait que la communauté de Port Talbot subissait l'emprise croissante de la langue anglaise ne sont parvenus à empêcher l'émergence d'un fort sentiment nationaliste gallois à travers la ville. Le National Eisteddfod, le plus important festival culturel du pays de Galles, y a fait un passage pendant les années de scolarité primaire de Richard Jenkins – en 1932 –, et la suggestion a même été émise en 1943 que Port Talbot devienne la nouvelle capitale du pays de Galles, en arguant du fait que cinquante pour cent de la population du pays vivait dans un rayon d'une cinquantaine de kilomètres autour de cette ville[3]. En dépit des difficultés économiques qui ont sévi pendant les années de l'entre-deux-guerres, cette communauté est demeurée fière et confiante.

À l'âge de 5 ans, Richard a commencé à fréquenter l'école primaire de l'Est. À 8 ans, il a intégré l'école de garçons de l'Est. C'était un élève doué, sinon exceptionnel, qui manifestait un vif intérêt pour les activités sportives (particulièrement pour l'équipe de rugby) et les livres. Il fréquentait assidûment la bibliothèque municipale de Station Road. Les centres d'intérêt de Richard ont été stimulés par l'un de ses enseignants de l'école de garçons, Meredith Jones, et en juin 1937 il a passé l'examen qui lui a permis d'intégrer la Port Talbot Secondary School, l'un des deux établissements d'enseignement secondaire de la ville (l'autre étant la County School). Il s'agissait là d'une réussite significative : la plupart des garçons, surtout ceux issus de la classe ouvrière comme l'était indéniablement Richard, ne parvenaient pas à franchir cette étape, même s'ils en possédaient les capacités.

Richard semble avoir continué à se développer et à s'épanouir dans son nouvel environnement. Sur le plan scolaire, il possédait un réel potentiel, mais ce sont ses aptitudes sportives qui devaient être les plus évidentes au cours de ses premières années dans le secondaire. Ses qualités d'ailier avant de l'équipe de rugby étaient reconnues, mais c'était également un joueur de cricket doué. Le premier de ses carnets intimes fournit nombre de preuves de sa concentration et de son investissement, à la fois dans ses études et pour ses performances sur le terrain.

Bien sûr, l'école ne constituait qu'un élément parmi d'autres dans la vie d'un jeune homme. Richard était élevé dans un foyer où les pratiques religieuses étaient considérées avec le plus grand sérieux et où la fréquentation dominicale de la chapelle s'imposait d'elle-même. En 1933, un schisme était survenu dans la chapelle Gibeon : Cis et Elfed avaient suivi leur pasteur dissident, le révérend docteur John Caerau Rees, vers une nouvelle obédience du nom de Noddfa (« refuge »), célébrée d'abord chez lui, avant d'élire domicile dans les locaux de la bibliothèque de Taibach. En 1939, Noddfa avait enfin inauguré son propre local sur Station Road et les carnets datés de 1940 révèlent que Richard le fréquentait assidûment les jours de célébration du sabbat. Il fallait évidemment davantage que de simples connaissances en théologie pour intégrer la chapelle. Par bien des aspects, elle remplissait un rôle fondamental dans le domaine des activités sociales et culturelles. Richard a appris à jouer de l'orgue et a développé un talent certain pour le chant et la déclamation, qu'il a pu manifester à l'occasion des nombreux Eisteddfodau organisés à Afan et dans les vallées avoisinantes[4].

Il semble que l'argent constituait un enjeu crucial au sein de la famille James quand Richard était enfant. La famille a déménagé une centaine de mètres plus haut dans Caradog Street, dans une maison jumelée plus agréable qu'ils occupaient intégralement au début des années 1930. Ils n'étaient que locataires de leur domicile précédent. Mais les emplois fixes et bien rémunérés n'étaient pas faciles à trouver ni à conserver et leur situation financière était souvent délicate. Soucieux de pouvoir disposer d'un peu d'argent de poche, Richard a pratiqué de nombreux petits boulots. Il a livré des journaux et ramassé de vieux papiers destinés à emballer le poisson et les frites, et il a collecté les excréments des animaux dans les collines des environs de Taibach afin de les revendre comme fumier de jardinage. Il dépensait l'argent qu'il gagnait ainsi en allant presque toutes les semaines au cinéma (il mentionne quarante-deux séances dans son premier carnet) et en s'achetant des livres et des vêtements.

Si 1940 correspond pour Richard à une époque où il aspirait à un avenir meilleur, en dépit de la guerre qui faisait rage en Europe et dans le ciel au-dessus de Port Talbot, 1941 devait se révéler encore plus perturbante. En effet, en avril de cette année-là, Richard a soudainement quitté la Port Talbot Secondary School et, au moins de façon temporaire, a mis de côté ses ambitions scolaires. Il a renoncé à son intention de passer son baccalauréat en juin de l'année suivante et à la place a commencé à travailler au rayon hommes de la Société coopérative de vente en gros de Taibach, sur le trottoir faisant face à Station Road où se trouvaient à la fois la bibliothèque municipale et la chapelle Noddfa. Sa décision a été motivée par ce qui semble avoir été une crise financière de la famille James due au fait que le beau-frère de Richard, Elfed, était tombé malade et se trouvait désormais dans l'incapacité de travailler, bien qu'il soit possible que cette situation s'explique aussi en partie par la confusion engendrée dans l'industrie des charbonnages du fait de l'effondrement de la France en 1940. La famille James exerçait une certaine influence sur la coopérative – Elfed siégerait d'ailleurs par la suite au sein de son comité de direction – qui était une institution puissante comptant plus de six mille cinq cents membres dans la localité et neuf locaux différents.

Heureusement pour Richard, cette interruption de sa scolarité n'a été que temporaire. Son vieil enseignant Meredith Jones a continué à veiller sur lui et l'a harcelé pour qu'il reprenne les cours. Parmi ses autres soutiens figuraient le conseiller du comté Llewellyn Heycock, le principal de la Port Talbot Secondary School qui était également président du comité éducatif de Glamorgan, et Leo Lloyd, le metteur en scène du club de jeunesse de Taibach. Le directeur C. T. Reynolds n'était quant à lui pas vraiment enthousiaste à l'idée de voir revenir Richard, mais il s'y est tout de même résolu en septembre 1941.

C'est au cours de la dernière période de la scolarité de Richard que l'influence de son professeur d'anglais Philip Burton s'est révélée la plus profonde. Richard avait déjà rencontré Burton – il est question de lui dans un carnet de 1940, le plus souvent à propos de la participation de Richard à la production par le lycée de la pièce de George Bernard Shaw *The Apple Cart* (*La Charrette de pommes*) –, mais ce n'est que lors de son retour dans l'établissement à l'automne 1941 qu'ils ont commencé à travailler ensemble de façon plus étroite.

Philip Burton est né le 30 novembre 1904 à Mountain Ash, dans la vallée de Cynon, à Glamorgan. Ses parents étaient d'extraction anglaise et sa famille de tradition anglicane. Le père de Burton avait péri dans un accident de mine quand Philip n'avait que 14 ans, mais il avait néanmoins pu poursuivre ses études au collège universitaire des Galles du Sud et Monmouthshire situé à Cardiff où il a décroché un double baccalauréat en mathématiques et en histoire. L'année de son diplôme, en 1925, il a commencé à enseigner à l'école secondaire de Port Talbot où il a manifesté un vif intérêt pour l'art dramatique et le développement de la jeunesse. Il avait publié plusieurs œuvres en tant qu'auteur dramatique, certains de ses textes avaient fait l'objet de dramatisations radiophoniques sur la BBC et il avait produit et réalisé une série de mises en scène accomplies, à la fois dans le cadre du lycée et de l'auberge de jeunesse pour garçons de Port Talbot dont il était devenu président. Aux premiers temps de la

Seconde Guerre mondiale, il avait pris les devants en mettant sur pied l'escadron de Port Talbot rattaché au corps d'entraînement aérien ATC, en assumant à la fois les fonctions de lieutenant d'aviation et de commandant.

Entre l'automne 1941 et le printemps 1943, une puissante et bénéfique relation mutuelle s'est développée entre Richard Jenkins et Philip Burton. Burton était un expert dans le domaine de l'apprentissage particulièrement peu avare de son temps. Richard s'était assigné quant à lui un effort considérable pour réussir et s'en sortir dans la vie. À un moment donné, le sport avait pu lui apparaître comme le plus sûr moyen d'atteindre ses objectifs, mais sous les encouragements et les conseils de Philip Burton, une opportunité plus traditionnelle s'était présentée à lui. Peut-être Philip Burton faisait-il en outre figure pour Richard de père de substitution, à une époque où ses relations avec son beau-frère Elfed semblaient s'être détériorées.

Burton prenait un grand plaisir à entretenir et à entraîner le jeune talent. L'un de ses plus anciens protégés, Owen Jones, avait obtenu une bourse de l'Académie royale d'art dramatique et joué dans des mises en scène shakespeariennes aux côtés de Laurence Olivier sur la scène de l'Old Vic de Londres.

Richard et Philip se sont mis à passer beaucoup de temps ensemble, que ce soit à l'intérieur ou en dehors du lycée. Richard a tenu des rôles dans plusieurs spectacles montés au lycée, à l'auberge de jeunesse pour garçons et à l'ATC, et Burton lui a prodigué des conseils pour placer sa voix et moduler son accent en fonction des circonstances. Par la suite, en mars 1943, une chambre s'étant libérée dans la résidence où habitait Philip Burton, à Connaught Street, Port Talbot, Richard s'y est installé.

Les relations entre Richard et Philip ont pris un tour plus formel en décembre 1943 lorsque Richard est devenu le pupille de Philip et celui-ci son tuteur légal jusqu'à ce que Richard atteigne l'âge de 21 ans. Il avait été question d'une adoption, mais Philip avait vingt jours de moins que la différence d'âge de vingt et un ans imposée par la loi. De ce jour, Richard a adopté le nom de Burton et c'est sous l'identité de Richard Burton qu'il est devenu célèbre aux yeux du monde.

Dès lors, l'univers de Richard a changé et son horizon s'est considérablement élargi. Il a passé les épreuves du baccalauréat (en anglais, histoire, géographie, gallois, mathématiques et chimie) au cours de l'été 1943, en atteignant la moyenne nécessaire pour pouvoir s'inscrire à l'université. Sous les auspices de la Royal Air Force, il a été admis à suivre un cursus court à l'université d'Oxford prévu pendant six mois à compter du printemps 1944. C'est au cours de la même période qu'il a accompli ses débuts en tant qu'acteur professionnel.

Philip Burton avait organisé une audition pour Richard avec le dramaturge et acteur Emlyn Williams qui était à la recherche d'acteurs parlant gallois pour une production de sa pièce *The Druid's Rest*. Richard a décroché le rôle et s'est produit sur la scène au théâtre Royal Court, d'abord à Liverpool à partir du 22 novembre 1943, ensuite à Londres à compter du 26 janvier 1944. Une fois à Oxford, il a joué dans une production de *Mesure pour mesure*, de Shakespeare, montée par la compagnie des Amis de la société dramatique universitaire d'Oxford, représentée dans les cloîtres de Christ Church où il a été dirigé par Nevill Coghill.

La carrière dramatique de Richard s'est trouvée interrompue par les impératifs de la mobilisation en période de guerre. Lorsque son bref passage au collège Exeter d'Oxford s'est terminé, il a commencé à s'entraîner en tant que navigateur sur la base de la RAF de Babbacombe située près de Torquay. Il y a eu d'autres affectations, parmi lesquelles Heaton Park à proximité de Manchester, et Richard a obtenu la permission de s'absenter occasionnellement pour pouvoir apporter sa contribution à quelques-unes des productions montées par Philip Burton pour la BBC. Mais, en mai 1945, il se trouvait à bord d'un navire en partance pour le Canada, où il devait poursuivre sa formation, lorsque la guerre s'est terminée en Europe. Burton est resté au Canada afin de s'entraîner en prévision des campagnes de bombardements potentielles visant le Japon, mais au moment où la guerre s'est achevée, en août 1945, il n'avait toujours pas tâté du service actif.

Il faudrait vingt-huit mois après la fin de la guerre pour que Richard Burton quitte les rangs de la Royal Air Force. Il a passé le plus clair de son temps sur des bases de la RAF au Royaume-Uni – dans le Norfolk, le Gloucestershire et le Wiltshire – et réussi à continuer à jouer en travaillant ponctuellement pour la radio et la télévision.

Sa démobilisation est finalement intervenue le 16 décembre 1947. Répondant à une proposition qui lui avait été faite à Oxford en 1943, Burton a pris contact avec Hugh « Binkie » Beaumont de l'agence de casting H. M. Tennent et il n'en a pas fallu plus pour que soit lancée sa carrière d'acteur de théâtre à plein temps au tarif de dix livres par semaine. À partir du 24 février 1948, Burton a été dirigé par Daphne Rye dans le rôle de monsieur Hicks dans une production de *Castle Anna* représentée au Lyric d'Hammersmith. D'autres rôles ont suivi – dans *Dark Summer* et *Captain Brassbound's Conversion* (*Conversation du capitaine Brassbound*). Et les activités de Burton ne se sont pas cantonnées à la scène, car Emlyn Williams l'a choisi pour incarner Gareth dans son film *The Last Days of Dolwyn* qui est sorti en 1949.

C'est au cours du tournage de *The Last Days of Dolwyn* que Burton a rencontré sa première épouse, Sybil Williams. Elle avait cinq ans de moins que lui, mais était elle aussi originaire de la région minière des Galles du Sud. Son père avait été sous-directeur de la mine de Taylorstown, dans le Rhondda Fach, et elle avait suivi les cours de l'Académie de musique et d'art dramatique de Londres. Elle faisait de la figuration dans *The Last*

Days of Dolwyn. Richard et Sybil se sont mariés le 5 février 1949 au bureau d'enregistrement de Kensington et ont débuté leur vie conjugale dans une chambre que leur a louée Daphne Rye dans sa maison de Fulham. Plus tard, ils ont déménagé à Lyndhurst Road, dans le quartier de Hampstead. Peu de temps après leur mariage, Sybil a décidé de renoncer à sa carrière d'actrice.

Dès le début, Richard Burton a poursuivi une double carrière d'acteur, au théâtre et au cinéma, tout en faisant de la radio, et tout cela s'est poursuivi quand sa carrière a prospéré. Il a connu un vif succès dans les pièces de Christopher Fry *The Boy with a Cart* et *The Lady's not for Burning* (*La dame ne brûlera pas*), cette dernière ayant réalisé un beau parcours à New York comme à Londres. Il a touché des sommes lucratives pour ses apparitions dans des productions cinématographiques britanniques telles que *Now Barabbas*, *Waterfront*, *The Woman with No Name* (*La Femme sans nom*) et *Green Grow the Rushes*. Mais ce qui a véritablement propulsé Burton dans le cercle très fermé des grands acteurs, ce sont les rôles shakespeariens qu'il a tenus – d'abord à Stratford-upon-Avon, ensuite à l'Old Vic de Londres – à partir de 1951. Burton a pris ses marques dans les rôles du prince Hal et de Henry V dans le cycle historique monté sous la houlette d'Anthony Quayle à Stratford en 1951, ce qui lui a permis d'attirer l'attention de la Twentieth Century Fox qui s'est par la suite adjugé ses services par l'entremise d'Alexander Korda.

Burton a débarqué à Hollywood en 1952, en jouant face à Olivia de Havilland dans *My Cousin Rachel* (*Ma cousine Rachel*) qui lui a valu sa première nomination aux Oscars. Il a été suivi par *The Desert Rats* (*Les Rats du désert*), puis par une nouvelle nomination aux Oscars (cette fois en tant que meilleur acteur et non comme meilleur second rôle masculin) pour *The Robe* (*La Tunique*). C'est à cette époque que Burton a rencontré pour la première fois Elizabeth Taylor qui était alors l'épouse de son ami comédien Michael Wilding. Au cours des trois années suivantes,

Burton a réussi à jongler entre sa carrière cinématographique et un investissement théâtral qui ne s'est jamais démenti. Il a connu un immense succès sur les planches de l'Old Vic dans des mises en scène de *Hamlet* et de *Coriolan* en 1953 et 1954, de *Henry V* en 1955 et d'*Othello* en 1956. Son bilan cinématographique s'est avéré plus mitigé : les films qu'il a tournés pour la Twentieth Century Fox entre 1954 et 1956 – *Prince of Players*, *Alexander the Great* (*Alexandre le Grand*), *The Rains of Ranchipur* (*La Mousson*), *Sea Wife* (*L'Épouse de la mer*) et *Bitter Victory* (*Amère victoire*) – n'ont pas obtenu le succès escompté et il a échoué à s'imposer comme une « tête d'affiche » à Hollywood. Sa réussite la plus tangible de cette époque (tangible dans la mesure où nous disposons de son enregistrement, contrairement à ses prestations sur scène) est peut-être sa performance dans *Under Milk Wood* de son ami Dylan Thomas diffusé pour la première fois en janvier 1954.

L'année 1957 a correspondu à des changements déterminants dans la vie de Burton. Dès le début de l'année, Sybil et lui sont allés s'installer dans le petit village suisse de Céligny, près de Genève, où ils ont fait l'acquisition d'une villa qu'ils ont baptisée Le pays de Galles (en français !). Elle resterait la maison de Burton jusqu'à sa mort, nonobstant le fait qu'il vivrait régulièrement ailleurs. Ce déménagement fut entrepris pour des raisons fiscales, et lui interdit désormais de passer plus de quatre-vingt-dix jours par an au Royaume-Uni. Dans les faits, cela coupait court à sa carrière théâtrale en Grande-Bretagne et le contraignait à se consacrer davantage à ses projets de films, avec une priorité à ceux qui pouvaient être tournés à l'extérieur du Royaume-Uni. En mars 1957, son père biologique Richard est mort (à l'âge de 81 ans) au pays de Galles, mais Richard n'a pas assisté à ses obsèques. Six mois plus tard, au terme de quelques années d'une attente frustrante, Richard et Sybil sont devenus parents : leur fille Kate est née le 10 novembre. Une seconde fille, Jessica, a vu quant à elle le jour le 26 novembre 1959.

Bien que résidant en Suisse, Richard a continué à travailler essentiellement aux États-Unis et, dans une moindre mesure, en Grande-Bretagne. Il y a eu beaucoup de films dépourvus de relief – *The Bramble Bush* (*Le Buisson ardent*), *Ice Palace* (*Les Aventuriers*) – mais aussi une réussite mémorable : le rôle de Jimmy Porter dans l'adaptation cinématographique de *Look Back in Anger* (*Les Corps sauvages*) de John Osborne. Osborne avait écrit la pièce *A Subject of Scandal and Concern* (*Un jeune homme en colère*) dont Burton avait tenu le rôle principal pour BBC Television en 1960, comme il en fait mention dans le bref journal qu'il a rédigé au cours des premiers mois de cette année-là[5].

Ce que ne raconte pas Burton dans son carnet de 1960, c'est son implication dans la production de la comédie musicale *Camelot*, dans laquelle il tenait le rôle du roi Arthur, qui a été créée le 3 décembre à Broadway après quelques semaines de rodage à Toronto et à Boston. Son succès a été considérable et il a coïncidé avec l'avènement à la présidence de John F. Kennedy (Burton a été invité à la Maison-Blanche où il a sympathisé plus particulièrement avec Bobby Kennedy). Cela a valu à Burton un surcroît d'apparitions publiques aux États-Unis (parmi lesquelles une participation à l'émission animée par Ed Sullivan) dont il n'avait pas bénéficié depuis 1953, et lui a valu de remporter un prix décerné par l'Association new-yorkaise de la critique dramatique (un Tony) en 1961 dans la catégorie de la meilleure performance dans une comédie musicale. Les caractéristiques qui conféraient à Burton sa « qualité de vedette » et son panache se sont trouvées rétablies et sa prouesse dans *Camelot* lui a valu d'être approché par la Twentieth Century Fox pour tenir le rôle de Marc Antoine (destiné à l'origine à Stephen Boyd) dans la superproduction pour le moins chaotique de *Cleopatra* (*Cléopâtre*).

En septembre 1961, Burton s'est envolé pour Rome afin de rejoindre l'équipe, qui comprenait Elizabeth Taylor dans le rôle-titre et Rex Harrison dans celui de Jules César. Sybil et les enfants l'ont accompagné, la famille partageant une villa avec Roddy McDowall qui était également passé de *Camelot* à ce film. En janvier 1962, Burton a tourné ses premières scènes avec Taylor et une histoire d'amour a commencé rapidement entre eux.

De six ans et demi plus jeune que Burton, Taylor était alors la plus grande vedette féminine de Hollywood, concurrencée uniquement par Marilyn Monroe. Elle était mariée depuis trois ans avec son quatrième époux, le chanteur Eddie Fisher. Elle avait auparavant été la femme de Conrad « Nicky » Hilton (1950-1951), de Michael Wilding (1952-1956) et de Mike Todd (1957-1958), cette dernière union s'étant terminée tragiquement par la mort de Todd dans un accident d'avion en mars 1958. Elle était la mère de trois enfants : Michael (né en 1953) et Christopher (né en 1955) avec Michael Wilding ; et Liza (née en 1957) avec Mike Todd. Fisher et elle avaient par ailleurs entamé une procédure destinée à adopter une petite Allemande, Maria.

Burton n'était certainement pas étranger aux liaisons extraconjugales, certaines d'entre elles, que ce soit avec Claire Bloom ou Susan Strasberg, s'étant même révélées plutôt sérieuses. Sybil avait apparemment toléré cette situation, confiante dans le fait que Richard ne renoncerait jamais à la sécurité que représentait son mariage et ne prendrait pas le risque de perdre ses enfants. Cette fois, cependant, les choses ont pris une tournure différente. Le mariage Taylor-Fisher était plus fragile et Taylor n'a pas eu à hésiter longtemps avant de décider d'y mettre un terme. Burton était pour sa part incontestablement déchiré. Rongé par la culpabilité, cependant captivé par Taylor, il a mené une double vie très médiatisée au cours de la première moitié de l'année 1962, multipliant les déclarations publiques où il niait le sérieux de sa relation avec Taylor, bien que surpris à maintes reprises en sa compagnie par des photographes.

L'histoire d'amour entre Burton et Taylor a alimenté d'innombrables conjectures, que ce soit à l'époque ou par la suite.

Les récits des biographes sont souvent parmi les plus indulgents vis-à-vis de leur sujet et on sent leur sympathie pour lui. Divers niveaux de calcul ont été prêtés aux protagonistes. Les journaux de Burton ne comportent pratiquement aucun commentaire là-dessus, pas plus que la moindre allusion à ses relations avec Taylor à cette période, mais de toute évidence il est difficile d'abonder dans le sens de ceux qui considèrent son choix d'Elizabeth plutôt que Sybil comme motivé par une soif de gloire et de fortune. Voilà à peu près l'état d'esprit dans lequel se trouvait Burton durant ces quinze mois au cours desquels il a hésité entre sa femme, ses enfants et sa maîtresse, et il est probablement impossible de porter le moindre jugement à ce propos. Quoi qu'il en soit, il semblerait que son hésitation et ses abus de boisson immodérés soient autant de signes révélateurs du poids que cette décision représentait pour lui.

Burton a finalement choisi Taylor. Ils s'étaient séparés à l'issue du tournage de *Cleopatra*, en juillet 1962, mais au bout de quelques semaines ils ont recommencé à se voir en Suisse (Taylor ayant récemment fait l'acquisition d'un chalet à Gstaad). Leur liaison s'est poursuivie pendant l'automne et l'hiver à Londres, où ils ont occupé des suites mitoyennes à l'hôtel Dorchester pendant le tournage de *The VIPs* (*Hôtel international*). À cette période, Sybil, Kate et Jessica se trouvaient aussi à Londres, occupant la maison que Burton avait achetée à Squire's Mount, en bordure de Hampstead Heath. Ce n'est qu'en avril 1963 que la situation s'est décantée, quand Sybil est partie pour New York avec ses enfants. Le 5 décembre, elle a divorcé de Richard en invoquant comme motifs l'abandon et un traitement cruel et inhumain, a conservé la garde de Kate et de Jessica et a obtenu un dédommagement de 1 million de dollars.

Dans le même temps, Burton venait de tourner deux de ses meilleurs films – *Becket*, avec Peter O'Toole, à Londres, et *The Night of the Iguana* (*La Nuit de l'iguane*), avec Ava Gardner et

Deborah Kerr, au Mexique. Taylor, mettant provisoirement sa carrière en sommeil, était restée à ses côtés pendant ces deux tournages. Lorsqu'ils étaient au Mexique, ils avaient vécu dans la petite ville de Puerto Vallarta et ont acheté par la suite la propriété qu'ils y avaient louée – Casa Kimberley –, la rénovant et l'agrandissant au cours des mois et des années qui ont suivi. La procédure d'adoption de Maria a suivi son cours, Burton ayant remplacé comme père adoptif Eddie Fisher dont Elizabeth avait obtenu de divorcer en mars 1964.

À cette époque, Burton et Taylor se trouvaient à Toronto, où Burton répétait le rôle d'Hamlet dans une production mise en scène par John Gielgud. Le 15 mars, une semaine après que le divorce de Taylor avec Fisher fut prononcé, Burton et Taylor se sont mariés à Montréal. Début avril, *Hamlet* se jouait à Broadway, entamant une série de représentations record de dix-sept semaines et attirant une publicité considérable. Une version filmée – l'unique enregistrement de Burton sur scène dans une performance shakespearienne – en subsiste. Lorsque les représentations se sont achevées, en août 1964, Burton et Taylor ont enchaîné sur leur troisième film ensemble : *The Sandpiper* (*Le Chevalier des sables*), tourné en Californie et à Paris. Bien que le résultat soit oubliable, ils ont envisagé de travailler de nouveau ensemble dans *Who's Afraid of Virginia Woolf?* (*Qui a peur de Virginia Woolf ?*).

C'est à ce moment précis, entre *The Sandpiper* et *Who's Afraid of Virginia Woolf?*, qu'on peut faire remonter le début de la période des « années des journaux », qui a commencé en janvier 1965. Burton lui-même est sur le point de tenir l'un de ses plus grands rôles à l'écran, celui d'Alec Leamas dans *The Spy Who Came in from the Cold* (*L'espion qui venait du froid*) – tourné à Londres, à Dublin, en Allemagne et aux Pays-Bas. Après ça, Burton et Taylor se sont offert une lune de miel différée en France et en Suisse avant de partir aux États-Unis afin d'y tourner *Who's Afraid of Virginia Woolf?*. Au cours des sept ans un quart suivants, Burton a tenu son journal et c'est à travers ses mots que nous pouvons suivre au mieux, dans la durée, le fil de ses aventures.

La provenance et la raison d'être des journaux

Pour qui – cette question lui est venue soudainement à l'esprit – tenait-il ce journal ? Pour le futur, pour l'enfant à naître.
— George Orwell, *1984*[6]

Personne n'a jamais tenu un journal intime rien que pour lui.
— Thomas Mallon, *A Book of One's Own*[7]

Richard Burton a tenu des journaux qui couvrent une quinzaine d'années de sa vie. Ils ne composent cependant pas une séquence continue[8]. Le premier est un agenda de poche offert à celui qui s'appelait alors encore Richard Walter Jenkins quand il avait 14 ans, en novembre 1939, et tenu jusqu'à la fin de l'année 1940. Le suivant, celui de 1960, date de l'époque où Burton vivait en Suisse avec sa première épouse, Sybil[9]. Il est tout juste un peu mieux qu'un répertoire incomplet de rendez-vous, certaines phrases étant rédigées en français (plutôt approximatif). Par la suite, 1965 marque le début d'une série de journaux qui s'échelonnent jusqu'en mars 1972. Les premiers sont écrits à la main, les suivants tapés à la machine. Le premier se présente comme un volume relié, les autres se composent de feuilles volantes rassemblées dans des dossiers ou des classeurs. Au total, cette partie représente près de 350 000 mots et constitue le noyau central des écrits de Burton. Au-delà de 1972, il y a des fragments : un journal qui s'échelonne sur huit mois de l'année 1975, deux pages datées de mars 1977, un journal plus substantiel couvrant la seconde moitié de 1980 et un autre qui correspond au début du printemps 1983. L'ensemble, de novembre 1939 à avril 1983, représente 390 000 mots couvrant 93 mois échelonnés sur 44 années[10].

L'« ensemble » impose une cohérence artificielle à une somme d'éléments disparates. Le journal de 1940 n'était pas tenu par Richard Burton mais par Richard Walter Jenkins, lequel ne possédait à l'âge de 14 ans qu'une idée assez vague de ce qui pouvait l'attendre plus tard dans la vie. Là résident naturellement son charme et sa force, mais il est hors de question qu'il ait pu s'agir d'une démarche consciente. Alors que les journaux de 1965 à 1972 forment un ensemble cohérent, ils varient considérablement d'une année à l'autre : celui de 1965 représente au total moins de 5 000 mots ; celui de 1971 en compte plus de 105 000. Quant à ceux qui suivent, il se pourrait qu'ils ne soient pas les seuls à avoir existé, bien qu'ils semblent être les seuls à avoir survécu[11].

Les journaux publiés dans ce livre ont été donnés à l'université de Swansea en 2005 par la veuve de Richard Burton, Sally. Ils constituent le cœur de la collection Richard Burton qui comprend aussi sa correspondance, des affiches de films, des coupures de presse, des photos, une collection de livres de Burton et divers documents audiovisuels.

Pour bien apprécier les enjeux de ce journal intime, il importe de déterminer jusqu'à quel point l'entourage de l'acteur avait connaissance de son existence, et si son contenu est resté entièrement confidentiel.

En ce qui concerne la première question, il semble hautement improbable qu'aucun des proches de Richard ait ignoré qu'il tenait un journal. Ne serait-ce que parce qu'il est possible que son carnet de 1940 ait été un cadeau d'anniversaire et que nous savons qu'Elfed James s'est permis d'écrire dedans. Le journal de 1960 a probablement été vu par l'épouse de Burton, Sybil. Celui de 1965 était un cadeau d'Elizabeth Taylor qui a également apporté sa contribution à certains passages. Par la suite, bien que

Burton soit demeuré pratiquement la seule personne à écrire dans ces carnets (Elizabeth Taylor a contribué à quelques paragraphes de plus et l'un d'entre eux – « Richard est le meilleur » – a été rédigé par Brook Williams en 1970), il avait pris l'habitude de taper son compte rendu de la journée sur l'une de ses machines à écrire portatives, souvent au vu et au su de sa famille et des personnes présentes à la maison. Le fait que Richard ait tenu un journal, tout au moins à certaines périodes de sa vie, était de notoriété publique – on en trouve mention dans certains entretiens ainsi que dans sa correspondance.

Si Burton n'était pas enclin au secret quand il tenait son journal, jusqu'à quel point a-t-il cherché à préserver la confidentialité de son contenu ? Comme nous l'avons souligné plus haut, Elizabeth Taylor elle-même a écrit dans quelques-uns des carnets. Par la suite, il n'y a aucune preuve que Richard ait eu l'intention de dissimuler le contenu de son journal à sa seconde épouse. En fait, il semble qu'il l'ait encouragée à piocher dedans quand elle le souhaitait, précisant à la date du 31 décembre 1968 que Taylor avait « libre accès » et que le contenu du journal « normalement la faisait rire ». Et, en août 1980, nous savons de source sûre que Burton a lu à haute voix des extraits de son journal à sa troisième épouse, Susan.

Si les journaux de Burton étaient ouverts, au moins à ses épouses, on est en droit de penser que cela a dû affecter ce qu'il choisissait d'y consigner. Nous avons diverses preuves d'autocensure : en août 1971, il s'est abstenu de mentionner par écrit son inquiétude concernant l'état de santé de la mère d'Elizabeth, de peur qu'Elizabeth ne vienne à tomber sur ce passage. Pourtant, simultanément, Burton pouvait manifester une franchise remarquable quant à ses relations avec Taylor et sans craindre de fournir certains détails à propos de ses traitements médicaux. L'explication réside peut-être dans le fait que Burton se sentait à son aise avec un « coup de loupe » sur son mariage, à condition qu'il ait l'assurance que ses écrits ne seraient étudiés par personne d'autre que lui-même et Taylor. Par exemple, il existe très peu d'indices attestant que les enfants, les membres de son entourage ou des amis aient été amenés à lire les journaux[12].

En janvier 1969, Burton a mentionné qu'il n'arrivait pas à retrouver « le dernier volume de [son] journal » et pense l'avoir rangé « dans un endroit si sûr [qu'il l'a] oublié ». Ce qui s'est avéré être le cas – les carnets étaient rangés dans la cave à vins du chalet Ariel. Mais il s'inquiétait du fait que « ça ne serait pas très joli s'il tombait entre de mauvaises mains. Il en dit trop sur beaucoup de gens, et surtout sur moi-même. Il est destiné à notre grand âge, à E et moi-même[13] ».

Si cela sous-entend que Burton se faisait une idée très restrictive du lectorat auquel s'adressait son journal, tout au moins à l'époque où il le rédigeait, et peut-être pour ce qu'il pouvait entrevoir de l'avenir, cela soulève également la question de la raison pour laquelle il a commencé à en tenir un. La réponse à cette question ne concerne pas les carnets de 1940 et de 1960 qui ne semblent pas avoir été conservés en vue d'un projet plus vaste. Et il existe peu de preuves tangibles : lorsque Burton entreprend son journal de 1965, il se garde bien de débuter par une quelconque note d'intention ou justification. Cela accrédite la thèse selon laquelle un journal antérieur aurait pu être entrepris en 1964, peut-être à la suite de son mariage avec Taylor, mais nous n'en possédons pas la moindre preuve. Peut-être que, plutôt que de tenter de trouver une justification à ce qu'il faisait, Burton s'est tout simplement mis au travail. Sans avoir forcément à l'esprit un objectif précis.

Si l'on se limite à la période des « années des journaux » qui va de 1965 à 1972, on peut arguer qu'ils n'ont pas été conservés dans le but d'être publiés à l'état brut. Ils ont été rédigés dans un anglais relativement courant (bien que comportant des fautes de frappe et une surprenante approche aléatoire de l'orthographe), dans l'ensemble dépourvu d'abréviations ou de messages codés et, de ce fait, sont rarement difficiles à déchiffrer. Mais ils n'ont pas été écrits dans le style policé, soigneusement travaillé, qui caractérise les articles publiés par Burton dans des journaux et des magazines. Au contraire, ils se lisent comme des notes brutes, des idées, des souvenirs, un catalogue journalier de gens et de lieux, de repas et de conversations. Ils fonctionnaient comme un enregistrement intime de sa vie, un aide-mémoire vers lequel, selon toute vraisemblance, il avait prévu de revenir dans l'avenir, à une date indéterminée.

Dans quel but précis avait-il envisagé d'y revenir n'a été rendu explicite nulle part, mais il semblerait que Burton considérait la rédaction de ce journal comme une bonne habitude, un dérivatif à ce qu'il croyait être son oisiveté latente, un moyen de se forcer à « garder une sorte d'ordre désordonné dans [ses] pensées » (9 janvier 1969). À travers de tels commentaires, on peut discerner une prise de conscience de la valeur rédemptrice de l'exercice et une obéissance à une éthique non conformiste du travail. Burton n'était pas quelqu'un qui était content de lui – de sa personnalité, de ses réussites ou de ses perspectives. Il était indéniablement agité, perpétuellement insatisfait, se confrontant à ses ambitions et à la réussite des autres. Le fait de tenir son journal intime était l'un des signes extérieurs de cette démangeaison persistante, de ce désir ardent de réussir, de devenir, de se réaliser.

Mais Burton pouvait aussi considérer avec dédain ses efforts d'écriture de son journal, y faisant référence comme au « concours d'idiotie d'aujourd'hui » (13 novembre 1968), à « ce journal pathétique » (20 mars 1969) « prodigieusement ennuyeux » (15 juin 1970). Parfois il bataillait pour terminer une simple page dactylographiée ; d'autres jours, les mots coulaient à flot continu. Lorsqu'il a cessé de tenir son journal, des raisons ont parfois été invoquées rétrospectivement – il arrivait trop de choses (« quand les événements se bousculent je n'écris pas » – 1er novembre 1969), « malheur aigu »

(20 mars 1969), boire trop, se coucher trop tard, ne se sentant pas en possession de quelque chose qui mérite d'être enregistré (« Depuis peu quand je me retrouve face à cette machine je me sens aussi ennuyeux qu'un verre d'eau » – 31 mai 1970). Mais le plus souvent aucune explication n'était apportée à ces lacunes, et il n'y a pas le moindre commentaire dans les carnets de 1960 ni plus tard dans la série plus importante de journaux intimes datant de 1965 à 1972. Le seul indice externe concernant ces dernières années émane d'un entretien mené par l'animateur de talk-show Dick Cavett en 1980. Interrogé sur ses journaux, Burton a répondu :

> Ils sont virtuellement illisibles… J'ai parfois jeté un coup d'œil en arrière… mais dans les faits, je n'ai écrit que de façon très sporadique [*sic*] dans mon journal au cours des trois ou quatre dernières années… et un grand ami à moi m'a demandé, « Comment va le journal ? », parce que de temps à autre, je pioche des extraits que j'améliore et qui se retrouvent publiés, comme vous le savez, dans *Ladies' Home Journal*, le magazine *Vogue*, les gens qui ont les plus gros moyens, *Cosmopolitan*, ce genre de littérature, mais très rarement, je n'en ai publié qu'une dizaine de fragments dans toute ma vie. Mais j'ai dit… « Pourquoi penses-tu que l'impulsion d'écrire ait disparu, temporairement j'espère ? », et il a dit que c'était parfaitement évident : « Tu es trop heureux. » Et j'ai réfléchi que j'avais déjà été heureux par le passé et que j'avais continué à écrire et que je ne peux toujours pas y arriver. Quoi qu'il en soit, cela continue occasionnellement.

Il apparaîtrait plus tard que Burton relisait rarement ce qu'il avait écrit et qu'il ne cherchait pas à développer un récit courant sur plusieurs jours. À la date du 23 juillet 1969, il a noté : « Il faut que je commence à mettre de l'ordre dans ce journal. Je fourre les feuilles dans le tiroir le plus proche et du coup je ne peux jamais revenir en arrière et voir ce que j'ai écrit ou pas sur qui-que-quoi-qu'est-ce. » Il existe une éventualité selon laquelle Burton pensait un jour écrire son autobiographie. En octobre 1968, il a rapporté s'être vu offrir 1 million de dollars en échange d'un seul mois de son journal. Il n'était pas totalement convaincu de l'intérêt véritable que cela présentait et trouvait le principe « dingue ». En août 1976, l'agent Robbie Lantz a écrit à Burton à la suite d'un rapport qui lui était parvenu selon lequel Burton pourrait être en train d'écrire un livre, vraisemblablement une autobiographie ; il n'existe pas la moindre trace de la réponse de Burton[14]. Burton était tiède, à en croire un élément figurant dans son journal lui-même, concernant un vague projet d'autobiographie, dubitatif quant au fait qu'il existait véritablement un public intéressé par sa vie et méfiant à l'égard des autobiographies de comédiens. Bien sûr, s'il avait vécu plus longtemps, il aurait pu tout aussi bien être convaincu qu'un projet de ce type pouvait valoir le coup : qu'il soit doté d'un flair particulier pour les écrits autobiographiques est évident, si l'on se réfère à ses publications, plus particulièrement ses ouvrages *A Christmas Story*, *Meeting Mrs Jenkins* et ses articles consacrés à la ligue de rugby.

La disparition soudaine et imprévue de Burton à l'âge de 58 ans signifiait que ses intentions à propos de ses carnets intimes n'étaient pas claires. À l'époque de la publication de la biographie de Melvyn Bragg, en 1988, diverses réclamations ont été faites sous prétexte que Burton aurait eu l'intention de les détruire ou tout au moins de les rendre inaccessibles pendant une période d'au moins vingt ans après sa mort[15]. Burton lui-même pouvait avoir à l'esprit la « règle de trente ans » appliquée alors à la fermeture des archives officielles. Parmi ses archives figure un télégramme non daté envoyé à son avocat, Aaron Frosch, expliquant en réponse à une enquête concernant apparemment une autobiographie que « mon journal constitue mon bien personnel et n'a été lu par personne d'autre qu'Elizabeth. Il n'est pas publiable pour des raisons évidentes sinon dans une version émasculée pendant une période de cent ans après notre mort à tous. Je ne l'ai moi-même pas relu. Il s'agit pour l'essentiel seulement d'un exercice journalier conditionné par l'évitement de la frustration[16] ». Quand on lit les journaux aujourd'hui, on est frappé par l'incongruité des sentiments exprimés dans ce télégramme. Il y a relativement peu de choses qui étaient diffamatoires, même à l'époque où il a été écrit (quand la plupart des personnes sur lesquelles il écrivait étaient encore de ce monde). Burton ne révèle pas au lecteur la liste de ses conquêtes féminines ni ne fait vraiment la lumière sur ce qui précède, ni sur les inclinations sexuelles cachées de certains de ses confrères acteurs. Il n'y a pas non plus de révélations tonitruantes concernant la corruption ou la criminalité. À la place, les journaux nous informent sur la vie et les pensées de Richard Burton. Mais expriment-ils la vérité ?

Journal intime, biographie et « Vérité »

Ici il parle aussi vrai qu'il le peut.
— Melvyn Bragg[17]

Je ne mens jamais quand j'écris. Honnêtement.
Bien que je ne sois pas sûr de ça !
— *Journal*, 25 mai 1969

Dans un certain sens, la valeur du journal en tant que source « fiable » est claire. C'est le compte rendu tenu par un individu de ses activités, de ses sentiments et de ses opinions. Si l'auteur est l'unique lecteur, alors on pourrait argumenter qu'aucun objectif légitime ne pourrait être rempli par la compilation de comptes rendus inexacts, dépourvus de sincérité ou erronés pour des raisons diverses. On peut présenter un journal intime comme une succession de commentaires non médiatisés, irréfléchis et spontanés, proposant un accès direct à une conscience et à des événements dont ne bénéficient pas la plupart des sources concurrentes.

Il est pourtant clair qu'une telle description de la rédaction d'un journal en tant que genre spécifique est unidimensionnelle et trompeuse. Le processus qui consiste à se souvenir, et évidemment celui qui régit l'écriture, constitue en soi une démarche éditoriale, en offrant de multiples éventualités d'autocensure. On peut arguer du fait que les diaristes gardent toujours à l'esprit l'existence d'un lectorat éventuel, même si ce lectorat ne se manifestera qu'après leur propre mort voire s'il ne s'agit que d'eux-mêmes. Il n'y a aucune preuve attestant que les journaux intimes (écrits en leur temps) soient d'une façon ou d'une autre plus « naturels » que des souvenirs autobiographiques rédigés des années après les événements relatés, bien qu'ils offrent de toute évidence différents types d'informations et soient conditionnés par leurs propres conventions.

Il faut bien reconnaître que tout dans ces journaux intimes ne susciterait pas un recours devant un tribunal. Pourtant il est possible d'abonder dans le sens de Robert Fothergill sur le fait que ces journaux, comme les autres, constituent « un fidèle reflet de la vie » sans être nécessairement « véridiques ». Ainsi que le souligne Fothergill, « même dans leurs aménagements, leurs dérobades et leurs mensonges, les diaristes réagissent à la pression que représente une expérience de première main ; pour le meilleur ou pour le pire, ils sont d'abord eux-mêmes[18] ».

On a déjà évoqué l'hypothèse selon laquelle les journaux intimes de Burton étaient consultables par ses épouses, et plus généralement que leur existence était connue de sa famille, de ses amis et de son entourage. Le fait que Burton savait qu'Elizabeth, ou Susan, ou Sally pouvaient accéder à ses écrits a pu l'inciter à pratiquer une certaine dose d'autocensure. Ça ne devrait pas nous surprendre : tous les diaristes, y compris ceux qui tiennent des journaux écrits dans un langage codé et les enferment dans un coffre, doivent s'astreindre à pratiquer des coupes dans leur témoignage jusqu'à un certain degré.

Le fait que Richard n'ait pas abordé tel ou tel sujet dans ses journaux ne prouve en aucun cas que celui-ci n'ait pas existé. Il y avait des jours, des semaines, parfois des mois, même au cours des « années des journaux intimes », où il n'a pas écrit. De juillet 1965 à mars 1966, de novembre 1967 à juillet 1968 et de septembre 1970 à juin 1971, il semble n'avoir conservé aucune trace[19]. Et, bien sûr, lui seul a décidé de la longueur de ce qu'il écrivait, laquelle pouvait varier de façon considérable. Les variations de longueurs des journaux impliquent que la nature même des comptes rendus peut s'avérer très diverse. Bien qu'il ait tenu son journal en 1975, ostensiblement pendant une période de huit mois, ce montant ne s'est élevé qu'à un peu plus de 8 000 mots. La plupart des rubriques sont assez courtes.

En outre, il arrivait que Richard ne se rappelle pas, ou soit incapable de se souvenir de ce qui s'était passé, alors même qu'il tenait son journal. Il y a certains jours de certaines années où la seule notation est le mot « bibine ». Il pourrait désigner une multitude de péchés ! Il convient de se demander si Richard était tout à fait honnête vis-à-vis de lui-même quand il établissait son compte rendu de ce qui s'était passé la veille. Il lui arrivait parfois de noter qu'Elizabeth et lui ramaient, ou qu'il s'était mal comporté dans un contexte public ou social, mais rarement d'entrer dans les détails. Il avait choisi de ne pas s'étendre sur ces épisodes au-delà d'une brève mention. Il y avait également d'autres événements et épisodes qui ne donnent pas une mauvaise image de Richard mais qui n'apparaissent pas davantage dans ses journaux.

Selon Melvyn Bragg, les journaux permettaient à Richard de se détacher du tourbillon de la célébrité, des colonnes de ragots et des interviews malicieusement espiègles, et de se montrer sérieux et honnête à l'égard de lui-même. Ils représentaient son épreuve de vérité – « Il jurait sur la bible que constituaient ses cahiers[20] ». On perçoit incontestablement dans les journaux un degré de désengagement, une mise à distance de son personnage public. Burton était conscient qu'il existait dans la presse, à travers l'écran de télévision et au cinéma, une personne nommée « Richard Burton » que des millions de gens croyaient (et croient encore) connaître. Ce n'était pas toujours quelqu'un qu'il reconnaissait lui-même. Dans son journal, il avait la possibilité de construire sa propre conscience de soi, de qui il était, de ce qu'il valait et de vers où il allait.

Pour revenir sur la question de la « vérité » des journaux, un exemple s'impose. Beaucoup de spéculations, à l'époque et depuis, ont entouré ses relations avec la comédienne franco-canadienne Geneviève Bujold aux côtés de laquelle il est apparu dans *Anne of the Thousand Days* (*Anne des mille jours*). Taylor a évidemment soupçonné Burton d'entretenir une liaison avec Bujold et c'est devenu un véritable abcès de fixation entre eux. Pourtant Burton ne prête en aucun cas le flanc au moindre soupçon dans son journal ; c'est même exactement le contraire[21]. La version exprimée par Richard dans l'un des derniers textes de la période dite des « années des journaux », en date du 15 mars 1972, soutient qu'Elizabeth et lui auraient été fidèles l'un à l'autre pendant tout le temps qu'avait duré leur mariage, et il n'y a rien dans les journaux intimes qui vienne à contredire cette thèse. Les plus sceptiques insisteront sur le fait que c'est justement cela que l'on pourrait trouver suspect, en particulier à l'aune du fait que Taylor avait accès aux journaux, et bien sûr il est impossible d'apporter la preuve du contraire. Mais les preuves tangibles attestant d'une relation intime avec Bujold sont extrêmement minces – malgré les allégations répandues, par exemple, selon lesquelles Burton couchait avec « toutes ses partenaires » (à l'exception vraisemblable de Sue Lyon, Ava Gardner et Deborah Kerr à l'époque du tournage de *The Night of the Iguana* ; Claire

Bloom sur celui de *The Spy Who Came in from the Cold* ; et Rex Harrison à l'époque de *Staircase* (*L'Escalier*) !), ou l'hypothèse selon laquelle Burton aurait dissimulé ses diverses conquêtes sous des noms de code, de sorte que le simple fait qu'il ait surnommé Bujold « Gin » démontrerait leur promiscuité sexuelle.

Une partie de la difficulté découle ici du fait que la réputation de Burton l'a non seulement précédé mais lui a survécu ; qu'il existe une prédisposition du public à adhérer aux supputations les plus extravagantes concernant sa vie ; et que la plupart de ceux qui ont écrit sur Burton ont préféré le sensationnalisme d'« une bonne histoire » à une étude minutieuse des preuves à tête reposée. La plupart des écrits qu'on fait passer pour biographiques sont le fruit de recherches approximatives menées sans se soucier de l'obligation qui consiste pour tout écrivain sérieux à corroborer des témoignages. Au lieu de cela, les nombreuses histoires sordides, sensationnelles et improbables qui circulent à propos de la consommation abusive d'alcool de Burton et de sa vie privée sont recyclées et embellies. En conséquence, la personnalité de Burton, sa réussite et son importance continuent à être régulièrement déformées et mal comprises. Bien trop souvent, il apparaît comme une caricature : bagarreur, buveur, homme à femmes, il gaspille son talent dans une orgie d'autodestruction. La lecture de tels ouvrages incite à se souvenir de la remarque de John Updike selon laquelle la plupart des biographies sont des « romans comportant un index[22] ».

Bien sûr, Burton en personne était coupable de colporter des légendes concernant sa vie et son époque, parfois pour le simple plaisir de vérifier si on le croirait ; d'autres fois, craignant d'être pris pour quelqu'un d'ennuyeux, il s'efforçait de ménager un effet dramatique maximal en ayant recours à une dose de licence poétique considérable. Comme l'ont souligné John Cottrell et Fergus Cashin, « le raconteur d'histoires Burton n'a jamais été du genre à laisser le souci du détail l'emporter sur celui de l'effet…

Burton raconte et re-raconte tant d'histoires qu'elles grandissent ou deviennent confuses, mais si marginalement qu'il ne le réalise même pas et croit sincèrement être en train de reproduire l'original[23] ».

Parmi ceux qui connaissaient Burton figurent bien souvent des individus qui occupaient pour la plupart une position périphérique par rapport à lui, mais auxquels on se fie en priorité pour ce qui est de citations d'« autorité » sur ses escapades, ou même quand il s'agit de les intégrer au sein du récit de sa vie[24]. Même ceux qu'on peut considérer légitimement comme des amis fidèles et sincères peuvent tomber dans le piège qui consiste à embellir leurs souvenirs pour ajouter un effet dramatique, à confondre certains épisodes, à plaquer leurs propres explications et interprétations sur la vie de Burton et, assez naturellement, à se présenter sous le jour le plus favorable possible.

Le journal intime de Burton ne prétend aucunement dire la « vérité[25] ». Mais il constitue indéniablement l'une des sources les plus importantes, sinon la plus importante, en ce qui concerne la vie entière de Burton, ou du moins les années pendant lesquelles il a été tenu. Il offre la possibilité à Burton de s'exprimer à travers sa propre voix.

L'édition des journaux

On ne peut savoir gré à aucun éditeur
de ne pas gâcher un journal intime.
— Ponsonby, *English Diaries*[26]

[...] Le premier principe adopté dans l'édition de ces journaux a consisté à s'abstenir de faire quoi que ce soit qui aurait risqué d'altérer la signification du texte. Quand le texte apparaît ambigu, nous avons respecté ces ambiguïtés et le lecteur a toute liberté de l'interpréter lui-même comme il le souhaite. Cependant, lorsque

Richard Burton a rayé ou modifié des mots ou des passages, ces corrections ont été respectées.

Un deuxième principe, clairement subordonné au premier, a consisté à aplanir tous les obstacles inutiles à la lisibilité et à l'accessibilité. Il semble peu probant d'irriter ou de dérouter les lecteurs en retenant les fautes de frappe ou d'orthographe lorsqu'une telle ambiguïté n'a pas lieu d'être. (On ne peut pas affirmer de Richard Burton, comme on l'a dit de Virginia Woolf, que son orthographe était « tellement bonne que [*ses*] rares aberrations ont été préservées[27] ».) [...]

Richard Burton était un personnage complexe, pétri de conflits et de contradictions. Ses journaux intimes en rendent largement compte, au même titre que d'autres aspects de sa vie mouvementée. Il serait hasardeux de prétendre que les journaux révèlent le « vrai » Richard Burton, notamment parce qu'on ne voit pas bien à quel titre le Burton tranquillement assis devant sa machine à écrire afin d'établir le compte rendu de ses activités de la veille devrait être systématiquement considéré comme plus authentique que le Burton dont les frasques remplissaient les colonnes des journaux.

Il est néanmoins possible d'émettre l'hypothèse selon laquelle un Burton plus varié émerge de ses propres écrits que celui qui circule actuellement dans le domaine public. Nous trouvons ici Richard Burton, l'acteur acclamé, la vedette internationale de cinéma et la célébrité de la jet-set, mais nous trouvons également Richard Burton, l'homme de famille, le père et le mari. Les journaux révèlent le Richard Burton mélancolique, affligé, troublé et introspectif se battant pour faire face aux occasions manquées et au potentiel non réalisé de sa vie et de son talent, et ils nous montrent le Richard Burton fier à juste titre de ses réussites, de son parcours de vie, de sa fringale de conquérir les plus hauts sommets. Au fil de leurs pages, nous voyons Richard Burton veillant à son poids, veillant à son addiction à la boisson, surveillant les autres hommes qui lorgnent *son* Elizabeth. Nous avons un Richard Burton qui lit, qui pense, qui a envie d'écrire. Au fil des nombreuses pages de son journal intime, Richard Burton affiche ses multiples moi.

Chris Williams

NOTES

[1] William Redfield, *Letters from an Actor* (New York, Viking, 1967), p. 20.

[2] Les données collectées au cours du recensement de 1911 ont révélé que les femmes âgées de 20 à 24 ans avaient en moyenne 7,36 enfants si elles étaient mariées à un mineur, mais seulement 3,48 enfants si elles avaient épousé un médecin. Les mineurs détenaient également l'un des âges moyens de mariage les plus bas parmi les principales corporations professionnelles, en raison des salaires relativement élevés que pouvaient toucher les jeunes gens travaillant au fond de la mine.

[3] *Port Talbot Guardian*, 5 février 1943. Le pays de Galles n'a disposé d'une capitale reconnue officiellement qu'à partir de 1955, lorsque la ville de Cardiff s'est vu décerner cet honneur.

[4] *Eisteddfodau* : festivals culturels.

[5] Non inclus dans le présent volume. (N.d.É.)

[6] George Orwell, *1984* (1949 ; Guild Publishing, 1989), p. 434.

[7] Thomas Mallon, *A Book of One's Own : People and their Diaries* (St Paul, Minnesota, Hungry Mind Press, édition de 1995), xvii.

[8] Burton utilise les termes « carnet », « journal » et « cahier » selon les moments pour décrire ce qu'il est en train de faire. Ici le terme « carnet » a été choisi comme réfléchissant de façon plus pertinente la séquence dans son intégralité et le fait que Burton regroupait des comptes rendus sur une seule journée.

[9] Ces deux premiers carnets ne sont pas inclus dans le présent volume. (N.d.É.)

[10] Les carnets postérieurs à l'année 1971 ne sont pas inclus dans le présent volume. (N.d.É.)

[11] Il y a des références éparses dans les carnets et ailleurs qui sous-entendent l'existence d'autres journaux ou d'autres formes d'écrits. Hollis Alpert, *Burton* (New York, G. P. Putnam's Sons, 1986), p. 90, fait allusion au fait que Burton tenait un journal, écrit « à l'aide des hiéroglyphes qu'il avait lui-même inventés » aux alentours de 1960. Peut-être Burton faisait-il allusion au français qu'il avait appris à l'école. Alpert suggère également que Burton s'était attelé à un roman et qu'il avait écrit 20 000 mots qu'il avait perdus lorsqu'il était à Hollywood en 1970 (p. 197).

[12] Il ne semble pas y avoir la moindre preuve à l'appui de la suggestion émise par Penny Junor dans *Burton, The Man Behind the Myth* (Londres, Sphere, 1986), p. 143, que Burton ait lu son journal « à voix haute à ses amis ».

[13] En fait, la plupart, peut-être la totalité, des journaux couvrant cette période ont survécu.

[14] Lantz à Burton, 11 août 1976, archives de Richard Burton, RWB 1/2/1175.

[15] *Sunday Express*, 4 décembre 1988 ; *Sunday Times*, 18 décembre 1988.

[16] RWB 1/2/1/3 – Weissburger and Frosch [boîte 19/3]. Bien que non daté, il émane de toute évidence de la période 1964-1975.

[17] Melvyn Bragg, *Rich : The Life of Richard Burton* (Londres, Holder & Stoughton, 1988), p. 211.

[18] Robert A. Fothergill, *Private Chronicles : A Study of English Diaries* (Londres, Oxford University Press, 1974), p. 10.

[19] Il existe très peu de preuves attestant d'une destruction volontaire des carnets. Le 24 juin 1965, Burton rapporte que, « de rage », il avait déchiré la page précédente du journal couvrant la période du 17 au 23 juin. La page n'a pas survécu. Il n'existe aucun autre commentaire du même ordre, mais cela n'exclut pas pour autant la possibilité qu'il ait détruit d'autres pages, même s'il n'a pas laissé la moindre preuve d'une telle destruction.

[20] Bragg, *Rich*, p. 369. Voir évaluations supplémentaires p. 108, 165, 210-211, 216-217 et 290.

[21] Il existe un cas similaire qui est celui de Burton et Raquel Welch. Taylor nourrissait des soupçons quant à l'intérêt que portait Raquel à son mari et les spéculations selon lesquelles Burton et Welch auraient pu entretenir une liaison pendant le tournage de *Barbe-Bleue* (1972) se sont poursuivies jusqu'à ce jour (non démenties par Welch elle-même). Cependant les carnets (qui certes s'achèvent en mars 1972, c'est-à-dire avant même la fin du tournage) ne fournissent pas le moindre indice à ce sujet.

[22] Cité dans *Biography* d'Hermione Lee (Oxford, Oxford University Press, 2009), p. 7. Ce n'est pas le lieu opportun pour dresser la liste des erreurs colportées par les différentes biographies de Burton et ses biographes (ou, évidemment, ceux d'Elizabeth Taylor). Pour les lecteurs qui souhaiteraient mettre en lumière plus particulièrement certains points et pouvoir se référer à un récit relativement fiable, mon conseil est de consulter les travaux consacrés à Richard Burton par Bragg, Ferris et Stead, et à Elizabeth Taylor par Alexander Walker.

[23] John Cottrell et Fergus Cashin, *Richard Burton : A Biography* (Londres, Arthur Barker, 1971), p. 345-346.

[24] L'un des exemples les plus récents étant celui de Michael Munn, dans son ouvrage *Richard Burton : Prince of Players* (Londres, JR Books, 2008). Munn n'est cité dans aucun des carnets.

[25] Bragg, peut-être inconsciemment, semble accréditer cette thèse lorsqu'il écrit (*Rich*, p. 375) : « Comme dans de nombreuses autobiographies, il y a autant d'autojustification que d'autorévélation. »

[26] Arthur Ponsonby, *English Diaries* (Londres, Methuen, 1923), p. 5.

[27] *The Diary of Virginia Woolf*, volume II : *1920-1924*, éditions Anne Olivier Bell (Luda, Hogarth, 1978), préface de l'éditeur, p. ix.

RICHARD BURTON
Journal intime

1965

JANVIER

Vendredi 1er – Lendemain de saoulographie.
Lu *Britannica* avec E[1]. C'est une brave petite. Passé prendre Sara hier soir au Palace Hotel, l'ai baladée partout et ai hurlé galamment : « Je hais les vieilles dames[2]. » [...]

Samedi 2 – Sara et Francis partent demain pour Londres[3]. Dîner de réconciliation au Park[4]. Réussi. Sara ne cesse d'évoquer le problème cardiaque de Francis sur un ton de confidence, parfois si directement – et à la troisième personne – qu'E a fini par lui dire : « Tu parles comme si papa n'était pas là. »

Dimanche 3 – Déjeuner avec Sara et Francis. Dîner avec Natalie Wood et le jeune Niven – elle émaciée et l'air ravagé par la tuberculose[5]. Des yeux de pékinois. Triste affaire. Sommes allés à Chesery – endroit horrible et bruyant[6].

Lundi 4 – Suis allé à Berne au consulat pour m'enregistrer, et à la police de Saanen pour obtenir un *permit de séjour**[7] [*sic*].

---

[1] *Encyclopædia Britannica.* E : Elizabeth Taylor.
[2] Sara Taylor, la mère d'Elizabeth. Le Gstaad Palace Hotel.
[3] Francis Taylor, le père d'Elizabeth, marchand d'art.
[4] Le Park Gstaad, hôtel de luxe.
[5] Natalie Wood, actrice. « Le jeune Niven » : David Niven Jr, fils de l'acteur et employé de l'agence William Morris. Natalie Wood et lui avaient alors une liaison.
[6] Hostellerie Chesery, à Gstaad.
[7] Les mots en italique suivis d'un astérisque sont en français dans le texte original. (N.d.T.)

E dans l'incapacité de venir. S'est fêlé la tête contre une porte de placard ouverte au milieu de la nuit. Mère et père de tous les yeux au beurre noir. Personne ne croira que je ne l'ai pas frappée – avec ma réputation – aussi nous prétendons qu'elle est tombée sur les pistes. […] E et moi dans le truc du box-office de l'année : moi 10ᵉ, E 11ᵉ. Ha Ha. Évidemment, elle n'a pas fait un seul film ! Pas exactement équitable[1].

Mardi 5 – E incapable de voyager (ordre des médecins) alors pris le 3 h 34 de Lausanne […]. Train comiquement agaçant. Un petit garçon, un garçon encore plus petit et un énorme chien qui prenait les deux tiers de la surface au sol, également deux hommes et […] une dame volubile […]. Arrivé à Paris 9 h 45. Accueilli par Gaston et emmené au Meurice et pas au Lancaster comme prévu[2]. Ai écrit un mot autorisant René Weibel à prendre les « *affaires** » de Syb à Céligny[3]. André l'avait demandé[4] ! Elle veut aussi les films de la maison. Ça me semble un peu masochiste. Paris sans neige, changement d'air agréable.

Mercredi 6 – Quitté Paris à 12 h 34 par le Golden Arrow[5]. Train splendide, sûrement l'un des meilleurs au monde. Arrivé à Londres […]. Réceptionné par Heyman et Rolls Royce[6]. Ai appelé E qui arrivera demain par les airs. Pris des verres dans un

---

[1] Burton avait été classé dixième et Taylor onzième dans la liste du *Motion Picture Herald* des meilleures stars du box-office américain.

[2] Gaston Sanz était le chauffeur et le garde du corps de Burton.

[3] Syb : Sybil Burton, la première épouse de Richard. Céligny : village suisse proche de Genève où Burton avait établi sa résidence principale depuis 1957. René Weibel, un ami et voisin des Burton à Céligny.

[4] André « Bobo » Besançon, l'employé de maison et gardien du « Pays de Galles », le nom donné (en français) par Burton à sa propriété de Céligny.

[5] Le Golden Arrow était un service de trains Pullman reliant Paris et Londres.

[6] John Heyman, directeur de la International Artists Agency, était l'agent britannique de Burton et de Taylor et leur conseiller en matière de paradis fiscaux.

pub élégant près du Dorchester avec Heyman[1]. [...] Suis rentré à la maison pour lire et, sur ce, au lit *à la Pepys*★[2]. (Me suis fait couper les cheveux chez Alexandre avant de quitter Paris[3].)

Jeudi 7 – Suis allé chez Bermans à 10 h puis ai marché jusqu'à Wardour Street avec M. Ritt[4]. Nous avons un peu « testé » le scénario pendant une heure. Parlé avec Oskar Werner au téléphone[5]. Il a une voix jeune et enthousiaste. Déjeuner chez Isow avec Ritt et Claire Bloom[6]. Elle était nerveuse mais OK. Pour ce soulagement, mille mercis. Retrouvé ma bonne fille à l'aéroport de Londres. Son visage est tout contusionné la pauvre vieille branche. Le stress me rendait assez irritable et nous sommes allés au lit de bonne heure après un *bangers and mash*[7].

Mercredi 13 – Battersea Park à 8 h 15 pour répéter avec Michael Hordern[8]. Très très froid, d'autant plus que je suis totalement

---

[1] Burton et Taylor séjournèrent au Dorchester Hotel pendant la période où Burton travailla sur le tournage des scènes londoniennes de *L'espion qui venait du froid* (*The Spy Who Came in from the Cold*, 1965).

[2] Samuel Pepys, diariste anglais du XVIIe siècle. « Et sur ce, au lit » est une expression dont il use souvent dans son journal.

[3] Louis Alexandre de Raimon, dit Alexandre de Paris, célèbre coiffeur parisien très lié avec Taylor. Il créa notamment sa coiffure pour *Cléopâtre* (*Cleopatra*, 1963) et celle pour son mariage avec Burton.

[4] Bermans était une boutique de costumes professionnels (Monty Berman en était le propriétaire) qui fournissait les compagnies de cinéma, de télévision et de théâtre. Martin (ou Marty) Ritt était le producteur et réalisateur de *L'espion qui venait du froid*.

[5] Oskar Werner jouait le rôle de Fiedler dans *L'espion qui venait du froid*. Werner avait trois ans de plus que Burton !

[6] Isow's, restaurant situé à Soho. Claire Bloom tenait le rôle de Nan Perry dans *L'espion qui venait du froid*. Elle et Burton avaient auparavant été partenaires dans la pièce *The Lady's Not for Burning* (1949, 1950), dans les productions de l'Old Vic de *Hamlet*, *La Nuit des rois*, *Coriolan* et *La Tempête* (1953-1954), ainsi que dans les films *Alexandre le Grand* (*Alexander the Great*, 1956) et *Les Corps sauvages* (*Look Back in Anger*, 1959). Ils avaient été amants dans les années 1950.

[7] Plat anglais de saucisses et de pommes de terre écrasées.

[8] Battersea Park, sur la rive sud de la Tamise. Michael Hordern jouait le rôle d'Ashe dans *L'espion qui venait du froid*. Il avait tourné avec Burton et Taylor dans *Hôtel international* (*The VIPs*, 1963), le ferait de nouveau dans *La Mégère apprivoisée* (*The Taming of the Shrew*,

immobile pendant la scène et que Marty tournait plan glacial après plan glacial. Springer est arrivé avec Hugh French[1]. Également un journaliste de l'AP nommé Palmer[2]. Il n'a pas du tout l'air d'un journaliste. Peut-être qu'il n'en est pas un. Espérais déjeuner avec E mais non. Ai fini le travail à l'heure du déjeuner (au Six Bells, sur King's Road), suis rentré à la maison, ai croisé E dans le hall avec son père et P. Sellers[3]. Cis et Elfed sont arrivés (ont complètement raté Ivor à Paddington !) et ont dîné[4]. J'ai pris mon repas au lit. Très méchant rhume.

[Il n'y a pas d'autre entrée dans le journal de la mi-janvier jusqu'à début mai. Le tournage de *L'espion qui venait du froid* se poursuivit à Londres, à Dublin, en Bavière et aux Pays-Bas. Pendant cette période, Burton fut sélectionné pour l'Oscar du meilleur acteur pour son rôle dans *Becket*, mais c'est finalement Rex Harrison qui le remporta pour son interprétation dans *My Fair Lady*. Burton enregistra également un single, « A Married Man », tiré de la comédie musicale *Baker Street*, et quelques poèmes de guerre du poète britannique Wilfried Owen. Pendant leur séjour à Dublin, Burton et Taylor reçurent la visite de Franco Zeffirelli. Ils nouèrent une amitié qui allait

---

1967), et avec Burton seul dans *Quand les aigles attaquent* (*When Eagles Dare*, 1968), *Anne des mille jours* (*Anne of the Thousand Days*, 1969) et *La Grande Menace* (*The Medusa Touch*, 1978). Burton et Hordern avaient par ailleurs joué ensemble sur la scène de l'Old Vic dans *Hamlet*, *Le Roi Jean*, *La Nuit des rois* et *La Tempête*.

[1] John Springer dirigeait la filiale de l'agence de relations publiques Arthur P. Jacobs sur la côte Est, et travaillait comme attaché de presse pour Burton et Taylor. Hugh French était l'agent londonien de Burton et deviendrait également celui de Taylor.

[2] Raymond E. Palmer, du bureau londonien de l'Associated Press.

[3] Peter Sellers, acteur. Burton ferait une brève apparition dans son film *Quoi de neuf, Pussycat ?* (*What's New Pussycat ?*, 1965).

[4] Cecilia, surnommée « Cis », née Jenkins, mariée à Elfed James, était la sœur de Richard. De vingt ans son aînée, elle s'était occupée de lui après la mort de leur mère, en 1927, alors que Richard n'avait pas encore deux ans. Ivor Jenkins, frère de Burton, né un an après lui, mineur de fond. La gare de Paddington est le terminus des lignes en provenance du pays de Galles et de l'ouest de l'Angleterre.

conduire Zeffirelli à les diriger dans *La Mégère apprivoisée* l'année suivante.]

MAI

Mercredi 5 – Opération d'E[1]. Suis allé la voir après le travail. Tournage au métro Mansion House et en face des *Telegraph buildings* dans Fleet Street[2]. Visité le *Mirror building*[3]. [...] Nerveux toute la journée à m'inquiéter pour elle. Suis arrivé là-bas vaguement bourré et ils l'ont laissée rentrer à la maison à condition qu'elle ne bouge pas trop. Regardé la télé au lit. Ai tourné en bus encore et encore autour de la station de métro Kensington. [...]

Jeudi 6 – Dernier jour de *L'espion.*

> Époux gentil avec moi. Et je sais combien il déteste les « gens malades » et évite le moindre signe de douleur chez ceux qu'il apprécie et aime. Mais il a été merveilleux avec moi. M'a gâtée comme un fou ! J'adore ça !! Peut-être (m'ont-ils dit) qu'après une autre opération je pourrais lui donner un bébé. C'est la chose dont j'ai le plus envie au monde. Je vous en prie, faites qu'il sache que rien ne m'arrivera. Je vous en prie, faites qu'il dise oui. (Je vous en prie mon Dieu.) [Écriture d'Elizabeth Taylor.]

Samedi 8 – Fête de *L'espion.*

[...]

---

[1] Taylor subit une opération chirurgicale mineure dont on ne connaît pas la nature. D'après sa note du 6 mai, il se pourrait qu'il s'agisse d'un problème gynécologique.

[2] Les *Telegraph buildings* étaient les bureaux du *Daily Telegraph* et du *Sunday Telegraph.*

[3] Le *Mirror building* abritait les bureaux du *Daily Mirror* et du *Sunday Mirror.*

Dimanche 16

Déjeuner avec Peter Glenville et Bill – vu une maison loufoque et déjantée juste à côté[1]. Elle devrait s'appeler « Tapettesville ». Peter gentil et enthousiasmé par *Reflets*[2]. Ensuite j'ai dû aller voir seule *Le Chevalier des sables*[3] ! Ce n'est pas aussi mauvais que je le craignais. Je n'ai jamais vu R aussi bon (il est si sacrément beau – et sexy), il prend les mots les plus ordinaires et il les transforme en quelque chose de profondément émouvant et vrai – personne au monde n'aurait pu réussir ce qu'il a fait[4]. J'en ai pleuré. Je n'ai pas honte du tout de mon jeu – mais seulement les fois où j'ai joué avec lui. Il nous rend tous plus beaux que nous ne le sommes. [Écriture d'Elizabeth Taylor.]

Lundi 17

J'étais censée faire plein de choses aujourd'hui – comme acheter des robes (et ci et ça), des choses auxquelles j'aurais normalement adoré me consacrer – acheter des vêtements et des bijoux. J'ai encore 5 000 à dépenser sur ma pension et 45 000 de l'argent de l'assurance pour les bijoux – mais nous avons fait autre chose – quelque chose de plus beau que tout au monde. Mon Dieu, c'était adorable ! Ensuite nous avons soupé à « La Mediterannee » [*sic*] et parlé de tout ce que nous allions faire pendant notre lune de miel – cela fait presque cinq ans que ça dure maintenant[5]. C'est de mieux en mieux chaque jour. [Écriture d'Elizabeth Taylor.]

---

[1] Peter Glenville, metteur en scène et réalisateur. Il avait dirigé Burton dans *Becket* (1964) et le dirigerait de nouveau dans *Les Comédiens* (*The Comedians*, 1967). Hardy William « Bill » Smith était un producteur de théâtre et l'amant de Glenville. Glenville avait également viré Richard de *Adventure Story* en 1949.

[2] *Reflets dans un œil d'or* (*Reflections in a Golden Eye*, 1967), d'après un roman de Carson McCullers, sera finalement tourné en 1967 avec Taylor et Marlon Brando dans les rôles principaux et John Huston à la réalisation.

[3] *The Sandpiper* (1965) de Vincente Minnelli, où Taylor et Burton jouent tous les deux.

[4] R : Richard Burton.

[5] La Méditerranée, restaurant place de l'Odéon à Paris. Taylor et Burton s'étaient rencontrés sur le tournage de *Cléopâtre*, qui avait débuté fin 1960.

Mardi 18 – Première nuit de lune de miel (?). Avons quitté Paris en prenant nous-mêmes le volant de la Rolls-Royce. Suivis un moment par deux journalistes. E a une frange. Impossible de décider si j'aime ou pas. E a appelé le baron É. Rothschild pour lui présenter J. Heyman[1]. Déjeuner (pizza) au Bas-Bréau, Barbizon[2]. Charmant. Avons ensuite continué jusqu'à Avallon, logeons à « La Poste[3] ». E se comporte comme si c'était vraiment la première fois que nous étions mariés l'un à l'autre. Dois faire attention. Je pourrais devenir idolâtre. J'aimerais la connaître assez pour lui dire combien la vie est excitante avec elle.

Mercredi 19 – Avons visité le château « Roche Pot » qu'on voit depuis la route[4]. Étions frigorifiés jusqu'aux os.
Sommes partis vers 13 h. Ai parlé avec Glenville de *L'homme qui voulut être roi* et de *Œil d'Or*[5]. Curieux Ray Stark[6]. Napoléon a logé à « La Poste » à son retour de l'île d'Elbe, avant de rencontrer Ney. « Gamine » adore tout, y compris la laideur. Une très bonne affaire comme femme. Déjeuner au Cote d'Or [*sic*] à Saulieu. Splendide. Elle gâtée par tout le monde. Profites-en, âne, tant que ça dure, dit-il, envieux. Je l'aime. Quelle *lune de miel*★. Dormons ce soir dans un hôtel nommé « de France » à côté duquel le Copper House ressemble au Savoy[7]. Mais avec sa perversité habituelle E le trouve romantique. Les draps sont propres. L'excitation rend le gérant inintelligible. La presse est

---

[1] Le baron Élie de Rothschild, homme d'affaires.
[2] L'Hôtellerie du Bas-Bréau.
[3] L'Hôtellerie de la Poste.
[4] Le château de la Rochepot, au sud de Beaune.
[5] *L'homme qui voulut être roi* (*The Man Who Would Be King*), d'après une nouvelle de Rudyard Kipling, sortira finalement en 1975 avec Sean Connery et Michael Caine.
[6] Ray Stark, producteur, notamment de *Reflets dans un œil d'or.*
[7] L'Hôtel de France, à Chalon-sur-Saône. Le Copperhouse est un pub de Cwmafan, au pays de Galles. L'hôtel Savoy, à Londres, est un palace cinq étoiles.

venue au *restaurant de Bressanne**[1] [*sic*]. Deux photographes. Le flash de l'un a refusé de fonctionner. (Mémo : écrire au sujet de la réaction – ou de l'absence de réaction – face à la célébrité.)

Jeudi 20

> La nuit dernière la chambre est devenue belle ! Quand nous nous sommes réveillés elle était laide, mais elle s'était déjà changée en une « jolie expérience ». Le gérant était si touchant que cela nous a rendus tout chose. À le voir sourire et hocher la tête sans discontinuer par-dessus celle des deux photographes locaux on aurait dit qu'il venait de nous donner le jour. Avons roulé 40 km jusqu'à Nantua pour déjeuner, une gentille dame nous a indiqué le chemin pour éviter la longue attente à la douane – ça a marché[2] ! Vu Genève pour la première fois – c'est beau ! Vu la maison de R, rencontré André – me suis sentie très bizarre – comme je m'en doutais – et R aussi. C'est vite passé – Dieu merci. Arrêt au Chateau de C. et l'« Autre Endroit » – la maison ! Les enfants ! La maison[3] !! [Écriture d'Elizabeth Taylor.]

Vendredi 21 – Levé tard, midi ! Promenade à cheval avec Michael, Christopher, Liza après les avoir regardés à l'école d'équitation[4]. Liza et Mike splendides mais Christoph a commencé à montrer des signes de panique et avec ma haine habituelle de voir les autres humiliés, suis parti en direction de la rivière avec Maria[5]. E,

---

[1] L'Auberge bressane, à Chalon-sur-Saône.

[2] La ville de Nantua se situe à l'ouest de Genève.

[3] Référence à la maison de Taylor, le Chalet Ariel à Gstaad. « Château de C » signifie peut-être Château d'Oex.

[4] Michael et Christopher Wilding : les deux fils d'Elizabeth nés de son mariage avec Michael Wilding Sr. Liza Todd, fille d'Elizabeth et de Mike Todd.

[5] Maria : fille adoptive de Taylor et Burton. La procédure avait été entamée alors qu'Elizabeth était encore mariée avec Eddie Fisher. Après leur séparation, Burton décida d'endosser le rôle de père adoptif.

dans le même état d'esprit, est sortie peu après. Chris visiblement contrarié à la fin de la balade. M'a demandé si je monterais à cheval pour le plaisir. J'ai dit non je préfère lire un bon bouquin. Je crois qu'il est entièrement d'accord mais il ne faut pas l'arrêter. C'est une honte. Dîner à la maison. Poulet frit.

Samedi 22 – Mauvaise journée. Levé du pied gauche. Lu *Woolf* au soleil puis promenade avec les garçons et Liza jusqu'au village voisin[1]. Jambes douloureuses. Sommes allés à l'Olden avec E[2]. Ai commencé à la tarabuster – dinde à la maison pour dîner – puis énorme dispute où tous les coups étaient permis. Dormi seul ! Imbéciles !

[...]

Mardi 25

Reçu une invitation pour le sud de la France. Fait les bagages pour la Californie et le s. de la Fr. Et le bateau – crevée ! Sommes allés à l'Olden jouer au yam's pendant des heures juste nous deux, puis avec Paul et sa copine – c'était très amusant[3]. Les enfants sont même meilleurs que nous – sacs à malice !
Quelle nuit amusante = le début d'une lune de miel ! C'est tellement fleur bleue ! Nous ne savons pas vraiment où nous allons ! (Garde les doigts croisés à propos de la Maison – que ce soit vraiment arrivé !!) [Écriture d'Elizabeth Taylor.]

---

[1] « *Woolf* » fait référence au script de *Qui a peur de Virginia Woolf ?* (*Who's Afraid of Virginia Woolf ?*, 1966) que Burton et Taylor allaient tourner plus tard dans l'année. Dans un premier temps, en 1964, Taylor avait été approchée pour jouer le rôle de Martha. À la suite de quoi il fut décidé que Burton jouerait celui de George.

[2] L'Hôtel Olden, à Gstaad.

[3] Paul Neshamkin était le professeur particulier des enfants.

Mercredi 26 – « Écris, a-t-elle dit, parce qu'il faut que tu racontes combien cette journée a été belle et lune-de-miéleuse. » J'ai répondu : « Et si j'écris que je suis furieux parce que j'ai dû attendre ma 39e année pour vivre une journée si implacablement belle ? » Quoi qu'il en soit, nous sommes dans un endroit appelé Talloires, en Haute-Savoie, à L'Abbeye [*sic*], un vieux monastère, et nous sommes arrivés à 9 h, et nous avons aimé la route, et nous avons fait réunir les deux lits[1]. [...]

Jeudi 27 – Sommes allés déjeuner au Père Bise[2]. Très bon mais tous les menus se ressemblent. Pris une poularde de Bresse. Une famille à la table voisine a donné un bouquet de muguet à E. Amour l'après-midi. Puis somnolé et lu l'anthologie de poésie moderne de K. Allott[3]. Qu'est-ce qu'il est frileux dans ses commentaires. Écrit des cartes postales aux enfants à Gstaad. Lu un peu de nouveau. Pris quelques verres et dîner et sur ce, au lit et lecture. Je bois trop régulièrement – au déjeuner et au dîner. Arrêterai quand nous passerons quelques jours à La Reine Jeanne[4]. Toujours les nerfs à vif. J'aimerais ne pas avoir à retravailler si vite.

Vendredi 28

> « Comment vous appelez-vous ?
> — Elizabeth Taylor.
> — Prouvez-le.
> — Le nom de mon père était Taylor.
> — Prouvez-le.
> — Je l'aime, c'est tout.
> — Prouvez-le. »

---

[1] L'Abbaye est à Talloires, sur la berge est du lac d'Annecy.
[2] L'auberge du Père Bise, à Talloires.
[3] *The Penguin Book of Contemporary Verse*, publié en 1950.
[4] L'hôtel La Reine Jeanne, aux Baux-de-Provence.

« Où êtes-vous née ?
— À Hampstead, en Angleterre.
— Prouvez-le.
— J'ai un truc de naissance.
— Montrez-le.
— Je ne l'ai pas avec moi.
— Trouvez-le.
— Je suis seule et sans défense.
— Pourquoi ?
— Je me dispute.
— Avec qui ?
— Avec vous.
— Pourquoi ?
— Parce que nous nous aimons.
— Prouvez-le !
— Juste parce que, c'est tout ! » [Écriture d'Elizabeth Taylor.]

Samedi 29

Réveil plein de contrition – tous les deux – quelle stupide perte de temps et d'énergie ! Doucement et calmement, nous sommes redevenus nous-mêmes – avons déjeuné aux Baux, Baumaniére [*sic*], sommes presque tombés en panne d'essence – avons eu toutes les peines du monde à trouver notre route[1]. J'ai essayé d'être la navigatrice de R – mais les indications des cartes et des panneaux sont si mauvaises que nous nous sommes tous deux transformés en « choses » vociférantes. Quoi qu'il en soit, nous sommes finalement à la maison. Les nerfs commencent déjà à se détendre. C'est un endroit vraiment joli et les personnes les plus aimables s'occupent de nous. La « lune de miel » est de nouveau avec nous. Mon Dieu, je l'aime tellement ! Fais de moi une meilleure épouse (s'il te plaît). [Écriture d'Elizabeth Taylor.]

[1] Probablement l'Oustau de Baumanière, aux Baux.

Dimanche 30 – L'établissement dans lequel nous séjournons est comme un hôtel sans en être un. Son propriétaire, le cdt. Weiller, nous laisse en user gratuitement, ainsi que de ses domestiques et de sa nourriture et de son vin[1]. Pourtant il y a des pancartes comme dans un hôtel. « Éteignez les lumières », « Merci d'utiliser ce sac pour les serviettes hygiéniques. Ne pas les jeter dans les toilettes ». Nous devons éclaircir ce mystère. En bas, au salon, Burt a découvert les livres d'or des années passées, signés par les Chaplin, D. Fairbanks Jr, Merle Oberon, Margot Fonteyn, etc.[2]. Nous avons fait du shopping au Lavandou aujourd'hui et roulé un peu dans les environs. Porc froid au dîner et « William » pour terminer[3]. J'ai joué du piano, lu les journaux du dimanche. Burt m'a battu au yam's. C'était bien la peine de lui apprendre ! Temps hostile. Espère pouvoir me baigner bientôt. Burt était ravissante aujourd'hui.

[...]

JUIN

Mardi 1er – Levé à 9 h 50. Suis allé au Lavandou. Acheté cigarettes, livres, sandales (beaucoup de goudron sur la plage), maillot de bain. Réveillé Burt à 12 h. Avant ça, des ouvriers réparaient le portail et je n'ai pas pu rentrer. Ai bu un café dans le quartier. Les gens étaient sympathiques. Nagé, bain de soleil, déjeuner, lecture au lit, mangé, dormi. Ouf ! Burt un peu sarcastique aujourd'hui.

---

[1] Le commandant Paul-Louis Weiller, aviateur, ingénieur, industriel et philanthrope. Propriétaire de la villa *La Reine Jeanne*, construite pour lui en 1928.

[2] « Burt » : un des nombreux surnoms donnés à Taylor par Burton. Merle Oberon, actrice. Margot Fonteyn, ballerine.

[3] « William » : probablement une eau-de-vie de poire.

Il ferait foutrement bien de s'écouter ! [Écriture d'Elizabeth Taylor.]

Mercredi 2 – Levé à 10 h mais temps maussade. Suis descendu et ai commencé le manuscrit de *Yes and Back Again* de Grenier[1]. Écriture très plate, remplie de clichés et jusque-là fastidieux à lire. Mais il a été accepté alors voilà. Pour ma part je ne l'aurais choisi ni pour son potentiel commercial ni pour des raisons artistiques mais on ne sait jamais. Nous avons ensuite visité Bormez [*sic*] qui est enchanteur et avons été photographiés[2]. Ensuite nous avons cherché des « pizzas » et en avons trouvé dans un petit boui-boui sur la route principale. Avec, nous avons bu du Pernod puis du *vin blanc**. En rentrant nous avons fait un arrêt au café du coin. Désert. Apparemment la propriété fait 70 hectares et le prix après la guerre était de 2 sous le mètre carré ! Ai eu une bonne dispute avec Burt et l'ai accusée, entre autres, d'avoir mauvais goût. Elle m'a accusé, entre autres, de snobisme. J'ai répondu que la seule chose que nous avions en commun était le yam's. J'ai oublié quelques autres détails.

Jeudi 3 – [...] Pour la première fois aujourd'hui le téléphone a sonné ! Deux fois ! Gaston qui faisait du zèle. Et R. Hanley qui nous appelait de Grèce à notre demande[3]. Il va à Londres demain. N'avons rien fait de la journée. J'ai lu les journaux de la première à la dernière page. Sans discontinuer. Beau temps

---

[1] Richard Grenier, correspondant de presse, scénariste et romancier. *Yes and Back Again*, roman (1966).

[2] Probablement Bormes-les-Mimosas.

[3] Richard « Dick » Hanley était le secrétaire de Taylor. Il est par la suite devenu l'attaché de presse de Taylor et de Burton. Il avait auparavant été l'assistant du secrétaire de Mike Todd. Il effectuait de nombreuses tâches pour la maisonnée Burton-Taylor, et contribuait notamment à s'occuper des enfants.

mais venteux donc impossible de faire quoi que ce soit sinon des mots croisés, manger sans arrêt des cerises (délicieuses) et exaspérer Burt. Je n'ai rien bu et pas pris de pilule. Pourtant je me sens léthargique. Où est passée mon énergie ? Lu un passionnant roman policier de… ? Excellent en tout cas.

[…]

Samedi 5

> Longue journée ! R est allé en ville après avoir lavé la voiture (avec la capote baissée, ce qui a provoqué toutes sortes de hurlements de loups) pour m'acheter un cadeau – un bikini. Celui-ci s'est révélé trop petit pour mes nichons – alors il y est retourné (les boutiques étaient fermées). N'ai pas pu l'accompagner car je me lavais les cheveux. Il y est donc retourné une nouvelle fois après le déjeuner. Je crois qu'il a adoré les allers-retours dans la Rolls décapotée. Je dois avouer qu'ils sont magnifiques ensemble ! Nous nous sommes mis sur notre trente-et-un et avons dîné dehors pour la première fois, au Lavendou – merveilleux ! Des gens étranges au village, la plupart sont jeunes mais ont l'air bizarres. R a été plus sifflé que moi. Arrêt à l'endroit des pizzas pour le dessert. R a magnifiquement perdu au yam's ! *Oi givalt*[1] *!* [Écriture d'Elizabeth Taylor.]

Mardi 8 – Sommeil par intermittence jusqu'à 10 h. Suis resté sur le balcon jusqu'au déjeuner à lire les journaux. Appris à notre grand soulagement que les « jumeaux Gemini » étaient revenus du Cosmos sains et saufs[2]. Sans savoir pourquoi, nous étions tous

[1] Expression yiddish exprimant la stupeur. Souvent écrit *oy gevalt.*

[2] Référence au second vol habité dans l'espace à bord de la fusée *Gemini 4.* Les astronautes étaient James Alton McDivitt et Edward Higgins White. White fut le premier Américain à marcher dans l'espace.

deux bizarrement inquiets pour eux. Bizarre aussi que – sans que cela implique de condescendance – j'aie tendance à trouver les Américains doués et courageux mais presque toujours puérils. White, l'homme qui a marché dans l'espace pendant vingt minutes, quand on lui a demandé ses impressions, a répondu : « C'était vraiment quelque chose. » Quelle était la profondeur d'esprit de Christophe Colomb ? Churchill n'était-il pas un garçon doué pour faire des mots d'adulte ? Qu'était Alexandre[1] ? Qui [était] César ? Pas Rex Harrison[2]. Idiot. Curieuse histoire d'amour cet après-midi. Souffrance tolérable. Amour insoutenable. Douleur adorable.

Mercredi 9 – Déjeuner à la maison et ensuite nous avons fait nos sacs pour le week-end et sommes partis pour Roches Fleuries, un hôtel dans un endroit appelé Aiguebelle à 4 km du Lavandou. Nous avons obtenu une chambre donnant sur la mer. Assez jolie. [...] Sommes allés dîner au Lavandou et avons tous deux pris des *moules maranieres** [*sic*]. Nouvelle dispute. Vilaine habitude que nous avons. Retour à l'hôtel, yam's et au lit dans un silence boudeur. C'est toujours (presque) OK le lendemain.

Jeudi 10 – [...] On nous a dit que Sybil se mariait dimanche prochain avec un membre d'un groupe « pop » qui s'appelle « The Wild Ones[3] » ! Nous ne connaissons pas encore son nom mais ce que nous savons en revanche c'est qu'il n'a que 24 ans. Ce qui lui fait 11 ans de moins que Sybil je crois. J'espère mon Dieu que

[1] Alexandre le Grand.
[2] Rex Harrison avait joué Jules César dans *Cléopâtre* et serait le partenaire de Burton dans *L'Escalier* (*Staircase*, 1969).
[3] La première épouse de Burton, Sybil, épousa en secondes noces le musicien Jordan Christopher, chanteur du groupe The Wild Ones.

c'est un type correct et qu'il s'occupera bien de Kate et de Syb[1]. Peut-être que je verrai K un peu plus souvent maintenant. Ce que j'aime cette enfant ! Ce « vieux machin dodu », comme elle se décrit. Quel genre de télégramme envoyer ? Drôle, sérieux ? (Beaucoup de jeux de mots possibles sur « Wild Ones[2] ».)

Vendredi 11 – Sommes rentrés chez nous à La Reine Jeanne aujourd'hui. Nous devrions partir lundi pour l'Hôtel du Cap à Antibes puis mercredi pour les USA. Tous ceux qui connaissent Sybil et sont au courant pour le mariage désapprouvent son petit ami. Elle ne le connaît apparemment que depuis trois mois et c'est du sérieux, pour ainsi dire, depuis seulement trois semaines. J'espère qu'elle sait ce qu'elle fait. Burt fait remarquer qu'elle connaît pas mal de femmes qui sont restées mariées et heureuses avec des hommes plus jeunes qu'elles de bien des années. Prions ! Temps perpétuellement magnifique même si tous les locaux se plaignent du mistral. Pas nous !

Samedi 12 – La vieille Burt souffrante des dents et de douleurs dans les os. J'ai été aux petits soins pour elle et elle a pris son repas à l'étage pour changer – au moins le déjeuner. Avons dîné en bas [...], poulet et salade de tomate. Pas un verre de la journée. En parlant de boisson – Michel Jazy vient de remporter le record mondial du 1 500 mètres et, d'après *Le Figaro*, il boit un quart de vin rouge par jour !!? Impossible d'en savoir plus sur le mec de Sybil. Les journalistes (anglais) nous ont un peu pourchassés – le *Mirror* et l'*Express* – sûrement à propos de Sybil. Parlé à personne. Téléphoner ici est impossible, sorte de tournois de hurlements olympiens.

---

[1] Kate (souvent abrégé en « K » dans les *Carnets*) : la fille aînée de Sybil et de Richard (née en 1957).

[2] « The Wild Ones » signifie « les sauvages ». (N.d.T.)

Dimanche 13 – Parlé à Aaron aujourd'hui qui est opposé avec aigreur au mariage de Sybil[1]. Le nom du type est Zaroff. Un Gréco-Américain de l'Ohio. « A 24 ans, en paraît 18 », a dit Aaron. Sans un sou. Sybil possède 200 000 dollars. Le reste va dans un fonds de placement pour les enfants. Roddy furieux[2]. Helen Greenford refuse d'aller au mariage[3]. Ivor ravi ! Phil s'en fiche[4]. J'ai parlé à Kate un moment. Elle parlait terriblement comme une Yankee !

Lundi 14 – Sommes partis pour Antibes. Beaucoup d'adieux [...] au bistro du coin (appelé la Paillotte[5] [*sic*]). Avons déjeuné au Leï Mouscadins [*sic*] à St Tropez[6]. Arrêt au Carlton de Cannes pour un verre. Puis promenade. Rencontré le rédacteur en chef du *Sunday Mirror*[7]. Me suis saoulé.

Mardi 15 – Réveillé tard (vers 11 h) et déjeuné de hors-d'œuvre à l'Eden Roc, qui est évidemment le restaurant de l'hôtel[8]. Ensuite nous sommes allés à l'aéroport de Nice pour récupérer les enfants qui arrivaient de Genève avec Bea[9]. Plus tard j'ai emmené les enfants nager sur le rocher et j'ai donné à Michael

[1] Aaron Frosch, avocat de Burton.

[2] Roddy McDowall, acteur, ami de Burton, Sybil et Elizabeth. Il avait joué avec Burton dans une adaptation de *La Tempête* pour la chaîne de télévision NBC en 1960, ainsi que dans la mise en scène new-yorkaise de *Camelot* (1960-1961), avait partagé une villa avec Richard et Sybil à Rome durant le tournage de *Cléopâtre*, et avait eu un rôle dans *Le Jour le plus long* (*The Longest Day*, 1962).

[3] Helen Greenford, nièce de Sybil.

[4] Philip Burton : professeur d'anglais puis mentor de Richard, producteur pour la radio et metteur en scène. Il eut une profonde influence sur les années de formation de Richard, et devint son tuteur légal en 1943. Il avait déménagé aux États-Unis en 1954.

[5] La Paillote, à Hyères.

[6] Le restaurant Leï Mouscardins.

[7] Le rédacteur en chef du *Sunday Mirror* était à l'époque Michael Christiansen.

[8] L'Hôtel du Cap-Eden-Roc, à Antibes.

[9] Bea était la gouvernante des enfants.

et à Christopher deux boussoles porte-clefs qu'ils adorent. Nous sommes tous allés à Juan-les-Pins de bonne heure pour manger une pizza. Nous avons observé avec fascination le nombre de personnes fascinées par la vieille Rolls-Royce. Je ne me souviens d'aucune voiture ayant autant attiré l'attention – surtout en France. Partie de yam's assez sauvage que j'ai perdue.

Mercredi 16 – E a fait des essayages de vêtements chez Dior aujourd'hui. Ils sont très beaux. J'ai fait mes bagages, Dick et Bea ceux de Burt[1]. Nous avons pris la chaloupe du *Michelangelo* et sommes restés assis plus d'une heure à découvert sur le pont (nulle part où se cacher) pendant que tout le sud de la France prenait des photos[2]. Le bateau, comparé à ceux de la Cunard, est étonnamment fonctionnel et sa décoration atroce. Tout a l'air bon marché et chromé. Un photographe qui se précipitait pour nous prendre en photo alors qu'on débarquait de la chaloupe a cogné Maria en pleine figure avec son appareil photo en bandoulière. Je lui ai mis des claques sur la nuque et sur le dos. Connard impertinent.

> [La page où devraient figurer les entrées du 17 au 23 juin est manquante.]

Jeudi 24 – De rage, un soir, j'ai arraché la page précédente du journal. Idiot évidemment mais enfin c'est fait. Demain nous arrivons à NY. J. Springer viendra à la rencontre du bateau [...]. Nous ne devrions pas le voir ni ses amis de la presse avant bien bien plus tard. Je vais laisser le récit du reste de cette journée jusqu'à ce que demain soit terminé !

---

[1] Dick Hanley.

[2] Le *Michelangelo*, transatlantique construit en 1962.

Arrivés à NY. Journalistes habituels. Questions idiotes habituelles, réponses idiotes habituelles. Demain j'ai pris des dispositions pour partir à la campagne dans un endroit appelé Quogue pour voir Kate, Ivor et Gwen[1]. E très nerveuse mais autant que moi.

[...]

JUILLET

Jeudi 1er – Arrivés à LA via Chicago et NY. Voyage en train agréable. Lu la biographie de Dylan par Fitzgibbon, que j'apprécie pour autant qu'on puisse apprécier le récit d'une vie si désespérée[2].

Nous sommes descendus à Pomona dans l'espoir d'éviter la presse mais ils étaient là[3]. Roulé jusqu'à la maison avec J. Springer. [...] La maison est bien. Beaucoup de choses ne fonctionnent pas mais le terrain est beau et il y a deux piscines. Les enfants l'adorent évidemment. Sommes allés voir Francis. Il se déplace difficilement mais son cerveau est OK.

Vendredi 2 – Ai passé toute la matinée dans la piscine et à chercher Shanni qui s'est perdue ou a été volée[4]. Elle est si minuscule qu'elle pourrait aussi bien être coincée sous les broussailles pour autant que je sache. Déjeuner avec Francis et Sara au Scandia[5]

---

[1] Quogue, village de Long Island, dans l'État de New York. La maison en question est celle d'Aaron Frosch. Gwen : épouse d'Ivor Jenkins, le frère de Burton.

[2] Dylan Thomas, poète gallois et ami de Burton. Constantine Fitzgibbon, *The Life of Dylan Thomas* (1965). Burton écrirait une critique de ce livre pour le *New York Herald Tribune*.

[3] Pomona : ville du comté de Los Angeles.

[4] Shanni : nom d'un animal de compagnie des Burton-Taylor.

[5] Le Scandia : restaurant de Sunset Boulevard.

[…]. Vu Mike Nichols et une fille nommée Rosemary Forsythe[1]. Mike aime les filles assez bêtes. Appris à E à jouer au billard. Ai fait quelques bons coups.

[…]

Lundi 5 – Piscine encore. E a lu *V. Woolf* pour la première fois – en tout cas le nouveau scénario. Val est venue pour déjeuner et dîner[2]. Nous avons visité sa maison et testé son bassin à remous. Ça a l'air super mais nous saurons demain si ça nous donne des courbatures. Attends avec inquiétude la réponse de Syb pour Kate. J'espère qu'elle sera d'accord pour la laisser venir séjourner chez nous. Que ferai-je si elle n'accepte pas de bon cœur ? Ai écrit des lettres à Kate, Graham, Gwyneth, Ivor, Syb[3]. Ouf !

[C'est la dernière entrée – en dehors d'un tableau de scores de yam's ! Le travail pour *Qui a peur de Virginia Woolf ?* commença le lendemain par trois semaines de répétitions aux studios Warner, à Los Angeles.]

---

[1] Mike Nichols était à l'époque connu comme metteur en scène de théâtre. Il allait faire ses débuts au cinéma avec *Qui a peur de Virginia Woolf ?* Rosemary Forsyth : actrice.

[2] Valerie Douglas : à l'époque attachée de presse de Burton à Beverly Hills.

[3] Graham Jenkins (1927-2015) était le plus jeune des frères de Richard.

1966

[Richard arrêta de tenir son journal en juillet 1965 et ne le reprit qu'à la mi-mars 1966. De juillet à août 1965, pendant qu'ils répétaient et tournaient *Qui a peur de Virginia Woolf ?*, Elizabeth et lui habitèrent sur Carolwood Drive, dans le quartier de Holmby Hills, à Bel Air. Fin août, ils quittèrent Los Angeles pour le Smith College de Northampton, dans le Massachusetts, afin de tourner les scènes en décor naturel. À la même période, leur film *Le Chevalier des sables* sortit en salles. Fin septembre, ils retournèrent à Hollywood, où Richard fêta son quarantième anniversaire le 10 novembre 1965. À cette occasion, le producteur et scénariste de *Woolf*, Ernest Lehman, offrit à Richard une édition originale des essais de Francis Bacon. Elizabeth lui fit cadeau d'une voiture, une Toronado Oldsmobile. Le tournage de *Woolf* se termina le 13 décembre 1965, après quoi Richard et Elizabeth rendirent visite à Howard, le frère d'Elizabeth, et à sa famille à Del Mar, à San Diego, avant de passer Noël à Los Angeles. En janvier, ils se retrouvèrent tous deux engagés dans des procédures judiciaires avec la Twentieth Century Fox. En février 1966, Richard et Elizabeth, pour tenir une promesse qu'ils avaient faite en 1963 à Nevill Coghill, l'ancien professeur de Richard, se rendirent à Oxford, où ils logèrent au Randolph Hotel. Après dix jours de répétitions, ils se produisirent sur la scène du Oxford Playhouse dans une mise en scène du *Docteur Faust* de Christopher Marlowe par la Oxford University Dramatic Society. La pièce, qui reçut un accueil mitigé, ne fut jouée qu'une semaine. Selon les estimations, elle rapporta entre 3 000 et 17 000 livres. Les recettes (et celles de l'adaptation cinématographique qui suivit) devaient être versées à un fonds de souscription (le University Theatre Appeal Fund) destiné à doter l'université d'un nouveau théâtre et d'un centre d'art. Bien que cet objectif ambitieux n'ait jamais été atteint, en partie parce que le film coûta plus d'argent qu'il n'en rapporta, le bâtiment du Playhouse s'agrandirait en 1976 d'un Burton Taylor Studio.

Après *Faust*, Burton et Taylor rejoignirent Rome pour le tournage de *La Mégère apprivoisée* sous la direction de Franco Zeffirelli. Ils s'installèrent dans une villa de la Via Appia Antica.]

MARS

Vendredi 18, Rome[1] – Déjeuner à la maison avec Franco Zeffirelli, Alexandre de Paris, Irene Sharaff et Dick McWhorter[2]. Irene est pleine de contradictions amusantes. Et terriblement sensible sur la question de sa dignité.

Après le déjeuner [...] nous avons tenu une conférence de presse. Les habituelles réponses stupides aux inévitables questions stupides. Ce qu'ils peuvent être rasoirs !

Dîner solitaire à la maison, poulet frit. Dois relire le scénario et la version originale de la *Mégère* avant lundi. De Sica vient déjeuner demain a priori[3]. Nous devons dîner avec Edward Albee

---

[1] Dans son journal, Burton précise le lieu depuis lequel il écrit pour la plupart des entrées. Dans le présent ouvrage, on ne mentionnera cette indication que lorsqu'il se produit un changement.

[2] Franco Zeffirelli, le réalisateur de *La Mégère apprivoisée*. Irene Sharaff, la costumière d'Elizabeth Taylor pour le film, avait également été celle de *Cléopâtre* et de *Qui a peur de Virginia Woolf ?*. Richard F. McWhorter, le producteur exécutif du film, avait été assistant producteur de *L'espion qui venait du froid* et de *Becket*.

[3] Vittorio De Sica : réalisateur qui dirigerait Burton dans *Le Voyage* (*The Voyage*, 1974).

samedi soir (demain)[1]. J'espère qu'il sera plus compréhensible que la dernière fois que je l'ai vu à NY.

Samedi 19 – Nous avons traînaillé toute la journée avant de retrouver Zeffirelli, Albee et son ami à Rome pour le dîner, au Ranieres [*sic*] (près de la place d'Espagne)[2].

Albee était très flatteur, surtout concernant E !, au sujet de *Woolf*, et très loquace par rapport à d'habitude. Son ami et lui ont entamé un rapide tour d'Europe – un jour ici, un jour là. Il a dit qu'il en était aux deux tiers d'une nouvelle pièce qui devrait être jouée à Broadway à l'automne[3]. Elle sera interprétée par quatre hommes et deux femmes. Il a dit que c'était « une pièce très curieuse, une pièce vraiment très curieuse ». Après *Tiny Alice*[4] et *V. Woolf*, jusqu'où est-il encore possible d'aller dans le « curieux », comme ils disent ? Il nous a raconté qu'il réfléchissait à une pièce pendant approx. six mois, puis qu'il l'écrivait en trois. Il n'y a pas de second jet. Elle est comme elle est, et reste ainsi.

Le trajet jusqu'à Rome, avec les paparazzi à nos trousses, était à dresser les cheveux sur la tête. Je crois que Mario le chauffeur accorde trop d'attention à ces mouches de caniveau. Ils risquent leur vie eux aussi. Pourquoi ne vont-ils pas là où il y a un vrai danger ? Dans un pays en guerre par exemple. Ou au Vietnam. Ou n'importe où.

J'ai fini de lire la pièce d'Ugo Betti *La Reine et les insurgés*[5]. C'est assez bon et très jouable mais ça faiblit vite à la fin. Peut-être qu'on pourrait en tirer quelque chose. Il y a aussi une partie

---

[1] Edward Albee : auteur dramatique, notamment de *Qui a peur de Virginia Woolf ?*.

[2] Le Ranieri : hôtel du centre de Rome. Le compagnon d'Albee était alors William Pennington.

[3] *Délicate Balance* (*A Delicate Balance*), qui allait gagner le prix Pulitzer en 1966.

[4] *Tiny Alice*, créée en 1964.

[5] Créée à Rome en 1951.

des dialogues qui est lamentablement vieux jeu, mais tout ça pourrait être amélioré.

[…]

Mardi 22 – Lundi, le jour manquant dans ce journal, nous sommes allés aux studios à 18 h pour bavarder et boire un verre avec l'équipe et les acteurs. Nous avons emmené Liza, Maria et Karen (leur nounou). Tout le monde paraissait raisonnablement content et pensait que c'était un assez bon premier jour – surtout étant donné que c'est le premier film de Franco Z.

J'y étais allé plus tôt dans la matinée, même si je n'étais pas convoqué, pour souhaiter bonne chance et voir comment les choses se passaient. Il y a eu un long retard initial d'une heure et demie pour un changement de chevaux. […] Plus tard dans la matinée, je suis allé jeter un coup d'œil aux décors en extérieur […] pour assister aux premiers *glass-shots*[1]. Ça a l'air pas mal également.

J'ai déjeuné avec M. Haggiag[2]. On m'avait prévenu que c'était un margoulin. Je crois que c'est vrai, mais il semble sensible à la flatterie, ce qui est toujours une grande faiblesse dans les négociations et une force (pour l'autre partie) si elle sait l'utiliser.

J'ai emmené Liza et Maria à l'école ce matin et suis ensuite allé à la librairie de la Via Veneto pour acheter 20 ou 30 livres de poche. Une demi-douzaine de polars. *The Trial of Stephen Ward*, de Ludovic Kennedy, une véritable histoire d'épouvante au cœur de l'establishment. Et un procès manifestement injuste

[1] Le *glass-shot* est une technique qui consiste à tourner une scène à travers une plaque de verre peinte afin de figurer, par exemple, un décor.

[2] Robert Haggiag, producteur de films et notamment de *Candy*, dans lequel Burton jouerait en 1968.

– dans des proportions cauchemardesques. Les *Mémoires*[1] de Harry S. Truman. Candeur qui va jusqu'à l'admirable, et également surprise qu'un homme d'une intelligence si ordinaire (mais coriace) ait pu devenir président. Et s'en soit si bien sorti. Peut-être que la fonction est vraiment capable de faire l'homme.

Nous avons passé la soirée tranquillement assis à lire. Nous avons dîné *à deux** et lu et parfois avons parlé et nous sommes lus mutuellement des passages intéressants, y compris pendant le repas. Le temps est soudain devenu assez estival. Pour la première fois j'ai dû rouler fenêtres grandes ouvertes.

Certains jours sans vent, Rome est maintenant aussi polluée que n'importe quelle grande ville. Ces miasmes mortels gagnent lentement toute la planète. Est-ce qu'aucun gouvernement n'agira pour empêcher cette immense asphyxie mondiale ? Ah ça, tout sera bien différent dans cent ans. L'inhumanité de l'homme envers lui-même est stupéfiante.

Les élections en Angleterre auront lieu le 31[2]. Pour moi, c'est quelque chose de fascinant à observer. Les accusations mesquines et les attaques malveillantes des deux côtés sont presque trop puériles pour qu'on y croie et pourtant je ne peux pas m'empêcher de les suivre dans les journaux. L'onction de la presse tory[3], l'immense vulgarité du *Mirror*, l'aveuglement des deux paraîtront incroyables aux époques futures si, comme je l'ai écrit plus haut, il y a une époque future. Wilson va gagner, d'après les sondages[4]. Georgie notre Laza Apso est très malade[5]. Pauvre petit gars.

---

[1] *Mémoires*, de Harry S. Truman : *L'Année des décisions* (vol. 1, 1955) et *Années d'épreuves et d'espérance* (vol. 2, 1956).

[2] Harold Wilson provoqua une élection générale dans le but d'assurer une majorité plus large au parti travailliste.

[3] La presse tory était celle soutenant le parti conservateur. Le *Daily Mirror* soutenait le parti travailliste.

[4] Le parti travailliste remporta 363 sièges lors de ces élections, faisant ainsi passer sa majorité à la Chambre des communes de 4 à 96 sièges.

[5] Lhasa Apso : race canine.

[...]

Vendredi 25 – Les garçons sont arrivés de *La Suisse*★. Liza, E et moi avons déjeuné à Ostie en bord de mer[1]. Une journaliste énorme et horrible a surgi pour nous poser des questions. Je l'ai envoyée promener dans une explosion de colère.

Je me suis senti affreusement mal toute la journée, mélancolique et distant, et E pareil. Georgie est mort. Il a dû attraper quelque chose d'un chien étranger dans la fourrière où il était. Maintenant c'est E'en So qui est malade[2]. Prions le ciel qu'elle s'en sorte. J'adore cette vieille dame chinoise.

Nous avons dîné tôt avec les enfants et sommes allés nous coucher de bonne heure également. Je commence à être nerveux à propos du film et E est fermement persuadée qu'elle est incapable d'apprendre son texte. [...]

Samedi 26 – Je me suis réveillé à 11 h, à mon grand étonnement. Si tard. J'aimerais me réveiller entre 6 et 7 heures du matin jusqu'à ma mort, mais la vie et les nerfs étant ce qu'ils sont, on a de la chance d'être debout à brailler sur les coups de 16 h. Il y a une sorte de léthargie, engendrée uniquement par la vulgarité, qui pousse à se lever tard. Je me souviens de l'époque où dormir plus de cinq heures par jour était considéré comme du laisser-aller. Et voilà que je me laisse aller. Ça doit être la gnôle et l'âge.

Les enfants étaient dans les parages pour le déjeuner. Ils rigolaient bêtement et trouvaient un grand plaisir à faire les idiots. Ils ont prétendu éprouver un puissant désir d'aller aux studios. Nous

[1] Ostie, à environ 30 kilomètres à l'ouest de Rome.
[2] E'en So : le pékinois de Burton et de Taylor.

leur avons préparé des sandwichs au jambon et au fromage et avons renvoyé Maria à la maison. Cela nous laissait avec Michael et Christopher et Liza. Nous sommes alors allés voir un film intitulé *Matt Helm, agent très spécial*[1] avec Dean Martin. C'était d'une évidence si prévisible que ça en devenait époustouflant. [...] Je me suis endormi. Et les enfants l'ont remarqué, à ma grande honte.

[...]

J'ai aussi eu une vision de moi-même à l'écran. J'étais gai, stupide et gros. Aussi, comme ils le disent, je suis gros, je suis gai, je suis stupide et je suis gros et ça, comme ils disent, c'est gros.

Je m'inquiète énormément du fait que nous n'ayons pas d'argent. Je m'inquiète de ne pas pouvoir veiller sur ma femme et mes enfants quand je serai mort – personne d'autre ne le fera – et cela m'inquiète plus que la bêtise de *Good Gracious Me*[2] !

Bref, nous sommes allés dans un restaurant au-dessus d'une étable et la nourriture était bonne.

Et les enfants mouraient de froid et d'ennui. Tout comme moi. [...]

[...]

Mardi 29 – Je suis allé au studio et ai été maquillé et habillé et ai fait des bouts d'essai de nouveau. E est venue avec moi. Vers 14 h 30 nous sommes allés déjeuner dans le petit village à dix minutes de là – l'endroit avec des vaches appelé I Streghi ou un

---

[1] *Matt Helm, agent très spécial* (*The Silenters*, 1966), film de Phil Karlson.

[2] *Goodness Gracious Me !* est le titre d'un single enregistré par Peter Sellers et Sophia Loren en 1960. Il atteignit la quatrième place au hit-parade. Loren devait plus tard jouer avec Burton dans *Le Voyage* et *Brève Rencontre* (*Brief Encounter*, 1974).

nom dans ce genre[1]. (Les vaches sont à droite du restaurant et le regardent – pas dans le restaurant.) Tout le village appartient à un membre de la famille Borghese.

Après ça nous avons pris un cognac avec le propriétaire. Puis avons tranquillement passé l'après-midi à boire et maison et lit. E très inquiète au sujet de ce vieux saignement interne qui a repris.

Mercredi 30 – Je commence enfin à apprendre le texte. Quel acteur lent je fais. Comment réussir sans s'être jamais vraiment donné la peine d'essayer.

Pas mal de ruminations de la part de Franco Z à propos de mon costume initial. J'espère qu'il ne sera pas pénible quand nous commencerons à travailler. On est en train de changer ou plutôt d'adapter le costume actuel. J'aimerais avoir la passion de Larry et John – en réalité de la plupart des acteurs – et de toutes les tantes – pour les costumes et tout ce qui va avec – les essayages, le pinaillage sur les détails, etc.[2]. Je suis allé au studio où j'ai fait office d'amortisseur ou de médiateur entre Franco, qui n'est pas entièrement masculin semblerait-il, et Irene qui n'est pas entièrement féminine, et j'ai ainsi erré dans le brouillard pendant un quart d'heure. Ensuite suis rentré à la maison pour retrouver la vieille grosse qui était restée toute la journée au lit pour surveiller, prendre soin de ce saignement mentionné plus haut. Les élections anglaises auront lieu demain. J'ai lu les articles politiques jusqu'à en être dégoûté. Ne lirai plus ceux des journaux britanniques jusqu'aux prochaines élections. Et encore, pas sûr.

---

[1] De nos jours, il existe un restaurant Le Streghe sur la Via Tuscalona, à environ deux kilomètres de Cinecitta.

[2] Larry : Laurence Olivier, acteur et metteur en scène. John : Sir John Gielgud, acteur et metteur en scène, ami de Richard Burton qu'il avait dirigé dans les pièces *The Lady's Not for Burning* (1949, 1950), *The Boy with a Cart* (1950), *Hamlet* (1964), et avec qui il avait joué et jouerait encore (*Becket*, *Wagner*).

Jeudi 31 – […] Aujourd'hui j'ai reçu une lettre de Franco disant qu'il se sentait davantage capable de mettre ses pensées par écrit que de les exposer de vive voix car son anglais n'était pas trop assuré. Une très bonne excuse pour ne pas avoir à dire en face quelque chose de désagréable. N'est-ce pas Churchill qui renvoyait toujours ses sous-fifres par lettre ? Qui aurait pu croire que le Vieil Homme avait tant de lait en lui[1] ? Quoi qu'il en soit, la lettre disait qu'il avait dessiné et fait réaliser un nouveau premier costume pour moi et pourrais-je venir à 16 h pour l'essayer. J'y suis allé et évidemment j'ai attendu vingt minutes. Au début j'ai été consterné par son poids et ses dimensions mais après l'avoir enfilé me suis tout de suite senti mieux. J'ai immédiatement fait un bout d'essai avec et verrai le résultat demain vers 11 h. Ça a intérêt à être bien. Irene Sharaff est de toute évidence contrariée et comme je la trouve paresseuse jusqu'à la moelle, intraitable, vaguement condescendante envers la plupart des gens, une snob intello (bien qu'elle n'ait pas de quoi la ramener) ainsi qu'une vraie raseuse, ma compassion pour elle est tempérée de discrétion. Cela dit la vieille Snapshot l'adore et je dois faire preuve de tact et ainsi de suite pour la garder[2]. Lizabet pense également qu'elle est talentueuse mais j'ai tendance à croire, comme toujours, qu'à part une exception de temps en temps, les stylistes sont comme les photographes – de simples copieurs. Faites assez de photos, copiez assez de peintures et certaines finiront bien par être passables.

Nous avons appris nos répliques, lu des livres, appris un peu d'italien (moi) dans la chambre, dîné, tous les deux affamés, de poulet rôti, de pommes de terre, de salade, de fromage et de

---

[1] Paraphrase d'une réplique de Lady MacBeth dans *Macbeth* (acte V, scène 1) : « Qui aurait cru que le vieil homme avait tant de sang en lui ? »

[2] Snapshot [littéralement, « photo instantanée » (N.d.T.)] : un des sobriquets de Richard pour Elizabeth.

fruits, tout ça arrosé pour ma part d'eau – je n'ai pas envie de boire en ce moment – et pour Snapshot de vin rosé. [...]

AVRIL

***Vendredi 1**er* – Quelle journée ! J'y suis allé vers 11 h 30 pour voir les bouts d'essai du nouveau costume. C'est pas mal – au moins c'est mieux que l'autre. Je l'ai donc fait réajuster et l'essaierai de nouveau demain samedi.

Comme l'atmosphère est maintenant électrique j'ai décidé d'essayer de faire quelque chose. J'ai ramené Irene à la maison pour déjeuner et ai dit à Zeffirelli que je le verrais à 18 h. Il était d'accord. Le déjeuner était effrayant. Irene déteste vraiment l'Italien et décrit mon costume comme celui d'un opéra des années 1930. Elle ne s'attendait pas, a-t-elle dit, à servir de dessinatrice à FZ. Je ne vois pas bien à quoi d'autre elle s'attendait. Shumdit affirme que ce n'est pas ce qu'elle a voulu dire[1]. Finalement, au déjeuner, j'étais tellement exaspéré par les récriminations continuelles que j'ai quitté la table en grognant : « Excusez-moi, je suis de mauvaise humeur. » Shumdit a rétorqué avec son immense tact habituel : « Vraiment, Richard ? » J'ai aboyé sur le même ton quelque chose comme « Ta gueule » et suis parti arpenter furieusement nos quelques hectares de terrain avec E'en So.

Quand je suis revenu, j'ai embrassé Shumdit pour la consoler avant de l'attaquer de nouveau parce que j'ai cru qu'elle avait cancané avec la princesse Machin-Chose qui est en train de faire sa robe pour l'émission TV de Mike Todd Junior sur son père[2]. Puis nous nous sommes embrassés encore pour faire la paix.

---

[1] Shumdit : un autre des surnoms de Richard pour Elizabeth.

[2] Mike Todd Jr : fils de Mike Todd et de Bertha Freeman. *Around the World of Mike Todd* fut diffusé en septembre 1968.

Et sur ce, au studio. J'ai dit à Z que les choses devaient changer, qu'il ne pouvait pas fabriquer des costumes dans notre dos. Il a répliqué qu'il fallait bien qu'il se fasse justice lui-même puisque Irene était si inflexible et que le respect qu'il avait pour elle avait complètement disparu. Il a décrit les costumes de l'intéressée comme ceux d'une tournée provinciale de *La Mégère* dans l'Amérique des années 1930. J'ai répondu qu'en ce qui me concernait, il pouvait faire lui-même tous ces fichus costumes, mais qu'E Shumdit tenait absolument aux tenues d'Irene et que si elle le prenait en grippe ce serait la fin de sa participation au film. Que s'il y avait encore des contretemps liés au problème des costumes, ai-je dit en le regardant dans le blanc des yeux, quelqu'un devrait partir. Que nous avions investi 2 millions de dollars dans cette entreprise et que je ne voulais pas d'un autre *Cléopâtre.*

McWhorter, qui était présent, lui a demandé s'il avait d'autres costumes en préparation. Z a rétorqué « Non ! Non ! » mais je savais qu'il mentait. Je lui ai suggéré d'arrêter d'être sournois et d'affronter Irene en face et de lui hurler dessus si nécessaire, afin qu'elle puisse lui hurler dessus elle aussi. « Mais arrête, l'ai-je imploré, de faire ton putain de Machiavel. » Il a répondu que c'est ce qu'il ferait, mais seulement après avoir vu E Shumdit. Nous devons donc déjeuner avec lui demain. Dès que j'ai été dans la voiture sur le chemin de la maison je me suis rendu compte que Mario avait parlé d'emmener les enfants aux escaliers de la place d'Espagne pour voir les fleurs, donc vais annuler le déjeuner demain quand je me lèverai[1]. J'en avais tellement assez que j'ai bu trois verres de vin et deux grands cognacs en environ une demi-heure, puis j'ai mangé

[1] Chaque printemps, la tradition veut que les escaliers de l'église de la Trinité-des-Monts, sur la place d'Espagne, soient couverts d'azalées.

mes pâtes et suis allé au lit. Nous avons crié un peu l'un sur l'autre mais rien de sérieux.

Les travaillistes ont gagné les élections facilement. Ne connais pas le score final mais ce sera vraisemblablement une majorité de cent sièges. Quoi qu'il en soit, ils sont là pour un bon moment.

Samedi 2 – […] E + moi sommes allés voir FZ au studio. Beaucoup de parlote mais je ne me souviens pas de grand-chose. J'étais déjà bourré.
Ensuite nous sommes allés au Garden City pour une pizza puis à la maison où nous avons parlé avec Mario de cet effrayant week-end à Porto Santa Stefano il y a quatre ans[1].

Ça m'a profondément déprimé et j'ai longtemps regardé le plafond avant de finir par m'endormir.

Dimanche 3 – […]

La petite Liza est tombée dans l'escalier, pauvre petit clown, et son visage est méchamment contusionné. Elle aura sans doute une splendide paire d'yeux au beurre noir demain. Je lui ai demandé si elle avait pleuré. Elle a répondu oui. Je pourrais la manger.

Très à cran et irritable. Le fait de travailler demain en est sans aucun doute la cause. Toujours la même chose avant que je commence un nouveau job.

Lundi 4 – Ma première journée sur le film. J'étais aussi nerveux qu'un cheval à la pensée d'en chevaucher un autour d'un grand brasier avec des figurants dans tous les sens. Pourtant je m'en suis raisonnablement bien sorti.

[1] Porto Santo Stefano se trouve sur le Promontorio dell'Argentario, à 125 kilomètres de Rome. Burton et Taylor y avaient passé un week-end tendu en avril 1962, pendant leur liaison. Burton revient sur ces événements plus tard dans son journal (voir l'entrée du 13 août 1971).

Je suis arrivé au studio à 7 h 30 après un trajet au volant de la Toronado (attrapé par la police routière en train de franchir une ligne blanche pour doubler un camion mais heureusement j'étais suivi par notre propre policier qui a tout arrangé au mieux et à l'amiable) pour découvrir que j'avais une demi-heure d'avance : j'étais attendu à 9 h. J'ai répété avec Cyril Cusack et Victor Spinetti mais en réalité ne suis pas passé devant les caméras avant 15 h 30[1].

E est arrivée pour déjeuner avec M. Todd. Plus tard nous avons été rejoints par Johnny Sullivan et un nouveau chiot pékinois blanc comme neige et adorable que nous avons baptisé Oh Fie. Il deviendra, nous l'espérons, le mari d'E'en So.

J'ai eu une conversation remarquable sur le sexe et la religion avec Cyril, qui est grandement tenté par une femme romaine. Il est, je le crois et lui aussi, sexuellement immature. Il ne dispose pas de la vaste expérience que les excès de ma folle jeunesse m'ont inculquée. Je lui ai dit que je ne pourrais pas, mais évidemment je suis imperméable à ce genre de tentations depuis que je suis tombé amoureux de Cantank[2].

Plus tard je suis devenu très saoul et j'ai beaucoup hurlé. Sur E. Je ne sais plus à quel propos.

Juste totalement bourré.

Mardi 5 – De nouveau au travail aujourd'hui, cette fois à la bonne heure. Nous avons continué le tournage de la scène. FZ nous a de but en blanc donné de nouvelles répliques. Il ne faut pas qu'il fasse ça. C'est très perturbant. Nous nous en sommes

---

[1] Cyril Cusack interprétait le rôle de Grumio dans *La Mégère apprivoisée*. Il avait déjà joué avec Burton dans *L'espion qui venait du froid* et le ferait de nouveau dans *Tristan and Isolt* (1979). Victor Spinetti, un acteur gallois, tenait le rôle de Hertensio dans *La Mégère*.

[2] Cantank : un autre surnom de Burton pour Elizabeth Taylor. *Cantankerous* signifie « acariâtre » en français.

sortis. E est arrivée pour le déjeuner. Aaron était là, J. Sullivan, puis Mia Farrow et Mike Nichols sont arrivés de NY[1]. Ce M. Nichols sait y faire avec les filles. J'aimerais que Farrow grossisse de sept kilos et laisse pousser ses cheveux.

J'ai tourné une scène après le déjeuner avec Cyril et Victor Spinetti et ensuite pris une douche et attendu pour faire mes répliques hors champ. On n'avait pas besoin de moi mais j'ai dit que je viendrais demain dans ce but. Si je fais vraiment une apparition, ce sera tard dans la journée j'imagine. E fait son émission pour M. Todd demain. [...]

J'ai lu le truc Capote-Tynan dans l'*Observer*[2]. [...] Je crois que Capote a plus raison que Tynan même si j'aurais préféré que ce ne soit pas écrit de manière aussi insultante. « La morale d'un babouin », « ce ringard », etc. Il faut encore que je lise la réponse de Tynan à la réponse de Capote à Tynan.
Nous étions au lit à 22 h je crois. J'étais courbaturé à cause du cheval et irascible comme un vieil homme et fatigué.

Mercredi 6 – J'y suis allé mercredi à 9 h et j'ai fait mes répliques hors champ. Gros problèmes avec le pauvre chien et le cheval. Qui plus tard a eu un léger coup de folie et a donné du sabot dans l'estomac de Cyril. Mais Cyril (Cusack) était si près du cheval que celui-ci n'a pas pu prendre d'élan. Cyril aura quand même un bleu demain. E qui était censée faire cette émission de TV pour M. Todd très malade à cause de ce satané saignement. Nous avons envoyé chercher un médecin de Londres. Je

---

[1] Mia Farrow jouerait avec Elizabeth Taylor dans *Cérémonie secrète* (*Secret Ceremony*, 1968).

[2] Kenneth Tynan : critique de théâtre, journaliste, directeur littéraire de la National Theater Company de 1963 à 1973. Tynan avait écrit des critiques sur Burton et le connaissait depuis ses débuts. Capote était un ami de Taylor. L'article hostile de Tynan sur le *De sang-froid* (1965) de Capote paru dans l'*Observer* du 13 mars 1966 provoqua une réponse de ce dernier (publiée le 27 mars 1966).

suis allé au lit énormément déprimé, en faisant des cauchemars où elle mourait.

Jeudi 7 – Ai emmené les garçons au travail et ils sont restés toute la journée. Nous avons bien travaillé toute la journée. [...] M. Nichols et M. Farrow étaient avec E quand je suis rentré à la maison. [...] E se sent mieux et le saignement s'est arrêté. [...]

Vendredi 8 – [...] Ai été convoqué pour être prêt à 10 h et l'étais mais pas passé devant les caméras avant 11 h. Spinetti a dit à ce moment-là : « J'adorerais boire une coupe de champagne bien frais. » J'ai dit : « Bob[1] ! Du champagne s'il te plaît. » Et nous en avons eu – Cyril, Victor, Bob et moi. Du Dom Perignon [*sic*].

Les enfants sont arrivés pour le déjeuner, Michael portant un anneau dans le nez. [...] Dans l'après-midi j'ai été interviewé par le type du *Daily Mail* appelé Barry Norman[2]. J'ai trop parlé mais c'est si pénible de garder sa langue pendant quatre heures.

Nous avons mangé du ragoût d'agneau pour le dîner et plus tard j'ai raconté à Maria l'histoire de sa vie. Elle était très impressionnée.

E se sent mieux. Hourra ! Elle doit subir un curetage (?). *Diolch iddo byth am gofio llwch y llawr*[3].

[...]

E a une tension de 90 – c'est très bas apparemment – à cause de la perte de sang.

---

[1] Peut-être Robert Wilson, le coiffeur et assistant de Burton.

[2] Barry Norman : critique de cinéma, et à cette époque rédacteur en chef des pages spectacle du *Daily Mail*, dans lequel l'interview fut publiée.

[3] Vers de l'hymne gallois *Diolch iddo* signifiant : « Qu'Il soit remercié / De toujours se souvenir de la poussière de la terre. »

Samedi 9 – [...] J'ai travaillé avec Cyril et Victor Spinetti. Entre les prises, j'ai vu les rushes. Ils ont l'air très bons. Pourtant, c'est inquiétant, nous prenons du retard sur le planning. J'ai demandé pourquoi à McWhorter, il m'a répondu que Franco était lent. Il arrive apparemment au travail sur les coups de 9 h, ce qui veut dire qu'il n'a pas vérifié le plateau, etc. FZ assez paresseux je crois, d'une manière énergique. Ne fait rien mais en remuant beaucoup de vent. Je lui accorde encore deux jours et j'irai lui parler. Quelle satanée corvée.

Après le travail (nous n'avions pas déjeuné puisque nous n'avions pas fait de pause) qui s'est terminé à 15 h je me suis douché et lavé les cheveux comme d'habitude et ai ensuite pris des verres avec M. Hordern, Alan Webb, Cyril C. et Victor Spin[1]. Quelle ébullition d'ego cabossés dans une seule pièce, à part peut-être Webb – sauf que lui aussi doit regretter la célébrité perdue de ses jeunes années. On a assisté à une compétition pour le prix de la meilleure histoire. Bien sûr je ne suis pas le dernier des coupables dans ce domaine, même si j'apprécie sans modération un récit bien théâtral tant qu'il reste raisonnablement crédible. Et ce n'est pas ça qui manque.

Au dîner nous avons parlé avec les enfants. Nous avons évoqué l'immensité de l'espace. J'ai dit que lorsqu'ils (les enfants) auraient quarante ou cinquante ans, il se pourrait bien que les voyages dans la lune soient assez courants. Maria a dit : « Ne va pas dans la lune demain Richard, c'est le dimanche de Pâques. » J'ai répondu que dans ce cas, je n'en ferais rien.

Nous sommes allés au lit assez tôt bien que j'aie essayé de me tenir éveillé en lisant. E mollassonne à cause des pilules du médecin. Je serai content quand elle n'aura plus à les prendre.

---

[1] Michael Hordern jouait le rôle de Baptista, Alan Webb celui de Gremio.

[…]

Lundi 11 – […] Depuis que j'écris ce journal c'est la première fois que je le fais au jour indiqué dans l'entrée. D'habitude c'est le lendemain matin ou après-midi. Ce soir cependant – il est minuit moins le quart – je n'arrive pas à dormir. Ce n'est en aucun cas une chose inhabituelle. Je me réveille souvent au petit matin et reste parfois allongé deux ou trois heures, parfois toute la nuit, sans pouvoir me rendormir. Mais cette nuit, c'est dû à un médicament appelé FINALGON. C'est allemand. Ça m'a été donné par Oskar Werner quand j'étais à Garmish[1] (?). C'est supposé soulager les douleurs musculaires, la fibrosite, etc. Ça s'applique de façon externe, c'est une crème jaune pâle ou blanc ivoire. Ça brûle horriblement. J'en ai mis ce soir vers 21 h, un tout petit peu, et ça me brûle encore. Je me suis fait une élongation, ou me suis froissé ou contusionné un muscle de la cuisse cet après-midi en essayant d'envoyer un petit ballon d'un coup de pied au-dessus du garage depuis le jardin en contrebas. J'ai perdu le ballon et me suis fait mal.

C'est pour ça que ce soir, au lieu de rester allongé dans la pénombre à transpirer à cause du cuisant Finalgon, je me suis dit que j'allais liquider la brûlure et le journal d'une seule traite. […]

E a reçu la visite du médecin de Rome qui lui a prescrit des piqûres pendant deux jours encore, et lui a dit que le curetage ne sera pas nécessaire, et qu'elle peut travailler jeudi ou vendredi. Qu'elle peut venir au studio demain pour déjeuner si elle limite sa visite à une heure et demie. Hip hip hip.

Aujourd'hui nous avons reçu une lettre de Mia Farrow. Elle est écrite d'une main quasi enfantine, en gros caractères, et le

[1] Garmisch : station de ski en Bavière.

contenu en est si gentil qu'il laisse soupçonner de l'affection. Je me souviens d'elle à ce déjeuner, s'excusant sans fin, les yeux aussi ronds que ses poings, de connaître si mal les gens de théâtre et de cinéma d'avant son époque – qui à l'entendre a commencé la semaine dernière. Ou l'an dernier. Elle et M. Nichols semblent amoureux et réservent dans les hôtels sous le nom de M. et Mme N.

Je crois maintenant que, comme le petit Macaulay est supposé l'avoir dit à une dame qui l'interrogeait, « l'atroce douleur s'atténue[1] ». Il avait 4 ans environ. Je vais donc de nouveau essayer de dormir.

Maria est en proie à toutes les peurs imaginables, ou, comme sa très compétente nounou Karen le dit, « elle est très craintive ». Elle a vu un lézard aujourd'hui et a hurlé de terreur. Que faire. S'en remettre à l'amour et au temps, j'imagine. L'autre jour, en promenade avec moi, elle a refusé de franchir une file de petites fourmis, complètement terrorisée. J'ai dû la faire avancer en l'ignorant complètement et en continuant à marcher. Elle a raconté cette expérience avec autant d'animation que si elle venait juste de traverser l'Atlantique en solitaire dans un canot pneumatique.

Travail demain. Mickey Rudin est arrivé aujourd'hui[2]. Nevill Coghill arrive demain[3]. Mes tendances antisociales, même envers

---

[1] Thomas Babington Macaulay, premier baron Macaulay, est censé avoir fait cette réponse (à l'âge de 4 ans) après avoir reçu du café brûlant sur la jambe : « Merci, Madame, la douleur atroce s'atténue. »

[2] Milton « Mickey » Rudin : avocat de Hollywood qui comptait parmi ses clients Elizabeth Taylor et Frank Sinatra. Burton faisait appel à son cabinet depuis le début des années 1960, peut-être même avant.

[3] Nevill Coghill, universitaire, à l'époque directeur d'études en littérature anglaise au Exeter College d'Oxford, avait dirigé Burton en 1944 dans une mise en scène de *Mesure pour mesure*, et était resté son ami depuis lors. Il écrirait plus tard l'adaptation pour l'écran de *Doctor Faustus*, qu'il coréaliserait avec Richard en 1967.

les gens que je connais bien, vont être mises à rude épreuve – à moins que je me saoule. Et je ne suis pas d'humeur.

Mardi 12 – Première convocation et travail. [...] Suis en retard ce matin alors serai bref. Télégrammes. E doit aller à l'hôpital demain pour curetage. Est venue déjeuner avec moi et s'est sentie mal et évanouie. Saignait en arrivant à la maison. [...] Pauvre petite chose. J'ai hurlé et l'ai accusée d'être en mauvaise santé à cause de son manque de discipline et de ses excès d'alcool. Je crois que je parlais de moi-même, tellement j'avais peur pour elle. Dieu, faites que demain soit vite passé.

Bach gan, je t'aime[1]. [Écriture d'Elizabeth Taylor.]

Mercredi 13 – Quelle journée. Je suis allé travailler à 7 h 30 et on m'a maquillé et j'ai appris mon texte. Nous avons tourné assez tôt, vers 9 h 30. Pendant tout ce temps j'attendais que le téléphone sonne. E a finalement appelé de l'hôpital vers 11 h 30 pour dire que personne n'y parlait italien. J'ai suggéré qu'elle fasse venir le secrétaire de Dick qui est bilingue.

J'ai emmené E'en So pour une longue promenade autour du studio. C'est un endroit agréable. J'ai beaucoup pensé à nos vies et les ombres de la mort montaient autour de moi comme une brume.

J'ai déjeuné seul dans ma chambre, étudié un peu d'italien, et attendu que le téléphone sonne. Et attendu. Et attendu. J'ai lu un livre entier, assez précieux, d'Arthur Machen intitulé *The London Adventure*[2]. Puis le téléphone a sonné et joie des joies c'était elle en personne au bout de la ligne et l'opération était

[1] *Bach gan* : *bachgen* signifie « garçon » en gallois.
[2] *The London Adventure* (1924) est le troisième et dernier tome de l'autobiographie de l'écrivain gallois Arthur Machen.

finie et elle avait mal mais était vivante et le resterait pour que je continue à lui gueuler dessus.

J'ai terminé de travailler à 16 h. Pris une douche puis ma vodka-tonic. Me suis précipité à l'hôpital [...] Lu les journaux avec E. Suis devenu bourru et ai beaucoup râlé contre le souper servi lentement et suis rentré à la maison dans un état de vexation typique. Avant d'arriver à la maison je me suis arrêté (Mario conduisait) à St Pierre et suis resté à contempler fixement ce truc gigantesque en grommelant dans ma barbe.

Ai parlé avec E au téléphone et nous sommes allés nous coucher raisonnablement heureux.

Jeudi 14 – L'arrivée d'Elizabeth à la maison était prévue à 9 h 45. On ne m'a pas convoqué au travail et nous l'avons [...] tous attendue près de l'abri de jardin. Puis un message nous est parvenu à 10 h 15 nous informant qu'elle était partie dix minutes plus tôt. [...] Finalement elle est bien arrivée et s'est assise un instant en bas pour boire un verre. Elle était pâle et blême, tendre amante, et a fini par monter se coucher[1]. Les gamins étaient tout embarrassés et impressionnés, assis en rond comme des laitues fanées. E les a envoyés dehors faire visiter le jardin à l'infirmier – Alex. Je dois dormir avec les garçons ce soir. Ils sont ravis.

J'ai [...] déjeuné avec Nevill Coghill. Nous avons regardé quelques prises et déjeuné avec quelques membres de la distribution – Alan Webb, Hordern, Spinetti, Michael York[2].

M. York était à Oxford lui aussi, j'ai découvert que son vrai nom est Johnson. Nevill ne se souvenait pas de lui. Après ça nous avons regardé les rushes qui semblent être pour le moins très bons.

---

[1] « Pourquoi si pâle et blême, tendre amant ? » est le premier vers d'un poème de Sir John Suckling, poète anglais du XVIIe siècle.

[2] Michael York (de son vrai nom Michael Hugh Johnson) interprétait le rôle de Lucentio.

Puis retour à la maison avec Nevill pour voir E, à ce stade j'étais quelque peu bourré, et j'ai parlé en faisant les cent pas autour de son lit. Elle me dit que j'ai été de nouveau désagréable. De toute évidence je ne devrais pas boire plus d'un ou deux verres de vin, et encore, pas un vin fort.

J'ai dormi avec les garçons. À un moment nous sommes tous descendus et j'ai préparé de la soupe pour tout le monde. En boîte, évidemment. E était furieuse que nous ne lui ayons pas proposé de se joindre à nous mais nous ne savions pas qu'elle ne dormait pas.

Je travaille demain. Première convocation.

Vendredi 15, samedi 16 et dimanche 17 – Ai tourné seulement deux prises après quoi Liza, Mike, Chris, Nevill, Ron Berkeley et moi sommes descendus au restaurant de plage de Ron et avons mangé et bu jusqu'à 1 h du matin[1]. De nouveau dormi avec les garçons mais aussi Maria et Liza. Grosse pagaille.
Suis allé au studio (samedi) avec Nevill. Ai eu un essayage et regardé deux fois les rushes, une première fois pour les montrer à Nevill, une seconde fois pour les montrer à J. Springer qui est ici depuis deux jours. Je les ai invités à venir déjeuner demain, dimanche. Ai acheté un vélo pour Maria et un skateboard pour Liza.

Ai emmené les enfants dimanche matin à Luna Park et avons tous passé un bon moment sauf quand j'ai été harcelé par des Gitans même après leur avoir donné quelque chose comme 15 ou 20 000 lires[2]. Ils sont terriblement déplaisants.

Nevill et John sont dûment venus déjeuner, après quoi je leur ai fait visiter les jardins. […] Une belle journée avec des

[1] Ron Berkeley fut le maquilleur de Richard pour de nombreux films, y compris *La Mégère apprivoisée*.
[2] Luna Park : parc d'attractions de Rome.

nuages filant à toute allure. L'Angleterre et le pays de Galles couverts de neige !

J'ai lu les journaux du dimanche le reste de la journée.

E maintenant en meilleure forme et l'infirmier Alex est parti samedi, je suis donc de retour dans mon lit. Samedi soir E a dit qu'elle regrettait de m'avoir épousé et tout parce que j'avais dit qu'elle était une *conyn* (en gallois, une hypocondriaque geignarde). Elle mérite une bonne raclée pour me faire du mal comme ça !

Lundi 18 – Ai été convoqué tôt aujourd'hui. Je portais le nouveau costume qui a sans doute l'air splendide quand je suis à cheval mais qui, je pense, ne ressemble à rien quand je mets pied à terre. Son seul volume suffit à me nanifier les jambes en dessous du genou.
J'ai remonté une rue à cheval avec tout le monde – les figurants – qui hurlait « Petruchio » et jetait des fleurs, des feuilles de chou, de l'eau, etc., sur moi et Rosa, ma monture. Elle, Rosa, grimée pour être encore plus laide qu'elle ne l'est réellement, s'est merveilleusement bien tenue. Mike et Christopher étaient costumés et apparaissent également dans la scène. [...]

Ai dîné à la maison avec M. Todd Junior, les deux garçons et E. Me suis montré assez désopilant et ai raconté des histoires interminables, c'est-à-dire des histoires qui n'avaient littéralement aucune fin. Les deux garçons ont plusieurs fois fait semblant de s'endormir d'ennui à mes blagues. Enfin j'espère qu'ils ont fait semblant.

Et sur ce, au lit.

[...]

Mercredi 20 – Quelle journée pourrie. E devait tourner des bouts d'essai et au studio nous allâmes. Elle avait l'air d'un cadavre. Un de ces sales médecins lui a de nouveau injecté quelque chose à quoi elle est allergique, ce qui l'a l'empoisonnée au lieu de l'aider. Je me suis tranquillement saoulé, fait maquiller, ai tourné les bouts d'essai avec E puis ai entrepris de me saouler encore un peu plus.

Ces putain de médecins me rendent malade. Il faudrait que j'aie un accident vraiment insupportable pour faire appel à un de ces connards mal formés, alcooliques, condescendants et à moitié analphabètes. La seule douleur dont je voudrais qu'ils me soulagent est celle qu'ils me font en me cassant les couilles.

Jeudi 21 – E bien plus en forme aujourd'hui – on notera que cela s'est produit sans l'aide d'aucun médecin. Nous sommes allés au studio pour qu'elle tourne de nouveaux bouts d'essai. J'y ai fait une brève apparition sans maquillage ni costume. Pendant ce temps, j'ai travaillé un peu et lu un livre de Lewes, le critique dramatique victorien, sur Kean, Macready, Lemaitre, Rachel, Salvini, etc.[1]. Ça doit être le premier bouquin sur le métier d'acteur et les comédiens que je lis depuis mes 18 ans. De tels livres ne sont pas vraiment intéressants. [...]

Je ne suis pas sûr d'apprécier Zeffirelli. Je pense que c'est un lâche, et un sournois de surcroît. Il ne peut pas vous regarder dans les yeux, ni physiquement ni mentalement. Par l'intelligence et la personnalité, il n'arrive pas à la cheville de M. Nichols. Mais il a du flair, pourrait-on dire. Il a le sens du spectacle. Il réussira. Hier il s'inquiétait encore pour ses facturations. Pour la énième fois, je lui ai dit de régler ça avec la Columbia et que quel que soit l'arrangement conclu avec eux, il nous conviendrait aussi[2]. Mais il a fallu que ses récriminations soient couchées sur le papier. Il n'était pas capable de me le dire en face.

---

[1] George Henry Lewes, *On Actors and the Act of Acting* (1875).

[2] Columbia Pictures finançait *La Mégère apprivoisée.*

La journée a été longue. Je n'ai rien bu du tout et nous avons dîné à la maison avec les garçons.

J'ai lu jusqu'à minuit – pris un long bain et une douche et me suis endormi vers 1 h approx. Je vais peut-être devoir travailler demain. J'ai hâte.

> Espèce de connard mal luné ! Moi aussi, comme ça je ne t'aurai pas sur le dos ! [Écriture d'Elizabeth Taylor.]

Mercredi 27 – Voilà la plus longue interruption dans ce journal jusqu'à présent – six jours. Et quels jours ! Crise sur crise avec Zero et Sharaff concernant les costumes[1] ! E le déteste vraiment à présent (Z), essentiellement parce que c'est un LÂCHE égoïste brutal hypocrite et égocentrique. C'est sa lâcheté que nous trouvons tous deux la plus inacceptable. Je ne suis en aucun cas un héros sur le plan moral, mais je sais prendre une décision et accepter un conseil. Ce type en est incapable.

Certaines de ces scènes ont été hilarantes. La d'ordinaire nerveuse mais digne Irene Sharaff a entamé une réunion avec Alexandre, R. Hanley, E et Franco Z par ces mots immortels, diplomatiques et pacificateurs : « Je voudrais dire avant que nous n'allions plus loin que toi, Franco, tu n'es qu'un putain de menteur. » Excellent début. Plus tard, du masque Mittel Europa de son visage est sortie une autre tirade digne du *Dictionnaire des citations* de Bartlett : « Tu n'es rien d'autre qu'une pédale de merde[2]. » Brave petite fille ! C'est l'hôpital qui se moque de la charité[3].

Le lendemain, lundi, j'ai fait une tentative du côté de M. Z. Cela m'a épuisé spirituellement et sur le plan émotionnel (comme ça a été le cas pour E hier) de me montrer

[1] Zero : Zeffirelli.
[2] Une référence aux *Familiar Quotations* de John Bartlett, parues pour la première fois en 1855.
[3] Il est possible qu'ici, Burton fasse référence à l'homosexualité de Sharaff.

si brutalement honnête avec un type aussi fuyant que Franco. Mais il fallait le faire.

Hier nous nous sommes quelque peu raccommodés. E pas vraiment encore mais ça viendra j'imagine, pour le bien du film.

Plus tard dans la matinée Mike Frankovich est arrivé[1]. Au bon moment compte tenu de la situation, bien que cela n'ait pas été prévu. Il était très enthousiaste au sujet du film. La seule excuse de Franco Z est que le film semble être très bon. Ce qui est aussi, de manière perverse, exaspérant.

[...]

Jeudi 28 – D'après nos récents critères, la journée d'aujourd'hui a été paisible. Nous avons vu les rushes, y compris le premier plan d'E dans le film. Ce n'était pas très satisfaisant. E est bien mais l'ensemble manque de dynamisme. Elle devrait paraître violente, comme une bête qui grogne. Ils vont la retourner.

Et ils l'ont fait. En direct, ça rendait bien. Maintenant reste à voir les rushes.

Je n'ai pas travaillé devant la caméra aujourd'hui. J'ai regardé E pendant qu'ils retournaient la scène mentionnée plus haut et l'ai emmenée déjeuner dans une ferme à environ 1 km du studio. C'était très agréable.

Après le déjeuner, Wolf Mankovitz est venu et nous avons discuté de *Faustus*[2]. Ce sera une bonne chose à faire. [...]

On a fait rentrer en douce Tommy Thomas, de *Life*, pour qu'il voie *V. Woolf* et il a été incroyablement impressionné[3]. En tout cas c'est ce qu'il dit. Je me demande ce qui se passera quand le public le verra. Les gens riront-ils aux mauvais moments ?

---

[1] Mike Frankovich : producteur de cinéma.

[2] Wolf Mankovitz, écrivain, auteur notamment du scénario de *Faustus*, travaillerait également sur *La Cinquième Offensive* (*The Battle of Sutjeska*, 1973).

[3] Burton veut dire Tommy Thompson, journaliste à *Life*.

Va-t-il se désintégrer devant le ridicule ? Nous sommes impatients de le savoir.

Nous avons dîné à la maison tranquillement et fait gentiment l'amour. La première fois en un mois à cause des problèmes de santé d'E. C'était un soulagement et une détente magnifiques.

Vendredi 29 – J'ai été convoqué pour le maquillage à midi. E a été convoquée à 10 h 30. Mais Alexandre n'a pas terminé sa coiffure avant 11 h 30 et elle n'a pu tourner qu'une prise avant le déjeuner. En conséquence de ce démarrage tardif, je n'ai pas travaillé du tout. J'ai lu le dernier recueil de poèmes d'Auden, *About the House*[1]. [...]

M. Hordern est venu dîner avec nous. [...] Nous travaillons demain. J'espère que ça sera la seule fois qu'E travaillera le samedi. Je suis mort de fatigue et j'ai besoin d'une longue nuit de sommeil que de toute évidence je n'aurai pas avant quelque temps.

[...]

Le film avance sans incident désormais et E commence à s'amuser. Et c'que j'en dis c'est qu'si tu t'amuses pas en bossant alors à quoi qu'ça rime ? Voilà c'que j'en dis.

Samedi 30 – Une dure journée, à soulever E sous une fausse pluie battante pour la jeter sur le dos d'un âne. Pas facile, mais nous l'avons réussi plus ou moins correctement chaque fois.

[...]

Bon sang, je n'aime vraiment pas beaucoup Zeff. Il ne veut pas que Cyril et Maureen Cusack viennent à la soirée demain. Tous les autres acteurs sont invités. Quel petit connard mesquin. À cause d'un affront imaginaire de Cyril, j'imagine.

---

[1] Recueil de W. H. Auden publié en 1965.

Vu les gros plans d'E, etc., à la fenêtre. Elle est splendide à présent et elle sort l'artillerie lourde (sans vouloir l'offenser). C'est cent pour cent plus concluant que les prises précédentes. Elle va vraiment être Kate.

Je suis très inquiet pour l'audibilité de Webb et de Lynch – et de Biondello[1]. Cela va faire du grabuge parmi les critiques les plus pointus.

MAI

Dimanche 1er – N'étant pas allés au lit avant 5 h 30 du matin, nous nous sommes levés à 9 h 30 et avons pris un gros brunch. Des œufs au plat, du bacon, des pommes de terre sautées, des tomates, et sommes remontés nous coucher en chancelant vers 13 h. Nous avons dormi par intermittence jusqu'à l'heure de notre dîner. [...] Le *padrone* du restaurant du studio est venu cuisiner pour nous. C'était une soirée assez réussie même si Cyril s'est saoulé et qu'à un moment il a menacé de tirer sur E parce qu'elle lui avait dit que bien sûr Maureen, sa femme, était amoureuse de lui et que de manière générale il était vraiment aimé de tout le monde. Il tenait cependant, avec une détermination extrêmement alcoolisée, à n'être aimé de personne, au point de vouloir tirer sur ma femme. M. Hordern les a ramenés chez eux.

Paul Dehn et son ami étaient très sympas[2]. Franco, malgré la présence de son « filleul » – qui a l'air d'avoir 104 ans –, a été vu en train d'embrasser et de tripoter Natasha Pyne[3]. Spinetti a dit à E et à Maureen qu'il aimait les femmes <u>et</u> les hommes et ne se marierait jamais pour cette raison. Mais où va le monde ?

---

[1] Alfred Lynch interprétait le rôle de Tranio et Roy Holder celui de Biondello.
[2] Paul Dehn, scénariste de *La Mégère apprivoisée*, avait aussi écrit *L'espion qui venait du froid*.
[3] Natasha Pyne, alors âgée de 19 ans, jouait le rôle de Bianca dans *La Mégère*.

J'ai raconté des histoires et beaucoup ri. E très gentille avec tout le monde. C'est un bon vieux machin – il faut être équitable. Liza a la grippe depuis quarante-huit heures et Maria est très fière d'avoir pu venir à la fête alors que Liza restait au lit.

Jeudi 5 – Il est en fait 10 h du matin. [...] C'est une journée splendide. En réalité nous avons eu un temps magnifique toute la semaine. Je viens juste de rentrer d'une promenade. [...] La prairie en friche est maintenant pleine d'herbes qui arrivent à la taille. Des coquelicots, des pâquerettes, des boutons-d'or et une plante à fleurs blanches non identifiée qui ressemble au cerfeuil sauvage ou au gypsophile mais qui n'en est pas, et une petite fleur bleue, forment une magnifique émeute de couleurs.

Hier E a travaillé mais pas moi. Elle a tourné la scène de la folle raclée au fouet avec Natasha Pyne. J'ai passé toute la journée assis dans ma loge après un saut au Mini-Max (un supermarché) pour acheter des sucreries pour tout le monde, et moi en particulier. E était claquée à la fin de la journée et dans la voiture, sur le trajet du retour, elle a brusquement demandé si nous pouvions nous arrêter dans une trattoria (une sorte de café-restaurant au bord de la route) pour une bouteille de vin. Gaston, qui conduisait, s'est arrêté à la suivante. C'était un choix parfait, le genre d'endroit où des poules picorent sous les tables, même s'il n'y en avait aucune en l'occurrence. Il y avait la treille habituelle. Deux hommes ont intrigué E. L'un était un homme âgé et distingué, bien habillé, assis seul à une table en terrasse, qui ne buvait ni ne mangeait ni ne bougeait. L'autre ressemblait à un moine mendiant de quelque ordre obscur. Il lisait un parchemin et mangeait du pain. Il n'a pas levé les yeux une seule fois. Il avait une grande barbe. À 19 h 30, juste au crépuscule, une messe a commencé dans l'église sur la colline de l'autre côté de la route. L'église de

Notre-Dame-du-Divin-Amour. Les voix du chœur flottaient dans l'air comme une brume, comme une amarante invisible, comme un rêve. Nous avons arrêté de manger nos *fave* (des fèves crues) et notre fromage rustique et de boire notre *vin de pays** pour écouter. C'était un de ces moments dont on est nostalgique avant même qu'ils soient finis. Les deux hommes étaient partis, le moine mendiant peut-être pour la messe et l'autre on ne sait où. Nous avons roulé jusqu'à la maison avec l'impression d'être sanctifiés et purifiés, pendant qu'au-dessus de nous la lune la plus lumineuse que j'aie jamais vue, avec un nuage de mousseline autour du cou (l'image est d'E, pas de moi), brillait dans une nuit sans nuages.

Mardi j'ai travaillé le matin – quelques gros plans supplémentaires – dans un costume puis j'en ai enfilé un autre pour la séquence finale de notre entrée dans la maison de Baptista.

Lundi nous avons tourné d'interminables scènes d'arrivée, précédés de joueurs de fifre, etc. Très ennuyeux.

Plus tard aujourd'hui je suis rentré déjeuner avec E et horreur des horreurs Kurt Frings était là lui aussi[1]. Je ne l'aime pas du tout [...] mais E dit qu'il l'amuse. En tout cas il est resté jusqu'à ce qu'on ait fini [...]. J'ai organisé pour lui un visionnage des rushes et de quelques passages montés. [...]

J'ai piqué une de mes colères hier soir et suis allé dormir seul dans la chambre d'amis. Me suis réveillé à 4 h frissonnant et gelé et suis retourné dans notre lit. [...]

Dimanche 8 – Il est 11 h ce dimanche matin. Il y a une tempête dehors. Nous avons eu du tonnerre et des éclairs et à présent il y a un vent fort et il pleut à verse. Nous avons décidé de passer la journée à la maison.

[1] Kurt Frings était l'agent de Taylor à Hollywood.

Hier soir nous sommes allés voir *La Bible*[1]. Je m'attendais à m'ennuyer terriblement mais ça n'a pas été le cas. C'est un bon film honnête, même s'il ne m'a pas ému du tout à l'exception du tout début, au moment de la création de l'ordre à partir du chaos. J'espère qu'il aura du succès. Il faudrait que les enfants le voient, ne serait-ce que pour le passage de Noé avec tous ces animaux. C'est joliment fait.

Nous sommes partis très vite une fois le film terminé. Avant le début de la séance, nous avions rencontré Gore Vidal, un type grand, brun et beau[2]. Trop beau, aurais-je eu tendance à penser, pour être le bon écrivain qu'il est. Également cette enfant gâtée de princesse Ira von Furstenberg avec le gars Patrick O'Neill [*sic*][3]. Je dois écrire une lettre à De Laurentiis. La fierté qu'il tire de son film est bien plus touchante que le film lui-même.

Nous avons dîné au Fontanella à Rome, E a pris une tranche de dinde en beignet[4]. J'ai pris des tripes. Très bonnes également. Nous avons bu du Frascati et du Zambucca avec le café. Sur le chemin du retour nous nous sommes arrêtés à L'Escargot pour un autre verre[5]. [...]

Vendredi nous avons commencé à filmer mon entrée dans la maison de Baptista. Nous ne sommes pas allés bien loin. Ai vu E dans les rushes. Elle est très bonne et je suis très fier d'elle. [...]

Mardi 10 – J'ai bu sans discontinuer toute la journée d'hier. Aujourd'hui je ne boirai pas une goutte tant que je serai au

---

[1] *La Bible* (*The Bible : In the Beginning*, 1966), réalisé par John Huston et produit par Dino de Laurentiis.

[2] Gore Vidal : romancier, auteur dramatique, essayiste et satiriste.

[3] La princesse Virginia Carolina Theresa Pancrazia Galdina von Fürstenberg et Patrick O'Neal tournaient à l'époque le film *Mission T.S.* (*Matchless*, 1967) en Italie.

[4] L'hôtel Fontanella Borghese, sur la Via della Fontanella Borghese.

[5] Le restaurant L'Escargot sur la Via Appia Antica à Rome.

travail. Je ne sais pas pourquoi je bois autant. Je ne suis pas malheureux et je n'aime pas vraiment ça – je veux dire l'alcool lui-même.

Nous avons tourné jusqu'à environ 19 h. J'ai permis que ça dure si longtemps parce que j'imagine que je me sentais coupable pour la boisson – non pas que cela ait affecté mon jeu. Et de toute façon Petruchio dans cette version est censé être tout le temps à moitié bourré.

Nous avons reçu la troisième lettre de Chris et toujours pas un mot de Michael.

Je dois leur écrire à tous les deux aujourd'hui. Et aussi à Kate.

Nous avons passé l'après-midi de dimanche à la plage. Le temps était assez changeant mais comparé au pays de Galles, c'était le plein été. Les enfants et Karen sont venus avec nous. Nous sommes tombés par hasard sur Stephen Grimes[1]. Il semble prématurément vieilli et voûté.

[...] E a cru qu'elle avait perdu sa broche dragon quand nous sommes rentrés à la maison. Elle avait oublié qu'elle l'a donnée à R. Hanley. J'ai pas mal hurlé et j'ai répété avec insistance que le poulet frit et la purée de pommes de terre avaient un goût de savon. Nous nous sommes réconciliés plus tard.

Mercredi 11 – C'est parfois bien d'écrire tard le soir [...]. Une fois sortie de l'idiotie du désespoir et du manque de discernement, comme j'en ai été éthyliquement informé plus tôt aujourd'hui par ce modèle de bienséance qu'est C. Cusack, on peut avoir le rouge de la honte aux joues, mais il pourrait néanmoins y avoir, dans la sobriété, une idée à saisir susceptible d'être développée en vertu.

[1] Stephen Grimes avait été le directeur artistique de *La Nuit de l'iguane* (*The Night of the Iguana*, 1964), travail pour lequel il avait été sélectionné aux Oscars ; il participerait également à *Reflets dans un œil d'or.*

J'ai travaillé jusqu'à 10 h 30 et n'ai ensuite pas retravaillé de la journée [...]. Il y avait un mémo incroyablement stupide de cet assommant Franco Zeffirelli sur son droit de montrer à sa discrétion les rushes et/ou n'importe quelle partie du film à quiconque. C'était un message déroutant. « Snapshot » a tout de suite deviné que McWhorter avait défendu à Zeffirelli de montrer les rushes et les portions de film sommairement montées à des membres de la presse italienne. Elle avait parfaitement raison. [...] Comme j'ai pu le constater quand j'avais 10 ans, cela a tendance à couper le souffle. Que peut-on y faire ? Aussi à la fin de la journée nous sommes-nous traînés dans une trattoria. Nous avons mangé et nourri les chiens et bu du vin et nous avons parlé du film. Il commence à m'effrayer. Peut-être n'était-ce pas un bon choix ? Snapshot est très bien, et je pense que je m'en sors pas mal non plus, mais je m'inquiète pour les autres acteurs qui sont presque tous brillants mais desservis par le réalisateur.

Après bien des doutes et des réflexions, nous en sommes arrivés à la conclusion qu'il ne semble pas avoir pas la moindre idée à propos de quoi que ce soit qui ne relève de l'imitation. Après tout, comme on pourrait dire, pour l'amour du ciel, le plus important dans cet exercice est que les mots soient de Shakespeare. Or jusqu'à présent, le seul langage dont je sois sûr est l'élocution de ma femme et la mienne. Tous les autres sont si occupés à ne pas être réels que les voix meurent.

Cela dit, presque tout ça peut être rectifié ou réarrangé mais, *Arglwydd Mawr*, comment faire si seuls l'âne et moi-même sommes légitimes[1] ?

Je m'inquiète pour le son. Je m'inquiète pour les acteurs qui, je crois, sont bons, mais qui, si nous ne sommes pas là, tombent

---

[1] *Arglwydd Mawr* : « grand Dieu » en gallois.

dans l'inintelligible. Et qui s'ennuient terriblement. Ce qui est évidemment le pire des péchés.

Plus jamais, si j'en ai l'opportunité, je ne permettrai à quelqu'un de diriger quelque chose si je sais que je suis mieux qualifié pour le faire.

Et de toute façon, il est temps de rabattre mon ego. On m'a accusé, plutôt à juste titre, de trouver les films ennuyeux, et plus généralement le jeu d'acteur et le fait de jouer, mais ce film, curieusement, est important. Je ne devrais pas m'en soucier, et bien sûr je m'en fiche, sauf qu'en fait j'y tiens.

J'observe avec exaspération Ossie et Elaine donner continuellement des conseils à Zeffirelli sur tel ou tel plan qui n'est pas nécessaire parce que « Franco, tu l'as déjà » et que « de toute façon, il faut que tu sois en extérieur à ce stade[1] ». Mais en vain, comme ils disent. Pourrais remplir toute la page comme ça. M. Cacoyannis nous a demandé aujourd'hui de déclamer de la poésie sur l'Acropole, devinez où[2] ? À Athènes ! Je ne pense pas que ce soit possible, mais si c'est réalisable, nous le ferons comme une énorme blague. « Bien sûr que j'ai joué à l'Acropole », dit milady.

Dimanche 15 – Les intervalles augmentent dans cette bavasserie quotidienne. Vendredi, nous avons travaillé de 9 à 16 heures sans pause déjeuner. Zeffirelli a travaillé exclusivement sur mes prises en l'absence de Snapshot car elle avait […] des règles monumentales. J'étais impatient de travailler mais un rhume de cerveau […] ajouté à la lassitude des gros plans se succédant les

---

[1] Ossie : Oswald Morris, directeur de la photographie sur *La Mégère*, qui l'avait également été pour *L'espion qui venait du froid* et le serait de nouveau pour *Equus* (1977). Elaine Schreyeck : scripte de *La Mégère*, qui le serait aussi pour *Doctor Faustus*. Elle avait également travaillé sur *Cléopâtre* et *Alexandre le Grand*.

[2] Michael Cacoyannis, réalisateur.

uns aux autres dans le vide, pour ainsi dire, ont failli me faire hurler d'ennui. Et il y avait aussi, suspendue au-dessus de nos têtes, la pensée que par déférence envers Franco, il fallait que nous allions le soir même à 21 h 30 à Rome pour voir Anna Magnani dans *La Lupa*[1]. Nous l'avons trouvée bien mais le rôle est trop *undonog* pour elle[2]. Elle s'est révélée être, quand nous l'avons rencontrée après la pièce, une femme charmante mais franche et pas commode. Nous n'avions pas l'intention d'aller au restaurant ensuite mais nous l'avons fait, et après la gêne initiale qu'on éprouve toujours dans ces circonstances, nous avons passé un moment assez agréable.

Jeudi j'ai tourné la tirade « Mettons qu'elle m'injurie[3] ». Je pense que ça allait. Hier samedi, nous avons traîné dans la maison toute la journée et déjeuné avec les enfants et Karen. Dîner tous ensemble également. Je suis dans une de mes humeurs paresseuses et passe mon temps à faire des mots croisés [...]. Ce soir nous dînons avec l'équipe et les comédiens pour une sorte de fête en l'honneur du mariage d'Ossie Morris (le cameraman). Il doit se marier aujourd'hui.

Ai reçu une lettre et un scénario d'Emlyn Williams qui ont mis presque trois semaines pour arriver[4]. Le scénario est celui de *Camelot*. Lettre de J. Logan concernant *Camelot*, également en retard de deux semaines[5]. Quel service postal !

---

[1] *La Lupa*, pièce de Giovanni Verga, 1896.

[2] *Undonog :* « monotone » en gallois.

[3] Tirade de Petruchio dans l'acte II, scène 1.

[4] Emlyn Williams : auteur de théâtre, acteur et metteur en scène. Williams eut un rôle primordial dans le lancement de la carrière de Richard Burton en tant qu'acteur en Grande-Bretagne dans les années 1940. Il le fit jouer dans une mise en scène pour le théâtre de *The Druid's Rest* (1943, les débuts de Burton sur scène) et le dirigea dans *The Last Days of Dolwyn* (1949, les débuts de Burton au cinéma). En 1952, Williams avait par ailleurs été le partenaire d'Elizabeth Taylor dans *Ivanhoé* (*Ivanhoe*, 1952).

[5] Le réalisateur Joshua Logan dirigerait pour Warner Bros l'adaptation cinématographique de *Camelot* avec Richard Harris (1967).

Mardi 23[1] – Je dois absolument canaliser mon intense paresse. J'ai déjà dit que les intervalles dans ce journal étaient de plus en plus longs, mais celui-ci l'est encore davantage que les précédents. Au fil de la plume [...], je vais revenir sur les choses que nous avons ou que j'ai faites pendant la dizaine de jours qui vient de s'écouler.

Le week-end dernier [...] nous avons emprunté le petit appartement de Ron Berkeley à Corsetti's[2]. C'était minuscule et gentiment défraîchi – deux petites pièces et un balcon sans soleil. Il y a quelques détails qui nous ont cependant intrigués, Quicktake et moi-même[3] : le concept de lit – et d'une pièce pour l'accompagner – qui avait été détourné de son usage premier pour la plus sensuelle des raisons ; une plaque chauffante miséreuse posée sur un réfrigérateur plutôt inefficace ; pas d'eau chaude et le concept même de sable insinué partout. Dans les cheveux, dans le lit, derrière la porte, suspendu aux cils, sous les ongles, dans les poils drus qui jaillissent agressivement des narines. Et évidemment, l'inévitable goudron sous la plante des pieds.

Comme samedi s'acheminait vers son flamboyant final (à ce stade j'étais rouge comme une écrevisse) et qu'approchait le moment où nous devions écouter à la radio le combat entre Cassius Clay et Henry Cooper à Londres pour le titre de champion du monde poids lourds, ma nervosité s'est mise à croître. J'ai commencé à imaginer leur peur et, sachant mieux que les autres, n'étant pas prudent, et prenant toujours et franchement le parti de l'homme qui ne peut pas gagner, j'ai prédit la victoire de l'Américain en sept rounds. Robert Wilson, qui devrait être

---

[1] Mardi était en fait le 24.

[2] Corsetti's est une résidence d'appartements à Tor Vaianica, sur la côte à environ 30 kilomètres au sud de Rome.

[3] Quicktake : surnom de Richard pour Elizabeth (signifiant « prise éclair » en français).

inconnu et qui l'est, a dit six. Et il avait raison. Dans un siècle, croira-t-on que des gens craintifs, cultivés et intelligents encourageaient quelque chose d'aussi anachronique qu'un homme en battant un autre à coups de poing pour de l'ARGENT ?

Dimanche les bébés – Liza et Maria – sont descendus pour la journée. C'était frustrant car autant la plage était raisonnablement calme samedi, autant c'était agité dimanche. Plus de monde et quelques paparazzi.

Nous sommes partis tôt – vers 15 h – à cause de leur présence (celle des paparazzi), et dans notre hâte [...] nous nous sommes rendu compte que nous avions oublié « Oh Fie » derrière nous.

Nous sommes rentrés à la maison pour y pleurer sans recours possible sa perte éternelle tout en espérant son sauvetage. Une demi-heure plus tard il était lui aussi de retour, caché sous le lit dans l'appartement de Ron. E lui a fait la fête et l'a beaucoup embrassé tandis que moi, suivant ma nature, l'ai insulté parce que j'avais eu peur, parce qu'il est adorable et qu'il s'était perdu, et ai parlé sèchement à tout le monde. Pas très sympathique.

Les jours précédents, comme ce stylo, n'ont rien de mémorable à noter. Le réveil habituel à 7 h. L'arrivée habituelle au studio à 8 h. Franco. Ossie Morris, Carlo, McWhorter avec sa camaraderie feinte et sa peur marchant de pair, aussi impitoyable, à moins que je ne sois dans le coin, qu'une omelette norvégienne, ennui et mots croisés[1].

Nous avons déjeuné seuls, si je me souviens bien, mais envahis par Spinetti qui a insisté pour nous expliquer combien il était anormal. C'est vraiment un moins-que-rien. Il nous a raconté qu'il avait été dévirginisé par son frère. C'est-à-dire

[1] Carlo : probablement Carlo Lastricati, assistant réalisateur pour *La Mégère*, qui remplirait le même rôle pour *Boom !* (1968) et *L'Assassinat de Trotsky* (*The Assassination of Trotsky*, 1972). Mais travaillaient également sur le tournage Carlo Fabianelli, un monteur (qui allait aussi travailler sur *Doctor Faustus*), et Carlo Savina, le chef d'orchestre.

enculé. Je n'en crois pas un traître mot. « Les quatre lettres » le décrivent bien, comme on dit[1]. Je voudrais qu'elle le garde enfermé. Je ne sais pas où tourner les yeux. À moins que je sois saoul.

Le film ne cesse de perdre du terrain financièrement parlant, bien que je n'y attache pas une immense importance. Je ne parle pas du film, mais de la perte de terrain. Il faut prendre acte du fait que ce film sera une perte sèche pour nous sur le plan financier. Il n'y a pas d'issue et nous, moi, avons peut-être profondément blessé FZ. Aucun homme ne pourrait tolérer mes insultes quand je suis vraiment hors de moi, ni y survivre sans y laisser une partie de son ego. Et il n'y a pas que moi, Elizabeth aussi. À nos risques et périls.

Nous avons accepté de lire de la poésie sur l'Acropole pendant une heure et demie le 27 juillet. Une idée de spectacle très excentrique – deux étrangers lisant dans leur propre langue (donc une langue étrangère) devant 5 000 Grecs. […]

Aujourd'hui nous avons eu droit à une journée typique de tournage. Deux prises de moi grimpant un escalier à la poursuite d'E avant 10 h. Prise suivante pour moi à 13 h 30. E convoquée pour midi, convoquée sur le plateau avec moi pour la scène dans la grange – de la laine partout – à 17 h 15. N'avons pas été filmés donc renvoyés chez nous via notre trattoria et entendu la messe. Ai écrit un peu de ce qui précède et dormi comme une masse jusqu'à il y a vingt minutes.

Nous sommes interviewés par un certain Russell Braddon[2]. Il a l'air sympathique. Je me demande s'il l'est vraiment. C'est un Australien et il écrit des livres. Il doit m'en envoyer un.

---

[1] « Les quatre lettres » : le mot *shit*, qui signifie « merde » en anglais.

[2] Russell Braddon, romancier, journaliste et présentateur de télévision, publierait un article intitulé « Richard Burton to Liz » dans le *Saturday Evening Post* du 3 décembre 1966.

Dimanche 29 – La fin d'une autre semaine de travail [...] et non des moindres. Nous avons pataugé dans la laine, couru au milieu des chauves-souris, nous sommes balancés sur des trapèzes et envoyés valser l'un l'autre. Ça a été une semaine de visites également. Mercredi nous avons eu à déjeuner l'ambassadeur britannique Sir John Ward et son épouse, [...] un quelconque Américain qui est à la tête de quelque chose dans l'industrie du cinéma et sa femme, et McWhorter et son épouse. C'était bruyant et légèrement arrosé. Lady Ward est une soiffarde aux traits durs qui déteste très clairement son mari. Un sentiment partagé, à mon avis. Le critique du *NY Times* Bosley Crowther et sa femme également présents. Il a passé tout son temps à fixer Booby et à répéter qu'elle était belle[1]. Un peu plus tôt, alors que nous descendions du tas de laine de mouton sur lequel nous étions allongés, E a dit qu'il était plein de poux. Crowther a dit : « Ne dites pas que vous étiez nulle dans *La Mégère*[2]. » Elle a répondu : « Non, ça, je vous le laisse. » Et toc !

Jeudi, j'ai déjeuné avec Joseph Levine, monstrueusement gros et grossier mais bizarrement sympathique et, je pense, digne de confiance[3]. (Je risque de regretter ces mots.) Il a accepté de nous fournir 1 million de dollars pour *Faustus* et 350 000 dollars pour la OUDS[4]. Cela me semble correct.

Après son départ, Aaron est arrivé de NY [...] fatigué et saoul d'avoir bu dans l'avion. Tout le monde a beaucoup crié parce que H. French, qui doit être désespéré, a négocié un accord

[1] Booby : autre surnom de Richard pour Elizabeth. [« *Boobs* » signifie « nichons » en anglais. (N.d.T.)]

[2] Jeu de mots sur *louse* (pluriel de *lice*), qui signifie « poux », et *lousy*, qui signifie « nul ». (N.d.T.)

[3] Joseph E. Levine : producteur de cinéma.

[4] OUDS : Oxford University Dramatic Society.

sans que Aaron le sache. Aaron s'est arrangé pour voir Levine ce soir-là et de nouveau le lendemain matin.

Hier samedi, j'ai travaillé jusqu'à 13 h. Juste deux plans avec M. Hordern et les copains.

Aaron est descendu et a parlé business et a dit assez tristement qu'il était désolé de m'ennuyer, mais que s'il ne le faisait pas, il ne jouerait pas son rôle d'avocat. J'ai répondu qu'il ne m'ennuyait pas du tout, mais que le business oui, en revanche.

J. Levine est revenu et il y a eu davantage d'aimables obscénités. Quoi qu'il en soit, nous avons l'argent, c'est tout ce qui m'importe.

Je suis rentré à la maison et j'ai brunché à 14 h avec Glorious puis nagé quelques longueurs dans la piscine avec Liza. L'eau était froide mais revigorante.

Nous avons ensuite dormi quelques heures et sommes partis pour l'aéroport pour aller chercher Chris et Mike qui arrivaient de Suisse.

Nous avons pris les deux filles avec nous et nous sommes arrêtés à la trattoria *en route**. C'était assez agréable. Les garçons étaient très mignons dans leur blazer. Et sur ce, au lit hier soir. [...]

Eliz et moi nous sommes solennellement mis d'accord sur le fait que nous ne voulions plus jamais travailler, mais simplement paresser le reste de nos vies dans une sorte d'éternel dimanche. [...] Nous sommes deux gros fainéants. Et ça nous plaît.

Lundi 30 – Un de mes horribles et innombrables jours d'humeur de chien. La journée avait pourtant agréablement commencé. [...] Suis descendu vers 8 h et ai bu un jus d'orange, suis remonté pour écrire quelques pages de ce journal. Ai revu mes répliques restantes pour le film [...] et emmené les garçons à la plage. J'ai passé le reste de la journée à râler contre le monde entier.

Eliz nous a rejoints pour le déjeuner. Elle était gaie et douce mais rien ne pouvait me tirer de ma colère. Michael m'a fait tourner en bourrique. Il y avait trop de sable sur la plage, il ne savait pas comment demander un Coca-Cola, ne savait pas comment monter sur le toit pour récupérer son avion, pensait que les maillots de bain n'étaient pas « *bitchen* », la nouvelle et horrible expression pour dire « à la mode », « moderne », « cool », « sympa », « dans le coup », etc. Le dernier maillot « bitchen » est apparemment en tissu et descend jusqu'aux genoux ! Je fais marche arrière pour progresser.

Pourtant, le petit Mike est à un âge difficile, 13 ans, et c'est un petit gars vraiment adorable, et normalement j'aurais plaisanté à ce sujet, mais hier…

J'ai pas mal nagé et interminablement parlé business avec Aaron.

Nous avons vu les rushes à 16 h au studio et sommes allés à L'Escargot pour dîner avec Aaron, les deux garçons, R. Hanley, […] J. Lee, R. et S. Wilson[1]. Sans doute sous l'influence bénéfique du vin, j'ai commencé à m'adoucir un peu, mais pas beaucoup. Il est maintenant 3 h 30 du matin. Je me suis endormi.

JUIN

Mercredi 1er – Travail comme d'habitude – la réception de mariage. N'ai bu que de la bière pendant la majeure partie de la journée. Ai dit au revoir à Russ Braddon du *Sunday Times* (Angleterre). Dîné à la trattoria du Divino Amore. Joué avec E et perdu au *baci* (pétanque). Éteint la lumière à 23 h 30 – réveillé à 1 h 30 – resté éveillé pendant des heures à gratter mes coups

[1] John Lee : le secrétaire de Dick Hanley. Sally Wilson était la femme de Bob Wilson, le coiffeur et assistant de Burton.

de soleil. E m'a vaporisé du Mediquick. Ai tué deux moustiques. Fumé beaucoup de cigarettes et écouté passer les trains. Me suis rendormi à 5 h (?). McWhorter a écrit une lettre obséquieuse à Franco Z hier. Peut-être que ça lui fera quand même du bien.

Jeudi 2 – Ce costume hideux de Zeff de nouveau sur le dos – celui qui fait croire que j'ai une grosseur maligne et monstrueuse sur la cuisse droite. En plus de sa laideur inimaginable, c'est un enfer de l'enfiler et une torture de le porter. J'ai fait ma plus longue tirade du film et cela m'a pris une éternité pour y arriver. Eliz a été très bonne dans sa prise. En fait, elle est toujours très bonne.

Nous avons déjeuné ensemble de spaghetti [...] et bu un petit peu de vin. [...] Lu un long article dans *McCall's* sur *V. Woolf*[1]. [...]

Zeffirelli a écrit une réponse assez annihilante à McWhorter, mais McWhorter, imperméable aux insultes, a juste dit à Eliz : « Peu importe, il était là à 8 h 20 ce matin. » C'est tout ce qui l'intéresse.

Nous sommes invités à l'ambassade britannique pour l'anniversaire de la Reine. Comme nous devenons chics ! Et respectables. Il faut que nous remédions à cette image. [...]

C'était un jour férié national et nous nous sommes arrêtés à notre trattoria pour un verre de vin. Il y avait des centaines de personnes et d'enfants, nous ne sommes donc pas restés longtemps. Nous avons vraiment besoin de ces policiers parfois, ne serait-ce que pour éviter les embarras. [...]

Je mange beaucoup.

Vendredi 3 – Je n'avais qu'un seul plan à tourner ce matin mais, *malheureusement**, Eliz en avait trois, puis évidemment

[1] *McCall's* : magazine féminin américain très populaire, publié de 1873 à 2001.

il fallait qu'elle se lave les cheveux pour le week-end, nous sommes donc partis du studio à 13 h 30. Sommes descendus à Corsetti's pour le déjeuner – une délicieuse sole de l'Adriatique et pour Eliz un bar, tout ça avec des frites et arrosé de deux bouteilles de Fontana Candida – un bon vin blanc frais de Frascati. [...]
Je dormais à 21 h. Me suis fait de la soupe au chou à 2 h du matin et ai été rejoint par Bon Apetito[1]. Nous avons mangé dans le même bol comme deux chiots.

Samedi 4 – Nous nous sommes levés tôt, vaguement nerveux à propos de la journée de sport à l'école de Maria. Comment est-ce qu'elle allait s'en sortir ? J'ai préparé des bloody mary pour Karen, Eliz et moi-même pour nous calmer les nerfs. C'était une journée très chaude. Nous sommes arrivés cinq minutes avant le début. Maria, avec [...] style et grâce, et beaucoup d'intérêt pour les autres compétiteurs, est arrivée dernière au sprint de 25 mètres. Il y avait des courses en sac, une épreuve de lancer de balle en caoutchouc, des courses d'obstacles. Les couleurs étaient vraiment internationales. Du gris rosé nord-européen au jaune chinois en passant par le noir comme la nuit. J'ai participé à la course des pères, qu'à cause des sombres machinations d'un Somalien noir, un ambassadeur, et de trois bloody mary, j'ai perdue. Nous devions attraper un ballon dans un coin du terrain, un drapeau dans un autre, une bouteille de Coca-Cola à l'entrée, un foulard en mousseline en route et une fleur en papier ailleurs. J'ai rapidement conclu avec ce satané Iago noir, ce Judas de couleur, de récupérer deux ballons et deux fleurs en papier pendant que lui ramassait deux bouteilles et deux drapeaux, ce qui, lui ai-je rapidement expliqué, nous permettrait d'aller deux

[1] Sans doute un autre surnom donné à Taylor.

fois plus vite puisque nous pourrions échanger. Mais la mémoire raciale, l'atavisme ont pris le dessus dans sa bouillante tête noire et j'ai fait un double trajet pour les bouteilles. Il n'a pas honoré sa part du marché et ne m'a donné qu'un drapeau alors que je lui avais donné un ballon et une fleur en papier. Une telle tricherie est une torture pour l'âme. Comment peuvent-ils se gouverner eux-mêmes s'ils trichent à ce point ? Pas étonnant que l'Afrique parte à vau-l'eau. Résultat ; le diplomate noir dix-neuvième et moi vingtième. À partir de maintenant je ne tricherai plus qu'avec des Gallois. Je vais commencer à m'entraîner dès maintenant pour la course de l'an prochain.
Nous sommes allés au Chianti pour déjeuner[1]. Rentrés à la maison et beaucoup nagé dans la piscine. Ai écouté la BBC et suis allé au lit, épuisé.

Dimanche 5 – Aujourd'hui nous égalons un record. C'est le 7 601e jour depuis la fin de la guerre. Ce nombre est exactement équivalent à celui séparant le 11 novembre 1918 et le 3 septembre 1939. Le *Sunday Times* déclare tout joyeux qu'à partir de maintenant, chaque jour supplémentaire devrait être considéré comme un bonus.

Nous avons passé paisiblement ce 7601e jour de paix fragile. Nous avons pris un bain de soleil au jardin, nagé dans la piscine, fait une promenade dans les champs fauchés, le foin dressé en bottes bien serrées, avons déjeuné tôt d'un poulet frit à la méridionale, fait une sieste dans l'après-midi, et nos exercices. Avons dîné à 19 h de côtelettes de porc et de frites et de salade. J'ai joué au jeu des petits carrés avec Liza qui est phénoménalement rapide à comprendre les jeux, lu quelques chapitres d'Agatha Christie et dormi jusqu'à il y a une demi-heure.

---

[1] Peut-être le Vineria Il Chianti, Via del Lavatore, à Rome.

Nous avons mangé de la soupe au petit déjeuner, à même la boîte de conserve en la faisant réchauffer sur nos plaques de cuisson, et de nouveau de la soupe pour le thé dînatoire. Nous sommes des fous de soupe.

Lundi 6 – En rentrant à la maison (chose étonnante, il pleuvait) nous avons emmené les Wilson et les Flanagan et Jo Roddy dans notre « trat[1] ». Il y avait là six sergents italiens, un de Sicile, un de Naples. Le dernier [nous] a donné du pain, du vin et des saucisses, le tout fait par sa mère. J'ai parié avec Roddy qu'ils connaissaient le passage pourpre de Dante[2]. [...] Les garçons m'ont offert un recueil de vers cochons. Certains d'entre eux très drôles.

> [Il n'y a pas d'autre entrée dans le journal entre début juin et fin août. Fin juin, *Qui a peur de Virginia Woolf ?* sortit sur les écrans et fut acclamé par la critique. Le même mois, Burton et Taylor furent invités chez la princesse Luciana Pignatelli pour rencontrer le sénateur Robert Kennedy et son épouse Ethel. Ils allèrent dîner, puis se rendirent dans un night-club, et ensuite rentrèrent à l'Hôtel Eden où Burton et Kennedy se livrèrent à un concours pour déterminer lequel des deux connaissait le mieux les sonnets de Shakespeare. Le 30 juillet 1966, Richard regarda la finale de la Coupe du monde de football opposant les équipes d'Allemagne de l'Ouest et d'Angleterre. Il prit parti pour la première, mais ce furent finalement les Anglais qui l'emportèrent.
> En août, Richard commença à codiriger le film *Dr Faustus* tout en en jouant le rôle principal, accompagné d'une

---

[1] « Les Flanagan » : Agnes Flanagan était la coiffeuse d'Elizabeth sur le tournage de *La Mégère apprivoisée* et le serait de nouveau sur celui de *Doctor Faustus*. Elle était mariée à Frank Flanagan. Joe Roddy : journaliste au magazine *Look*. « Trat » : trattoria.
[2] Allusion à *La Divine Comédie*.

grande partie de la distribution de la version scénique présentée l'année précédente par la Oxford University Dramatic Society. Richard et Elizabeth investirent 300 000 livres de leurs fonds personnels dans la production.]

AOÛT

Mardi 23 – Hier, nous avons commencé le tournage de *Faustus*. Beaucoup de choses se sont passées durant les jours manquants dans ce journal. [...] Je vais tenter de récapituler quelques-uns des événements. La mort de ma sœur Edith et quelques jours plus tard la mort de Monty Clift[1].

Grâce au pré-planning nous avons tourné si rapidement [...] hier qu'en début d'après-midi nous avons fait sept prises. Maintenant il faut attendre le résultat !

Après le tournage E et moi avons assisté à une conférence de presse avec Nevill et le reste de l'équipe d'Oxford. Habituelles questions ineptes, habituelles réponses insipides.

Plus tard, nous sommes sortis seuls pour dîner tranquillement dans un motel sur le Raccordo Anulare[2]. Omelette et pommes de terre sautées et café et vin. Et sur ce, retour à la maison.

[Il n'y a pas d'autre entrée dans le journal jusqu'à la fin septembre. Pendant cette période Richard fut principalement occupé par le tournage de *Dr Faustus*.]

---

[1] Edith Jenkins (1922-1966). Montgomery Clift avait tourné avec Elizabeth Taylor dans *Soudain l'été dernier* (*Suddenly Last Summer*, 1959) et aurait dû jouer dans *Reflets dans un œil d'or*.
[2] Le Grande Raccordo Anulare est une autoroute périphérique de Rome.

SEPTEMBRE

Mercredi 21 – Hier nous avons commencé à tourner le Jardin des Délices – les Sept Péchés capitaux – de *Faustus*. Nevill est parti pour l'Angleterre puis pour les USA. Je me retrouve donc seul avec le joufflu Nick Young, seul dans un film vaste, si vaste[1]. J'ai des sentiments changeants vis-à-vis de ce projet – de vagues angoisses que lui et moi ne soyons pas bons, ou au contraire que tout va bien marcher.

Roddy Mann, du *Sunday Express*, est venu m'interviewer. Il a l'air seul et vieillissant. Il commence à marquer son âge – il a 44 ans et n'a ni femme ni enfant, et plus de mère depuis peu (deux semaines environ). Il écrit médiocrement.

H. French était là lui aussi. Comme tout tyran potentiel, il est à la base un homme vulnérable. Il a tellement envie de devenir un grand agent, ce que techniquement il est, je suppose, et que tout le monde le sache. Pour chaque scénario de film que je mentionne, il ajoute : « Oui, je t'en ai parlé en février dernier », ou : « En fait, je l'avais suggéré à Brando avant qu'il ne t'appelle », ou : « Je sais que je suis un vieux prétentieux et que Rich et Eliz me haïssent, mais j'ai bel et bien conclu les plus gros contrats jamais signés pour vous deux. Je suis bon, vraiment bon sur les gros coups ».

Après le travail nous sommes allés à la trattoria de l'autre côté du Pontina, et avons bu du vin. Nous avons pontifié sur la fugacité des affaires humaines et sur le fait que les acteurs étaient particulièrement sujets à la fatalité. [...]

Parlé à D. F. Zanuck à l'heure du déjeuner au sujet d'un accord à l'amiable de 55 millions de dollars (ou est-ce 75 millions ?)[2]. Nous verrons.

---

[1] Nicholas Young était assistant technique sur le tournage de *Faustus*.

[2] Darryl Francis Zanuck : magna du cinéma américain, à l'époque P-DG de la Twentieth Century Fox. Il était lié à la carrière de Burton depuis le début des années 1950. Après

Jeudi 22 – Nous avons continué avec le tournage des « Péchés ». Après la première prise (à 9 h 15) je suis allé voir les rushes. Ils ont l'air bons. Puis retour sur le plateau pour la deuxième prise, vers 10 h 30, puis retour à la salle de projection pour voir la première moitié de *La Mégère*. Ça commence à ressembler à un bon film.

Après déjeuner avec E (rosbif, pommes de terre rôties, haricots verts et sauce) ai vu d'abord H. French concernant des projets futurs [...]. Ensuite, Peter Evans, du *Daily Express*, que je dois voir de nouveau demain, puis D. Frost de la BBC[1]. Je le vois également demain.

Nous nous sommes arrêtés à la Trattoria di Divino Amore pour une bouteille de vin – E et moi seulement. Sommes rentrés à la maison et avons vu les enfants qui ont commencé l'école aujourd'hui. [...]

F. Zeffirelli rentre de son désastre triomphant au Met – celui de NY[2]. Nous devrions le voir très bientôt. J'attends ça avec impatience moi aussi. Comme les gens changent ! Il a envoyé de nombreuses lettres outrageusement théâtrales de NY.

Jeudi 22 – Quelque chose ne va pas avec mes jours ou mes dates : on dirait qu'il y a deux jeudis cette semaine !

Ai vu D. Frost et parlé d'adapter la vie de WSC en cinq films de deux heures[3]. C'est une idée inédite et fascinante – un

---

Cléopâtre, Zanuck avait lancé une procédure contre Burton et Taylor, alléguant que leur liaison avait porté préjudice au potentiel commercial du film. La procédure serait finalement abandonnée.

[1] David Frost, présentateur et journaliste, produisait à l'époque *The Frost Report* pour la BBC. Il avait fait une apparition dans son propre rôle dans *Hôtel international*.

[2] L'opéra de Samuel Barber *Antoine et Cleopâtre*, mis en scène par Zeffirelli, fut créé le 16 septembre à l'occasion de l'inauguration du nouveau Metropolitan Opera de New York. Il fut mal accueilli par la critique.

[3] WSC : Winston Spencer Churchill.

homme, cinq films. Je jouerais le rôle de Churchill de ses 25 ans à peu près jusqu'à sa mort. La tâche est peut-être trop colossale pour réussir. E vient de me donner comme instruction de dire à quel point elle avait l'air adorable hier, donc : Mon Dieu ! Qu'est-ce qu'elle avait l'air adorable hier ! Ça alors !

Déjeuner et interview avec P. Evans du *D. Express*. Mêmes vieilles questions. Quête désespérée de nouvelles réponses. Que des âneries. Il écrit un livre sur P. Sellers – sur un acteur en quête de son identité[1]. Encore des âneries. [...]

Trop bu, suis rentré à la maison et me suis endormi avant le dîner. E appelle méchamment ce sommeil prématuré « être ivre mort ». Waouh ! Qu'est-ce qu'E avait l'air adorable hier !

Vendredi 23 – Événements ayant eu lieu pendant les jours manquants de ce journal.

Ma sœur Edith (Edie) est morte à l'âge de 43 ans. Elle était ma plus jeune sœur et la plus drôle. Elle est morte d'un caillot de sang non décelé qui s'est formé après une opération du cœur, qu'elle avait fragile. Nous pensions qu'elle avait récupéré de l'opération (c'était l'impression qu'elle donnait) mais cinq ou six jours plus tard, elle s'est éteinte comme la flamme d'une chandelle. C'est la première des enfants de mes parents à mourir depuis environ 1907[2]. Le choc a été considérable, même si j'étais moins proche d'elle que d'Ivor ou de Cis par exemple. Nous avons pris l'avion pour Londres pour l'enterrement – tous mes frères étaient là, Ivor (qui a fait le trajet avec nous depuis Rome), Dai, Will, Tom, Graham et Verdun[3]. Will, qui est un imbécile,

---

[1] *Peter Sellers : The Mask Behind the Mask*, la biographie de l'acteur par Peter Evans, fut publiée en 1968.

[2] Deux sœurs de Richard moururent en bas âge, l'une en 1903 et l'autre en 1908. Toutes deux s'appelaient Margaret Hannah.

[3] Dai : David Jenkins (1914-1994), policier de son état. Will Jenkins (1911-1986). Tom : Thomas Henry Jenkins (1901-1980), mineur de fond. Verdun Jenkins (1916-2002).

quand on lui a demandé au salon comment il allait, a répondu : « À merveille ! Je ne me suis jamais senti aussi bien de ma vie… », avant de se rendre compte qu'il était censé afficher un chagrin de circonstance et de prendre alors une expression plus convenue. Il est nombriliste de manière quasi inconsciente. Ron, le mari, était dans un état pitoyable. Tout comme mes sœurs et les enfants d'Edie. Tous les hommes, la tête soigneusement inclinée pour ne voir rien d'autre que l'impassible moquette neutre ou le sol de la chapelle au crématorium, sont restés stoïques. J'ai dû m'offusquer et tousser plusieurs fois pour faire cesser les pleurs. E s'est tenue comme un ange. Elle est magnifique dans les crises.

Avons tourné les catacombes aujourd'hui et commencé la journée avec la fin du Jardin des Délices. Méphistophélès (Andreas Teuber) a atteint un nouveau pic d'intensité en odeurs corporelles[1]. Cela évoque des choses mortes – des mers pourrissantes, des livres moisissant sous les tropiques, des rats morts coincés dans des canalisations, un poisson oublié, du fromage changé en chair. Entre ses orteils […] se développe une sorte de champignon qui menace de transformer ses pieds en palmes s'il ne prend pas un bain dans les deux ans qui viennent. Et il a le teint éclatant d'une jeune fille, alors que moi, qui suis fanatiquement propre, je suis grêlé, boutonneux et furonculeux comme un Hogarth[2]. Ce n'est pas juste !

Fraîchement débarqué de NY, Franco Zeff est arrivé au studio à l'heure du déjeuner. Il a très bonne mine – il a perdu du poids – E et lui en ont discuté en en faisant des tonnes. Il paraissait très content du film qu'il a vu cet après-midi.

[…] Ce soir nous avons dîné avec Liza, Maria et Karen. Maria, qui voulait monter dans la chambre avec moi quand je

---

[1] Un peu plus tôt dans l'année, Andreas Teuber avait joué le rôle de Méphistophélès dans la version scénique de la OUDS, et l'interprétait également dans la version cinématographique.
[2] William Hogarth (1697-1764) : peintre, caricaturiste et satiriste anglais.

suis allé au lit, a dit qu'elle m'aimait et qu'elle voulait rester avec moi tout le temps et pour toujours.

Je suis en train de lire un livre intitulé *A Long Way to Shiloh* de Lionel Davidson[1]. Avant ça, un roman policier d'Agatha Christie. Encore avant, un livre intitulé *Utmost Fish*[2]. Pas très bon mais une histoire qui se laisse lire. Avant ça, la biographie de Winston Churchill par Randolph Churchill, un pavé que j'ai lu en deux sessions[3]. C'est l'illustration parfaite du vers « L'enfant est le père de l'homme[4] ». J'ai également lu quelques scénarios. *Waterloo*[5] – au moins la première moitié. *Reflets dans un œil d'or. Conseils à un homme marié*[6]. Et aussi la nouvelle *Carmen* de Miramée[7]. Amusante petite histoire et totalement incroyable.

Samedi 24 – Événements ayant eu lieu pendant que ces pages restaient blanches.

Monty Clift, sans doute le meilleur ami d'E et avec qui elle devait commencer à tourner *Reflets* dans un mois, est mort d'une crise cardiaque à NY. Il est mort pendant son sommeil. [...] Roddy McDowall a annoncé la nouvelle à E au téléphone depuis NY. Il a dit à E, ce qui l'a horrifiée, que la mort était due à une combinaison d'alcool et de drogues. Cela s'est révélé totalement faux[8]. Le petit Roddy, même quand il aime quelqu'un, aime presque autant les désastres qui le frappent. Dans son testament,

---

[1] Un thriller publié en 1966.

[2] *Utmost Fish*, de Hugh Wray McCann (1965) : un roman de fiction (bien que basé sur des faits réels) dont l'action se situe lors de la Première Guerre mondiale.

[3] Randolph S. Churchill, *Winston S. Churchill, vol.1 : Jeunesse, 1874-1900* (1966).

[4] Vers de William Wordsworth, extrait du poème *My Heart Leaps Up When I Behold* (1802).

[5] Richard envisageait de jouer le rôle de Napoléon dans *Waterloo* (1970). Ce serait finalement Rod Steiger qui l'interpréterait.

[6] *Advice to a Married Man* en anglais. Le film, réalisé par Gene Kelly, avec Walter Matthau, sortirait sous le titre *Petit guide pour mari volage* (*A Guide for the Married Man*, 1967).

[7] Burton veut dire Prosper Mérimée.

[8] La cause officielle du décès était une « maladie occlusive de l'artère coronaire », bien qu'il soit admis que l'addiction de Clift à l'alcool et aux drogues ait aggravé son état de santé.

Monty Clift a laissé à E ce qu'il lui plairait de choisir parmi ses biens. Je ne sais pas ce qu'elle a demandé. Son compagnon, infirmier et majordome a très gentiment envoyé à E les mouchoirs qu'il (Monty) avait récemment achetés à Paris et qu'il adorait, blanc délicat sur blanc. Et pour moi – le savon préféré de Monty ! Dois-je le garder ou m'en servir ? E était complètement bouleversée et n'arrive toujours pas à croire qu'il est mort. Un petit culte autour de lui a commencé depuis sa disparition. Ça aurait été plus utile quand il était encore vivant. Il n'a pas décroché un seul boulot digne de ce nom pendant les cinq dernières années de sa vie. Pauvre vieux. Je ne le connaissais pas très bien mais il avait l'air d'un homme bien. […]

Nous sommes à Corsetti's, à Tor Vaianica, […] où nous allons passer tous nos week-ends pendant un mois. Elle cuisine, je nettoie – un peu. Elle fait des hot-dogs et des hamburgers et des steaks et des omelettes et de la soupe. Je fais les salades et je nettoie – un peu. À part les gens qui nous dévisagent et les autographes occasionnels, nous ne sommes pas trop dérangés. Une grosse jeune fille m'a demandé le week-end dernier de lui faire un autographe sur le derrière – à peine couvert par un bikini. J'ai décliné et lui ai signé le bras à la place.

Nous avons filmé les catacombes et ma rencontre avec Lucifer Belzébuth. C'est un décor impressionnant. […]

J'ai vu le Jardin des Délices – la moitié du moins – et ai été déçu. C'est beaucoup trop lent […]

E a une bursite, de l'arthrite ou une fibrosite et éprouve une grande gêne dans l'épaule et le bras gauches. Je connais bien. C'est particulièrement enrageant parce qu'on n'a rien à montrer. Ni enflure, ni plaie, ni bleu à exhiber – juste une douleur lancinante et horripilante.

Nous finissons plus tôt le samedi, ce qui fait que nous étions ici à Corsetti's à 16 h 45. J'ai terminé *Long Way to Shiloh*. Ce n'est pas inoubliable et un peu trop alambiqué. L'auteur est cependant prometteur et je chercherai ses deux autres livres.

Je me remets à l'italien. Je ferais mieux de l'apprendre une bonne fois pour toutes. Je ne bouge pas d'ici jusqu'au Nouvel An et avec les souvenirs qui me restent, je devrais le parler assez couramment d'ici là.

Tous les soirs, quand je sors de ma douche chaude et que mes pores sont ouverts, Ron Berkeley frictionne mon dos boutonneux avec de l'alcool. Je suis curieux de voir si ça nettoie la peau. [...]

Dimanche 25 – Une journée paresseuse au bord de la mer. Nous nous sommes tous les deux réveillés au milieu de la nuit (samedi) et avons lu. Je me suis réveillé de nouveau à 8 h 30 et [...] j'ai emmené le chien faire une promenade le long du rivage. Personne sur la plage en dehors d'une demi-douzaine d'Italiens gesticulants qui essayaient de mettre un bateau à la mer. N'importe lequel d'entre eux aurait pu y parvenir tout seul. La mer était si placide qu'il n'y avait presque pas de vagues. [...]

Je me suis préparé un [...] sandwich et ai bu une réconfortante tasse de thé. J'ai lu un peu d'italien, suis allé nager vers 11 h [...], j'ai allumé le feu du barbecue à midi et après une certaine attente frustrante [...] E a finalement cuit les steaks. Ils étaient délicieux. C'était la première fois de sa vie qu'elle faisait cuire un steak.

Il y avait quelques visages connus dans le coin – Basil Fenton Smith (son), sa femme, Dave Hildyard (son), sa femme. Robert Jacks (producteur), sa femme[1]. [...] Nous avons échangé des plaisanteries mais sans nous mêler à eux.

---

[1] Basil Fenton Smith avait été ingénieur du son sur *Sea Wife* (1957), où jouait Burton, technicien du son sur *La Nuit de l'iguane* et le serait également pour *Reflets dans un œil d'or*. Il serait également opérateur de prise de son pour *Candy*. Dave Hildyard avait été ingénieur

Dans l'après-midi, nous avons lu les journaux, fait des mots croisés, nagé (moi) et d'autres choses.

[...] Gaston nous a dit d'avancer nos montres d'une heure. C'est la première fois [...] que l'Italie passe à l'heure d'été et leur perplexité est telle que tous les trains, où qu'ils se trouvaient la nuit dernière, ont reçu l'ordre de s'arrêter une heure. Est-ce possible ? [...]

Lundi 26 – Une journée tout à fait désagréable. Cela avait assez bien commencé. Nous nous sommes levés tôt et étions au studio à 7 h 45. J'ai fait d'interminables pick-up shots [...] dans le Jardin des Délices avec Gwydion Thomas (le fils du poète)[1]. Infiniment pénible. Puis E a tourné la scène où elle apparaît dans le Cristal. [...] Puis d'autres plans de moi et G. Thomas. Puis des plans d'amantes lesbiennes et d'amants normaux et d'acrobates d'un cirque de Rome travaillant sur des trampolines. Puis le programme pour demain. Je déteste ces journées où on n'avance pas d'une seule ligne dans le script – ni même d'une seule indication de mise en scène – parce que ces prises sont évidemment des prises additionnelles (à part celles d'E). [...]

E s'affaire au barbecue (nous sommes à Corsetti's). J'ai allumé le feu avec une bouteille d'alcool, puis deux, puis une troisième puis une quatrième et ai à présent décidé de m'en remettre aux dieux, à E et Ron-notre-voisin.

C'est très surprenant mais j'ai perdu – temporairement j'espère – mon goût pour l'alcool sous toutes ses formes. Il faudra

---

du son sur *La Mégère apprivoisée* et assumait les mêmes fonctions pour *Faustus*. Il serait plus tard technicien du son pour *La Percée d'Avranches* (*Breakthrough*, 1979). Robert L. Jacks, le beau-fils de Darryl F. Zanuck, était un producteur de cinéma qui avait travaillé avec Burton sur *Les Rats du désert* (*The Desert Rats*, 1953).

[1] Gwydion Thomas, qui interprétait Lechery et le troisième lettré dans *Doctor Faustus*, était le fils du poète gallois R. S. Thomas. [Pick-up shot : terme technique désignant le fait de tourner un bref plan additionnel pour améliorer la qualité générale d'une scène sans pour autant devoir la retourner en intégralité. (N.d.T.)]

que je me force à avaler un Campari-soda-vodka avant le dîner ou je vais éclater. Je me sens mieux sans, mais j'ai une mine terrible, de grosses poches sous les yeux. E apprécie de picoler comme d'habitude mais je ne lui en veux pas (trop). Le feu est à présent parfait, semble-t-il, et je devrais avoir mes hamburgers d'un instant à l'autre.

La joie qu'éprouve E à faire la cuisine est adorable et je crois qu'elle a un don naturel pour ça. Jusqu'ici, elle a tout réussi. Et a ses propres sauces et condiments favoris. Je suis toujours au régime œufs durs et salades. Je suppose qu'on pourrait ne manger que ça en cas de vaches maigres. Sans vouloir faire de jeu de mots.

Et voici venu le moment du Campari-soda-vodka, connu dans cette famille sous le nom de « goop[1] ».

Ça y est, j'ai avalé mon hamburger et mon goop. Délicieux tous les deux. C'est extraordinaire combien un steak haché en sandwich dans un petit pain, avec une rondelle d'oignon cru, une tranche de tomate et quelques feuilles de salade convenablement salées et poivrées peut être rassasiant.

C'est très joli ici en ce moment. Peut-être parce que j'ai mangé et bu. [...] E est plus détendue ; elle est dans tous ses états quand elle cuisine – complètement incohérente, perchée dans l'ombre au-dessus du barbecue comme une furie.

Je vais marmonner un peu d'italien et aller au lit – après avoir pris un autre goop.

J'ai lu aujourd'hui la moitié de *Don Quichotte* (scénario envoyé par Ronny Lubin) et la moitié d'*Œdipe* – par Lawrence Durrell[2]. Jusque-là, aucun des deux n'est à la hauteur de son sujet. Un scénario de western lambda par Carl Foreman

---

[1] *Goop* en anglais désigne une « substance visqueuse » en langage familier.

[2] Ronald A. Lublin : producteur. Lawrence George Durrell : poète, romancier et auteur dramatique.

intitulé *L'Or de MacKenna*[1]. Mon Dieu, ce qu'on peut lire comme âneries !

Mardi 27 – Événements ayant eu lieu : Kate est arrivée de Londres pour séjourner avec nous (en juillet ?), avec Ivor et Gwen comme tuteurs. Elle est maigre, avec de longues jambes et des taches de rousseur et les pieds un peu en dedans. Elle nous ressemble si peu physiquement (mais qui nous ressemble ?) que j'en ai le souffle coupé. Il n'y a rien du tout de Sybil en elle, à part les manières qu'on adopte par mimétisme quand on fréquente quotidiennement quelqu'un. Elle est affectueuse et aime apparemment beaucoup E et E le lui rend bien. [...] Elles ont passé une journée entière à bavarder au lit, toutes les deux avec de la température, un genre de « grippe » ou quelque chose comme ça. J'ai dû porter K dans son lit à la fin de la journée, car la petite rusée pensait qu'on la laisserait peut-être dormir toute la nuit avec E si elle, Kate, était déjà endormie. Mais j'ai été ferme et l'ai emmenée dans sa chambre. « Spaaan ! Spaaan ! » est la version de Maria du mot « serpent » quand elle aperçoit des vers de terre. Sybil voulait que sa Kate ne reste que dix jours, mais possession valant titre, nous l'avons gardée deux semaines de plus. Elle est partie à contrecœur je crois, et bronzée et brave petite. Ivor et Gwen font désormais partie de notre cercle, finalement et irrévocablement. Sans Kate et Jessica, je doute qu'ils reverraient Sybil sauf si elle les invitait, ce qu'elle ne ferait jamais[2]. Syb est devenue tellement bizarre qu'abstraction faite de « l'amour changeant de nature et virant à la plus amère et la plus mortelle haine et l'enfer ne connaît telle furie, etc. », elle n'a pas envoyé un seul mot de condoléances

---

[1] Carl Foreman produirait finalement *L'Or de MacKenna* (*MacKenna's Gold*, 1968) avec Gregory Peck et Omar Sharif dans les rôles principaux.

[2] Jessica : la plus jeune fille de Richard et de Sybil, née en 1959.

à la mort d'Edie[1]. Alors qu'elle prétendait adorer ou apprécier Edie. Des gens bizarres, ces Williams. Ce qui est curieux, c'est que personne dans ma famille ne mentionne jamais Syb, et quand je le fais, comme cela arrive forcément, personne ne relève. Personne. [...] Cela se réglera tout seul. De temps à autre, je regarde autour de moi et je m'étonne de tout ce que nous donnons et du peu que nous recevons. Moi et ma femme pourrions vivre jusqu'à la fin de nos jours avec ce que nous avons distribué ces cinq dernières années. Pas aux impôts. Pas aux organisations caritatives : à des personnes privées. Je viens de découvrir que ces vingt derniers mois j'ai donné 76 000 dollars à une seule personne ! Plus de 1 million à une autre. Il faut vraiment être un imbécile ! Enfin, nous avons de la chance, nous avons toujours la capacité d'en gagner davantage. Qui nous ressemble ? Et quoi qu'il en soit, assis sur la berge de cette mer centrale, sur quel sujet devrais-je maintenant écrire ?

Thé pour le petit déjeuner et départ pour le travail. J'ai un peu mal à la gorge. Peut-être d'avoir fumé des cigares, ce que je n'aime pas, mais c'est censé m'empêcher (et c'est le cas) de fumer des cigarettes et d'inhaler la fumée. [...] Je veux dire que je fume moins de clopes que d'habitude.

Je commence à manquer d'énergie et d'enthousiasme pour *Faustus*. Et il ne le faut pas. A) Ça se verra sur l'écran et B) le gros morceau, la rencontre avec Hélène de Troie et la descente aux enfers, n'est pas encore tourné[2]. Paresser me manque. J'ai un peu bu aujourd'hui. Deux bières, deux vodkas, un goop. [...]

Nous avons trimé sur la scène de l'étudiant. Je n'avais pas du tout envie de travailler, mais je m'y suis tenu malgré tout.

---

[1] Passage entre guillemets : paraphrase d'une tirade du personnage de Sir Stephen Scroop dans *Richard II* de Shakespeare (acte III, scène 2) et d'une tirade du personnage de Zara dans *The Mourning Bride* de William Congreve (acte III, scène 8).

[2] Le rôle d'Hélène de Troie était joué par Elizabeth Taylor.

Comme ça serait bien d'être un amateur très bien payé qui ne travaillerait que quand il en a envie. Mais non, faut trimer.

Franco Zeffirelli est passé pour parler du montage et est resté prendre un verre. [...] E s'est montrée sentimentale et a demandé à Franco de trouver un autre film qu'ils pourraient tourner ensemble car elle a une confiance sans réserve en son goût.

[...] Des pâtes pour le souper et ayant fini d'écrire cette entrée je vais continuer à lire un livre intitulé *L'Homme de Kiev* de Bernard Malamud[1]. On en dit beaucoup de bien. Alors voyons ça.

Mercredi 28 – 7 h 15 du matin. Grand soleil. Un train passe en direction de Rome. Bruit de la circulation sur le Raccordo Anulare. Un klaxon de voiture. J'ai ouvert la porte-fenêtre de la « tanière » et les chiens sont dehors en train de jouer à se pourchasser. Les oiseaux pépient. Il est difficile de trouver, en Angleterre par exemple, quelque chose qui puisse rivaliser avec les joies d'un climat clément. Je doute que nous ayons eu une seule semaine de mauvais temps depuis notre arrivée en mars. Un autre train passe. Et un autre encore. J'aime le bruit des trains et déteste celui des avions, cet horrible gémissement suraigu. Départ pour le travail dans cinq minutes. [...]

Franco dit [...] que Fellini est à court d'inspiration spontanée. Il s'est réveillé un matin [...] et a découvert qu'il ne pouvait plus filmer au pied levé. Il faut qu'il prépare ses films comme les autres réalisateurs. Ah, sacré petit génie. D'où le procès de Dino De Laurentiis contre Fellini[2]. Il y a un énorme décor en extérieur qui pourrait bien être inutilisable maintenant. Dino

[1] *The Fixer*, 1966.

[2] Le 24 septembre De Laurentiis avait entamé une procédure légale contre Fellini à propos de l'avenir de son projet de film *Le Voyage de G. Mastorna*. Le conflit se réglerait début 1967, mais le film ne serait jamais réalisé.

trouvera un moyen de s'en sortir avec le sourire. Je suis prêt à le parier.

15 h. Viens de déjeuner avec P. Glenville. [...] Beaucoup de ragots [...] sur Tony Richardson, Jeanne Moreau et un gigolo grec. Apparemment Tony R croyait être amoureux de Moreau et, s'imaginant qu'elle était amoureuse de lui, a quitté sa femme Vanessa Redgrave. Au même moment, Tony Hartley (le producteur, assistant et rabatteur de Tony R) avait dégoté un très beau garçon grec pour le repos du guerrier[1]. Glenville a alors mimé la scène de la première apparition du garçon sur le plateau : la bouche pincée, les yeux plissés, Moreau s'est dit : « Je veux ça. » Puis, profitant de dix jours où elle était libérée du tournage, elle a emmené le garçon en Grèce pour ensuite annoncer qu'elle allait l'épouser[2]. Peter explique : « Tony R évidemment ne sait pas de qui être jaloux ni vers qui se retourner, si tu me passes *l'expression**. » Il a tendance à truffer son discours d'expressions étrangères. « Et voilà quelle est la *pozizzioni*, Richard », etc.[3]. *Oh prenez garde**.

Ai aussi entendu dire que Fellini avait trouvé un autre financier. Il va faire le film dans les studios de De L. mais en tant que réalisateur extérieur. J'avais parié et j'avais raison !

Avons terminé les scènes avec les trois étudiants, Hugh Williams, Gwydion Thomas et Richard Heffer dans la matinée et ensuite commencé « Était-ce le visage qui a provoqué », etc., avec E. Nous devrions la finir demain – je parle de la scène[4].

Vu F. Zeffirelli (et plus tôt Sheila Pickles sa secrétaire) à la fin de la journée. Il est si folle qu'on va devoir l'attacher.

---

[1] Burton parle de Neil (et non Tony) Hartley.

[2] Le « gigolo grec » s'appelait Thodoros « Théo » Roubanis. Il avait un rôle mineur dans le film de Richardson *Le Marin de Gibraltar* (1967). L'anecdote se déroule pendant le tournage de ce film.

[3] Burton veut sans doute dire *posizione* – « position ».

[4] Hugh Williams et Richard Heffer jouaient respectivement les rôles des second et troisième étudiants.

[…]

Vendredi 30 – […] Franco Zeffirelli et Pickles sont venus déjeuner et ont dit combien ils adoraient Phil. On ne voit plus beaucoup Christian, l'ami de Phil[1].

Ai été interviewé par un M. Lucas du *Christian Science Monitor*[2]. Pourrait-on dire, m'a-t-il demandé très sérieusement, qu'en donnant l'exemple et en tournant de saines comédies classiques comme *La Mégère* et des fables morales comme *Faustus*, j'essaye de compenser les grands maux que le cinéma a introduits dans le monde ? Je n'en croyais pas mes oreilles. […]

Ai lu un livre profondément bouleversant et très intéressant intitulé, croyez-le ou non, *Ma chienne Tulip*[3]. Le seul livre sur les chiens digne de ce nom que j'aie jamais lu. […]

OCTOBRE

Samedi 1er – Magnifique matinée. Mer lourde et sonore. Soleil par intermittence mais beaucoup de nuages qui promettent plus de pluie encore. […] Je n'ai pas la moindre idée de ce que je vais faire de moi dans dix jours quand *Faustus* et *La Mégère* (prises additionnelles) seront achevés. Je pourrai apprendre le texte des *Comédiens*[4]. Ensuite je pourrai apprendre les chansons, etc., de *Mr. Chips*[5]. Peut-être que j'écrirai autre chose que ce journal. Peut-être que je me contenterai de lire et lire et lire encore.

---

[1] Richard Alderson, connu professionnellement sous le nom de Christian Alderson, acteur, ami et pendant un temps compagnon de Philip Burton.

[2] *The Christian Science Monitor* est l'organe de presse de l'Église du Christ, scientiste.

[3] *My Dog Tulip*, de Joe Randolph Ackerley (1956).

[4] *Les Comédiens* serait le film suivant de Burton.

[5] Burton envisageait de jouer le rôle d'Arthur Chipping dans la version musicale d'*Au revoir Mr. Chips* (*Goodbye Mr. Chips*), qui sortirait en 1969 avec Peter O'Toole dans le rôle principal.

J'ai à peine bu un verre en deux semaines. Une bière de temps en temps, et à deux occasions je me suis retrouvé légèrement bourré après deux ou trois goops. Non seulement cela ne me manque pas, mais j'ai l'impression que je n'aurai plus jamais envie de me prendre une cuite. Boire oui, se prendre une cuite non. [...]

Dimanche 2 – Cet après-midi, nous avons fait une autre marche mais étions suivis par une foule de gens qui nous ont finalement fait regagner nos chambres. Nous sommes sortis en douce plus tard et avons marché sur la plage dans la direction opposée. [...] Soupe pour le souper et au lit vers 23 h 30.

Huit ou neuf jours de *Faustus* devant nous. Dieu soit loué.

Lundi 3 – E et moi avons tous les deux passé la journée dans un état épouvantable, à se sentir mal fichus et maussades. Elle avait des frissons, moi une migraine – chose très rare chez moi, c'était peut-être la deuxième en dix ans. Ron a le tourniquet romain. Peut-être que c'est quelque chose que nous avons tous mangé ou bu. En tout cas, nous sommes à la maison et les enfants courent partout avec la grâce et la bienséance d'une émeute.

Nous avons terminé la scène du pape démoniaque. Je me demande si ça va marcher. J'ai vu environ une demi-heure de *Faustus* ce matin et j'ai été déçu. [...]

Demain nous allons à Rome pour recevoir les Masques d'or ou les Masques d'argent ou je ne sais quoi parce que nous sommes riches et que nous avons une réputation sulfureuse, j'imagine[1]. C'est une perspective d'un ennui fracassant.

---

[1] Les Masques d'argent sont un prix italien remis chaque année pour couronner un succès au théâtre, au cinéma, à l'opéra et à la télévision.

Ai passé l'après-midi à feuilleter l'*Oxford Dictionary of Quotations*. J'ai cherché Robert Graves[1]. Il n'a toujours qu'une seule citation répertoriée : « Adieu à tout cela. » Qu'est-ce que les rédacteurs ont contre lui ? S. Spender en a deux. R. L. Stevenson a environ six colonnes, Voltaire une et demie. Même Sam Goldwyn en a une. Une des citations consignées pour RLS est : « Pièces de huit. » Franchement[2] !

Le Dahomey fait 114 000 km carrés, à peu près la même surface que Cuba. (Le pays de Galles en fait environ 34 000.) C'est donc une taille assez importante. Nous y allons l'an prochain pour *Les Comédiens* de Greene[3]. Alec Guinness et E tiendront les deux rôles principaux. Glenville dirigera pour la MGM. Je ne suis jamais allé en Afrique noire. Ça devrait m'intéresser. J'ai détesté l'Égypte et l'Afrique du Nord. Ah, où étaient donc ces nobles cheiks… […]

Ai écouté le bulletin mondial, les informations britanniques et le journal sportif de la BBC londonienne. Je ne les écoute pas très souvent mais quand je le fais, cela m'inspire un sentiment particulier. Les accents précis et excessivement onctueux, le bruit des parasites qui est ce que je préfère et qui donne l'impression que les voix sont portées par-dessus la mer et les fermes et les Alpes par un vent incertain et solitaire. La voix qui dit : « C'était Sam Longpox en direct de Washington », ou : « David Mogs-Vaughan du Bechuanaland[4] ». Je pense que c'est particulier pour moi parce que ça me rappelle les nouvelles de 9 h que j'écoutais enfant, et le fait que cette époque soit si lointaine. Franco est

---

[1] Robert Graves : auteur, poète. Ses souvenirs de guerre du front ouest, *Adieu à tout cela*, parurent en 1929.

[2] Sir Stephen Spender : poète et critique. Samuel Goldwyn : producteur hollywoodien. « Pièces de huit ! » est extrait de *L'Île au trésor* de Stevenson.

[3] *Les Comédiens*, roman de Graham Greene (publié en 1966) dont serait tiré le film du même titre.

[4] Bechuanaland : nom du Botswana sous le protectorat britannique.

tombé. Dunkerque. La Bataille d'Angleterre. Un de nos avions est porté disparu. Et maintenant, Sandy MacPherson[1] sur l'orgue de théâtre de Blackpool. Le Palm Court Orchestra à Bournemouth. *ITMA*[2]. Munich[3]. Les grèves de la faim[4]. Jarrow. Tout cela si distant, hors de vue, inaccessible. Et qui reste lointain, mais je sais que si je décroche le téléphone, je peux être à Londres pour un souper tardif et à New York pour le thé et à Los Angeles pour le dîner demain. Il est 20 h et nous pourrions, si nous le voulions vraiment, souper à 23 h 30 à D'Chez Eux, et boire un peu, et être rentrés pour le petit déjeuner[5]. *It's a short way to Tipperary*[6]. Mais à la radio, ça semble toujours infiniment loin.

Mardi 4 – Réveillé par l'alarme à 7 h. Ai ouvert les rideaux de la tanière et c'était un beau matin avec un grand soleil et des lambeaux de brume au sol. [...]

Avons tourné le gros de la scène dans la tente de guerre. Restent encore des gros plans et un discours. Il est 16 h 40, il se pourrait donc que nous n'ayons plus que quelques plans à tourner demain.

Préparatifs pour le prix du Masque d'argent. Écrirai plus tard sur le sujet. Ce que les Italiens peuvent être provinciaux. Encore

---

[1] Sandy MacPherson : organiste de théâtre qui jouait régulièrement pour la BBC durant la Seconde Guerre mondiale.

[2] *ITMA* : acronyme de *It's That Man Again*, comédie radiophonique diffusée par la BBC de 1939 à 1949. (N.d.T.)

[3] Allusion aux accords de Munich signés entre la France, l'Angleterre et l'Allemagne en septembre 1938.

[4] Burton veut probablement parler des marches de la faim des années 1930 (plutôt que de « grèves de la faim »), dont certaines partirent du sud du pays de Galles, mais dont la plus célèbre se déroula en octobre 1936 entre Jarrow (dans le nord-est de l'Angleterre) et Londres.

[5] D'Chez Eux : restaurant de l'avenue Lowendal, à Paris.

[6] *It's a short way to Tipperary* signifie « Tipperary n'est pas très loin ». Il s'agit d'un jeu de mots sur *It's a long way to Tipperary* (« Tipperary se trouve bien loin »), chanson de music-hall écrite en 1912 et devenue très populaire parmi les soldats britanniques pendant la Première Guerre mondiale. Tipperary est une ville d'Irlande.

pires que les Américains ou les Anglais. E me demande de dire combien elle était ravissante hier soir.

La remise des prix était monstrueuse. Pendant environ trois quarts d'heure, d'innombrables mannequins plates aux visages durs ont paradé devant nos yeux ennuyés en un défilé de mode dépourvu du moindre goût. Ensuite tous les acteurs d'Italie, de vieux clowns, Alberto Sordi, Marcello Mastroianni, Vittorio Gassman, Virna Lisi, Monica Vita, F. Zeffirelli, Rossana Podesta, des comiques de la télé, des vedettes de théâtre, de grands techniciens du spectacle ont reçu des Masques d'argent[1]. Nous étions les derniers. [...]

Après les prix, nous nous sommes remis d'aplomb à l'hôtel Hassler (?), nous avons discuté et bu avec Franco Zeffirelli et Sheila Pickles[2]. E nous parlait de ses opérations quand Pickles a vomi. Partout sur le tapis. Ça a vidé le bar plus vite qu'un typhon. Finalement rentrés à la maison.

Mercredi 5 – Ne suis pas allé travailler. Me suis réveillé tard et si honteux que plutôt que d'arriver en retard ai préféré ne pas y aller du tout. Donc je n'irai pas. E a téléphoné pour expliquer, mentant comme une arracheuse de dents, que j'étais horriblement malade. Ce doit être le premier jour de travail que j'aie volontairement raté de ma vie. Et je m'en fiche. J'ai une maladie et elle est incurable. C'est, ou plutôt comme on dit en italien, *cioè*, que je m'ennuie facilement. Je peux être fasciné par une idée, mais la réaliser m'ennuie. Je crois que c'est à cause de ça, par exemple, que quand j'explique le génie particulier d'autres acteurs, j'imite ce que je pense qu'ils auraient dû faire, plutôt que ce qu'ils ont réellement fait. Je suis un meilleur apologiste

---

[1] « Monica Vita » : Burton veut parler de Monica Vitti.
[2] L'hôtel Hassler, situé Piazza della Trinità dei Monti à Rome.

de Gielgud, de Swinley, d'Ainley, d'Olivier, de Scofield ou de Brando qu'ils ne le sont eux-mêmes[1]. Ils sont très bons, mais dans le souvenir, dans mon souvenir d'eux, ce sont des dieux immenses.

[...] Au cas où il y aurait la moindre erreur. Ce journal n'est écrit que pour moi. [...]

Jeudi 6 – Magnifique matinée de nouveau et je suis parti au travail vaguement secoué. Suis arrivé vers 7 h 45 et, à 9 h, j'étais rasé, j'avais pris un thé et j'étais maquillé. [...]
Pour le premier plan, j'étais enfermé dans une armure avec des épées donnant l'impression de me transpercer de part en part.

Ai lu quelque chose dans un magazine sur Syb, qui, comme une demi-douzaine d'autres femmes, serait une « plante à floraison tardive ». Avec moi elle était « dodue et mal fagotée » mais depuis notre séparation elle a perdu 14 kilos et elle est un modèle de chic. Impertinence. Elle n'a jamais été grosse et courtaude ! Juste petite, c'est tout. [...]

Vendredi 7 – Ai commencé la redoutée mais belle tirade finale de *Faustus* aujourd'hui après avoir revu les scènes d'hier. [...]

Nous nous acheminons lentement vers la fin du film, mais pas de répit immédiat puisque nous travaillons sur *La Mégère*, ce qui je suppose devrait prendre encore deux jours. Des gros plans ici et là et un peu partout. [...]

Un des garçons d'Oxford, un certain Nick Loukes, nous a offert une tarentule morte encadrée comme cadeau de remerciement[2]. Puisque « nous avons sans doute déjà plein de jolies choses, une chose laide pourrait être la bienvenue ».

---

[1] Ion Swinley, Henry Hinchliffe Ainley, Paul Scofield : comédiens célèbres pour leurs interprétations de rôles shakespeariens.

[2] Nicholas Loukes jouait l'Orgueil et le cardinal de Lorraine dans *Faustus*.

Je me sentais las et transpirant et pas du tout acteur aujourd'hui. Une de ces journées où jouer paraît particulièrement idiot. Quel métier minable.

[...]

Samedi 8 – Il est maintenant 11 h et j'ai tourné un plan. Encore deux et j'espère avoir fini la séquence avant la descente aux enfers. [...]

Le *Daily American* rapporte que les Gallois, sous le règne de Gwynedd, ont découvert les États-Unis deux cents ans avant Colomb[1]. Hâte de montrer ça à Elizabeth et il faut que j'en envoie un exemplaire à Harvey Orkin[2]. Une sorte de fou gallois a passé vingt ans à le prouver et le résultat de ses recherches doit être publié dans quelques semaines[3]. J'en ferai peut-être une de mes anecdotes de soirée.

Après la prochaine scène je devrais pouvoir me détendre. Je ne me sens pas épuisé ni rien d'extrême, simplement dépourvu d'intérêt pour le travail malgré tous mes efforts pour m'exhorter à l'enthousiasme. Il faut que je prévoie davantage de congés pour moi-même. Et pour E aussi.

[...]

Sous certaines lumières, on voit qu'E a plein de cheveux blancs. Elle m'accuse de donner prématurément des cheveux blancs à toutes mes épouses. (Syb vient d'une famille où les gens ont des cheveux blancs très tôt.)

[...]

Dimanche 9 – Nous sommes tous les deux réveillés à 8 h 30 et habillés, et avons fait une petite marche jusqu'aux écuries. De

---

[1] Allusion à la théorie historique (sans fondement) attribuant au prince gallois Madog ab Owain Gwynedd la découverte de l'Amérique vers 1170.

[2] Harvey Orkin, agent théâtral et ami proche de Burton.

[3] Référence aux recherches de Richard Deacon, *Madoc* (1966).

retour à la maison j'ai lu un roman policier de Josephine Tey, pas terrible, intitulé *Jeune et innocent*[1]. Gaston a rapporté le barbecue de la plage et E a fait cuire un steak réellement délicieux. Elle devient vraiment une excellente cuisinière.

Après le dîner (17 h) E a préparé des hot-dogs pour les enfants et Karen. J'ai lu un autre roman policier [...], de Stanley Ellin. Pas très bon. [...]

Lundi 10 – Réveillé et levé à 7 h. E travaille aujourd'hui, nous irons donc au studio ensemble, ce qui veut dire que je serai en retard. [...] Ai écrit deux lettres, une à Mike, une à Chris, vu les rushes. Vu la première bobine montée avec de la musique. Impressionné pour la première fois. [...]

Aaron attendu pour déjeuner aujourd'hui. Allons beaucoup parler affaires, je suppose. J'espère qu'il se sent mieux.

Aaron très nerveux en arrivant, mais il s'est rapidement détendu. Il a arrêté de fumer après l'avertissement de sa crise cardiaque à NY. Bobby est arrivée plus tard et nous avons déjeuné de hot-dogs[2]. C'est une femme charmante. Avons filmé la descente aux enfers vers 15 h 30. Et ça a vraiment été l'enfer. Le vertige me *conturbat*[3].

Suis devenu totalement saoul après ça et suis rentré à la maison et au lit (vers 21 h 30) dans une rage silencieuse. Je déteste vraiment boire, mais comment faire si tout le monde boit autour de moi. Et je ne parle pas seulement d'E mais de pratiquement tout le monde, Bobby Frosch, John Lee, Bob Wilson, Ron B, les Flanagan.

---

[1] *A Shilling for Candles*, publié en 1936.
[2] Bobby Frosch, épouse d'Aaron.
[3] Référence au poème *Lament for the Makaris* de William Dunbar (1456-1513), dont le dernier vers de chaque strophe est « *Timor Mortis conturbat me* » (« La peur de la mort me trouble »).

Mardi 11 – Me suis réveillé à 6 h 45 avec l'impression d'être drogué. Me suis débarbouillé à l'eau froide. J'ai couru sur place en comptant jusqu'à cent, fait vingt pompes, vingt flexions, vingt étirements, vingt mouvements des bras, vingt flexions latérales. Et me suis senti mieux.

Magnifique lever de soleil pour commencer mais à présent voilé de nuages. [...] D'après D. Frost, la famille Churchill me demande de jouer Winston C à l'écran[1]. Et De Laurentiis et J. Huston voudraient me voir jouer Napoléon. J'ai déjà joué Alexandre le Grand, Marc Antoine et saint Thomas Becket. Je vais finir par avoir la folie des grandeurs par capillarité. [...]

[...]

Jeudi 13 – Le dernier jour, enfin. Avons tourné les quatre dernières répliques de *Faustus* et terminé vers 18 h 30. Demain ils tourneront les scènes de nu sans moi pendant que nous serons en chemin vers Positano.

Bobby Frosch a vu une première ébauche montée de *La Mégère* et a énormément apprécié. Si c'est la réaction générale, nous serons très heureux.

Après le tournage nous avons bu des verres avec l'équipe. Ils ont été très bien, surtout « Gianni l'accessoiriste[2] ». Tout le monde l'apprécie.

Et sur ce, au lit.

[...]

[1] Burton finirait par le faire en 1974.

[2] Peut-être Giannetto De Rossi, maquilleur sur *Faustus* et *La Mégère apprivoisée*.

Dimanche 16, Positano. Hôtel Sirenuse – J'écris ces lignes assis en caleçon sur notre balcon. [...] Il y a une brise assez fraîche aujourd'hui mais il fait bon au soleil. Pas mal de gens sur la plage en contrebas. C'est une petite ville bruyante. Les vagues qui se brisent, les voitures et les klaxons, les cloches des églises, beaucoup de bruits de travaux, des chiens, des sifflets, des garçons qui crient sur la plage en jouant au football, des bébés, tout cela bien sûr adouci par l'« âpre et déclinant grondement » de la mer[1]. Nous devrions sortir pour déjeuner dans environ une demi-heure. E profondément absorbée par le dernier Iris Murdoch[2]. Je dois dire qu'elle a l'écriture et l'apparence (sur la photo de la jaquette) d'une lesbienne. Je la soupçonne de fumer le cigare et de porter des pantalons et des pulls sans forme.

Le déjeuner d'aujourd'hui était formidable. *Zuppa di vongole* (soupe de palourdes dans leur coquille) et de délicieuses pâtes appelées *crepes al formaggio*. De petites crêpes fourrées de fromage fondu et de prosciutto. Un gâteau pour finir. Tout ça très bon. Du Rivera comme boisson. L'ensemble a été légèrement gâché par des fans, deux groupes bruyants et une photographe professionnelle entre deux âges pleurnicharde et très insistante. Il y avait aussi des amateurs, évidemment, et une hystérique qui a couru à nos côtés en criant : « Si elle peut seulement enlever ses lunettes pour que je voie ses beaux yeux. » [...] Je déteste les fans latins (tous les fans d'ailleurs) ; ils me rendent extrêmement nerveux et me mettent mal à l'aise, même après toutes ces années.

Plus tard, sans E, j'ai emmené E'en So pour une promenade jusqu'au sommet de la colline de l'hôtel mais, comme je créais littéralement un embouteillage, je suis rentré après quelques centaines de mètres. Espérons que c'est dû à la foule du week-end,

---

[1] Référence au poème *Dover Beach* (1867) de Matthew Arnold. Le vers original est « *Melancholy, long, withdrawing roar* ».
[2] Probablement *Pâques sanglantes* (*The Red and the Green*, 1965).

sinon nous allons devoir changer d'endroit ou rentrer. Pourquoi font-ils ça ? Je ne suis jamais resté bouche bée devant qui que ce soit de toute ma vie, et bien que j'admire certaines personnes célèbres, Churchill, et différents écrivains – R. S. Gwyn et Dylan Thomas, T. S. Eliot, Spender, Greene, MacNeice, etc., etc., je ne leur ai jamais demandé un autographe[1]. En réalité, je me sens aussi gêné de voir un personnage public que d'en être un.

[...]

Mardi 18 – Réveillé à 9 h [...] – belle journée, chaude au soleil. Nous devrions aller à Sorrento pour déjeuner – en voiture. Gaston a proposé que nous y allions en bateau mais la mer est un peu grosse et monter et descendre d'un petit bateau est une corvée. Surtout avec trente personnes qui ne vous lâchent pas des yeux. [...]

Nous y sommes allés en voiture et avons déjeuné dans un horrible petit restaurant appelé Minervetta (?) je crois. C'était un de ces vastes restaurants sans caractère qui – sur deux niveaux – peut sans doute accueillir 500 personnes. Le bâtiment, situé au bord des falaises, a des façades en verre. La cuisine était quelconque. Il n'y avait que deux serveurs. Le Michelin le recommande. Très surfait. Nous avons bu du Sambuca et nous sommes dit mutuellement des méchancetés. Nous avons fait le trajet du retour jusqu'à Positano en silence. J'ai dormi presque tout le temps. Nous avons mangé une soupe dans notre chambre puis lu et dormi. Dieu sait combien je déteste ce genre de journée. Attention au Sambuca. Il fait ressortir les démons. Il retourne des pierres dans d'humides souterrains. <u>Féminité</u>.

[1] Gwyn Thomas : auteur dramatique, romancier, satiriste et présentateur gallois. Louis MacNeice : poète.

Mercredi 19 – […] E doit se tenir prête pour lundi. Brando, Huston, etc., sont malheureusement tous arrivés des États-Unis, il n'y a donc pas de sursis[1]. […]

Jeudi 20 – Réveillé vers 8 h, belle matinée mais menace de tempête ou de pluie plus tard. Nous sommes allés au café-bar et avons pris un latte et des choux à la crème pour le petit déjeuner. Ron s'est joint à nous un moment et nous a montré des morceaux de verre de différentes couleurs que Vicky Tiel a ramassés sur la plage pour faire une table basse[2]. Quelle toute petite chose à faire pour son tout petit appartement à Paris. Petit. Petit. Petit. Petit. Ron craque pour ça.

Nous avions choisi le porc pour le déjeuner mais avons changé d'avis et décidé de plutôt dîner au restaurant de l'hôtel. Après le déjeuner, vers 16 h 30, E a fait des essayages pour ses costumes de *Reflets*. Ils sont dans le style de 1948, bizarres et affreux. Je n'ai pas du tout l'impression qu'il existe un style 1948. Huston est un simplet. Mais il se prend pour un génie. C'est aussi un mythomane spécialiste de l'autoglorification. Et il y met de l'habileté. Dorothy Jeakins est, puisque nous en sommes à parler de personnes précieuses, la plus petite d'entre elles[3]. Elle a 80 ans, ou 50, mesure 1,80 mètre et est petite de la tête aux pieds. Elle a le signe distinctif des personnes barbantes au dernier degré – un gentil demi-sourire qui flotte sur des lèvres mal assurées. Le genre de lèvres qu'on a envie d'essuyer du revers de la main. Ses yeux humides de jeunesse vous contemplent

---

[1] « Pas de sursis » avant le début du tournage de *Reflets dans un œil d'or*. (N.d.T.)

[2] Vicky Tiel était alors créatrice de mode et costumière. Elle avait travaillé sur *Quoi de neuf, Pussycat ?* et le ferait également pour d'autres films impliquant Burton, notamment *Candy* et *Barbe-Bleue* (*Bluebeard*, 1972). Elle épouserait Ron Berkeley en 1971. En 1966, elle était sur le point de devenir une créatrice de mode reconnue, avec une boutique à Paris.

[3] Dorothy Jeakins : costumière qui avait déjà travaillé avec Burton sur *Ma cousine Rachel* (*My Cousin Rachel*, 1952) et *La Nuit de l'iguane* (pour chacun desquels elle avait reçu un Oscar).

avec une confiance candide. Elle me donne envie de péter en public ou de pisser sur le tapis. Dorothy Jeakins est la dame qui a dessiné les costumes d'E pour le film. Il y a des gens pires dans le monde je suppose. Comme Jack l'Éventreur.

[...] Nous avons bu au bar avec l'équipe de *Reflets*. J'ai été surpris de constater combien Jeakins et Tiziani en savent peu, mais vraiment très peu, sur l'art[1]. J'ai dans l'idée que même moi j'en sais plus, et pourtant je n'y connais rien. E les a fait un peu marcher.

Plus tard nous sommes montés dans notre chambre pour manger le porc avec des pommes de terre bouillies que j'avais achetés ce jour-là chez l'épicier d'en face. J'ai mis tout ça à chauffer à 19 h 40. À 19 h 50, toutes les lumières se sont éteintes. Pas de pommes de terre. Pas de dîner. Je me suis procuré auprès du concierge la lampe torche la plus petite que j'aie jamais vue et après discussion nous sommes descendus dans l'obscurité jusqu'à la plage.

Gaston y était avec Big Nino (notre garde du corps de Rome) et deux dames à l'allure franchement suspecte. Nino a eu l'air embarrassé. Ron et Vicky sont arrivés plus tard et Ron et E ont parié avec moi que je n'étais pas capable d'écrire un livre publiable d'au moins 100 pages d'ici Noël prochain. Le pari est de 1 000 dollars. 900 dollars pour E et 100 dollars pour Ron. On verra bien. J'ai tellement de livres à écrire que je finirai sans doute par n'en écrire aucun. [...]

[...]

Lundi 24, Positano-Rome – Nous nous sommes réveillés vers 9 h 30. J'ai pris un bain et fait les bagages. [...] Nous devions nous arrêter en chemin pour déjeuner mais finalement, comme

---

[1] Tiziani : Evan Richards, le fondateur de la maison de couture Tiziani à Rome.

E a mis comme d'habitude un temps fou à prendre son bain et à se maquiller, nous avons décidé de déjeuner sur la plage et de partir après. [...]

Les enfants attendaient. E a joué avec eux jusqu'à 10 h 30. [...] Elle doit se tenir prête à aller au studio demain. Elle est nerveuse. Je le suis sûrement pour elle aussi. J'ai fait le vieux rêve de ne pas savoir mon texte le soir d'une première.

Samedi 29, Rome – Nous sommes allés au studio mardi et finalement E n'a fait que répéter. Elle n'a pas tourné. Marlon B est venu prendre un verre, tout comme Julie Harris à la fin de la journée. E soupçonne que l'autre homme, Brian Keith, a un problème d'alcool car il refuse toujours quand on lui propose de boire un verre. Ai aussi rencontré l'autre protagoniste qui joue Williams. Je crois que son nom est Forster (Robert ?)[1]. Ils ont tous l'air très sympathiques et après quelques angoisses initiales, E trouve maintenant très facile de travailler avec J. Huston. Surtout, il se moque un peu qu'on ne connaisse pas son texte à la virgule près, ce qui est toujours d'une grande aide. Faire toute une histoire pour que chaque « le », « mais » et « et » soit correct est en général sans importance et peut, pour certaines personnes, être très déstabilisant. J'ai vu un défilé continu et interminable de personnes : Frosch, John Bryant à propos de *Barbouza*, P. Glenville à propos des *Comédiens*, F. Zeffirelli à propos de *La Mégère*, Ray Stark à propos de tout[2]. Ai parlé au téléphone de *L'Homme de Kiev* de Malamud à Frankenheimer en Californie[3]. McWhorter a parlé à Wallis d'*Anne des mille jours* pour moi[4]. [...]

---

[1] Julie Harris jouait le rôle d'Alison Langdon dans *Reflets dans un œil d'or* et Brian Keith celui de Morris Langdon. Il s'agit bien de Robert Forster.

[2] John Bryant : producteur et chef décorateur.

[3] John Frankenheimer : réalisateur de télévision et de cinéma.

[4] Hal B. Wallis avait produit *Becket* et produirait *Anne des mille jours*.

Nous avons beaucoup vu Brando qui est très sympathique – bien plus qu'il ne l'était – et très charmeur et bêta après quelques petits verres. L'autre jour, après une vodka et demie, il a déclaré que « sans conteste, la langue la plus facire à aplendre [*sic*] est l'espagnol et non pas l'anglais » comme je l'avais affirmé.

Le travail a l'air de rendre E assez contente et tout le monde semble très impressionné par elle. Je pense qu'elle est probablement meilleure qu'eux tous.

J'ai vu *Faustus* et *La Mégère* en entier. Le second est très bien. Je ne suis pas trop sûr pour le premier, mais il y a encore beaucoup à faire et nous pourrions aboutir à une œuvre des plus intéressantes une fois que nous aurons coupé, modifié et ventilé les parties les plus faibles. [...]

NOVEMBRE

Mercredi 2 – J'ai été plus ou moins saoul pendant ces deux derniers jours. Je ne sais pas pourquoi, mais j'en ai profité sans réserve. Je n'ai pas fait trop de dégâts si ce n'est que j'ai été grossier envers Bob Wilson lundi et qu'il a boudé toute la journée d'hier (mardi). J'ai également fait de vagues avances à Karen, la nounou de notre Maria, et je me suis immédiatement excusé et suis directement allé le dire à E qui a trouvé ça amusant mais pense que ça a probablement blessé K. Je me suis de nouveau excusé le lendemain matin devant E. Mais quelle mouche a bien pu me piquer ? Ce doit être mon imminent 41e anniversaire. Je ne pense pas que cela ait causé de dégâts irréparables avec Karen, je prie le ciel pour ça ; elle est vraiment quelqu'un de bien.

J'ai également critiqué Marlon B. pour avoir embarrassé R. Stark en ôtant sa botte afin de montrer que le pauvre Stark portait des talonnettes. J'ai accusé Marlon d'en porter lui aussi. Je pense que c'est le cas, mais en quoi diable est-ce mal, ça je l'ignore. Les femmes portent des talonnettes tout le temps et j'en portais pendant le tournage de *La Mégère* pour me donner l'air plus grand. Et puis je n'aime pas avoir à lever les yeux vers les gens, surtout vers ceux qui sont nés pour être regardés de haut.

C'est un magnifique mercredi matin, ce qui nous change – nous avons eu un orage qui a semblé durer une semaine. De longs grondements sourds et des salves d'éclairs. Les plombs, évidemment, n'arrêtent pas de sauter, mais nous avons des stocks de bougies de secours. Les enfants adorent quand la lumière est coupée et préfèrent les lampes torches aux bougies. Quelle jolie lumière créent les bougies. Elles me ramènent immédiatement et insupportablement à mon lit dans la petite chambre du 73, Caradoc Street[1]. Tous les livres que j'ai lus, toutes les choses que j'ai apprises, toute ma furtive honte précoce dans une petite chambre éclairée à la bougie. Je montrais *La Mégère* hier à un groupe de personnes incluant les enfants quand l'électricité a été coupée pendant environ quarante-cinq minutes ou une heure. Nous voilà sur le point de nous poser sur la lune, alors qu'il faut parfois quinze jours pour recevoir une lettre d'Angleterre par la poste aérienne – un scénario d'Emlyn Williams a mis un mois –, que neuf fois sur dix il est quasiment impossible de comprendre ce que quelqu'un dit au téléphone sans une concentration démesurée, et que de fortes pluies suffisent à faire sauter l'électricité trois fois par nuit. […]

Jeudi 3 – […] Pour je ne sais quelle raison je m'inquiétais beaucoup au sujet d'E ce matin, de savoir si elle m'aimait ou pas, et de combien ce serait affreux de la perdre, etc. Je me suis mis dans un état de désespoir peu fréquent et j'ai été absurdement soulagé quand elle m'a appelé du studio. Qu'est-ce qui ne tourne pas rond chez moi ?

---

[1] 73, Caradoc Street : l'adresse à laquelle vivait Burton enfant, à Taibach.

Suis parti pour le studio vers 12 h 30 et ai déjeuné avec E, les trois garçons et Brando. [...] Me suis débrouillé pour récupérer des crânes parmi les accessoires de *Faustus* pour que les garçons puissent les rapporter à l'école. Ils ont quitté la maison à 19 h 40 pour prendre leur avion. Avant leur départ, E a fait des hot-dogs au barbecue. Il y avait un vent à décorner les bœufs et le barbecue portatif qui est sur le balcon devant la chambre flambait et rugissait comme un fou. Les enfants étaient ravis.

J'ai pris deux verres, je me suis mis au bastringue et j'ai joué des chansons tristes. Je suis toujours inquiet quand un proche doit voyager en avion.

Après des années de tolérance, j'ai décidé que je n'aimais pas beaucoup Ray Stark. C'est une très petite personne je trouve, inconsistante et qui va dans le sens du vent, et à qui, en dépit de sa bonne volonté, on ne peut pas faire entièrement confiance. Il est aveuglément transparent et sa singulière immoralité me choque. Il est corrompu. Son esprit est sale. Je ne travaillerai sans doute plus jamais avec lui. Petit, blond et nul.

L'immoralité de Marlon, son attitude envers elle, sont honnêtes et saines. C'est véritablement un brave homme je crois et il est intelligent. Il a de la profondeur. Ce n'est pas par accident qu'il est un acteur si fascinant. Il joue un rôle, évidemment, et prétend être plus vague qu'il ne l'est réellement. Pas grand-chose ne lui échappe, comme j'ai pu le constater.

[...]

Mardi 8 – [...] Une journée splendide – comme hier, ciel bleu et soleil. Je me suis assis dehors et j'ai pris un peu le soleil, mais j'ai eu trop chaud et j'ai dû changer mon pull contre une chemise plus légère. [...] J'ai réduit ma consommation de cigarettes hier, de mes habituelles 50 ou 60 à 17 ! Ce n'était pas si difficile que ça, mais je me demande si 17 n'est pas aussi mauvais que 50, parce que j'ai fumé chaque cigarette entièrement, alors que quand je fume sans réfléchir, je ne prends pas plus de deux ou trois vraies « taffes » tandis que le reste part tout bonnement en fumée. J'ai également plus d'appétit, bien que cela puisse être dû au fait que je n'ai rien bu depuis trois jours.

Zeffirelli [...] est arrivé vers 15 h 30. Il nous a raconté comment il s'était rendu à Florence pour aller chercher sa tantine et son chien, et l'impact des terribles inondations sur cette ville charmante[1]. Des vaches, des chats, des voitures, des arbres, des tapisseries, des vêtements, des meubles, etc., etc., tout ça entassé aux quatre coins de la cité. [...] Des entreprises familiales entièrement balayées et ironiquement une grande pénurie d'eau potable. [...] Je vais passer de nouveau *La Mégère* demain à 15 h. Je n'aime pas faire des films. Je n'aime pas jouer dedans et je n'aime pas les monter – surtout les monter. [...]

Mardi 16[2] – N'ai rien écrit depuis cinq-six jours. Entre-temps, j'ai eu 41 ans. Je ne me sens pas plus vieux physiquement et j'ai tendance à penser « Eh bien merci mon Dieu voilà une autre année de passée ». Je changerai de refrain plus tard quand j'aurai 60 ans. Si j'atteins cet âge.

J'ai reçu beaucoup de cadeaux, des pulls et des chemises et des livres (un d'une immense valeur de la part d'E), une mallette que j'utiliserai désormais à la place de l'autre, un énorme bloc-notes pour m'encourager à devenir écrivain, etc. Et une magnifique caméra de la part d'E. [...]

---

[1] Crue spectaculaire et dramatique de l'Arno qui submergea Florence dans la nuit du 3 au 4 novembre 1966, causant 34 décès, détruisant les logements d'environ 5 000 personnes et entraînant la perte d'inestimables trésors artistiques.

[2] Mardi était le 15 novembre. Burton gardera un jour de décalage dans la suite du journal.

Marlon B et Christian Marquand sont venus dîner samedi soir[1]. Tout le monde s'est mis une cuite et on a passé une soirée peu mémorable (littéralement « peu mémorable » puisqu'il n'y a pas deux personnes pour se souvenir de la même chose).

Meade Roberts, un écrivain que j'ai essayé d'aider, est en pleine crise d'hystérie à propos d'une histoire. Argent et amour-propre blessé. Je lui avais demandé de s'occuper d'un scénario sur *Falesa* – Dylan Thomas – mais ai décidé d'abandonner le projet[2]. Il a donc menacé de se tuer, etc. Que puis-je faire ? [...]

Nous venons juste d'apprendre par la presse qu'E. Fisher intente un procès à E pour obtenir le divorce, un partage des biens et la garde de Liza[3]. Il faudra me passer sur le corps pour ce dernier point.

J'ai appris à Liza à jouer au gin rami avant-hier soir et elle est instantanément devenue très bonne. C'est une petite fille très intelligente.

J'ai écrit ce qui précède [...] parce qu'elle, Liza, regardait par-dessus mon épaule pendant que j'écrivais. Mais elle est très bonne aux jeux de cartes et c'était parfaitement vrai. [...]

Mercredi 17 – Me suis réveillé avec Eliz ce matin à 7 h 15. Nous avons tous deux pris notre bain dans nos salles de bains privées – elle un court et moi un long. Puis elle est partie au travail. Je me suis rasé, et ai enfilé mes nouveaux pull et cardigan (cadeau d'anniversaire d'E), un pantalon fauve et des chaussures montantes fauves avec une épaisse semelle de crêpe. [...]. J'ai l'impression de ressembler à une mousse au chocolat. [...]

---

[1] Christian Marquand : acteur et réalisateur français, notamment de *Candy*.

[2] Référence à un scénario (coécrit avec Philip Burton) tiré de *The Beach of Falesa* de Dylan Thomas, adapté d'une nouvelle de Robert Louis Stevenson parue en 1892.

[3] Eddie Fisher : époux d'Elizabeth Taylor avant son mariage avec Richard Burton.

Je viens de lire *Tread Softly for You Tread on my Jokes* – titre épouvantable –, de Malcolm Muggeridge[1]. C'est une série d'articles recueillis au fil des ans dans des journaux et des magazines et cela se sent. Il se répète pas mal et est singulièrement obsédé par la pornographie et le sexe. J'ai le sentiment qu'il n'est pas honnête dans ses réactions. Pourquoi n'aime-t-il pas la pornographie ? Parce que, d'après l'*Oxford Dictionary*, elle éveille des pensées impudiques ? Et alors ? Nous avons de toute façon des pensées impudiques, avec ou sans pornographie. Quand on est seul et que personne ne veut de vous, ça peut être une consolation, et avec quelqu'un pour la partager, ça peut devenir incroyablement délicieux. Toutes ces conneries merdiques et mielleuses qu'on écrit sur la pornographie sont absurdes. Sur le plan pratique, toute bonne pornographie se vend très bien, si j'ai bien compris, et pourtant quand on demande aux gens s'ils l'apprécient, je n'ai jamais entendu personne admettre que oui. Les gens disent qu'ils en ont lu – *Fanny Hill*, *L'Amant de Lady Chatterley*, *Tropiques du Capricorne*, *du Cancer*, *Candy*, etc.[2]. Mais ils sont trop inhibés pour avouer que ça leur a procuré un plaisir d'ordre sexuel. Bah ! Je sais fichtrement bien que c'est le cas. J'ai entendu trop d'hommes en parler dans trop de casernes et de cabanes Nissen et de clubs pour ne pas savoir ce qu'ils pensent, et trop de femmes honnêtes m'ont confessé ce que ça leur évoquait et ce qu'elles avaient entendu dire par d'autres femmes pour ne pas savoir ce qu'elles en pensent elles aussi[3]. Il y a sans aucun doute des âmes pures qui, par quelque action divine, restent physiquement indifférentes, ou dont la normalité sexuelle a été extirpée par la

[1] Le titre de l'ouvrage, paru en 1966, signifie « Marchez doucement car vous marchez sur mes plaisanteries ».

[2] *Memoirs of a Woman of Pleasure* (1748-1749) de John Cleland, souvent appelé *Fanny Hill* d'après le nom de son personnage principal ; *L'Amant de Lady Chatterley* (1928) de D. H. Lawrence ; *Tropique du Capricorne* (1938) et *Tropique du Cancer* (1934) d'Henry Miller ; *Candy* (1958) de Mason Hoffenberg et Terry Southern.

[3] Les cabanes Nissen étaient des abris préfabriqués utilisés sur les bases militaires et les aéroports.

violence quand elles étaient jeunes, ou qui sont trop vieilles pour s'en soucier, d'autres encore qui peuvent être véritablement horrifiées par la pornographie. J'en suis désolé pour elles. Les journalistes sont évidemment les meilleurs pourfendeurs de la pornographie, alors qu'ils travaillent dans des journaux qui ne peuvent envisager de publier un seul numéro sans au moins une mannequin ou une actrice en tenue légère dans ses pages centrales. Oh, comme ils aiment se sentir supérieurs ! Comme ils aiment pontifier ! Quant à savoir comment ils aiment s'amuser dans le noir, personne ne pourrait le dire. Ce sont eux, la véritable saleté.

Il y a l'argument qui prétend que la pornographie peut faire d'un homme un obsédé sexuel ou un pervers. Eh bien, je suis, je crois, un homme viril et sexy, mais elle ne m'a pas transformé en un démon du sexe, un tueur sexuel, un sadique ou un masochiste, alors que je lis ces trucs depuis des années – au moins vingt. J'ai connu une fille autrefois mariée à un homme plus âgé qu'elle, qu'elle aimait mais pour lequel elle n'éprouvait plus d'amour physique, et qui s'en remettait à la pornographie, qu'elle lisait rapidement dans la salle de bains avant de le rejoindre au lit, pour satisfaire les désirs de son mari et pour attiser les siens. Les moralistes l'auraient écorchée vive si elle l'avait quitté pour épouser un autre homme. Ils l'auraient fustigée si elle avait eu une aventure extraconjugale. Alors quoi ? Quelle différence y a-t-il entre le lire et l'imaginer ? Moi aussi, dans le temps, j'ai dû faire l'amour dans le noir à des femmes qui m'ennuyaient en essayant d'imaginer avec l'énergie du désespoir qu'elles en étaient une autre. Et des femmes ont sans aucun doute dû faire la même chose avec moi. Muggeridge cite Kingsmill qui déclarait que l'acte d'amour était ridicule et dégoûtant[1]. Parle pour toi, Kingsmill ! J'aime son côté comique et dégoûtant. Si on regarde

[1] Hugh Kingsmill (1889-1949) : biographe, romancier, critique littéraire britannique.

les choses avec aigreur, l'acte de marcher lui aussi est ridicule et obscène, ainsi que celui de nager et, plus encore, celui de manger. Tous ces muscles, à 50 % atrophiés chez la plupart des gens, qui les propulsent mollement sur terre ou dans l'eau ou qui leur font gober des huîtres. Arrête ton char !

J'ai écrit ces lignes comme elles me venaient mais je le ferai de manière plus élaborée un jour. C'est important d'éliminer l'hypocrisie et la sottise, même si on est un sot soi-même. [...]

Jeudi 18 – Me suis levé tôt, ai pris mon bain et petit-déjeuné à 8 h 30. [...] Ai terminé l'entrée d'hier, avalé une tasse de thé et un toast et de la gelée et emmené E'en So en promenade. Un beau et chaud jour d'automne. Un cavalier montant ce qui d'après mon œil d'amateur était un pur-sang longeait le côté extérieur de la haie au galop. Ayant déjà fait ma séance d'exercice avec une énergie furieuse, j'ai couru ou plutôt fait un jogging d'environ 800 mètres. Est-ce que mes bras redeviendront jamais comme avant ? Je ne parle pas tant de leur apparence que de leur force. Quatre années d'atrophie à cause de nerfs pincés ? d'une bursite ? d'arthrite ?, c'est beaucoup à rattraper quand on a 41 ans. Eh bien, continuons d'essayer quand même. Peut-être que je devrais soulever des poids. [...] Suis arrivé au studio à 13 h et ai attendu jusqu'à 14 h 45 avant qu'E ne revienne du lieu de tournage en décor naturel pour déjeuner. J'ai mangé comme un ogre – dinde rôtie, haricots-lard-oignons, purée de pommes de terre et sauce. J'étais encore ballonné à minuit. Nous sommes allés à Rome après le travail pour voir le documentaire sur le désastre de Florence dont je vais enregistrer la narration demain et la semaine prochaine[1]. La force de l'eau est incroyable – des

[1] Le documentaire de Zeffirelli sur Florence (*Per Firenze*, « Pour Florence », diffusé en 1966), dont Burton est le narrateur, est réputé avoir récolté plus de 20 millions de dollars. Il fut diffusé en anglais sur la BBC le 11 décembre 1966 sous le titre *Florence : Days of Destruction*.

voitures emportées comme des boîtes d'allumettes, les boutiques et les maisons du Ponte Vecchio réduites en miettes bien que le pont ait tenu, un corps flottant dans les rues, un cheval mort noyé la tête reposant sur la porte de son box. Un autre cheval sur le dos, des manuscrits et des pages de livres collés aux plafonds des Offices. Horrible. J'ai bu un peu aujourd'hui. Une vodka et un peu de Lafite Roth. 1962. Ça n'avait le goût de rien. [...]

Vendredi 19 – Suis allé aux studios TV à Rome et ai travaillé jusqu'à 19 h 15 en ayant commencé à midi. Toute la journée – à part pendant le déjeuner – j'ai lu en italien sur un télé-prompteur. C'était une vraie torture mais j'ai été très patient et eux également. Demain à Londres. [...]

Suis rentré à la maison avec Ron Berkeley et B. Wilson, ai bu quelques verres et mangé un peu, de la sole avec des croquettes et du Fontana Candida. Suis devenu furieux, les nerfs les nerfs les nerfs, à cause de ce que je considère comme un excès de bagages. Pour deux nuits à Londres, nous avons deux grandes valises. Mais ce n'était pas la véritable raison. C'était la nervosité due à une dure journée et au trajet en avion et à l'émission sur Aberfan[1].

J'ai fumé frénétiquement pour m'endormir et avant ça ai dit à E qu'elle ne m'accompagnerait pas à Londres. « Laisse-moi tranquille », j'ai crié en claquant des portes. « Fiche-moi la paix ! » Ce que peuvent faire les nerfs et l'alcool. Je serais incapable d'y aller sans elle.

[1] Aberfan est un village du pays de Galles où un glissement de terrain provoqua la mort de 144 personnes (dont 116 enfants) le 21 octobre 1966. (N.d.T.)

1967

[Richard cessa d'écrire son journal à la mi-novembre 1966. Burton et Taylor passèrent Noël et le Nouvel An à Paris et, début janvier, ils se rendirent au Dahomey (aujourd'hui Bénin), en Afrique de l'Ouest, pour préparer le tournage des *Comédiens*.]

JANVIER

Lundi 9, Cotonou – Hier soir nous sommes allés chez Glenville[1] pour des cocktails. La plupart des gens restaient debout, dehors, sur l'asphalte. Il faisait chaud mais pas oppressant. Alec était là, jouant le rôle soit d'un doux saint soit d'un grand acteur charmant mais détaché de la vie ordinaire du commun des mortels[2]. Nous sommes arrivés (délibérément) en retard et sommes repartis au bout d'une heure. Nous avons dîné de jambon froid, d'oignons verts, de radis, de fromage, de pain (une jolie longue miche) et de tomates.

Gaston est débordé. Il court partout pour faire les courses, répondre au téléphone, préparer des salades, remplir des Thermos, enlever leurs puces aux chiens et nous surveiller partout où nous allons, et tout ça dans la plus franche bonne humeur. Il est vraiment indispensable et, même si ça semble déloyal, d'une bien plus grande aide que Bob Wilson.

---

[1] Peter Glenville : le réalisateur des *Comédiens*.

[2] Alec Guinness : la seconde star masculine des *Comédiens*.

Certaines choses sont indignes de Bob. Rien n'est indigne de Gaston. [...]

Aujourd'hui nous sortons car le président de la République doit nous souhaiter officiellement la bienvenue – le genre d'événements que je redoute[1].

E est splendide – elle s'épanouit sous les climats chauds. Ça doit être ce sang italien. Je n'ai pas bu une seule goutte hier et en conséquence j'ai de profonds « tremblements ». Il faut que j'y aille doucement sur la bibine.

Mardi 10 – Hier nous sommes allés au palais pour être reçus par le président, que son personnel appelle « *Mon Général** ». Il est très noir (marié cependant à une épouse blanche et il a sept enfants), mesure environ 1,75 m, les jambes légèrement arquées, trapu. Ses vêtements étaient mal coupés alors que les membres de son cabinet étaient impeccablement vêtus. Je crois savoir que les *coups d'État** sont à la mode ici, comme dans la plupart des nouveaux États africains, il pourrait donc ne pas rester le patron bien longtemps. À l'heure actuelle, c'est une sorte de dictature – quand je lui ai demandé combien il y avait de *députés** au congrès, il m'a répondu « *aucune** » [*sic*]. « Oups ! » je me suis dit. Il aime les femmes, de toute évidence, et ne lâchait pas le bras d'E. Elle bien sûr était charmante et très féminine. Nous avons tous deux trouvé l'expérience bizarrement émouvante. Il y avait cet immense palais couvert de mosaïque, terminé il y a à peine trois ans, et au-dehors de l'immense *salle de réception**, capable de recevoir jusqu'à 3 000 personnes, on voyait de la lessive étendue sur des cordes à linge.

[1] « Le président de la République » : Christophe Soglo, président de la République du Dahomey d'octobre 1963 à janvier 1964, puis de novembre 1965 à décembre 1967.

Il nous a montré avec une grande fierté le salon « chinois », tellement encombré de meubles et de bric-à-brac offert par « mon grand ami Tchang Kaï-chek », nous a-t-il annoncé avec orgueil, que nous pouvions à peine nous y déplacer[1]. Avec une égale fierté, il nous a fait visiter ses quartiers privés et ceux de sa famille, très exigus. Il nous a montré la penderie de sa femme et E a eu la gorge nouée quand il a ouvert un placard d'un geste théâtral pour dévoiler une étagère à chaussures tout ce qu'il y a de plus ordinaire.

En sortant, il a invité E à marcher sur un tapis et a gloussé de plaisir quand deux appliques murales se sont automatiquement allumées. E a feint la surprise et il était ravi. À ce stade, je transpirais comme un taureau et j'ai été content de partir.

Les Anglais sont des gens froids. Nous déjeunions ensuite avec Guinness et Glenville et je suis sûr que si nous n'avions pas immédiatement dit combien nous étions impressionnés et émus, ils auraient commencé à tourner toute l'histoire en dérision.

E dit que Peter Glenville [...] est une véritable « langue de pute ». « Je ne l'ai encore jamais entendu dire un mot gentil sur quelqu'un », dit-elle. Je crois qu'elle a raison.

Je suis « fou amoureux » d'elle en ce moment, ce qui est différent de l'aimer encore et toujours, et j'ai envie de lui faire l'amour à chaque instant, ce qui n'est hélas pas possible pendant les deux prochains jours. Elle aura du mal à marcher d'ici deux ou trois jours.

[...] Nous avons tous les deux eu beaucoup de difficultés à nous endormir. La chambre, bien qu'elle soit climatisée, est la pièce la moins fraîche de la maison, et il semble y avoir des tas de minuscules moustiques qui, même s'ils ne vous ennuient pas, vous donnent envie de vous gratter. [...]

[1] Tchang Kaï-chek, président de la République de Chine.

Mercredi 11 – Comme pour chaque film, le premier jour semble toujours être le pire. Nous avons un peu dormi la nuit dernière, peut-être cinq-six heures, et nous nous sommes réveillés fatigués. Nous avons bu des bloody mary au petit déjeuner. Il y avait une brume ou un brouillard qui a mis un moment à se dissiper. Nous avons enfin tourné le premier plan vers 10 h 30. Très chaud. Nous avons dû faire trois prises – dont une à cause de moi. Puis nous avons tourné trois gros plans de la même chose. [...] Puis le président est arrivé avec sa femme et son entourage. Je suis allé chercher E car il voulait très clairement la voir, elle et personne d'autre, même s'il démentirait peut-être fermement une aussi terrible allégation. Il a été plus charmeur et grivois que jamais. À un moment, après une remarque particulièrement salace, il a embrassé sa femme (blanche) et les parasites qui l'entouraient l'ont applaudi. Sa femme, qui devrait avoir l'habitude, avait l'air perplexe. E l'adore. Il me fait penser à mon frère Verdun au retour d'une dure journée dans la mine avant qu'il ne se soit lavé. Il a donné à Christian – notre principal domestique, qu'on pourrait appeler notre majordome – du « *mon petit** ». Jusque-là il semble être très aimé. Il y avait une belle fille noire, dont j'ai oublié le nom, qui ne souriait jamais, très chic, et qui n'a pas quitté Elizabeth des yeux. Il y avait de l'admiration, de l'envie, de la méchanceté, de la haine et de l'amour dans chacune de ses réactions face à ma bonne vieille tête de linotte.

[...] Plus tard, à la maison, nous nous sommes retrouvés avec le publicitaire qui est, jusqu'à preuve du contraire, un raseur, Gaston et Ron et F. La Rue, et après le départ du susdit publicitaire, nous avons commencé une discussion aussi sérieuse qu'alcoolisée sur les obligations que nous avons envers nos semblables[1]. Devrait-on avoir un enfant si on a des antécédents de folie dans la famille ? Ron devrait-il partir avec Vicky ou rester avec sa femme Leah ? Tout ça entrelacé de grandes leçons de morale de la part d'Elizabeth et moi. Incroyablement prétentieux.

Nous avons déjeuné avec Ron, Claudye, Raymond St Jaques [*sic*] – ce dernier tenant beaucoup à prouver qu'il est essentiellement un acteur de théâtre dans la tradition shakespearienne[2]. Très américain.

> [Il n'y a plus d'autre entrée dans le journal de la mi-janvier jusqu'à la fin mars. Burton et Taylor continuèrent le tournage du film à Cotonou jusqu'à la mi-février. À la fin de ce mois, *La Mégère apprivoisée* sortit sur les écrans, et fut sélectionné pour la Royal Command Performance au cinéma Odeon sur Leicester Square, soirée à laquelle assistèrent la princesse Margaret et Lord Snowdon, et destinée à collecter de l'argent pour le Cinema and Television Benevolent Fund. Durant leur séjour à Londres, Burton et Taylor résidèrent au Dorchester Hotel en compagnie de nombreux membres de la famille Burton venus du pays de Galles. Le tournage des *Comédiens* se poursuivit en studio à Paris et à Nice.]

MARS

Vendredi saint, 24, Saint-Jean-Cap-Ferrat – Quel énorme trou. Nous avons passé encore quelques semaines au Dahomey à avoir de plus en plus chaud, avec la plupart des gens qui tombaient

---

[1] F. La Rue : Frank La Rue, maquilleur d'Elizabeth sur *La Mégère apprivoisée* et un certain nombre d'autres films.

[2] Claudye Ettori était alors la coiffeuse d'Elizabeth Taylor sur *Les Comédiens* et deviendrait plus tard un membre de l'entourage de Burton et de Taylor en Europe. Elle tenait également le petit rôle de la manucure dans le film. Raymond St. Jacques y jouait pour sa part le rôle du Captain Concasseur.

de plus en plus malades. E a gagné le prix des Critiques de NY pour *Virginia Woolf* (je suis arrivé deuxième derrière P. Scofield) et elle a envoyé un télégramme à M. Brando, qui séjournait dans notre maison de Gstaad, pour lui demander s'il accepterait de recevoir le prix en son nom. Il l'a fait et ensuite, s'il vous plaît, il a pris l'avion pour le Dahomey afin de le lui remettre en personne ! Il a apparemment fait un discours reprochant aux critiques de l'assistance de ne pas avoir reconnu plus tôt le talent d'E et de ne pas m'avoir donné le prix. Drôle de type.

[...] Nous gardons toujours une certaine nostalgie du Dahomey. La maison, les lézards, les palmiers, les intrigues de l'équipe, l'arrogance des Noirs américains envers les Africains de l'Ouest, la mer dangereuse et fascinante à juste quelques dunes de la maison, le palais dément, le président et son épouse replète et provinciale. Les réceptions au palais et les *fêtes*★. [...]

Vendredi 31 – Nous séjournons dans cette maison – elle s'appelle « La Fiorentina », elle est célèbre – depuis deux semaines et demie[1]. [...]

Lundi soir dernier nous avons bu quelques verres au palais à Monaco puis nous sommes allés à l'Hôtel de Paris pour un banquet de soutien à l'Hôpital anglo-américain, banquet dont nous étions les hôtes d'honneur. Je me suis amusé mais je ne me souviens pas de grand-chose. Lui était grassouillet et souriait gentiment et avait l'air sympathique. Elle était jolie et jeune et très myope. Ses yeux sont vraiment terriblement faibles et à la fin de la soirée ils étaient injectés de sang[2]. [...]

Nous sommes restés en gros trois semaines à Paris avant de venir ici. Nous logions au Plaza Athénée. Jusqu'à ce jour, c'est le

---

[1] La Villa Fiorentina est située sur la pointe Saint-Hospice, à l'extrémité du cap Ferrat.

[2] Il semble que Burton fasse ici référence au prince Rainier et à son épouse la princesse Grace.

meilleur hôtel où nous ayons séjourné à Paris, avec un restaurant magnifique. Les événements notables :

Nous avons tous les deux été dans la sélection des Oscars pour *Virginia Woolf* – le film lui-même a reçu 13 nominations.

Nous avons dîné avec le duc et la duchesse de Windsor qui sont ensuite venus chez nous dans notre suite du Plaza. Nous nous sommes tous fameusement bien entendus.

Nous sommes allés à Londres pour la première de *La Mégère*. Un énorme succès, presque totalement gâché par la mort soudaine de Frank Flanagan le matin même de la première, qui incidemment était le jour d'anniversaire d'E[1]. Il est mort rapidement, Dieu merci, d'une crise cardiaque.

Deux semaines plus tard, Sally Wilson est morte à NY d'une leucémie ou d'une sinistre maladie du même type[2].

Bob (Wilson) et Agnes (Flanagan) sont tous les deux avec nous ici, dans la maison de Saint-Jean-Cap-Ferrat, pour se remettre de ce choc terrible. Bob est fort et souffre relativement en silence. Agnes, la pauvre vieille, boit, boit et boit.

Avec le duc de Windsor à Paris. Nous sommes rentrés à notre suite après dîner et le duc et moi avons chanté l'hymne national gallois dans une harmonie atroce. J'ai félonement fait référence à la reine en employant les termes « sa boulotte majesté » et ni le duc ni la duchesse n'ont semblé s'en offusquer.

AVRIL

Samedi 1er – Sommes allés à Nice hier après-midi pour acheter des livres. Il n'y avait pas un grand choix mais nous avons acheté beaucoup de thrillers. [...]

---

[1] Frank Flanagan : le mari d'Agnes.

[2] Sally Wilson : l'épouse de Bob.

Ai télégraphié à Franco Z qu'il peut montrer *La Mégère* à Cannes s'il le souhaite mais l'ai prévenu qu'il se pourrait qu'il s'y fasse royalement massacrer. Ils ne sont pas tendres dans le coin. [...]

> [Il n'y a pas d'autre entrée dans le journal jusqu'à la fin mai. Pendant cette période, le tournage des *Comédiens* se poursuivit dans le sud de la France. Le 10 avril, Richard, nommé dans la catégorie meilleur acteur pour son rôle dans *Qui a peur de Virginia Woolf ?*, fut battu par Paul Scofield pour son interprétation de Sir Thomas More dans *Un homme pour l'éternité*[1]. Ni Burton ni Taylor n'assistèrent à la cérémonie en Californie, Elizabeth se voyant remettre son propre prix à l'hôtel Grosvenor House, à Londres. À la fin mai, le couple avait entamé une croisière dans l'ouest de la Méditerranée sur l'*Oddyseia*, un yacht qu'ils avaient affrété.]

MAI

Dimanche 21, à bord de l'*Oddyseia*, Portofino[2] – Nous sommes arrivés ce matin de Corse où nous étions depuis environ une semaine : deux jours à Ajaccio, deux à l'île Rousse et deux à Calvi. [...] Nous allons acheter ce yacht. Ça coûtera 220 000 dollars et nous devrons encore dépenser 40 ou 50 000 dollars en travaux. Il est vieux – 60 ans –, il fait 40 mètres de long, a trois moteurs, 260-280 tonnes. Il avance à 14 nœuds. Il y a sept chambres, deux d'entre elles avec de grands lits doubles, et 14 passagers peuvent y dormir. Il y a huit membres d'équipage, mais cela comprend un cuisinier, une

---

[1] *A Man For All Seasons.*

[2] L'*Oddyseia*, un yacht à moteur construit en 1906, avait été affrété par Burton et Taylor. Burton l'achèterait et le rebaptiserait *Kalizma* (d'après les noms de ses trois filles Kate, Liza et Maria). Portofino est une station balnéaire et un port à l'est de Gênes, sur la Riviera italienne.

bonne, un serveur. Pour faire naviguer le bateau correctement, quatre personnes – cinq au maximum – suffisent. J'estime que son entretien coûtera de 25 à 30 000 dollars par an. Pas si mal quand on pense que notre dernière maison (en location) revenait à 10 000 dollars par mois, plus environ 1 000 dollars par semaine pour la nourriture et le personnel, etc. ! Si nous utilisons au maximum le yacht à la place des hôtels, nous pourrions même économiser de l'argent.

Lundi 22 – Sommes restés à bord toute la journée d'hier à prendre le soleil. Résultat : rose intégral. Avons observé le trafic du port, où un flot ininterrompu de bateaux-bus transportait un flot de touristes du dimanche venus des environs, Gênes, Santa Margherita, Rapallo, etc. Dieu merci ils ne savaient pas que nous étions là.

Ce matin en revanche nous sommes allés faire des courses et j'ai acheté ce stylo avec lequel j'écris, une casquette de jockey, quelques crayons et du papier pendant qu'E dévalisait la boutique Pucci[1]. [...]

Devons envoyer télégrammes demain pour futurs projets. Tout le monde attend des décisions. Il faut bien en prendre je suppose, ou peut-être pas ? J'aimerais ne plus jamais avoir à travailler mais je sais que je le ferai et j'imagine que c'est nécessaire. Il faut que je fasse le point un jour sur combien nous possédons en argent liquide, en propriété, etc. Ça doit représenter pas mal. Peut-être que nous pourrions nous arrêter maintenant si nous cessions de dépenser autant. [...]

Mercredi 24, port de Portofino – Les eaux étaient agitées et les cieux gris et le bateau se balançait et frissonnait car nous sommes

[1] Emilio Pucci, maison de couture disposant d'une boutique à Portofino.

à l'attache un peu à l'extérieur du port et davantage soumis au vent et au temps. Nous avons donc verrouillé toutes les portes et nous sommes installés pour lire et, dans mon cas, faire des mots croisés. J'ai lu *The Old Man and Me*, un scénario pour E, et l'ai trouvé bon et sûrement lucratif surtout avec la participation de C. Grant, mais il n'est peut-être plus libre maintenant[1]. [...] Ai fait des lectures variées depuis que nous sommes à bord. *The Whole Truth*, un roman sur des correspondants étrangers travaillant dans un *NY Times* à peine déguisé[2]. *Caen*, sur la bataille de Caen et le D-Day (je crois que je serais devenu fou dans cet enfer[3]). Quelques romans policiers, un nouveau scénario original de Tennessee, *Boom*, qu'E va tourner[4]. Le scénario des *Souliers de saint Pierre* – le comble de la vulgarité et du mauvais goût de Hollywood, bien qu'écrit par Morris West, un Australien de Rome[5].

[...] E impatiente que j'écrive sur elle alors voilà : elle est une gentille grosse fille qui aime les moustiques et déteste les Gallois pustuleux et furonculeux, hait les bateaux et adore les avions, qui a de petits yeux cassis, une minuscule poitrine et aucun sens de l'humour. Elle est prude, donneuse de leçons et péniblement godiche. [...]

Vendredi soir, 26, port de Santa Margherita – H. French est arrivé mercredi vers 19 h. [...] Nous a montré un étrange câble dans lequel C. Grant dit qu'il accepterait de jouer avec

[1] Probablement un scénario basé sur le roman d'Elaine Dundy *The Old Man and Me* (1964). Il n'y a pas de trace que le film ait été réalisé.
[2] Robert Daley, *The Whole Truth* (1967). Daley avait travaillé au *New York Times.*
[3] *Caen : Anvil of Victory* (1964), d'Alexander McKee.
[4] Burton et Taylor se partageraient en fait l'affiche de *Boom !*.
[5] *Les Souliers de saint Pierre* (*The Shoes of the Fisherman*) était le titre à la fois d'un roman de l'écrivain australien Morris West et d'un film de 1968 basé sur le roman, dans lequel jouent Laurence Olivier et John Gielgud.

E uniquement si je suis le réalisateur ! Il doit avoir peur d'elle ou quelque chose dans ce genre. Peut-être qu'il est un peu dérangé.

Hugh est revenu jeudi pour déjeuner avec le compte rendu de ses coups de téléphone, etc. Aurai bientôt des nouvelles de quelque chose je suppose. Nous a dit que James Mason quittait son agence après dix-sept ans (?) de collaboration parce qu'ils [...] décrochaient tous les meilleurs rôles pour moi. Eh bien, eh bien. [...]

Soupçonne le retour de Rex et Rach Harrison car j'ai vu un drapeau sur leur mât[1]. J'avais raison puisque j'ai reçu un mot d'eux cet après-midi.

Temps assez gros aussi nous sommes déplacés vers le port indiqué ci-dessus qui est plus sûr que Portofino. [...]

Suis resté à bord toute la journée à lire et prendre des bains de soleil. Ciel chaud et bleu mais la mer d'un curieux vert laiteux à cause de la tempête j'imagine.

Importantes menaces de guerre entre Israël et la RAU[2]. Merde. Me suis mis en rogne à cause d'une foule d'imbéciles qui nous dévisageait jeudi dans le square. [...] Rogne que j'ai passée sur E évidemment.

JUIN

Jeudi 1er, en route entre Santa Marg et Portofino – Nous étions à Santa Margherita hier pour faire le plein d'eau et d'essence et tant mieux car cela nous a donné une chance

[1] Rex Harrison et l'actrice galloise Rachel Roberts s'étaient mariés en 1962. Rachel Roberts avait joué avec Burton dans *A Subject of Scandal and Concern* (1960). Les Harrison avaient une maison à Portofino, la Villa San Genesio.

[2] RAU : la République arabe unie, nom officiel de l'Égypte à cette époque. La guerre des Six-Jours entre Israël d'un côté, l'Égypte, la Syrie et la Jordanie de l'autre, commença le 5 juin 1967 et se termina le 10 juin par la victoire israélienne.

d'échapper à Rex et Rachel. Nous avons passé la journée de dimanche dans leur maison et, comme d'habitude, c'était très liquide. Rex semble mieux tenir l'alcool qu'avant mais Rachel est toujours folle. Nous les avons revus lundi soir au bar La Gritta sur le port. Heureusement, ils sont partis (non sans difficulté pour Rex) vers 21 h 30 pour dîner chez eux avant que Rachel ne devienne totalement démente. À ce moment-là, Tennessee Williams et son ami Bill nous avaient rejoints, et Joe Losey, J. Heyman et H. French[1]. Tennessee, qui préfère maintenant être appelé Tom, avait l'air bourré et parlait d'une voix forte, puissante, pénétrante, incohérente et quelque peu embarrassante. E lui a dit plusieurs fois de parler moins fort. Nous étions alors au Pitosforo et nous attirions déjà bien assez l'attention comme ça. Ai à présent décidé de faire *Boom !* avec E. [...]

Mardi tout le monde est venu à bord. Rachel s'est saoulée de manière spectaculaire et est devenue totalement incontrôlable, si elle ne l'était pas déjà avant. Les étrangers, T. Williams, Losey, Bill, French, Heyman, sont partis dégoûtés. Elle a insulté Rex sexuellement, moralement, physiquement et de toutes les manières possibles. Elle se traînait par terre devant le bar et aboyait comme un chien. À un moment, elle a commencé à masturber son basset, un adorable vieux chien pas très fringant nommé Omar. E lui a fait la morale, moi aussi, Rex aussi. Tout ça sans succès. Elle a injurié la mémoire de Carole Landis et

[1] William « Bill » Glavin : « compagnon rétribué » de Tennessee Williams de 1965 à 1970. Joseph Losey : réalisateur. Losey était le réalisateur de *Boom !* et serait aussi celui de *Cérémonie secrète* et de *L'Assassinat de Trotsky*. John Heyman : agent et producteur de *Boom !*. Burton et Taylor avaient déjà joué dans plusieurs adaptations cinématographiques d'œuvres de T. Williams : *La Nuit de l'iguane*, *La Chatte sur un toit brûlant* (*Cat on a Hot Tin Roof*, 1958) et *Soudain l'été dernier* (*Suddenly, Last Summer*, 1959). *Boom !* était sa propre adaptation de sa pièce de 1962 *Le train de l'aube ne s'arrête plus ici* (*The Milk Train Doesn't Stop Here Anymore*).

de Kay Kendall et vomi des imprécations contre Lilli Palmer[1]. Bonté divine !

Hier mercredi, tôt dans la matinée, nous sommes partis pour S. Marg. pour faire le plein d'essence et de provisions. [...] Losey est venu déjeuner. Il est intelligent mais un rien grognon. J'espère qu'il a le sens de l'humour. J'ai trouvé difficile de lui faire la conversation pendant deux heures. Bien sûr, on n'a pas nécessairement besoin de parler autant à un réalisateur.

Tennessee et Bill sont venus également. De nouveau le premier semblait éméché. Il est certain qu'il n'est pas très avenant physiquement. Heyman nous a raconté qu'il avait tenté de se tuer il y a quelques semaines mais que Bill l'avait sauvé. Sans autre détail. J'ai demandé à Tenn si les pilules de diarhyl (?) le déprimaient.

« Je n'ai aucun moyen de le savoir, a-t-il répondu.

— Parce que tu es déprimé tout le temps, ai-je lancé.

— C'est vrai », a-t-il dit.

[...]

Vendredi 2, Portofino – Hier après-midi pendant que je prenais un peu le soleil sur le pont arrière (en ai finalement été chassé par des paparazzi qui prenaient des photos au téléobjectif depuis la route au-dessus) j'ai cru voir – vers 14 h – Rex, Rachel et deux autres personnes passer dans leur bateau. E se demande s'ils pensent que nous les snobons à cause du comportement de Rachel mardi. Peut-être. Devrais les appeler dans la journée.

[...] Les deux chiens font l'amour au moins trois fois par jour depuis dimanche dernier. Qui aurait pensé que les chiens en chaleur jouaient autant les prolongations. Ils restent verrouillés après chaque coït pendant dix, douze, quinze minutes. Ils

[1] Carole Landis (décédée en 1948) : actrice et ancienne maîtresse de Rex Harrison. Kay Kendall (décédée en 1959) : actrice et troisième épouse de Harrison. Lilli Palmer : actrice et deuxième épouse de Harrison.

prennent ça très au sérieux et le pénis de O Fie commence à être dans un sale état.

[...]

Lundi 5 – Kate arrive le 12 et je suis très impatient. Je ne l'ai pas vue depuis dix mois. Nous allons la garder avec nous seuls pendant les cinq premiers jours environ et ensuite l'emmener en Suisse pour rejoindre les filles. Ces petites puces-là me manquent aussi. Il est 9 h et je m'assieds sur le pont en attendant ma tasse de thé matinale pendant qu'E fait son second somme – ce qu'elle appelle son sommeil à cauchemars. C'est une belle matinée, fraîche et bleue. Les eaux du port frémissent à peine sous la brise du large. Des oiseaux partout. Deux ou trois personnes en canot. Des bus passent en klaxonnant sur la route au-dessus du port. Dans le bassin, très encombré d'embarcations en tous genres, il y a un yacht à l'aspect très majestueux avec beaucoup de linge en train de sécher.

Hier nous sommes restés à bord toute la journée. J'ai lu quelques livres, l'un d'eux intitulé *The Missile Crisis*[1]. Il récapitule dans un style journalistique la confrontation de 1962 entre Kennedy et Khrouchtchev sur l'armement de Cuba. Il me semble que les États-Unis l'ont gérée très intelligemment et avec courage, mais Khrouchtchev s'en est également tiré avec une certaine dignité malgré les mensonges politiques habituels, etc. Quelle arène monstrueusement puérile que l'arène politique.

[...] Nous avons appris, il y a deux jours, que nous avions de nouveau été récompensés par le prix David di Donatello pour *La Mégère*[2]. Nous deux. Cela nous en fait deux chacun. [...]

En relisant ce journal je m'aperçois que je n'ai rien écrit au moment où nous avons appris qu'E avait gagné l'Oscar et moi

---

[1] Probablement le livre d'Elie Abel portant ce titre (1966).

[2] Le prix David di Donatello est l'équivalent italien des Oscars.

pas ! Sacré culot. Mais P. Scofield a gagné alors ça va. Je lui ai envoyé un câble et lui m'en a envoyé un. [...]

[...]

Jeudi 22, Monte-Carlo – Nous avons quitté Portofino à environ 11 h 20. [...] Assez vite nous avons compris (E et moi en tout cas) que cela allait être lent roulis et tangage et glouglou [...].

Au soulagement général, nous sommes enfin en eaux calmes à Monte-Carlo. [...] Je me sens toujours bizarre après être resté si longtemps à Portofino. Ce doit être le manque d'exercice. [...]

Samedi 24 – Une journée magnifique et chaude et une Kate pressée de nager, donc nous nous sommes dit que nous allions faire d'une pierre deux coups en allant à la Réserve où K pourrait nager et nous manger et boire[1]. C'est ce que nous avons fait en utilisant le hors-bord Riva. C'était très agréable, K a nagé dans la mer <u>et</u> dans la piscine. Orson Welles gargantuesquement gros s'est joint à nous une minute ou deux. Il a dit que tous les films qu'il avait réalisés dans sa vie lui avaient coûté de l'argent, qu'il n'avait jamais reçu d'argent d'aucun de ses films, et que *Falstaff* lui avait personnellement coûté 75 000 dollars de sa propre poche[2]. Il a quitté la table brusquement, très théâtral, avec un « *darling* » *sotto voce* adressé à E et en m'étreignant l'épaule d'un geste de conspirateur. J'ai partagé avec E ma perplexité quant à la manière dont il pouvait bien s'y prendre pour arriver à faire l'amour.

[...]

[1] La Réserve de Beaulieu-sur-Mer.

[2] *Falstaff* (1966), écrit et réalisé par Welles qui en joue également le rôle principal.

[…]

[Richard n'écrivit pas dans son journal entre le 28 juin et la fin juillet. Dans cet intervalle, Elizabeth et lui séjournèrent au Chalet Ariel, la maison de Taylor à Gstaad.]

JUILLET

Jeudi 20, Gstaad – Arrivé ici le 29 juin. […]

Le 5 juillet avons récupéré les garçons à la sortie de l'école. Une journée horrible – Michael a été renvoyé pour de bon tandis que Chris, qui a gagné deux prix, dont un en art plastique, est le chouchou de tout le monde. […]

Je m'étais réveillé à Genève avec une douleur au poignet et aujourd'hui, alors que j'écris ceci, je ne peux quasiment pas le bouger. Je dois voir le docteur dans une heure, et pour moi, voir un docteur ! […]

Maria est infernale depuis que Gus (la nounou irlandaise) est partie. Les autres enfants sont trop âgés pour jouer avec elle. Pauvre petite. Elle pleure beaucoup la nuit […]. C'est une boule d'angoisses. Nous devons lui trouver un traitement spécialisé.

Je suis allé chez le docteur du village […]. Je pensais que c'était de l'arthrite et j'avais raison. […]

Il semblerait que le yacht ait passé l'inspection et qu'il nous appartienne à présent officiellement sous le nom de *Kalizma*. Kate, Liza, Maria (Elizabeth incluse dans « Liza »). Ça promet d'être amusant quand il sera tout équipé. […]

Vendredi 21 – Hier a été une journée médicaments et régime. J'ai mangé un demi-pamplemousse (sans sucre), deux œufs durs (sel de substitution), une tranche de pain (sans beurre) trois fois, et absolument rien d'autre excepté de l'eau. Résultat ce matin : perdu 1,4 kg. Je pèse maintenant 82 kg. Ça tempère mon enthousiasme de savoir que la femme qui m'a conseillé ce régime – Paula Strasberg, la femme de Lee – est morte[1].

L'effet des comprimés qu'on m'a prescrits sur l'arthrite de mon bras est fantastique – pendant environ une heure, on a l'impression que quelqu'un est en train de taillader avec méthode et sadisme toutes les veines du bras et que celui-ci est sur le point de tomber. Pour contrecarrer ça, j'ai pris un demi-cachet d'aspirine et de codéine d'E. Ça m'a un peu soulagé.

Hier soir, bourré de médicaments, je me suis endormi vers 1 h et ne me suis pas réveillé avant 10 h 30 ce matin. E était allée dormir dans l'autre chambre parce que je ronflais trop. Jusqu'à présent, tout va mieux en ce qui concerne mon bras.

Dimanche 23 – Hier, nous avons vu avec beaucoup d'appréhension notre film *Dr Faustus*. Ce n'est pas si mauvais je pense, et il y a des moments qui sont de réelle qualité. Il y a une ou deux vulgarités non rattrapables mais d'une manière générale c'est une assez belle réussite d'avoir réalisé un film qui a l'air d'être d'une grosse production alors qu'en fait il a coûté à peine plus de 1 million de dollars. Me suis légèrement saoulé ensuite à l'Olden tout en continuant vaguement de suivre notre régime – hamburger et salade de tomates pour le déjeuner, et un aloyau pour le dîner. Mon poids (comme celui d'E) a baissé de 1 kg, ce qui me fait peser 81 kg et elle 61,5 kg.

[…] Nous sommes allés au lit vers 3 h après avoir nourri McWhorter et La Rue de steaks cuits au barbecue. E très érotique et *anche io*[2]. Il y a eu du tonnerre et de la foudre toute la

[1] Paula Strasberg : actrice. Lee Strasberg : professeur d'art dramatique et fondateur de l'Actors Studio. Susan Strasberg, actrice, était leur fille et avait été la maîtresse de Richard à la fin des années 1950.

[2] *Anch'io* signifie « moi aussi » en italien.

nuit et il faisait très chaud et lourd. J'ai fini par essayer de dormir dans la chambre d'amis, je m'y suis senti seul et suis revenu dormir avec E – puis finalement suis retourné dans la chambre d'amis et me suis endormi avec la pensée que *Faustus* serait un échec auquel personne ne prêterait attention.

[…]

Mardi 25 – Hier matin avons vu le poids sur la balance baisser d'environ 200 g pour nous deux, jusqu'à 80,3 kg pour moi et 59,9 pour E. Comme dit E, c'est toujours mieux que de les avoir pris. […]

Mercredi 26 – Mon poids 79,5 kg. 59,5 pour E. Perdu respectivement 800 g et 350 g.

Jeudi 27, Gstaad-Londres – […]

Nous avons quitté Gstaad à 15 h 25 et sommes arrivés à l'aéroport à 16 h 15 après avoir roulé à tombeau ouvert. […] Partis vers 18 h 15. Arrivés une heure et vingt minutes plus tard. Vol sans histoire. Ai fait des mots croisés et beaucoup bu. […] Maison et au lit. Les garçons et E ont regardé la TV. J'ai lu Agatha Christie.

Vendredi 28, Londres – […] Nous avons vu le film de Peter Sellers *Le Bobo*, suivi de *Faustus*[1]. *Bobo* est un film un peu léger mais la femme de Peter y est adorable. Sammy Davis Jr est venu voir *Faustus*[2]. Ils ont tous l'air d'être impressionnés par moi mais pas par le film lui-même – c'est évidemment un one-man-show.

---

[1] *The Bobo*. Peter Sellers était à l'époque marié avec Britt Ekland.

[2] Sammy Davis Jr : chanteur, musicien, danseur, acteur et homme de spectacle.

Wolf Mankovitz veut que son nom soit retiré du générique. Nous avons accepté. C'est idiot.
Aujourd'hui nous partons à 12 h 55 pour Rome – une heure et demie d'escale – puis Taormine[1].

Vendredi 28, Londres-Rome-Taormine-Sicile – Je reprends le récit de cette journée, d'où les deux vendredis cette semaine. Nous sommes partis à l'heure et avons embarqué (une femme m'a demandé : « Signez-moi un autographe s'il vous plaît monsieur Taylor »). Je lui ai jeté un regard qui l'a terrassée. C'est la première fois en cinq ans qu'une chose pareille se produit. Quel toupet.
Dans l'avion nous avons retrouvé Peter et Siân O'Toole et nous avons entrepris de nous saouler[2]. Peter est charmant mais c'est un vrai menteur. Il m'a demandé combien de nominations j'avais eues. J'ai répondu honnêtement CINQ. Il a dit, en levant les doigts pour souligner ses mots, qu'il en avait eu quatre. Je sais qu'il n'en a eu que deux. Nous prend-il pour des idiots[3] ?

[…] J'avais oublié qu'il y a 50 km entre Catane et Taormine[4]. Nous avions insisté pour avoir l'air conditionné, nous avons donc voyagé dans une voiture privée. Le conducteur ne connaissait pas un seul mot d'anglais et j'ai dû parler français tout du long. Un trajet désagréable et bourré, en ce qui me concerne. […]

[1] Taormine, en Sicile.
[2] Peter O'Toole : acteur. Il avait joué avec Burton dans *Becket* et jouerait de nouveau avec Taylor et lui dans *Under Milk Wood* (1972). Entre 1959 et 1979 il fut marié à l'actrice galloise Siân Phillips, qui jouait également dans *Becket* et jouerait aussi dans *Under Milk Wood*.
[3] À ce point de sa carrière, O'Toole avait été nommé deux fois aux Oscars (pour *Laurence d'Arabie* et *Becket*).
[4] C'est à Catane que se trouve l'aéroport Fontanarossa. Burton et Taylor (et O'Toole) se rendaient au Festival du film de Taormine.

Samedi 29, Taormine – Entourés par les publicitaires et les paparazzi nous avons passé toute la journée dans un halo permanent de flashs. À 18 h 15 nous avons participé à une conférence de presse avec les habituelles stupides questions et réponses. Vers 21 h nous nous sommes hâtés de rejoindre le lieu de la cérémonie. Là, nous avons reçu les prix (trois cette fois) et avons passé le reste de la nuit à nous saouler méthodiquement jusqu'à 5 h du matin.

Comme d'habitude E a tout raflé et Peter O'Toole, Vittorio Gassman et moi-même nous sommes ridiculisés – Gassman sans le vouloir. La foule était énorme, autant à l'extérieur qu'à l'intérieur de l'amphithéâtre. À moins que ce soit très pratique, nous ne reviendrons plus ici. C'est vraiment une farce.

Ai commencé le « régime du buveur[1] ». On verra ce que ça donne. [...] Noel Coward doit jouer la sorcière dans *Boom !* – une version masculine du rôle évidemment[2]. Cela rend le film bien plus intéressant de notre point de vue, il devrait être brillant. Ma précédente collaboration avec lui date d'il y a environ seize ans et je jouais le rôle du marquis de je ne sais quoi dans un enregistrement de *Conversation Piece*[3]. E n'a jamais travaillé avec lui. Ce devrait être une plus-value pour le film. [...]

Dimanche 30 – Journée calme, à passer le temps, avec une promenade durant laquelle nous avons acheté des lunettes de soleil dans une petite boutique. Quand nous sommes sortis, la foule qui s'était agglutinée nous a applaudis. E a trouvé ça gentil, ce qui l'était effectivement. Nous avons dîné dans un état de

[1] *Drinking man's diet* en anglais, un régime privilégiant les protéines et autorisant l'alcool, popularisé par le photographe et écrivain Robert F. Cameron à travers un fascicule publié en 1964 qui devint rapidement un best-seller traduit en 13 langues. (N.d.T.)

[2] Noel Coward : acteur, metteur en scène et auteur dramatique.

[3] En 1951, Burton avait joué le marquis de Sheere dans un enregistrement de la comédie musicale de Coward *Conversation Piece*, créée à Londres en 1934.

somnolence et avec un certain degré d'autosatisfaction tout en comparant nos ancêtres et anciens maris et épouses respectifs. E est devenue très mince et j'ai du mal à garder mes mains à distance. Il s'avère qu'elle n'a pas perdu tant de poids que ça mais que, grâce aux massages et à l'exercice, il s'est réparti différemment. Elle est en ce moment l'une des filles les plus sexy que j'aie jamais vues. La plus sexy en réalité.

C'est extraordinaire de voir qu'une fois le festival terminé, le village tout entier [...] redevient tranquille. Personne dans les bars, plus de paparazzi, et la mer, en contrebas, et les jardins, chauds et brumeux comme la promesse d'une vraie fournaise. Dans la baie, un chalutier avance péniblement sur l'eau comme s'il flottait sur l'huile. Et les cloches d'église sans arrêt. Des millions de saints. Des millions de messes. C'est une petite province chaude que la Sicile. Tout y est un peu brûlé. Même les bougainvilliers sont jaunes et desséchés, comme l'a fait remarquer E.

Il y avait beaucoup de photos dans les journaux, dont deux sur lesquelles mon enfant semblait belle à marier. [...]

Lundi 31, Rome – [...] Nous ne sommes pas allés au lit avant 2 h 30, ce qui fait que nous n'étions pas en grande forme pendant le trajet vers Catane. Adorable la manière dont les Siciliens décorent leurs chevaux – un cheval, qui semblait mesurer 1,70 ou 1,80 mètre, un géant, avait une plume vraiment splendide qu'il agitait et faisait virevolter avec une grande fierté. Beaucoup de monde assis dehors sur de simples chaises de cuisine, les maisons blanchies par le soleil, gris-rose et écaillées. Catane est une ville étonnamment grande et il nous a fallu pas mal de temps pour la traverser. Les minijupes sont encore relativement rares en Sicile et à un moment, alors que nous étions arrêtés par la circulation dans une rue étroite, la jupe d'E était remontée, révélant ainsi la moitié de ses (certes jolies) cuisses, et un jeune homme était si fasciné par l'érotisme de la scène que j'ai cru qu'il allait avoir un orgasme sur place. E était trop timide pour tirer sur sa jupe avant que nous ne soyons repartis, aussi le gars boutonneux a-t-il eu le temps de bien se rincer l'œil. Il va faire de beaux rêves cette nuit.

Il faisait chaud à Rome. R. Wilson était là avec l'attitude et l'apparence d'un homme neuf[1]. Sommes allés aux studios, plus précisément à celui de Dino De Laurentiis, où nous avons eu un déjeuner quelque peu pathétique avec Tiziani et J. Losey. Il va être casse-pieds, je le sens.

[…] Passons la nuit au Grand Hotel – la plus luxueuse suite que j'aie vue en Europe[2]. C'est la Suite Royale, bien que le service soit tout sauf royal.

AOÛT

[…]

Mercredi 2 – Quelle effrayante, horrible et bonne journée tout à la fois. Toute ma mesquinerie et mon ressentiment et mon imbécillité réunis en un seul jour. J'en blâme Rome. Tout ce qui m'est arrivé de mauvais s'est presque toujours produit à Rome. Un rapport avec son altitude sans doute. Trop proche du niveau de la mer. […]

Au milieu de la soirée, Elizabeth et moi avons échangé des insultes parmi lesquelles je lui ai dit qu'elle n'était pas « une femme mais un homme », tandis qu'elle me traitait de « petite fille ». Un charmant couple décadent et incorrigible.

Je suis incroyablement déçu par moi-même. Quelque chose a déraillé dans ma tête au mauvais moment. Peu importe…

---

[1] R. Wilson : Robert « Bob » Wilson, dont Burton évoquait le récent décès de l'épouse dans l'entrée du 31 mars de la même année.

[2] Le Grand Hôtel de la Minerve, Piazza della Minerva.

quelque chose a déraillé. Et ne sera jamais remis sur les rails. Je suis, à mon avis, sublimement égoïste.

Jeudi 3 – Journée de réconciliation durant laquelle nous nous sommes embrassés et les excuses ont fusé dans toutes les directions. Nous avons déjeuné seuls tous les deux chez Capriccio, sur la Via Veneto, dormi un peu dans l'après-midi et dîné au coin de la rue à la Taverna Flavia. [...]

Demain nous partons pour la Suisse. [...]

[...]

Vendredi 11, Gstaad-Sardaigne – Une journée terrible, frénétiquement désorganisée, des milliers de sacs partout, neuf gamins, six adultes, tous dans un avion, les cris incessants de Howard et Mara, le trac préfilm d'E et le mien, neuf gamins, peur de l'avion, Gaston [...] qui est de nouveau tombé amoureux, minusculement sérieusement, de la mère de Patricia (Patricia est la petite copine de Christopher), neuf gamins, le *Kalizma* qui n'est pas arrivé, personne à l'aéroport pour nous accueillir, neuf gamins (Dick Hanley, Bob Wilson, John Lee nous coûtent à nous et à Mike Todd environ 1 000 dollars par semaine), et la chaleur et une chambre toute petite et un film à multimilliards de dollars et j'ai hurlé « merde » dans le hall de l'hôtel à cause de l'alcool, et des pâtes (pas très bonnes) et des cris et des sarcasmes très imbibés et un souvenir éthylique de champs et de fermes et de villes de France et d'Italie, et la mer violette, et la honte et l'alcool et la peur et neuf gamins, et je veux qu'on me foute la paix, et Gaston racontant qu'il a expliqué à Cecile qu'il ne peut pas l'épouser parce qu'elle ne peut pas avoir d'enfants, août est le plus cruel des mois, et E qui trouve des excuses – pas difficile puisqu'on les lui présente sur un plateau – pour qu'on ne commence pas le film lundi, et J. Losey s'est montré un imbécile ignorant et arrogant jusqu'à présent et il se prend pour un génie et on ne peut pas être arrivé à son âge sans l'avoir déjà démontré, et une journée effrayante et j'espère ne jamais devoir en vivre une autre ce qui arrivera pourtant demain et demain et demain[1].

Hurler « merde » dans le hall de l'hôtel était la seule manière de rendre justice à cette journée.

Mercredi 16, hôtel Capo Caccia, Alghero, Sardaigne – Le bateau n'est toujours pas arrivé et tous, petits et grands, tendent en permanence le cou vers l'horizon.

Losey jusqu'à présent est un enquiquineur qui se mêle de tout.

Il persiste à croire qu'il faut m'occuper. Qu'on me fiche la paix !

Le premier soir ici, nous lui avons fait si peur qu'après coup, nous ont raconté les Heyman, il a pleuré. Nous ne saurons jamais si c'était de peur, de nervosité ou de déception.

[...] Howard et Mara occupent trois chambres avec tous les enfants, parce que notre putain de bateau n'est pas là. Grâce à l'aide de deux gardes et d'une nounou, ils ont l'air de plutôt bien s'en sortir.

Le bateau est arrivé tard ce soir. Sommes montés à bord et avons trouvé dans la chambre de Liza un homme ivre inconscient sur le lit. Ne fais pas confiance à Barbosa et pense que le cuisinier est un fauteur de troubles[2]. Le bateau a belle allure en revanche.

---

[1] « Août est le plus cruel des mois » : référence au poème de T. S. Eliot *The Waste Land* (1922), qui commence par le vers « Avril est le plus cruel des mois ». « Demain et demain et demain » : référence à *Macbeth* de Shakespeare, acte V, scène 5.

[2] Arthur Barbosa, artiste, scénographe, décorateur d'intérieur et ami de Rex et de Rachel Harrison, qui l'avaient présenté à Burton et à Taylor pour les aider à redécorer le yacht.

Jeudi 17, Sardaigne – J'ai emmené Howard voir les lieux de tournage. En bateau. En hors-bord. Il est bizarre quand quelque chose l'excite – il crie, presque comme une fille. [...] Alors qu'E est passivement passionnée, il est frénétique. [...]

> [Il n'y a pas d'autre entrée dans le journal jusqu'à début septembre. Il semble probable que certaines entrées aient été perdues. Pendant cette période commença le tournage de *Boom !*.]

SEPTEMBRE

Jeudi 7

> [Il semble qu'il y ait quelques pages manquantes à cet endroit. Le groupe était alors à Venise, où il s'était rendu, entre autres, pour assister à un bal, après avoir obtenu l'accord de John Heyman et de Joseph Losey.]

[...] ça a été un déchaînement infernal quand l'autorisation a été accordée – la robe Kabuki d'E a dû être apportée de Rome par Evan Roberts Tiziani, tandis que sa coiffure Kabuki était expédiée de Sardaigne par jet « Lear » sous la supervision de Jeanette[1]. Alexandre, Mara et Howard sont allés faire du shopping afin d'acheter des pulls à col roulé pour Howard et moi-même. Nous les avons portés avec nos vestes de smoking et des colliers ! La presse était partout. [...] Mais ça valait le coup car Mara a obtenu le triomphe de sa vie. Et, ô surprise, le cliché de la soirée le plus reproduit dans les journaux du lendemain montrait E, Mara et la princesse Grace toutes les

[1] « Evan Roberts Tiziani » est un lapsus. Il s'agit d'Evan Richards, le fondateur de la maison de couture Tiziani. Evan Roberts était un évangéliste gallois.

trois assises l'une à côté de l'autre et toutes les trois ravissantes – surtout E, bien sûr. [...]

Lundi 18,* Kalizma, *Capo Caccia – Une assez rude journée de travail. Je crois qu'en dépit de la météo, nous avons tourné environ trois minutes et demie. [...]

[...] C'est un casse-tête de décider dans quelle école envoyer Liza et Maria. Liza a 10 ans et est brillante. Maria en a 6 et demi et elle est lente. La seconde à Londres ? Maria chez Ive et Gwen à Londres, où j'ai lu qu'ils avaient un système très efficace pour enseigner aux enfants lents ? E très déprimée. Moi aussi.

Mardi 19 – Avons travaillé comme des forcenés et tourné sept minutes et demie – nous en sommes presque aux deux tiers du scénario après seulement trois semaines et demie ou quatre. Vilain incident qui a fait rire tout le monde quand Robbie le schnauzer géant a fait tomber Michael Dunn le nain qui le tenait en laisse[1]. Il s'en est très bien sorti en qualifiant le chien d'abruti.

E a tourné une scène remarquable dans laquelle elle tousse à en cracher ses poumons. Tout le monde a été impressionné.

Noel Coward est arrivé, l'air très vieux et vaguement ivre, et il a entrepris de s'enivrer davantage. Il nous a embarrassés tous les deux (séparément) et a déversé une pluie de compliments sur E à propos de sa beauté et de son excellence en tant qu'actrice. De temps à autre il me jetait un os à ronger. C'est un homme très généreux, mais malheureusement le tranchant de son esprit commence à s'émousser, ou peut-être que comme moi il se répète quand il est éméché. Il bouge comme un vieux monsieur, mais je me suis soudain rappelé qu'il avait toujours bougé ainsi. Voûté, la tête rentrée dans les épaules, il a le corps

[1] Michael Dunn jouait le rôle de Rudi dans *Boom !*. « Schnauzer géant » : race de chien.

courbé d'un homme très grand, alors qu'en réalité il n'est pas plus grand que moi. Il est maintenant presque complètement chauve et les poches sous ses yeux leur donnent l'air encore plus asiatiques qu'auparavant. Il s'appelle lui-même « la plus vieille actrice chinoise du monde ». À sa descente de l'avion, quand on lui a demandé comment s'était passé son voyage, [...] il a répondu tout en plissant les yeux en direction de la douane : « Toute ma vie a été un spectacle somptueux. » C'est un homme délicieux. « J. Heyman me déroute complètement, a-t-il dit. Je lui ai parlé au téléphone et j'ai correspondu avec lui, et j'en étais fermement arrivé à la conclusion que J. Heyman était un petit gentleman juif poilu et gras, en bonne voie vers l'obésité. À la place je découvre un jeune prodige. C'est extrêmement désagréable. »

Nous avons bu avec Noel, son ami Graham Payn et Coley, son secrétaire, jusqu'à 21 h 15, après quoi nous avons regagné le bateau pour dîner avec les enfants[1]. Les garçons partent demain pour Millfield et tout le monde est très abattu[2].

Mercredi 20, Capo Caccia – [...] Les garçons sont partis tôt dans la matinée, après être entrés dans notre cabine pour nous embrasser dans le noir. Très déprimant. [...] E et N. Coward sont fous amoureux l'un de l'autre, surtout lui d'elle. Il la trouve la plus belle, ce qu'elle est, et la meilleure des actrices, ce qu'elle est également. Hier soir nous avons tous regardé les rushes et quelques passages montés. Ça a l'air pervers et intéressant. Je crois que nous allons avoir droit à un autre succès, en particulier E. Je m'inquiétais qu'elle soit trop jeune, mais il semblerait que ce ne soit pas important du tout finalement. Ai écrit une longue lettre à Phil que je n'ai toujours pas terminée. [...]

---

1 Graham Payn : comédien et compagnon de Coward. « Coley » : Cole Lesley.

2 Millfield : l'établissement scolaire fréquenté par les deux garçons, situé à Street, dans le Somerset (Royaume-Uni).

Jeudi 21 – J'ai été convoqué tôt, bien que la veille on m'ait dit que ce serait relâche pour moi. Ai tourné deux plans où je parle au téléphone et à midi c'était fini pour la journée. Douche, shampooing et déjeuner avec E et Noel, Coley et G. Payn. Nous avons raconté beaucoup d'histoires. Nous avons parlé de D. Niven et de comment, alors qu'E et lui étaient des amis proches, il a coupé les ponts avec elle pendant sept mois quand elle a été impliquée dans le « scandale » avec E. Fisher, et de comment, bien que nous ayons toujours des rapports amicaux avec lui, cela ne pourra plus jamais être pareil[1]. [...]

E a retourné une scène dans l'après-midi mais c'était un de ces plans maudits – il y en a un dans chaque film – qui pour diverses raisons techniques (dans une des prises, ils se sont retrouvés à court de pellicule !) nécessitent trois heures de travail. Elle avait les paupières lourdes et était épuisée quand ils ont finalement terminé à 19 h. Elle a ensuite fait des essayages avec Evan Tiziani pour les premières respectives de *La Mégère* et de *Faustus* à Paris et à Oxford pendant que je terminais ma lettre marathon à Phil. Nous avons bu quelques verres avec Noel et Cie puis rembarqué sur le *Kalizma* et soupé vers 22 h 30.

Après avoir vu les rushes et les passages déjà montés, Noel a dit à E : « Mon Dieu, tu as une telle autorité ! Je n'en avais pas autant à ton âge. » Il m'a dit, tout en tenant fermement mon poignet entre ses belles mains brunes qui, à 67 ans, ont quelques taches de vieillesse, qu'E et moi débordions d'une personnalité tellement dynamique qu'il s'attendait à chaque instant à nous voir craquer aux coutures pour nous déverser comme de la lave volcanique. Il sait être très flatteur quand il aime sincèrement quelqu'un.

[1] David Niven : acteur.

[...] J'en suis arrivé à la conclusion que cela me coûterait plus de 50 000 livres par an d'entretenir ce bateau – plutôt dans les 100 000 dollars. Mais, si comme nous l'avons prévu nous vivons à bord presque toute l'année tout en tournant des films, ça pourrait être très pratique. De toute façon c'est un joujou splendide et une habitation de luxe ravissante.

Vendredi 22 – [...] Norma Heyman a passé toute la journée avec nous et est restée bavarder avec moi quand E est partie. Nous l'avons réconfortée du mieux que nous le pouvions à propos de son couple. Il semble que son mari, J. Heyman, soit tombé amoureux ou qu'il se soit entiché de Joanna Shimkus qui joue – fort mal – la secrétaire d'E dans le film[1]. C'est une assez gentille petite fille (elle avoue 23 ans) mais certainement pas une femme fatale ni une briseuse de ménage. Elle est grande, les cheveux auburn, un visage agréable, le nez aquilin, de jolis yeux, un sourire aimable et pas de poitrine. Lui faire la conversation n'est pas facile. D'après ce que m'a appris Norma, elle a sans aucun doute John en ligne de mire. Elle pense probablement qu'il l'aidera dans sa carrière. Je ne peux pas croire qu'elle fera long feu, même si John l'épouse effectivement.

Nous avons pas mal bu avec Norma et j'étais assez éméché, je suis allé me coucher quand elle est partie, vers 23 h je pense – et j'ai dormi jusqu'à 5 h. [...]

E avait l'air claquée et l'était. Elle a dit que cela avait été terrible avec Noel car il était si nerveux qu'il n'arrêtait pas de sécher. Ça a dû être horrible. Peut-être que c'était la nervosité de la première prise. Ce serait pas de veine si le jeu de Noel était gâché par ses trous de mémoire.

[1] Joanna Shimkus jouait le rôle de Blackie, la secrétaire de Flora Goforth, interprétée par Taylor.

Samedi 23, Capo Caccia-Bonifacio – Partis en bateau ce matin de Sardaigne vers 9 h 30 et arrivés à Bonifacio vers 15 h 30 (c'est notre seconde visite, nous y sommes déjà allés il y a de ça un mois). […] Nous avons tous fait la sieste. Je me suis levé vers 12 h 30 et me suis assis avec Norma pour prendre un bain de soleil en mangeant un sandwich au fromage et à la tomate. Délicieux. Bonifacio est très joli – nous nous sommes amarrés exactement au même endroit que la dernière fois, quand les enfants avaient passé une heure à s'amuser comme des fous en plongeant du pont supérieur –, et sommes allés dîner à La Pergola, je crois que ça s'appelle ainsi, qui se trouve sur le port même, à environ 200 mètres du mouillage. Nous avons beaucoup ri et vidé d'innombrables bouteilles de vin. Et sur ce, au lit.

Dimanche 24, Bonifacio – Journée radieuse avec une légère brise ridant les eaux du port. Je me suis levé raisonnablement tôt et ai découvert que Norma était déjà debout. Il devait être 9 h. Nous étions en train de prendre le soleil et de lire sur le pont supérieur quand nous avons entendu de grands cris comme pendant les matchs de foot, nous avons donc enfilé des vêtements et sommes descendus à terre pour voir ce qui se passait. C'était vraiment un match de football, disputé par deux équipes de la Légion étrangère. Après environ une demi-heure, quelqu'un a pensé me reconnaître et s'est tourné tout excité vers ses amis : « *Ça c'est Richard Burton, c'est vrai, c'est vrai* !* » Heureusement, personne ne l'a cru et on nous a laissés tranquilles. Son enthousiasme a soulevé de nombreuses remarques sarcastiques dans le style « Qu'est-ce que Richard Burton viendrait foutre dans un trou pareil ? »

Norma et moi avons ensuite marché le long des quais. Ce n'est presque que cafés, cafés-restaurants, restaurants, petites épiceries, deux boutiques d'antiquités, « Vente de homards vivants », etc. La ville est un endroit d'allure mystérieuse. Les maisons sont gris pâle, ou orange, ou de ce bleu français si particulier, et se dressent abruptement juste au bord des imposants quais en zigzag. Je n'aimerais pas habiter dans l'une d'elles. Mais le port est ravissant. J'ai acheté un soufflet pour le barbecue, que nous venons de nous faire envoyer de Rome, et une paire de pinces en bois pour attraper et retourner les saucisses, les hot-dogs, les hamburgers, les steaks et ainsi de suite.

Le capitaine du port nous a parlé d'un superbe restaurant de poissons à environ 15 km et nous a proposé de nous y conduire. Il semblait cependant qu'on pouvait aussi y accéder en hors-bord, nous nous sommes donc mis en route. Il nous a fallu approximativement trois heures et demie pour le trouver. Ce que le capitaine du port ne nous avait pas dit, c'est que le restaurant est à 15 km par la route, qui est tortueuse, mais à seulement 2 km par la mer. Nous avons cependant fini par le dénicher, trempés par les embruns car la mer était assez agitée. Il s'appelait Le Gaby et était caché dans une toute petite crique si peu profonde qu'il a fallu manœuvrer avec beaucoup de précautions le hors-bord, qui a tout au plus un tirant d'eau de 60 cm. Mais ça valait le coup. Le personnel nous attendait et j'ai mangé la meilleure bouillabaisse de ma vie et E et Norma ont pris des homards qui étaient les meilleurs qu'elles avaient jamais goûtés. Et la situation est paradisiaque. Le restaurant est ouvert sur la mer qui n'est qu'à deux pas, on pourrait presque cracher dedans sans se lever de table, et le bâtiment donne l'impression, peut-être fondée, d'avoir été construit exclusivement à partir de débris flottants rejetés par les vagues. Au milieu de la salle se trouvait un tronc évidé placé à peu près à la hauteur d'une table, rempli d'eau de mer, qui contenait une demi-douzaine de homards vivants. L'un d'eux était gigantesque. Elizabeth était infiniment sexy. Elle portait un justaucorps en tulle blanc et la plus mini des minijupes que j'aie jamais vue, qui lui couvrait à peine l'entrejambe, et ne la couvrait plus du tout quand elle bougeait. Les garçons de la plage, qui avaient tous l'air bourrés, étaient surexcités. Et quand nous sommes partis, ils lui ont crié diverses invitations et lui ont proposé de l'embrasser à différents endroits de son anatomie – la minirobe était également très échancrée –, y compris plusieurs offres de fornication. Ils ont prudemment attendu que je sois sur le bateau et que nous nous éloignions à grande vitesse pour lancer ces offres généreuses. Norma ne les a pas laissés indifférents non plus, car c'est une belle fille, bien que bâtie suivant des courbes moins généreuses qu'E.

Plus tard, sur le bateau, E a fait cuire des steaks au barbecue et, avec sa sauce spéciale, c'était délicieux. Michael Dunn, qui est un nain – il mesure 1,20 mètre –, a mangé un steak presque aussi gros que lui. Au même moment, un navire de plongée français s'est amarré juste à côté de nous. C'était la marine française et quand ils ont découvert qu'E était sur le bateau voisin, ils ont aussitôt commencé à boire et à sauter tout habillés dans le port. Le capitaine était au désespoir mais tolérant. Finalement nous sommes montés à bord et, à force de charme, E a obtenu que le capitaine lui offre un morceau de vase qui, selon lui, doit avoir environ 2 000 ans. Nous avons essayé de nous faire offrir une belle ancre que le capitaine, qui affirmait ne pas être un expert, estimait être phénicienne. Elle faisait environ 1 mètre de haut et peut-être 60 cm de large à la base. J'en avais très envie, tout comme E, mais en vain. [...]

Lundi 25, Capo Caccia – Rentrés vers 11 h pour découvrir qu'il était en fait 10 h, parce que les Italiens sont passés de l'heure d'été à l'heure d'hiver. [...]

Vers 17 h nous avons été réveillés par le bruit d'une terrible altercation au-dessus de nos têtes dans les quartiers du capitaine qui, avec mon approbation, avait renvoyé le cuisinier et sa femme Amalia. Le cuisinier, qui est un homme entre deux âges à moitié chauve, bigot, souffreteux, un hypocrite au doux sourire, est devenu complètement fou, a brisé un verre et l'a écrasé contre le visage du capitaine et lui a cassé ce qui en restait sur la tête – nous avons découvert plus tard qu'il avait eu besoin de cinq points de suture. Dans le feu de l'action, au milieu des hurlements et des braillements, le cuisinier a perdu une de ses bottes, et quand sa femme a essayé d'intervenir, il l'a frappée avec, et quand Pedro le petit steward a également tenté d'intercéder, il a reçu à son tour des coups de botte sur la tête. Ils sont donc trois à avoir un mauvais mal de crâne. Nous avons fait semblant de n'être au courant de rien et nous sommes descendus à terre comme si de rien n'était. J'ai écrit une lettre au cuisinier et à sa femme pour leur dire combien j'étais désolé qu'ils s'en aillent, mais qu'entre le capitaine et le cuisinier, je n'avais pas vraiment le choix. Je ne suis pas mécontent qu'il s'en aille. Il avait la plus tenace des toux et j'avais toujours l'impression que ses crachats pouvaient tomber dans la soupe. Quoi qu'il en soit, ils partent demain matin pour Monte-Carlo.

Mardi 26 – Suis en train d'écrire ces lignes à environ 1 000 mètres d'altitude dans un biréacteur Hawker-Siddeley entre Capo Caccia et Paris[1].

Hier soir, avec ma loyauté habituelle (!), suis resté debout toute la nuit avec E et N. Coward et Cie, j'ai écrit et tapé à la machine une longue lettre à Howard et Mara pour leur dire ce qu'ils devraient faire des 100 000 dollars que nous leur avons offerts. Je rejoignais par intermittence E et Noel pour bavarder et échanger des ragots. Noel dit que le temps maximum dont il a jamais eu besoin pour écrire une pièce était dix jours, pour *Cavalcade*[2]. Le plus court, cinq jours, pour *L'esprit s'amuse*[3]. [...] Impressionnant. E dit qu'il a repris possession de ses moyens à présent et qu'il a retrouvé tout son génie. Le cuisinier et sa femme sont partis pour

[1] C'est à Paris qu'eut lieu la première européenne de *La Mégère apprivoisée.*
[2] Créée en 1931.
[3] *Blithe Spirit*, créée en 1941.

Monte-Carlo en emportant, à notre grande surprise, Sianni, notre terrier Yorkshire, et en prétendant que Liza leur avait dit qu'ils pouvaient la prendre ! Elle devrait être de retour dans deux jours, sinon le cuisinier et sa femme iront en prison. À part notre affection pour la chienne, qui a 4 ou 5 ans, elle coûte 1 200 dollars. Je suis très en colère au sujet de Sianni et j'ai abondamment crié et râlé, j'étais furieux. Qu'on vole de l'argent, des bijoux, n'importe quoi, mais pas un être vivant ! Toujours à 1 000 mètres d'altitude et descendons vers Paris. Pourrais bien acheter cet avion ou un modèle similaire. Une heure et trente-cinq minutes pour aller à Paris, ce qui, par un vol commercial, en comptant la correspondance à Rome ou Milan, prendrait cinq heures et demie. Il peut accueillir dix passagers. Pas trop de turbulences – jusqu'à présent. Et on a l'impression d'y être plus en sécurité. Je l'espère. Je devrais y réfléchir sérieusement.

Samedi 30, Paris-Capo Caccia – Nous avons rencontré à Paris ce qu'on appelle modestement un triomphe, en particulier E. Après être arrivés à Paris mercredi vers 17 h, nous nous sommes habillés pour dîner chez Jacqueline de Ribes et son mari, le comte – un homme plein d'humour qui en pince très clairement pour E[1]. Nous y sommes allés vers 21 h, 21 h 30. Le duc et la duchesse de Windsor étaient là, le baron Élie (ou est-ce Guy ?) de Rothschild, Rex et Rachel Harrison, etc. Il y avait 24 personnes en tout. Je suis devenu très saoul et ai chanté et récité de la poésie jusqu'à ce qu'E décide que j'étais dans un sale état et que, comme un bon garçon, je rentre à la maison avec elle. D'après ce que m'a raconté E, j'ai eu un mouvement de recul devant la foule de paparazzi qui nous attendait à la sortie de la maison. En chancelant comme un ivrogne, bien sûr. Le duc et

---

[1] Jacqueline de Ribes, femme du monde et styliste.

la duchesse de Windsor se sont montrés très sarcastiques vis-à-vis de Rachel Harrison et, quand je leur ai raconté que Rex portait une moumoute et se maquillait, vis-à-vis de lui aussi. [...]

Le jour suivant, après avoir dormi environ deux minutes, nous étions réveillés à 8 h dans un état de fatigue aigu mais euphorique. Nous avons bu de la bière et parlé de la soirée de la veille et de celle à venir. On nous a dit que tout Paris était dévoré d'impatience et, à en croire la presse, c'était bien le cas. Nous avons autant attiré l'attention, si ce n'est davantage, qu'à Rome ou à Paris durant « *La Scandale**[1] » [*sic*]. Ils avaient installé des barrières dans les rues donnant sur l'Opéra et il devait y avoir plusieurs centaines voire des milliers de spectateurs. Beaucoup de gens étaient restés debout toute la nuit pour être sûrs d'avoir une bonne place.

En tout cas ce même jour, vers midi, j'ai fait quelque chose d'outrageusement scandaleux. J'ai acheté à Elizabeth le jet dans lequel nous avons voyagé hier. Il coûte, neuf, 960 000 dollars. Elle n'était pas mécontente. Je crois que nous pouvons l'exploiter pour un coût raisonnable – peut-être même presque rien avec de la chance. Ça ressemble sans doute de manière suspecte à de fameuses « dernières paroles », mais je me sens en sécurité à bord. Il peut traverser l'Atlantique en douze à quinze heures, avec une ou deux escales suivant la météo. Il est capable d'atterrir sur n'importe quel petit terrain d'aviation, même non bitumé. Il pourra se poser à Abingdon quand nous irons à Oxford le mois prochain. Il peut atterrir à Saanen. Cela signifie également que nous n'aurons plus jamais à utiliser cet horrible aéroport de Londres. Hourra !

Mais venons-en à la soirée du film et au gala. Ça a été un succès époustouflant et la couverture médiatique a été phénoménale.

[1] Burton veut dire « Le Scandale », celui qu'avait soulevé le début de sa relation avec Taylor.

Le film a été très largement salué et, à part une ou deux critiques dans le *Herald Tribune* et dans un journal français – pas très important –, les réactions ont été enthousiastes. E portait un diadème créé spécialement pour elle par la firme De Beers de Van Cleef et Arpels, dessiné par Alexandre, qui a une valeur de 1,2 million de dollars. Avec ses autres bijoux, elle portait un total d'environ 1,5 million de dollars. Quand nous avons quitté l'hôtel, entourés de huit gardes, tous les clients de l'établissement formaient une haie d'honneur jusqu'à la rue. Il y avait beaucoup de photographes, mais arrivés à l'Opéra, c'était un véritable asile de fous. En dépit de la présence de cinq ministres du gouvernement, dont l'un nous a transmis un message supposé venir de De Gaulle lui-même, et de nombreuses sommités du cinéma, de la scène, du grand monde et des arts, E était sans conteste la reine de la soirée. On ne photographiait presque qu'elle. Je ne m'en suis pas trop mal sorti non plus, et les flatteries auxquelles nous avons été soumis étaient aussi fournies que grisantes. J'espère toutefois qu'elles ne nous sont pas montées à la tête. C'était néanmoins une douce revanche après l'ostracisme social que nous avons subi il n'y a pas si longtemps.

Plus tard, épuisés par l'excitation, [...] nous sommes rentrés à l'hôtel avec Jacqueline de Ribes et son mari, Curd Jürgens et sa femme, deux Rothschild, etc., où nous avons bu quelques verres et beaucoup parlé (surtout moi)[1].

Nous avons effectué le vol du retour à bord de « notre » jet en une heure et trente-cinq minutes et j'ai travaillé le reste de la nuit. J'avais fini à minuit mais je suis resté debout quand même.

---

[1] Curd (souvent Curt) Jürgens, comédien, avait joué avec Burton dans *Amère vsictoire* (*Bitter Victory*, 1957).

OCTOBRE

Dimanche 1er, Capo Caccia – Nous avons dormi jusqu'à midi pendant que B. Wilson, sa copine Judy Hastings, Ron B. et Gaston allaient tous ensemble à Nice avec le jet pour essayer de persuader l'imbécile de chef de nous rendre Sianni. Après dix heures passées en vain […] à discuter, cajoler et menacer – la police a fini par s'en mêler –, ils ont jeté l'éponge. À présent, je vais devoir faire une déposition et il semble que l'homme et sa pauvre femme vont aller en prison. Il nous a mis tous les deux tellement en colère que je crois que je pourrais l'étrangler de mes propres mains.

[…]

Vendredi 20, Capo Caccia – Nous avons volé jusqu'à Oxford avec le 125 vendredi dernier, atterrissant, par autorisation spéciale, à Abingdon, et sommes allés directement au Bear à Woodstock[1]. Nous étions sur les nerfs et faisions des cauchemars à la perspective de passer deux jours entiers exposés au public. Samedi, nous sommes passés à la télévision avec D. Lewin, Alexander Walker, […] N. Coghill, Lord D. Cecil, et un professeur Rosenberg de Berkeley, en Californie[2]. Les universitaires étaient bien, mais les journalistes, en particulier D. Lewin, étaient assez bêtes et faisaient honte – à l'antenne comme hors antenne. Cecil était un bonheur et E comme moi sommes tombés amoureux de lui. C'est le parfait exemple de la cousine vieille fille bien élevée, excentrique, saine, compatissante, mais caustique et brillante – bien que marié

[1] The Bear Hotel.

[2] David Lewin et James Mossman interviewèrent Burton et Taylor. Alexander Walker : critique de cinéma et écrivain, qui publierait une biographie d'Elizabeth Taylor. Lord David Cecil : professeur de littérature anglaise à Oxford. Marvin Rosenberg : professeur à la University of California et spécialiste de Shakespeare.

et très masculin. Nevill, à qui on posait la question à l'antenne, a répondu qu'E aurait fait une excellente universitaire parce qu'elle était « l'une des créatures les plus intelligentes qu'il avait jamais rencontrées » et qu'elle était paradoxalement « une intellectuelle instinctive ». Et toc. Il a aussi dit que je faisais partie des trois plus importants Gallois qu'il ait connus, les deux autres étant Dylan et David (*In Parenthesis*) Jones[1]. Il n'avait pas en tête – et je ne l'ai pas corrigé – que Jones est cockney.

Durant le déjeuner à Merton College qui a suivi, D. Lewin, très sobre, s'est encore davantage couvert de honte. Son esprit, frappé d'indigence, ne se hisse pas plus haut que les bas-fonds du *Daily Mail* et, pourtant, le fougueux imbécile a osé croiser le fer intellectuel avec les professeurs Coghill, Cecil et Rosenberg, qui l'ont tous traité avec une politesse glacée. Une fois ou deux, sa présomptueuse bêtise a failli faire sortir Nevill de ses gonds, mais le quasi-saint qu'il est a réussi à se contenir. E un peu moins. Elle lui est rentrée dedans deux fois, au déjeuner et à la télé. La colère l'a rendue presque inintelligible et lui a fait multiplier les fautes de langage.

Dimanche matin, j'ai lu de la poésie à l'Union avec Wystan Auden. Il a lu pas mal de ses propres œuvres, y compris celles dédiées à Coghill et à MacNeice[2]. Les deux sont dignes d'intérêt, je trouve, mais ils ont été lus avec ce ton chantant sans émotion et sans couleur qu'ont la plupart des poètes. Je me souviens de Yeats et Eliot et MacLeish qui lisaient leurs poèmes les plus évocateurs avec une semblable monotonie, comme pour engourdir le cerveau. Seul Dylan était capable de lire ses propres trucs. Auden a un visage remarquable et une intelligence tout aussi remarquable mais, bien que sa poésie

---

[1] Dylan : Dylan Thomas. David Jones : peintre et poète, auteur de *In Parenthesis* (1937).
[2] Louis MacNeice était un ami de Burton.

soit, comme toute véritable poésie, entièrement, totalement et âprement universelle, je crois qu'il est d'une vanité monumentale. La standing ovation que j'ai obtenue avec « Boast of Dai » tiré de *In Parenthesis* de D. Jones a laissé sur son visage ridé, fendu par un sourire terrible, une expression où se conjuguaient surprise, malveillance et envie. Plus tard il m'a dit : « Comment, où, quand avez-vous appris à parler avec l'accent cockney ? » Des quelque 300 vers du poème, il n'y en a qu'environ cinq en cockney. Ce n'est pas un homme sympathique, mais d'un autre côté, je n'ai rencontré qu'un seul poète qui en ait été un : Archie MacLeish[1]. Dylan était mal à l'aise quand il n'était pas à moitié saoul et drogué. MacNeice n'était plus poète quand je l'ai connu et était perpétuellement saoul. Eliot avait une nature cléricale avec une revanche à prendre. Les seuls poètes agréables que j'aie jamais rencontrés étaient de mauvais poètes, et un mauvais poète n'est pas un poète du tout, *ergo* je n'ai jamais rencontré de poète sympathique. Cela pourrait inclure MacLeish. Par exemple, R. S. Thomas est un vrai poète mineur mais je préférerais partager mon voyage vers l'autre monde avec quelqu'un de plus aimable. Je crois que le dernier sourire crispé qu'il se soit autorisé à grimacer date de ses 6 ans, le jour où il a compris avec ravissement que la mort était inévitable. Il a fait de la vie de sa femme un enfer pendant des années[2]. Elle ne sera pas dépaysée quand elle y arrivera pour de bon.

Et maintenant dimanche soir et la première de *Faustus*. Il pleuvait des cordes, comme d'habitude sous ce climat magnifique, et il y avait beaucoup de gens en imperméable et sous des parapluies qui applaudissaient devant le théâtre, etc. Une

[1] Archibald MacLeish : poète américain.

[2] Mildred Eldridge : artiste et épouse de R. S. Thomas.

infirmière, car c'était une représentation au bénéfice du Nuffield Hospital, une infirmière, donc, a offert à E un bouquet de fleurs et, s'il vous plaît, lui a fait la révérence[1]. E et moi étions enchantés. [...]

Le duc et la duchesse de Kent sont arrivés et nous avons été présentés. La duchesse est adorable et E comme moi l'avons adorée. Elle était frénétiquement nerveuse, comme nous tous, mais elle, cela se voyait de près. Les muscles autour de sa bouche se contractaient involontairement. Lui était timide. Le spectacle s'est bien déroulé.

La soirée qui a suivi était réussie mais épuisante – à nous deux, nous avons dû rencontrer 1 000 personnes. Soit dit en passant, nous avons été accueillis par une fanfare de trompettes quand nous sommes entrés dans le théâtre, puis un silence pendant que nous installions, puis de nouveau une fanfare pour le duc et la duchesse de Kent. Je note ce détail car cela illustre l'absurdité de la célébrité. Il y a cinq ans, nous aurions eu droit à une fanfare de tomates. Et encore, avec de la chance.

[...] Ken Tynan est arrivé de Londres pour discuter de *The Soldiers*, la pièce sur Churchill[2]. Écrirai là-dessus plus tard.

Le temps a été si affreux qu'il m'a fait souhaiter ne plus jamais remettre les pieds en Angleterre. [...] Je ne pense pas que je vivrais de nouveau volontairement en Angleterre, même si on me payait pour ça.

Suis d'humeur violente. E, comme d'habitude, doit s'opposer à tout ce que je fais ou dis devant les enfants. Mon Dieu, j'aurais voulu qu'elle ne me contredise pas devant eux, et j'aurais pareillement voulu ne pas faire pareil. Mais c'est le statu quo. Je ferais mieux de me taire.

---

[1] Le Nuffield Hospital, sur Woodstock Road, à Oxford.

[2] *Soldiers, Necrology on Geneva* (1967), pièce de Rolf Hochhuth. Burton envisageait de jouer le rôle de Churchill.

Samedi 21, Alghero – Bettina et un ami, Jorgen Wigmoller (?), ont passé deux jours avec nous[1]. Elle est bien sûr toujours aussi charmante, très rieuse et, bien qu'elle prenne de l'âge, fondamentalement féminine. Lui est mince et d'un blond danois et, j'en ai bien peur, un peu rasoir, en grande partie parce qu'il ne sait pas écouter. Je le soupçonne également d'avoir une longueur d'avance dans la course aux bobards. [...]

Ivor, Gwen et les deux filles sont avec nous sur le bateau et aujourd'hui, J. Losey étant malade – donc pas de travail –, nous avons navigué jusqu'à Alghero. [...] Nous étions assis ensemble à bavarder sans fin de choses et d'autres – surtout de Kate et de Sybil – quand à un moment Ivor, prenant son souffle jusqu'aux tréfonds de ses entrailles, a laissé exploser un pet cosmique qui nous a fendu les tympans. E était ravie et a essayé de répondre mais son *netherhand* [*sic*] n'était pas parlant.

[...] C'est agréable de rester assis sur le bateau à se rappeler avec une infinie nostalgie l'époque où chaque sou comptait, où une casquette verte avec un insigne dessus et le fait d'être au lycée représentaient le summum de la félicité humaine. Et où vendre des journaux, de la bouse, des baies de cassis, des myrtilles, des mûres résumait presque la totalité d'une existence. Comme je me souviens de ce pull vert, de ce pull vert qui schlinguait. Et le nom des maisons sur le chemin de l'école comme une litanie de disparus. *Pleasant View* par exemple avait vue sur une maison exactement identique dans Abbey Road nommée *Rest Bay*, et *Sans Souci** était une maison très bien entretenue[2]. Et l'église et le charabia de latin mal prononcé. Et un hommage à la petite Liza qui a acheté avec son argent de poche un cadeau assez

---

[1] Bettina Krahmer, belle-fille de Guy de Rothschild par son premier mariage.

[2] *Pleasant View* : « Bellevue ». *Rest Bay* : « Baie du repos ». (N.d.T.)

cher pour Maria – notre nouvelle steward anglo-galloise – et la conversation a continué ainsi :

Moi : Tu es une gentille petite fille, Liza. Combien cela a-t-il coûté ?
Elle : Je ne te le dirai pas.
Moi : Pourquoi pas ?
Elle : Parce que tu me rembourserais ce que j'ai dépensé.

Difficile d'être meilleur que ça.

[…]

1968

[Richard cessa de tenir son journal au début du mois de novembre 1967 et ne le reprit qu'à la fin juillet 1968. Dans cet intervalle, il joua le rôle de Méphisto dans *Candy*, tourné à Rome à la fin de l'année 1967. Il se rendit ensuite en Autriche puis au Royaume-Uni pour les besoins du film d'aventures *Quand les aigles attaquent*[1]. Pendant la période de tournage en studio à Londres, Burton et Taylor logèrent sur un yacht, le *Beatriz of Bolivia*, amarré à Tower Pier, qu'ils louaient tandis qu'en parallèle le *Kalizma* était rénové. Début février, ils prirent l'avion pour la première américaine de *Doctor Faustus* à New York, à laquelle assistèrent Robert et Ethel Kennedy, et plus tard ce même mois ils se rendirent au vernissage de la boutique parisienne de leur amie Vicky Tiel, dans laquelle ils avaient investi. Elizabeth commença à travailler aux studios Elstree en mars 1968 pour *Cérémonie secrète*, d'autres scènes en extérieur étant tournées à Londres et aux Pays-Bas.

En mai 1968, lors d'une vente aux enchères à New York, Richard acheta pour Elizabeth le diamant Krupp, de 33,19 carats, au prix de 305 000 dollars. Plus tard ce même mois, *Boom !* sortit sur les écrans et fut accueilli par de mauvaises critiques.

En juin, Richard fut le témoin de Gianni Bozzacchi lors de son mariage avec Claudye, dont Elizabeth était le témoin. La cérémonie eut lieu dans la maison d'Alexandre de Paris

---

[1] *When Eagles Dare* (1968), réalisé par Brian G. Hutton.

à Saints, à l'est de Paris. […] Vers la fin juin, Burton commença à travailler sur l'adaptation de *Rire dans la nuit* de Nabokov par Tony Richardson. Le 8 juillet, dans des circonstances controversées dont les détails restent discutés à ce jour, Burton fut renvoyé par Richardson et aussitôt remplacé par Nicol Williamson. Burton et Richardson avaient pourtant travaillé ensemble auparavant (pour *La Paix du dimanche* et *A Subject of Scandal and Concern*). Mais leurs relations amicales prirent fin à cette occasion, malgré une vaine tentative de Taylor pour les raccommoder. Le journal reprend alors que Taylor vient d'être hospitalisée.]

JUILLET

Mardi 23, Fitzroy-Nuffield Hospital, Londres – Je viens de passer les deux jours les plus horribles de ma vie d'adulte. Pour autant que je m'en souvienne, je n'avais jamais rien vécu, ni honte infligée ou éprouvée, ni injustice subie par moi ou à cause de moi, ni déception professionnelle ou privée, que je n'aie pu évacuer de mon esprit en un quart d'heure. Mais c'est la première fois que je vois un être aimé hurlant de douleur pendant deux jours, aux prises avec des hallucinations causées par les médicaments, ne me reconnaissant que par intermittence, passant de virago à ange d'une minute à l'autre, et que je me sens totalement impuissant. Elizabeth a subi une ablation de l'utérus dimanche matin. L'opération a commencé à 9 h 30 et s'est terminée à 13 h. Trois heures et demie. J'ai essayé de lire le livre d'Holroyd sur Lytton Strachey – quel type vil, cruel et égoïste – mais pendant ces trois heures et demie, j'ai dû en lire cinq pages, et une fois que j'ai su qu'elle était, au moins temporairement, hors de danger et de retour dans sa chambre, je me suis rendu compte qu'il fallait que je les relise intégralement[1].

---

[1] Michael Holroyd, *Lytton Strachey. The New Biography* (1968).

Mais ce sont les nuits qui ont été les plus atroces. J'ai pris une chambre à côté de celle d'E – pour être près d'elle jusqu'à ce que sa douleur se calme un peu. Les murs sont aussi fins que du papier à cigarette et la première nuit, je n'ai entendu rien d'autre que ses gémissements jusqu'au petit matin. Ce n'était pas une hystérectomie « classique » – il y a eu de nombreuses complications – et elle souffre bien au-delà de la normale. En plus, ils lui ont prescrit un médicament qui soulage la douleur mais lui donne de puissantes hallucinations. Et en même temps d'extraordinaires éclairs de lucidité. Hier elle a cru pendant un long moment qu'elle était sur le yacht, et comme on lui apportait un bouquet, elle a demandé à ce qu'on « mette les fleurs en bas dans la chambre de Liza ». Elle m'a ensuite dit gravement, en levant les yeux de son livre (*Public Image* – M. Spark) que je ne devais plus jamais crier sur Raymond (le steward du *Kalizma*)[1]. J'ai dit que je ne le ferais plus et elle a répondu : « Chut, il va t'entendre. » « Regarde, m'a-t-elle dit à un autre moment, ils passent *Faustus* en couleurs à la télé. » L'écran était aussi éteint que possible, même si on y voyait le reflet rouge d'un télégramme de réconfort posé juste devant.

La nuit dernière, elle est soudain entrée dans ma chambre vers minuit, soutenue par une minuscule infirmière au type méridional, et a dit qu'elle se sentait seule. Elle est censée ne pas bouger du tout sauf pour aller aux toilettes. Je l'ai remise au lit. Une demi-heure plus tard, je l'ai entendue crier « Jim » – elle était dans le couloir. Au lit de nouveau. Je lui ai dit qu'elle était une méchante fille et elle m'a répondu d'aller me faire foutre. Je lui ai proposé de rester dans sa chambre avec elle. Elle m'a dit de m'asseoir dans le hall à l'extérieur car la vue de mon visage lui était insupportable. Ensuite, elle m'a tourné le dos. J'ai attendu

[1] Muriel Spark, *The Public Image* (1968). Raymond Vignale, également secrétaire de Taylor.

cinq minutes et j'ai quitté la chambre. Puis j'ai entendu crier : « Richard ! » L'infirmière et moi sommes arrivés en même temps. Elle était assise sur le bord du lit. Une autre fois, elle s'est écroulée contre une chaise dans la pièce voisine. Je me suis levé d'un bon et elle était assise sur les toilettes avec la porte fermée.

Je leur ai demandé de lui donner un médicament qui, si possible, ne donne pas d'hallucinations. Mon Dieu, je serai content quand cette semaine sera terminée. Et elle, n'en parlons pas. Elle a fini par s'endormir, ou en tout cas par rester tranquille, vers 4 h du matin. Je me suis endormi mais n'ai cessé de me réveiller en sursaut comme un homme qui a peur de mourir d'une crise cardiaque durant son sommeil.

[...]

La presse nous a empoisonnés jour et nuit et nous sommes dans tous les journaux ce matin. Quelle bande infâme ils forment – surtout les Anglais. Ils sont si narquois, suffisants, sournois et provinciaux. Ils n'assument pas ouvertement leur goût pour le scandale, ils n'ont pas cette horrible et sale jubilation pornographique des Italiens. Ils sont simplement sarcastiques.

Kate est ici – elle est arrivée il y a une semaine, aussi joyeuse qu'à l'accoutumée. En l'espace d'un jour, Liza m'appelait « Papa » ! Il faut que je trouve un moment pour la voir aujourd'hui. Les journées passent et elle doit repartir dans trois semaines.

La leçon la plus inquiétante que je retiens de toute cette histoire, c'est l'effet extraordinaire que les drogues hallucinogènes ont sur le cerveau. Hier E m'a regardé à plusieurs reprises avec une malveillance qui aurait fait passer un basilic pour un chaton. J'espère simplement que *in vino veritas* ne s'applique pas aux drogues. Elle contemplait une affiche de la Joconde au mur et a déclaré d'un ton très mondain : « Vicky, as-tu envie d'un verre ? » À un moment, elle m'a qualifié de « pédant » – et à juste titre. Ça m'apprendra à moins faire le malin à l'avenir.

[...] Il est 14 h 45 et E est réveillée et dans un état parfaitement normal. Elle est totalement consciente de tout ce qu'elle a dit hier soir ! Que Dieu nous garde !

Mercredi 24, Dorchester [hôtel] – Ai décidé de taper mal ce journal à la machine plutôt que de l'écrire si vite que j'ai quelquefois des difficultés à me relire moi-même. [...]

[...] Janine Filistorf a téléphoné aujourd'hui de Genève avec la nouvelle bouleversante qu'André Besançon, le jardinier de *Pays de Galles*, à Céligny, un homme honnête auquel nous étions très attachés, s'est suicidé. Pauvre vieux. À quel point peut-on être solitaire ? Nous, Kate, Ivor et moi irons en jet à Genève vendredi ou samedi afin d'assister aux funérailles. Il s'est pendu. Je me souviens qu'il avait traversé une dépression nerveuse il y a douze ou treize ans, après la mort de sa femme et avant que nous ne l'engagions en 1957. Il devait aller dans une maison de repos ce matin à 10 h, mais trop tard. Il s'est tué hier soir. J'ai l'impression d'être un foutu imbécile de n'avoir eu aucun soupçon. Si j'avais su, je suis sûr que j'aurais pu l'aider. Je l'aurais fait transférer à Gstaad à la place de cet aimable mais assez inutile musicien ivrogne du nom grandiose de Johann Sebastian Bach[1].

K a envie qu'on la laisse tranquille un moment, je pense, ce soir elle va donc loger à Hampstead avec Ivor et Gwen pendant que Liza, Maria et moi serons à l'hôtel. Avant de déjeuner aujourd'hui nous avons emmené K au Wells Pub de Hampstead, où Ivor et moi avons bu deux ou trois pintes. [...]

[1] Johann Sebastian Bach était l'employé de maison de Burton et de Taylor au Chalet Ariel, à Gstaad.

Je suis en train d'essayer de convaincre Elizabeth de retarder le tournage de son film avec F. Sinatra[1]. Il commence dans cinq semaines seulement, et il est peu probable qu'elle soit mentalement prête si tôt pour un boulot si important. [...]

[...]

Vendredi 26 – [...]

Je suis sur le point de partir pour Genève avec Liza, Kate, Ivor, Gwen et Brook Williams pour l'enterrement d'André (Bobo) Besançon[2].

[...] Suis allé à l'hôpital pour voir ETB, et y ai trouvé une Norma Heyman ivre dont mes deux beaux-fils venaient de décliner l'invitation à déjeuner, et qui se proposait de nous donner, à moi et à E, une leçon sur l'art de parler aux garçons et de maintenir leur curiosité éveillée. [...]

> [Il n'y a pas d'autre entrée dans le journal jusqu'à la fin septembre. Pendant cette période, Richard se rendit à Céligny pour assister à l'enterrement d'André Besançon. Il était accompagné de son frère Ivor et de l'épouse de celui-ci Gwen, de Brook, le fils d'Emlyn Williams, et de ses filles Liza et Kate. Après les funérailles, les hommes dînèrent au Café de la Gare à Céligny. Le projet initial était d'aller ensuite au Chalet Ariel à Gstaad, mais comme ils avaient beaucoup mangé et bu, ils décidèrent de reporter le voyage au lendemain et de passer la nuit à *Pays de Galles*, où Burton ne s'était pas rendu depuis plus de deux ans. Ivor prit les devants pour ouvrir la

---

[1] Taylor prévoyait de tourner *Las Vegas, un couple* (*The Only Game in Town*, 1970) avec Frank Sinatra. Le report subséquent du tournage conduisit Sinatra à se retirer du projet, et il fut remplacé par Warren Beatty.

[2] Brook Williams, acteur, fils d'Emlyn et de Molly Williams, était un grand ami de Burton et joua à ses côtés, de *Cléopâtre* à *Wagner*, dans plus d'une douzaine de films.

maison et allumer le chauffage, mais en essayant d'entrer dans la propriété, il glissa et sa nuque heurta le pavé. Ce qui semble avoir été un horrible accident le laissa paralysé jusqu'au cou. Le handicap de son frère et, finalement, sa mort en 1972 devaient profondément affecter Richard.

La plus grande partie du mois d'août fut consacrée à organiser les soins d'Ivor, au début au Stoke Mandeville Hospital, près d'Aylesbury dans le Buckinghamshire, mais durant la dernière semaine Burton se rendit à New York. En septembre il était à Paris pour commencer à travailler sur *L'Escalier*, avec Rex Harrison ; Elizabeth, de son côté, sur *Las Vegas, un couple*, avec Warren Beatty.]

SEPTEMBRE

Jeudi 26, Paris – Nous avons travaillé de 19 h hier soir à environ 4 h ce matin. [...] Elizabeth est partie travailler et « tester » des costumes. Elle devrait être rentrée avant mon départ j'espère. Après sept ou huit ans elle continue de me manquer quand elle s'en va, même si c'est pour aller aux toilettes. Elle commence le tournage lundi et, après quelque temps, nous devrions tous les deux travailler aux horaires « européens », de midi à 20 h.

[...]

Dimanche 29, Barbizon – Hier soir nous avons dîné au restaurant de l'hôtel[1]. [...] Je suis devenu très mélancolique au sujet d'Ivor, et j'ai commencé à me reprocher de ne pas avoir été avec lui cette terrible nuit lorsqu'il est parti ouvrir la maison. [...]

Retour à Paris aujourd'hui. Hier Elizabeth a enfin trouvé le temps de lire son scénario et elle l'aime bien, dit-elle. [...]

---

[1] Hôtellerie du Bas-Bréau.

Barry Cooper, le médecin d'Elizabeth depuis quelques mois, arrive sous peu pour l'ausculter[1]. Elizabeth passe plus d'examens médicaux en un mois que je n'en ai eu de toute ma vie. [...]

Avons reçu une lettre de Cis et Elfed aujourd'hui pour nous remercier des 500 livres que nous leur avions envoyées et pour nous dire combien Tom et Hyral avaient été excités de recevoir les leurs[2]. Cis et Elfed séjournaient avec eux à ce moment-là. « J'ai hâte que les banques ouvrent, a dit Tom, ils vont avoir du mal à me faire passer par la porte. » Ivor doit être équipé d'une minerve qui, nous l'espérons, lui permettra de se tenir assis. Ce serait d'une aide immense sur le plan psychologique. Il a finalement accepté de voir Cis. Elle est la première à avoir cet honneur en dehors de nous.

[...]

[...]

OCTOBRE

Mardi 1er, [Hôtel] Plaza, Paris – Eliz a débuté le travail hier, mais sans Beatty. Il commence demain. J'ai continué le mien avec Rex, et assez curieusement il était dans une forme éblouissante, ne s'inquiétant pas trop pour ses répliques, et l'alchimie a joyeusement opéré. Hugh French m'a dit qu'il n'avait jamais vu R. Zanuck aussi enthousiaste que quand il a regardé les rushes de *L'Escalier.* [...]

Je suis bien plus heureux à Paris qu'à Londres. Peut-être parce que je redoute de voir ma famille, enfin la majeure partie de ma famille ? Peut-être parce que j'aime apprendre un peu de français chaque jour, ou le simple fait de parler la langue couramment

[1] Le docteur Barrington Cooper, qui avait été présenté à Burton et à Taylor par Joseph Losey.
[2] Hyral était la seconde épouse de Tom.

quoique maladroitement à certaines occasions ? Peut-être ai-je honte de la faiblesse de la Grande-Bretagne. C'est affreux de voir combien la presse étrangère la méprise et la dénigre. 8 h du matin, il est temps de partir au travail.

> *Nose and Drife* chéri[1]
> Tu me manques parfois horriblement – et particulièrement aujourd'hui, je ne sais pas pourquoi – alors sois tout amour et tendresse ce soir s'il te plaît – et si tu sais y faire, je t'emmènerai dîner.
> Tout mon amour
> Ta femme
> P-S : Appelle-moi plus tard. [Écriture d'Elizabeth Taylor.]

Mercredi 2 – Ai travaillé hier de 9 h à environ 16 h 30 quand il a fait trop sombre pour filmer. Nous avons été obligés de nous arrêter deux heures vers midi à cause de la pluie. Suis allé voir E à la pause déjeuner […] et l'endroit ressemble à un asile de fous. Il y a une bonne pour nettoyer, Dick et John, Frank La Rue, Jeanette, Claudye, Gianni, Vicky et Mia, George Davis et Caroline[2]. […] Avec en prime Rocky Brynner la plupart du temps[3]. […]

George Stevens se tient admirablement bien, et Beatty s'inquiète de savoir s'il doit porter une cravate ou pas, d'après E[4]. George trouve E éblouissante. Alors ça va. Richard Zanuck pense que Rex et moi sommes éblouissants aussi, d'après un

---

[1] Nose and Drife : *nose*, « nez » en français. *Drife* ne signifie rien en anglais. Il s'agit peut-être d'un jeu de mots sur « *noise and strife* », qui signifie « bruit et conflit ». (N.d.T.)

[2] Dick Hanley et John Lee. Mia Fonssagrives, costumière de *Quoi de neuf, Pussycat ?* et de *Las Vegas, un couple*, était l'associée de Vicky Tiel pour leur boutique parisienne Mia et Vicky. George Davis était un des secrétaires de Taylor. Caroline O'Connor : l'infirmière d'Elizabeth.

[3] Rocky Brynner : fils de l'acteur Yul Brynner.

[4] George Stevens, réalisateur de *Las Vegas, un couple*, avait également dirigé Taylor dans *Une place au soleil* (*A Place in the Sun*, 1951) et *Géant* (*Giant*, 1956).

télégramme que nous avons reçu hier. À l'heure où j'écris ces lignes, tout le monde aime donc tout le monde. [...]

Suis passé chercher E hier soir et l'ai ramenée à la maison, et sans que je sache pourquoi [...]Dr. Jeckyll s'est soudain changé en Mr. Hyde et, dans un de mes accès de colère, je suis allé me coucher sans dîner. Eliz a mangé en bas avec Dick et John. Je me suis réveillé à 4 h 30 et ai attendu que le reste du monde se lève. Le reste du monde étant Elizabeth. Finalement ai décidé de réveiller le reste du monde à 7 h, à la suite de quoi il m'a fait un bloody mary. « Ce qui, ai-je dit, est ma ration de vitamine C pour la journée. »

Jeudi 3 – Ai travaillé toute la journée jusqu'à environ 17 h et suis passé chercher Eliz à son studio comme d'habitude. Ils semblent tous bien s'entendre. De notre côté aussi, même si c'est très amusant d'assister aux tentatives « vieille école » de Rex de me voler la vedette en s'insinuant dans mes gros plans, en cabotinant pendant mes répliques, etc. C'est un peu comme jouer avec une jeune actrice très ambitieuse. [...] J'en ai parlé au réalisateur qui a dit, dans un premier temps, qu'il n'avait rien remarqué, puis qu'il n'avait jamais rien vu de pareil. Et maintenant que j'y pense, moi non plus, dans un film, et venant d'un homme. Enfin si l'on considère Victor Spinetti comme une Italo-Galloise. Parce qu'il a tout fait, lui, à part lâcher des vents et s'enfoncer les doigts dans le nez jusqu'au poignet. [...]

> Mon mari chéri
> Juste un mot pour te dire qu'aller au lit avec WB n'a rien changé à mon amour pour toi – ça l'aurait même plutôt augmenté – es-tu fou de joie[1] ?
> Tout mon amour,
> Ta femme. [Écriture d'Elizabeth Taylor.]

---

[1] WB : Warren Beatty.

Vendredi 4 – Nous avons travaillé en intérieur dans la matinée et en extérieur dans l'après-midi. Je n'ai tourné que quatre plans de toute la journée. Le reste du temps, j'ai lu l'*Express* pour améliorer mon français qui en a bien besoin. [...] Elliott Kastner est venu me voir avec une offre *carte blanche** pour une dizaine de films[1]. [...] Il dit que je vais gagner 7 millions de dollars avec les *Aigles*. Ça, ça serait bien.

Je suis totalement obsédé par l'idée d'acheter une grande péniche et de la transformer en yacht fluvial. Les fenêtres de mon dressing donnent sur la Seine, et je vois défiler une centaine de péniches par jour et de beaux remorqueurs trapus et ronronnants qui caracolent avec impertinence comme des taurillons. Ce serait merveilleux de lever l'ancre ou quoi qu'on fasse sur les péniches, et de sillonner la campagne française jusqu'à Marseille, l'Allemagne, la Belgique ou la Hollande. [...] Je pourrais avoir une Mini-Moke à bord et quelques vélos pour les excursions occasionnelles. Je pourrais demander à ce que beaucoup de films soient tournés à Paris pour que nous puissions vivre sur la péniche. Je pourrais faire installer une piscine sur le pont, et avoir des milliers de livres de poche dans la bibliothèque, sur tous les sujets imaginables. Ça ne devrait pas coûter si cher – bien moins qu'une maison de dimensions comparables. J'ai entendu dire qu'on pouvait acheter une péniche de 30 mètres pour 20 ou 30 000 dollars en comptant 30 000 de plus pour les travaux. J'achèterais des centaines de films 16 mm et ferais aménager une petite salle de projection. Roddy McDowall m'a dit une fois qu'il disposait d'une bibliothèque de plusieurs centaines de films qui lui a coûté très peu cher. [...]

[1] Elliott Kastner avait produit *Quand les aigles attaquent* et produirait également *Salaud* (*Villain*, 1971), *Absolution* (1981) et le film de Taylor *Une belle tigresse* (*Zee and Co / X, Y and Zee*, 1972).

Samedi 5 – Hier nous avons tourné toute la journée par intermittence, jusque vers 17 h. Rex a ensuite donné une réception pour l'équipe et les acteurs (moi). [...] Ce sera mon tour la semaine prochaine. Il n'y avait pas de vodka et le scotch est dangereux, Jim a donc préparé pour nous des vodka-martini[1]. J'ai été passablement éméché trois soirs de suite, il faut que je fasse attention.

Pat Newcomb est arrivée[2]. Elle est censée être la chef de publicité pour les trois productions : *L'Escalier*, *Las Vegas, un couple* et *Justine*[3]. Elle est bronzée aux UV et a du bide. Est-ce un homme ou une femme ? On se pose la question. [...]

Hugh French m'a dit qu'il était probable que je reçoive un télégramme ou une lettre d'Universal Pictures me menaçant d'un procès si je ne fais pas *Anne des mille jours* l'été prochain et m'informant également qu'ils n'ont plus aucune intention de financer le film que j'ai vraiment envie de tourner : *The Man from Nowhere*[4]. Ça, c'est vraiment pervers. J'attends de voir venir. Je n'aurais aucune objection à ne pas travailler pendant toute une année. Je pourrais écrire un livre, ou rêvasser tout mon soûl, ou maigrir ou grossir. [...] J'ai dans l'idée – aussi peu démocratique que cela paraisse – qu'un studio est bien mieux dirigé par un seul homme que par un comité. Il semble qu'UP soit dirigé par trois ou quatre factions en guerre, chacune jalouse des autres. Jay Kanter est à peu près le seul sur lequel on puisse compter[5]. Et il est évidemment soumis aux caprices de Lou Wasserman

---

[1] Jim [Benton] : le secrétaire de Burton et compagnon de George Davis.

[2] Pat Newcomb : attachée de presse.

[3] *Justine* (1969), film de George Cukor.

[4] *The Man from Nowhere* était un scénario dont Joseph Losey discutait avec Burton à cette époque, mais qui serait finalement abandonné quand Burton déciderait de jouer dans *Quand les aigles attaquent* à la place.

[5] Jay Kanter : agent de Marlon Brando, qui produira le film de Burton *Salaud* et le film de Taylor *Une belle tigresse*.

et/ou d'Ed Henry[1]. Même les grands noms ne sont pas fiables. Et, à proprement parler, je les crois à moitié analphabètes. Il doit y avoir un gouffre entre le cerveau qui fait de l'argent et celui qui crée, aime ou apprécie les arts. [...]

Dimanche 6 – Nous déjeunons avec quelqu'un appelé Alex ou Alexis qui est baron (Claudye vient de me le dire) de Redé[2]. Nous allons ensuite à une réception au Grand Prix de l'Arc de triomphe, l'équivalent français des courses d'Ascot ou du Derby, etc. Bien que je n'y connaisse pas grand-chose en courses de chevaux, ça pourrait être intéressant. Le baron Guy et Marie-Hélène [de] Rothschild nous ont invités. La Callas sera probablement là et peut-être Ari Onassis. Qu'est-ce que nous sommes chics, pas vrai ?

Hier je suis parti à la chasse à la péniche, mais je n'ai rien trouvé de satisfaisant. Nous réessaierons plus tard cette semaine. [...]

Nous avons dîné à la maison et parlé de sexe avec Caroline qui semble avoir beaucoup de bon sens en la matière. On lui fait beaucoup d'avances, apparemment. J'ai assisté à celles de Rex entre autres. À ce sujet, il porte toujours une moumoute quand il va à une première, etc., et se maquille avec du « ManTan[3] ». Imaginez ça ! Je crois que je vais essayer moi aussi. [...]

Lundi 7 – [...]
Nous avons eu le privilège de pouvoir accéder au paddock, où seuls les propriétaires sont admis, et de nous approcher du marcheur[4].

---

[1] Lew Wasserman : directeur de Universal Pictures. Ed Henry : cadre supérieur dans le même studio.

[2] Alexis von Rosenberg, troisième baron de Redé, collectionneur et homme du monde.

[3] « Man Tan » signifie littéralement « bronzage masculin », et désigne une sorte de fond de teint donnant l'illusion du bronzage. (N.d.T.)

[4] Enceinte circulaire utilisée pour le travail et l'échauffement des chevaux. (N.d.T.)

Nous étions donc là avec beaucoup de monde quand soudain un grand homme est apparu, le visage émacié, maladif et mal rasé, avec une minuscule moustache, qui souriait beaucoup et parlait de manière assez incohérente, avec la main droite brûlée jusqu'à l'os entre l'index et le doigt suivant. C'était Peter O'Toole.

Je dois écrire un article sur Robert Kennedy. Que Dieu nous vienne en aide.

Mardi 8 – J'ai essayé comme un fou d'écrire un article sur Bobby Kennedy hier soir, mais c'est un échec abyssal. J'ai relu ce matin ce que j'avais rédigé et je l'ai immédiatement déchiré. J'essaierai de nouveau aujourd'hui, mais je manque totalement d'inspiration. Je n'arrive pas à trouver l'angle sous lequel aborder le sujet. Ça fait des jours que j'y réfléchis. [...]

Au fait, quand E est sortie du paddock pour aller dans la loge avec Guy et Marie-Hélène, des milliers de personnes l'ont applaudie sur tout le parcours. Pas mal pour une vieille dame de 36 ans. Je suis toujours ravi et surpris par ce genre de choses. Voilà des années que nous nous attendons à ce que cela cesse, mais ça continue. [...]

Mercredi 9 – Depuis trois jours, je traverse un de mes accès de mélancolie. Celui-ci est aussi sombre qu'un hymne funèbre. Je vais apparemment être poursuivi en justice par Universal Pictures, ce qui n'arrange rien. Ils n'ont aucun argument valable mais c'est sacrément pénible. Une note joyeuse, littéralement, celle écrite par Liza avec sa nouvelle calligraphie, et une remarque agréable mais légèrement réprobatrice de son institutrice. Je mets de côté les bandes dessinées du *Paris Tribune* et je les envoie par fournées de quatre ou cinq à Liza. Je me demande si on l'autorise à les lire. Depuis le séjour de Kate, Liza semble avoir décidé de m'appeler « Papa » alors que bébé Maria m'appelle toujours Richard ou Rich. [...]

[…] J'ai lu hier une traduction d'un article paru dans *Oggi* sur Florinda Bolkan qui prétend qu'elle aurait facilement pu m'arracher à Elizabeth, mais qu'elle y a renoncé parce que cela aurait été trop fatigant[1] ! D'autres ont déjà dit ça, mais jamais une lesbienne chevronnée. Elle essaie désespérément de devenir une star de cinéma et, pauvre chérie, n'y arrivera jamais.

Le tournage d'hier n'avait rien de marquant. […] Je ne suis pas sûr que Rex à l'occasion ne surjoue pas la folle. Je ne sais jamais si je dois prévenir un camarade acteur quand je pense qu'il va trop loin. Surtout un acteur aussi irritable que Rex. Quand je lui ai hurlé dessus dans la rue, il s'est mis à tortiller des hanches de la plus recherchée des manières. Je pense que j'ai les miennes sous contrôle, mais on n'est jamais sûr de rien.

Je n'arrive toujours pas à écrire cet article sur RFK, je me demande si je peux le faire entre les prises. C'est comme ça que j'avais écrit *Xmass Story*, et une bonne part de *Meeting Mrs Jenkins*[2]. […]

Jeudi 10 – La journée d'hier a été unique. Je n'ai pas vu ou parlé à Elizabeth une seule fois. J'ai été désespéré toute la journée et j'ai soudain commencé à boire des martinis vers 17 h. Quand je suis rentré à la maison, j'étais si saoul et fatigué que je me suis endormi, un euphémisme pour dire tomber ivre mort, presque avant d'avoir réussi à me déshabiller. Je me dis que peut-être, bien que ce soit bon pour elle, je n'aime pas qu'Elizabeth travaille sans moi. […]

J'ai reçu des télégrammes me menaçant de poursuites judiciaires dans « six pays » si je n'accepte pas de tourner *Anne des mille jours*. J'en ai tellement assez d'être poursuivi que je vais

[1] Florinda Bolkan : actrice qui avait joué avec Burton dans *Candy*. *Oggi* : magazine italien.
[2] Burton fait référence ici à ses deux livres, *A Christmass Story* (1965) et *Meeting Mrs Jenkins* (1966).

sûrement donner mon accord aujourd'hui. Mais je ne travaillerai plus jamais avec cette clique. [...]

Vendredi 11 – [...] Hier matin, nous avons tourné en extérieur dans le décor des scènes censées se dérouler à Londres et j'ai essayé ma perruque dégarnie alopécique. C'est horrible mais ça fonctionne. J'ai accepté [de jouer] Henry VIII et il n'y aura donc pas de procès. Cela dit, il se pourrait que je les attaque plus tard pour ne pas avoir réalisé *The Man from Nowhere.* Cela signifie en tout cas que nous aurons des vacances de quatre ou cinq mois, ce dont nous rêvons ardemment depuis des années. Pourrions même aller au Mexique pendant deux mois pour rôtir au soleil. Ou faire un tour du monde comme Bettina [Krahmer] vient de le faire. [...]

J'ai établi qu'avec une chance raisonnable, nous serions à la fin de 1969 riches de 12 millions de dollars à nous deux. Environ 3 millions de ce montant est en diamants, émeraudes, biens immobiliers, tableaux (Van Gogh, Picasso, Monet, Utrillo, John, etc.), notre revenu annuel tournera donc autour de 1 million de dollars[1]. S'il plaît à Dieu, et sans guerre ni krach de 1929 !

Nous sommes à bord du petit jet (c'est un biréacteur Hawker-Siddeley De Havilland 125) en route pour Nice ce soir, et nous passerons le week-end sur le *Kalizma.* J'ai hâte de le revoir. Nous pourrions rentrer lundi matin. Sheran et Simon Hornby volent sur le même avion depuis Londres et doivent passer nous prendre[2]. C'est un couple charmant. Au travail, et davantage plus tard peut-être.

---

[1] Le peintre gallois Augustus John. Le Monet était *Le Val de Falaise*, le Picasso *La Famille de saltimbanques*.

[2] Sheran Cazalet avait épousé Simon Hornby, homme d'affaires britannique, en 1968.

Samedi 12, Saint-Jean-Cap-Ferrat – À bord du *Kalizma*. Nous sommes arrivés hier de Paris en avion. [...] Nous irons à terre plus tard et probablement à La Ferme Blanche pour déjeuner. Simon et Sheran sont avec nous. Ils sont délicieux, tout comme le bateau. Le Monet est dans le living-room ou *salon**, le Picasso et le Van Gogh sont dans la salle à manger. Le buste de Churchill par Epstein rumine au salon et il y a un Vlaminck sur le mur de la cage d'escalier vers les cabines des enfants. [...] nous avons terminé tôt, vers 6 h 45, et je suis allé chercher E et les invités aux studios de Boulogne. J'ai vu W. Beatty qui m'a payé un verre et qui s'est montré très flatteur à propos d'Elizabeth. Il a dit combien remarquable était sa beauté et grands ses talents d'actrice de cinéma. [...] Le vol a été très calme, et a duré une heure un quart. Personne ne manifestait la moindre nervosité mais bien sûr nous étions affermis par quelques verres. [...]

Nous ne sommes pas allés au lit avant 3 h 30 tant nous étions excités d'être sur le bateau. Je ne peux pas m'empêcher de le toucher et de l'admirer, comme si c'était un beau bébé ou un petit chiot. Quelque chose dont on n'arrive pas à croire qu'il est vraiment à soi. [...]

Dimanche 13,* Kalizma, *cap Ferrat – Hier a été une très bonne journée. Je crains d'avoir été à moitié ivre la plupart du temps [...] mais je ne crois pas avoir été particulièrement agressif. Quel couple splendidement intelligent forment les Hornby. Lui, en particulier, est très cultivé – dans certains domaines, comme on dit, plus cultivé que moi. Il reste encore plein de délicieux endroits sur le bateau pour ranger de délicieux bouquins. Je dois aussi trouver un coin pour les ouvrages de référence et les albums, etc., qui sont très grands, et nécessitent hauteur et profondeur. Le nouveau *Times Atlas of the World* par exemple mesure environ 40 cm de côté.

[…] Elizabeth est très inquiète à l'idée de devenir une invalide, parce que ses pieds perdent parfois toute sensibilité. Elle m'a demandé si je cesserais de l'aimer si elle devait passer le reste de sa vie dans un fauteuil roulant. Je lui ai répondu que je me fichais que ses jambes traînent, que sa poitrine tombe et que ses dents jaunissent. Et qu'elle devienne chauve. J'aime tellement cette femme parfois que je n'arrive pas à croire à la chance que j'ai. Elle m'a tellement apporté…

C'est une journée d'une incomparable beauté. Quelques nuages vagabonds, les cloches d'une église vers Beaulieu, une demi-douzaine de bateaux de pêche, le yacht qui tangue imperceptiblement sur son ancrage, tantôt vers la Voile d'Or, tantôt dans l'autre sens. Il y a une très légère brise. Le drapeau est aussi paresseux qu'un chat. Il n'y aura pas beaucoup de journées aussi mémorables que celle-ci. Comme dit le jeune Christopher, il faut les recompter dans sa poche comme des diamants.

Lundi 14, studios, Paris – Ce matin […] quand nous sommes arrivés au studio d'E, nous avons appris une nouvelle stupéfiante : mon frère Ivor, qui est paralysé, est capable de remuer le pouce de son pied gauche. Cela signifie qu'il pourrait peut-être, et nous n'en demandons pas beaucoup, à terme, être capable de se déplacer par lui-même en fauteuil roulant, et d'aller aux toilettes, etc. C'est la nouvelle la plus fantastique que j'aie reçue depuis cette lettre m'annonçant que j'étais admis à Oxford. Même davantage !

Mardi 15, Plaza, Paris – Eh bien, hier a été une journée pratiquement perdue. J'ai traîné comme un chat errant dans un rêve ou sous l'eau, mais j'ai réussi à faire mon travail. Elizabeth était dans le même état, et par pur altruisme vers la fin du cauchemar s'est jointe à nous une certaine jeune infirmière nommée Caroline, qui de manière imprévisible fondait en larmes, se lamentait sur l'injustice du monde et s'affalait contre mon genou, et répétait tout ce manège à la moindre occasion. Et bien sûr nous étions tous tellement bourrés que le manège en question n'a pas cessé de toute la nuit.

Accompagner Caroline jusqu'à sa chambre a été comme négocier l'entrée du *Kalizma* dans un mouillage étroit. Elle clamait sans fin combien elle nous aimait et combien nous étions gentils. Pour être sûre que nous l'avions comprise, elle l'a répété des centaines de fois. John Springer, à sa plus agréable surprise, a été inclus dans cette vaste histoire d'amour. C'est une fille adorable.

À la fin de la journée, Rex, Cathleen Nesbitt (qui a commencé à tourner hier et qui est merveilleuse) et moi avons assisté à une conférence de presse[1]. Ça a été l'effrayant spectacle habituel. Les questions idolâtres, dédaigneuses et stupides, et celles sarcastiques et méprisantes. Les journalistes présents sont évidemment pour la plupart la lie de leur profession et ne sont là que parce que leur voyage a été payé par la Fox. Elizabeth doit les affronter jeudi.

Je suis au studio et viens juste de tourner un plan avec Cathleen. Elle est assez courageuse pour enlever son dentier pour la scène. Et cette concession [est faite par] une des plus belles femmes au monde. Elle est splendide malgré ses presque 80 ans.

[…] J'ai trop bu récemment et je vais ralentir.

Mercredi 16 – […] Une autre lettre de Liza qui nous a déroutés. Elle y utilise le mot « irastosable » ! Je n'ai pas la moindre idée de ce que cela signifie mais je vais l'utiliser jusqu'à la fin de mes jours. Un mot nouveau vient d'être ajouté au vocabulaire anglo-gallois. « Quelle journée irastosable ! J'ai trouvé le film absolument irastosable », etc. « Quelle performance irastosable. » […]

[1] Cathleen Nesbitt jouait le rôle de la mère de Harry (joué par Burton). Elle tournerait également dans *Salaud*.

Vendredi 18 – Hier, j'ai tourné la scène de la boutique du barbier dans laquelle je frise les cheveux de Rex, lui mets des serviettes chaudes sur le visage et le masse. Mon inaptitude a rendu Rex assez hystérique mais finalement après d'innombrables prises j'ai réussi à tourner la scène. Elle se déroule dans un silence complet. Et avec un peu de chance, elle fera démarrer le film sur une bonne séquence comique.

J'ai été un peu fatigué hier par le nombre de visiteurs que j'ai reçus. Il y avait deux journalistes, Tommy Thompson, une grosse dame nommée Joan Crosby, un photographe, Collette Victor, Christianne [*sic*] et sa fille Anne, Pat Newcomb dont la personnalité vaguement sinistre me frappe toujours, et quelqu'un dont je n'ai jamais su le nom[1].

[...] Bien que je ne tape qu'avec deux doigts, j'écris de plus en plus vite. J'estime que j'écris environ quarante mots et fautes par minute. Je me demande pourquoi mon orthographe, qui est généralement très bonne, se gâte quand je tape à la machine. Peut-être parce que je ne regarde pas la page quand je m'échine avec mes deux index.

[...] Ce soir nous devons assister à la première du film de Rex *La Puce à l'oreille*[2]. J'ai entendu dire que le film est un peu ennuyeux et la fête qui suivra le sera sûrement encore davantage. Tout le monde se met sur son trente-et-un, quoi que cela signifie, et les Rainier, Windsor et tous les Rothschild d'Europe, me dit-on, seront présents. [...]

Dimanche 20 – Ces deux derniers jours ont été bien étranges. [...] J'ai rencontré ma future covedette, une fille nommée Gene-

---

[1] Joan Crosby, journaliste et actrice.

[2] *La Puce à l'oreille* (1969) réalisé par Jacques Charon.

viève Godjot ou quelque chose comme ça[1]. Elle est malicieuse et attirante, bien que je la soupçonne d'avoir des idées très arrêtées et de ne pas être excessivement brillante. Il faudra s'en accommoder je suppose, même si j'aurais aimé qu'E joue le rôle d'Anne, mais j'imagine qu'elle est trop mûre pour ça. Arne Lindroth est venu me voir et m'a expliqué qu'il faudrait trois à cinq mois pour installer des stabilisateurs sur le bateau, nous attendrons donc[2]. On m'a aussi proposé le rôle d'Amundsen (l'explorateur) dans une coproduction russo-italienne qu'ils tournent depuis février dernier[3]. [...]

Vendredi a commencé par la lecture des journaux anglais où l'annonce du mariage de Jackie Kennedy et Ari Onassis fait les gros titres. Tout le monde est intrigué. Il a 69 ans, en avoue 62, et elle en a 39. La jeune reine des USA et le vieillissant bandit grec. Il est assez vulgaire, et on le soupçonne d'orgies et d'autres choses tout aussi louches, alors que la femme Kennedy me semble, bien que je ne l'aie jamais rencontrée, être une vraie dame. Vendredi soir, j'étais assis à côté de la Callas qui affrontait très courageusement la soirée et la presse avec un sourire radieux bien qu'assez forcé. Je l'ai serrée dans mes bras quand je l'ai vue et lui ai dit à l'oreille que c'était un fils de pute [Ari Onassis]. Je n'ai pas dit ça par indignation morale ou parce qu'il l'avait abandonnée, mais parce qu'elle a appris la nouvelle par les journaux et qu'il la laisse fauchée. Durant ces dix années, avec tous les millions qu'on lui prête, il ne lui a jamais donné un centime. Marie-Hélène dit qu'il ne mettra plus jamais les pieds chez elle mais je lui ai répondu qu'elle racontait des bobards et qu'après un certain temps, les Onassis seraient les coqueluches de l'Europe.

[1] Geneviève Bujold devait jouer le rôle d'Anne Boleyn dans *Anne des mille jours*.
[2] Arne Lindroth, océanographe, conseillait Burton sur la navigabilité du *Kalizma*.
[3] *La Tente rouge* (1969), avec Sean Connery dans le rôle de l'explorateur norvégien Roald Amundsen.

Même nous, nous irons les voir, ai-je dit, par pure curiosité. Guy de Rothschild était d'accord avec moi.

Je suis ridiculement (je l'espère) jaloux à propos d'E ces jours-ci, pour la raison, j'imagine, qu'elle travaille avec un homme jeune et séduisant qui de toute évidence l'adore. Elle m'a dit que j'étais un idiot et qu'il était comme un petit frère. Ah, ai-je dit, mais il y a déjà eu des cas d'inceste. On en a connu. Oh oui. Mais bien sûr je lui fais autant confiance qu'à moi-même. [...]

Nous sortons ce soir avec Maria Callas et Warren Beatty. Il semble que la première ait besoin de notre compagnie, de notre réconfort et peut-être de l'attention que nous attirons. [...] Mais j'ai remarqué vendredi soir que l'attention de la presse et du public se portait avant tout sur Ebeth. Elle, ma nana, était éblouissante dans une robe blanche Dior et, à ma surprise comme je l'ai découvert plus tard, elle portait pour la première fois à Paris le magnifique collier d'émeraudes et les boucles d'oreilles, etc., que je lui ai offerts il y a trois ou quatre ans. Mon Dieu qu'elle est belle. Parfois, encore maintenant, après presque huit ans de mariage, je la regarde quand elle dort aux premières lueurs d'une aube grise et je m'émerveille. Inévitablement, cette capacité qu'a Ebeth d'attirer les Oh et les Ah ne passe pas très bien avec Rex et Rachel Harrison, et inexorablement, alors que la soirée avançait et qu'ils étaient de plus en plus saouls, les digues ont cédé. Ils sont montés par erreur dans notre voiture avec Rachel qui hurlait sur notre chauffeur Gaston et nous agonisait d'insultes alors que nous ne pouvions ni l'entendre ni la voir. Puis, tandis que nous progressions lentement vers la voiture à travers une nuée de photographes en protégeant attentivement Bettina et Cathleen Nesbitt, Rex est arrivé sur nous comme une furie et a dit quelque chose comme « Allez, les Burton, dépêchez-vous, vous retardez délibérément tout le monde. Montez dans votre voiture avec votre troupe et à la maison ». Comme ils étaient dans notre voiture c'était plus facile à dire qu'à faire ; nous avons trouvé un compromis et sommes rentrés avec la leur. Ce genre de comportement, quand Rex et Rachel sont ivres, est si habituel qu'il n'étonne plus personne. Quelle paire de raseurs ils font quand ils sont saouls. À un moment, durant la soirée, Rachel, qui était assise en face de moi et à côté d'Alexis [de] Redé, a attrapé un couteau et a déclaré qu'elle allait tuer Rex parce qu'il avait quitté la table en même temps qu'une actrice italienne nommée Virna Lisi à côté de laquelle il était assis. Finalement, une très gentille fille, Elizabeth Harris, qui a pour père le travailliste et non libéral Lord et pair Ogmore, lui a pris le couteau des mains[1]. Marie-Hélène, sincèrement effrayée, a dit combien elle craignait les gens ivres. Cette attachante jeune garce de Jacqueline de Ribes était assise à côté de moi et l'esclandre de Rachel l'a évidemment beaucoup amusée.

La soirée a été un fiasco pour tout le monde excepté notre groupe. D'abord, le film était médiocre. Ensuite, le dîner a été catastrophique. [...] Le lieu, je ne sais toujours pas où cela se trouvait, était si plein de monde que le personnel avait des difficultés à circuler entre les tables. Beaucoup de gens n'ont même jamais vu la couleur de leurs plats. Des serveurs désespérément débordés ont bousculé voire renversé des coiffures et des tiares. À un moment, après avoir été poussée dans le dos pour la énième fois par un de ces pauvres gars, Rachel a menacé de le tuer en même temps que Rex ! À un autre moment, elle a commencé à palper et à enlacer Alexis de Redé qui est resté d'une politesse tout aristocratique. [...] Je ne me plaindrais pas de ne plus jamais revoir Rex et Rachel ivres. Nous sommes allés au lit vers 7 h 30 du matin et nous sommes levés à 10 h pour aller rendre visite à Paul-Émile Victor et sa famille. Nous étions évidemment un

[1] Elizabeth Harris : fille de David Rees-Williams, baron Ogmore, et à l'époque épouse de l'acteur Richard Harris. Elle et Rex Harrison se marieraient en 1971 et divorceraient en 1976.

peu chancelants mais ils ont été très gentils. Nous avons visité avec eux une péniche aménagée qui coûte 70 000 dollars et que nous pourrions acheter. Cela coûterait au moins autant pour la remettre en état, a fait remarquer Beth. J'ai toujours très envie d'une péniche aménagée. Pourquoi pas ? La vie est si courte et nous distribuons beaucoup d'argent autour de nous. [...]

Hier soir nous avons reçu, pour ce qui devait être un verre mais qui s'est transformé en un dîner et a duré jusqu'à 2 h du matin, Linda Mortimer et son mari Henry, un Américain et un jeune homme sympathique nommé Bill qui disent qu'ils peuvent pratiquement nous garantir un rendement moyen de 34 % sur nos investissements. Cela semble incroyable. Devrais-je leur donner 1 million de dollars et voir ce qu'ils en feront en un an ? Un revenu annuel de 340 000 dollars à partir de 1 million frappe l'imagination. Je leur ai dit que mon idéal financier absolu était un revenu annuel de 1 million de dollars. Sans travailler. Ils ont trouvé ça très raisonnable. On est loin de 1925 et de la pauvreté sans issue des vallées.

Une belle matinée, Bessie dort toujours, les chiens et le chat courent partout, alors maintenant je vais réveiller ma splendide et sensuelle nana et nous lirons les journaux du dimanche ensemble. J'ai une chance fantastique. Les garçons, les mecs, que personne ne vienne la gâcher.

Lundi 21 – Une autre belle mais fraîche matinée. Onassis a épousé Jackie, à la déception apparemment générale des États-Unis. En tout cas c'est ce que les journaux prétendent. Nous leur enverrons un télégramme de félicitations dans la journée. Dick Hanley dit qu'on va la déclarer « grande pécheresse nationale ». J'ai répondu qu'on devrait l'appeler la grande gagnante nationale. Le Vatican est parfois la chose la plus comique au monde, lequel l'est pourtant déjà pas mal. Je me souviens, il y a quelques années, que l'*Osservatore Romano*, ou quelle que soit la manière de l'orthographier, avait prétendu qu'Elizabeth était une mère inapte et qu'on devrait lui retirer ses enfants de force[1] ! Des cons prétentieux.

Nous avons passé la journée tranquillement et sommes sortis pour le dîner Callas-Beatty. Trois soirées d'affilée, pour des gens qui dînent avec des amis ou à l'extérieur au plus une fois par semaine quand nous travaillons, ça fait beaucoup. [...]

J'ai écrit une assez longue lettre à Kate. Mes deux prochaines tâches seront des lettres pour Mike et Chris. Je suis très mauvais pour la correspondance et je l'ai toujours été. Je viens juste d'acquérir les écrits d'Orwell dans une collection de quatre volumes et lui aussi avait ce problème mais à un niveau déchirant[2]. Pour un homme foncièrement courtois, se surprendre en train de cacher ses lettres dans les tiroirs à cause de sa culpabilité, c'est un poids pour la conscience. Puis soudain je vais en écrire 20 en une seule matinée et peut-être plus rien pendant un mois, à part les lettres absolument indispensables aux enfants, en particulier à Kate à New York puisque je la vois moins que les autres. [...]

Mardi 22 – Je suis allé travailler en appréhendant un peu la réaction de Rex à la suite du fiasco de vendredi soir. J'ai appris que Rachel et Rex se tenaient devant leur voiture après le souper à se faire photographier quand soudain les photographes ont vu Eliz apparaître et les ont tous deux plantés là. Dans une noire fureur galloise, Rachel a hurlé : « Je suis la vedette de cette putain de soirée, pas cette foutue Elizabeth Taylor, etc. » Les photographes n'y ont pas prêté attention mais c'était dans les feuilles de chou françaises le lendemain, m'a dit Tommy Thompson. Je peux

[1] Burton veut parler du journal du Vatican, l'*Osservatore della Domenica*, qui en 1962 avait condamné Taylor pour « vagabondage érotique ».
[2] George Orwell, *The Collected Essays, Journalism and Letters of George Orwell*, édité par Sonia Orwell et Ian Angus (4 vol., 1968).

comprendre ses sentiments mais la meilleure manière d'attirer les affronts est d'en faire devant la presse. Ingrid Bergman qui était présente et qui a été tout autant ignorée est restée aussi calme et impériale qu'à son habitude. Elle est encore très belle. Dieu merci les Windsor et les Rainier ont eu le bon sens de ne pas venir. Le film a reçu de mauvaises critiques. [...] En dehors de nos propres premières, et encore même pas s'il est possible de s'y dérober, nous n'assisterons plus jamais à des soirées si puériles. [...] L'histoire Onassis-Kennedy continue de remplir les colonnes des journaux. C'est bizarre d'être obligé de chercher les nouvelles des trois Ricains en orbite dans la fusée Apollo[1]. Le Vatican dit que Mme Onassis a péché contre son Église, etc., aussi prévisible qu'à l'accoutumée. Nous avons envoyé un télégramme de félicitations aux Onassis hier.

[...]

Mercredi 23 – Elizabeth me dit que Jacqueline de Ribes, Marie-Hélène et le baron Alexis sont tous fous de Warren Beatty. Ils téléphonent continuellement à E ou à Warren ou ils s'appellent entre eux en dressant des plans pour l'avoir. Pauvre saligaud. Pour moi, la seule personne vraiment attirante est Bettina. Mais quel monde ! On lit des choses sur la moralité de la haute société française sans jamais vraiment y croire, ou alors on se dit que ce n'est plus d'actualité. Mais pas du tout. Jacqueline a plusieurs amants et son mari est au courant. Il a une maîtresse et sa femme le sait. Marie-Hélène a un amant qui est Alexis qui a un amant qui est un homme. Bettina a de nombreux amants mais elle est assez réglo puisqu'elle n'est pas mariée. Ouf ! Je tiens tous ces commérages d'Elizabeth auprès de qui ils se confient. J'ai dans

[1] La mission Apollo 7, le premier vol Apollo habité, avait été lancée le 11 octobre et amerrit le 22 octobre.

l'idée que Marie-Hélène et Jacqueline me couraient après à un moment, il y a quelque chose comme deux ans, mais qu'elles ont laissé tomber quand elles ont compris que j'étais une cause perdue.

[...] Les Onassis ont totalement disparu des gros titres et de la plupart des pages intérieures des journaux. J'ai dit à Elizabeth qu'ils n'avaient pas notre endurance. J'ai aussi déclaré avec beaucoup de suffisance qu'il lui avait offert un cadeau de mariage d'« un peu moins de 100 000 livres en diamants, pierres précieuses, etc. » alors que j'ai encore récemment offert une bague en diamants de 127 000 livres simplement parce que c'était un mardi. J'aime être excessif avec Beth. [...]

Jeudi 24 – J'ai deux jours très fastidieux devant moi, je le crains. Ils le seront parce que je dois porter la perruque alopécique complètement dégarnie. Elle n'est pas poreuse, et une fois posée, on ne peut pas l'enlever, je vais donc beaucoup transpirer. Évidemment, à 1,25 [million de] dollars le film, on ne va pas rouspéter. Mais bien sûr je vais quand même le faire. Elizabeth également reçoit 1,25 [million de] dollars pour son film. Ça signifie que cette année, nous aurons gagné à nous deux 4,5 millions de dollars cash. Ce qui est immoral. Viennent s'ajouter à cela les divers pourcentages, c'est-à-dire 1 demi-million de dollars de *La Mégère*. Environ 1 million part dans les dépenses courantes et les frais généraux, le yacht et l'équipage, l'avion et les pilotes, les secrétaires et les chauffeurs. Aaron Frosch a dit une fois qu'à nous deux, nous générions l'activité économique d'un petit État africain. Je veux bien le croire. Il n'en reste pas moins que nous dégageons, indéniablement, un très sérieux profit. Bien sûr, quand nous arrêterons de travailler, les frais généraux chuteront drastiquement mais même en le prenant en compte, cela coûtera environ un quart [de million de] dollars par an pour mener notre train de vie. [...]

J'ai beaucoup moins bu ces derniers temps et je me sens bien mieux grâce à ça. J'aimerais pouvoir arrêter de fumer et récupérer mes papilles gustatives. C'est dommage que le fonctionnement de la machine gastronomique laisse à désirer alors qu'on se trouve à l'étranger, à Paris, au milieu de tant d'abondance. De toute façon nous prenons rarement nos repas à l'extérieur et la nourriture de l'hôtel, bien que magnifique dans la salle à manger en bas, est quelconque une fois portée dans les étages. J'ai aussi remarqué ça au Savoy et au Dorchester. On m'a dit qu'il y avait différentes cuisines. Nous avons maintenant un petit réchaud à deux feux sur lequel Beth peut cuisiner le week-end et moi faire réchauffer mes soupes en boîte et mon thé dans la morte désolation du milieu de la nuit[1].

Je me suis réveillé ce matin vers 5 h 30 et me suis levé à 6 h 30, après avoir vainement essayé de me rendormir. J'ai passé en revue les scènes que je dois tourner aujourd'hui et demain, lu le *Herald Tribune*, et suis retourné au lit vers 8 h 30. Je suis tombé dans un sommeil cauchemardeux si profond qu'E a eu du mal à me réveiller à 10 h 15. Je me suis plaint, bien qu'aimablement, que je ne devais pas être au travail avant une heure. Pour je ne sais quelle raison j'ai rêvé de Herbert Humphrey, et nous roulions à moto avec un side-car dans un endroit qui devait être à la réflexion soit Northampton, en Angleterre, soit une autre banlieue sans caractère comme Croydon[2]. Je dois être inquiet à propos des élections américaines sans en être du tout conscient. Eh bien, mon gars.

Vendredi 25 – Comme j'avais présagé le pire, la journée d'hier s'est mieux passée que prévu, et Ron a fait un excellent boulot avec la perruque chauve. Judicieusement éclairée, elle a l'air plus

---

[1] « *In the dead waste and middle of the night* » dans le texte original, vers tiré de *Hamlet*, acte I, scène 2. [Traduction Jean-Michel Déprats (N.d.T.)]

[2] Burton veut sans doute dire Hubert Humphrey, le vice-président américain et candidat démocrate à l'élection présidentielle de 1968.

vraie que nature. Elizabeth trouve que ça me va à merveille et que je suis aussi beau que Yul Brynner ! [...]

Bien que je me sois préparé mentalement à l'inconfort, j'ai quand même été un ours mal léché toute la journée, mais j'ai gardé le contrôle pour l'essentiel, jusqu'à ce que je prenne quelques verres à la fin de la journée et que je commence à être de plus en plus sarcastique et, quand je suis finalement rentré à la maison, j'étais franchement grossier et j'ai fait mon cirque habituel d'aller dormir seul dans l'autre chambre. Comme dit Ivor, mais pourquoi est-ce que je fais ça ? [...]

L'ennemi attaque de nouveau insidieusement. Beth a lu dans le journal qu'Ari Onassis avait offert à Jackie 1 demi-million de livres sterling en rubis sertis de diamants. À présent Mam'selle possède déjà, résultat d'anciennes batailles contre votre vau-rien de serviteur, un des plus gros diamants du monde et probablement la plus impressionnante collection privée d'émeraudes assorties de diamants. Maintenant commence la Bataille des Rubis. Je me demande qui gagnera. Ce sera une guerre longue et éreintante et l'idée qu'il ne faut pas que je me laisse surpasser par un satané Grec s'est déjà enracinée en moi. Je peux être aussi vulgaire que lui, me dis-je. Bon, il s'agit de trouver l'argent maintenant.

Elliott Kastner est arrivé de Londres hier et a raconté son voyage en avion jusqu'au Palace Hotel de Montreux pour lire le nouveau livre de Nabokov <u>qu'il n'a pas encore terminé</u> et pour lequel il demande 1 million de dollars. Tous les gars du cinéma ont pris l'avion pour la Suisse dans une tentative désespérée pour être le premier à fourrer 1 million de petits billets verts dans sa chaude petite main russe. Comment est le livre ? ai-je demandé à Kastner. Super, a-t-il dit. Quelle longueur fait-il ? 800 pages. Comment diable as-tu réussi à le lire en six heures ? [...] Eh bien, a-t-il dit, j'en ai lu la moitié et Alan (son ami et assistant) en a lu l'autre moitié. Mais alors, comment peux-tu dire que c'est un livre super ? Tu n'as lu que la moitié d'un livre inachevé.

Il a rétorqué qu'il faisait confiance au jugement d'Alan et sans doute à celui de Nabokov également. Étrange manière d'acheter un livre. [...]

Samedi 26 – Hier, j'ai terminé la scène dans laquelle je porte la perruque chauve. [...] Il ne me reste plus qu'à être hors champ lundi pour Rex, qui a refusé de travailler la journée complète parce qu'il avait une série de tirades difficiles à prononcer et qu'il se fatiguait rapidement, a-t-il dit. [...] Nous commencerons donc une demi-heure plus tôt lundi.

Elliott Kastner a déjeuné avec nous dans la loge. [...] Elliott veut qu'Elizabeth tourne un film en même temps que je tournerai *Anne des mille jours*. Comme jusqu'à présent il a été un homme de parole, cela pourrait être une bonne idée [...] parce que Beth aime travailler tout simplement quand le scénario, les gens et les autres vedettes sont agréables. Et c'est bien mieux pour elle que de rester assise à la maison à se tourner les pouces. D'autant que Beth ne fait pas son shopping elle-même. Tout doit être envoyé à l'hôtel car il y a en général une émeute populaire quand elle reste plus de vingt minutes dans une boutique. [...] Aussi les joies simples et ordinaires du shopping, qui permettent de tuer délicieusement un temps infini, au moins pour les femmes, sont-elles interdites à la pauvre petite fille riche.

Rachel Harrison est venue dans ma loge vers 18 h et a entrepris de se saouler très rapidement. Pendant qu'elle était là, Elizabeth m'a appelé de l'hôtel, elle avait un jour de repos hier, et j'ai demandé à Rachel si elle voulait lui parler. Oui, a-t-elle répondu, et sans préambule elle s'est mise à aboyer au téléphone. Littéralement. Comme son chien, un adorable basset nommé Homer. Et c'est tout ce qu'elle a fait. Aboyer et aboyer. Eliz m'a dit qu'elle était si embarrassée qu'elle ne savait plus quoi faire. C'est un cas désespéré d'alcoolisme. Après la stupidité de son comportement vendredi soir dernier, elle a eu l'effronterie éméchée de me demander si elle avait l'autorisation de présenter mes excuses à Rosemary Harris pour ce que cette dernière considère comme une insulte reçue lors de cette même soirée, à savoir que je lui ai pincé le derrière et dit : « Je te déteste[1] ! » Alors pour commencer, je me suis très bien tenu ce soir-là. Ensuite, je n'ai jamais pincé le derrière de personne de toute ma vie, je me contente de le tapoter. Troisièmement, pour un mineur gallois ou son fils, dire « Je te déteste » à quelqu'un qu'il aime beaucoup signifie « Je t'adore ». Ce qui dans le cas de Rosemary est vrai, et elle le sait. Rex, entendant la fin du récit de Rachel, a déclaré qu'elle n'avait rien compris et que Rosemary ne se plaignait pas mais au contraire racontait à son nouveau mari que je n'avais pas changé et que j'étais toujours aussi gentil, et toc ! Quoi qu'il en soit, Rosemary a 40 ans et ça fait quinze ans que je lui tapote le derrière en lui répétant combien je la déteste. Rachel tentait de toute évidence d'éluder sa propre culpabilité.

[…]

Mardi 29 – J'ai reçu une lettre de Francis Warner hier me demandant si je pouvais ou voudrais devenir professeur d'université à St Peter d'Oxford dans un avenir proche[2]. Je suis très partant et vais lui écrire pour lui suggérer l'été 1970. Il dit qu'il nous céderait ses appartements et je lui proposerai sans doute de les échanger contre le yacht et nos différentes maisons. Il a besoin d'une année sabbatique, dit-il. Comme ce sera amusant d'enseigner à Oxford sans un seul diplôme ! J'ai toujours eu ce désir de femme enceinte pour la vie universitaire, dont je me fais probablement une fausse idée, et un trimestre de travaux dirigés malodorants et de cours

[1] Rosemary Harris, qui avait joué dans *La Puce à l'oreille*, avait été la partenaire de Burton dans la production d'*Othello* à l'Old Vic.

[2] Francis Warner : professeur de littérature anglaise au St Peter's College d'Oxford, et un ami de Burton.

magistraux boutonneux devrait m'en guérir radicalement. J'aimerais traiter soit des poètes médiévaux anglais, français, italiens et allemands, et si possible de certains des Celtes, comme les Gallois et les Irlandais, soit me cantonner aux « métaphysiques » Donne, Traherne, Henry Vaughn, George Herbert. Le premier poème en anglais qui ait eu une emprise sur mon imagination :

Douce journée, si tranquille si calme si brillante,
Les Noces de la terre et du ciel,
La rosée pleurera ta chute ce soir,
Car tu dois mourir.

Douce Rose dont la teinte coléreuse et brave
Invite l'admirateur imprudent à essuyer ses yeux,
Ta racine est toujours dans sa tombe,
Et tu dois mourir[1].

Et ce n'est pas tout. Je veux dire que ce gars Herbert était vraiment une boîte où gisent des douceurs ensemble pressées. Je suis aussi excité par la langue anglaise que je le suis par une jolie femme ou les rêves, verts comme les rêves et profonds comme la mort[2]. Bon sang, me voilà parti et bien parti, je vais être leur professeur jusqu'à ce que les pentamètres iambiques leur sortent par les narines. Ils ignorent le privilège qu'ils ont de parler et de lire et de penser dans la plus grande langue jamais inventée par l'homme. Je vais le leur apprendre.

Hier soir, après le travail, nous sommes allés voir une péniche aménagée avec Simmy[3]. C'était la péniche « avec le toit jaune »

[1] John Donne, Thomas Traherne, Henry Vaughan et George Herbert, poètes des XVIe et XVIIe siècles. Le poème cité (les deux premières strophes) est *Virtue* de Herbert. La troisième strophe inclut le vers « Une boîte où gisent des douceurs ensemble pressées ».

[2] Référence au poème *The Old Vicarage, Granchester* (1912) de Rupert Brooke, dans lequel on retrouve le vers « *Green as a dream and deep as death* ».

[3] Simmy : Simoleke Taylor, la fille adoptive de Howard et de Mara Taylor.

comme Elizabeth la décrit. Comme d'habitude, son instinct est troublant. La péniche s'est révélée être une merveille. Si elle est à vendre, il se pourrait que nous l'achetions. [...]

On vient de me faire une offre, est-ce que c'est bien orthographié ? de 1 million de dollars pour la publication d'un seul mois de ce journal. Le type est dingue. Et je ne le suis pas. Mais je me demande si ça pourrait intéresser les gens. En ce qui me concerne, après tout, j'aurais plaisir à lire le journal d'un employé de bureau. Est-ce que les gens auraient envie de lire un mois de la vie d'un acteur, en particulier d'un acteur marié à une femme aussi exotique que la mienne ?

Mercredi 30 – Il est 6 h du matin et je suis réveillé depuis approximativement 4 h 30. [...] Je vais aller prendre un bol de soupe d'ici dix minutes, de celles qu'on se prépare à partir d'un sachet, pour ainsi dire. Nous avons deux plaques chauffantes.

J'ai l'impression pénible d'avoir 1 000 ans, et j'ai de nouveau la vieille arthrite familière du « vieil Arthur ». Pas dans les épaules, le cou ou les bras, mais pour changer dans la hanche gauche. Quand j'ai ces petits élancements, je prends la mesure du stoïcisme de gens comme Cathleen Nesbitt ou la petite Gwen, qui vivent avec depuis des années sans se plaindre. Les miens, comparés aux leurs, ne sont rien qu'un petit mal de dents lancinant. [...]

[...] Le texte que j'ai écrit, à sa demande, sur le livre de Roddy Mann intitulé je crois *The Headliner* est cité dans le *Evening Standard* en ma défaveur[1]. « Burton cogne », dit le gros titre. Ils disent aussi, de manière insultante, que je me prends les pieds dans le tapi d'une métaphore. C'est tout à fait voulu. Crétins, mais il est extraordinaire de voir comment la presse,

[1] Roderick Mann, *The Headliner* (1968). « Burton Broadside », *Evening Standard*, 23 octobre 1968.

d'ordinaire dépourvue de toute délicatesse, la retrouve lorsqu'elle est attaquée. Mais je dois me dire que comme la plupart des hommes, Roddy Mann est vénal et ferait n'importe quoi pour qu'on le mentionne dans les journaux, et c'est triste parce qu'il brille assez par son insignifiance. J'écrirais mieux du pied gauche. Mais par le diable, par Dickens, par l'enfer, nous devons tous gagner notre pain quotidien ou bien mourir, et il y a des choses pires dans la vie que d'écrire pour la presse populaire, comme mourir de malnutrition au Biafra[1]. Je vais maintenant prendre ma soupe et me sustenter pour une nouvelle journée. Que Dieu nous garde tous, et Oscar Wilde aussi[2].

[...] Simmy est venue au travail avec moi hier et a presque fait rater une prise en riant au milieu. Heureusement son gloussement n'a pas été enregistré. Elle n'est pas la seule. Beaucoup de gens trouvent apparemment très difficile de ne pas rire en nous regardant, Rex et moi. Parfois, nous nous faisons rire nous-mêmes. J'espère que ce sera la même chose pour le public qui aura payé son billet.

[...] Nous avons de petites vacances ce week-end. Demain, je veux dire vendredi, est un jour férié en France. Je dois découvrir pourquoi[3]. Une lettre de Phil hier dans laquelle il tombe en pâmoison devant la performance d'E dans *Cérémonie secrète*[4]. [...]

Jeudi 31 – Ce soir, nous partons pour Nice en avion. Nous devrions rentrer par le fameux Train Bleu[5]. [...]

---

[1] Référence à la guerre civile et à la famine auxquelles était alors en proie le Biafra, au Nigeria.

[2] « Que Dieu nous aide [et non "nous garde"] tous, et Oscar Wilde aussi » : un proverbe gay, et également une réplique que le personnage interprété par Rex Harrison prononce quatre fois dans *L'Escalier*.

[3] Il s'agit de la Toussaint.

[4] *Cérémonie secrète*, le film dans lequel jouaient Taylor, Mia Farrow et Robert Mitchum, était sorti plus tôt dans l'année.

[5] Le Train Bleu reliait Paris et Vintimille en Italie.

J'ai passé la plus grande partie de la journée d'hier dans un bain, le corps couvert de maquillage, ce qui a obligé Elizabeth à me laver le dos quand je suis rentré à la maison. J'étais de retour à la mine, où les épouses frottent le dos de leurs maris pour les débarrasser de la crasse de la houillère.

[...]

NOVEMBRE

Vendredi 1er, Cannes – Eh bien nous voilà à Cannes sur le *Kalizma*, et c'était idiot de faire ce voyage car le temps est affreux alors qu'il fait beau à Paris et même en Angleterre. [...]

Les garçons [...] ont été adorables et il ne manque à Mike que quelques centimètres pour avoir ma taille. Chris pousse à toute vitesse lui aussi. Il pose des questions si naïves et gentilles que cela me laisse sans voix.

Nous avons pris l'avion pour rentrer au lieu du train, parce que nous n'arrivions pas à obtenir de cabines correctes dans les wagons-lits du Train Bleu. [...] Mike, qui n'avait pas envie d'entamer la seconde étape du voyage pour Bristol et l'école, a dit : « Richard, fais juste encore un de tes vieux calembours avant qu'on parte. » Sacré bon sang ! Il déteste vraiment l'école, mais je crains qu'il ne doive y rester. Au moins jusqu'à l'été prochain.

J'ai emmené toute la troupe à la Colombe d'Or, et après un repas magnifique accompagné de vins splendides, les propriétaires ont refusé de me laisser payer[1].

Mardi 5, Paris – Les derniers paragraphes de la dernière entrée ont été écrits hier soir après le travail. Le week-end a été si totalement désorganisé que je n'ai pas pu me poser pour lire ou

---

[1] La Colombe d'Or, à Saint-Paul-de-Vence.

écrire. Il y a un soir par exemple où aucun d'entre nous n'est allé au lit avant 4, 5 ou 6 h du matin. Et le résultat, c'est qu'un jour j'ai dormi jusqu'à 16 h 30 ! Ça, c'est vraiment quelque chose que je n'avais jamais fait de ma vie, sauf peut-être quand je travaillais de nuit, et encore, j'en doute.

Hier j'étais dans un état affreux et j'ai compris qu'il fallait soigner le mal par le mal. J'ai donc tenté un Fernet Branca, mais le courage m'a manqué. Au bout d'un moment, j'ai essayé de manger des œufs au bacon, que j'ai réussi à avaler et à garder – j'avais vomi avant de partir au travail. J'ai alors été capable de boire lentement deux martinis environ qui ont arrêté les tremblements. Plus tard j'en ai repris deux, et encore deux avant de rentrer à la maison. [...]

J'ai pris un somnifère et je ne me suis pas endormi avant 6 h du matin. Quelle nuit ! [...]

Journée d'élections aujourd'hui en Amérique, et jour de la conspiration des Poudres[1]. J'espère que ce n'est pas un présage.

Mercredi 6 – 9 h 15 du matin. Viens juste de téléphoner à Dick Hanley pour savoir qui a gagné les élections. Nixon est en tête mais ils attendent les résultats du Texas et de la Californie pour en être sûrs[2].

Hier j'ai travaillé par intermittence toute la journée, Rex enrageant de nouveau avec son texte. Maria Callas est arrivée et comme j'étais d'humeur à bouquiner elle n'a pas été la bienvenue. Je la trouve pathétique malgré sa grande réputation de chanteuse d'opéra et d'actrice. Elle a dit qu'elle devait rencontrer

---

[1] Référence à la conspiration des Poudres de 1605, lors de laquelle des conspirateurs comprenant Guy Fawkes tentèrent de faire sauter le parlement de Londres. Son anniversaire est toujours célébré en Grande-Bretagne la nuit du 5 novembre, durant laquelle on brûle en public un mannequin de paille à l'effigie de Guy Fawkes.

[2] Le candidat républicain Nixon gagna 43,4 % des voix populaires, 32 États et 301 des voix du collège électoral.

dans dix jours un Italien qui veut lui faire jouer Médée dans un film, mais en version opéra, tandis qu'elle insiste pour le faire dans la version originale, c'est-à-dire sans chanter[1]. [...] J'ai toutefois fait appel à toute la bienveillance dont j'étais capable avec Callas et l'ai emmenée sur le tournage deux fois pour regarder deux petites séquences que Rex et moi tournions. Elle a affirmé trouver tout ça fascinant, et après un moment, à mon grand soulagement, elle est allée au studio d'Elizabeth qu'elle avait déjà visité une fois. E m'a dit plus tard qu'elle l'avait trouvée assez triste. Elle était là quand E et Caroline ont entamé une partie de gin rami et elle s'est assise et les a regardées comme une enfant. À un moment, E s'est fait facilement battre par un gin rapide de Caroline, et a dit « *shit*[2] ». À ce mot, Callas s'est levée d'un bond et a déclaré, très agitée : « Oh non, je n'ai jamais entendu de tels mots. Oh non, non, non, jamais entendu de pareilles choses. » Tout ça en faisant les cent pas dans une grande effervescence. E et Caroline étaient stupéfaites. Que signifie tout cela ? La prochaine fois qu'elle vient me voir je vais essayer « *Merde** » devant elle pour voir ce qui se passe. Elle n'est pas belle mais son visage a la vivacité des femmes aux yeux noirs qui peut parfois être très attirante. Elle a des jambes massives et ce qui semble être un corps svelte à partir de la taille. Elle a des poches sous les yeux et porte des lunettes noires presque tout le temps. Peut-être qu'elle pleure beaucoup. Elle est de toute évidence très seule depuis le mariage des Onassis. Selon toute apparence, elle veut maintenant faire quelque chose qui stupéfiera le monde artistique et rendra Onassis jaloux et lui démontrera que tout ce qu'il a gagné, c'est une jolie femme du monde, alors qu'avec elle il a perdu un génie. Assez vrai je suppose, mais sans la connaître, et

[1] L'adaptation de Robinson Jeffers de la tragédie grecque de Médée pour la scène (1947) et l'opéra *Médée* de Luigi Cherubini datant de 1797.
[2] *Shit* : « merde », en anglais.

si j'avais le choix, je crains que ce ne soit Jackie Kennedy qui ait ma préférence. Elle a l'air plus amusante. Et, en photo en tout cas, elle paraît plus jolie.

[...] Cela faisait trois jours que j'avais mal à la gorge et une cloque sur la langue, mais ce matin les deux semblent aller mieux. [...] J'ai arrêté de fumer hier et n'ai pas bu une goutte aujourd'hui.

Jeudi 7 – La toux sèche qui m'empêchait de dormir depuis des nuits a été anéantie hier soir par un comprimé. [...] Mon mal de gorge s'est envolé. Je n'ai pas toussé une seule fois depuis que je suis réveillé. J'ai une bouteille de Perrier tout juste sortie du réfrigérateur à ma droite, des cigarettes à ma gauche, l'avenue Montaigne à mes pieds et devant moi, il est 8 h 50 du matin et à part le fait que Nixon a gagné les élections ricaines, tout va pour le mieux dans le meilleur des mondes[1]. Bien sûr, chaque minute un enfant meurt de la famine dans le monde, les Biafrais se font massacrer dans des embuscades, le napalm brûle des bébés au Vietnam, et que peut-on y faire ? Son quota de « Bonnes Œuvres », dont se délectait la hideuse haute société victorienne. Un chaudron de soupe et une miche pour Mme Lewis au village. Elle ne va pas trop bien. Lire *Le Voyage du pèlerin* à M. Jones qui est mourant, M. Jones qui est analphabète, et après ça rentrer à la maison pour un dîner de sept services, tout bouffi de sainteté[2]. Une grande maison, cinquante domestiques, d'immenses pelouses, des folies et des kiosques et des allées de chênes mais pas d'égout au village.

---

[1] Dans son journal, Burton cite un vers de *Pippa Passes* de Robert Browning (1841), « *All's right with the world !* » (« Tout va bien dans le monde »).

[2] *Le Voyage du pèlerin* (*The Pilgrim's Progress from This World to That Which Is to Come* en anglais) est un roman allégorique chrétien de John Bunyan publié en 1678, considéré comme un grand classique de la littérature anglaise. (N.d.T.)

Salut, il y a un problème avec moi ?

Nous avons reçu une lettre charmante et très excitée de Liza hier […]. J'ai développé un amour pour cette enfant qui approche dangereusement de l'obsession. Elle se montre très honnête vis-à-vis de ce qu'elle veut, mais elle est également généreuse. En ce qui me concerne, elle peut évidemment obtenir de moi tout ce qu'elle désire. Je lui ai promis un poney si elle rentre à Millfield ou ailleurs. Je dois demander si l'école ou les écoles le permettront. Je lui ai écrit hier et lui écrirai de nouveau très vite.

Hier a été une affreuse journée de travail. […] J'en suis arrivé au point, que j'atteins à chaque film, où tout me semble ennuyeux et idiot. La même chose m'arrive avec le théâtre. Après un mois de représentations d'une pièce, j'éprouve un ennui suicidaire, même avec des rôles d'une variété infinie comme Hamlet. Et pourtant je continue. Je suis un homme riche. Pourquoi est-ce que je ne plaque pas tout pour aller me consacrer aux « Bonnes Œuvres » sus-mentionnées ? Faire pousser deux brins d'herbe là où n'en poussait qu'un seul et tout ça. Je ne saurais pas faire pousser un brin d'herbe dans une jardinière ni planter un clou dans un mur sans m'écraser un doigt. Je ferais mieux de simplement continuer de donner de l'argent aux associations de bienfaisance.

Je suis en train de lire deux livres en même temps : une biographie politique de De Gaulle et une autre de Pierre Laval[1]. Jusque-là, il ne semble pas y avoir de grande différence entre les deux, à part la taille. Tous deux des monstres intrigants, sournois, déloyaux et monomaniaques, tous deux protestant de leur amour pour *la belle France**. Des deux, de Gaulle semble le plus grand menteur. Mais en politique tous les hommes sont

[1] Geoffrey Warner, *Pierre Laval and the Eclipse of France* (1968). Alexander Werth, *De Gaulle : A Political Biography* (1966).

des menteurs. Le sordide de la dernière campagne électorale aux États-Unis, il faut lire les journaux pour y croire. Ou plutôt pour ne pas y croire.

Vendredi 8 – […] Après avoir terminé l'entrée d'hier tandis que milady avait rapidement sombré dans un profond sommeil, du moins je le croyais, je lisais quelques scènes du scénario quand soudain la porte de la chambre s'est ouverte et E est apparue devant moi dans une chemise de nuit presque diaphane dévoilant une épaule nue. Du coup je suis retourné au lit dix minutes. J'ai été incontestablement séduit, et je l'ai taquinée à ce propos toute la journée quand nous parlions au téléphone. Elle était très belle. C'est un fait qu'après toutes ces années ma nana est encore capable de rougir. J'ai perdu cette capacité-là il y a déjà bien longtemps.

Je suis en train de lire *My Life* de Sir Oswald Mosley entre les prises au studio, mais j'ai peur de ne pas aller bien loin dans ma lecture aujourd'hui car John Morgan du *Sunday Times*, John Sullivan, Elliott Kastner […] se sont invités dans ma loge. Viennent-ils pour le plaisir ou les affaires ? Je voudrais qu'ils s'en aillent tous.

Hier a été une journée physiquement difficile. Rex et moi avons tourné d'innombrables plans de notre bagarre sur le sol du salon. Les bagarres de cinéma sont relativement faciles car on peut tricher avec les angles, etc., mais quand il ne faut pas oublier de se battre comme une folle, ça complique les choses. En plus il fallait que je pense à garder ma tête couverte tout le temps. Comme nous nous sommes roulés sur le sol presque toute la journée, j'ai quelques égratignures et courbatures ce matin. Ce n'est pas désagréable. J'espère que la scène sera aussi comique que l'équipe l'a trouvée. […] J'ai établi un compromis avec le tabac qui consiste, quand j'y pense, c'est-à-dire presque tout le temps, à ne pas inhaler et à ne fumer qu'environ 1 cm de chaque cigarette puis à la jeter. Coûteux, mais je m'en sens déjà mieux. À l'occasion, évidemment, je ne résiste pas à la tentation d'inspirer jusqu'aux chevilles une bouffée longue et sensuelle.

Cette journée une fois terminée, nous aurons trois délicieux jours de congé. Nous prévoyons de nous cacher à l'hôtel et de ne pas sortir du tout, sauf peut-être occasionnellement pour un repas. Je vais lire et lire et lire.

Samedi 9 – Une autre journée difficile physiquement. Je devais soulever Cathleen Nesbitt, paralysée et allongée sur le dos, et dire à un Rex Harrison dégoûté « Elle a pris une taille ce soir, je la soulève et tu tires », voulant bien sûr dire que je la soulevais du drap pendant qu'il retirait celui-ci. Qu'à Dieu ne plaise, à chaque fois, soit Rex, soit la caméra, soit moi rations notre coup, et j'ai dû le faire vingt fois. J'aurai les mêmes bras que Marlon Brando pour mon anniversaire. Qui tombe demain. Je vais avoir 43 ans. [...]

Dimanche 10 – J'ai maintenant 43 ans. Il est 9 h du matin. Le ciel est gris mais il pourrait bien y avoir du soleil plus tard. La journée d'hier a été délicieuse de bout en bout. Nous avons bu des screwdrivers à la vodka, mais pas trop[1]. Nous avons appris à Caroline à jouer au yam's [...]. J'avais oublié à quel point c'était amusant. Plus tard, E et moi avons joué au gin rami à 1 000 dollars le point. J'ai gagné 648 000 dollars ! Je n'ai pas voulu accepter un chèque. Il faut que ce soit payé en nature, ai-je dit.

J'ai reçu de jolis cadeaux. De Gaston, qui peut difficilement se le permettre, un énorme livre intitulé *Gloire de la France*. De Ron, un vieillot *Œuvres de Molière* en huit exquis petits volumes. De Bob Wilson, un billet de 20 dollars datant de l'époque où les Américains appliquaient encore l'étalon-or. De Jim Benton

[1] Cocktail vodka-orange. (N.d.T.)

une canne-épée ancienne mais en superbe état. D'Elliott Kastner, un pardessus fabriqué dans une sorte de cuir. [...] De Claudye et Gianni, un pantalon en tweed qu'ils ont copié sur celui qu'ils m'avaient offert l'an dernier. Je devrais en avoir plus aujourd'hui. Des cadeaux, pas des pantalons. [...]

Encore deux délicieux jours de congé ; pour les Français, l'anniversaire de l'armistice, demain, est un jour férié national. Pas chez nous je crois. Tout ce dont je me rappelle, ce sont deux minutes de silence à l'école, et la vente de coquelicots en papier et fil de fer à un penny. Ils étaient fabriqués par des aveugles, je crois. Avec quelle rapidité le monde oublie, ou ne sait même plus. On a demandé récemment à un groupe d'enfants ce qu'était la Bataille d'Angleterre. Non seulement ils n'en savaient rien, mais ils ne savaient même pas avec quelles armes elle avait été disputée.

E et moi avons tous deux reçu des télégrammes de félicitations de Richard Zanuck pour nos performances « magistrales », « brillantes », « superbes », etc., dans nos films respectifs. Donen et Rex également. On est loin de ce jour à New York, c'était d'ailleurs l'anniversaire de Shakespeare, où j'étais sur le point d'entrer en scène pour jouer *Hamlet* au Lunt-Fontanne quand on m'a remis une assignation nous signifiant que nous étions poursuivis en justice et que l'on nous réclamait 55 millions de dollars. L'affaire a évidemment été réglée en dehors des tribunaux, après trois années effarantes et d'innombrables dépositions[1].

Lundi 11 – 11 novembre froid et gris. Nous allons probablement sortir déjeuner pour la première fois depuis des lustres, je veux dire au restaurant. S'il est ouvert, nous irons au Coq Hardy

[1] Allusion à la procédure engagée par Zanuck contre Burton et Taylor à la suite de *Cléopâtre*.

manger de la tourte au poulet[1]. E m'a offert un manteau de vison et je le mettrai sans doute. Un manteau de vison ! Il est d'un brun très sombre et le poil est court et dense et il brille et attrape la lumière comme seul le vison sait le faire. Il me descend jusqu'à mi-cuisse. J'espère que je n'aurai pas l'air d'un idiot ou d'un prêteur sur gages ! E dit que non. De toute façon, à moins de me le faire voler, je ne m'en séparerai jamais. J'ai eu d'autres cadeaux : Don Waugh, ma doublure, m'a offert trois livres, *Castles of Europe* et *Palaces of Europe* et *A Pictorial History of the Silent Screen*[2]. Dick Hanley et John Lee m'ont offert une fine mallette à fermeture Éclair de chez Hermès. Très agréable au toucher. Nella, la femme de chambre d'E, m'a donné un cadre en argent pour mettre les photos des enfants, et elle s'inquiétait de ce qu'il soit trop petit. Caroline et Jane se sont cotisées pour m'offrir une veste, qui se zippe jusqu'en haut pour former un col roulé. [...] Sara et Francis m'ont envoyé un joli et épais pull en cachemire avec l'écharpe assortie. Je pourrais ouvrir une boutique avec tous les cardigans, pulls et gilets que j'ai, et pourtant je ne cesse d'en distribuer autour de moi.

Nous sommes restés à la maison toute la journée et avons bouquiné. [...] J'ai lu tous les commentaires politiques dans les journaux « de qualité » à propos de Nixon devenu président, *Sunday Times*, *Observer* et *Sunday Telegraph*. J'ai ensuite lu d'affilée mes deux cadeaux : *Castles* et *Palaces of Europe*. [...] Un [...] livre intitulé *La Double Hélice* par un scientifique-physicien nommé James D. Watson. C'est un récit de la recherche et la découverte de l'ADN à Cambridge[3]. [...]

---

[1] Café le Coq Hardy, rue Notre-Dame-de-Lorette.

[2] Daniel C. Blum, *A Pictorial History of the Silent Screen* (1953).

[3] James D. Watson, *The Double Helix : A Personal Account of the Discobvery of the Structure of DNA* (1968).

Mardi 12 – [...] Nous sommes bien allés déjeuner au Coq d'Or [*sic*] et avons mangé de la tourte au poulet. Et bu du vin, ce qui a causé ma perte. Je suis rentré à la maison et ai dormi environ cinq heures, me dit ma partenaire. Honteux. D'où le fait que je sois capable de rester assis la moitié de la nuit à écrire. En plus, j'étais d'humeur à faire la tournée des bars et j'ai insisté pour qu'on s'arrête boire un verre. E a été une bonne fille et a obtempéré. [...]

J'ai porté mon manteau en vison à la satisfaction générale, y compris la mienne. C'est vraiment une fourrure splendide. [...] Je vais la mettre pour aller travailler et frimer et rendre Rex jaloux.

E était marrante hier soir. Elle a dû venir me voir dix fois dans le courant de la nuit, épuisée comme elle l'était, parce que, disait-elle, elle ne pouvait pas dormir sans moi. C'est un drôle de vieux machin bizarre qui a besoin de réconfort. Elle pourrait facilement se sentir seule.

J'ai soit perdu soit mal rangé la lettre irastosable de Liza. Je vais devenir fou si je ne la retrouve pas. [...]

Mercredi 13 – J'avais prédit hier que la journée pourrait bien devenir irastosable, et ça a été le cas. E a dit hier soir que je m'étais comporté comme Rachel Roberts. C'est probablement vrai, et c'est tant mieux car cela veut dire que nous ne serons plus jamais réinvités aux réceptions chez le duc et la duchesse de Windsor. Dieu soit loué, dit-il avec ferveur. Rarement je me suis aussi suprêmement ennuyé. Il y avait 22 personnes à dîner et je ne connaissais ou ne me rappelais que deux noms, et encore, grâce à mes livres d'histoire : le comte et la comtesse von Bismarck. Et lui, le comte, ressemble autant à l'image qu'on peut se faire du Chancelier de Fer qu'un plat de spaghetti. Doux et rond et indécis. Il serait incapable d'ébaucher les contours de l'Allemagne moderne, même dans du carton. L'acier de son grand-père n'a pas pénétré jusqu'à son âme.

C'est incroyable comme le duc et la duchesse de Windsor sont petits. Deux minuscules figurines comme Toto et Nanette qu'on pose sur la cheminée[1]. Ébréchées sur les bords. Quelque chose qu'on garde au salon et qu'on ne sort que les dimanches. Des monarques déchus. La terrible majesté qui fait barrière autour d'un roi n'a chez eux rien de terrible[2]. Charmants et inutiles.

J'ai mis mon manteau pour aller travailler et Rex a confessé être jaloux. Récemment, il s'est mis à m'appeler « chérie ». Comme j'appelle tout le monde « mon cœur », je suppose que cela a déteint. Il a essayé le vison et j'ai eu quelques difficultés à le lui faire ôter. Il lui va superbement bien, évidemment. Il porte les vêtements comme seul un portemanteau peut le faire. Les vêtements, aussi horribles soient-ils, se drapent sur lui comme s'ils savaient qu'ils avaient enfin trouvé leur place.

E vient juste de me rappeler qu'à un moment j'ai dit à la duchesse hier soir : « Vous êtes sans conteste la femme la plus vulgaire que j'aie jamais rencontrée. » Waouh ! Elle vient aussi juste de me dire que nous étions les seules personnes de ce dîner à ne pas avoir de titre. Elle ne sait pas que nous l'avons faite princesse de Pontrhydyfen. Le duc, dit E, était furieux contre tout le monde parce qu'il n'était pas assis à côté d'elle, et j'étais furieux de ne pas être assis à côté de la duchesse. J'étais entouré de deux dames américaines, l'une était duchesse et l'autre comtesse. Elles étaient jeunes, jolies, avec un visage aux traits durs, comme une publicité pour la rubrique de Suzy Nickerbocker, que je n'ai lue qu'une fois[3]. L'une d'elles m'a dit qu'elle m'avait vu jouer *Hamlet* à New York et m'a demandé comment je parvenais à mémoriser le texte. Je lui ai répondu qu'en fait je ne le mémorisais jamais vraiment bien, en particulier

---

[1] « Toto et Nanette » étaient des figurines de plâtre moulé populaires dans les années 1930.

[2] *Hamlet*, acte IV, scène 5, quand le roi prononce ces mots : « Il y a tant de divinité qui fait barrière autour d'un roi. »

[3] Suzy Nickerbocker (nom de plume d'Aileen Mehle) : célèbre chroniqueuse mondaine americaine.

les longues tirades, que j'ai en horreur, et que certaines de mes improvisations n'auraient pas été reniées par l'écrivain et mauvais acteur lui-même. Je lui ai dit qu'une fois, j'avais déclamé « Être ou ne pas être » en allemand devant un public américain, mais elle ne m'a visiblement pas cru. Je lui ai dit qu'il y avait certains aspects d'Hamlet, je parle de l'homme, si écœurants qu'on ne pouvait les jouer que saoul. L'auto-apitoiement frénétique de « Comme toutes les circonstances déposent contre moi ! Comme elles éperonnent ma vengeance engourdie ! », il faut être bourré pour arriver à le déclamer. En tout cas, moi je dois l'être. J'ai dû la choquer je pense.

Une autre dame, d'au bas mot 70 ans et si souvent liftée que son visage se situait au sommet de sa tête, m'a demandé si c'était vrai que tous les acteurs étaient homos. J'ai répondu oui, ce qui expliquait pourquoi j'étais marié à Elizabeth qui, à cause de sa profession, l'était également, mais que nous avions un accord. Sous le coup de l'excitation, son visage a presque atteint son menton. « Et comment ça se passe ? » a-t-elle demandé. « Eh bien, ai-je répondu, elle vit dans une suite, et moi dans une autre, et nous faisons l'amour au téléphone. » Si elle avale ça, elle est capable de gober n'importe quoi.

À un autre moment, paraît-il, j'ai attrapé la duchesse et je l'ai fait tournoyer et tournoyer comme un derviche tourneur. Elizabeth était terrifiée à l'idée que je la lâche ou que je tombe et la tue. Mon Dieu ! Je vais me lever et partir sur-le-champ, partir retrouver les mineurs gallois qui savent ce que c'est que boire, et les bêtises que cela entraîne[1]. Sainte Mère, ils ont dû promulguer des lois sur la vente d'alcool pour nous guérir, et nous étions incurables. Je mourrai de boisson et de maquillage.

[1] Référence au premier vers du poème *L'Île du lac d'Innisfree* (1888) de William Butler Yeats : « *I will arise and go now, and go to Innisfree* » (« Je vais me lever et partir sur-le-champ, partir pour Innisfree »).

La raison pour laquelle il y a deux pages, au lieu d'une, pour le concours d'idiotie d'aujourd'hui, c'est que je n'ai rien de mieux à faire. [...] Je suis debout depuis environ 8 h. Elizabeth a tenté de m'enfermer dans la chambre d'amis, et j'ai donc été contraint d'essayer de défoncer la porte et y suis presque parvenu, ce qui explique pourquoi j'ai passé un certain temps à quatre pattes ce matin à ramasser les morceaux de plâtre dans l'espoir que les employés ne remarqueraient pas que l'hôtel a failli perdre une porte au milieu de la nuit. [...]

Jeudi 14 – La journée d'hier était vouée à un destin aussi tragique que celui des Hittites mais en plus agréable, dans le sens où personne n'est mort. De nombreuses choses curieuses se sont produites. Rachel, qui est toujours du pain bénit pour un journal intime, a montré à tout le monde ses poils pubiens et, en dessert s'est allongée sur le sol en minijupe et a montré son derrière à tous ceux qui avaient envie d'y jeter un coup d'œil. Le scandale, dans le cas de Rachel, est devenu la norme. Si elle prenait une tasse de thé avec un petit biscuit et discutait poliment de poésie moderne, c'est nous qui deviendrions aussitôt déments et exhiberions nos parties intimes devant les touristes de passage. Je n'ai pas été d'une grande aide. À un moment, devant moi, elle a dit à Rex d'un œil noir et méchant : « Je m'en fiche de ses blondes à l'air sévère. » Pas de réponse. Alors elle a répété : « Je m'en fiche de ses blondes à l'air sévère. » « Moi aussi », ai-je rétorqué, avec un rire aussi faux que les paroles rassurantes d'un dentiste.

Je viens juste de recevoir une lettre de Cathleen Nesbitt avec un poème écrit pour elle par Rupert Brooke[1] « de sa propre

[1] Cathleen Nesbitt et le poète anglais Rupert Brooke avaient été fiancés avant qu'il ne meure en 1915, à l'âge de 27 ans. Brooke avait écrit des sonnets à Nesbitt. John Lennon avait publié en 1964 *In His Own Writing* (littéralement « écrit de sa propre main », paru en français sous le titre *En flagrant délire*).

main », comme elle dit que John Lennon dirait. Il faut que j'écrive un poème pour elle durant la prochaine étape de ma brève existence ou que je renonce à jamais à toute forme de courtoisie. Quelle dame ! On savait ce qu'était la bonne éducation dans l'ancien temps. Elle est la seule dame âgée (elle approche des 80 ans) à qui je peux m'imaginer faire l'amour. [...] Je ferais mieux d'aller travailler parce que je me suis comporté assez indignement hier. J'ai bu, d'après mes amis, trois bouteilles de vodka au cours de la journée. Et cela ne comprend naturellement pas la soirée, durant laquelle je pense avoir ralenti un peu. Mais ce n'est pas une bonne idée de boire autant. Je risque de rater tous les mariages de mes différents enfants, et ils seront furieux parce qu'il n'y aura personne, à part leur mère, pour faire des blagues vaseuses.

Tout le monde a été très gentil avec moi. Le réalisateur a été sympa et Rex, se sentant prendre l'ascendant et ayant reçu ma confession, a été assez aimable pour dire qu'avec trois « Je vous salue Marie » et une petite visite aux toilettes et une dose d'ipepacuana, j'avais d'assez bonnes chances d'être absous[1]. [...]

Vendredi 15 – [...] Comme presque tous les jours, ma loge était un aquarium, ouvert à la vue de tous. Ont défilé Aaron, un James Wishart saoul et un reporter s'appelant Jim Bacon[2]. Cathleen Nesbitt est passée prendre un verre. [...] Rex était dans une forme magnifique, gloussant et ricanant et gazouillant. Nous avons reçu le énième télégramme de Dick Zanuck nous disant que même s'il savait qu'il se répétait comme un disque rayé, il devait nous dire que la dernière fournée de bobines était

[1] Ipepacuana : plante d'Amérique du Sud utilisée autrefois comme vomitif.

[2] James Wishart : un expert comptable de la firme londonienne W. H. Jack & Co, et une autorité sur les questions fiscales, qui conseillait Burton depuis les années 1950. James Bacon : journaliste et acteur, qui écrivait pour le *Hollywood Reporter* et le *Los Angeles Herald-Examiner*.

superbe, etc. Dans ses télégrammes il nous appelle, Rex et moi, « les garçons ». 60 et 43 ans.

Je redoute la journée d'aujourd'hui. D'abord, je dois jouer, ce que j'aime faire parfois, mais en l'occurrence pas là. Ensuite, il y a Aaron et ses questions sans fin sur des broutilles juridiques. Troisièmement, je vais sûrement encore avoir une loge remplie de monde. Quatrièmement, j'aimerais être seul avec E pendant environ deux cents ans mais ne peux même pas obtenir deux jours – nous devons aller passer le week-end dans la maison de Guy et Marie-Hélène [de] Rothschild. J'aime cette maison et je les aime eux aussi, alors peut-être que ça ira. Nous ne partons pas avant demain et rentrerons probablement lundi matin. [...]

Samedi 16 – [...] La journée s'est mieux passée que prévu et je crois que mon jeu était bon, ma fatigue lui conférant une sorte d'intensité nerveuse qui compensait le manque d'enthousiasme. Rex a été très bon et le marin aussi. Il n'a pas un mot à dire mais il le fait très bien, en quelque sorte. Son nom est Stephen Lewis, très grand et très cockney[1]. Je lui ai demandé si mon accent était assez authentique. Il a répondu qu'il était parfait. [...]

Aaron a dit hier soir avec un verre dans le nez que j'étais l'homme le plus intelligent qu'il avait jamais rencontré ! Et il les a tous rencontrés, a-t-il ajouté avec ardeur. Des juges de la Cour suprême, des philosophes, Jack Kennedy, d'éminents médecins, de grands acteurs et tout le tintouin. J'ai aimablement fait la révérence mais je suis tellement sensible à flatterie que je suis allé jusqu'à prendre la peine de tout écrire dans ce journal, pas vrai ? Un petit galet sur la plage de l'immense mer du savoir et

[1] Stephen Lewis jouait le rôle de Jack dans *L'Escalier*.

aac Newton[1]. Je pense que je vais essayer de dormir
our porter secours à mon gros cerveau. […]

Dimanche 17, château de Ferrières, Seine-et-Marne – Dimanche matin dans ma maison préférée, il est presque midi et la première neige est tombée pendant la nuit […]. La journée d'hier a été assez fatigante avec beaucoup de conversations et assez bizarrement je n'étais pas d'une humeur très bavarde mais j'y ai été contraint. Nous avons emmené Caroline pour lui montrer la maison et les jardins, et E dit qu'elle était très enthousiaste, et c'est bien normal. […]

Avant l'arrivée de Marie-Hélène, la conversation a essentiellement porté sur les aberrations sexuelles. Guy a dit qu'il connaissait un homme qui ne pouvait faire l'amour que si la femme était nue à l'exception de *bottines à boutons**, ces petites bottes à l'ancienne mode que nos grands-mères portaient. Sam Spiegel – il a dit que le pauvre Sam ne peut être excité que si une femme défèque sur son visage. […]

Lundi 18 – Hier a été une journée de rêve. Nous avons dormi jusqu'à midi et avons découvert pour notre plus grand plaisir que le déjeuner était un *high tea* programmé à 16 h 30[2]. Nous avons donc commandé un petit déjeuner dans nos chambres. Des œufs au bacon et de la brioche faite maison, des toasts de pain fait maison, des petites pommes du verger. Puis, alors qu'E restait au lit avec un livre, j'ai fait une longue marche dans les bois et la neige. Par instants, j'entendais des coups de fusil au loin.

---

[1] Isaac Newton est censé avoir dit : « Je ne sais pas comment le monde me voit, mais à mes yeux j'ai l'impression de n'avoir été qu'un petit garçon jouant sur la plage et m'amusant ici ou là à trouver un galet mieux poli ou un coquillage plus joli que les autres, pendant que le grand océan de la vérité se déployait devant moi, encore totalement à découvrir. »

[2] En Angleterre, le *high tea* est un goûter dînatoire. (N.d.T.)

E m'a fait un geste de la fenêtre. Le lac commençait à geler et les canards et les cygnes nageaient lentement le long des canaux encore épargnés par la glace, très lentement et d'une manière que j'ai trouvée comique.

Le thé a été un festin. Poule au pot avec toutes sortes de légumes, suivie d'innombrables fromages et desserts. Des châtaignes rôties. Du raisin. Des figues fraîches, des mandarines, des oranges, des pommes, et évidemment de délicieuses confitures maison. Il y avait environ 25 personnes assises à table. Le ministre de l'Intérieur, dont j'ai oublié le nom, m'a beaucoup parlé[1]. Il a dit que son travail était plus important et pénible que celui de notre Home Secretary. Il n'a pas pu expliquer pourquoi d'une manière satisfaisante. Il faut que j'élucide cette affaire. Mon ignorance de la politique française est assez stupéfiante. Peut-être parce que, jusqu'à de Gaulle, je l'ai toujours trouvée comiquement inconséquente. Un nouveau Premier ministre toutes les trois semaines et même un qui n'a duré qu'un week-end.

Puis retour en haut pour lire et dormir un peu et prendre un bain et ensuite dîner en l'honneur de Marie-Hélène et de son anniversaire. Ce repas a été servi à plusieurs tables au lieu d'une seule grande. J'étais assis entre la comtesse de Bardolini (?) et Mme Pompidou la femme de l'ancien Premier ministre de De Gaulle. À son avis, a-t-elle déclaré, Georges, son mari, devrait désavouer de Gaulle pour avoir une chance de retourner au pouvoir après la mort de De Gaulle, qui, a-t-elle ajouté avec peut-être une pointe d'espoir, ne devrait pas tarder. Georges ne m'a pas fait grande impression. J'ai relevé trois mots par personne et imité tout le monde à notre table, vocalement bien sûr, ce que Mme Pompidou a trouvé remarquable. C'est ce que m'ont dit plus tard Marie-Hélène et d'autres.

---

[1] Raymond Marcellin a été ministre de l'Intérieur entre mai 1968 et février 1974.

[…] Presque tout le monde est rentré à Paris après le dîner, mais nous sommes restés avec les Rothschild allemands et Marie-Hélène et Alexis [de] Redé et Lili jusqu'à 3 h du matin. J'ai déclamé du Shakespeare, et E et moi leur avons chanté une chanson galloise, *Ar lan y mor mae rhosys cochion*[1]. Elizabeth était si belle que les hommes forts ont été frappés d'admiration et que les enfants sont venus s'asseoir à ses pieds. Elle a chanté doucement et sans affectation et a impressionné tout le monde, moi y compris. Je ne suis pas encore blasé.

Mardi 19, Paris – Nous avons quitté Ferrières tard à cause de ma procrastinatrice de Liz mais miraculeusement, en dépit d'une conduite lente due aux routes couvertes de neige fondue et de verglas, nous sommes arrivés à l'heure. Un homme nommé Flink, du magazine *Look*, est resté environ une heure dans ma loge[2]. Il m'a posé d'infinies questions sur l'homosexualité auxquelles j'ai fait les réponses traditionnelles : Vivre et laisser vivre. Il faut de tout pour faire un monde. Ne juge pas si tu ne veux pas être jugé. Ne jette pas la première pierre ou sois lapidé. Certains de mes meilleurs amis sont homosexuels, etc., etc.

Deux histoires sur la réception de dimanche que j'ai omises, ommises, homises – un des trois doit être correct – dans mon entrée d'hier. Il y avait peut-être 60 personnes ou davantage dans la pièce qui attendaient d'aller dîner en buvant des cocktails, et Elizabeth et moi étions assis dans un coin avec Lili et divers péquins quand Marie-Hélène est venue me trouver pour me dire : « Richard, voudriez-vous aller là-bas et parler à la dame brune dans le coin ? » J'ai répondu : « Pour l'amour du ciel, Marie-Hélène, je ne la connais pas, etc., et pourquoi, etc. », et

[1] Chanson galloise très populaire, que l'on peut grosso modo traduire par « À côté de la mer poussent des roses rouges ».
[2] Stanley Flink, journaliste.

Marie-H a dit : « Elle veut juste entendre le son de votre voix, qu'elle trouve divin. » Et mon Elizabeth a pris un fort accent américain pour rétorquer : « Dites-lui que j'y serai dans une minute et que je lui ferai une imitation. » Ma poulette ne rigole pas. Plus tard, alors que les enfants, après le dîner, allaient un par un à la table principale pour réciter de petits compliments assez empruntés à la maîtresse de maison, un homme assis à côté d'E a dit : « Qu'est-ce que c'est ennuyeux et classe moyenne ! » E et moi avons décidé que si les Rothschild et Ferrières et 80 convives rassemblés pour dîner dans une aile de la propriété, où les arbres des allées ont été plantés par des monarques régnants, où travaillent 100 domestiques, si tout cela faisait classe moyenne, alors nous venions à peine de ramper de dessous une pierre. Quelle est votre définition de l'ennui, au juste, et à quel point faut-il être classe moyenne pour décrire les Rothschild comme classe moyenne ? Ce sont des aristos, mon ami. C'est comme Syb qui un jour qualifiait les Johnson (le Président et Lady Bird) de « banlieusards[1] ». Pour quoi est-ce qu'elle prenait Ferndale ? Buck House[2] ? En tout cas je t'emmerde, étranger, Elizabeth et moi, aussi connus, aussi riches, aussi courtisés et insultés, aussi bien payés que nous le soyons, avec toute l'attention que nous recevons depuis presque un quart de siècle, nous ne sommes ni ennuyés ni blasés. Nous ne sommes pas envieux. Simplement chanceux.

J'ai eu une chance peu ordinaire toute ma vie, mais ma plus grande chance a été de rencontrer Elizabeth. Elle a fait de moi un homme moral mais pas un moralisateur, elle est une amante-maîtresse incroyablement excitante, elle est timide et

[1] Lyndon Johnson, président des États-Unis (1963-1968), et son épouse, surnommée Lady Bird Johnson.

[2] Ferndale, un village minier du pays de Galles qui jouxte Tylorstown, lieu de naissance de Sybil, la première épouse de Richard. Buck House, terme familier pour désigner Buckingham Palace.

pleine d'esprit, elle n'est pas idiote, elle est une actrice brillante, elle est belle au-delà des rêves d'un pornographe, elle peut être arrogante et obstinée, elle est clémente et aimante, Dulcis Imperatrix, elle est l'enfant du dimanche, elle tolère mes incapacités et mon ivrognerie, elle est une douleur dans mon estomac quand je m'éloigne d'elle, et elle m'aime[1] ! Elle est une brochure qui ne pourra jamais être entièrement détaillée, un almanach pour le Pauvre Richard[2]. Et je l'aimerai jusqu'à ma mort. [...]

Mercredi 20 – Il est 7 h du matin, je suis debout depuis 6 h, et le ciel est toujours noir. Pas aussi noir que mes idées, évidemment. Voué à l'échec et damné et dissolu et désespéré et ennuyeux et mourant. Je prendrai quelques jours de congé bientôt. J'en ai besoin. J'étais de mauvaise humeur hier soir et j'ai accusé E de parler beaucoup de Warren Beatty et de ses *amours** entre deux âges, au point que c'en était suspect. Elle a répondu que c'était parce qu'elle aimait les bons ragots. « Une histoire plausible, ai-je rétorqué d'un ton sarcastique, tu n'as pas un passé irréprochable mon chou. Bon sang, si tu peux épouser Eddie Fisher, tu peux épouser n'importe qui », ai-je dit, et, après avoir ouvert ces plaies, je les ai joliment frottées de sel pendant une heure. Le problème, c'est évidemment que j'aime trop cette vieille peau. Il faut que j'essaie de garder la tête froide. Quand les poules auront des dents, bien sûr. Mais il est parfaitement évident à mes yeux, car après tout je suis un vieux renard, qu'un bon moyen d'attirer une femme est de manifester beaucoup d'attention à d'autres femmes. Ça les rend folles. Je me souviens d'avoir baisé tout l'effectif d'une troupe nombreuse sur une durée d'environ un an

[1] Dulcis Imperatrix, charmante épouse de l'empereur. D'après une chanson populaire anglaise, « l'enfant du dimanche est plein de grâce ».

[2] *Poor Richard's Almanach*, publié par Benjamin Franklin entre 1733 et 1758, et traduit en français sous le titre *L'Almanach du Bonhomme Richard.*

pour avoir une femme. Je l'ai eue. Je le regrette aujourd'hui car c'était une garce diabolique et vertueuse avec un esprit obscène. Mais, dit-il avec fierté, je l'ai eue. Il y avait une autre femme qui a tourné avec moi dans un film qui réunissait des centaines de jolies figurantes. J'ai dû m'en taper une cinquantaine pour avoir cette fille ravissante, bien mariée et lamentable. Mais je l'ai eue, dit-il d'un ton de défi. Je les connais, à la Dylan, par milliers[1]. Alors si ce loup est capable de se transformer en agneau et l'a fait, je dois admettre que l'autre en est aussi capable… et l'a fait. Il a sacrément intérêt à l'avoir fait.

J'ai reçu une lettre de Kate hier. Elle était gentille et assez semblable à la lettre que je lui avais envoyée. Ce doit être une bonne élève, ce petit singe, pour être capable d'attraper au vol les idées des autres avec tant de facilité. J'aimerais bien être son professeur. J'aimerais avoir assez de patience pour ça. Je lui apprendrais à éviter tous les pièges de mon instruction bancale. Pour l'instant, elle est coincée avec Syb et son niveau de 4e. Ça ne va pas l'aider. Mais Syb est sage comme une image, il faut le lui reconnaître.

[…] Bon, maintenant qu'écrire ces lignes m'a rendu encore plus mélancolique, il est temps d'égayer mon humeur en écrivant une lettre à Kate.

J'ai écrit une lettre à Kate mais cela n'a pas égayé mon humeur. Et merde. C'était la fête d'Elizabeth hier et comme beaucoup de Français lui ont fait des cadeaux elle s'est sentie obligée d'organiser une fête. C'est un plaisir de voir à quel point tout le monde l'adore. C'est un bon vieux machin pas trop moche à regarder. Elle va se réveiller d'une minute à l'autre, ça me donne un motif d'impatience.

---

[1] « Je l'ai connu par milliers » est un vers dit par l'Homme-Promenade dans la pièce radiophonique *Return Journey* (1947) de Dylan Thomas.

Jeudi 21 – Le père d'Elizabeth est mort hier après-midi et c'est moi qui ai dû lui annoncer la nouvelle. Elle était comme un animal sauvage même si nous nous attendions à sa mort depuis des années. Mais évidemment il n'existe aucun amour comparable à celui d'un homme pour sa fille et vicky verka[1]. Je le sais à mes dépens. Ma passion pour mes filles est ridicule. Qu'elle soit réciproque comme dans le cas d'Elizabeth, c'est une autre affaire. Je suis comme un homme poignardé dans le dos qui meurt de ses blessures. Si vous voyez ce que je veux dire. Je ne supporte pas de voir la souffrance chez les autres. Je préfère de loin l'éprouver moi-même, et je ne suis pas masochiste, mais souffrir pour quelqu'un d'autre est trop dur. Malgré toutes les récriminations d'Elizabeth contre sa mère depuis des années, tout ce qu'elle veut maintenant, comme la brave petite qu'elle est, c'est la protéger et la chérir. Moi aussi. La mort est une fille de pute. Une saloperie dégueulasse, imprévisible, impitoyable et aveugle. Elle a fait beaucoup de dégâts sans s'en soucier le moins du monde. Un jour, nous trouverons un remède à ce fléau.

Nous avons volé par-dessus le Pôle cet après-midi. Francis sera sans doute enterré samedi, et nous rentrerons probablement dimanche. Nous avons Dieu merci du pain sur la planche. Nous ramènerons Sara avec nous. Enfin, si elle le souhaite. Je crois que, le choc initial passé, Sara devrait pouvoir se refaire une vie assez agréable. C'est-à-dire qu'à mon avis elle pourrait apprécier d'être avec nous, car nous menons des vies relativement excitantes, et il y a ma vaste famille qui considérerait comme un honneur de l'entourer et de s'occuper d'elle. Elle pourrait très facilement se faire élire à l'unanimité et au premier tour présidente du club de bridge local là où elle voudra s'installer. Y compris à Pontrhydyfen.

[1] Vice versa.

Hier soir, quand Elizabeth parlait avec sa mère, je n'ai cessé de lui hurler, désespérément saoul, de dire à sa mère de revenir à Paris avec nous après l'enterrement. Elizabeth m'a ignoré, ce qui m'a rendu furieux. Ce que je n'avais pas compris, c'est que Sara racontait à E comment elle s'était réveillée et avait trouvé Francis mort, et comment elle lui avait massé frénétiquement le cœur et lui avait fait le dernier déchirant bouche-à-bouche. Il était mort depuis une heure. Je suis illégitimement autocentré et je prends pour moi toute tragédie ou tout péché. La valeur d'Elizabeth rayonne davantage de jour en jour. Elle pourrait même parvenir à me rendre bon un jour. Ciel, je m'exprime comme un Christ des derniers jours, si on me pardonne cette mauvaise blague[1].

[…] J'aimerais que nos enfants soient avec nous. Ils nous distrairaient peut-être un peu, ou peut-être pas. Les enfants et les chiots sont une valeur sûre. Parfois. Je vais être acerbe à mort. Cette pourriture.

Ah ! que doit-on éprouver lorsqu'on perd quelqu'un, quelqu'un qu'on aime sincèrement, quelqu'un de son propre sang qu'on vénère avec une intensité proche de la folie, que doit-on éprouver ! C'est bien pire que sa propre mort, parce que je me battrai contre cette salope de faucheuse. Mais quand Ivor ou Cis mourront, que quelqu'un me soutienne les gars. Je ne peux pas concevoir la vie sans savoir qu'Ivor et Cis ne sont pas [*sic*] à l'autre bout d'une fine ligne téléphonique. Et les gars, ça m'est égal si je meurs, mais que m'arriverait-il si c'est elle qui meurt ? Je crois que je me transformerais en pneu de bus et que je passerais l'éternité à rouler sur des pieds innocents.

[1] Sans doute une allusion à l'Église de Jésus-Christ des saints des derniers jours (The Church of Jesus Christ of Latter-day Saints, en anglais), communément désignée sous le nom d'Église mormone. (N.d.T.)

***Vendredi 22, Beverly Hills Hotel*[1]** – […] Il est maintenant 20 h 30. Howard et Ron et moi sommes allés aux pompes funèbres et avons choisi le cercueil, ce que nous avons fait en demandant simplement le plus cher. « Celui-là », a dit l'homme, qui ressemblait évidemment à une lugubre invention de Charles Dickens. « Il est doublé de cuivre, a-t-il expliqué, pour fournir une protection. » Contre quoi ? Les vers ? Ils grouillent déjà à l'intérieur du pauvre Francis. Contre l'humidité ? Graham vient juste d'arriver du pays de Galles en tant que représentant de l'ensemble de la famille. Que diable croient-ils que je sois ? Mais après tout c'est un geste bon et tipyquement généreux. Aïe encore mon orthographe. […]

DÉCEMBRE

Samedi 1er, Plaza Athénée [Paris] – Il faut vraiment que je tienne ce journal tous les jours. C'est l'enfer de le reprendre quand on a raté quelques jours.

Le plus jeune frère de Gaston a été tué hier dans un accident de la route, ce qui couronne ces splendides dix derniers jours. Jusqu'à maintenant, cette année a été terrible. Nos films marchent moins bien que d'habitude. Il y a eu mon esclandre avec Tony Richardson à propos de *La Chambre obscure*[2]. Il y a eu le suicide d'André. Il y a eu et il y a toujours la paralysie d'Ivor. Il y a eu l'opération d'E dont les effets secondaires la font encore souffrir. Il y a eu la mort de son père la semaine dernière. Je ne serai pas mécontent quand les coches sonneront frénétiquement pour clore cette année et accueillir la nouvelle[3]. Et il faut attendre un mois !

---

[1] Sur Sunset Boulevard, à Beverly Hills, en Californie.

[2] Le réalisateur Tony Richardson avait renvoyé Burton de la production de *La Chambre obscure* pour rupture de contrat.

[3] Référence au poème *Ring Out Wild Bells* du poète anglais du XIXe siècle Alfred, Lord Tennyson.

La semaine a été assez cauchemardesque. Il nous a fallu à tous les deux jusqu'à aujourd'hui pour récupérer partiellement de ces deux vols assassins au-dessus du Pôle. À l'aller, le vol a duré très longtemps – environ douze heures – mais il s'est bien passé. Le retour a été plus court, environ dix heures, mais nous avons dû garder les ceintures de sécurité attachées presque tout le temps. Quelle corvée effrayante et alcoolisée, ces longs vols. Je n'en referai plus jamais sauf si c'est, comme le week-end dernier, une question de vie ou de mort.

Nous avons assez bien travaillé la semaine dernière, et nous sommes dans les temps voire en avance sur le planning m'a-t-on dit. Rex m'inquiète un peu ces derniers temps. Il devient beaucoup moins folle. En fait, il n'est presque plus folle du tout, on dirait quasiment le professeur Higgins[1]. Mais bon, sa légèreté naturelle lui permettra sans doute de s'en sortir.

Les gens se sont montrés très attentionnés envers Sara et Elizabeth à propos de la mort de Francis. Des centaines de lettres, de télégrammes, de couronnes pour l'enterrement et de bouquets pour la suite d'hôtel, etc. (Francis a reçu de courtes mais favorables nécrologies dans la plupart des journaux.) Edie Goetz dit qu'elle a été contrariée car E l'a appelée de la part de Mia[2]. « Bleah », comme dirait Peanuts[3].

Enfin, il y a eu de bonnes nouvelles même si c'était uniquement professionnel. On dit que *Quand les aigles attaquent*, que j'ai tourné plus tôt cette année, est un film palpitant qui va sans doute rapporter beaucoup d'argent. Les quelques personnes qui l'ont vu sont extatiques. C'est une histoire rocambolesque à la

---

[1] Référence au rôle du professeur Henry Higgins que jouait Rex Harrison dans *My Fair Lady*.
[2] Edie Goetz, fille de Louis B. Mayer, et épouse de William Goetz, un producteur de cinéma. Frank Sinatra avait divorcé de Mia Farrow plus tôt dans l'année 1968.
[3] Référence à la bande dessinée *Peanuts* du dessinateur Charles Schulz.

Boy's Own Paper[1] avec une vengeance à la clef. Je tue la moitié de l'armée allemande.

[...] Mon frère, qui est venu à l'enterrement en avion en tant que représentant de la famille, laquelle s'était cotisée dans ce but, a été un monument de courage, il a rendu mille services, a fait le sale boulot et a dû occasionnellement me surveiller.

Ron Berkeley et Valerie aussi ont été d'une aide considérable, surtout cette dernière. [...]

Les funérailles ont été bien organisées même si cela me démangeait les gencives d'attraper la bible que la vieille dame lisait en perdant régulièrement son dentier. Et la famille s'est admirablement bien tenue. E avait les larmes aux yeux mais a gardé le contrôle. Ce vieux connard d'Oncle Howard Young, qui a utilisé et volé Francis toute sa vie, pleurait plus que tous les autres[2]. Il a 92 ans et sentait peut-être sur lui les mains glacées de la mort. Il m'a dit plus tard pendant le repas qu'il possédait 25 millions de dollars. « J'espère que vous allez les laisser à la famille », ai-je dit. « Non, m'a-t-il expliqué ; vous vous êtes fait un nom et Elizabeth aussi, mais je serai oublié si je ne donne pas mon argent à une institution qui portera le mien. » « Bonne chance », ai-je répondu avec un sourire sépulcral. Plus tard Howard a déclaré qu'il était désolé pour le vieux brigand, et dans la voiture sur le chemin de la maison Eliz a dit la même chose[3]. Alors comme pendant toutes ces années j'ai entendu répéter que ce Howard Young était un monstre de méchanceté, j'ai piqué une crise à ma manière inimitable. Tout à fait irastosable. Tous les mots à cinq lettres du dictionnaire y sont passés, et même

[1] *Boy's Own Paper* est un magazine britannique destiné aux jeunes garçons, publié entre 1879 et 1967.

[2] Howard Young, marchand d'art et partenaire en affaires de Francis Taylor. Dans son testament il légua une somme d'environ 20 millions de dollars pour la fondation du Howard Young Medical Center, dans le Wisconsin.

[3] « Howard » : ici, Howard Taylor, le frère d'Elizabeth. (N.d.T.)

d'autres. Évidemment, je choisis toujours le bon moment pour crier sur ma femme, comme par exemple après l'enterrement de son père. Eh bien !

[...] Jeudi soir, c'était le dîner de Thanksgiving, offert par E. Il semble que cela se soit très bien passé, mais nous sommes partis tôt, E me traînant par l'oreille, car nous étions encore à cheval sur deux fuseaux horaires, le californien et l'européen. [...]

Lundi 2 – Hier je me suis levé assez tôt et j'ai batifolé avec ce journal. J'ai pris ma douche, me suis rasé, et j'ai fait réchauffer la soupe d'hier pour le petit déjeuner. Pendant le week-end, j'ai fini *My Life* d'Osbert Sitwell, après l'avoir commencé et abandonné au bout de quelques chapitres[1]. C'est un compte rendu fascinant de l'idiotie politique de l'époque de mon enfance. [...] Sa condescendance envers ma classe, la classe que je connais si bien, est pathétique et un exemple parfait du manque total de compréhension des aristocrates envers la classe qu'on disait alors laborieuse. Je crois finalement que même s'il était capable d'étourdissantes tournures de phrases, il était fondamentalement dénué d'humour. Et plus qu'un autre, un homme sans humour court le danger mortel de se leurrer lui-même. Hitler (1889-1945) et Mussolini (1883-1945), surtout ce dernier avec son cabotinage et son violon, n'en avaient de toute évidence pas une once. Et ils se sont tous deux trompés de manière cosmique. [...]

Mardi 3, Paris – C'est une entrée juste histoire d'en faire une. La journée d'hier a été désespérante. Elle avait bien commencé quand soudain une Rachel Harrison ivre et larmoyante est arrivée avec une Elizabeth Harris ivre mais pas larmoyante. Elles avaient toutes deux l'air amochées et avaient toutes deux les cheveux

[1] Burton veut dire Oswald Mosley. Osbert Sitwell était un poète et romancier.

teints dans un blond miteux. Elles ressemblaient à des grues. J'ai pris mes jambes à mon cou vers ma loge où j'ai trouvé Hebe Dorsey qui est restée quatre heures[1]. Peu après Hugh French est arrivé, et tous deux plus Bob Wilson ont entrepris de se saouler. Bob m'a demandé ce que je comptais faire de Ron si je décidais de partir en vacances pour les six prochains mois. Tout ça devant une journaliste. Ron lui a très discrètement demandé de se taire. Pendant ce temps-là, moi, je n'étais pas ivre. Comme les gens peuvent être assommants et ennuyeux quand ils sont bourrés et qu'on est sobre. Comme j'ai dû être assommant et ennuyeux la majeure partie de ma vie. Finalement, de désespoir, j'ai pris un verre qui n'a réussi qu'à me rendre froid et désagréable. [...] Je suis rentré à la maison pour trouver milady en train de jouer aux cartes avec Caroline. Je me suis assis, l'air renfrogné, pour lire l'autobiographie – correction : la biographie de JBS Haldane[2]. Fascinant. [...] Je me sentais joliment fatigué et je suis allé me coucher vers 23 h. À minuit ou un peu plus tard j'ai été réveillé par E qui m'a demandé si je voulais un somnifère ! J'ai failli devenir fou. En fait, il semblerait que je parlais dans mon sommeil et qu'elle ait cru que j'étais réveillé, mais même dans ce cas elle sait que je ne prendrais pas de somnifère de toute façon. Enfin, après nous être un peu crié dessus, E est allée se préparer de la soupe pendant que je continuais à lire Haldane. Nous avons éteint la lumière vers 2 h 30 ou 3 h. Cette fois j'ai eu du mal à m'endormir mais j'y suis arrivé vers 4 h j'imagine et j'ai dormi comme une souche jusqu'à 10 h. Nous nous sommes réconciliés, Dieu merci, nous finissons toujours par le faire, et nous avons *cwché* et fait des câlins[3].

[1] Hebe Dorsey (1925-1987) : rédactrice mode au *Herald Tribune*.

[2] J. B. S. Haldane, généticien, biologiste et membre du parti communiste de Grande-Bretagne. *JBS : The Life and Work of J.B.S. Haldane*, de Ronald Clark, fut publié en 1968.

[3] Burton écrit *cwched* au lieu de *cwtched*, le mot gallois signifiant « câliner ».

Rex m'a fait passer un sale quart d'heure pendant le tournage d'une scène. Il doit m'y faire de la respiration artificielle et me gifler le visage pour me ranimer. Il manque cependant tellement de coordination qu'il m'a en réalité flanqué une raclée. Et puisque comme d'habitude nous avons dû retourner la scène plusieurs fois, à la fin de la journée j'avais l'impression d'avoir la mâchoire démise. [...]

Je dois voir Joe Losey et John Heyman demain à propos de *Man from Nowhere*, et je vais devoir leur dire qu'E est trop malade à mon avis pour faire le film. Ça va être un coup dur. [...]

Mercredi 4, studios Billancourt, Paris – Une journée relativement facile, à dire au revoir à Rex quand il part pour son procès[1]. Pas de gifles ni de respiration artificielle et juste deux ou trois répliques. Nous approchons maintenant rapidement de la fin du film, qu'avec un coup de pouce de la météo anglaise nous devrions terminer plus tôt que le planning ne le prévoyait. [...]

E a cuisiné le dîner hier soir et m'a ensuite coupé les cheveux pour le bal donné ce soir à Ferrières par Guy et Marie-Hélène. J'ai dit que nous n'irions que si nous pouvions y passer la nuit. Avec un peu de chance, je ou nous pourrons nous éclipser au milieu des festivités et monter nous mettre au lit avec un bon bouquin. Elizabeth a une robe magnifique, réalisée pour elle par Marc Bohan, toute scintillante. Elle va être la reine de la soirée comme d'habitude je suppose. Sinon, je serai furieux.

J'ai continué de lire le livre sur Haldane. C'est extraordinaire qu'il ait pu se laisser leurrer par une quelconque idéologie alors qu'il avait de toute évidence un esprit incroyablement brillant et

---

[1] Allusion au procès que subit le personnage de Charlie Dyer (interprété par Rex Harrison) dans le film *L'Escalier*.

du bon sens. Même moi quand j'étais enfant dans les vallées, je savais qu'il y avait quelque chose de pas très net dans le communisme. Remarquez, l'inertie des soi-disant démocraties entre les deux guerres aurait pu rendre cinglé n'importe qui. Mais j'aurais pensé que la science pure était au-dessus de la simple politique. Il n'était pas du même avis.

[...] Il semble que je vais devoir prendre un avion pour Washington afin de faire un discours à un dîner destiné à rassembler des fonds pour les Kennedy et en mémoire de Bobby. Je l'ai en quelque sorte écrit dans ma tête hier après-midi entre les prises et je vais le coucher sur le papier dès que j'en aurai l'opportunité. Je vais le baser entièrement sur *Henry V* je crois et sur l'idée du patriotisme dans sa forme la plus noble et sur l'horrible fardeau de la royauté, car après tout qu'est le poste de président des États-Unis si ce n'est la maîtrise, même pour un temps limité, du plus puissant royaume que le monde ait jamais connu ?

« Sur le compte du roi ! Notre vie, nos dettes, nos tendres épouses, nos enfants, et nos péchés, mettons tout sur le compte du roi ! Il faut donc que nous soyons chargés de tout[1]. » Etc.

Jeudi 5, Paris – Ce n'était finalement pas une bonne idée de passer la nuit à Ferrières, parce que je me suis retrouvé à dire au revoir et « J'espère que vous avez passé une bonne soirée » à tout le monde avec le désarroi d'un hôte perdu. Je croyais que les Rothschild étaient allés se coucher, mais Elizabeth m'a assuré qu'ils étaient simplement dans une autre pièce. Finalement, vers 5 h du matin, après avoir salué et souhaité bon retour à tous et à toutes, j'ai réussi à ramper jusqu'à mon lit, en regrettant que ce

[1] Burton cite avec une seule omission un extrait de la tirade de Henry V dans la tragédie homonyme de Shakespeare, acte IV, scène 1 : « Sur le compte du roi ! Notre vie, nos âmes, nos dettes, nos tendres épouses, nos enfants, et nos péchés, mettons tout sur le compte du roi ! – Il faut donc que nous soyons chargés de tout. »

ne soit pas le lit, avec E dedans, qui rampe jusqu'à moi. Enfin, nous y sommes parvenus mutuellement *ensemble*★. J'ai parlé avec tant de gens, sans discontinuer, qu'il faudra que je consacre un autre numéro à leurs confessions. Grace de Monaco et son mari, le duc et la duchesse de Windsor, Lady Caroline O'Connor, le riche, le pauvre, le clochard détrousseur, et Lili qui a subi une attaque cérébrale majeure et qui évidemment n'était pas là mais à l'hôpital[1]. Nous devons aller la voir demain.

Vendredi 6 – Ce soir nous partons pour Montreux en train et ensuite pour Gstaad en voiture. Je suis très impatient à l'idée de rentrer à la maison et de voir les deux filles dans leurs diverses pièces de théâtre. Je me demande si Mme Trench nous laissera les prendre avec nous une nuit[2]. Peut-être que ce n'est pas une bonne idée car cela pourrait rompre la discipline de l'école.

Guy et Marie-Hélène nous ont très gentiment invité à passer Noël avec eux mais E et moi sommes d'accord, nous serions trop nombreux – les quatre enfants, Simmy et son petit ami, Sara et Caroline. Nous allons donc leur répondre que nous serions ravis de venir simplement pour le déjeuner. Comme ça, nous n'aurons pas à nous donner la peine de commander la dinde et tous ses accompagnements au Hilton. En plus, ce sera très agréable d'aller faire une promenade dans la forêt après le repas. J'espère qu'il neigera.

Parmi les personnes que nous avons rencontrées chez les Rothschild se trouvait Romain Gary. Divorcé ou séparé récemment de son épouse l'actrice Jean Seberg, il avait l'air assez triste. Nous allons dîner avec lui quand [...] je rentrerai de Londres. Ce sera très bizarre sans Elizabeth. Ce sera la première fois que

[1] « Le riche, le pauvre, le clochard détrousseur » : réminiscence de la comptine anglaise *Tinker, Tailor.* (N.d.T.)
[2] Mme Trench : la directrice de l'école où étaient scolarisées Liza et Maria.

je pars sans elle depuis plusieurs années. De son côté, elle a dû le faire à quelques occasions : quand son père a eu son attaque et quand le fils de Gaston a été tué à Paris alors que nous nous trouvions à Dublin. Seule la mort nous a séparés, en réalité. Je suis allé à Genève à cause du suicide de mon jardinier en la laissant dans un hôpital londonien. Mais en dehors de ces rares occasions, nous sommes restés constamment ensemble. Heureusement, j'aurai les garçons avec moi mercredi, je pense, et ils resteront avec moi jusqu'à ce que je retrouve mon bébé.

Chez les Rothschild, *la baronne** Thierry de Zuylen m'a demandé quel était l'écrivain que je considérais comme le meilleur de ce siècle[1]. J'ai répondu : « James Joyce. » Elle m'a dit : « Vous êtes le plus pervers des hommes, parce que la dernière fois que je vous ai parlé de lui, vous avez dit que c'était un imposteur, et que *Finnegans Wake* n'était une veillée funèbre que pour James Joyce[2]. » J'ai répondu : « Interrogez-moi de nouveau la prochaine fois et je l'attaquerai de plus belle à grand renfort de citations. » Elle est très belle et mariée au plus charmant des hommes, qui a un splendide nez cassé. Ce sont des parents des Rothschild je pense. Hollandais.

Grace m'a dit que cette fête était la première réception privée à laquelle elle et Rainier avaient jamais assisté à Paris. Tout le reste, a-t-elle dit, était des trucs d'État, des bals de charité, etc. Elle semblait bien plus détendue que d'habitude et plus gentille [...]. La duchesse de Windsor était dans une forme splendide et gentiment éméchée. Elizabeth a [eu] un grand succès avec tous ces gens. Je suis très fier d'elle et je pourrais bien l'épouser un de ces quatre.

[1] La baronne Thierry de Zuylen : la belle-sœur de Marie-Hélène de Rothschild.

[2] James Joyce (1882-1941), romancier. *Finnegans Wake* fut publié en 1939. [Bien que les traductions françaises conservent le titre anglais, celui-ci pourrait être traduit par « La veillée funèbre des Finnegan ». Burton fait donc ici un jeu de mots sur ce titre. (N.d.T.)]

Je redoute le travail, aujourd'hui. [...] Après, on doit nous remettre deux bateaux d'or ou quelque chose comme ça parce que nous avons gagné, pour la seconde fois consécutive apparemment, le prix du *Parisien* pour l'acteur et l'actrice les plus populaires de l'année. Ensuite nous irons voir Lili à l'hôpital puis en route pour Gstaad par le train de nuit de 23 h 50. [...]

Samedi 7, Gstaad – Nous sommes arrivés de Paris ce matin. Nous sommes descendus à Montreux. Simone nous attendait et nous avons fait le trajet jusqu'à Gstaad en voiture. [...] Il y avait une très fine couche de neige au bas des pistes, à peine plus qu'une grosse gelée. Comme *la Suisse** a l'air aseptisée, tout est tiré au cordeau, les rues sont aussi propres qu'une table, les montagnes bien en rang, tout est fait avec précaution. Les gens ont tous l'air récurés à fond, rutilants, et un peu casaniers.

La maison était propre comme un sou neuf. Comme elle est confortable et belle, et aussi calme qu'un murmure. [...]

J'utilise une nouvelle machine à écrire que j'ai achetée ce matin puisque Jane Swanson m'avait assuré qu'il y en avait une ici[1]. Je disais qu'il n'y en avait pas et les faits m'ont donné raison. Alors j'ai fait un saut à la boutique de jouets, *papeterie**, du village et j'ai acheté celle-ci. Les lettres paraissent très grandes par rapport à l'autre.

[...] Hier soir après le travail je suis allé au studio d'E où l'on nous a remis des prix. E a été l'actrice la plus populaire de France pour l'année 1968, et je suis l'équivalent masculin. Je me demande si nous aurions gagné sans notre présence si opportune à Paris. Deux affreuses petites plaques dorées.

[1] Jane Swanson, secrétaire de Burton et de Taylor.

J'écoute un disque de Five Thousand Welsh Voices qui chantent « *Mae d'eisiau di bob awr*[1] ». De quoi vous rendre fou de nostalgie. J'ai besoin de toi à chaque heure. Oh oui les gars.

[...] Bon sang, cet hymne me rend mélancolique jusqu'au délire. C'est la dixième fois que je l'écoute. Les morts se dressent en rangs devant mes yeux injectés de sang. Merde à tout. Merde à la mort. Merde à l'âge. Merde au chagrin. Merde à la solitude. « *Gad i'm teimlo awel o Galfaria fryn*[2]. »

Dimanche 8 – Hier nous sommes donc allés assister aux spectacles de l'école. Comme nous marchions vers le cinéma j'ai aperçu, à ma grande surprise, Barry Norman du *Daily Mail*. « Pour l'amour du ciel, mais que faites-vous ici ? » lui ai-je demandé. « Il faut bien couvrir les premières », a-t-il répondu. Puis nous avons remarqué un journaliste d'une radio européenne avec un micro-perche, qui n'enregistrait que quand Liza était sur scène. De toute évidence, ils pensent qu'étant la fille d'E, elle est comme sa mère, qu'elle commence tôt et qu'elle deviendra sans doute une aussi grande star. Est-il possible de croire que la presse voie aussi loin que ça, et soit aussi vénale ? C'était un bel après-midi. Quand ils ont déclamé Shakespeare avec l'accent américain il s'en est fallu de peu que je ne pleure, étant donné que tout était fait avec la terrible autorité de l'innocence. La véhémence de Liza envers Shylock rendait son jeu mortellement bon. Comme elle lui est rentrée dedans. « Ô juge érudit[3]. »

---

[1] Hymne gallois populaire pour chœurs d'hommes, qu'on peut traduire par « J'ai besoin de toi à chaque heure ». Burton écoute sans doute l'album « Five Thousand Voices, A Nation Sings Welsh Hymns », sorti en 1963.

[2] Autre hymne gallois, *Bryn Calfaria* ou « La colline du calvaire ». Ce vers peut être traduit par « Ranime-moi avec une brise [soufflant] du calvaire ».

[3] Extrait souvent cité du *Marchand de Venise*, acte IV, scène 1.

Ensuite il y a eu deux filles, une Noire et une Chinoise, qui ont fait la scène en français de *Henry V*, celle avant l'arrivée du roi, « le col, *de nick*, le menton, *de sin* », [...] qu'il fallait entendre pour en apprécier tout le charme enchanteur[1]. [...]

Lundi 9, Dorchester [Hotel, Londres] – Une autre machine à écrire étrangère. Jane pensait que je rapporterais celle de Gstaad.

[...] Nous avons pris l'hélicoptère entre Gstaad et Genève en dépit des protestations du pilote qui disait qu'il était trop tard et qu'il faisait trop sombre pour voler. Je l'y ai forcé malgré tout, et le vol a été très excitant. Franchir un sommet en voyant le sol défiler 60 mètres plus bas est vraiment un spectacle.

La petite Liza a beaucoup pleuré quand nous sommes partis. Tout comme sa mère. Combien elles s'aiment ces deux-là. Moi-même, j'ai un petit faible pour elles.

Nous avons pris l'avion entre Genève et Paris, déposé E et C, et j'ai continué vers Londres avec Jim Benton et Bob Wilson. Nous avons utilisé un jet « Lear ». C'est très petit et ça ne vaut pas le HS 125[2]. Pas de toilettes. Pas de bar. Enfin ce n'est pas très important pour des voyages aussi courts j'imagine.

Je suis devenu très saoul et j'ai beaucoup maltraité les gens et beaucoup insulté E au téléphone quand je suis arrivé. On pourrait intituler ces derniers jours « Journal d'un dipsomane ».

Elizabeth me manque terriblement. Je voudrais n'aimer personne. Et je voudrais ne crier sur personne.

[...] J'ai écrit une lettre à Mme Trench pour lui dire combien nous avions apprécié le spectacle. Elle ressemble beaucoup à Phil Burton. En parlant de l'attention excessive portée par la presse et la radio à Liza et E et moi-même, elle a déclaré : « J'imagine

---

[1] Acte III, scène 4.

[2] H. S. Hawker-Siddeley.

que personne ne se soucie que je sois responsable de l'excellence de cette représentation. Certains d'entre nous doivent vivre éternellement dans l'ombre. » Du Phil grandeur nature. [...]

Je me sens hébété et blessé, bien que ce soit moi qui n'aie fait qu'hébéter et blesser les autres hier. Et puis merde. Après tout je vais voir Ivor ce soir.

Jeudi 12 – Hier nous avons tourné dans l'incroyable horreur du climat anglais. Si j'ai un jour besoin de me rappeler que je ne veux plus jamais vivre ici, je n'ai qu'à relire cette page de mon journal. Le temps n'est pas spectaculairement mauvais, pas de vent, pas de tempête, pas de blizzard gémissant, juste un nuage gris et bas qui étreint l'esprit comme un étau. Et il ne fait pas plus froid qu'à Paris ou à Gstaad, mais c'est un froid humide qui semble pénétrer jusqu'à la moelle. Les Français qui sont parmi nous ont du mal à croire que les Anglais veuillent vivre ici. Je leur ai dit que certains des Saes aimaient vraiment ça, mais que la majeure partie d'entre eux n'ont pas le choix[1]. Et une fois de plus, les gens ordinaires dans les rues ont l'air fatigués et chétifs et méchants. Seule l'occasionnelle jeune fille en minijupe qui marche en balançant le derrière et les seins redonne le sourire. Il est rare que le froid me dérange autant, mais [...] je me suis surpris à courir à la caravane entre deux prises pour me réchauffer devant le chauffage au gaz. [...] Et pour couronner le tout, E n'est pas là pour partager mon mécontentement et supporter le fardeau de mes récriminations. Je ne crois pas qu'on puisse autant souffrir de l'absence de quelqu'un. Nous nous parlons une demi-douzaine de fois par jour au téléphone mais c'est quand même une souffrance. Elle me manque comme la nourriture.

[1] « *Saes* » : abréviation de *Season*, « les Anglais » en gallois.

Nous avons tourné à Windsor les deux premiers jours mais il faisait si sombre que nous n'avons réussi à boucler qu'un seul plan le premier jour. Par chance il y avait un petit pub bien chauffé tout près, où j'ai passé le plus clair de mon temps. Hier nous avons travaillé dans une maison très lugubre à l'orée d'un village nommé East Horsley. [...] Il faisait un froid terrible mais les gens qui travaillent là-bas (la maison a été transformée en école professionnelle d'ingénieurs ou quelque chose dans ce genre) ne semblaient pas en être du tout affectés. Remarquez, je crois qu'au fond, de manière atavique, je déteste les Anglais. Ce n'est qu'une bande de balourds incroyablement chanceux, c'est tout. Qui furent chanceux, devrais-je dire. Et ils sont immensément snobs et vaniteux. Toutes classes confondues.

Aujourd'hui nous travaillons quelque part du côté des jardins de Kensington dans un bus en marche. Au moins il devrait y faire chaud puisqu'ils vont devoir installer des projecteurs à l'intérieur du machin. [...]

Les deux garçons sont arrivés de l'école hier et comme je n'étais pas là ils sont allés chez [...] Norma Heyman. J'ai trouvé que Mike était très mince et pâle, et au bout d'un quart d'heure il s'est endormi sur le canapé. [...] Environ une heure plus tard, j'ai vu des bulles sortir de sa bouche et là, toujours endormi, il a commencé à vomir. Tout ce qu'il avait avalé depuis des jours semblait ressortir tandis que Ron et moi tentions de le réveiller – il est possible après tout de s'étouffer dans son propre dégueulis – et de le nettoyer en même temps que nous reconnaissions l'immanquable bouquet du vin rouge. Il était bourré. J'étais vraiment soulagé que ce ne soit que l'alcool. J'ai cru à un moment qu'il avait une des crises d'épilepsie de son père, ce qu'E et moi redoutons en secret depuis des années. Finalement je lui ai frotté de la glace sur le front et je l'ai à moitié porté dans la salle de bains où il a été de nouveau malade. Il était terriblement contrit. Je lui ai dit que tout allait bien mais qu'il devait apprendre à gérer la boisson. [...]

Chris a une petite amie ! Il l'a emmenée dîner hier soir. Voilà donc un souci de moins, j'espère. Il ne sera pas pédé. Malgré son âge, il approche des 14 ans, il reste un petit garçon.

Millfield ne me fait pas grande impression. Craig, le fils de Ron, portait un pyjama sous son costume et avait un grand accroc à l'arrière de son pantalon ; Michael avait une grande déchirure au genou du sien, et les trois garçons étaient absolument dégoûtants. Leurs cheveux étaient sales et ils n'avaient visiblement pas changé de sous-vêtements ni de chemise depuis des semaines. J'aimerais pouvoir les faire entrer à Eton ou Harrow, où l'on insiste sur la propreté[1]. Et ils auraient une allure splendide avec des chemises à col Eton, etc., au lieu de ces satanés vêtements édouardiens qu'ils ont actuellement sur le dos, qui bien sûr pourraient avoir l'air magnifiques s'ils n'étaient pas d'une saleté répugnante. [...] J'aimerais que tous les enfants cessent de grandir à l'âge de 10 ans et sautent ensuite directement à l'âge de 21 ans. La puberté et l'adolescence, le sexe malodorant, les rêves mouillés, l'ambition et la souffrance et les amours juvéniles, la peur et les examens et ne pas savoir ce qu'on va faire... Une période détestable.

Samedi 14, Paris – [...] Après le tournage, terminé à 11 h 30, j'ai cherché refuge au Dorchester où j'ai été rejoint par Rex, Jim, Vicky, Elizabeth Harris, une amie à elle, Tony Pellissier, Hugh French, Sheran, Norma, Bob Wilson et les deux garçons[2]. La réunion s'est transformée en fête. Nous sommes partis pour l'aéroport de Gatwick vers 15 h et sommes arrivés là-bas vers 17 h. Le douanier était gallois et parlait la langue. Alors tout s'est

[1] Eton et Harrow sont considérées comme les meilleures écoles privées d'Angleterre.

[2] Tony Pellissier : acteur, scénariste, producteur et réalisateur.

bien passé. Le vol jusqu'au Bourget a été calme et sans histoire et a pris trente-deux minutes. [...]

E paraît souffrir beaucoup. Sara était là quand je suis arrivé avec Graham et son épouse Hilary. Graham et moi avons emmené le chien Jacob en promenade et nous sommes arrêtés dans un bistro pour une demi-douzaine d'huîtres pour moi et une demi-douzaine d'escargots pour Graham. Quand nous sommes rentrés Ringo Starr et Maureen, sa femme, étaient là[1]. J'étais bien bourré. Elizabeth souffre tellement que je m'imagine qu'elle va finir en fauteuil roulant. Ainsi les deux personnes que je préfère au monde, E et Ivor, se baladeront sur des béquilles. *Quelle vie*★.

Nous dînons ce soir avec le duc et la duchesse de Windsor dans un bistro. Je viens juste de lire un article extraordinaire et fascinant à mon sujet dans le magazine du *Telegraph*[2]. Ça ne me ressemble pas du tout mais j'aimerais rencontrer l'homme dont il est question. J'ai l'air bêtement écoutable. Ce que je suis, bien sûr !

Vendredi 20 – Presque une semaine depuis la dernière fois que j'ai écrit ici. Ne sais pas pourquoi. En étais simplement incapable.

Nous sommes bel et bien sortis pour dîner avec le duc et la duchesse. À un moment, je me sentais si en confiance que je me suis retrouvé, à ma plus grande horreur, à appeler Sa Grandeur « David », ce qui n'a pas été très bien accueilli. C'était reparti.

[...] Ces trois derniers jours, j'ai « doublé » le film. Je crois que c'est l'aspect du boulot que j'aime le moins. Donen et le monteur qui est manifestement homosexuel gloussaient en douce entre les prises[3]. À vous rendre malade. [...] Mais d'une manière

[1] Starr avait joué avec Burton dans *Candy*.
[2] John Coleman, « All for Love », *Daily Telegraph Magazine*, 15 novembre 1968.
[3] Probablement Richard Marden, le monteur, qui travaillerait aussi sur *Anne des mille jours*.

ou d'une autre j'ai gardé mon sang-froid et suis venu à bout de tout ce qu'ils m'ont demandé [...].

Hier matin à 9 h 30 j'ai vu *Quand les aigles attaquent*. C'est à certains moments le film le plus effrayant que j'aie jamais vu. Parfois je tremblais alors que je savais ce qui allait arriver. Les enfants ont adoré et y sont retournés pour le voir une seconde fois. Et ce sera je suppose notre principal public. [...]

Je m'inquiète beaucoup pour E. Elle manque totalement de discipline vis-à-vis de sa santé. Les médecins disent tous qu'elle devrait rester allongée sur le dos pendant au moins un mois. L'équipe du film a très généreusement cessé de tourner pour qu'elle puisse se reposer, et je ne l'ai encore jamais vue rester allongée sur le dos plus d'une heure, sauf pour dormir. Elle dit également que les médecins lui ont donné l'autorisation de boire, mais cela ne peut pas être bon pour elle de boire et de prendre ces doses de médicaments que Caroline passe son temps à lui faire avaler. Le résultat de ce manque total de soin pour sa propre personne, c'est que je m'impatiente quand elle clopine en souffrant. À ce rythme-là, sa maladie ne guérira jamais. Et lui en parler revient à parler à un mur. Je me fiche de ce que disent les médecins. Ils l'ont virtuellement tuée deux fois, et ont de fait tué ma mère par pure négligence. Combien d'acteurs vraiment bons trouve-t-on sur un millier ? Avec de la chance, peut-être cinq. Les autres sont au chômage. La même proportion s'applique aux médecins, mais aucun d'entre eux n'est au chômage – ils sont tous occupés à prescrire les mauvais médicaments, à poser de mauvais diagnostics ou à charcuter un pauvre connard assommé à l'éther. Oh, je pourrais faire des récits qui vous figeraient et vous lacéreraient[1].

[1] Paraphrase de *Hamlet*, acte I, scène 5, où le spectre dit à Hamlet : « Je te dévoilerais un conte dont le plus petit mot / Pourrait lacérer ton âme, figer ton jeune sang. » [Traduction Jean-Michel Déprats. (N.d.T.)]

Les enfants sont tous là à présent. Chris est toujours très beau et Liza a minci et est très mignonne. Mike, comme c'est le cas maintenant depuis deux ans, donne perpétuellement l'impression qu'il vient de ramper à travers plusieurs haies et qu'il a de la boue dans les cheveux. Quelqu'un a coupé les cheveux de Maria à Gstaad et elle a l'air d'une folle. Mais ce sont tous des enfants très attachants, et alors que c'était Maria qui n'arrêtait jamais de parler, c'est Liza la pipelette à présent. Elle bavarde toute la journée.

Je suis ravi que le film soit terminé. J'étais en train de me détruire et de m'acheminer vers une mort prochaine mais maintenant que le travail est fini je n'ai plus besoin de stimulants artificiels. D'ailleurs, je n'en ai plus envie. Je compte rester raisonnablement en forme pendant les prochains mois, ce qui ne m'est pas arrivé depuis longtemps. Je viens juste d'allumer une cigarette et de l'éteindre avec précipitation et culpabilité. J'ai hâte d'être à Gstaad. Je pourrais me remettre au patin à glace si nous y restons assez longtemps. Je crois que faire du ski, avec mon imprudence, mon goût pour l'exploit et mon manque d'entraînement, me vaudrait une jambe cassée. Exactement ce dont j'ai besoin.

Nous nous inquiétons pour Maria. [...] Par pitié, faites qu'elle ne soit pas simple d'esprit. Que ferons-nous d'elle si c'est le cas ? Je ne suis pas très patient avec les enfants intelligents, et encore moins avec ceux qui ne le sont pas. Presque tous les enfants, y compris les miens, m'ennuient au bout d'un moment. Peut-être suis-je fondamentalement égoïste.

Samedi 21 – Nous partons pour Gstaad aujourd'hui et y resterons jusqu'au 5 janvier. Nous avons loué un grand avion, je ne sais pas trop lequel, mais il accueille 16 passagers et c'est un turbo-jet. La raison en est que nous sommes accompagnés de beaucoup de monde : Sara, Michael, Chris, Liza, Maria, Caroline,

John Machin-Chose qui est le petit ami hawaïen de Simmy, et nos deux mauvaises personnes. En dehors de ça, ce sera un de ces Noëls tranquilles, en pantoufles, au coin du feu, à fumer la pipe, avec un tome de Dickens qu'on adore et qu'on connaît déjà par cœur. Ça va être un asile de fous. Je vais m'enfermer dans la chambre pendant trois jours et sortir en douce pour aller marcher dans les bois quand personne ne fera attention. Peut-être pourrai-je lire *Un chant de Noël* devant le feu de bois de notre chambre[1]. Et faire tous les mots croisés de Noël. J'ai oublié de mentionner que nous emmenons également quatre chiens, un chat et un canari. Je pense que je vais suggérer que la famille voyage à l'avenir *en masse** sans moi tandis que j'irai seul de mon côté. Comme ça doit être agréable d'emporter juste un passeport, un sac, une valise et une machine à écrire. Et de voyager de nuit dans un tortillard et de se réveiller au milieu des cloches des vaches et des chalets suisses. Au lieu de se retrouver à dire : « Liza, avance, pour l'amour du ciel, et arrête de caresser ce chien errant. Maria, assieds-toi, ASSIEDS-TOI. Chris, vas-tu pour l'amour de Dieu cesser d'allumer des allumettes partout dans ce satané aéroport. Mike, enlève tes pieds du dos du commandant. Il essaie de piloter cet avion. Surveillez Fatso. Attrapez le chat. Que quelqu'un nettoie la merde de Jacob. Enlevez les griffes de ce putain de chat de la cage du canari. Est-ce que quelqu'un va finir par empêcher Oh Fie de lever la patte sur celle du navigateur. Et merde, où est le parachute ? Je me tire d'ici. » J'aurais dû dire <u>cinq</u> chiens, j'avais oublié Jacob. Hier, après le travail, je suis rentré directement à la maison et je me suis installé dans la salle de bains de la chambre d'amis pour lire le reste de la journée. [...] J'ai lu trois romans policiers, dont un que j'avais déjà lu, ce dont je ne me suis rendu compte qu'aux

[1] Charles Dickens, *Un chant de Noël* (1843).

derniers chapitres. Puis un gros pavé intitulé *The Bible as History*[1]. Fascinant, ce dernier.

Aujourd'hui dans l'*Express* il y avait une photo d'E embrassant le duc de Windsor, avec Sara d'un côté, et le duc et moi-même à l'arrière-plan (coucou ?), la légende indiquant « L'extraordinaire étendue des relations des Windsor ».

Dimanche 22, Gstaad – Nous sommes arrivés hier d'une humeur épouvantable. Dick Hanley avait réservé un avion de 35 places pour nous amener à Genève. Ça m'était plus ou moins égal jusqu'à ce que j'apprenne par Pierre Alain, qui voyageait avec nous, qu'il n'y avait pas de lit pour Eliz à bord. Pourquoi ? l'ai-je interrogé. « Parce que personne n'en a demandé ; ils ont demandé un avion plus grand pour l'excédent de bagage. » Eh bien ! C'était un turbo-jet conçu pour des touristes, et les sièges ne pouvaient même pas s'incliner. Le résultat, c'est qu'aujourd'hui E est de nouveau une invalide. Le vieil adage se vérifie : on n'est jamais aussi bien servi que par soi-même. Un avion de 35 places pour 9 personnes et 32 petits sacs. Désespérant. […]

Nous avons pris l'hélicoptère entre Genève et Gstaad, et c'était aussi excitant que d'habitude. J'étais dans une de mes humeurs irrémédiablement mauvaises, insultant tout le monde à gauche, à droite et au milieu. À part Caroline personne ne s'en est rendu compte. Elizabeth a crié un peu. Je l'ai accusée d'être une hypocondriaque et d'être malade quand ça l'arrangeait. « Comme par hasard, ai-je dit, quand tu étais à Paris et que tu devais travailler tu ne pouvais pas bouger, et maintenant qu'on est à Gstaad tu gambades partout comme un agneau », etc., etc. Et je ne pouvais pas changer de sujet. C'est comme un type qui manque écraser un enfant avec sa voiture puis qui lui file une claque pour lui avoir fait peur. Je hurle sur E

[1] Werner Keller, *The Bible as History* (1955).

parce que j'ai peur pour sa santé. Je ne pense quasiment qu'à ça. Le temps où elle pouvait bouger sans problème me manque. Ce soir par exemple je vais descendre au village pour emmener tous les enfants dîner sans Elizabeth. C'était inconcevable il y a un mois ou deux.

Finalement, je me suis mis au lit en boudant vers 21 h 30 avec *1000 Days with Jack Kennedy* de Schlesinger[1]. J'ai lu jusque vers 5 h et dormi jusqu'à 13 h.

Et allez, c'est parti pour la longue corvée de Noël.

Mardi 24 – [...] Hier je suis allé faire les magasins. Je déteste ça. Ça m'a mis d'une humeur de crin pour le reste de la journée. Et pourtant, je me suis baladé dans les rayons de Cadonau et j'ai acheté environ vingt trucs en dix minutes[2]. S'ils sont assez beaux, je prendrai peut-être un rubis ou deux pour Eliz. Ils en ont fait venir pour moi hier une sélection de Genève ou de Zurich ou des deux, pour autant que je sache, et ils viennent juste de téléphoner pour dire qu'ils étaient arrivés. Je vais donc passer au village quand j'aurai fini ceci et je ferai mon choix, si je me décide. Pour rivaliser avec les diamants et les émeraudes, il faudra qu'ils soient passablement beaux. [...]

Simmy et son petit ami John Gross ont annoncé leurs fiançailles hier soir. C'est un type formidable et très aimable. J'espère qu'ils savent tous les deux ce qu'ils font. Elisheba est venue boire un verre vers 18 h 30[3]. Elle est très fragile. Nous devons partager le dîner de Noël avec eux demain soir. Elle a dit trois fois que son mari était un Juif américain et qu'elle espérait que je serais gentil avec lui. Pourquoi diable ne le serais-je pas ? Certaines de mes meilleures amies sont des princesses. [...]

---

[1] Arthur Schlesinger. Le livre est paru en 1965.

[2] Cadonau : librairie, papeterie et boutique de souvenirs de Gstaad.

[3] La princesse Elizabeth de Yougoslavie (née en 1936). Son premier mari était Howard Oxenberg.

Mardi 31 – Le dernier jour de l'année et je ne suis pas mécontent. Cette année a connu des hauts et des bas, avec bien plus de bas que de hauts. J'ai déjà énuméré la liste des calamités. Il y a cependant une nouvelle à célébrer pour la nouvelle année qui je l'espère sera plus propice. Ivor, ces dix derniers jours, a été capable de se mettre debout trois fois et a également nagé trois fois. Toujours avec de l'aide, bien sûr, mais au moins c'est un signe. Donne-nous davantage de signes, ô Seigneur ! J'ai le nez, la gorge et la poitrine pris par un mauvais rhume dont je n'arrive pas à me débarrasser. J'ai de plus en plus souvent des rhumes depuis quelque temps. J'ai arrêté de boire et baissé ma consommation de cigarettes pour essayer de m'en débarrasser car cela me rend, je veux parler du rhume, très irritable et impatient et infâme avec tout le monde. J'ai passé toute la journée d'hier dans la chambre et j'ai lu, ou plutôt relu, le pavé de Schlesinger sur JFK. J'ai dû lire sans interruption, y compris pendant les repas et les sauts aux toilettes, quelque chose comme seize heures. Le résultat étant que ce matin, mon œil droit est rouge vif. C'est un souvenir de cette bagarre devant la station de Paddington il y a environ sept ans, où j'ai reçu dans l'œil un coup de santiag si vicieux que j'y ai laissé ma conjonctive et pratiquement mon œil. Ces choses commencent à se faire sentir quand on arrive à un certain âge. Le bas de ma colonne vertébrale me fait parfois aussi vivre un enfer, le résultat de cette même bagarre mais peut-être pas de cette même botte pointue. Il y avait six de ces petits monstres contre Ivor et moi-même[1].

Il y a trois jours, nous sommes allés dans la maison de Curd Jürgens à Saanen pour prendre un verre et dîner. C'était hor-

[1] Burton s'était retrouvé pris dans une bagarre devant le pub The Load of Hay, dans Praed Street, Paddington, à Londres. La plupart des sources suggèrent que cela eut lieu en janvier 1963.

rible, plein d'Allemands. J'ai beau faire, je ne les aime pas. Ils ne me posent pas de problème pendant un temps, mais que je les rencontre en masse ou dans un groupe et ma vieille haine ressurgit. Heureusement David Niven était là, et Caroline, Elisheba et bien sûr ma E. Tout le monde est devenu très ivre sauf nous et Niven vers minuit m'a emmené dans une chambre et m'a dit que ce serait une bonne idée de faire sortir mon groupe de là car il soupçonnait qu'une sorte d'exhibitionnisme ou d'orgie allait commencer d'un moment à l'autre. Je lui ai répondu que j'avais la même impression, et nous avons donc fichu le camp assez rapidement. Je n'avais cependant pris que quelques lampées d'un vin très quelconque chez Curd et j'étais d'humeur buveuse, nous nous sommes donc arrêtés au Palace pour un dernier verre, qui dans mon cas a duré jusqu'à 8 h 15 du matin. E était furieuse – elle était rentrée à la maison vers 3 h 30. [...]

Mon inquiétude principale pour la Nouvelle Année, parmi les inquiétudes habituelles pour les enfants, etc., etc., c'est la santé d'E. Cela ne s'arrange pas et elle ne fait pas grand-chose pour y remédier, ce qui me rend fou. [...] Si elle survit à ce film, elle ne travaillera plus avant longtemps. Et si elle continue d'avoir des problèmes de sciatique, j'insisterai pour qu'elle ne travaille plus du tout. Ce n'est pas correct vis-à-vis d'elle et certainement pas non plus pour les firmes cinématographiques qui l'engagent. Je suis resté au lit toute la journée d'hier par exemple tandis qu'elle l'a passée assise dans la pièce principale à cancaner, etc., jusqu'à bien après minuit. Et bien sûr, tout ça en sirotant des verres. Je redoute les soirées, quand on lui a fait ses injections, etc., de médicaments qui la laissent à moitié incompréhensible. En plus de tout ça, on lui donne de la cortisone, qui apparemment fait gonfler, et qui donc nécessite de suivre un régime sans sel assez strict. Elle a suivi ce régime deux jours. [...] Le plus effrayant dans tout ça, c'est que quand elle gémit et crie de douleur, résultat de son laisser-aller total, je suis simplement agacé. Et ce qui est encore plus effrayant, c'est que tout l'ennuie dans la vie. Elle ne lit jamais de livre, ou en tout cas pas plus de deux pages d'affilée. Il lui a fallu un mois pour lire un policier médiocre de Carter Brown que j'aurais pu terminer en une heure. Elle n'a pas demandé à lire ce journal, auquel elle a libre accès et qui normalement la faisait rire, depuis presque deux mois. J'ai toujours été un gros buveur, mais à présent, à cause de cette demi-vie que nous menons, je bois deux fois plus. Le résultat, c'est que je vais mourir de boisson tandis qu'elle continuera allègrement à vivre dans son petit monde. Ne sois pas si déprimé Rich, le Monde sera tout neuf demain. Je prie simplement pour qu'elle finisse ce film sans trop de difficulté. Après celui-là, et si par hasard il ne rencontrait qu'un succès modéré, elle aura beaucoup de mal à se faire payer de nouveau 1 million de dollars pour un film. [...]

1969

JANVIER

Samedi 4, Gstaad – Nous partons en hélicoptère pour Genève dans deux heures et de là en Mystère pour Paris. [...] Nous voyageons à six – Mike, Chris, Sara, Caroline et nous deux. [...]

Nous sommes restés à la maison toute la journée et avons lu. J'ai lu trois livres : une histoire du *Daily News* écrite de manière journalistique par un certain John Chapman, « l'éminent critique de théâtre[1] » !!! *Lord Hornblower* par C. S. Forester, et *Fair Stood the Wind for France*, par H. E. Bates[2]. Je suis fasciné par les critiques de Bates, imprimées sur la première et la dernière de couverture. On pourrait croire qu'il a écrit un chef-d'œuvre incontournable. En fait, c'est d'une lisibilité abjecte et rien de plus. Je ne l'ai lu qu'hier et pourtant déjà oublié. Efficace comme le diable mais sans aucune réalité. Seigneur, il faut se méfier des critiques – bonnes ou mauvaises, on risquerait de les croire. [...]

Dimanche 5, Paris – Nous sommes de retour au Plaza Athénée depuis hier. Nous devrions y rester environ un mois je suppose, suivant le temps qu'ils mettront à terminer ce film monumental d'Elizabeth. En incluant les arrêts de travail pour maladie, le tournage dure depuis septembre dernier. [...] À l'avenir, nous

---

[1] *Tell It To Sweeney : The Informal History of the New York Daily News* (1961).

[2] *Lord Hornblower* (1946). *Fair Stood the Wind for France* (1944).

devons essayer de nous assurer, si jamais nous retravaillons, que le réalisateur soit un homme jeune, et si possible <u>nouveau</u>. Ceux-là ne peuvent pas se permettre de faire l'andouille. Et en aucun cas ils ne devront être qualifiés par les autres ou par eux-mêmes de « génie » ou d'« important » ou d'« artiste qui perce ». On se retrouve avec un film qui est encensé par la critique et ignoré par le public.

Je n'arrive pas à retrouver le dernier volume de mon journal qui couvre environ dix-huit mois depuis septembre dernier. Je suppose qu'avant de partir je l'ai rangé dans un endroit si sûr que je l'ai oublié. Ça ne serait pas très joli s'il tombait entre de mauvaises mains. Il en dit trop sur beaucoup de gens, et surtout sur moi-même. Il est destiné à notre grand âge, à E et moi-même. [...]

Mardi *7* – [...] Dimanche dernier j'ai emmené les deux garçons déjeuner au Fouquet's avec Bernard, le chauffeur d'E. Nous avons ensuite fait la tournée des bars sur le chemin du retour, ce qui signifie que nous étions tous passablement éméchés quand nous sommes arrivés à l'hôtel. [...] E n'était pas très contente. Je lui ai promis de ne plus recommencer, une promesse que je ne tiendrai évidemment pas. [...]

Jeudi 9 – [...] J'ai décidé de commencer un régime pas trop contraignant, connu sous le nom de « régime du buveur », pour voir si je parviens à perdre doucement quelques kilos. Ce matin, en pyjama, je pesais 83,5 kg. J'aimerais descendre à 80 kg. [...]

J'ai emmené les enfants et Sara déjeuner à D'Chez Eux, et je me suis empiffré de *hors d'œuvres*★ [*sic*], de trois différentes sortes de salamis, de plusieurs *terrines*★ et *pâtés*★ et de sauce aux oignons doux et de petits pois et de haricots et de pain noir beurré, arrosé du vin doux bien frais produit localement. [...] Je suis rentré à la maison et j'ai avalé une demi-livre de bonbons à la réglisse et une pinte de lait. Pas surprenant que je sois un peu trop gros. [...]

Ce journal n'est vraiment utile à personne d'autre qu'à moi. Il me force à garder une sorte d'ordre désordonné dans mes pensées, et pour ma paresse l'écrire vaut toujours mieux que de ne rien faire du tout.

Vendredi 10 – J'ai été de drôle d'humeur toute la journée d'hier. Cela avait assez bien commencé avec un ciel bleu et la promesse d'emmener E déjeuner. Elle a terminé tôt et nous avons pris un repas tardif à La Cascade dans le Bois de Boulogne. J'ai suivi mon régime et j'ai bu un whisky soda avant le repas, suivi par une demi-douzaine de belons, un *steak au poivre**, une salade et un gros morceau de fromage[1]. J'ai bu du Lafite 1960, environ deux verres, et deux ou trois cognacs après le fromage, avec un café sans sucre et sans lait. Plus tard dans la soirée j'ai bu deux autres whiskies soda. À part de l'eau, c'est tout ce que j'ai bu de la journée. Ce matin la balance indiquait une perte d'un peu plus de deux kilos. J'ai été très surpris. Deux semaines comme ça et je serai belsenique[2]. E était déjà incroyablement ivre quand je l'ai rejointe pour le déjeuner. Je ne me rappelle pas l'avoir jamais vue aussi incohérente à cause de l'alcool. Je m'y serais attendu venant des médicaments qu'elle est obligée de prendre, mais pas de la picole. Dieu du ciel, j'espère qu'elle va bien. Ce serait terrifiant de passer le reste de nos vies dans une hébétude alcoolisée, à voir le monde à travers le brouillard des spiritueux et de la fumée des cigarettes. Ne jamais savoir exactement ce qu'on a dit ou fait la veille, ou ce qu'on a lu, que ce soit sage ou idiot, en retard ou trop tôt. Bon je vais me servir un whisky soda de ce pas. Dans

[1] Belon : variété d'huîtres plates. (N.d.T.)

[2] Probablement une allusion aux survivants du camp d'extermination nazi de Bergen-Belsen.

ce monde meurtrier, peu de plaisirs peuvent rivaliser avec une légère ivresse, surtout si comme moi on sent au plus profond de soi-même que le monde tel que nous le connaissons ne durera plus très longtemps. Nous sommes à l'âge de l'abysse et d'un instant à l'autre, ou un jour sombre, nous pourrions trébucher et basculer dans le chaos primordial[1]. Qu'un foutu étranger appuie sur un bouton et tout disparaîtra. Même le Miners' Arms de Pontrhydyfen[2]. Nos petites existences seront anéanties dans un boum cosmique. « Ces millions de visages blancs », comme dit Archie MacLeish, et ensuite « plus rien, plus rien, plus rien du tout[3] ». Mais ne soyons pas bourrés tout le temps. Ayons des jours et des jours de clarté brillante, nets et limpides, froids et chirurgicaux.

Je crois que j'ai dernièrement fait une overdose d'histoire. Plus je lis sur l'homme et sa brutalité démente et son âme meurtrière, envieuse et scatologique, plus je me rends compte qu'il ne changera jamais. Notre stupidité est immortelle, rien n'y fera rien. Les mêmes erreurs, les mêmes préjugés, les mêmes injustices, la même luxure dansent perpétuellement en rond dans le défilé des siècles. Immuables et inéluctables. J'aimerais croire en un Dieu quelconque, mais je n'y arrive simplement pas. Mon intelligence est trop musculaire et mon imagination s'arrête à l'horizon, et j'ai dans l'idée que le dernier son qui retentira sur cette jolie planète sera le hurlement d'un homme. Un hurlement de peur et de terreur. Ce sera peut-être le mien. Bien que je prie pour pouvoir m'enfoncer dans l'horrible et effrayante nuit sans un mot, comme mon père Dic Bach Y Saer. Ou peut-être juste avec un réprobateur et désespéré « Allez vous faire foutre[4] ».

---

[1] « D'un instant à l'autre, ou un jour sombre » : « *any minute or dark day now* » en anglais, réplique tirée d'*Under Milk Wood* de Dylan Thomas.

[2] Le Miners' Arms est le nom du pub du village natal de Burton.

[3] Citation – en partie déformée – du poème *The End of the World* (1935) d'Archibald MacLeish.

[4] « *Dic Bach y Saer* » : littéralement, en gallois, « Petit Dic le charpentier », le père de Richard.

Samedi 11 – Hier, je suis allé à la galerie d'art d'Alex Maguy afin d'essayer d'aider Sara à le convaincre de reprendre un Vuillard qu'elle et Francis possédaient et qui s'est révélé invendable en Californie, pour le troquer contre deux Kisling ou Marquet. Il a accepté, en dépit de ses refus répétés de ces dernières années. Elle dit que c'est entièrement grâce à ma présence, et à ma langue bien pendue, même en français, et à ma célébrité ! [...] C'est un petit homme qui prétend être un grand ami de Picasso, et il a effectivement chez lui une collection impressionnante de Picasso, dont un qui fait saliver Elizabeth. Il représente une dame en robe bleue avec un chapeau bleu foncé qui comporte de petites touches de bleu clair, et elle soutient ce qui ressemble à une traîne de plumes blanches. Nous n'avons pas vu l'original mais il, Alex, a promis de nous inviter chez lui pour le voir. [...] Même moi, je l'aime bien. J'ai vu beaucoup d'autres tableaux et je vais évidemment finir par en acheter un. Il y a un charmant petit Picasso représentant un Arlequin sur un cheval dont il demande 40 000 dollars. [...] Il y a aussi un Marquet de taille moyenne, un paysage d'Algérie que j'aime beaucoup, pour 24 000 dollars. Mais ce qu'il y avait de plus impressionnant, c'étaient deux tableaux de Van Gogh peints de chaque côté d'une toile – un homme à un métier à tisser, et (de l'autre côté) un homme assis sur une chaise devant une cheminée, semble-t-il. Mais ils sont hors de prix, même pour moi. Il y avait aussi un Vlaminck que j'ai trouvé très beau, représentant un *Café de la Gare**, mais qui n'a impressionné personne d'autre que moi. Michael était avec nous, il [...] a, contrairement à moi, une grande sensibilité vis-à-vis de l'art. J'espère qu'il deviendra un artiste. Cela conviendrait bien à sa personnalité rêveuse. Il n'a pas l'air d'avoir assez d'énergie pour devenir acteur et ce n'est certainement pas un littéraire. Il vient à peine de dépasser le stade des bandes dessinées. Je sais qu'il ne lirait ni Shakespeare ni Dickens de son propre chef. Hier il m'a demandé s'il pouvait choisir un livre – j'ai ici à l'hôtel une petite bibliothèque d'environ 200 bouquins, sans compter les ouvrages de référence –, et il a pris une *Histoire du cinéma*. Pleine de photos, évidemment. [...] Nous sommes restés à la maison, E n'est pas rentrée avant 21 h. Hier, j'ai mangé et bu les choses suivantes : un bloody mary, deux scotchs et soda, deux œufs mollets, une demi-douzaine d'huîtres et un verre de vin blanc pour le thé, dans la soirée trois tasses de bouillon instantané, pour le souper un morceau de chateaubriand et quelques feuilles de chicorée. Et deux vodka-martini. Résultat, j'ai perdu un peu moins d'un demi-kilo. Franchement, pour encourager les gens au régime, on devrait calibrer les balances pour qu'elles précisent les grammes.

Dimanche 12 – Hier, je me suis nourri de : deux vodka-martini, deux tranches de foie de veau au lard fumé, deux tranches de bacon, une moitié de melon doux d'Espagne, deux verres de riesling (du Johannisberger, très bon), une salade avec une vinaigrette au roquefort. Résultat, une perte de poids d'environ 500 grammes. Je pèse maintenant quelque chose comme 81 kg. Quand je jouais au rugby, que j'étais en pleine forme et dur comme l'acier, je pesais 80 kg, mais hélas c'était il y a vingt ans et depuis mon poids s'est déplacé vers les mauvais endroits de mon corps. [...]

Lundi 13 – Mes péchés m'ont rattrapé ! Qui aurait cru qu'un homme connu en son temps pour briser des vitres ou se jeter dans des bagarres contre tout pronostic à cause de son ivrognerie serait un jour horrifié par celle des autres ? Du moins par celle de ses proches ? Et qui est plus proche de moi qu'E ? Depuis un mois maintenant, à seulement quelques exceptions près, elle est allée se coucher non pas à peine pompette ou éméchée mais <u>bourrée</u>. Et quand je dis bourrée, c'est divaguant, incapable de marcher droit, parlant d'une voix de bébé, traînante et incompréhensible, aussi totalement dépourvue de raison qu'une enfant démente. J'ai pensé au début que c'étaient ses médicaments, mais je sais maintenant que le truc qu'elle prend n'est au plus qu'un mélange de vitamines, il faut donc bien que ce soit la bonne vieille bibine. J'ai fait une tentative désespérée le week-end dernier, alors qu'elle n'avait aucune pression avec son travail, pour voir si je parviendrais à gérer la situation. Résultat : aucune différence. Ce qu'il y a d'affreux, c'est que ça m'a détourné de l'alcool ! Ça a donc peut-être ses bons côtés. Je ne peux pas y faire grand-chose. Ça ne servirait à rien que le vieil hôpital agite l'index et donne une leçon de morale à la pauvre charité. Je vais donc continuer de prier pour que ce soit une réaction psychologique à cette satanée ablation de l'utérus de l'été dernier, que ce soit seulement temporaire, et qu'elle retrouve progressivement son état normal. Je dois prendre garde à ne pas la suivre sur ce chemin, sinon nous aurons besoin d'un gardien pour s'occuper de nous. Mais à moins que je sois moi-même ivre, être en présence de quelqu'un à qui on doit tout répéter deux fois est comme une douleur physique dans l'estomac. Si c'était n'importe qui d'autre, je ferais évidemment mes bagages, je partirais pour les collines et irais vivre dans un monastère trappiste, mais cette femme est toute ma vie. Je ne peux pas aller travailler avec elle, mais je vais toutefois essayer cet après-midi et je verrai comment elle se comporte sur le plateau. Hier soir j'étais si inquiet pour elle et pour nous que je ne me suis endormi que bien après l'aube. J'ai tenté d'imaginer la vie sans elle mais n'y suis pas parvenu. L'intolérable morosité de sa vie dans ce studio est un spectacle difficile à soutenir. Des prises interminables sous une multitude d'angles, au centre de ce qui forme assurément le cercle de flagorneurs le plus assommant que j'aie jamais eu le déplaisir de croiser. […]

Mardi 14 – Je suis allé hier avec Sara voir l'« expert » M. Paul C. Petrides[1]. [...] Il a fait de son mieux pour me vendre deux tableaux dont un horrible demi-nu de Picasso. Il représente une femme avec un visage répugnant, ne portant rien d'autre qu'une paire de bas, à moitié assise sur un divan. L'angle de son corps est tel qu'elle semble ne pas avoir de bras. Ses affreux poils pubiens sont bien en évidence, et Picasso ou pas, c'est le genre de femme que je me passerais volontiers d'avoir sur un de mes murs. [...]

Après la galerie d'art, j'ai emmené Sara au studio d'E où nous avons joué au gin rami puis assisté au tournage d'une scène. E a été très bonne, et totalement sûre d'elle-même comme d'habitude. Warren Beatty semble très emprunté et très acteur. Il ne fait pas partie des meilleurs. Il ne transmet pas ce sentiment d'énergie vibrante comme Rex, ni de dynamisme léthargique comme Marlon. Je suis capable de percevoir l'énergie qu'émet un acteur ou une actrice de premier plan sous la forme d'ondes presque palpables. Je ne sens rien chez ce type. Il est compétent et mignon et il se débrouille bien et continuera de le faire. Sympathique en plus du reste, comme on dit. [...]

Jeudi 16 – [...] [Elizabeth] a convaincu son équipe de lui accorder son prochain mercredi et de travailler le samedi suivant, comme ça elle pourra venir à Londres avec moi pour la première des *Aigles*. Ça nous permettra de prendre l'avion mercredi matin, de voir Ivor dans l'après-midi, d'assister à la première mercredi soir, et de rentrer à temps pour son tournage jeudi. [...]

[Elizabeth] semble en ce moment trouver le monde entier mortellement ennuyeux. Il n'y a pratiquement rien qui éveille son intérêt, ni livres, ni ragots, ni son propre film, ni sa mère, ni ses enfants, ni moi.

[1] Paul C. Petrides, marchand d'art et unique agent d'Utrillo.

Vendredi 17 – [...] Je suis resté à la maison hier toute la journée et j'ai lu et lu et lu. E est rentrée vers 8 h 30 en grommelant contre le réalisateur qui veut tourner un plan de dix-sept minutes en une seule prise et la filmer sous des dizaines d'angles différents. À mon sens, cela pourrait être le signe d'une vanité monumentale de la part de George, ou, plus probablement, qu'il ne sait pas ce qu'il veut, et qu'en réalité il doute de lui-même. Je ne cherche pas à jouer les avisés après coup quand je dis que ce film était une erreur. Espérons qu'au moins il gagnera de l'argent. E et Caroline et tout le monde au studio me racontent que Beatty s'est soudain mis à faire le numéro de la grande star et qu'il ordonne aux gens de quitter le plateau, etc. Eh bien.

Lundi 20 – Hier, il y avait dans le *Daily Mirror* ou plutôt le *Sunday Mirror*, un article sur E d'un journaliste prétentieux et sans humour de *Life Magazine* nommé Tommy Thompson[1]. Je pense que dans l'ensemble cela se voulait amical, mais il dit qu'elle a 38 ans alors qu'elle n'en a que 36, qu'elle a « épaissi » alors qu'elle pèse le même poids depuis dix ans, à part l'époque de *Virginia Woolf* où elle avait volontairement grossi, et qu'elle « grisonne ». Ce dernier point est véridique, sauf que cela a commencé il y a dix ans. Eh bien. Il dit aussi que nous ne parlons que d'argent, j'ai donc déversé mon savoir dans son oreille de sourd pendant des jours d'affilée dans ma loge et tout ce dont j'ai parlé, semble-t-il, c'est d'argent. Il a vidé mes bouteilles à longueur de journée, n'est-ce pas ? Ça, c'est de l'argent. Certains journalistes, en particulier les sentencieux, ont tendance à rédiger sur nous d'« excellents » articles qui se ressemblent tous. Le couple de riches, qui mène sa vie dans une cage de verre ouverte à tous

[1] « Power and Liz Burton », *Sunday Mirror*, 19 janvier 1969.

les regards, incapable de faire une simple promenade dans une rue ordinaire de la ville, harcelés partout où nous allons, protégés par un entourage considérable. [...] Ce qu'ils ne comprennent pas et interprètent complètement de travers, c'est l'attitude que nous avons eue toute notre vie envers notre travail. Je crois que M. Thompson a été profondément choqué quand je lui ai dit que jouer sur scène ou au cinéma, à part un ou deux moments d'intense excitation nerveuse, était une véritable corvée. Que si demain je prenais ma retraite en tant que professionnel, jamais on ne me verrait monter sur les planches de la société de théâtre amateur locale juste pour le plaisir. Ne peut-il pas comprendre ce qu'il y a d'indigne et d'ennuyeux à devoir apprendre le texte d'un autre homme, qui neuf fois sur dix est insipide, quand on a 43 ans, qu'on est tout de même assez cultivé, et qu'on se traîne chaque jour au boulot en jetant en arrière un long regard de regret vers le livre auquel on s'intéresse et qu'on est obligé d'abandonner ? [...] Ils ne comprendront jamais qu'E et moi ne sommes pas « dévoués » [au métier d'acteur] et que « mon premier amour » (Dieu seul sait combien de fois j'ai lu ça !) n'était pas les planches. C'était un livre plein de jolis mots. Quand je prendrai ma retraite, ce qu'il faut que je fasse d'ici peu, j'écrirai une diatribe au vitriol contre la grande arnaque du monde du journalisme et du show-business. [...]

Mercredi 22 – [...] Je suis resté à la maison toute la journée et ai lu de nombreuses capsules du *Time*[1]. E est rentrée du travail essorée comme une chaussette et bourrée comme un cosaque. J'étais aussi sobre qu'un presbytérien, ce qui n'était pas une bonne idée. Mon sens de l'humour n'était pas à son sommet, ce qui

[1] Jeu de mots intraduisible sur le nom du journal *Time* et le terme *time capsule*, « capsule temporelle ». (N.d.T.)

n'était pas non plus une bonne idée. J'ai l'impression de mener une bataille perdue d'avance.

Nous partons pour Londres dans un quart d'heure pour la première des *Aigles*. Rien ne pourrait me laisser plus indifférent, mais j'aime bien Kastner et ça me donnera une chance de voir Ivor.

Je dois rencontrer David Harlech à 18 h au Dorchester[1]. Je verrai sans doute beaucoup de monde. Je vais détester ça. Donnez-moi une coquille de silence[2] ?

> [Il n'y a plus d'autre entrée dans le journal jusqu'à la fin mars. Pendant cette période, Richard et Elizabeth se rendirent au Caesar's Palace de Las Vegas pour terminer le tournage de *Las Vegas, un couple*, avant d'aller à Puerto Vallarta. Le 26 janvier, Richard acheta la perle Peregrina pour Elizabeth lors d'une vente aux enchères chez Sotheby's. Le bijou avait une histoire illustre, puisque Philippe d'Espagne l'avait offert à son épouse Mary Tudor, reine d'Angleterre, comme cadeau de mariage en 1554. En février mourut Nick Hilton, le premier mari d'Elizabeth. En mars, Elizabeth passa des examens au Cedars of Lebanon Hospital de Los Angeles pour ses problèmes chroniques de dos.]

MARS

Jeudi 20, Puerto Vallarta […] Encore un long silence dans ce journal pathétique, causé je suppose par un malheur aigu, ajouté à d'incroyables quantités de culpabilité, d'alcool, de paresse, de peur pour la santé et la raison d'Elizabeth, bien mélangées avec

---

[1] David Orsmby-Gore, cinquième baron Harlech.

[2] Référence au vers de Sir Walter Taleigh dans *The Passionate Man's Pilgrinage* (1604) : « *Give me my scallop-shell of quiet* », littéralement « Donnez-moi le contenu de ma coquille Saint-Jacques en tranquillité ».

une pincée ou deux de pessimisme celtique, et servies comme recette de première classe pour le suicide. Ce n'est en rien terminé. Je suis toujours aussi tendu que le long arc de Jean de Gand, et aussi susceptible qu'un porc-épic furieux mais cela s'arrange chaque jour davantage[1].

Ces derniers six ou huit mois ont été un cauchemar. J'en ai créé la moitié et Elizabeth l'autre. Nous nous sommes mutuellement agacés au point d'envisager une séparation. J'ai pensé aller vivre seul dans une cabane isolée dans un coin pluvieux et E a pensé aller séjourner avec Howard à Hawaï. C'est évidemment tout à fait impossible. Nous sommes liés l'un à l'autre. Scellés par l'acier. Où tu iras j'irai[2]. Dit-il plein d'espoir.

Elizabeth a recommencé à lire et j'ai recommencé à écrire, alors il y a de l'espoir, n'est-ce pas les gars ? Je redoute l'arrivée des enfants. Mon humeur frôle toujours la lisière de l'impatience et je crains que me confronter aux revendications belliqueuses de Liza et de Maria, et dans une moindre mesure, aux demandes de Chris et de Mike, ne pousse mes nerfs à bout. La réalité, c'est que les enfants m'ennuient. J'ai découvert après deux jours passés à Beverly Hills avec Kate dans une relative grande proximité – et après tout je ne la vois vraiment pas beaucoup – que je pourrais aussi ne pas la voir du tout. J'ai hâte qu'ils grandissent et qu'ils ne viennent plus nous voir que pour les fêtes, que je consacrerai à construire un igloo dans le jardin dont je ne sortirai pas avant le Nouvel An… […]

Vendredi 21 – […] Le séjour d'E à l'hôpital de Los Angeles a suscité une nouvelle et inévitable vague de rumeurs. Le *Detroit*

---

[1] « Comme les piquants de l'effrayant porc-épic », mots prononcés par le Spectre dans *Hamlet*, acte I, scène 5. [Traduction Jean-Michel Déprats. (N.d.T.)] Jean de Gand, premier duc de Lancastre (1340-1399) et personnage du *Richard II* de Shakespeare.

[2] Citation du Livre de Ruth de l'Ancien Testament, chapitre I, verset 16.

Free Press annonce qu'elle était au Cedars of Lebanon parce qu'elle avait un cancer de la colonne vertébrale[1]. La presse et la TV ont accordé tant de place et de temps à cette rumeur que je commence presque à y croire moi-même. [...]

Je vais tenter, comme je l'ai déjà fait auparavant dans ce journal, de rattraper certains événements que j'ai omis en écrivant au jour le jour.

Samedi 22 – [...]. Nous sommes restés à Las Vegas environ cinq ou six jours, il y a à peu près trois semaines. C'était un endroit horrible, et si c'est possible, je n'y remettrai plus jamais les pieds. À la réflexion, j'ai le sentiment que Caroline, Elizabeth, Jim et moi-même avons été perpétuellement saouls, de l'aube jusqu'à l'aube. Je ne suis sorti qu'une fois en cinq jours. J'imagine que je me serais amusé si je jouais au golf ou si j'aimais les jeux d'argent. De jour, c'est un des endroits les plus affreux que j'aie jamais vus. Un désert beige sale avec des bicoques de pacotille, et une longue enfilade de casinos éclairés de néons qu'on appelle « The Strip ». La nuit en revanche c'est très joli avec toutes ces lumières multicolores qui clignotent et vous font de l'œil. Mais comme Chesterton est censé avoir dit la première fois qu'il a vu Times Square de nuit : « Un des plus ravissants endroits au monde si on ne sait pas lire[2]. » Une cascade de lumières ondoyantes qui changent miraculeusement de couleurs et de formes vous exhorte en fin de compte à manger des cacahuètes Planters. Un feu d'artifice de néons ingénieusement conçu et fascinant à regarder vous informe finalement que vous êtes devant le restaurant Joe's Diner. La seule fois où je suis sorti, j'ai emmené E au Desert Inn, qui dans mes souvenirs d'il y a douze ou quinze ans était

---

[1] Référence à ce qui était alors le Cedar-Sinai Medical Center, à Los Angeles.

[2] G. K. Chesterton : journaliste, poète, romancier et critique. La citation est d'habitude donnée sous la forme : « Comme ce serait beau pour quelqu'un ne sachant pas lire. »

un endroit assez élégant. Ça ne l'est plus du tout. La cuisine est infâme, le service médiocre, les gens des automates. Dans tout l'établissement, et c'était un restaurant très vaste, appelé je crois The Cactus Room, E et moi avons décidé qu'il n'y avait qu'une seule personne attirante – probablement une danseuse de revue qui passait, ou une jeune mariée en lune de miel. Le reste était d'une vulgarité classe moyenne inférieure insurpassable, et avec ça d'une vague laideur. Un grand nombre de femmes, toutes autour de 45 ou 50 ans, étaient teintes en blondes avec exactement la même coiffure. L'une d'elles, qui se prenait visiblement pour une bombe, n'a cessé de passer devant notre table en se pavanant, évitant ostensiblement de nous regarder. Au moins 50 % d'entre elles étaient juives. Quelle chose extraordinaire que la race qui a produit Einstein, Marx, Freud et Jésus-Christ puisse aussi produire ces dindes braillardes.

[...]

Dimanche 30 – Nous avons rôti au soleil et lu toute la journée. E a lu *Portnoy et son complexe* pendant que je lisais un livre traduit de l'espagnol intitulé *Le Labyrinthe de la solitude*, d'un poète nommé Octavio Paz[1]. Je le trouve très difficile et c'est un de ces livres au ton péremptoire qui me donne envie de polémiquer en retour. Comme la plupart des livres de philosophie assumée, il manque totalement d'humour. [...]

[...]

[1] Philip Roth, *Portnoy's Complaint* (1969), traduit en français sous le titre *Portnoy et son complexe. Le Labyrinthe de la solitude, la vie et la pensée au Mexique*, publié en 1950. La traduction anglaise date de 1961.

MAI

Jeudi 1er – E ne se sent pas très bien et hier soir elle avait environ 39 de température. Un peu inquiétant parce qu'elle n'est pas très résistante, et que, malgré ce que je prêche sans arrêt, elle ne fait jamais aucun exercice. Et E est le genre de personne chez qui un rhume de cerveau ou du nez ou de la gorge ou du reste se transforme en une double pneumonie quasi fatale. Qu'on lui arrache une dent et elle reste couchée quinze jours. Qu'on lui écorche le genou et cela suppure pendant un mois. [...]

La nuit dernière semble n'avoir été qu'un seul rêve continu d'une grande netteté. La plus grande partie était typique d'un rêve d'acteur, des répliques oubliées, le mauvais costume, ou parfois pas de costume du tout. Tout le monde semblait y être. Des fantômes par milliers comme on dit. John Huston était le réalisateur qui apparaissait le plus souvent et l'action passait en un clin d'œil de scènes de film à scènes de théâtre et vice versa. Je descendais une longue rue remplie de figurants avec Pamela Brown, plusieurs fois, et au dernier moment je n'arrivais pas à me rappeler ma réplique qui était assez simple. Je disais avec insistance que je ne pouvais faire la scène qu'avec E et ils étaient obligés de réécrire le scénario pour qu'E puisse figurer dans cette unique séquence. Puis le décor changeait et devenait celui du 73, Caradog Street, et toute la famille, au sein de laquelle ma sœur Cassie occupait, pour une raison inconnue, une position prédominante, se tenait devant la maison et m'implorait d'aller à l'école du Eastern Council pour une beuverie ou autre chose[1]. C'était le milieu de la nuit et je refusais, en expliquant que j'allais apprendre un sonnet ou peut-être même en écrire un. Tout et tous semblaient aussi nets qu'un arbre dénudé illuminé

[1] Eastern Council School : l'école primaire de Richard à Taibach.

par la foudre au plus sombre de la nuit. Que signifie tout ça ? J'espère que mon cerveau ne m'a pas laissé tomber et que quand je dégringolerai de cette vallée de larmes je découvrirai qu'il y a des rêves après la mort. Ça, ce serait vraiment l'enfer.

Je me suis donc réveillé et j'ai contemplé le plafond avec à côté de moi Elizabeth aussi tranquille que la mort, et j'ai tendu la main vers une réconfortante cigarette que j'ai allumée, et j'ai recraché la fumée et j'ai essayé de déterminer quelle période de ma vie avait été la plus satisfaisante. L'enfance et l'adolescence, je les ai rejetées comme une torture absolue. Ma vingtaine, tiraillée par l'ambition et la peur, j'ai décidé que je n'avais aucune envie de la revivre. J'ai finalement opté pour le milieu de ma trentaine jusqu'à maintenant. J'envisagerai la question de nouveau quand j'aurai 50 ans, puis 60 et 70. À condition bien sûr que je ne me fasse pas tuer cet après-midi. L'argent est un vieux salopard puissant et un grand ami à moi. Ce matin, j'ai reçu une lettre d'Aaron Frosch qui me dit que Bernard Greenford, le beau-frère de Syb, voudrait que je le soutienne financièrement à hauteur de 45 000 ou 50 000 livres pour sa chaîne de salons de coiffure. Je pourrais bien accepter. On ne peut pas laisser tomber la famille !

Vendredi 2 – Passé toute la journée à paresser comme d'habitude, pendant qu'E restait au lit avec un livre sur la Mafia ou la Cosa Nostra, intitulé *The Valachi Papers*[1]. [...]

Ma mauvaise conscience au sujet du prochain film et du scénario à apprendre a maintenant atteint un sommet jamais égalé. Je vais le lire aujourd'hui même si je dois rester debout toute la nuit. C'est totalement indigne et très rare chez moi, et je serais choqué de découvrir une telle paresse chez un autre acteur. [...]

---

[1] Peter Maas, *The Valachi Papers* (1968).

Samedi 3 – J'ai décidé que je ne savais pas ce qu'était la poésie. Hier soir, dans un débordement de morosité, j'ai laborieusement lu le recueil « intégral » des poèmes de W. H. Auden, « tout ce qu'il souhaite conserver ». Sur dix mille vers, il y en a difficilement un de mémorable. La plupart sont tapés à la machine. Certains sont gribouillés. Une grande partie est de la prose insipide découpée en strophes. Presque tout est informe. Quand un poème est-il un poème ? Je vais de nouveau sabrer Auden puisque son aura brille, et je le découvrirai. Je me souviens avoir lu de la poésie en tandem avec lui à Oxford. C'était il y a à peu près trois ans. Entre autres choses, j'avais lu « Timor Mortis Conturbat Me » de Dunbar, et « The Boast of Dai » tiré de *In Parenthesis* de David Jones. Je ne crois pas qu'on l'avait jamais entendu à l'Union avant ça. L'accueil avait été favorable. Alors que nous sortions ensuite pour prendre un verre, Auden, un peu piqué, m'avait demandé : « Comment diable avez-vous appris à parler cockney si brillamment ? » Sa propre lecture avait le ton monocorde habituel que prennent les poètes pour réciter leurs œuvres. Dylan était une exception. Mais écoutez Yeats ou T. S. Eliot. Ou écoutez, comme nous avons dû le faire une fois, Archie MacLeish marmonner de façon incompréhensible et inaudible ses propres vers pourtant charmants. E, Ivor et moi avons subi la torture de l'écouter dans une maison au sommet d'une colline du Massachusetts, en résistant difficilement à l'envie de lui arracher le livre des mains pour le lire nous-mêmes. Je crois qu'une fois le modèle de la forme brisé par un maître ou une série de maîtres, Pound et Eliot peut-être pour la poésie, et les impressionnistes encore plus peut-être (étant donné que je n'ai pas une bonne connaissance de la peinture) en art, n'importe qui peut vous berner. Et le fera. Et nous ne saurons jamais s'ils se fichent de nous ou pas.

[…]

Dimanche 4 – [...]

J'ai été très peu sociable ces deux ou trois derniers jours et je le reconnais très volontiers. Je suis sur le point de recommencer le travail. Une fois que j'y serai tout ira bien, mais entre maintenant et les alentours du 4 juin, quand les premiers rushes auront été visionnés et je l'espère trouvés corrects (Aimerai-je la fille ? Aimerai-je le réalisateur ? M'ennuieront-ils ? Est-ce que je serai bon ?), je serai, comme dit E, un cas pathologique. [...]

[...]

Mardi 6 – Eh bien, j'ai pris mon courage à deux mains hier et je me suis plongé dans le texte d'*Anne*. J'en ai appris à peu près dix pages, que je vais réviser aujourd'hui en même temps que j'en apprendrai dix autres. Demain, les dix d'hier se seront fixées dans ma mémoire, plus ou moins, et je réviserai les dix d'aujourd'hui et ainsi de suite. Il y a pas mal de pages évidemment qui ne contiennent qu'une réplique ou deux, alors que d'autres, en particulier dans un film en costumes verbeux de ce genre, contiennent de longs monologues ininterrompus. Le scénario fait 144 pages. Je ne parle pas dans environ 35 d'entre elles, ce qui m'en laisse 109. À raison de dix pages par jour, il me faudra théoriquement onze jours pour tout apprendre, bien que dans la réalité cela prenne environ deux fois plus longtemps, puisque la période d'étude s'allonge à mesure que la quantité de texte à mémoriser augmente et que les révisions deviennent plus longues de jour en jour. Il y a également certains jours où la mémoire refuse d'absorber quoi que ce soit, et où on ne peut que réviser.

Le scénario en lui-même est solide et peu subtil, mais progresse à un bon rythme. J'espère que la direction sera à la hauteur. Henry est fou, je crois. Si je le pense toujours après avoir appris le rôle à fond, je le jouerai de cette manière. Il est certainement démoniaque. Beaucoup de charme et des éclats de colère stupéfiants, tout ça mêlé à une intelligence brillante et cynique. Je pourrais arriver à en faire quelque chose. Surtout si le réalisateur et la fille sont bons et vont dans le bon sens. Comme j'ai cru comprendre que les autres rôles, Wolsey, Cromwell, Howard, Thomas Boleyn, etc., etc., seront joués par Hordern, Colicos et des gens de leur stature, je n'ai aucune inquiétude sur ce point[1]. Surtout Michael Hordern. Je le tiens pour l'un des meilleurs acteurs du monde et un adversaire redoutable dans une scène à deux, difficile à surpasser. Je ne parle pas d'un acteur égoïste et gâté comme Rex qui use de vieux trucs démodés et bêtes comme en faire des tonnes pour vous voler la vedette, ou essayer de distraire l'attention des spectateurs pendant un passage qui devrait être le vôtre, mais de quelqu'un qui est si implacablement parfait et précis que si vous ne l'êtes pas également, il a toutes les chances de prendre le dessus sur vous. [...]

Mercredi **7** – [...] Je suis allé au lit tôt hier soir, vers 21 h, et j'ai lu *Hissez le grand pavois* de Waugh pour la énième fois[2]. Si je n'y prends garde, je finirai par le connaître par cœur. Il est étonnant de constater, chez un écrivain aussi soigneux, la fréquence à laquelle il utilise, pour un effet comique, le mot « dégoût ». La première fois, c'était je crois dans *Grandeur et décadence* et la phrase est quelque chose comme « Voici ma fille, déclara le directeur d'école avec un certain dégoût[3] ». Je me rappelle que je trouvais ça tordant quand j'étais petit garçon. C'est un bon truc qu'il utilise beaucoup. « Le brigadier regarda Basil avec dégoût[4]. » Mais ces petites défaillances mises à part, il est l'écrivain dont je voudrais que mon écriture se

---

[1] Michael Hordern jouait le rôle de Thomas Boleyn dans *Anne des mille jours* et John Colicos celui de Thomas Cromwell. Colicos jouerait de nouveau avec Burton dans *Le Cinquième Commando* (*Raid on Rommel*, 1971).

[2] Evelyn Waugh, *Put Out More Flags* (1942), traduit en français par *Hissez le grand pavois*.

[3] En anglais *Decline and Fall* (1928). La citation exacte est : « Ça, déclara le Dr Fagan [le directeur de l'école Llanabba Castle] avec une certaine aversion, c'est ma fille. »

[4] Probable référence à la phrase « Le lieutenant-colonel regarda Basil avec détestation », dans *Hissez le grand pavois*.

rapproche le plus. Regardez Tom Pouce voulant jouer à Goliath, ou l'Éléphant dont le rêve est de devenir ballerine. Enfin, de toute façon je n'écrirai jamais rien sauf d'occasionnels articles pour les magazines, à moins de consacrer quatre ou cinq heures par jour rien qu'à ce journal, et pas trente minutes.

[...] Nous sommes censés aller chez Jim pour déjeuner mais E est terriblement en retard – il est maintenant 13 h 30 et elle se prépare depuis 12 h 30. Il se pourrait bien que je reste ici, que je fasse un raid sur le réfrigérateur et que je continue à travailler un peu mon texte. J'apprends tout juste qu'E vient de monter se changer. Incroyable. « Le déjeuner n'est pas prêt là-bas de toute façon », dit Caroline en la défendant farouchement. Là n'est pas la question. Nous y allons pour visiter la maison, le déjeuner est accessoire. Même aller à pied au pub du coin boire un demi nécessite une heure de maquillage. Et personne n'en a moins besoin. Et quelle proportion cela prendra-t-il quand elle vieillira et sera moins belle ? Elle s'y mettra le matin pour un dîner prévu à 19 h, j'imagine. [...]. On me dit qu'E est prête. Il est 13 h 45 !

Jeudi 8 – Eh bien, je ne suis pas allé chez Jim, ce qui s'est révélé une bonne idée puisque j'ai appris pas mal de répliques et soigneusement révisé les autres. [...]

Mardi 13 – [...] Je fais une vilaine crise de manque d'alcool et je ne suis pas du tout moi-même. Je me sens aussi rassis qu'un morceau de pain dans une poubelle et aussi fatigué qu'un centième anniversaire et je n'ai pas du tout envie de rentrer en Europe. Nous partons pour LA demain, passerons une journée avec Sara, puis à NY et passerons une journée avec Kate, puis à Paris et Versailles pour être décorés de la *Médaille d'Or** et y passer une nuit et ensuite à Londres au Dorchester et les répétitions. [...] Ça ne veut pas dire que je n'aime pas l'Europe. Je l'aime avec passion et ne pourrai jamais m'en exiler plus de quelques mois, mais je déteste la manière de s'y rendre. L'avion est certainement le moyen de transport le plus ennuyeux et paradoxalement le plus angoissant jamais conçu par l'homme pour sa propre torture. À vrai dire, montrez-moi un homme ou une femme de plus de 20 ans qui aime prendre l'avion, j'exclus les pilotes et les propriétaires de jets privés, et qui affirme ne pas avoir peur, et vous aurez trouvé un MENTEUR. De toute manière j'ai une grande tendresse pour les trouillards en avion. […] Que quelqu'un me confesse que les avions provoquent chez lui des crises de panique et il devient mon ami pour la vie. Quand j'ai rencontré pour la première fois le mari de Debbie Reynolds, Harry Karl, et qu'il m'a avoué sur le *Queen Mary* (je parle bien sûr du transatlantique et non de feu la reine mère) que malgré les centaines de kilomètres, ou plutôt les centaines de milliers de kilomètres qu'il était obligé de parcourir pour son entreprise, il n'était encore jamais monté dans un avion sans avoir bu, j'ai failli l'embrasser sur la bouche[1]. Il n'a pas fait preuve de goût en épousant Debbie mais il a apparemment un talent admirable pour la couardise. […] « Les lâches meurent plusieurs fois avant leur mort », disait le Cygne d'Avon[2]. Moi y compris, Will. […]

Jeudi 15, Beverly Hills Hotel – […]

Hugh French, pour ajouter à l'éclat général de la journée, m'a dit que les avant-premières de *L'Escalier*, à une exception près, avaient été un désastre. Bizarrement, je tenais à ce film,

---

[1] Harry Karl, homme d'affaires, dirigeait la chaîne de boutiques Karl's Shoe Stores, et était marié à l'actrice et chanteuse Debbie Reynolds. Référence est faite, ensuite, à la reine Mary (Mary de Teck), devenue la reine mère après la mort de son mari le roi George V, et au paquebot RMS *Queen Mary*. Burton et Taylor avaient traversé l'Atlantique à bord du *Queen Elizabeth* (et non du *Queen Mary*) en octobre 1964 ; Karl et Reynolds faisaient aussi partie des passagers.

[2] Référence à *Jules César* de William Shakespeare (parfois surnommé le Cygne d'Avon), acte III, scène 2, où César dit : « Les lâches meurent plusieurs fois avant leur mort, / Le brave ne goûte jamais la mort qu'une fois. »

mais tant pis, ça m'endurcira un peu plus le cuir. Je finirai avec l'esprit comme des mains de mineur. [...]

Lundi 19, Paris, Plaza Athénée – Eh bien, je vais vous dire, à cause des gens et des endroits et de Kate et de la trouille et de la gnôle et du décalage horaire, particulièrement de la pénultième, je ne sais plus si nous sommes avant-hier ou après-demain. [...]

Mardi 20, Dorchester, Londres – Nous sommes finalement bien arrivés à Londres même si nous souffrons tous d'un décalage horaire monumental et qu'aujourd'hui va être une journée bien remplie. J'ai un essayage de costume ce matin, un aspect du boulot que je déteste, et une lecture avec toute la distribution à 14 h 30 cet après-midi. Je connais pratiquement tout le monde et j'ai rencontré la fille hier après-midi pour la deuxième fois, alors cela devrait être une affaire raisonnablement agréable même si ma vieille *bête noire** Tony Quayle sera également présent[1]. Mais je n'ai aucun doute que le passé sera oublié et que ces petits yeux en boutons de bottine dans ce visage en forme de gros cul pétilleront de fausse bonhomie. Ça s'annonce plus dur pour la fille cependant, qui va devoir lire sans échauffement devant tous ces vieux pros qui la regarderont et l'écouteront. Elle paraît bien plus attirante que la dernière fois que je l'ai rencontrée à Paris. Espérons qu'elle ne sera pas seulement bonne mais aussi sympathique. La vie est trop courte pour travailler avec des gens « lunatiques » qui piquent des crises à tout bout de champ. La seule fille avec qui j'ai eu des problèmes depuis des années était Mary Ure l'an dernier, et avant cela c'était Lana Turner vers

---

[1] Anthony Quayle jouait le cardinal Wolsey dans *Anne des mille jours*. Il avait produit et dirigé Burton à Stratford dans une production de *Henry IV* (1re partie), avait joué avec lui dans cette production ainsi que dans *Henry IV* (2e partie) et l'avait produit et dirigé dans *Henry V*.

1955[1]. À part ça, j'ai toujours eu beaucoup de chance. Et j'ai travaillé avec de nombreuses dames éminentes. Dont ma propre E qui, en dépit de ses retards congénitaux, est ma préférée. Ava Gardner, Deborah Kerr, Olivia de Havilland, Edith Evans, Claire Bloom, Fay Compton, Rosemary Harris, Rachel Roberts, Jean Simmons, Dorothy McGuire, Helen Hayes, Zena Walker et ma vieille chérie Pamela Brown et al. et al.[2]. Peut-être que cela a un rapport avec le talent parce que ni Lana ni Mary ne savaient jouer. Elles se contentaient de répéter les répliques par cœur. Mais je pense qu'elles ont toutes les deux une très haute opinion d'elles-mêmes et qu'elles se prennent pour Rachelle [*sic*] et Bernhardt et la Duse[3]. Elles ne leur arrivent même pas à la cheville.

Hugh French est passé nous voir et a parlé d'une émission TV qu'E ferait avec Mancini, le musicien, mais je suis toujours snob au sujet de ce média[4]. Dieu merci je peux me permettre de l'être, mais pour moi cela reste le plus bas de gamme et le plus vulgaire des médias pour les arts du spectacle. J'imagine que je n'aime pas du tout l'idée que n'importe quel feignant de Tom Dick ou Harry puisse zapper sur Morecambe et Wise pendant que je suis en plein milieu d'« Être ou ne pas être »[5]. Ou de quelque « jeune homme furonculeux » se masturbant dans son studio minable tout en lorgnant

---

[1] Mary Ure avait joué avec Burton dans *Les Corps sauvages* et dans *Quand les aigles attaquent*.

[2] Ava Gardner et Deborah Kerr avaient joué avec Burton dans *La Nuit de l'iguane*. Olivia de Havilland était sa partenaire dans *Ma cousine Rachel*. Edith Evans avait joué dans *Les Corps Sauvages*. Fay Compton avait joué sur scène avec Burton dans *Hamlet*, *Le Roi Jean*, *Coriolan*, et *La Tempête* en 1953-1954. Jean Simmons était la partenaire de Burton dans *La Tunique* (*The Robe*, 1953). Dorothy McGuire était la partenaire de Burton dans la pièce *Legend of Lovers*. Helen Hayes avait été sa partenaire dans la pièce *Time Remembered*. Zena Walker figurait dans plusieurs productions de l'Old Vic, comprenant *Henry V*, en 1955-1956.

[3] Élisabeth-Rachel Félix, dite Rachel, Sarah Bernhardt et Eleonora Duse, célèbres tragédiennes.

[4] Henry Mancini, compositeur et chef d'orchestre.

[5] Eric Morecambe et Ernie Wise, comédiens populaires qui apparaissaient dans l'émission *Morecambe and Wise* à la télévision britannique.

la poitrine d'E[1]. Nous allons malgré tout devoir faire quelque chose pour Harlech tôt ou tard[2]. [...]

Mercredi 21 – J'ai fait mes essayages dans la matinée et cela a été une torture comme d'habitude. Bien qu'ils aient gentiment fait de leur mieux pour rendre les tissus aussi légers que possible, les costumes sont quand même très chauds et il va y avoir beaucoup de transpiration durant les prochains trois ou quatre mois. Maggie Furse était là, bien sûr[2]. Les costumiers qui ne sont pas parmi les meilleurs ne valent pas la peine d'être engagés. Les costumes sont superbes mais tout ce travail magnifique est effectué par les deux garçons qui coupent et cousent. Elle, pour sa part, s'est contentée de se pencher sur l'œuvre de Holbein et les livres illustrés sur la mode de l'époque. J'ai demandé s'ils pouvaient changer la forme des chaussures et les faire remonter plus haut sur la cheville, étant donné que j'ai des mollets parfaitement absurdes. Non, ce n'était pas possible, car cela ne correspondait pas à l'époque. On voit donc bien qu'elle tire toutes ses idées de bouquins.

[...] J'ai essayé de lire un roman policier de Gore Vidal, écrit sous le pseudonyme d'Edgar Bow, mais je n'avais lu que deux pages quand Morphée m'a emporté. [...]

Quayle était là et s'est comporté exactement comme je m'y attendais, l'œil pétillant, souriant beaucoup, lisant son texte avec une précision mesurée et onctueuse. John Colicos aussi était là et dans le registre des yeux rapprochés, il arrivait juste second derrière Tony. Avec leurs deux paires réunies, je doute qu'ils arriveraient à faire un seul de ceux d'E. Sa voix était tout aussi mesurée et

[1] « Jeune homme furonculeux » : une expression extraite de *The Waste Land* de T. S. Eliot (1922).

[2] « Harlech » : Harlech Television, chaîne de télévision locale indépendante des Galles du Sud et de l'ouest de l'Angleterre. (N.d.T.)

[2] Margaret Furse, costumière pour *Anne des mille jours*. Elle reçut un Oscar pour son travail sur le film. Elle avait été la costumière de *Becket*.

sonore. En fait le style de leur jeu à tous les deux était tellement « théâtral » que je me suis retrouvé à brusquer le mien et à dire mon texte à toute vitesse pour ne pas leur ressembler. Ils sont cependant bien distribués dans ces rôles – après tout Cromwell comme Wolsey étaient des salopards sournois et mielleux. Non pas que Colicos laisse présager d'être dans le privé un traître comme Quayle. On m'a dit que c'était un homme charmant. Nous avons travaillé ensemble il y a des années à NY, sur le tournage d'une adaptation des *Hauts de Hurlevent* pour la télé, mais je ne me souviens plus du tout de lui[1]. Heureusement le réalisateur me l'avait rappelé un peu avant et j'ai donc été capable de produire les exclamations de surprise émerveillée appropriées.

La fille est toute petite sur tous les plans, en taille, en poids et vocalement. Je pourrais couvrir sa voix en murmurant. Son visage aussi est petit mais les yeux et la bouche sont bien. Par la taille et le côté mutin, elle me rappelle la défunte et regrettée Vivien Leigh. C'est difficile à dire d'après une lecture, mais je crois qu'elle pourrait avoir des difficultés avec les longues tirades soutenues, mais nous arriverons sans doute à bidouiller en intercalant judicieusement des plans sur le visage de ses interlocuteurs, etc., et avec un peu de doublage. Elle a dit une chose sensée *à la Elizabeth*★ : quand ils ont apporté ces inévitables et assommantes maquettes des décors, elle a déclaré : « Je ne comprends absolument rien à ces maisons de poupées. » Assez juste. [...]

Jeudi 22 – [...] Hier j'ai répété la chanson que je dois chanter dans le film. C'est très joli, mais pour un amateur ces curieuses petites pauses qu'elle contient la rendent difficile à apprendre en si peu de temps. Je l'enregistre ce matin.

---

[1] Burton avait interprété Heathcliff dans une production télévisée des *Hauts de Hurlevent* pour NBC en 1958.

[…]

Chaque rencontre de ce jour-là, en fait, a été si démoralisante que cela m'a mis d'une humeur massacrante. Je suis allé dans la chambre d'amis et j'ai passé et repassé la chanson en chantant en même temps jusqu'à ce que j'aie l'impression de la connaître. Quoi qu'il en soit, malgré toute cette concentration, je l'ai complètement oubliée ce matin. Cela reviendra bien sûr dès que je l'écouterai de nouveau. Elizabeth sortait les crocs comme une tigresse quand je suis passé dans l'autre pièce et elle a dit : « Tu dois forcément la connaître maintenant ! » C'était déclamé avec un tel venin que ma mauvaise humeur en a été encore plus fermement enracinée. À partir de là, nous avons joué un jeu absurde de pièces musicales. Je refusais d'être dans la même qu'E, et elle réciproquement, mais nous n'arrêtions pas de tomber l'un sur l'autre. Finalement elle est allée se coucher dans la chambre d'amis pendant que je lisais dans l'autre chambre jusqu'à ce que le docteur vienne. Je l'ai alors réveillée, lui ai dit que j'allais prendre deux comprimés de somnifère, que j'allais me coucher sur-le-champ et qu'on ne me dérange pas ! « Et là-dessus il s'éclipsa. » Quel imbécile je fais. […]

Vendredi 23, Londres – J'ai enregistré la chanson à 11 h sans difficulté. […] Je réfléchissais hier, pas pour la première fois, à tout le remue-ménage qu'on fait autour d'E et moi. Il y a d'autres prétendues superstars, mais personne, en tant que couple, n'attire autant l'attention. À Shepperton, ils nous ont donné la salle du conseil de la « vieille maison » avec une cuisine privée de l'autre côté du couloir[1]. La salle du conseil a été transformée en la plus élégante des salles à manger du XXe siècle, avec des portes-fenêtres ouvrant sur une de ces incomparables pelouses anglaises ornée de magni-

[1] Shepperton Studio, dans le Middlesex. La « vieille maison » est Littleton Park Manor, un manoir du XVIIe siècle.

fiques vieux arbres. Là, quand il fait beau – et qui dit que nous ne pourrions pas avoir un bel été – les experts disent que ce sera le cas – E peut tenir sa cour l'après-midi et entretenir son bronzage pour l'hiver à venir. En plus, ils ont donné à E une loge privée un étage au-dessus de la salle à manger si elle veut dormir. Et ils ont abattu trois murs dans le bâtiment principal pour m'aménager une loge plus que satisfaisante et pratique. Et nous n'avions rien demandé !!!

Tout le monde m'avait assuré que le trajet entre Shepperton et Aston Clinton pour retrouver Gwen et ensuite aller voir Ivor ne prendrait que trente à trente-cinq minutes[1]. Après une heure de conduite intense, nous étions encore loin de notre destination. Quand je suis finalement arrivé à 13 h 15 au lieu de 12 h 20 j'étais d'une humeur charmante. […]

L'état d'Ivor s'est amélioré de manière considérable. Il arrive à se déplacer seul dans un fauteuil roulant motorisé et semble avoir un très bon moral. Nous nous sommes raconté de nombreuses histoires et certaines l'ont fait tellement rire que nous avons dû essuyer les larmes de ses yeux. La dévotion altruiste que Gwen lui voue touche à la sainteté. Quelle femme merveilleuse. Une autodiscipline à l'ancienne, une vertu à l'ancienne, une dévotion à son bien-aimé à l'ancienne qu'on ne voit pas souvent. « Allez vous faire foutre et après moi le déluge » n'est pas son style du tout. Nous regagnons le yacht ce soir et y resterons pour le week-end. […]

***Dimanche 25, Princess Steps,* Kalizma** – […]

Quel monde extraordinaire ! Comment peut-on vivre avec une personne pendant treize ans, puis une autre pendant huit ans, sans qu'elles cessent pour autant d'être des étrangères ? Eli-

[1] Ivor était patient au Stoke Mandeville Hospital, à Aylesbury, qui était le centre national des blessures de la colonne vertébrale. L'hôpital est à quelques kilomètres d'Aston Clinton.

zabeth est un éternel coup d'un soir. Elle est la maîtresse privée et personnelle que j'ai achetée. Et lascive en plus du reste. Il est impossible de vous raconter en quoi consiste l'acte d'amour. Eh bien, je vais vous dire, E est une partenaire qui renvoie toujours la balle ! J'écris rarement sur le sexe, parce que je trouve ça embarrassant, mais, mais, allez savoir pourquoi, toute chose est rare, insolite, étrange. Contradictoire. Felix Randal qui ferrait le cheval de son étincelante et sonnante sandale. Rendez-lui grâce[1].

Il est 7 h 30 du matin et le monde, ignorant que je suis en train de mourir, va persister à poursuivre sa course habituelle. J'ai regardé deux films avec Bébé hier soir. Ils n'étaient pas très bons mais douillets comme de mauvais livres qui se laissent lire. J'aime Elizabeth.

J'aime Joe Losey, non pas parce qu'il est un génie, mais parce qu'il aime ma femme. J'aime Patricia, non pas parce qu'elle est un génie, mais simplement parce que cohabiter avec elle est un plaisir[2]. Je pourrais passer beaucoup de temps avec elle sans la moindre interruption. Ils viennent déjeuner aujourd'hui, ce qui n'est pas une idée redoutable. Je crois que c'est une idée diabolique.

Que diriez-vous de mourir à bord d'un bateau sur la Tamise – un privilège qui n'est pas accordé à tout le monde. Je suis ébahi de nostalgie. Je suis fou amoureux de l'idée de rester en vie. Je suis plein du désir impatient de voir Elizabeth et Joe et cette Patricia infiniment distante et éclectique. Il est très difficile dans ce bas monde de trouver quelqu'un qui vous aime, ou quelqu'un qu'on aime. Je crois que je ferais mieux de retourner au lit. Pas vous ?

---

[1] Burton fait ici référence aux poèmes du poète anglais du XIXe siècle Gerard Manley Hopkins *Pied Beauty* et *Felix Randal*. *Pied Beauty* comprend le vers « Toute chose insolite, hybride, rare, étrange » et se termine par le vers « Rendez-lui grâce ». Le dernier vers de *Felix Randal* est le suivant : « Tu martelais au grand cheval de trait gris son étincelante et sonnante sandale. »

[2] Patricia était la troisième épouse de Joseph Losey.

[…] Comme les gens amusants sont des gens amusants ! Oh merde. Et mon frère. Et maintenant au lit.
Je ne mens jamais quand j'écris. Honnêtement. Bien que je ne sois pas sûr de ça !

Lundi de Pentecôte, le 26,* Kalizma, *Tamise – L'entrée d'hier, comme n'importe quelle personne perspicace l'aura compris au premier coup d'œil, a été rédigée sous la forte influence de plusieurs vodkas. T. H. (Tim) White a un jour écrit un poème pour moi et sur moi intitulé *Poème Vodka pour Richard Burton*[1]. Une nuit à New York, alors que nous [étions] tous les deux bêtement et convenablement ivres et que je lui avais donné l'épée Excalibur que j'utilisais dans la pièce tirée de sa *Quête du roi Arthur*, et après qu'il eut insisté pour faire chevaliers avec adoubement complet de nombreux chauffeurs de taxi new-yorkais interloqués, nous avions regagné mes pénates de la 81e Rue, à West Park. Là, nous nous sommes écrit mutuellement un poème. Il avait gardé les deux et quelque temps après, à ma surprise et mon grand plaisir, il a inclus celui qu'il m'avait écrit dans son dernier recueil de poésie[2]. Le mien doit être quelque part dans ses papiers. Vodka est le mot-clé. Tim est mort avant d'avoir 60 ans. Si je ne me surveille pas, je serai chanceux de voir la fin de ma quarantaine. Avec sa stature haute, sa barbe et ses cheveux blancs, c'était quelque chose, comme on dit, de voir Tim adouber Harry Schwartz et Sol Schmuck. Levez-vous, chevalier Harry. Levez-vous, chevalier Sol. Certains d'entre eux se sont vraiment agenouillés sur le trottoir ! Un barman, habi-

---

[1] Terence Hanbury (T. H. ou Tim) White, romancier, auteur de *The Once and Future King* (en français *La Quête du roi Arthur*), un cycle de quatre romans dont fut tirée la comédie musicale *Camelot*.

[2] Dans *Verses* (impression privée en 1962). « Vodka Poem To Richard Burton » est le dernier du volume.

tué aux excentricités imbibées, a posé le genou à terre pour être fait chevalier avec un verre de vodka dans chaque main. De nombreux acteurs furent également adoubés lors de cette nuit déchaînée si lointaine désormais. Jason Robards est à peu près le seul dont je me souvienne. Il n'a pas pris la peine de me faire chevalier car, m'a-t-il dit, il m'avait mentalement fait baronnet la première fois que nous nous étions rencontrés. Quel dommage qu'il soit mort. Comme E aurait adoré ce dingue. Et lui elle. Et quel esprit fou et adorable ! Une fois, je suis resté captivé pendant qu'il dissertait deux heures d'affilée sur les vers, comment chacune de ces créatures remuantes avait, verrouillés à l'intérieur d'elle-même, le début et la fin de l'homme, et comment sans eux nous mourrions tous. Quand vous mourrez, disait-il, donnez votre corps aux vers, ils en seront reconnaissants. Il n'y a absolument aucune raison de le donner au feu ; même l'atmosphère pourrait rejeter les émanations nocives de votre corps en combustion.

[...] Le bateau est une partie de plaisir. Presque tout ce qu'on regarde est un délice pour les yeux. Les livres bien alignés. Van Gogh et Picasso et Vlaminck et Howard derrière le bar, je parle de son tableau, pas de l'homme, les jolis draps sur le lit, la salle de bains immaculée et très gaie, les cabines confortables en dessous. C'est un palace flottant, je vous le dis. [...]

Mardi 27 – Pour la première fois j'ai pris plaisir aux répétitions de cette épopée, probablement parce qu'il y avait de nombreux acteurs présents au lieu seulement de la sempiternelle fille et Quayle et Colicos. Denis Quilley (qui était ma doublure à l'époque lointaine de *The Lady's not for Burning* et avait finalement pris ma place), T. P. O'Connor, cet acteur irlandais merveilleux qui par son physique et ses manières est le successeur naturel de Cusack dont il est un grand ami comme je l'ai découvert[1]. Un jeune homme splendide nommé, je crois, Gary Bond, qui deviendra très certainement un acteur très important, et un autre, bon comédien, avec qui j'ai déjà travaillé mais dont j'ai oublié le nom, il a un visage dur, amer et grêlé[2]. La crème de la crème, pas le lait écrémé habituel. La fille aussi bien sûr, qui se prétendait plus grande qu'Elizabeth. T. P. O'Connor a dit : « Comme Tina Louise, au cas où vous ne le saviez pas[3]. » Je crois que je vais très bien m'entendre avec ce type. [...]

[...]

Aujourd'hui je répète le matin et l'après-midi. Ron va faire l'andouille avec mon visage et ma barbe et tenter de me donner un air tudorien. Pour l'instant, avec un peu de chance, je dois ressembler à Sir Henry Morgan envoyant quelqu'un au supplice de la planche[4].

Je vais maintenant rester patiemment assis et attendre qu'elle se réveille. Je suis fou amoureux de cette femme – même après huit et bientôt neuf ans. N'est-ce pas curieux ?

JUIN

Samedi 14 – J'aime mon épouse. Je l'aime tendrement. Franchement. Parlez de la beauté, silencieuse et nue... Assis sur la Tamise avec le fleuve qui imite un fantôme bleu-gris. Mon Dieu,

---

[1] Denis Quilley jouait le rôle de Weston. Burton veut probablement dire T. P. McKenna et non O'Connor. McKenna jouait le rôle de Norris. Il joua de nouveau avec Burton dans *Salaud*. Joseph O'Connor interprétait l'évêque Fisher dans *Anne des mille jours*. Cusack fait sans doute référence à Cyril Cusack.

[2] Gary Bond jouait le rôle de Smeaton. L'acteur anonyme pourrait être Peter Jeffrey, qui jouait le rôle de Norfolk dans *Anne des mille jours*, et avec qui Burton avait déjà travaillé dans *Becket*.

[3] Tina Louise, actrice, plus connue pour son rôle dans la série télévisée *Gilligan's Island* (*L'Île aux naufragés* dans sa version française).

[4] Sir Henry Morgan, flibustier gallois du XVIIe siècle.

les demeures elles-mêmes semblent assoupies. Et tout ce cœur puissant… gît immobile[1].

Mon Dieu, encore, comme cela devait être facile aux premiers jours de cette langue d'écrire de la poésie. Comme il devait être facile d'affecter les feints sentiments d'un berger comme le « Michael » de Wordsworth[2]. Ou la passion impassible, massive, indifférente de mes vers préférés. Et j'ai éprouvé une passion, une conscience sublime, ou quelque chose infusé au plus profond de mon être, qui habite la lumière des soleils couchants, la rondeur de l'océan, l'air plein de vie, et le ciel bleu, et dans l'esprit humain[3].

Parmi les choses extraordinaires qui m'arrivent chaque jour depuis l'époque où j'étais un ricanement dans le ventre de ma mère, hier l'ingénieur du son m'a demandé de venir faire une balance vocale. Il y avait plusieurs centaines de personnes réunies. Quayle n'a rien dit […]. La fille n'a pas de tête. Colicos est une invention de Churchill et en est tout aussi dépourvu. Je veux dire que Quayle. Churchill lui-même aurait fait une balance vocale telle, qu'elle aurait déclenché une révolution en Scandinavie. J'ai simplement dit : « Il avait la force du laboureur dans l'étreinte de ses bras. Il pouvait voir un corbeau à trois lieues[4]. Avez-vous jamais regardé les montagnes galloises ? Notre croissance commence au niveau de la mer. Et l'une d'entre elles est un homme. Et cet homme se trouve être une femme. Et cette femme est mon épouse. Et elle restera assise là, éternellement, pour toujours, à planer au-dessus de nous tous. »

---

[1] Burton fait ici référence au poème de William Wordsworth *Composed upon Westminster Bridge* (1802), qui comprend les vers « La beauté du matin ; silencieux et nu » et « Dieu ! Les demeures elles-mêmes semblent assoupies ; / Et tout ce puissant cœur gît immobile ! »

[2] William Wordsworth, « Michael : A Pastoral Poem » (1800).

[3] Références aux vers tirés de *Tintern Abbey* de Wordsworth (1798). « Et j'ai ressenti / Une présence qui m'a surpris avec la joie / De hautes pensées ; la conscience inouïe / De quelque chose mêlé au plus profond de mon être, / Qui habite la lumière des soleils couchants, / La rondeur de l'océan, l'air plein de vie, / Et le ciel bleu ; et dans l'esprit humain. »

[4] Référence aux vers du poème *Lost in France* d'Ernest Rhys : « Il avait la force du laboureur / dans la poigne de sa main ; / Il pouvait voir un corbeau / à trois miles. »

Le silence parmi cette assemblée de ducs et de balayeurs était total. Tout le monde est resté fasciné mais profondément embarrassé. Moi y compris.

Dimanche 15 – Je me suis réveillé ce matin vers 7 h. J'ai contemplé Elizabeth un long moment. Je m'inquiète pour elle et son petit derrière et le sang. J'ai tenu sa main et je l'ai embrassée très doucement. Il n'y a probablement aucune femme qui dorme avec une beauté aussi enfantine que mon adorable, difficile, grincheuse, intolérante épouse. « Quand tu es malheureux, disait T. H. (Tim) White, apprends quelque chose de nouveau. » J'ai décidé d'analyser mes réactions face à tous les hommes de talent que j'aie jamais rencontrés et me suis demandé quel serait celui dont je préférerais la compagnie. Après y avoir sérieusement réfléchi, allongé sur ce lit silencieux, avec cette cigarette assassine aux lèvres, combien j'aime son réconfort rond et calme, j'ai énuméré des noms dans mon cerveau. Churchill ? Non ! Un monologue ambulant. Picasso ? Non ! Un égocentrique. Emlyn ? Non. Un esprit aussi coupant que le rasoir et une langue de la même trempe. Dylan ? Non ! Brillant mais embarrassant. William Maugham[1] ? Non ! Il ne se souciait que de jouer au bridge avec des perdants. Gwyn Thomas ? Non ! Il joue le type grand, fort et dur et il est en réalité gros, faible et fébrile. Camus ? Peut-être. Mais il a eu l'infernale impertinence de mourir jeune. John Osborne ? Non ! Pas une once d'humour. Gielgud ? Un concurrent solide dans la course Burton, mais j'ai l'impression qu'il <u>me</u> trouve embarrassant. Edward Albee ? Non ! Une semaine avec lui semblerait durer une vie entière, et il dirait la même chose de moi. Mais à quoi bon continuer ? J'ai réduit la liste à deux noms. Noel Coward et

---

[1] William Somerset Maugham : romancier et nouvelliste.

Mike Nichols. Ils ont tous les deux le don de changer le monde quand ils entrent dans une pièce. Ils sont spirituels d'instinct et sans effort et sans méchanceté. Ils sont tous deux aussi doux que du beurre, aussi brillants que le diamant, et ne mentent jamais. Noel est un vieil homme et je pense qu'il prévoit de mourir sous peu. Mike, lui, prévoit de surpasser Mathusalem. Ce qu'ils possèdent, et ce que je leur envie, c'est une assurance absolue. Ils n'ont peur de rien. Quand Noel chancelle – et ça lui arrive effectivement – devant des gens, leur visage s'illumine comme une lampe. Y compris le mien. Y compris celui d'Elizabeth. E et moi avons tous deux cette remarquable capacité à instiller la peur chez les autres. J'ai vraiment vu des gens trembler alors qu'ils traversaient une pièce pour être présentés à Elizabeth. Quel est ce phénomène ? Qui diable nous a fait ça ? Je sais que nous sommes tous deux des gens dangereux mais au fond nous sommes très bienveillants. Ce que je veux dire, c'est que nous nous faisons du mal mutuellement, mais que nous n'en faisons jamais aux autres, sauf s'ils nous ont blessés les premiers. Quelqu'un a écrit une fois [...] que quand Elizabeth était entrée dans la pièce où devait se tenir une conférence de presse à laquelle il assistait, elle avait donné l'impression que personne d'autre n'était là. Elle avait répondu aux questions, pour ainsi dire, depuis une autre dimension.

Une grande fille mince et belle vient juste de décider de me rejoindre sur le pont pour manger des œufs brouillés. Il se trouve que c'est ma fille. Je suis sûr qu'en fait elle n'est pas ma fille mais une création de Praxitèle taillée dans un marbre vivant[1].

Lundi 16, Dorchester – Je sors lentement de mon accès de désespoir. La compréhension d'Elizabeth m'aide considérablement.

---

[1] Praxitèle : sculpteur de la Grèce classique ayant probablement vécu au IVe siècle avant J.-C.

Je crois que ma fille Kate m'aime mais qu'elle a peur de moi, alors que ma femme m'aime, *j'espere*★, mais n'a pas peur de moi. Elle a simplement peur pour moi. Mon Dieu ! Me voilà qui commence à écrire comme la reine Victoria. Cela ne nous fait pas rire. Enlevez nos soulignages et nos points d'exclamation et nous sommes analphabètes[1]. [...]

[...]

JUILLET

Samedi 19,* Kalizma, *Tamise – Nom de Dieu, en qui je ne crois certainement pas, quelle semaine, quelle quinzaine, quel mois. Il n'y a pas à hésiter, je dois arrêter d'être acteur. Ça me rend fou. L'idée de devoir aller travailler le matin, odieusement tôt, me fait mal, physiquement. Ça m'ennuie à un point ! N'importe qui peut jouer Henry VIII – même Robert Shaw, qui mériterait d'être enfermé à jouer au ping-pong contre de vieux champions sur le retour pour le restant de ses jours, l'a joué[2]. [...]

C'est étrange qu'un homme qui ne reconnaisse en rien la Sainte Trinité continue à invoquer Dieu, et Jésus – c'est là, j'imagine, une faiblesse due à l'éducation. J'imagine qu'il doit y avoir une sorte de peur atavique profondément ancrée qui nous fournit cette béquille ridicule, en dépit du fait qu'on n'en croit pas un mot. Les astronautes américains sont censés alunir demain dans la journée. Je crois qu'ils sont trois. Si l'on combinait leurs trois cerveaux je doute qu'ils parviendraient à résoudre une équation du second degré – courageux et stupides, comme Christophe Colomb, tellement grand navigateur qu'il n'a jamais réussi à revenir deux fois au même endroit. Il est parti pour la

---

[1] Allusion à la phrase célèbre attribuée à la reine Victoria : « *We are not amused* » (« Cela ne nous fait pas rire »). (N.d.T.)

[2] Robert Shaw avait joué ce rôle dans *Un homme pour l'éternité* (*A Man For All Seasons*).

Jamaïque et s'est retrouvé à Cuba. Il est parti pour Cuba et s'est retrouvé complètement ailleurs, à La Guaira[1]. Je crois qu'il n'a réussi à revenir en Espagne qu'en s'échouant en pleine nuit sur une masse de terre qu'il pensait être un nouveau passage pour les Indes orientales et la Chine, et qui s'avéra être Cadix. Ce sont les Gallois qui ont découvert l'Amérique, évidemment. Vous êtes au courant, n'est-ce pas ? Peut-on imaginer que l'humanité, qui a produit un Jésus (et m'y revoilà !), un Léonard de Vinci, un Einstein, un Newton, un Darwin, un Érasme, un Tourgueniev, un Shakespeare, un Pouchkine, un Aristote, un Pythagore, un Freud, un Strindberg, des *Fleurs du mal*, un Mallarmé, un Socrate, et tant d'autres, sans oublier les membres de la famille Huxley, ait pu envoyer dans l'espace un engin qui ne sache rien dire de plus que « A-OK.[2] » ? Ce ne sont rien que des singes humanisés. Leurs femmes et leurs enfants ne seraient pas d'accord avec cette assertion. Et ils auraient raison. Allez-y et revenez-nous, les gars. Vous me faites peur. Vous êtes en train d'accomplir quelque chose de parfaitement inutile, et parfaitement formidable. J'envie votre courage prodigieux.

Liz, Liz Williams j'entends, l'une des plus délicieuses femmes en vie sur cette terre, me dit que son petit bébé va peut-être guérir grâce à une opération[3]. Qu'est-ce que j'envie son espoir, et celui de Brook. Je donnerais la moitié de mon âme pour avoir le même espoir pour Jess. Mais dans mon cas il n'y a pas d'espoir, je veux dire pour Jess. Aucun espoir[4]. [...]

---

[1] Au Vénézuéla.

[2] C'est-à-dire « *All OK* », « Tout va bien ». (N.d.T.)

[3] Liz Williams, la femme de Brook, avait une fille de son précédent mariage qui souffrait de paralysie cérébrale.

[4] Au milieu des années 1960, Jessica avait été diagnostiquée comme souffrant d'autisme aigu et de schizophrénie.

Mardi 22, Dorchester – Le monde entier – dont moi – semble être devenu fou : les deux Américains, Aldrin et Armstrong, sont arrivés sur la lune et en sont repartis[1]. […]
J'ai plus ou moins arrêté de boire, et le choc est manifestement très violent pour mon système. Ce n'était pas grave à Puerto Vallarta parce que je ne travaillais pas, mais l'effet en studio, sur moi j'entends, est atroce. Je m'ennuie, je m'ennuie tellement dans mon boulot qu'il n'y a que l'alcool qui puisse faire taire la douleur. Rien que l'idée de passer toute la journée à travailler avec, par exemple, John Colicos, mon pensum de demain, sans au moins une demi-bouteille de vodka pour atténuer les crises de bâillements, c'est le cauchemar assuré. Mais il faut bien en passer par là si je ne veux pas mourir dans les quinze jours à venir. […]

Je me suis comporté comme une brute furieusement éloquente envers tout un tas de gens pour lesquels j'ai d'habitude un grand respect. Je m'en suis pris à Sheran hier au déjeuner sans raison valable. J'ai malmené Brook et Bob Wilson et Jim Benton, en toute impartialité bien sûr, et pour couronner le tout j'ai entièrement carbonisé E aujourd'hui au déjeuner, devant Sheran encore, alors qu'elle venait de revenir d'une opération atrocement douloureuse, l'insertion d'un dispositif horrible dans son arrière-train. Tout ça, évidemment, n'a rien d'étonnant quand je bois comme un trou, mais ça me surprend que je le fasse encore à jeun. Si c'est toujours le cas dans un mois je retourne voir cette bonne vieille bibine et verrai bien combien de temps elle met à me tuer. Autant profiter du peu qu'il me reste. Une des choses bizarres que j'ai déjà remarquées les fois précédentes où j'ai arrêté de boire, c'est que lorsqu'on s'y remet l'odeur des alcools forts est révoltante, à tel point qu'on doit soit se forcer à les avaler

[1] Edwin « Buzz » Aldrin et Neil Armstrong faisaient partie de la mission spatiale Apollo 11 et furent les premiers hommes à marcher sur la lune le 20 juillet 1969.

d'un trait comme un médicament pour surmonter le choc initial, soit les mélanger avec beaucoup de jus de fruits pour masquer le goût et l'odeur. Je me suis servi un martini aujourd'hui avant le déjeuner et je n'ai pas pu le boire. J'en ai pris une gorgée et je me suis mis à trembler de la tête aux pieds. Cela ne fait que depuis vendredi soir que j'ai arrêté et je ne suis encore qu'en sevrage – c'est-à-dire que je m'autorise encore deux verres par jour. On oublie à quel point c'est bon l'eau, et le lait aussi. Je continuerai ces confessions d'un alcoolique plus tard.

Mercredi 23 – [...] Les « luniens » ne font déjà plus les gros titres, et ont été remplacés par Teddy Kennedy, le pauvre[1]. Je le plains, et comprends, en un sens, qu'il ait paniqué ; c'est sûr, ça « peut arriver à tout le monde », mais à moins qu'il ne réussisse à trouver quelque chose d'extraordinaire au tribunal la semaine prochaine, ses carottes présidentielles, et peut-être même sénatoriales, sont cuites. Les K sont des satyres notables, on le sait. (Un jour Bobby K a entraîné Margot Fonteyn dans une des chambres du fond chez Pierre Salinger à BH et quand ils sont revenus j'ai demandé à Salinger « Mais qu'est-ce qu'ils foutaient ? » et Salinger a répondu de son visage empâté en mettant son doigt sur ses lèvres – ça m'a scié[2].) C'était sûrement une soirée « chaude » et Kennedy essayait peut-être de protéger ses amis. Je ne pense pas qu'il manque de courage, mais d'esprit, ça... On ne saura jamais, j'imagine. Les Kennedy

---

[1] Edward « Teddy » Kennedy, petit frère de John F. et Robert F. Kennedy, sénateur des États-Unis. Très tôt dans la nuit 19 juillet 1969, Teddy et sa passagère Mary Jo Kopechne eurent un accident de voiture sur l'île de Chappaquiddick dans le Massachusetts. Mary Jo Kopechne y trouva la mort et une controverse éclata sur les agissements de Teddy Kennedy juste après l'accident.

[2] Pierre Salinger, attaché de presse de John F. Kennedy et de Lyndon Johnson, qui fut brièvement sénateur des États-Unis, a été le directeur de campagne de Robert F. Kennedy en 1968. « BH » est une abréviation pour Beverly Hills.

croient peut-être vraiment qu'ils peuvent tout se permettre. Que Dieu lui vienne en aide. La presse est prête à l'assassiner. (Je sais aussi que pendant sa campagne présidentielle, Jack Kennedy avait rendu visite à Sinatra chez lui à Palm Springs ; la maison était devenue un véritable bordel avec pour client principal le président Kennedy. Bon Dieu qu'est-ce qu'ils ont pris comme risques ces gars.) Mais ils s'en sont tous tirés, sauf le dernier, le bébé. Peut-être qu'il va réussir à s'en tirer. E et moi aimons les Kennedy, mais à part un coup de fil et deux-trois lettres, nous ne connaissons pas Teddy K.

J'attends l'arrivée d'Alex Cohen, le producteur du dernier *Hamlet* dans lequel j'ai joué à New York[1]. Je ne sais pas quoi lui dire. J'ai changé d'avis, je ne veux pas rejouer dans une pièce. Au fond de moi, je n'ai aucune envie de remonter sur les planches, pas avant longtemps, peut-être jamais. Je vais me débiner en noyant le poisson avec d'autres projets, etc.

Il faut que je commence à mettre de l'ordre dans ce journal. Je fourre les feuilles dans le tiroir le plus proche et du coup je ne peux jamais revenir en arrière et voir ce que j'ai écrit ou pas sur qui, que, quoi, qu'est-ce. Est-ce que j'ai écrit quoi que ce soit sur Gielgud et le chien qu'il a donné à E ? Sur la première fois où j'ai été à l'hôpital depuis que j'avais 7 ou 8 ans ? Si je ne suis pas convoqué aujourd'hui je commence à tout rassembler. […]

Jeudi 24 – […] Suite des confessions : la nuit dernière j'ai dérapé et je me suis saoulé. Il n'en a pas fallu beaucoup pour me mettre dans cet état. Aujourd'hui je me remets sur le droit chemin.

Depuis trois ou quatre jours que je suis (relativement) sobre j'ai beaucoup appris. Par exemple, que l'alcool est un formidable

---

[1] Alexander H. Cohen.

analgésique. J'avais oublié à quel point les gens sont ennuyeux. J'avais oublié à quel point les gens ont peur. J'avais oublié à quel point je suis ennuyeux. Et à quel point nous menons tous une existence de désespoir silencieux, et va te faire foutre Thoreau[1]. [...]

Depuis le paragraphe précédent, j'ai pris une douche, me suis lavé les mains [...], me suis lavé tous les orifices possibles, ai nettoyé avec acharnement un corps qui ne sera jamais propre, et ai examiné un cerveau dont certains neurones ne fonctionneront plus jamais correctement, et qui, globalement, m'ont révoqué comme étant une cause irrémédiablement perdue. Pas de retour en arrière. Pas, comme chez Isaïe, de charbon ardent pour cautériser une vie entière de plaisirs[2]. Qu'est-ce que tu veux faire, Rich ? Tu veux une chambre sur cour tranquille dans le quartier de Paddington, avec éclairage au gaz et des piécettes pour l'alimenter, sans salle d'eau, juste des bains publics au coin de la rue, à l'angle de Praed Street ? Tu veux une gentille fille persuadée que tu es le meilleur employé de la banque et qui te défendra contre n'importe lequel de ses dirigeants qui décide de te prendre pour cible à la fête du personnel ? Eh bien c'est raté, mon pote. Tu veux Pontrhydyfen, un temps abominable, dix balles par semaine et l'envie d'une pinte que tu ne peux pas t'offrir contrairement aux autres ? Pas de problème, mon gars. Enfin, tu peux avoir la pinte, mais pas l'envie. Rentre chez toi, dit George Moore à John Millington Synge, rentre chez toi[3].

---

[1] Variation sur la citation de Henry David Thoreau « La plupart des hommes mènent une existence de désespoir silencieux » (« *The mass of men lead lives of quiet desperation* »).

[2] Écho du livre d'Isaïe, 6 : 6-7, version du Roi Jacques : « L'un des séraphins vola vers moi, tenant un charbon brûlant qu'il avait pris avec des pinces sur l'autel. Il l'approcha de ma bouche et dit : "Ceci a touché tes lèvres, et maintenant ta faute est enlevée, ton péché est pardonné." »

[3] George Moore (1852-1933) : romancier, poète, et dramaturge, auteur de la phrase : « Un homme parcourt le monde à la recherche de ce dont il a besoin et le trouve lorsqu'il rentre chez lui. » John Millington Synge (1871–1909) : dramaturge et poète.

Eh bien j'ai une nouvelle pour toi Thomas Wolfe, tu ne peux plus rentrer chez toi[1].

Il est 6 h 30 du matin et Liza vient d'émerger, pas réveillée, la tête de quelqu'un qui a une mauvaise haleine ; elle vient d'entrer dans la chambre pour voir sa mère. La pauvre fille traverse une période difficile, une période que je ne comprends pas et où, du coup, je ne peux lui être d'aucune aide. J'espère que sa mère le pourra. Sa mère aussi traverse une période difficile, mais ça elle peut y remédier elle-même. Moi je traverse une période difficile et j'ai déjà commencé à y remédier. J'avais oublié à quel point les Américains sont différents de moi. Ils parlent la même langue, plus ou moins, mais elle m'est complètement étrangère. Ils ont quelque chose, au centre, de mal fixé. Ça ne va pas tenir[2]. Débordants de sentimentalité, incapables de penser clairement, et, dans l'ensemble, brillants – en tout cas leurs Juifs – comme une immense race de Huns.

Samedi 26,* Kalizma, *Tamise – [...] Liza est allée voir *Becket* avant-hier soir et a, je crois, été surprise que son père puisse, malgré sa vie dissipée, jouer un saint. Maintenant elle veut voir tous les autres films qu'E et moi avons tournés. Nous lui avons expliqué qu'ils étaient, en grande majorité, complètement nuls et indignes de l'attention de qui que soit, mais qu'il y en avait quelques-uns qui se laissaient revoir. Lesquels, nous sommes-nous demandé ? E a tourné une cinquantaine de films jusqu'à présent et moi une trentaine. Disons un total approximatif de 80. J'ai estimé qu'une dizaine mériterait un revisionnage. Nous avons essayé de faire la liste. Dans le cas d'E :

---

[1] Thomas Wolfe, romancier, auteur de *You can't go home again* (1940), dont le titre signifie « Tu ne peux plus rentrer chez toi ».

[2] Référence à un vers de W. B. Yeats extrait de *La Seconde Venue* (*The Second Coming*, 1919) : « Tout se disloque. Le centre ne peut tenir » (« *Things fall apart ; the centre cannot hold* »). [Traduction Yves Bonnefoy. (N.d.T.)]

Le Grand National[1]
Une place au soleil
La Chatte sur un toit brûlant
La Vénus au vison (Pour sa seule performance, nous sommes d'accord[2].)
Soudain l'été dernier
Virginia Woolf
Boom !
Cérémonie secrète (Je crois.)
La Mégère
Faustus (Rien que pour ses yeux et ses seins.)

J'aurai d'autres idées dans une seconde mais ce qui est étrange c'est qu'alors qu'on dit que les acteurs sont stupides, les meilleurs films d'E ont été tournés en dehors du studio avec lequel elle était sous contrat. Et dans mon cas les seuls bons films dans lesquels j'ai tourné sont ceux que j'ai choisis moi, encore une fois hors du cadre des contrats. Les deux seuls films regardables dans lesquels j'ai joué avant la fin de mes quatorze années de contrat avec Fox et Warner Bros. sont *Les Corps sauvages* et *Alexandre le Grand*. Après ça, et en raison du remarquable impact qu'a eu E sur ma vie, j'ai virtuellement eu carte blanche. Je me suis rarement trompé, sauf quand j'ai eu peur. Depuis Elizabeth je l'ai pratiquement rattrapée. J'ai fait, voyons voir :

Becket
Woolf
L'espion qui venait du froid

[1] *National Velvet* (1944).
[2] *BUtterfield 8* (1960).

La Mégère
Boom ! (Second rôle.)
La Nuit de l'iguane
Faustus
L'Escalier

En y regardant de près, pas une si mauvaise liste pour deux personnes qui sont amoureuses, en concurrence l'une avec l'autre, et ont le même tempérament.

Donc d'une certaine façon cela prouve que nous avons du goût. Et s'ils nous laissent le champ libre, nous ferons en sorte de ne décevoir personne. Je pense que nous devrions redevenir de formidables amateurs, et si E veut tourner un film sur la vie amoureuse d'une tortue et jouer le rôle de la vétérinaire, eh bien, c'est ce que nous ferons. Avec moi dans le rôle de la tortue.

Nous sommes, pour quelques minutes, au zénith absolu de notre profession loqueteuse. Donc ils devraient, avant qu'ils ne recommencent à nous séparer, se retirer élégamment. Cette dernière phrase ne veut absolument rien dire, arrêtons là. MAINTENANT. Cette belle matinée n'est pas terminée. Les Américains sont rentrés sains et saufs de la lune. [...]

Dimanche 27 – J'ai lu hier un livre passionnant de Laurie Lee. Le récit de sa marche à travers l'Espagne au milieu des années 1930, sans autre moyen de gagner sa vie que de jouer du violon[1]. Ça fait montre d'un remarquable esprit d'entreprise chez quelqu'un de si jeune – 19 ans environ –, qui n'avait jamais été à l'étranger et qui, en plus, ne parlait pas un mot de la langue locale. Il est animé du même amour pour le peuple espagnol que moi. J'ai vécu à Madrid et dans ses alentours pendant six mois environ

[1] Laurie Lee, *Un beau matin d'été* (*As I Walked Out One Midsummer Morning*, 1969).

et je me souviens qu'à la minute où, arrivant de Lisbonne, j'ai traversé la frontière, Ivor et moi nous relayant au volant d'une MG rouge vif et d'une grosse Jaguar grise délabrée, je me suis senti comme chez moi[1]. Peut-être parce que l'ouvrier espagnol est petit, hâlé, les joues creuses sous ses pommettes, et fait preuve d'un humour suicidaire et meurtrier. Comme les gens de mon pays, et je ne veux pas dire les Gallois, je veux dire l'ouvrier des mines du sud du pays de Galles, le mineur, ou, comme je l'ai appris en lisant mon certificat de naissance que j'étais allé chercher à Somerset House, le « piqueur ». Est-ce que c'était mon père qui avait tenu à dépoussiérer le cliché ? Ou était-ce un petit fonctionnaire qui s'était pris pour un bel esprit ? Va pour « piqueur » ! J'ai bien peur que ce ne soit mon père tout craché. Ou moi. [...]

Mais pour en revenir aux Espagnols, les Espagnols me font me sentir comme chez moi. Ils sont cruels comme des enfants et ont cette faculté à accepter sans broncher la fatalité. Un jour que nous étions, avec les cascadeurs du film, un peu bourrés dans un café désespéré du village d'« El Molar » à une cinquantaine de kilomètres de Madrid, nous avons vu, atterrés, deux Guardia entrer dans le bar et se mettre à frapper à la tête, de leur pistolet, un jeune homme assis avec une fille[2]. Je suis devenu fou, j'ai bondi à travers la pièce, effrayé, le cerveau rouge sang, stupéfié, rendu invulnérable par cet affront à la dignité humaine. S'il n'y avait pas eu les cascadeurs, qui ne sont pas exactement défavorables à une bonne bagarre, je suis certain que j'aurais laissé quelques dents à « El Molar ». La Molaire. La Dent. Je me souviens que Johnny Sullivan a ramassé un des Guardia et l'a balancé par la porte du café, une porte faite de longs fils de perles colorées

---

[1] Pendant le tournage d'*Alexandre le Grand* qui eut lieu en Espagne en 1955.
[2] El Molar, au nord de Madrid.

pour faire fuir les mouches (tu parles) et qu'un des fils de perles a failli, accidentellement, lui arracher un lobe d'oreille[1]. Une fois les Guardia évacués en voiture, nous avons demandé aux deux jeunes pourquoi c'était tombé sur eux. « Simplement parce que je suis assis avec une jolie fille », a dit le garçon. Eh bien, nom de Dieu ! « Rentre avec nous à Madrid, lui avons-nous dit, avant qu'ils ne reviennent. » « Ils ne vont pas revenir, a dit le garçon. Ils ont vu votre grande Rolls-Royce (avec son accent ça donnait quelque chose du genre *Royath Royth* – c'était la Jaguar gris acier, en fait) et ils ne vont pas revenir. » Ils ne sont pas revenus. Je suis rentré chez moi sur la pointe des pieds, à l'aube, incapable de dormir, et j'ai rêvé de tuer Franco.

C'est peut-être à cause du sentiment d'impuissance et de désespoir des Espagnols, qui me rappelle tellement les années 1930 dans le sud du pays de Galles, que je les aime. Je ne sais pas. Mais nous n'étions pas aussi mal lotis que ces foutus Espagnols, les pauvres. Un jour dans le même village d'El Molar nous avons recruté la plupart des gens valides comme figurants. Ils enfilaient tous leur costume de Grecs dans une grande tente. Le costumier, un gars pédé comme un phoque, en sort le visage blafard[2]. « Viens voir, Richard, me dit-il, viens voir. » J'y suis allé. J'ai vu. Tout le monde, hommes, femmes, enfants, adolescents, avait de l'eczéma des genoux jusqu'aux pieds. J'ai re-re-re-tué Franco. Pourquoi est-ce que personne ne tue ces porcs ? Les Lincoln et Kennedy et Luther King se font assassiner, alors pourquoi pas un Hitler, un Macarthy ou un Staline, ou même ce péteux de Wallace[3] ? Quelle providence protège ces cochons ?

---

[1] John Sullivan était cascadeur sur le tournage d'*Alexandre le Grand*, et celui du *Jour le plus long* ; c'était la doublure cascade de Richard Burton dans *Cléôpatre*.

[2] David Ffolkes, costumier d'*Alexandre le Grand*.

[3] « Macarthy » est probablement le sénateur Joseph McCarthy qui avait organisé les chasses aux sorcières anti-communistes dans les années 1950, et Wallace est George Wallace, gou-

Lundi 28 […] – Le week-end a été délicieux. Soleil chaud et brillant, E et Liza devant la télé, moi avec mes bouquins. […] J'ai écrit une lettre au journal *The Sun* hier en offrant de payer les dépenses d'un jeune garçon de Londres, atteint de polio et handicapé, qui va parcourir le pays à pied de John O'Groats à Land's End, sur ses béquilles[1]. Il doit être en train d'approcher Gloucester en ce moment. Il a dit au journaliste qui l'interrogeait : « J'espère qu'il y aura quelqu'un pour m'accueillir quand j'arriverai, juste une ou deux personnes. J'ai l'impression que personne n'est au courant de ce que je fais. » J'ai dit au rédacteur en chef qu'E et les deux filles, et moi si c'était possible, serions là pour l'accueillir, si on nous prévenait un ou deux jours avant. J'espère vraiment que la lettre n'était pas trop mielleuse. E dit que non. Je suis curieux de voir comment le garçon réagit, et comment le journal, qui semble être en fin de course, va gérer la chose. […]

[…]

Mercredi 30 – Je savais qu'il y avait quelque chose qui n'allait pas hier. Je le sentais dans ma moelle primitive de Gallois. E est passée sur le billard pour sa troisième et dernière injection pour ses « hémorroïdes », et quand à 14 h 30 je n'avais toujours pas eu de nouvelles d'elle (une erreur si j'ai bien compris) et que je n'arrivais pas à la joindre, un déluge de visions d'horreur a

verneur d'Alabama, candidat à l'élection présidentielle de 1968. Wallace serait victime d'une tentative d'assassinat en 1972.

[1] David Ryder, jeune homme de 21 ans souffrant de polio, traversa la Grande-Bretagne d'un bout à l'autre, de John O'Groats à Land's End. Parti le 21 juin, il arriva le 22 août. Un article sur lui parut dans le *Sun* du 26 juillet.

commencé à déferler sur moi (pardon pour le jeu de mots)[1]. Les premières nouvelles sont arrivées de la part de son docteur, un minuscule Juif gallois du nom de Rattner, qui m'a très clairement fait comprendre, mais entre les lignes, que mon petit bébé y était presque passé. Un idiot de docteur, ces deux mots étant pratiquement synonymes, avait laissé la « piqûre » filtrer dans son système sanguin et ces imbéciles étaient restés plantés là avec des piqûres pour le cœur, etc., au cas où elle se mettrait à mourir, ce qui, ils en avaient peur, était précisément ce qu'elle était en train de faire. Je peux pardonner à un docteur conventionné du sud du pays de Galles qui voit un mineur à la minute de faire une erreur, il fait face à une pression énorme, mais impossible de pardonner à Harley et Wigmore Streets[2]. Ils travaillent dur, c'est sûr, même eux, mais il n'y a aucune excuse pour traiter une mortelle aussi chère et tendre qu'Elizabeth avec rien de moins que des soins méticuleusement calculés. Je suis encore sonné par les énormités potentielles de leurs viles seringues. [...] Bon, elle a réussi bien des fois à déjouer tous leurs efforts pour la tuer. J'aimerais bien qu'elle réalise, comme moi, qu'il y a tout aussi peu de bons docteurs qu'il y a de bons acteurs. [...] Ils n'arrêtent pas de faire des erreurs monstrueuses, des erreurs mortelles, et ils s'en tirent. Le gars qui s'est planté avec E hier était déjà en train de se défendre en disant que c'était de sa faute à elle, pas à lui ! Au cas où une patiente si célèbre serait morte suite à sa mauvaise gestion. Je pourrais le tabasser à mort d'un coup de paupière.

Enfin, elle va bien, mais moi j'en ai encore des cauchemars. Qu'est-ce que serait ma vie sans elle ? Où est-ce que j'irais ? Qu'est-ce que je ferais ? Toutes les autres font pâle figure.

---

[1] Jeu de mots sur *piles*, qui signifie « hémorroïdes » en anglais, et le verbe *to pile up on*, qui signifie « s'amonceler sur ». (N.d.T.)

[2] Les rues londoniennes de Harley Street et Wigmore Street abritent les cabinets de beaucoup de grands médecins.

Ça sert à rien de ramasser une jeunette de 18 ans en mini-jupe – elle ne tiendrait même pas une semaine. Je mourrais, j'imagine, d'une mort grandement accélérée. Enfin bon, elle va bien. Connards.

Hier, avec la peur, le soulagement, l'anxiété, etc., j'ai été trop loin dans une scène. Je devais dire à un acteur, Marne Maitland : « Dégage ! Retourne de ton pas claudicant à Rome et dis à Sa Sainteté le pape que j'obtiendrai l'annulation du mariage. Dégage. Dégage. Dégage[1]. » J'ai dit le dernier « dégage » avec une telle virulence assassine, en hurlant de toutes mes forces, que les pieds de M. Maitland ont décollé du sol – il a trébuché et il est tombé. C'était un peu gênant, et on a dû refaire la scène. Il n'y a pas que les docteurs qui font des erreurs ! C'est que j'étais tellement impatient de rentrer à la maison.

Jeudi 31, Dorchester – L'aube est fraîche et grise et nous venons de nous disputer E et moi, à propos de Dieu sait quoi. [...] Si seulement elle faisait un peu d'exercice, n'importe quoi, elle pourrait guérir. Mais elle limace, lambine, et rejette le monde d'un haussement d'épaules. Et elle a bien plus fermement confiance en ses docteurs qu'en elle-même. Des piqûres, des piqûres, des piqûres, et des antidouleurs. Elle n'est pas juive de naissance mais a acquis, en seconde main, non seulement leur génie mais aussi leur masochisme de masse. [...] De mon côté, la journée et les journées s'étendent devant moi comme une vaste steppe. J'ai mentionné bien des fois que ce qui me tue, c'est l'ennui. Je suis parfaitement heureux seul avec E ou Liza, mais bizarrement avec personne d'autre, sauf Kate (toutes des femmes, vous remarquerez) – mais ce qui est désolant chez moi c'est que tous les autres me désolent. Je ne supporte pas, et il

[1] Marne Maitland jouait le rôle de Campeggio. Il avait joué le rôle d'Euphranor dans *Cléopâtre*.

le faut pourtant bien, les membres de l'espèce humaine, qui ne savent ni vers où se tourner, ni où aller. En dépit de mes origines je n'ai jamais manqué d'argent, et quand je suis face à un Tony Quayle ou un Robert Beatty qui n'arrivent pas, seuls ou à eux deux, à se payer un billet pour Gibraltar ou les îles Canaries, je reste comme deux ronds de flan[1]. Je suis sûr qu'au pire du pire, qu'à l'inévitable du grand inconnu, je pourrais trouver un boulot qui me permettrait de nourrir et d'habiller ma famille. Tant que je serai en vie, comme disait Ivor, personne ne viendra à manquer.

Ça va être une dure journée, mais je vais être gentil. Liza va venir avec moi, ce qui est toujours une bénédiction. J'adore cette enfant. J'espère de tout mon cœur qu'elle le sait. C'est sûr. C'est sûr. Quand cette créature me dit quelque chose de gentil, spontanément, je m'épanouis comme un cerisier en fleur. Au printemps. Et voilà que cette monstre d'enfant est arrivée et embrasse sa mère, c'est l'heure d'aller travailler.
Je t'aime Elizabeth, et pardon.

AOÛT

Vendredi 1er, Dorchester – E devait partir pour le week-end [...] mais je l'ai persuadée de ne pas y aller. Après tout nous savons tous les deux que nous serions à l'agonie l'un sans l'autre. La petite Liza s'est superbement comportée avec sa mère et (au téléphone) avec moi, essayant de nous réconcilier. Elle a donné des ordres à E. Elle l'a forcée à prendre un petit déjeuner. Elle m'a fait appeler E et lui demander pardon. Elle est devenue notre mère instantanée à tous les deux. Sagesse instantanée. C'est une sacrée gamine, et je vais peut-être bien devoir la garder. Et puis elle sera bientôt

[1] Robert Beatty jouait le rôle de Cartwright-Jones dans *Quand les aigles attaquent*.

– elle est déjà, en fait – d'une incroyable beauté. Une putain de vraie « *bramah* », comme on dit chez nous[1]. Il va falloir arranger ses dents un de ces jours sinon elle aura des problèmes de menton, et elle marche comme un canard mais tout ça, ça se corrige. « Mais ses yeux, mon Dieu, ses yeux, braises vives, etc.[2]. »

Je suppose qu'au fond, tout au fond, même si j'ai du mal à l'admettre, je suis un véritable acteur, et que les rôles que je joue m'affectent bien un peu. Il y a toujours une partie de moi-même qui observe, et je suis conscient d'être devenu autoritaire. Personne d'autre que moi n'a le droit de payer quoi que ce soit. C'est moi qui sers à boire. C'est moi qui paie le déjeuner. C'est ma voiture, ou une de mes voitures, qui vous ramène chez vous. J'ai toujours été comme ça, c'est vrai, mais jouer le rôle d'un roi, et surtout d'un homme aussi démoniaque que Henry, a encore renforcé la vision que j'ai de moi-même d'être un homme supérieur.

Aaron est venu aux studios hier. [...] Je lui ai demandé combien d'argent nous avions. Pourrions-nous vraiment nous permettre de prendre notre retraite. Il m'a dit que j'avais environ 4 à 4,5 à 5 millions de dollars « rapidement disponibles », et E un peu moins. Ça ce n'est que l'argent rapidement disponible ; il y a en plus les différentes maisons, le *Kalizma*, les tableaux, les bijoux, etc., qui valent, en tout, 3 ou 4 millions de plus. Si, ai-je dit, nous arrêtons de jouer, de quel ordre serait notre revenu, sans toucher au capital. Il a répondu : au moins 1 demi-million de dollars par an. Mettons 100 000 pour continuer à rémunérer R. Hanley et Benton et Wilson au niveau auquel ils sont habitués, et tous les filleuls et filleules neveux et nièces et Howard et Sara et Will et les écoles. Mettons 100 000 autres pour l'entre-

[1] Terme gallois familier pour désigner une femme très séduisante.

[2] Référence à un vers du poème de Gerard Manley Hopkins *Pied Beauty* : « Les braises vives des châtaignes chues » (« *Fresh-firecoal chestnut-falls* »). [Traduction Jean Mambrino. (N.d.T.)]

tien du *Kalizma.* Si l'on compte 50 000 de dépenses diverses et variées, E et moi devrons nous débrouiller avec 250 000 par an. Tous nos enfants sont riches à présent, certains plus que d'autres, donc nous n'avons pas à nous en faire pour eux. Financièrement j'entends. Je pense qu'avec du papier blanc, une machine à écrire et de la vodka, tranquille, pas déchaînée, et du Jack Daniel's, nous pourrions nous débrouiller très bien. [...]

L'argent est important, pas crucial, mais ça aide beaucoup. C'est pour ça que j'en ai beaucoup parlé aujourd'hui, parce que ça veut dire que si E et moi sommes assez forts pour renoncer à la célébrité, nous pourrons au moins vivre plus que très très confortablement. Je devrais même pouvoir lui offrir un ou deux bijoux. Nous partagerons notre temps entre Gstaad, le *Kalizma* et Puerto Vallarta. Nous ferons un saut à Paris de temps en temps et organiserons une fête pour les Rothschild. Nous prendrons le Transsibérien express pour traverser la Russie de Moscou à Vladivostok. Nous irons dans les villes d'altitude du Cachemire. Nous laisserons passer le temps dans les îles grecques. Nous visiterons Israël et enterrerons des Égyptiens morts. Nous retournerons visiter le Dahomey et regarderons la lessive sécher sur la corde à linge dans le palais de la présidence – nous pourrons longer la côte sur le *Kalizma.* Et l'Espagne, et les Antilles, et l'Équateur et le Paraguay et la Patagonie et nous remonterons l'Amazone. Nous prendrons un mois pour visiter la France avec le Guide Michelin. Il y a beaucoup d'ailleurs, Coriolan[1]. Je peux écrire de beaux livres avec des photos prises par E.

Dimanche 3 – J'ai eu une mauvaise passe hier, une phase de lassitude et d'indifférence énorme. J'ai à peine réussi, mais j'ai

[1] Écho d'une phrase du *Coriolan* de Shakespeare prononcée par Coriolan : « Il y a un monde ailleurs » (« *There is a world elsewhere* »), acte III, scène 3.

quand même fini par y parvenir, à réviser l'énorme verbiage des scènes que je dois tourner cette semaine. [...]

Mais aujourd'hui j'ai arrêté de pleurer sur mon sort et je songe sérieusement à arrêter complètement cette histoire, là, d'être acteur. Je vais aborder le sujet très prudemment avec Aaron cette semaine et voir quelles sont exactement nos différentes obligations. Ça voudra peut-être dire travailler encore pendant un an, gagner 2 ou 3 millions de plus pour dédommager tous ceux dont nous nous sentons responsables. [...]

Lundi 4 – [...] Je ne sais plus quoi faire pour choisir l'école de Liza. Elle a le niveau de scolarisation d'une enfant de 10 ans, et en a 12. Elle est très intelligente mais n'a aucune chance d'intégrer une école exigeant le 11-Plus[1]. J'imagine que nous finirons bien par trouver une solution.

[...] Je hais hais hais jouer. Dans les studios. En Angleterre. Je frissonne à l'idée d'aller travailler avec la même horreur qu'un employé de banque doit haïr son infect trajet de métro le matin et la cohue de l'heure de pointe le soir. Je hais jouer, je déteste jouer, je méprise, méprise, ça, bon Dieu.

Eh bien, ça m'a permis d'évacuer un peu de spleen de [mon] système.

[...]

Bon, au boulot, c'est parti pour un autre tour de répétitions. « Je dois avoir un fils pour gouverner l'Angleterre quand je serai mort. Trouve une solution Cromwell. Trouve une solution. Le pape. Le cardinal. Orvieto, messeigneurs les évêques. Divorcer de Katherine. Divorcer d'Anne. Épouser Jane Seymour. » J'ai beau

---

[1] Le 11-Plus est un examen britannique passé à la fin de l'école primaire qui détermine l'admission dans les *Grammar Schools* (établissements d'enseignement secondaire de haut niveau) et autres établissements secondaires pratiquant une sélection à l'entrée. (N.d.T.)

utiliser tous les trucs que je connais pour rendre ce texte crédible, c'est un combat perdu d'avance. C'est de la pure médiocrité. [...]

Mercredi 6 – Anniversaire de Liza

Nous essayons de trouver un satané hunter pour le cadeau d'anniversaire de L[1]. [...]

E a dit ce matin que je manquais de loyauté – simplement parce que j'ai dit que Sheran était une snob qui ne cultivait les gens que parce qu'ils étaient momentanément « à la mode ». Elle est sacrément culottée de parler de loyauté. La liste de ses déloyautés remplirait les pages jaunes de l'annuaire de New York. Sauf, bien sûr, envers ses enfants. Là elle me bat, parce que j'ai été déloyal envers les miens.

Liza est très excitée : nous venons de lui dire que nous essayions de lui trouver un cheval. C'est une gamine adorable et malgré mon sale caractère je pourrais la gâter presque autant que je gâte sa mère. Et ce n'est pas peu dire. Elle grandit à une vitesse formidable et a tendance à être notre mère à tous. Elle a depuis peu commencé à me menacer de son doigt moralisateur, et à se lancer dans des dialogues du genre « alors-maintenant-tu-te-calmes-et-tu-respires-il-va-revenir-à-la-raison-parce-qu'-il-t'aime-vraiment-et-ne-peut-pas-vivre-sans-toi ». C'est une course effrénée, dans cette famille, à qui sera le plus gâté. Mais nous avons tous une veine généreuse, donc je pense que ça devrait aller. [...]

[...]

Vendredi 8, **Kalizma,** *Tamise* – Il est 6 h du matin [...]. Je me tiens prêt à être convoqué. J'avais à peine dormi la nuit précédente (j'ai pris une douche avec mon pyjama. Est-ce possible ?)

[1] Hunter : cheval de chasse.

et tout le reste de la journée j'ai été comme un somnambule, buvant sans arrêt, me maintenant sous la ligne de flottaison, jusqu'à ce que mon corps épuisé et saoul reçoive une succession de fusées d'E et de L sur le yacht et l'ordre de descendre me coucher. Exemple de dialogue avec les deux sorcières :

Moi, au lit, avec un livre : Liza, descends E'en So.
Elizabeth : Va la chercher toi-même.
Liza : Va la chercher toi-même.
Moi : Va me chercher un sandwich.
Elizabeth : Va le chercher toi-même.
Liza : Va le chercher toi-même.

Résultat : Liza arrive, muette, avec un plateau de sandwiches, d'exquises petites tomates et d'oignons de printemps, flanquée d'une désapprobation gigantesque. Je lui ai lancé un regard triste enrobé de tout le charme celte que j'ai pu rassembler, mais elle n'a rien voulu voir. Je crois que cette enfant aime sa mère. J'espère qu'elle réalise que moi aussi. C'est un privilège partagé.

Quelle révélation ce Tony Quayle ! C'est un rusé renard ; peut-être qu'il s'est détendu avec l'âge, ou que je ne le connaissais pas assez bien, mais soit j'avais oublié soit je n'avais jamais su qu'il était si intelligent. Ses connaissances en poésie sont presque, a-t-il dit avec une immense suffisance, à la hauteur des miennes. Et il y réagit aussi immédiatement que du papier de tournesol trempé dans l'acide. [...] C'est sacrément incroyable, mais je ne me sens chez moi qu'avec des enfants de ma génération. Si tu ne connais pas Richard deux bâtons, ou trois, ou le Danois[1]. Si tu ne connais pas cet idiot de Dowson, ou Housman, lubrique

[1] *Richard II, Richard III, Hamlet.*

homosexuel mourant, ou Alexander Macgonical, alors il faut tout reprendre depuis le début et nous rééduquer[1]. Rien ne me persuadera qu'un accident est de l'art. Et ne me parlez pas des Beatles, putain.

Samedi 9, Dorchester – Malheureusement j'ai finalement été convoqué hier, juste pour une réplique. « Ça va aller maintenant, Anne, ça va aller. » Aujourd'hui c'est le mariage de Bob Wilson et Gwladys[2]. Je suis témoin, et E – je ne sais plus comment ils appellent ça au bureau de l'état civil – matrone d'honneur. [...] Nous avons appris hier qu'aux États-Unis mon dernier film pour enfants – *Eagles* – avait engrangé plus de 21 millions de dollars de bénéfices, et continuait à attirer les foules. Et ce n'est qu'aux États-Unis. Je ne sais pas vraiment ce que ça veut dire mais McKenna m'a dit hier qu'il passe depuis des mois à Dublin et que si ça continue comme ça il devrait finir par aller le voir. Quel toupet. À Londres le film est revenu à Leicester Square après avoir été sur Coventry Street et c'est le seul film, au cours de la récente canicule, qui a non seulement maintenu sa position mais gagne 700 livres de plus par semaine qu'avant. Nous allons peut-être bien pouvoir mettre à exécution notre idée de retraite finalement. Les résultats du film avaient été d'une lenteur décevante à sa sortie, mais maintenant l'effet boule de neige fonctionne. Si *L'Escalier* fait moitié aussi bien je pourrai probablement engager J. Paul Getty comme majordome et Onassis comme chef grec[3]. Elizabeth me servira ma nourriture topless et en minijupe en m'appelant « monsieur ». Les poules auront des dents ! Jackie Onassis sera la pré-ado recevant ses ordres d'Elizabeth. Nous

---

[1] Ernest Christopher Dowson, Alfred Edward Housman, et probablement William McGonagall : poètes des XIXe et XXe siècles.

[2] Gwladys : surnom que donnait Burton à la femme de Bob Wilson, Alice.

[3] J. Paul Getty : industriel multimillionnaire.

ferons venir Noel Coward chaque soir pour faire de l'esprit et nous chanter des chansons. Nous trouverons un pianiste russe ayant fait défection, un des grands, et il viendra jouer tous les soirs. Enchaîné bien sûr. Nous lui mettrons des confettis blancs sur la tête et lui dirons qu'il est en Sibérie. [...]

Dimanche 10,* Kalizma, *Tamise – Le mariage s'est passé comme sur des roulettes et il y a eu quelques larmes ici et là. [...] Ce qui n'est pas si sympa en revanche c'est que la charmante Sharon Tate, femme du réalisateur Roman Polanski, est l'une des victimes d'une série de meurtres à LA. Elle était enceinte, ce qui d'une certaine façon rend la chose encore pire. C'est vraiment très étrange et ça ressemble exactement aux films de Polanski parce que tous ses films contiennent des meurtres sexuels bizarres, et E se demande si ce n'était pas un « taré » qui accomplissait dans la réalité ce que Polanski prônait en théorie. Si c'est le cas, Elizabeth va se faire décapiter. La pauvre a apparemment été étranglée puis pendue à une poutre. On devrait apprendre plus de détails aujourd'hui dans les journaux. Et il va falloir que nous envoyions une lettre de condoléances à Polanski parce qu'E l'aime beaucoup et dit que c'est un homme adorable. Je crois bien que Mme Polanski est la seule personne que j'ai rencontrée qui ait été assassinée. Certains de mes amis ont été tués mais pas assassinés.

Je suis arrivé à ce stade, prévisible, me dit E, où ce que je fais m'ennuie prodigieusement. Les trois prochaines semaines vont être une torture. J'essaie depuis plusieurs semaines, avec tous mes camarades, de donner à Gin Bujold l'impression qu'elle est attirante. C'est peine perdue. Visiblement elle sort toutes les nuits en discothèque avec son mari, ne s'occupe pas de son fils, et arrive au studio avec une tête d'apocalypse. Et l'odeur qui va avec. Elle n'arrête pas de vomir. Elle n'a que 27 ans. Elle est la réincarnation même de la maussaderie.

Pourquoi est-ce qu'elle n'apprend pas à avoir l'air splendide à 6 h du matin, même si elle s'est couchée à 5 h 30. Avec un quart d'heure de sommeil Elizabeth a l'air fraîche comme la rosée du matin. [...]

Lundi 11 – Il a fait très chaud et humide ce week-end et j'ai l'impression que ça va être la même chose aujourd'hui. C'est aussi aujourd'hui que je dois être au lit avec Gin Bujold, ce qui ne va pas être rafraîchissant. En fait ça va probablement être assez lourd. Elizabeth s'est gentiment levée avec moi et est assise en face de moi en ce moment et fait tout pour m'embêter donc je vais m'arrêter de taper à cet endroit-ci exactement.

Lundi 18 – [...] E va en Cornouailles aujourd'hui pour rencontrer le jeune homme atteint de polio – celui qui a marché de John O'Groats à Land's Ends sur ses béquilles. [...]

Jeudi 21, Dorchester – [...] Plus qu'une semaine de tournage du film et qu'est-ce que je vais être content.

Jeudi 21 – C'est la même date bien sûr mais plus tard, bien plus tard. J'ai fini de travailler et suis rentré à la maison et je suis censé aller à une fête organisée par Michael Hordern qui, c'est surprenant sachant que nous devons tous, dans le milieu du cinéma, nous lever à l'aube ou pas loin, ne commence pas avant 21 h, ce qui veut dire 22 h connaissant Elizabeth, et 2 h du matin me connaissant. Et me connaissant vraiment ça pourrait être 2 h du matin ou directement au boulot. Dans ce genre-là. Et puis après une orgie de narration et une loge éternellement pleine de gens pendant des semaines je préfère me poser en silence, un silence trop rare dans mon cas. Parler est une maladie que je dois soigner d'une façon ou d'une autre. Je me suis rendu compte que la plupart du temps, si je suis dans une pièce remplie de monde, ce qui est invariablement le cas, si ce n'est pas moi qui parle, personne d'autre ne parle. Hors de question que je fasse tout ça ce soir. Je ne vais parler qu'à cette machine. [...] Le problème d'un journal intime c'est qu'il faut balancer les mots sur la page sans répit, il n'y a pas le temps de faire des corrections. C'est pour ça que je sais qu'E a raison quand elle dit que je devrais plaquer le métier d'acteur pendant un temps et me mettre à réfléchir. Nous avons tous les deux tendance à oublier, même si nous ne l'oublions jamais vraiment, l'incroyable impact décuplé de nos personnalités arrogantes, de notre célébrité et de notre richesse sur les pauvres types qui se demandent juste où ils vont bien pouvoir dégoter leur prochain boulot. [...]

[...]

Jeudi 28, Dorchester – Michael est arrivé d'Hawaï hier après un voyage de vingt heures. Il n'avait pas l'air fatigué du tout – en fait ça fait longtemps que je ne l'ai pas vu aussi bien. Il mesure maintenant 1,75 m et ressemble à un très beau Christ de la Renaissance. [...] Je n'ai pas encore eu l'occasion de lui parler pour savoir ce qui le motive mais je suis moins soucieux à son sujet que je ne m'attendais à l'être. Il a énormément mûri.

Malgré mes protestations E est encore inquiète à propos de Gin Bujold. La situation est dangereuse, mais celle qui est en danger c'est Miss Bujold, pas nous. J'imagine que ça va être très difficile de rentrer à Montréal dans sa maison de banlieue après le faux glamour de cette production-ci en particulier. Enfin, je reste sur ma position et advienne que pourra[1]. J'insiste, depuis le début, pour qu'on la traite comme une « star »

---

[1] La citation exacte, tirée des *Confessions* d'Aleister Crowley (écrivain occulte, philosophe, alpiniste et explorateur), est la suivante : « Rester sur sa position, et advienne que pourra ! »

et du coup elle ne soupçonne absolument pas à quel point elle est détestée. Parce qu'ils sont loyaux, tous les gars, Ron, Jim, Bob (mais pas, je répète, pas Gaston), l'ont invitée à déjeuner et à dîner mais ils en ont jusque-là, ça se voit. Ils vont être aussi contents que moi quand ce spectacle sera terminé et que nous pourrons plier nos tentes et nous esquiver sur la pointe des pieds[1]. En hurlant ! *Oh monsieur, elle est laid. Elle ne pas laide mais chacun a son gout**. Je corrigerai ces mots de français un de ces jours. Je vais peut-être même prendre des cours avec un tuteur pour améliorer mon niveau de français pendant mon année sabbatique – et d'italien aussi. Ça ne me coûtera que quelques livres la leçon et ça m'aidera à Oxford en 1971 quand je serai face à tous ces petits péteux. Nevill Coghill m'a proposé de venir habiter chez nous pour m'aider à potasser les tutoriels, etc.[2]. Les cours magistraux ça ira. Les tutoriels ça va être vraiment chiant. Tous ces connards de hippies avec leurs questions embarrassantes. J'espère vraiment qu'en trois mois à Oxford je vais comprendre ce qui les fait vibrer parce que aujourd'hui je n'en ai pas la moindre idée. Je ferai du mieux que je peux.

***Samedi 30,* Kalizma** – Ça y est, c'est fini. Je n'ai plus que deux ou trois plans à faire et ensuite je vais me laver et rentrer à la maison et me sécher. J'ai rarement été aussi désespéré. Je me souviens, en attendant la lettre d'Oxford, de la terreur de ne pas être accepté. Je me souviens du tourment de devoir choisir entre Kate et Elizabeth. J'ai choisi Elizabeth et peut-être que je

---

[1] Référence au poème *The Day is Done* (1844) du poète américain Henry Wadsworth Longfollow, dans lequel on trouve les vers « ils plieront leurs tentes, comme les Arabes, et ils fileront en douce » (« *Shall fold their tents, like the Arabs, and quietly steal away* »).

[2] À l'université d'Oxford les étudiants suivent, outre les cours magistraux, des enseignements tutoriels où ils sont suivis individuellement ou par groupes de 2 ou 3 par leur professeur. (N.d.T.)

ne me le pardonnerai jamais. Mais je les aime toutes les deux, furieusement. E ne me croit pas mais je n'ai jamais rien fait pour trahir sa confiance. Michael sait que je ne suis pas un menteur, et il me croit. […]

G. Bujold est une idiote, c'est clair. Elle nous a tous vraiment énervés. Donc elle n'est peut-être pas si idiote que ça après tout. Elle avait peut-être l'intention de nous énerver. Eh bien bonne chance à toi ma grande, parce que la seule qui va être énervée, c'est toi. Vulgaire, nulle et ambitieuse. Trois qualités que je déteste. […]

Dimanche 31 – […] Hier a encore été une journée horrible. En comparaison de la manière dont je me suis comporté, une banshee aurait eu l'air douce et gentille[1]. Insultant Elizabeth, bourré, lui présentant de pitoyables excuses de loin en loin, et puis c'était reparti pour un tour d'insultes. Parfois je suis tellement le fils de mon père que je me fais souvent peur. Il avait le même talent pour blesser avec les mots, les mêmes accès de violence passagers, il était aussi fidèle à maman que moi à Elizabeth, il avait la même érudition vague, le même didacticme (je suis sûr que j'ai mal épelé le mot), le même doigt moralisateur contre l'innocent quand on sait parfaitement qu'on est entièrement coupable, quand on doit attaquer parce qu'on sait qu'on est au pied du mur. Au fait, j'ai mal utilisé « banshee » – ce terme désigne une fée irlandaise ou écossaise qui crie et se lamente à la mort imminente de tout membre d'une famille qu'elle protège. Et, malgré *L'Escalier*, je ne suis pas une fée.

Mike est devenu un jeune homme plein de sagesse. […] C'est un garçon charmant et je n'arrive pas à croire que je ne

---

[1] Créature de la mythologie gaélique dont les cris annoncent la mort prochaine d'un membre de la famille. (N.d.T.)

le connaissais pas. J'aimerais bien qu'il soit de mon sang, mais c'est peut-être mieux qu'il ne le soit pas. Son père est formidable, un vrai gentleman. Et s'il y a bien une chose que je ne suis pas, c'est ça.

Il est l'heure de réveiller Maisie. La vie ne vaut pas la peine d'être vécue sans elle.

SEPTEMBRE

Lundi 1er férié, **Kalizma,** *Tamise*

Faits :

Je n'ai pas la tremblote aujourd'hui.

J'ai vu le film *Becket* hier soir. Je joue de manière prévisible, et horrible.

J'ai entendu Elizabeth dire que j'étais ennuyeux. Et elle a bien raison. Quand je suis saoul.

J'ai pris un bain et je me suis lavé les cheveux.

J'ai laissé ma montre dans la salle de bains et l'horloge du salon s'est arrêtée donc je ne sais pas quelle heure il est mais il doit être 9 h du matin.

Mes yeux sont des fentes que seul un serrurier pourrait ouvrir.

Je vais aller faire une longue promenade tout seul.

Michael a dit que dans *Becket* mes cheveux étaient trop courts, ce qui est un commentaire passablement stupide.

Il adore *Le Prophète*, une vraie merde destinée à un public de masse[1].

Je suis moi-même passablement stupide.

Il fait assez frais mais c'est une très belle matinée.

[1] Khalil Gibran, *Le Prophète* (1923).

Si je marche suffisamment longtemps je vais peut-être reprendre mes esprits.

Si je marche suffisamment longtemps je vais peut-être perdre l'esprit.

Je ne dois pas parler.
J'emmerde l'autre génération
L'amour de Dieu
C'est de la connerie
Et Dieu
C'est de la connerie
On ne devrait pas avoir une telle vénération.
Sans offense
Mais la défense
Est la meilleure
Attaque
Jack.

Mardi 9, Aston Clinton – Hier j'ai enfin terminé ce putain de film. On pourrait se dire qu'il y a de quoi se réjouir, mais pas du tout. Tout a commencé à cause de ma passion absolue, quasi féminine [...] pour l'ordre. Nous vivons dans un endroit tellement petit que les objets non essentiels doivent rester le moins nombreux possible. Gaston est arrivé tel un porteur de la gare de Paddington, les bras chargés de boîtes, de sacs, et d'une caisse d'alcool. Il y avait plusieurs de nos serviettes alors qu'il suffit de décrocher le téléphone pour qu'ils apportent cent serviettes propres. Est-ce qu'elle ne se rend pas compte que nous avons payé le Bell Inn près de 100 livres par semaine pendant un an pour que Gwen soit confortablement logée[1] ? Ils feraient la roue pour nous si nous le leur demandions. Ça m'a rendu fou, et ça

[1] Le New Bell Inn, à Aston Clinton.

s'est terminé par des coups à la tête portés par la main baguée d'Elizabeth. Si un homme m'avait fait ça je l'aurais tué, une femme aussi d'ailleurs, mais j'ai eu assez d'esprit pour me restreindre, sinon elle se serait sûrement retrouvée à l'hôpital pour un bon bout de temps, ou même au cimetière de la synagogue pendant encore plus longtemps. Je bous encore de rage rien que d'y penser. Je me suis emmené faire une grande promenade jusqu'aux fermes juste là derrière et j'ai réfléchi à toutes les possibilités, et leurs conséquences. J'ai décidé que pour l'instant en tout cas, nous étions coincés l'un avec l'autre. Je me suis dit que ce dont E avait besoin c'est d'un bon repos dans un endroit calme, et moi aussi, et qu'ensuite nous pourrions peut-être nous remettre ensemble. Nous nous disputons, ça fait un an que nous nous disputons à propos de tout et n'importe quoi. J'ai toujours beaucoup bu mais depuis les quinze derniers mois je me suis presque tué avec ce truc, et Elizabeth aussi. Elle vient d'entrer dans cette minuscule pièce à l'arrière où je tape à la machine et c'est reparti. Aucun de nous deux ne cède et si l'un de nous ne cède pas quelque chose va lâcher. Et ce n'est certainement pas moi qui vais céder, je suis trop petit comme homme, et pas assez féminin. J'étais fier de ne pas avoir la tremblote ce matin mais à la seconde où E est arrivée et s'est assise ça m'a repris. Mais qu'est-ce que ça veut dire, putain ? Enfin, aujourd'hui c'est clairement une journée noire de mélancolie celte. Je ne vois rien devant moi qu'un long désert grisâtre. Je verrai peut-être un peu de couleur dans le désert cet après-midi, et peut-être même une oasis demain. Mais là maintenant tout de suite, je suis au désespoir. Si nous n'arrivons pas à nous comprendre, ou pire à nous supporter l'un l'autre, alors nous ferions [mieux] d'aller chacun de notre côté, et vite, et de recommencer à travailler. Elle se remettra à tourner, et moi j'écrirai.

Jeudi 11, Bell Inn, Aston Clinton – J'ai sauté la journée d'hier. J'imagine que quand on a atteint une oasis, on n'écrit pas.

Les enfants sont arrivés excités comme des puces et nous avons passé un déjeuner hilarant où tout le monde voulait manger ce qu'il y avait dans l'assiette des autres au lieu de ce qu'il y avait dans la sienne. Les assiettes sont passées de main en main, des fourchettes remplies de « goûte ça » ont circulé au point que les serveurs, complètement perdus, se sont mis à voir triple. [...]

J'ai passé pratiquement toute la journée et la moitié de la nuit (jusqu'à 4 h 30 du matin) à lire un livre de Carlos Baker sur Ernest Hemingway[1]. Je déteste l'écriture d'E. H. depuis mes 14 ans à peu près, quand j'ai lu *Pour qui sonne le glas*. La sentimentalité rudimentaire de cet homme m'avait alors profondément agacé, et c'est toujours le cas. Je n'arrive pas à comprendre pourquoi les « critiques » évoquent son « réalisme dur », etc. Moi j'ai l'impression que c'était une merde romantique. Mais ce livre, trop lyrique par endroits pour être considéré comme une étude universitaire, montre que ses œuvres reflètent qui il était comme homme. C'était une merde de premier ordre, récompensée par l'Oscar de la sentimentalité. Et pourtant tous ceux que je connais qui le connaissaient l'adoraient – même Archie MacLeish, le mystique. En lisant ce livre j'oscille entre pitié et mépris envers lui, et quand ils citent des extraits de ses écrits au fil du récit j'ai encore un peu envie de vomir. Je vais le terminer aujourd'hui. Un jour, bientôt peut-être, je me procurerai toutes ses œuvres en format de poche (il ne mérite pas que je les achète en version reliée) et je me les enfilerai les unes après les autres. Je choisirai un moment où je suis constipé.

Je n'ai presque plus la tremblote ! Ah, quelle discipline ! Quelle Discipline ? Bonne question. Eh bien, au lieu d'une bouteille et

---

[1] *Ernest Hemingway : A Life Story* (1969).

demie de vodka par jour, j'ai maintenant réduit à la moitié d'une bouteille. Prochaine étape ? Descendre d'un cran et retourner à la bière, j'imagine. D'autant plus que je n'aime plus ça. Je me demande si je pourrai trouver de la bière en fût en Suisse pour en stocker à la maison. Je vais demander à « Hedy », la dame de l'auberge Olden à Gstaad, si c'est possible. Je vais devenir un gros boute-en-train, et plus faire peur aux enfants. Ne plus. Plus.

Vendredi 12 – Nous partons aujourd'hui pour Londres, et lundi pour Paris et mercredi pour Gstaad. Nous n'avons pas décidé ce que nous ferions après, quel délice. Si la Med est agréable et que c'est l'été indien nous descendrons par étape jusqu'au yacht à Cannes et ferons une petite croisière. Nous pourrions aller à la fête que les Rainier donnent à Monaco pour les « Scorpions » et vivre sur le yacht et aller en canasson jusqu'à La Ferme, ou La Réserve, ou autre. St Trop. devrait être calme à cette époque de l'année. Ou en Corse ? Calvi, Bonifacio, Costa Smeralda, Cappo Caccia ? Potofino, Ischia, Porto Santo Stephano, Positano, Portofino ? Ou d'autres endroits que nous n'avons pas encore découverts. Que des endroits où il fait beau ou peut-être même Mexico et les vieilles habitudes. Et pour le nouvel an, qui sait ?

Ivor est venu dîner, nous avons dîné dans le cottage de la mère de Michael Harris (Harris est le propriétaire du Bell) et avons regardé un film anglais épouvantable mais très divertissant avec Peggy Mount et David Kossoff, etc. sur des cockneys qui reprenaient un pub de campagne[1]. Au menu, des Bell Inn Smokies, des morceaux de haddock fumé recouverts d'une sauce au fromage dans de minuscules cocottes individuelles. Ça donnait l'eau à la bouche. Il faut absolument que nous revenions, ne serait-ce que pour ça.

---

[1] *Inn for Trouble* (1960), réalisé par C. M. Pennington.

Ivor va venir à Gstaad en novembre je crois avec Robbie et l'autre fille. Il faut que je voie Rossier à Genève pour que nous nous procurions tout le matériel disponible et faciliter la vie de tout le monde[1]. Des lits électriques, des poulies, des poignées, et tous les gadgets qui rendront les choses bien plus faciles. Si seulement Ivor pouvait récupérer de la force dans les bras. Aujourd'hui il peut les bouger un petit peu, c'est déjà un miracle en soi. Nous verrons ce qui se passera cette année. [...]

Dimanche 28, Gstaad – Nous sommes ici depuis une semaine environ – je regarderai la date exacte plus tard – et ça m'a déjà fait un bien immense. Assez vite après notre arrivée Lillabetta et Brook sont arrivés avec Maria. Et nous – B et moi – avons joué au badminton chaque matin, et parfois l'après-midi aussi. Nous avons fait de longues promenades de 8 km au pas de course et pendant une semaine ça m'a tellement immobilisé que je pouvais à peine me retourner dans mon lit et mes mains tremblaient tellement qu'E devait porter les verres à mes lèvres. Maintenant je suis ferme comme un roc et [...] infiniment plus souple que je ne l'ai été depuis longtemps. J'ai pratiquement réduit ma consommation d'alcool à zéro – à mon échelle. Un vodka-martini avant le déjeuner, et du vin au dessert. Et souvent je ne touche pas au vin. J'ai repris le régime du buveur il y a trois jours. [...]

Je viens de terminer une *Vie de Mussolini* très lisible, qui m'a tellement déprimé que je me suis dépêché de relire *Ces Corps vils* de Waugh pour être dans de bonnes dispositions pour dormir la nuit dernière. Pauvre homme. Il semblerait que ce dont il a

---

[1] Dr Alain Rossier, spécialiste des blessures de la colonne vertébrale à l'hôpital Beauséjour à l'université de Genève, lui-même paraplégique.

manqué, dans les moments difficiles, c'est de force morale. LMF[1]. C'était un lâche-né, un esprit confus, un poseur, et un très mauvais acteur si l'on en juge par les photos. Mais j'ai quand même une certaine affection pour lui, ce qu'on ne pourrait vraiment pas dire d'Hitler. J'ai éprouvé une satisfaction vindicative en voyant la bulle de sa grandiloquence crevée par les Britanniques et les Ricains, deux nations qu'il avait dédaigneusement méprisées, au plus haut de son règne pré-Seconde Guerre mondiale, comme fainéantes et décadentes. Jamais je crois, dans l'histoire des conflits mondiaux, une nation n'a été autant ridiculisée pour son incompétence et sa lâcheté généralisée. Pas seulement par ses ennemis, mais par ses alliés aussi.

Lundi 29 – [...] Je suis sorti des rails de ma discipline hier soir, un déraillement tonitruant, et suis resté à boire avec Brook jusqu'à 5 h 30 du matin – une bouteille entière de scotch à moi tout seul. Je le sens aujourd'hui mais j'ai arrêté le régime, et n'ai pas bu une goutte d'alcool. Je suis rempli de lait, de chocolat, de deux Veganin et de beaucoup d'eau et de sel d'Epsom[2]. Et j'ai mangé des frites et des œufs au plat et des tomates grillées et du pain grillé et du beurre pour le déjeuner, et j'ai dormi pendant près de trois heures pendant qu'E se faisait masser. Je me sens distant et distrait mais pas trop mal, et je n'ai pas la tremblote. [...]

[...] J'utilise la chambre de Maria comme bureau jusqu'à ce que ma chambre soit prête en bas. Les étagères de la bibliothèque sont construites et dans deux ou trois jours quand j'aurai raboté et ciré le sol je pourrai l'utiliser. Il y a quelques années, alors que nous parlions de tout et de rien avec E au milieu de la nuit,

---

[1] « LMF » : *lack of moral fibre* (« manque de force morale »), désignation péjorative utilisée dans la Royal Air Force pendant la Seconde Guerre mondiale pour qualifier les soldats refusant de partir en opération. (N.d.T.)

[2] Le Veganin est un antidouleur puissant. (N.d.T.)

elle m'a demandé si j'avais des ambitions, modestes, qui soient réalisables. J'ai réfléchi et j'ai dit oui, que j'en avais une petite mais que c'était trop tard maintenant. « Qu'est-ce que c'est ? » m'a-t-elle demandé. Je lui ai dit que quand j'étais petit je voulais avoir tous les volumes de la collection Everyman. Mille livres semblables, numérotés, étincelants, que j'ai commencé à collectionner à 12 ans. Quand j'avais une vingtaine d'années j'en avais à peu près 300, et à ma consternation Dent-Dutton a changé le format et ils n'étaient plus tous semblables. Certains étaient grands, d'autres moyens, et d'autres encore avaient l'ancienne taille. Certains, lui ai-je dit, doivent être à New York [...], d'autres chez Ivor à Hampstead, d'autres au 2, Squire Mount. Sans rien me dire elle a écrit à Dent-Dutton et leur a demandé s'ils pouvaient trouver un exemplaire de chaque livre dans le format de poche initial. Ça leur a pris longtemps mais ils les ont tous trouvés. Ensuite elle les a fait relier avec du vélin de différentes couleurs – rouge pour les romans, jaune pour les biographies, vert pour la poésie, etc., etc. Le tout a dû lui coûter 2 600 livres. Ça date d'il y a cinq ans et les livres sont restés dans leur emballage depuis, mais dans deux ou trois jours ils seront sortis et rangés à leur place sur les étagères. J'étais tellement content de les revoir, surtout la section poésie parce que c'est dans la collection Everyman que j'ai appris pour la première fois un ensemble de poèmes entièrement tout seul, sans le bénéfice de devoir l'ingurgiter de force pour des examens ou autres à l'école. Je sais de quel côté de la page se trouvent mes préférés. C'est une incroyable collection d'ouvrages de référence, dont j'ai l'index dans la tête. Je vais passer le restant de mes jours à la feuilleter. Les volumes vont occuper au moins un mur entier de la pièce, ça va être magnifique.

J'ai dit à E que pendant que j'étais à Oxford et dans la RAF j'allais à Londres dès que je pouvais les week-ends et que je volais des livres dans l'énorme librairie Foyle's sur Charing Cross Road.

Je lui ai raconté comment je m'y prenais. Pendant la guerre, au zénith de ma carrière de voleur, il y avait une grande pénurie de papier et Foyle's ne pouvait pas emballer les livres comme ils le font aujourd'hui. J'achetais un livre et le payais. La caissière me donnait un ticket que je laissais dépasser très visiblement des pages de l'achat légitime. Mais qu'on ait acheté un ou dix livres, on ne recevait qu'un seul ticket comme preuve d'achat. Je choisissais alors un ou deux ouvrages de la collection Everyman, en prenant tout mon temps – parfois une heure, et puis je sortais nonchalamment du magasin. Un jour que j'étais en plein milieu de mes machinations habituelles chez Foyle's, j'ai vu Mannock Quinn, un de mes amis irlandais, faire la même chose. J'avais été téméraire ce jour-là et j'avais près de cinq livres en plus de celui que j'avais acheté ; Mannock est arrivé et s'est mis tranquillement derrière moi. Du bout des lèvres il a dit tout bas : « Repose tous les livres, Taffy. Repose-les tous. » Très lentement, jouant à celui qui n'arrivait pas à se décider, je les ai tous remis un par un. Quand nous nous sommes retrouvés sains et saufs en dehors du magasin, Mannock m'a dit qu'il avait vu un des employés se rendre dans le petit bureau aux parois de verre de Foyles, mettre un imperméable, et me suivre à la trace. Je n'ai plus jamais volé de livres depuis, et de fait, n'en ai plus jamais eu besoin – je suis devenu une « star » dans l'année qui a suivi. Mais l'histoire ne s'arrête pas là. Après avoir raconté à E l'histoire de ces vols, les seuls que j'aie jamais commis, elle m'a dit qu'il fallait que nous allions chez Foyle's ensemble la prochaine fois que nous serions à Londres. Je lui ai dit d'accord. Et nous y sommes allés. La nièce de Sybil, Helen Greenford, y travaillait à cette époque. Le magasin était devenu énorme et ça n'a pas été une mince affaire de la trouver. Mais la nouvelle de notre présence s'était répandue comme une traînée de poudre et elle nous a rejoints grâce aux bons offices d'un agent de sécurité du magasin. Dans la section où nous étions, plus personne ne vaquait à ses achats – tout le monde nous regardait sans bouger. Au bout d'un moment, quand le battage a vraiment commencé à devenir trop intense et embarrassant, j'ai demandé au responsable si je pouvais emmener ma « nièce » dix minutes prendre un café en face. Il a dit oui. Les gens disent oui à tout si vous êtes suffisamment célèbre. Helen est repartie et nous sommes rentrés au Dorchester. Dans la voiture, E a ouvert son sac et m'a donné un livre. C'était une vieille édition du *Shropsire Lad*[1]. Avec ces centaines de gens autour de nous, sans parler des agents de sécurité qui nous protégeaient, tout ce petit monde en train de la dévisager en poussant des oh et des ah d'admiration devant sa beauté, elle avait volé un livre ! J'ai été pris de sueurs froides. Je voyais déjà les gros titres : « Un couple de millionnaires vole un livre chez Foyle's. Selon le responsable, l'ouvrage ne valait pas plus de cinq livres sterling. » Mon Dieu. Je me suis mis à l'engueuler, assez pompeusement, mais rien n'aurait pu entamer sa joie. C'est la première et la dernière chose qu'elle ait jamais volée dans sa vie, sauf bien sûr les maris ! [...]

OCTOBRE

Mercredi 1er, Gstaad – [...]

Je n'avais pas réalisé à quel point l'expression « ne plus avoir les yeux en face des trous » était frappée au coin du bon sens jusqu'à il y a une quinzaine de jours. Je joue au badminton depuis mes années de collège et suis persuadé que si j'avais voulu, en m'entraînant bien, j'aurais pu devenir un champion de deuxième ligue. De fait personne, à part des champions, ne m'a jamais battu en trente ans. Mais durant les premiers jours de notre séjour ici Brook n'a pas cessé de me battre. Je ne voyais pas le volant.

[1] De A. E. Housman (1896).

Depuis que j'ai arrêté de boire je vois le volant pile sur la raquette et je le bats chaque jour avec un peu plus d'assurance. Cela rejoint ce que me racontait Esmond Knight, à qui les docteurs avaient dit que l'alcool était en train de lui faire perdre le peu d'acuité qui restait à son œil unique[1]. (Pendant la guerre Teddy avait perdu un œil et la vue de l'autre avait été gravement affectée.) Et Teddy n'a jamais été un gros buveur – certainement pas dans ma catégorie. Donc « ne plus avoir les yeux en face des trous » veut bien dire quelque chose après tout. [...]

Jeudi 2 – [...]

[...] Aujourd'hui je conduis B et E à Genève où nous allons passer la nuit à l'hôtel Président. Cet après-midi nous irons visiter la galerie d'art où ils exposent une partie de la collection d'E, et puis nous irons à l'hôpital voir le Dr Rossier pour organiser avec lui quand il veut que nous inaugurions officiellement le nouvel équipement que nous avons acheté pour le service des paraplégiques – ça nous a coûté 50 000 dollars je crois – et pour lui demander s'il peut nous aider à obtenir les bons lits, poulies, etc., pour la chambre d'Ivor au Chalet Ariel[2]. Ça va être bizarre de retourner dans cet hôpital après toutes les journées horribles que nous y avons passées, pétrifiés d'anxiété. [...]

Jeudi 2, hôtel Président, Genève – Impossible de sonder l'infinie nostalgie et irrévocabilité de cette rue. Bon Dieu, quand j'y pense, j'ai si souvent fait les cent pas sur ce quai, attendant pendant des heures, guettant l'arrivée de bébés, dont deux sont en vie et un est mort. Et personne ne connaît la douce caresse de la peau douce d'un esprit doux sur une main dure. Une main

---

[1] Esmond Knight avait joué avec Burton dans *L'espion qui venait du froid* et *Anne des mille jours.*

[2] La galerie d'art : le musée d'Art et d'Histoire de Genève.

désagréable. Une main qui ne comprend pas. Vers où que je me tourne, je me rends compte que je ne sais pas ce que je suis en train de faire au juste.

J'ai écrit ces mots hier soir ; ils révèlent mon état de folie passagère. J'avais peur et je ne comprends pas bien pourquoi. Je n'avais pas beaucoup bu et à part le fait d'avoir raté l'autoroute après Bulle, la journée – physiquement au moins – s'était plutôt bien passée. [...]

Nous sommes allés à l'hôpital voir Rossier. Il a été charmant et nous a montré la nouvelle machine que nous lui avons achetée. Elle marche vraiment bien. Je lui ai demandé s'il était possible de trouver un lit à Gstaad pour Ivor et il va s'y atteler tout de suite. Il a laissé échapper que la dernière fois qu'il avait parlé à Walsh il y a quinze jours ils s'étaient inquiétés de la santé cardiaque d'Ivor[1]. Il s'est assez vite rattrapé en disant qu'Ivor s'était remarquablement bien rétabli, à quel point c'était « phénoménal » et tout et tout mais ça m'avait déjà atteint comme un coup de poignard dans le ventre.

[...] À un moment entre l'hôpital et le dîner l'atmosphère s'est assombrie. Des insultes foudroyantes se sont mises à fuser, entrecoupées de longs silences. Nous sommes allés dîner dans un resto italien pourri et à un moment E, sachant que j'étais d'humeur méchante, m'a dit : « Allez Richard, donne-moi la main. » Moi : « Je n'ai aucune envie de toucher tes mains. Elles sont grosses et moches et rouges et masculines. » À peu de chose près. Après ça mon esprit s'est transformé en tumeur maligne – j'étais incurable. Je suis resté stupidement silencieux, et chaque fois que j'ai ouvert la bouche, c'était pour lancer une insulte à la seconde. Mais qu'est-ce que j'ai bon Dieu. J'aime Madame plus que ma propre vie et j'adore Brook. Pour-

[1] Dr J. J. Walsh, le docteur d'Ivor à Stoke Mandeville.

quoi est-ce que je leur fais tant de mal, pourquoi je gâche la journée ?

Je suis très contrit ce matin mais un de ces jours ça va être trop tard, coq, trop tard[1]. E vient de me dire qu'il fallait vraiment que je lui achète cette bague 69 carats pour que ses grosses mains moches aient l'air plus petites et moins moches ! Personne ne tourne les insultes à son profit plus rapidement ou intelligemment que Lady Elizabeth. Mon insulte d'hier soir va me coûter cher. Tu l'as dit ! [...]

Vendredi 3, Gstaad – [...] E dit que la nuit dernière dans mon sommeil j'ai commencé à prendre mon élan et à lancer des balles de base-ball, j'ai enchaîné tous les types de lancers, balle mouillée, lancer lent, balle courbe. Tout ça très sérieusement en dormant à poings fermés sur le dos ! Ça doit venir du fait qu'avant-hier j'ai expliqué à Brook certaines subtilités du base-ball, et en particulier de l'art du lancer. Heureusement que ce n'était pas du rugby sinon E aurait pu se retrouver taclée et écrasée à plusieurs reprises.

L'hiver est bien en train d'arriver avec son froid mordant. Il est encore tôt ce matin, pas un nuage dans le ciel, et le soleil commence tout juste à nimber la pointe des sommets, notamment le Diableret recouvert de neige, d'un or bleuté. Le sol et les étagères sont prêts dans la « chambre de Richard » et les livres enfermés depuis si longtemps vont pouvoir recommencer à respirer. J'ai hâte de les voir en rangs serrés[2]. (Du verbe français *serrer*★, qui signifie « presser ». « *Serrez à droite*★. »)

Je suis ravi d'être de retour à la maison après une nuit d'absence. Le yacht est à Monte-Carlo – notre deuxième maison

---

[1] « *Too late, cock, too late* » : citation d'*Au bois lacté* de Dylan Thomas, tirée d'une réplique du Captain Cat.

[2] Le mot utilisé par Burton est *serried.* (N.d.T.)

(le yacht, pas Monte-Carlo) – et nous le retrouverons là-bas dans un mois pour aller à une fête donnée par les Rainier pour les Scorpions. Grace et moi sommes tous les deux de ce signe dangereux. Tout le monde devra être habillé en noir et blanc. Ça va nous changer d'évoluer à nouveau en « société » et de bien en rire après. [...]

Samedi 4 – Hier j'ai passé l'essentiel de la journée à déballer les livres. Par un heureux hasard les étagères, dont j'avais décidé des mesures à la louche, offrent pratiquement pile poil l'espace de rangement nécessaire pour tous les livres ; il n'y a qu'une demi-étagère vide pour tout volume supplémentaire que Dent-Dutton aurait l'idée d'ajouter à la collection. Maintenant il s'agit, et j'ai hâte, de les ranger, soit par ordre alphabétique, soit par sujet. Par ordre alphabétique d'auteur est probablement ce qu'il y a de plus pratique, mais E préférerait qu'ils soient rangés par couleur. Je proteste en disant que ça les transformerait en joli papier peint, en décoration, comme dans ces magasins à Londres où l'on achète les livres au mètre sans savoir ni se soucier de ce qu'il y a dedans. Nous avons lancé quelques petits paris annexes pour déterminer quel auteur aurait le plus de volumes à son nom. C'est probablement Dickens mais il y a quelques outsiders comme Walter Scott, Gibbon et Grote (*Histoire de la Grèce*)[1]. Shakespeare tient en quatre volumes donc il est exclu. Les tomes sont tous magnifiquement reliés en vélin vert velours, en vélin rouge et bleu, en maroquin noir et bordeaux, et en vélin gris. Rien que de les avoir en main, de les toucher, c'est un délice de volupté. Il y a une section pour enfants, une encyclopédie, des dictionnaires de toute sorte, histoire, géographie, arts, sciences, histoires d'amour, essais et tout. Quand elle sera terminée la

[1] Edward Gibbon. George Grote.

pièce sera idyllique, et je passerai probablement l'essentiel de mon temps ici. Il y a une très belle cheminée en pierre brute dans laquelle on peut faire du feu, et la porte extérieure donne directement sur le jardin. Avec deux fauteuils à bascule, un petit bar, un canapé, un bureau et une chaise, deux tapis au sol et un ou deux tableaux au mur, on obtient la meilleure cellule imaginable pour un homme de lettres. C'est tellement agréable d'avoir le temps et le loisir (et l'argent) de l'aménager sans avoir à filer dans dix jours pour une corvée de tournage.

Le ping-pong est arrivé et installé dans la grande pièce. E veut transformer cette pièce et en faire deux chambres pour les garçons. J'essaie de la persuader de la laisser telle quelle, comme salle de jeux, et de construire un minuscule chalet à côté avec deux chambres pour les garçons. [...]

Lundi 6 – Je savais que ça allait arriver. Je savais que je ne pourrais pas attendre longtemps avant d'avoir envie de frimer. Je savais que certaines de mes modestes ambitions allaient s'accomplir. Alors voilà :

Je vais jouer *Le Roi Lear* en Allemagne de l'Est avec le Berliner Ensemble en allemand. Je vais écrire à mes amis qui l'ont le mieux traduit, et l'apprendre phonétiquement.

Je vais jouer la pièce de Sartre *Le Diable et le Bon Dieu* à Paris en français. Et je vais demander à Barrault de la mettre en scène[1].

Après tout ça fait longtemps que je cherche à monter cette pièce. Je vais me mettre à apprendre le texte dès aujourd'hui. Goetz est allemand et pas français du tout, donc mon accent passera[2]. Maintenant que je suis un amateur, un dilettante, je peux choisir de faire ce que je veux.

---

[1] [Jean-Louis] Barrault.

[2] Goetz est le personnage principal de la pièce de Sartre.

Et ensuite, avec un peu d'aide, je ferai une lecture de Tolstoï en russe.

Lundi 20, Gstaad – Nous partons aujourd'hui pour Genève – nous sommes les invités d'honneur d'une sauterie remplie de dignitaires où il faut que je fasse un discours, quelle chienlit, à propos de l'équipement que nous avons offert au service de paraplégie de l'Hôpital communal[1]. Bon Dieu quelle perspective assommante. Ça nous a coûté 50 000 dollars mais je serais ravi de donner un pourboire pour être dispensé de discours. Et à un tel public en plus. Mais bon, il faut ce qu'il faut.

Demain nous repartons en Angleterre et ça me déprime déjà. Qui en a marre de Londres en a marre de la vie, disait Johnson[2]. Eh bien je vais te dire un truc, gros lard. J'en ai marre de Londres, mais je n'en ai pas marre de la vie. Je n'arrive pas à analyser au juste pourquoi je trouve cette ville si déprimante. Peut-être que je ne connais pas les bonnes personnes. Peut-être que j'ai besoin de m'entourer de nouveaux esprits, ou plutôt non, pas d'esprits, de plein de livres. Et le temps qu'il fait là-bas, le climat, une nation entière affectée de catarrhe chronique, tous pâles comme des cachets d'aspirine. Et les sarcasmes de la presse et la télé abominable et il va falloir revoir la princesse Margaret à la première de *L'Escalier*, c'est d'un ennui tellement mortellement désagréable d'être à côté d'elle, je ne sais pas comment je vais arriver à supporter de me voir dans le film devant un tel parterre de snobs de merde comme c'est toujours le cas aux premières. Mais là encore il faut ce qu'il faut, j'imagine. Le lendemain nous serons aux aguets du coup de fil de NY pour savoir si nous

[1] Il s'agit de l'Hôpital cantonal.

[2] Samuel Johnson. Citation (de 1777) : « Quand un homme en a marre de Londres, il en a marre de la vie ; parce qu'à Londres, il y a tout ce que la vie peut offrir » (« *When a man is tired of London, he is tired of life ; for there is in London all that life can afford* »).

avons réussi à avoir le diamant ou pas. Et ensuite, heureusement, retour à la maison, avec les marches, les cloches des vaches, et le reste, et la nouvelle merveilleuse pièce tapissée de livres. [...]

Mardi 21, Président, Genève – [...] Bon Dieu, quelle soirée. Tout ce que j'appréhendais s'est réalisé. Nous nous sommes retrouvés E et moi dans une minuscule pièce étouffante devant des vingtaines de gens et E avec son aplomb habituel avait l'air fraîche et sûre d'elle-même. De mon côté, très sensible à mon infériorité physique, j'étais de plus en plus nerveux, au point que tous les muscles de mon corps se sont mis à trembler de panique. J'avais l'impression d'être un petit garçon qui doit remonter l'allée centrale de l'auditorium et expliquer à toute l'école pourquoi il est arrivé en retard ce matin, ou pourquoi il fumait dans les toilettes. À côté de moi la proverbiale feuille de tremble aurait eu l'air solide comme un roc. Le président du Club de Saint-Guy[1]. Nous avons défilé dans le service de paraplégie de l'hôpital, ce qui nous nous a remplis, tous les deux, d'une pitié désespérée. Après deux heures transpirantes – pour moi j'entends, parce que tout le monde avait l'air assez frais, en apparence du moins – nous sommes allés dîner avec Rossier et sa femme dans un petit restaurant délicieux où il faut absolument que nous retournions. Face à tant d'irrévocable tragédie, j'ai fait un discours d'une banalité insondable, brillant d'échec.

Fait chier. Tellement de choses à noter, et je n'ai pas le temps.

[1] Référence à la danse de Saint-Guy (également connue sous le nom de chorée de Sydenham), maladie causant des mouvements incontrôlables.

NOVEMBRE

Samedi 1er, Gstaad – Ça fait dix jours que je n'ai rien écrit dans ce truc et plein de choses se sont passées. C'est vraiment bizarre, quand les événements se bousculent je n'écris pas. Et maintenant je ne sais pas par où commencer. Il faut que je note qu'E a commencé à prendre ses comprimés hormonaux hier !

Où en étions-nous, nous avons été à l'hôpital à Genève et sommes restés plantés comme des statues dans une petite pièce où il faisait une chaleur étouffante pendant que des gens faisaient des discours. Mon discours était le dernier et je me suis complètement planté. J'ai massacré la langue française, et encore plus la langue anglaise. Je suis censé être le gars désinvolte qui parle couramment les langues des hommes et des anges mais putain qu'est-ce que j'ai été mauvais ce soir-là ! J'ai balbutié et bégayé et bégayé encore plus, et me suis complètement couvert de ridicule. Mais la soirée a reçu un très bel accueil dans les journaux suisses. [...]

Puis retour en Angleterre, vu Ivor, qui a l'air de se rapprocher de plus en plus vite de la tombe. C'est le cas, bien sûr, et je devrais m'y attendre, et ne pas être aussi affecté que je l'ai été. Mais ça m'a vraiment foutu un coup, dont je ne me relève que maintenant en fait. Je ne suis pas habitué à la mort et Ivor a toujours été un genre de Dieu pour moi. De toute sa vie il ne m'a jamais traité durement, malgré son caractère explosif. Il ne m'a frappé qu'une fois, et je le méritais bien.

Nous avons de grosses difficultés avec Michael. Nous faisons du mieux que nous pouvons pour l'aider mais c'est impossible. Nous lui laissons la plus grande liberté possible mais rien n'y fait. [...] En ce moment j'entends une musique abrutissante qui résonne à n'en plus finir dans sa chambre. Tout ce que ça engendre en moi c'est une fureur indicible. [...] Ça fait deux heures que ça dure, depuis que nous sommes rentrés du déjeuner, mais ça a sûrement commencé longtemps avant. [...] Nous allons faire de notre mieux pour l'aimer et être patients avec lui, comme nous le recommandait Phil dans une adorable lettre il y a deux jours.

Mais pour passer à autre chose : j'ai acheté la bague pour Elizabeth[1]. Son acquisition a causé une excitation extrême. J'avais fixé le maximum à 1 million de dollars, excusez du peu, et Cartier a surenchéri de 50 000 dollars. Quand Jim Benton a appelé pour me le dire (nous étions au Bell Inn pour rendre visite à Ivor et à Gwen) ça m'a rendu fou furieux et j'ai insisté pour qu'Aaron m'appelle le plus vite possible. Elizabeth a été adorable, comme elle seule sait l'être, disant que ce n'était pas grave, que cela ne la dérangeait pas de ne pas l'avoir, qu'il y avait bien plus dans la vie que des babioles, et qu'elle se débrouillerait avec ce qu'elle avait. Elle voulait dire par là qu'elle se ferait une raison. Mais moi pas ! Le soulagement dans la voix de Jim était manifeste, et une heure plus tard, quand j'ai finalement réussi à l'avoir au téléphone, même chose pour Aaron. Je lui ai hurlé : « J'emmerde Cartier, j'aurai ce diamant dût-il m'en coûter la vie ou 2 millions de dollars – ce qui vaut le plus cher entre les deux. » L'agonie a duré vingt-quatre heures mais j'ai fini par gagner. J'ai réussi à obtenir ce satané caillou. Pour 1 100 000 dollars. Nous le recevrons dans quinze jours, ou plus. En attendant il est exposé à Chicago après l'avoir été à New York et reçoit 10 000 visiteurs par jour. Il a aussi fait une apparition en *guest star* dans le *Ed Sullivan Show* et Jim Benton et Aaron Frosch ont tous les deux complètement changé d'avis sur la sagesse de mon achat[2]. Il s'avère qu'Ari Onassis était un de mes rivaux mais il s'est dégonflé à 70 000 dollars. Mais en dehors du fait

[1] Il s'agit du diamant « Taylor-Burton » de 69,42 carats.
[2] *The Ed Sullivan Show* était une émission de variétés qui a été diffusée sur CBS le dimanche soir entre 1948 et 1971, présentée par Ed Sullivan.

que je suis un gagnant-né, je voulais ce diamant parce qu'il est d'une beauté incomparable. Et qu'il devrait être porté par la plus belle femme du monde. J'aurais eu une attaque s'il était revenu à Jackie Kennedy, Sophia Loren ou Mrs Huntingdon Misfit de Dallas, Texas.

Lundi 17, Monte-Carlo – Les derniers jours ont été très bizarres. D'abord [...] il y a eu l'affaire du diamant ! Ça a fait sensation dès le départ, d'abord parce qu'il a été acheté dans des circonstances étranges, et puis parce que Onassis était notre principal rival, que Cartier a surenchéri, que je l'ai remporté contre eux, que Aaron, avec sa prudence habituelle, a effectué la transaction dans un avion de ligne au-dessus de l'Atlantique, et que le diamant a été déposé ici, sur le *Kalizma*, par plusieurs gardes armés, dont un d'une mitraillette.

Le ravissement d'Elizabeth est un régal, et j'ai aussi remarqué, c'est très charmant, le plaisir manifeste qu'ont les autres à la voir le porter. Même Hjordis Niven et la princesse Grace, qui sont plutôt du genre bonnet de nuit, avaient l'air de prendre plaisir à son plaisir[1]. Même les gens ordinaires semblent aimer l'idée. Même les photographes les plus durs à cuire les ont applaudis, E et lui. Et bien sûr, personne ne pourrait mieux le porter. Ce visage, ces épaules et ces seins miraculeux le font ressortir à la perfection. Elle a récolté un succès énorme et je suis immensément fier d'elle. [...] Ça a aussi été une sensation à New York et à Chicago où il a été exposé, sans sa propriétaire naturellement, quelques jours dans chacune des villes, avec plusieurs milliers de visiteurs par jour.

En opposition complète avec tout ça mon neveu Anthony Cook vient d'être condamné à trois ans de prison pour « vol de

[1] Hjordis Niven, épouse de David Niven.

voiture dans le but d'acheter des faveurs sexuelles » – je cite le *Daily Mirror*[1]. C'est un grand gaillard, beau en plus, pourquoi est-ce qu'il a fait ça ? [...]

***Lundi 17,* Kalizma** – [...] Le prince Rainier, Grace, la sœur de Grace et une amie viennent déjeuner aujourd'hui et Rainier apporte, comme cadeau à E, soit un tigre soit une panthère. Il ne manquait plus que ça. [...] Qu'est-ce que nous allons bien pouvoir foutre d'une PANTHÈRE ou d'un TIGRE ? Ça veut dire que nous ne pourrons plus jamais travailler en Grande-Bretagne. Imaginez un tigre ou une panthère en quarantaine ou sur un yacht sur la Tamise ? Il y aurait plusieurs marins dévorés par jour, et quelques vétérinaires croqués pour le déjeuner ; moi-même je pourrais me faire grignoter. Des chiens et des chats morts à Gstaad et Johann Sebastian Bach essaierait d'arroser les fleurs, prostré, et Raymond serait obligé de jouer au ping-pong avec la bête. Brook Williams racontera peut-être une ou deux blagues à l'animal mais je parie que l'animal ne rira pas. Les deux seules personnes qui survivront seront Elizabeth Taylor Burton et Liza Todd Burton. Liza le sellera et le montera, et Elizabeth insistera pour qu'il dorme dans la salle de bains, ce qui veut dire que nous avons couché ensemble pour la dernière fois – c'est l'abri antiatomique pour moi ! Je suis sûr que je vais l'aimer mais j'exige que ce soit par téléphone. J'ai demandé à Rainier hier : « Quelle taille atteint une panthère adulte ? » « Cette taille-là à peu près », m'a-t-il répondu d'un geste indiquant une hauteur cosmique. J'ai failli le frapper, mais je me suis retenu parce que ça aurait été impoli, et qu'il aurait aussi pu me le rendre. Il arborait un air que je ne pourrais qualifier que de « satisfait », de certitude

---

[1] Cook, 23 ans, originaire de South Ruislip, Middlesex, avait plaidé coupable de onze accusations de vols de voitures et autres biens, et revendiqué huit délits similaires.

absolue que l'homme auquel on parle est complètement terrifié. J'adore le prince et j'adore sa femme et j'adore Monaco mais si à chaque fois que nous venons ici on nous donne un lion je préfère aller écrire des mauvais livres à la maison. Et faire joujou avec d'énormes bijoux. [...]

Mardi 18,* Kalizma, *Monaco – Ce matin très tôt l'hôpital a décidé de s'en prendre à la charité, et a gagné haut la main. E, l'hôpital, a sauvagement maltraité cette charité-ci, à savoir moi. J'ai été froidement accusé d'avoir pratiquement tous les défauts possibles et imaginables. Alcoolisme (vrai) mensonge (vrai) être ennuyeux (vrai) infidèle (faux) être en train de me tuer à grande vitesse (vrai) orgueil envie avarice (vrais tous les trois) être laid (vrai) avoir été beau dans le temps (faux) et tous les autres vices imaginables excepté homosexualité et manque de générosité. [...]

Grace, Rainier, Peggy, la sœur de Grace, et une Lady Fford (je crois) sont venus déjeuner à bord et sont restés jusqu'à 17 h environ, c'est donc qu'ils ne devaient pas être mécontents[1]. Avec une panthère de trois mois très belle, mais très sauvage. Nous avons dû la rendre à Rainier à contrecœur. Si nous avions eu une propriété assez grande pour qu'elle puisse y courir j'aurais pris le risque de garder cette petite sauvage. [...]

DÉCEMBRE

Vendredi 5, Gstaad – Nous partons pour Paris demain, malheureusement. C'est tellement beau ici en ce moment – une neige épaisse, un soleil radieux, des livres à lire, et pas de travail.

Hier nous avons fêté en avance l'anniversaire de Maria parce qu'elle est née le 8 et que nous n'aurions pas pu être là ce jour-là.

---

[1] Lady Fford est possiblement Lady Jean Fforde, comtesse d'Arran.

Nous avions invité quatre camarades de son école. […] Nous avons offert à Maria un album de timbres avec 400 timbres à mettre dedans. Ça l'a occupée toute la soirée. […]

Lundi 8, Gstaad […] – Ce que nous devions faire hier soir avec Phil à New York, une présentation spéciale pour lui, ou quelque chose de ce genre, a été annulé en raison de la mort du père de Mrs Winthrop Rockefeller[1]. […] Nous allons peut-être du coup pouvoir y échapper complètement. Je me demande pourquoi je déteste me donner publiquement en spectacle ? Les autres acteurs adorent – même Elizabeth, ça ne la dérange pas de se bichonner pour la première d'un de nos films. […]

Je vais commencer tôt demain et raconter en détail l'arrivée du diamant et le bal à l'Hermitage de Monaco[2].

Nous sommes rentrés mardi dernier de M-C et avons attendu l'arrivée d'Ivor et de Gwen qui venaient de Stoke Mandeville[3]. […] Ivor a des hauts et des bas, mais il a eu une catastrophique crise cardiaque dans son sommeil en septembre, ce qu'on nous avait caché. Il a beaucoup de mal à parler, et se replie de plus en plus sur lui-même. À l'exception de quelques occasionnels éclairs spirituels d'antan, c'est devenu quelqu'un d'autre. Il a une peur mortelle, m'a-t-il dit, pas de la mort elle-même mais de quitter ce monde et tout ce qu'il offre d'excitations diverses et variées. Il méprise la douleur physique. « Je mourrai dans mon sommeil, c'est sûr, et je ne m'en rendrai pas compte du tout. Ma crise cardiaque dans mon sommeil à Stoke Mandeville ne m'a pas réveillé et je n'étais absolument pas au courant qu'il s'était passé quoi que ce soit jusqu'à ce que les aides-soignants

[1] Winthrop Rockefeller, gouverneur de l'Arkansas, qui avait épousé en secondes noces Jeannette McDonnell.

[2] Hôtel Hermitage, Monaco.

[3] M-C : Monte-Carlo.

arrivent le matin et que je me rende compte que je ne pouvais pas parler. » Quelle accumulation de coups durs. Il aurait vécu jusqu'à 90 ans sans cette marche dans l'obscurité à Céligny. [...]

Mercredi 10 – Tout un tas de meubles sont arrivés pour la bibliothèque. E et moi sommes toujours dans le *top ten* au box office, ce qui me surprend un peu sachant qu'à part *Cérémonie secrète* pour E et les *Aigles* pour moi nous n'avons aucun film qui vienne de sortir. *L'Escalier* n'est pas encore officiellement sorti donc ça ne compte pas encore.

Je pèse autour de 80 kg et je me sens incroyablement bien mais je vais essayer de descendre à 78 avant de partir à NY la semaine prochaine. E pèse 57 kilos. Tous les deux souples et agiles, grâce à des matchs de ping-pong endiablés qui nous font garder la forme.

C'est bientôt l'heure du cocktail, le feu ronronne, il fait un froid de canard dehors.

Vendredi 12 – Aujourd'hui nous avons reçu un télégramme d'Ed Henry chez Universal Pics disant qu'il y avait eu une projection presse d'*Anne des mille jours* à NY et LA et que la réaction avait été : « Rien de moins que sensationnel. » Et encore : « Encore mieux qu'*Un homme pour l'éternité* et *Le Lion en hiver*[1]. » Nous verrons, M. Henry, nous verrons. Ce serait vraiment bien si c'était un grand succès parce que je détiens un large pourcentage sur les recettes. Qui pourraient permettre d'acheter des bagues et des vertugadins et autres, et des ailes entières d'hôpitaux. Ce serait une bonne chose si Gin Bujold gagnait un Oscar, comme elle n'est pas connue – et <u>si</u> le film a autant de succès que le prédit

[1] *A Man For All Seasons* (1966), réalisé par Fred Zinnemann, avait gagné cinq Oscars. *The Lion in Winter* (1968), réalisé par Anthony Harvey, en avait gagné trois.

Universal et si elle la ferme et ne se met pas à dire à quel point Hollywood est un endroit horrible, elle a de bonnes chances. Si elle en gagne un, et même si pas, en fait, je détesterais être son prochain réalisateur, ou son prochain partenaire. J'ai l'impression qu'elle se prend vraiment pour l'héritière légitime de Rachelle [*sic*], Sarah Bernhardt et la Duse[1]. Elle a la puissance d'un moucheron. Subclaquant. Je peux murmurer plus fort qu'elle ne crie.

[...] Nous partons pour New York dans cinq jours et je redoute le voyage, ou plutôt les voyages. De là, nous devons nous envoler pour LA, et de LA pour Hawaï. J'ai hâte de voir Hawaï mais je déteste ce qu'il faut faire pour arriver jusque là-bas. Dans mon cas, ça signifie une semaine entièrement perdue avant de pouvoir me réajuster, donc je vais vraisemblablement être abruti jusqu'à Noël. Je vais me taire, dormir au soleil, s'il y en a, et me cacher dans un coin avec un mauvais bouquin.

[1] La tragédienne Rachel. (N.d.T.)

1970

[Richard cessa d'écrire dans son journal mi-décembre 1969. Il reprit en mars 1970.]

MARS

Mardi 24, Puerto Vallarta – Ça fait longtemps que je n'ai pas écrit là-dedans. J'ai lâché l'affaire chez Sinatra[1]. Il faut avouer que c'est un homme très malheureux – et en plus de sa morosité chronique il était, à ce moment-là, tourmenté par des assignations, etc., de l'État du New Jersey [...] pour complicité avec des gangsters locaux. Je crois Sinatra quand il dit qu'il n'est impliqué en rien dans cette affaire, et nous avons appris depuis qu'il a fini par se rendre au tribunal dans le New Jersey, sans devoir être extradé ou je ne sais pas comment ça s'appelle d'un État à l'autre, et a été complètement innocenté[2]. Donc tout va bien. Sa maison ressemble à un super motel, dans la forme et dans l'idée. Une série de suites très élaborées, avec tous les gadgets modernes possibles et imaginables, forme un vague cercle autour d'une petite piscine. Il y a ce qu'on appelle la salle de jeux avec un billard et un train électrique magnifique que des industriels ont offert à Frank et dont il a à son tour fait cadeau à un orphelinat, je crois. C'est un homme charmant à petite dose mais ça doit être rasoir

[1] Burton et Taylor avaient passé quelques jours chez Frank Sinatra à Rancho Mirage en Californie.

[2] Sinatra avait été assigné à comparaître par la New Jersey State Commission of Investigation et avait dû s'exécuter en février.

de vivre avec lui, surtout maintenant qu'il n'a plus d'énergie et qu'il surveille manifestement sa santé. Sa bibliothèque est assez fournie mais « Prince » Mike Romanoff m'a dit que Frank lui avait demandé de choisir les livres[1]. C'est peut-être de la pure vanité intellectuelle de la part de Mike, mais j'ai effectivement vu de nombreux numéros d'*Encounter* et je suis archi-sûr que Francis ne lit pas ça[2]. Elizabeth n'a pas arrêté de lui faire les yeux doux, qu'il lui a occasionnellement rendus. Je ne l'ai jamais vue se comporter comme ça, et en dehors du fait que ça m'a rendu jaloux – une émotion que je méprise – j'étais furieux qu'il n'y réponde pas ! Nous avons abusé de son hospitalité en nous incrustant trois ou quatre jours de trop, alors que j'avais hâte de partir. Nous avons fini par décoller et rentrer ici à Vallarta. Nous avons fait l'aller-retour LA-Palm Springs dans l'avion privé de Sinatra, un jet Gulf Stream je crois. C'est un magnifique avion et évidemment E a tout de suite voulu que nous achetions le même. Ça ne coûte pas plus de 3 250 000 dollars. Une bricole. Avec ça et des frais médicaux de 1 million de dollars nous serions sur la paille. Et le monde a changé – je veux dire notre monde. Personne, vraiment personne, ne va plus nous payer 1 million de dollars pour faire un film, et ça va durer un bon moment. J'ai enchaîné deux désastres financiers, *L'Escalier* et *Boom !*, et Elizabeth *Boom !* et *Cérémonie secrète. Anne* suit son bonhomme de chemin et va plus que rentrer dans ses frais. Même chose pour le film d'E *Las Vegas, un couple*, mais *Anne* avait coûté 3,5 millions de dollars seulement alors que *Las Vegas, un couple* a coûté 10 millions de dollars donc ils ne reverront la couleur de leur argent que dans vingt ans. J'ai bien peur que nous soyons temporairement (j'espère que ça n'est que temporaire) mis sur

[1] Mike Romanoff, ancien restaurateur de Hollywood et acteur.

[2] *Encounter* était une revue britannique mensuelle politique et littéraire.

le banc de touche, des stars déchues. Bien sûr nous ne sommes pas tombés très bas – nous pourrions sans problème demander 750 000 dollars pour un film, c'est loin d'être des cacahuètes. Ce qui est incroyable c'est que nous soyons restés si haut si longtemps. Témoin, Julie Andrews – avec un seul film, *L'Horrible Mélodie du bonheur*, elle est restée au top pendant près de cinq ans, mais les gars de Hollywood me disent qu'aujourd'hui après deux gros échecs c'est vraiment fini pour elle[1]. Et en plus de ça il paraît que ses succès initiaux énormes et l'Oscar, etc., lui sont montés à la tête et qu'elle arrive en retard ou pas du tout, pendant des jours parfois. Enfin elle peut toujours demander à Blake Edwards de lui écrire un scénario qu'il pourra produire et réaliser[2]. C'est fou ce que les choses changent vite – il y a deux ans c'était la petite chouchoute de l'Amérique et aujourd'hui on ne parle pratiquement plus d'elle. Elle n'a pas, comme nous, de publicité constamment hostile, les chocs sont donc encore à venir.

J'ai beaucoup de choses à dire donc je continuerai probablement demain. […] Je suis allé à l'hôpital Hollywood Presbyterian pour faire un bilan de santé complet. Et quel bilan ! Ça a pris vingt-quatre heures, j'ai dû passer la nuit à l'hôpital. Ils ont réussi à me mettre au lit, à m'extraire plusieurs litres de sang (ou c'est ce qui m'a semblé en tout cas) du […] bras, […] et Rex Kennamer, le docteur, m'a assuré rien qu'en le palpant que mon foie était incontestablement dilaté, résultat de trente ans de consommation excessive d'alcool[3]. […] Le lendemain Kennamer

---

[1] Julie Andrews. *La Mélodie du bonheur* (*The Sound of Music*, 1965) avait été réalisé par Robert Wise. Julie Andrews avait gagné un Oscar pour *Mary Poppins* (1964) et une nomination aux Oscars pour *La Mélodie du bonheur*. Elle avait ensuite joué dans *Le Rideau déchiré* (*Torn Curtain*, 1966), *Hawaii* (1966), *Millie* (*Thoroughly Modern Millie*, 1967), *Star !* (1968) et *Darling Lili* (1969). Ces deux derniers films n'avaient pas eu autant de succès que les précédents.

[2] Blake Edwards, réalisateur et, depuis 1969, mari de Julie Andrews ; il l'avait dirigée dans *Darling Lili*.

[3] Le docteur Rexford Kennamer, de l'hôpital Hollywood Presbyterian, a souvent prodigué des soins à Taylor et Burton lors de leurs séjours en Californie. Il avait rencontré Taylor en

est venu me voir et m'a dit qu'il fallait absolument que j'arrête de boire pendant trois mois au moins. Je lui ai demandé pourquoi. Parce qu'apparemment, au rythme actuel, je risque une sclérose du foie [*sic*] d'ici à cinq ans qui ne ferait qu'empirer progressivement[1]. Que je boive ou pas. Après ces cinq ans, j'entends. Très bien, ai-je dit, je vais arrêter de boire, complètement. Je l'ai déjà fait une semaine par-ci par-là, et parfois même plus longtemps. Cette fois-ci ce sera la plus longue de toutes. Ça fait dix jours que je n'ai pas bu une goutte et je dois avouer que je me sens immensément mieux. […]

[…]

Jeudi 26 – […] Elizabeth et Norma (Heyman), qui habite chez nous depuis quinze jours pour échapper à son horrible amant […], ont pris leur « Vallartan », le nom que nous avons donné à un régime alcoolisé qui consiste en un verre avant le déjeuner et deux avant le dîner. De mon côté, bien sûr, je ne bois toujours rien, sauf du thé et parfois du café, que je ne prends d'habitude qu'avec du brandy. […] Depuis que j'ai arrêté de boire je suis devenu un vrai gourmet – et sans une autodiscipline très stricte, deviendrais même carrément un glouton. J'en suis donc arrivé à la conclusion que toute ingestion d'alcool fort avant les repas tue les papilles, alors qu'un bourgogne riche et profond avec du bœuf ou du porto avec un fromage de caractère, c'est délicieux. Tout comme un bon vin blanc léger très sec avec du poisson. […]

1956 au moment de l'accident de voiture de Montgomery Clift, et était devenu un membre de son entourage élargi, l'accompagnant parfois dans ses voyages à l'étranger, notamment pendant le tournage de *Cléopâtre.* Il était le médecin de nombreuses stars de Hollywood.

[1] Burton veut sûrement dire « une cirrhose du foie ». (N.d.T.)

Vendredi 27 – Brook, Lillabette, et les trois enfants – Liza, Maria, et l'amie de Liza, Jennie, sont arrivées cinq minutes en avance. Ils avaient tous l'air, comparés à nous, de cochons de lait, de ventres blanchâtres de limaces, mais ils ont déjà pris des couleurs aujourd'hui. [...]

J'ai décidé de [suivre] un cours d'espagnol intensif de dix jours – en autodidacte. Ça fait des années que je repousse pour ne pas que ça vienne parasiter l'italien que j'aime tellement, mais puisqu'il semblerait que nous allions passer plus de temps au Mexique qu'en Italie dans les années à venir je me suis dit qu'il fallait au moins que j'acquière les rudiments de cette langue, « l'espagnol-menu » comme ils disent. Il y a 45 leçons dans mon petit manuel intitulé *Madrigal's Magic Book of Spanish* et hier j'ai fait cinq leçons en une heure et j'ai bien répondu à toutes les questions[1]. [...]

Aujourd'hui ou demain ça fera quinze jours que je n'ai pas bu – la plus longue période depuis que j'ai joué dans *Camelot*, et ça ne m'a pas manqué du tout mais j'ai eu un moment difficile à une fête organisée par la famille Gunsberg, un déjeuner d'anniversaire surprise pour ce cher Phil Ober[2]. Tout le monde était défoncé quand nous sommes arrivés, ils n'arrêtaient pas de se répéter. J'ai été très fortement tenté de m'enfiler une énorme rasade de vodka et de me joindre à l'ennui généralisé mais je me suis retenu et j'ai souri et souri en croisant les doigts.

Samedi 28 – Le monde fait vraiment chier aujourd'hui. Je suis extrêmement malheureux et aussi mélancolique qu'un hymne de

[1] Le titre exact de la méthode était en réalité *Madrigal's Magic Key to Spanish*, « Méthode Madrigal : la solution magique pour apprendre l'espagnol », au lieu de « Méthode Madrigal : le livre magique pour apprendre l'espagnol ».

[2] Phil Ober, acteur.

Sankey et Moody[1]. Ma haine et ma méfiance instinctives envers la race humaine atteignent régulièrement des sommets, que je sois saoul ou à jeun. [...] Tout le monde à la maison est intéressant mais aujourd'hui en tout cas je ne veux voir personne. J'écris ces lignes sur le patio privé du haut, un chapeau mexicain sur la tête, incliné sur mon nez à la mode mexicaine parce qu'en ce moment je pourrais sans problème jouer Bardolph sans un gramme de maquillage[2]. C'est l'anniversaire de Norma et elle s'est mise à pleurer parce que tout le monde s'en est souvenu et elle a embrassé tout le monde sans exception, elle avait les larmes aux yeux à chaque nouveau cadeau. Elle a 32 ans et c'est une épave. Mais bon, moi aussi. Comme pratiquement toutes les personnes que je connais. Pourquoi les gens pleurent-ils le jour de leur anniversaire ? J'ai remarqué que Phil Ober avait pleuré aussi l'autre jour. C'est bizarre, on dirait qu'ils sanglotent non pas parce qu'ils se plaignent d'avoir miraculeusement un an de plus ou parce qu'ils ont peur de vieillir, mais parce qu'ils sont heureux qu'on se soit souvenu d'eux. Je me souviens que son anniversaire rendait Dylan Thomas tellement sentimental que c'en était gênant – on le voit bien dans *Poème en octobre.* « Ses larmes brûlaient mes joues et son cœur remuait dans le mien. » « À l'écoute au temps de l'été des morts. » « C'était ma trentième année sous le ciel bien que la ville en bas se trouvât enfaillée du sang d'octobre[3]. » Le problème d'être entièrement sobre quand on est un misanthrope-né et qu'on a pour fonde-

[1] Référence aux hymnes évangéliques d'Ira D. Sankey (1840-1908) et de Dwight L. Moody (1837-1899).

[2] Bardolph, personnage shakespearien de *Henry IV* (1re partie) dont le visage est recouvert de taches rouges et de furoncles.

[3] Cette dernière citation du *Poem in October* de Dylan Thomas n'est pas exacte : « C'était ma trentième / Année sous le ciel qui se tenait là-bas dans le midi de l'été / Bien que la ville en bas se trouvât enfaillée du sang d'octobre. » [Traduction de Léopold Sédar Senghor parue dans *La Rose de la paix*, Paris, L'Harmattan, 2001. (N.d.T.)]

ment un cynisme constitutif, ce qui est doublement mon cas, c'est qu'on ne voit plus le monde à travers un verre trouble (dans mon cas, un verre d'alcool) mais soudain tel qu'il est, nez à nez. Saint Paul parlait de quelque chose d'un niveau un peu plus élevé – et le mot est faible ; il était en train de chercher le visage de Dieu quand il a trouvé le verre trouble anéanti, et que la lumière pure de l'amour de Dieu lui a été révélée[1]. Enfin c'est ce qu'il dit en tout cas, espèce de charlatan sous autohypnose. Mais dans mon cas j'ai remarqué que sans alcool je suis devenu relativement silencieux, à mon échelle. Je ne raconte plus, comme avant, des histoires incessantes que la majorité du public a déjà entendues, surtout la pauvre Elizabeth qui se les coltine en boucle depuis huit ou neuf ans. Il y a eu une explosion au déjeuner aujourd'hui. Norma a dit que j'avais l'air en pleine forme depuis que j'avais arrêté de boire – ça ne fait que quinze jours bon sang – et que quand elle était arrivée j'avais une tellement sale tête qu'elle avait fondu en larmes (c'est faux) et que j'aurais apparemment répondu : « Ce n'est que l'alcool chérie – je vais m'arrêter. » Elle a dit ces derniers mots en imitant – de façon très agaçante – ce qu'elle aime à croire être l'accent gallois et la façon dont je parle. J'ai répondu que ça ne me demandait aucun effort sauf quand je m'ennuyais tellement que je rêvais, pendant une ou deux secondes, d'un énorme martini pour atténuer la douleur, et la perte de temps. Ils avaient tous eu leur « Vallartan » et Elizabeth était en train de préparer une des spécialités de Ray, café glacé avec du lait, de la crème ou de la crème glacée et un peu de Kahlua doux (27,5 %) – une larme – et un peu de rhum pour égayer la chose puisque c'est l'anniversaire de Norma. Et j'ai dit « Voilà quelqu'un qui ne pourra jamais s'arrêter de boire » en montrant

[1] Référence aux Corinthiens, 1 : 13.

E du doigt. Sur quoi elle a répondu qu'elle (E) me détestait et qu'en plus elle me haïssait farouchement. « Ah, a dit Norma, ce fauteur de troubles, mais tu l'aimes quand même, non ? » « Non, a dit E, si seulement il pouvait disparaître de ma vie. Ça me démange depuis un bon bout de temps. » « Allez, dégage, hors de ma vue », a-t-elle ajouté. Donc, comme l'Arabe, j'ai pris ma tente et je me suis esquivé silencieusement jusqu'ici – ma tente c'est-à-dire ma machine à écrire, mon sombrero, et le *Madrigal's Magic Key to Spanish*. Elle m'avait déjà dit des choses comme ça avant, et réciproquement, mais c'est la première fois, il me semble, que ça se passe à jeun et devant d'autres gens. Si elle était effectivement à jeun. Raymond prépare des boissons très fortes. Elle a explosé comme ça tellement souvent ces derniers temps – depuis un an à peu près je dirais – que ça m'a tout l'air d'être sincère. Ses yeux étincellent d'une haine et d'un mépris réels, et sa répugnance enlaidit son beau visage. Ça fait longtemps que ça n'avait pas eu lieu, mais je me fiche pas mal de l'autre fille donc le seul effet que ça a eu sur mon immense ego, c'est un soulagement. Il faut que je regarde les choses en face : E va peut-être se tirer un de ces jours, et peut-être plus tôt que prévu. Je le sais, au fond, depuis un moment, mais je n'ai jamais osé me l'avouer. Peut-être que quand nous serons tous sortis de ce bourbier désespéré les choses pourront quand même marcher. Demain réserve toujours des surprises. Notre dispute ressemblait à celles qu'on entend de l'autre côté de la cloison dans un motel miteux entre deux cinquantenaires mariés depuis vingt ans qui s'ennuient mutuellement à mourir. Un bon échange de cris et d'insultes ça peut être bon pour l'âme, c'est cathartique et émétique, mais j'ai la flemme de renvoyer les insultes quand je suis à jeun. Dommage.

Selon la femme qui a écrit la biographie de Tim White – en voilà un, tiens, de mélancolique profond –, il a dit un jour

« Si tu es malheureux, apprends quelque chose »[1]. Donc je vais apprendre l'espagnol avec la *Madrigal's Magic Key*, et j'emmerde tout le monde.

Dimanche 29 – [...] J'ai fait 20 *lecciones* du *Madrigal Spanish*. Ce matin [...] je vais réviser et puis passer leur examen, ça se fait contre la montre, c'est très amusant. Pour l'instant de leurs trois niveaux – moyen, supérieur à la moyenne, et supérieur – déterminés en fonction de la vitesse et de la justesse, je suis dans le niveau supérieur. C'est une grammaire rudimentaire bien sûr et le vrai boulot va commencer quand j'aurai terminé la méthode, mais d'autres gringos qui vont prendre des cours d'espagnol chez des tuteurs dans les environs m'ont dit que ça leur prenait six mois pour assimiler ce livre-ci. [...]

Entre E et moi s'est installé un genre d'armistice. Les deux côtés sont armés jusqu'aux dents, les bombes sont prêtes à être lancées, mais pour l'instant personne n'a appuyé sur le bouton. Ces six premiers mois sabbatiques ont été complètement gâchés. Excepté quand nous étions seuls tous les deux, nous n'avons pas arrêté de nous chamailler et de nous disputer, et nous n'avons pratiquement jamais été seuls. Hawaï était un cauchemar, la paralysie d'Ivor un cauchemar, Palm Springs et Los Angeles un cauchemar, et ce n'est pas fini. Le cauchemar de Los Angeles n'est pas fini. Enfin je me remets à travailler bientôt, ouf. Peut-être que revenir en Europe sur le *Kalizma* va nous faire du bien, une fois que Nevill sera parti – s'il vient, ce qui semble compromis maintenant que son frère Paddy est mourant[2].

---

1 Sylvia Townsend Warner, dont la biographie *T. H. White* avait été publiée en 1967, cite la conférence de White *The Pleasures of Learning* (1963).

2 « Paddy » désigne peut-être Sir Marmaduke Nevill Patrick Somerville Coghill, frère aîné de Nevill et sixième baronnet Coghill.

Lundi 30 – […] Aujourd'hui l'ambiance est plus sympathique à la maison, en grande partie parce que je me suis tenu à l'écart de la famille et des invités toute la journée ou presque. Mon abstinence a un effet inhibant, je le vois bien. Ils semblent s'excuser à chaque gorgée qu'ils boivent, c'est ridicule. C'est moi qui ai le foie défoncé, pas eux, même si E va devoir faire attention au sien quand elle aura mon âge. […] Le voyage tant redouté à Los Angeles approche à grands pas. Nous partons vendredi et je présente un prix à Army Archerd samedi à l'heure du déjeuner[1]. Je n'ai jamais fait ça de ma vie, et certainement pas à jeun. Après moi ce sera Bob Hope, pas évident de précéder quelqu'un doté d'une expérience internationale de maître de cérémonie[2]. […]

AVRIL

Jeudi 2 – […] Je n'ai rien fait de la journée à part regarder fixement l'océan et apprendre, par-ci par-là, quelques verbes irréguliers espagnols. J'en suis à plus de la moitié de la grammaire, et si j'ai un peu la paix à LA j'aurai pratiquement terminé quand nous rentrerons. […] Je suis sûr que dans un mois je saurai parler relativement couramment. […]

Un de mes autres soucis c'est que j'ai momentanément perdu tout désir sexuel, ce qui est très frustrant pour E. Il y a des chances que cet énorme changement dans mon corps, conséquence de mon abstinence totale (de près de trois semaines) après avoir bu très régulièrement et parfois un peu moins pendant trente ans, prend son temps pour se remettre en route. Quand ça va revenir ça va être une explosion. Si ça revient, et y'a intérêt.

---

[1] Army Archerd : chroniqueur de Hollywood pour *Variety*.

[2] Bob Hope : acteur et humoriste.

Hier soir j'ai lu le précis qu'Aaron a préparé [...] de nos positions financières respectives. Il semblerait que nous ayons environ 5 250 000 dollars chacun mais nos frais généraux s'élèvent à environ 600 000 dollars par an. Rien que l'assurance des bijoux et des tableaux coûte 200 000 dollars par an. Le *Kalizma*, 100 000 dollars. Vallarta 20 000 dollars. Les salaires et frais – avocats, etc., et agents et étrennes de Noël et autres, 370 000 dollars. [...] Il faut que je demande à Aaron comment nous pourrions passer de 600 000 à 400 000 dollars par an. [...]

Vendredi 3, Beverly Hotels – C'est tout ce que j'ai pu écrire hier. Nous sommes arrivés de Vallarta sans encombre – deux heures et demie dans le jet de Sinatra. J'ai perdu près de 8 kg en quinze jours en suivant un régime pauvre en glucides et je n'ai pas encore bu une goutte en trois semaines.

Samedi 4, Beverly Hills Hotel – [...] Hier je suis allé à mon essayage avec Ron Poston, soi-disant le meilleur tailleur de LA, et il s'est rendu compte, sans grand désarroi, que j'avais perdu 9 cm de tour de taille et 4 cm de tour de poitrine. Ce matin j'ai vu que j'avais encore perdu une livre. Encore un kilo de moins et je n'aurai jamais été aussi mince depuis *Hamlet*, et presque aussi mince que quand j'étais fort et musclé et que je jouais au rugby adolescent et jeune homme.

Hier je suis allé à un déjeuner de presse et j'ai présenté une récompense à Army Archerd, le chroniqueur, qui a été bien reçue. Presque tous les autres ont parlé beaucoup trop longtemps, surtout Anthony Quinn qui s'est lancé dans un extrait interminable et typiquement verbeux du *Temps et le fleuve* de Wolfe[1]. Et il ne savait pas le lire non plus. E a fait une apparition surprise

[1] Anthony Quinn : acteur. Thomas Wolfe, *Of Time and the River* (1935).

à la fin et tout le monde s'est mis debout pour l'ovationner. Typique. C'est nous qui avons fait tout le boulot et c'est elle qui récolte tous les applaudissements. Et alors qu'il n'y avait pas plus de deux ou trois photographes pour prendre des photos des différents candidats et donateurs, il y en a tout à coup eu une quarantaine ou une cinquantaine, sortis de nulle part. Ça a dû stupéfier Jacqueline Bisset, une actrice française très bonne paraît-il, qui était assise à ma droite pendant la cérémonie sur l'estrade, et qui remettait elle aussi un prix[1].

[...] Jonah Ruddy est venu à 18 h pour m'interviewer au sujet des cadeaux énormes que j'« offre » à E comme le diamant Krupp ou le Burton-Taylor[2]. À mon avis, qu'est-ce que le chauffeur de taxi et l'employé de banque lambda pensent d'une telle extravagance ? C'était d'un ennui, et la seule chose que j'aie trouvée à dire pour ma défense, c'était que la somme de nos donations et de l'argent qu'on nous devait s'élevait à près de 2 millions de dollars, dont je pense que nous ne reverrons jamais la moitié.

Lundi 6 – [...] Ce matin je suis allé au dernier essayage de mon smoking pour les Oscars demain soir. Il y a apparemment une petite chance que je gagne mais je n'y pense pas sinon je vais être déprimé si je perds. Ça fait trois semaines que je ne bois pas et je n'y pense jamais, mais que je gagne ou que je perde demain soir ma volonté va encore être mise à rude épreuve parce que tout le monde va être bourré. C'est une de ces soirées.

[...] J'ai clairement l'esprit ailleurs parce que le paragraphe précédent concerne samedi, et pas hier.

Mais hier nous avons pris un bain de soleil le matin et à 14 h Brook, E et moi sommes allés à la répétition des Oscars. Il y

---

[1] Jacqueline Bisset est anglaise, mais sa mère était d'origine française. Bisset a fait ses études au Lycée français de Londres et parle couramment français.

[2] Il s'agit en réalité de Jo Roddy.

avait plein de monde, mais je n'en connaissais que très peu de vue – il y avait Clint Eastwood et Jimmy Jones – l'acteur noir de *L'Insurgé*, pas le Jimmy Jones de *Tant qu'il y aura des hommes*[1]. Peck était charmant ; quant à E, elle a trouvé que son discours de présentation de l'Oscar du meilleur film était trop sentencieux et elle a demandé si elle pouvait le réécrire elle-même, ce qu'elle a fait hier soir pour qu'ils puissent l'insérer dans le prompteur.

[...]

Mardi 7 – Aujourd'hui c'est le grand jour à Hollywood – le jour des Oscars. C'est bizarre, le monde entier s'en moque mais tous les acteurs veulent en gagner un et dans les notices nécrologiques des acteurs les Oscars sont toujours mentionnés comme l'apogée de leur réussite. Même dans le *Times* ou le *Guardian*. L'une des raisons c'est que si, par exemple, l'Oscar du meilleur acteur revient ce soir à John Wayne ce sera par pur sentimentalisme – je n'ai pas vu sa performance mais on m'a dit que c'était à peu de chose près son numéro de routine[2]. Sa performance n'est comparable en rien à celle de Voight ou de Hoffman[3]. Je n'ai pas vu O'Toole et je ne fais pas partie des juges[4]. L'Oscar de la meilleure actrice dans un second rôle reviendra probablement à cette Goldie Hawn parce que c'est une personnalité connue de la télévision[5]. L'Oscar de la meilleure actrice ira probablement à Liza Minnelli parce que sa mère est morte l'année dernière – et Judy Garland est la grande

---

[1] *L'Insurgé* (*The Great White Hope*, 1970), réalisé par Martin Ritt. James Jones, auteur du roman *Tant qu'il y aura des hommes* (*From Here To Eternity*, 1951), adapté à l'écran en 1953.

[2] John Wayne avait été nommé pour l'Oscar du meilleur acteur pour sa performance dans *100 dollars pour un shérif* (*True Grit*). Il était parfois surnommé « The Duke » (le Duc).

[3] Jon Voight et Dustin Hoffman avaient tous les deux été nommés pour leur performance dans *Macadam Cowboy* (*Midnight Cowboy*).

[4] Peter O'Toole avait été nommé pour l'Oscar du meilleur acteur pour sa performance dans *Goodbye Mr Chips*.

[5] Goldie Hawn avait été nommée pour l'Oscar de la meilleure actrice dans un second rôle pour sa performance dans *Fleur de cactus* (*Cactus Flower*).

favorite de tous les cœurs ici[1]. Et ainsi de suite. C'est pour ça que les Oscars sont absurdes, et malgré ça on continue à les convoiter, même moi ! Ma seule chance c'est que je suis lié à l'équipe Kennedy-Adlai Stevenson et que je suis une « Colombe » alors que Wayne est un Faucon républicain membre de la John Birch Society – « mon pays qu'il ait tort ou raison », et la fraternité « artistique » hollywoodienne est généralement très progressiste[2]. Et selon John Springer il y en a beaucoup qui pensent que j'ai été lésé quand je n'ai pas reçu l'Oscar pour *Qui a peur*. Nous verrons. [...] Le reste de la journée va se dérouler dans le chaos le plus total et j'ai très hâte de retourner à Vallarta. Encore un jour.

Mercredi 8

Richard est le MEILLEUR.

Ces mots ont été tapés alors qu'il était complètement beurré la nuit dernière – enfin plutôt ce matin à 4 h 30 – par un Brook éméché. Mais beurré ou pas je crois qu'il le pense vraiment donc je vais les laisser. [...]

John Wayne a gagné l'Oscar comme prévu. Nous sommes allés à la fête après la cérémonie et nous étions assis avec George Cukor et les Peck et les Chandler (propriétaires du *LA Times*), et nous étions entourés par des dizaines de photographes qui, pour ma plus grande joie, ne s'occupaient de personne d'autre, même pas des gagnants. Barbra Streisand qui se prend pour une grande star a été complètement éclipsée. Et il y avait une énorme file

---

[1] Liza Minnelli, fille de l'actrice Judy Garland (1922-1969) et de Vincente Minnelli, avait été nommée pour l'Oscar de la meilleure actrice pour sa performance dans *Pookie* (*The Sterile Cuckoo*).

[2] Adlai Stevenson avait été par deux fois le candidat démocrate à la présidence des États-Unis. La John Birch Society était une organisation conservatrice américaine.

d'attente, littéralement des centaines de personnes, qui passaient devant la table pour dévorer E des yeux et me dire que j'avais été spolié et après toutes ces protestations nous avons commencé à nous demander qui pouvait bien avoir voté pour John Wayne.

Nous avons eu beaucoup de mal à partir à cause des hordes de photographes, mais sur le chemin nous sommes passés voir Gig Young qui a gagné l'Oscar du meilleur acteur dans un second rôle, bourré mais adorable[1]. Goldie Hawn a gagné celui de la meilleure actrice dans un second rôle, comme prévu aussi. Nous n'avons pas réussi à trouver Duke Wayne donc nous sommes rentrés à la maison [...]. Wayne lui-même est arrivé plus tard, lui aussi complètement saoul, mais très affable dans son genre grossier. J'ai survécu à une nuit de plus sans alcool [...].

Enfin bon, j'ai encore perdu, et suis maintenant l'acteur qui a le plus de nominations à l'Oscar du meilleur acteur sans jamais en avoir gagné un. Donc je creuse ma minuscule niche dans le mur du Wisden des Oscars[2].

Vendredi 10, Puerto Vallarta – Nous sommes arrivés à la maison hier [...], de retour à bon port. [...]

La journée d'avant-hier a complètement foiré. Nous avions organisé, que je sois gagnant ou perdant, un dîner de « Thanksgiving » à 16 h 30. Il devait y avoir la mère d'E, Brook, Lilla, Norma, John Lee, Dick Hanley, Val Douglas, Jim Benton, George Davies, Aaron, etc.[3]. Après, à 18 h, nous étions censés participer à un cocktail pour les « perdants ». Le dîner de Thanksgiving devait avoir lieu dans une petite salle de l'hôtel et le

---

[1] Gig Young a gagné l'Oscar du meilleur acteur dans un second rôle pour sa performance dans *On achève bien les chevaux* (*They Shoot Horses, Don't They ?*).

[2] Wisden est un almanach annuel consacré au cricket.

[3] Val[erie] Douglas : l'attachée de presse de Burton à Beverly Hills.

cocktail dans notre bungalow. Mais ça ne s'est pas passé comme ça. E n'est arrivée qu'à 18 h pour le dîner, donc les invités du cocktail ont dû être rapatriés du bungalow au bâtiment principal de l'hôtel et se joindre, bon gré mal gré, à ce qui est devenu un dîner-cocktail foutoir. [...] La plupart des perdants sont venus. Jon Voight et sa petite amie Jennifer Salt (fille de Waldo Salt qui a gagné l'Oscar du meilleur scénario), qui a l'air d'avoir 15 ans mais en a 25[1]. Rupert Crosse, acteur noir de second rôle, Elliott Gould (je ne l'aime pas), Susannah York (très sympa), Jane Fonda, qui n'a parlé que des Black Panthers et a réussi à nous soutirer 3 000 dollars chacun à E et à moi, Sylvia Miles, la seule pour qui j'étais vraiment désolé, un Noir très beau et très gentil, Otis Wilson, et d'autres dont je ne connaissais pas les noms[2]. Ça a duré jusqu'à 21 h 30, heure à laquelle nous sommes tous, heureusement, retournés au bungalow, tous bourrés sauf moi évidemment (toujours pas une goutte) et E complètement cuite. [...] Je suis allé me coucher et E est allée aux toilettes. Et puis je l'ai entendue m'appeler et elle saignait du rectum – c'était une hémorroïde qui avait éclaté. J'ai appelé Kennamer qui m'a dit de mettre de la glace dans une serviette et de l'appliquer sur le saignement. Mais elle voulait quand même voir ce pauvre Kennamer, donc j'ai tiré le pauvre bougre hors du lit [...] et il est arrivé en dix minutes. Dans l'intervalle, évidemment, c'est toujours comme ça, ça avait arrêté de saigner. Mais il a traînassé, mis un pansement sur ses fesses, est resté pendant une demi-heure

---

[1] Jennifer Salt était la partenaire de Jon Voight dans *Macadam Cowboy*. Waldo Salt (1917-1987) avait reçu son Oscar pour ce même film.

[2] Rupert Crosse, nommé pour l'Oscar du meilleur acteur dans un second rôle pour sa performance dans *Les Reivers* (*The Reivers*). Elliott Gould, nommé pour l'Oscar du meilleur acteur dans un second rôle pour sa performance dans *Bob et Carole et Ted et Alice* (*Bob & Carol & Ted & Alice*). Jane Fonda, nommée pour l'Oscar de la meilleure actrice dans *On achève bien les chevaux*. Sylvia Miles, nommée pour l'Oscar de la meilleure actrice dans un second rôle pour sa performance dans *Macadam Cowboy*.

et nous a raconté que juste avant nous il avait été envoyé à l'hôtel où John Lee, qui était aussi complètement rincé, pensait qu'il était à l'article de la mort, et Dick Hanley (bourré) avait appelé un prêtre pour lui administrer l'extrême-onction. Selon Kennamer la scène était tellement ridicule que même le prêtre, un jeune, nouveau, avait presque éclaté de rire. Quels numéros.

Nous sommes partis pour Vallarta et le vol a été rapide. [...] Une fois à la maison, partie de ping-pong avec Brook, poisson frit pour le dîner, quelques parties de billard, et au lit avec *Wellington : The Years of the Sword*[1]. [...] Je n'ai pas fait autant d'espagnol à LA que ce que j'avais espéré. J'ai encore 15 leçons avant d'avoir terminé le *Madrigal's Magic Key*.

[...]

MAI

Dimanche 3, Puerto Vallarta – Les garçons et leur tuteur sont partis hier soir pour Mexico. [...] La maison est toute vide et silencieuse sans eux. [...]

Nous avons passé la fin de la matinée et tout l'après-midi à Bucerias – une parcelle de terrain sur la plage que nous avons louée pour cent ans je crois[2]. C'est une parcelle de beaucoup d'hectares mais je ne sais pas exactement combien. Nous sommes tous à nouveau tout rouges. Nous avons installé une hutte de palapa et deux parasols de palapa, un pour les boissons et l'autre (quand il sera fini) pour la nourriture. Nous ne fermons jamais à clé, et pour l'instant rien n'a été volé.

[1] Elizabeth Longford, *Wellington : The Years of the Sword* (1969).
[2] Sur la côte nord de la baie de Banderas, à trois kilomètres de Puerto Vallarta.

Lundi 4 – […] Nous sommes retournés à Bucerias aujourd'hui, avons lu, pris un bain de soleil et de mer. J'ai fait une télé-grille et lu le livre d'Alan Moorehead *Eclipse* sur la chute de l'Allemagne à partir du débarquement en Sicile[1].

Mardi 5 – […] Nous (Brook et moi) avons été faire des courses aujourd'hui et avons acheté une table pliante très sophistiquée et quatre chaises pliantes très peu sophistiquées et une machette chacun et des « espatulas » et fourchettes à barbecue et deux bocaux d'olives pour les martinis que je prépare tous les jours vers 18 h pour le « Vallartan » familial quotidien. Je dois avouer que ce verre me manque. Après la chaleur et le soleil torride et toutes les baignades dans l'océan et les hot-dogs et la salade pour le déjeuner et une marche rapide d'un bon kilomètre et demi sur la plage, le martini est incroyablement tentant. Mais je refuse toujours sévèrement. Demain j'emporterai du café et je me préparerai une tasse au moment des « Vallartans ». Nous allons tous être très tristes de partir pour LA. Ne serait-ce que parce que nous y avons une paix royale, Bucerias est le meilleur endroit que nous ayons trouvé en dix ans.

Samedi 9 – […] Bucerias est rapidement en train de devenir notre endroit préféré. Nous faisons des barbecues tous les jours et je lis et fais des télé-grilles et nage et marche.

[…] Nous partons demain pour LA et la série *L'Extravagante Lucy*, nous répétons lundi, mardi, mercredi et enregistrons en public jeudi[2]. Puis E se fait hospitaliser pour ce qui sera (on espère) la dernière intervention pour ses hémorroïdes. Je serai vraiment content quand tout ça sera terminé pour E, la pauvre.

---

[1] Alan Moorehead, *Eclipse* (1946 ; Burton lisait l'édition abrégée de 1967).

[2] *L'Extravagante Lucy* (*The Lucy Ball show*) : série télévisée américaine.

On dit que c'est une des choses les plus douloureuses. Personne ne veut aller à LA mais je dois dire que je suis assez excité à l'idée de faire cette série – parce que ça fait tellement longtemps que je n'ai pas travaillé, j'imagine. [...]

[...]

Samedi 16, Malibu – Nous passons le week-end ici – avec les inévitables Liz et Brook. C'est la maison de Hugh French dans la « Colony » comme on l'appelle[1]. [...]

Nous avons enregistré l'épisode de *L'Extravagante Lucy* et récolté les acclamations de Lucy et du reste de l'équipe et du public.

En réaction au stress de *L'Extravagante Lucy* plus E qui avait peur du bistouri lundi et moi qui avais peur de sa peur, combiné à mon irascibilité et impatience naturelles quand je ne bois pas, tout ça a mené à deux échanges âpres hier. E me lançant « Va te faire foutre, casse-toi » et moi répondant quelque chose du même acabit. Ma déception quand on m'a offert le titre de CBE (que j'ai quand même accepté, même si E voulait que je refuse en disant que seul le titre de chevalier était acceptable) et pas une distinction plus élevée. Le problème du CBE c'est qu'il est, dans l'esprit du public, très souvent confondu avec les titres pathétiques de MBE et OBE même si c'est un honneur bien plus grand. Comme le OM et le CM, ça ne veut absolument rien dire ; même si c'est un titre – je crois qu'on a le droit d'être appelé « commandeur » – ça ne sonne pas aussi bien que Sir Richard et Lady[2]. Mais je suis quand même extrêmement

[1] La « Malibu Colony » de Malibu, à l'ouest de Santa Monica en Californie.

[2] Tous des titres honorifiques dans le système britannique. CBE : commandeur de l'Ordre de l'Empire britannique (Commander of the British Empire), MBE : membre de l'Ordre de l'Empire britannique (Member of the British Empire), OBE : Ordre de l'Empire britannique

heureux. Heureux que ça ne soit pas un titre « Beatles[1] ». Heureux que je l'aie obtenu sans avoir aucunement essayé de l'avoir. Heureux que nous ne soyons plus célèbres mais officiellement distingués. Heureux que cela rende ma famille heureuse. Heureux qu'un titre de chevalier ne soit pas, finalement, hors d'atteinte pour un citoyen divorcé qui ne paie pas ses impôts. [...] Nous pourrions bien, de fait, avoir le beurre et l'argent du beurre. [...]

Il s'avère que le prénom de Frankenstein est Richard[2]. Ça nous déroute depuis un moment. Nous nous sommes tous dit que c'était très bizarre de découvrir ça maintenant, juste au moment où je me comporte comme sa monstrueuse créature.

Dimanche 17 – [...] Pour l'instant on s'occupe à peine de nous et il n'y certainement pas eu de scènes de foule. Vendredi une dame – ou fille – blonde, costaude, nous a dépassés à vélo et a dit : « Regarde, c'est le papa de Kate et ça c'est sa bicyclette. » Elle se l'est dit à elle-même, fort, sans que nous réagissions. J'ai eu Kate au téléphone hier et je lui en a parlé, elle savait exactement qui c'était. Elle passera un mois avec nous cette année donc ça c'est bien. Je me demande si les vacances de Liza se chevaucheront avec celles de Kate. J'adore les voir toutes les deux ensemble, et assister à la compétition qu'elles se livrent.

Rex est venu dîner avec nous et nous a raconté plein d'histoires fascinantes sur certains de ses patients, et d'autres beaucoup moins. Son récit des quelques jours passés avec Nick Hilton

---

(Order of the British Empire), OM : Ordre du Mérite (Order of Merit). Ce que Burton désigne par « CM » n'est pas clair – il s'agit peut-être de CMG : compagnon de l'Ordre de Saint-Michel et Saint-George (Companion of the Order of St Michael and St George).

[1] Les quatre Beatles avaient reçu le MBE en 1965.

[2] Référence au roman de Mary Shelley *Frankenstein ou le Prométhée moderne* (*Frankenstein or the Modern Prometheus*) publié en 1818. En réalité le personnage original s'appelle Victor, mais ce n'est pas toujours le cas dans toutes les versions filmées de l'histoire et de ses dérivés.

quelques mois avant sa mort nous a donné la chair de poule[1]. Il semblerait que Hilton, à la fin de sa vie (qui fut relativement courte), [...] soit tombé sous l'emprise [...] d'un charlatan, un pseudo-psy qui avait arrêté ses études médicales et était devenu psychiatre alors qu'il était encore interne. Rex connaissait l'analyste de vue mais n'avait jamais rencontré Nick Hilton. Un jour le charlatan appelle Rex et lui dit qu'il doit s'absenter pendant une grosse semaine, est-ce qu'il peut le remplacer pendant son absence, en particulier auprès de Hilton. C'est apparemment assez fréquent entre médecins ; Rex accepte. Quelques heures après le coup de fil du psychiatre il en reçoit un autre de la Maison Hilton à Holmby Hills. La voix à l'autre bout du fil lui demande de venir immédiatement. Rex demande qui est à l'appareil et la voix répond : « C'est l'infirmer qui s'occupe de Hilton. » Cela surprend Rex à qui le docteur de Hilton n'a aucunement indiqué qu'il était malade au point d'avoir besoin d'un infirmier. Rex arrive chez Hilton et est accueilli par son épouse, une femme ou une fille nommée Tricia qui lui dit, encore une fois sans le prévenir de quoi que ce soit, d'aller tout de suite dans sa chambre[2]. Rex arrive devant la porte de la chambre, seul, frappe, une voix lui dit d'entrer, il pousse la porte et trouve Nick Hilton assis dans son lit avec un pistolet chargé pointé dans sa direction. Selon Rex, il n'y avait aucun doute que Hilton était fou – un coup d'œil lui avait suffi – et la moindre erreur de sa part pouvait lui coûter la vie. Il n'y avait pas un mais trois infirmiers. Rex ne pouvait rien faire sinon trembler de la tête aux pieds, rester planté là et se prendre en pleine poire un torrent d'abominables insultes de la part de l'idiot qui délirait dans son lit. Rex sort le plus vite possible et demande des explications à Tricia qui

---

[1] Conrad « Nicky » Hilton : mondain et entrepreneur, premier mari d'Elizabeth Taylor.
[2] Patricia : la deuxième femme de Hilton (leur mariage avait pris fin en 1965).

lui dit que Hilton est dans cet état depuis un bon moment, qu'il y a des pistolets chargés partout dans la maison et que le psy en chef qui s'est évaporé exerce une influence terrible et néfaste sur Hilton, et ne reste que pour lui soutirer son argent. Rex s'en va convaincu que Nick doit être interné au plus vite. À peine parti il se met à recevoir des coups de fil de Tricia et des infirmiers toutes les heures, à tel point qu'il se demande s'il ne va pas devenir fou lui-même. Il finit par demander de l'aide à un psychiatre de LA très connu, et très compétent, qui avait cessé d'exercer pour enseigner à l'université. À contrecœur et uniquement pour rendre service à Rex le grand professeur accompagne Kennamer chez Hilton et, comme Rex, il lui suffit d'un coup d'œil pour voir que le patient a pratiquement dépassé le point de non-retour mais qu'il y a encore une petite chance de l'aider. Il dit à Tricia qu'il est prêt à se rendre au tribunal le lendemain et à témoigner que le patient doit impérativement être envoyé sur-le-champ à Menningers, la meilleure institution aux États-Unis apparemment, en avion privé[1]. Et ce de force, ou si nécessaire, inconscient, pour qu'il puisse être interné le plus vite possible. On appelle Conrad Hilton père qui envoie son docteur[2]. Ce docteur déclare à son tour qu'on ne peut pas faire ça sans consulter le docteur officiellement responsable, c'est-à-dire le psychiatre volatilisé. « Mais, dit Rex, personne ne sait où il est. » « Moi si, intervient Mme Tricia Hilton, l'épouse, il est ici à LA. Il n'est pas parti du tout. Il voulait juste s'éloigner de Nick pendant un moment. » On appelle donc le charlatan suspect qui finit par arriver chez le patient. Tout ça, au fait, se déroule au milieu de la nuit. Les arguments du grand professeur et de l'épouse et de Rex, et dans une moindre mesure, du médecin de

[1] L'hôpital psychiatrique Menninger Psychiatric Hospital à Houston, Texas.
[2] Conrad Hilton : homme d'affaires, fondateur de la chaîne d'hôtels portant son nom.

Conrad, sont exposés au docteur en fuite qui répond avec une précision glaciale, d'un ton n'admettant aucune réplique, que si ces hommes et cette femme se lançaient dans cette procédure ils seraient immédiatement poursuivis en justice à hauteur de millions de dollars par ses avocats et ceux de Conrad Hilton. Le grand professeur explose et menace de le radier de l'ordre des psychiatres ou quel que soit le nom de l'organisation. Le charlatan ne bouge pas d'un iota. Il a été radié et est aujourd'hui, selon les rumeurs, le psychiatre privé de Howard Hughes[1].

Nick Hilton est mort six mois plus tard, sans que la cause du décès soit précisée.

Lundi 18 – […] [Elizabeth] redoute tellement les hôpitaux, et après 27 opérations ça se comprend. Ce dont elle a le plus peur c'est des anesthésiants qu'on lui injecte dans le corps. Elle a tendance à les combattre de toutes ses forces. Je suis restée avec elle à l'hôpital jusqu'à 23 h 30. […] J'ai pris une tasse de thé et je suis allé directement au lit. J'ai demandé à la standardiste de me réveiller à 4 h 30 mais je me suis réveillé avant le coup de fil. […] Je […] suis parti pour l'hôpital vers 5 h 40 […] et suis allé directement voir E qui était déjà réveillée. Elle m'a dit qu'ils lui avaient donné un comprimé ou une piqûre de somnifère à 4 h 30 et qu'ils l'avaient réveillée tout de suite après pour lui faire un lavement. […] Je lui ai tenu la main pendant qu'on lui faisait deux ou trois piqûres pré-opératoires […]. Pendant que je lui tenais la main elle a lentement glissé dans un demi-coma mais s'est immédiatement réveillée quand ils sont venus la chercher. C'était il y a dix minutes et ils doivent maintenant être en plein dedans. Ils ont dit que ça ne prendrait pas plus d'une demi-heure

---

[1] Howard Hughes : homme d'affaires qui avait été producteur de cinéma et réalisateur et qui était depuis devenu un reclus notoire.

et qu'elle passerait une heure après ça en « salle de réveil ». [...] Je me demande si tout se passe bien. L'attente après cette attente sans fin à Londres quand elle a eu son hystérectomie c'est ce qu'il y a de pire pour moi. Je suis toujours terrifié qu'ils fassent une erreur et toutes les histoires des erreurs toutes simples commises par les chirurgiens – certains éminents – reviennent m'inonder la tête.

[...] La demi-heure est passée mais aucun signe du Dr Swerdlow ou de Rex. Alors continue à taper à la machine Petit Rich, et croise les doigts. C'est une journée magnifique, dit-il le menton tremblant, il vient de remarquer que le titre du roman à suspense de John D. Macdonald qu'il a offert à sa femme pour qu'elle ait de la lecture pendant sa convalescence est *One Monday We Killed Them All*[1]. On est lundi aujourd'hui. Le bonheur, c'est une opération réussie.

Le Dr Swerdlow vient de passer pour dire que tout était parfait. Je vais aller petit-déjeuner. Hip. Hip. Hourra. [...]

Mardi 19, Beverly Hills Hotel – [...] Le premier ministre Harold Wilson, qui s'est retrouvé, avec son parti, en tête des sondages, a annoncé que des élections se tiendraient mi-juin[2]. [...] J'espère qu'il va gagner parce qu'il s'est fait vertement critiquer par notre détestable presse, majoritairement Tory. [...] Ma haine des Tories n'a été en rien diminuée par ma longue appartenance à la classe des riches, et j'espère qu'ils vont continuer à hurler dans le désert pendant les cinq années à venir. [...]

Mercredi 20 – [...] J'ai parlé à Aaron pendant une heure de nos affaires hier et il m'a dit que nous dépensions trop, comme d'habitude, pas plus que la normale mais cette fois-ci sans travail, sans

[1] Le titre du roman (publié en 1961) signifie « un lundi, nous les avons tous tués ». (N.d.T.)

[2] Harold Wilson : homme politique membre du parti travailliste britannique, Premier ministre de 1964 à 1970, puis de 1974 à 1976.

revenus, mais toujours avec des frais. Pour la première fois il va peut-être devoir toucher au revenu des trusts que nous avons mis en place pour nous-mêmes. Je n'aime pas ça, je m'en vais donc gagner un peu plus d'argent. La prochaine fois que nous prendrons une période sabbatique, et peut-être même sans, je prendrai le temps d'écrire un livre. Si j'écris d'une certaine façon je peux peut-être passer un compromis avec ma conscience et faire en sorte d'écrire un livre conçu pour avoir du succès. Je viens de parler à E dont le transit intestinal vient de reprendre après son opération. Elle dit que c'est incroyablement douloureux et que c'est malheureusement arrivé plus tôt que n'avaient prévu les médecins et donc elle a dû, en somme, faire ça toute seule, sans l'aide de lubrifiants ou de laxatifs apaisants, etc. Résultat : hurlements de douleur. [...]

Faut que j'écrive un article pour un livre qui doit être publié pour le centenaire de la Fédération Anglaise de Rugby à XV (Rugby Union). Cliff Morgan est l'agent-démon de ce projet[1]. Je connais tellement le rugby et j'ai tellement d'histoires à raconter que je ne sais pas par où commencer.

Jeudi 21 – [...] J'ai rédigé une première ébauche de l'article sur le rugby hier et je vais essayer de le terminer aujourd'hui. À la froide lumière de l'aube ce que j'ai écrit est horrible. Peut-être que ce sera mieux quand tout sera tapé et mis au propre. C'est une sorte de récit du dernier match de rugby que j'ai joué mais j'y ai introduit des éléments d'une vie entière de matches dans des endroits similaires. L'endroit physique auquel je pense c'est cet horrible village de Tonmawr même si je n'ai jamais joué là-bas[2].

---

[1] Cliff Morgan, joueur de rugby et présentateur gallois, était, avec Geoffrey Nicholson, l'éditeur de *Touchdown and other Moves in the Game*, ouvrage destiné à célébrer le centenaire de la Fédération anglaise de Rugby à XV.

[2] Tonmawr est une communauté minière dans la vallée de Pelenna, un kilomètre et demi au nord de Pontrhydyfen.

Samedi 23 – J'écris aujourd'hui sur une machine à écrire Olivetti flambant neuve, cadeau de Lil et de Brook. Elle brille et bouge très facilement par rapport à la Hermes Baby, et il va me falloir un peu de temps pour tambouriner dessus avec la même liberté que sur la vieille, que je vais quand même garder par loyauté pour toutes ces années de bons services à se faire castagner. Je vais mettre la Baby à la retraite dans la bibliothèque sur le bateau ou à Gstaad. L'engin est rouge pompier et j'ai collé dessus un dragon gallois qui nous a été envoyé par une entreprise américano-galloise spécialisée dans la production d'autocollants pour tous les groupes de descendants irlandais, écossais, anglais, français, italiens, etc. qui aiment à se rappeler leurs origines européennes. [...]

J'ai déjeuné avec Hugh French après être allé me faire couper les cheveux par Ron B et être allé signer et parapher un monceau de paperasse pour Aaron qui, pauvre gars, est devenu un vieillard vingt ans avant l'heure. [...] Je sens qu'il va bientôt devenir un pauvre invalide sans défense. La quarantaine est une période bizarre et triste, tous les vieux visages familiers s'en vont s'en vont s'en vont. De fait, je suis souvent surpris quand j'apprends que des gens comme Binkie et John Perry et Dick Clowes et Stephen Mitchell sont encore en vie[1]. Tous ces fantômes de mes jeunes années de théâtre. Même Emlyn n'arrive plus à se souvenir de son texte, et a eu un genre de dépression nerveuse l'année dernière. [...]

[...]

[1] Hugh « Binkie » Beaumont : imprésario de théâtre et directeur général de l'agence théâtrale H. M. Tennent, qui avait offert à Burton son premier contrat professionnel en 1948. John Perry : dramaturge et metteur en scène, qui avait adapté la pièce d'Elizabeth Bowen *Castle Anna* dans laquelle Burton avait joué en 1948.

Lundi 25 – […]

[…] J'ai lu que tous les aliments, même s'ils ont été cultivés de façon extrêmement pure – et même la pomme de terre si prisée – contiennent des éléments très toxiques qui, en excès, pourraient tous nous tuer. La pollution de l'air et les drogues dures et l'explosion de la population et la tension explosive au Moyen-Orient entre Israël et ses voisins. Et je ne peux absolument rien faire pour aucune de ces choses-là. Si, je pourrais, éventuellement, acheter une voiture électrique pour marquer mon opposition personnelle à l'essence, mais personne n'en a encore construit une qui fonctionne. J'aurais pensé que ce serait assez simple avec la technologie moderne mais qu'est-ce que Standard Oil dirait d'une telle trahison ? Ils ne seraient probablement pas ravis, hein ? La Bourse va suffisamment mal comme ça. Je pourrais peut-être acheter un cheval et une charrette et essayer de prendre l'autoroute de cette façon, ne voyager qu'en train – électrique bien sûr, qui ne brûlerait pas de combustible – ou en sous-marin nucléaire. J'emmerde le monde. Je vais rester les bras croisés et prier.

[…]

Jeudi 28 – Lil et Jim sont partis à Palm Springs aujourd'hui pour visiter une maison à louer pour 1 500 dollars par mois, ou 1 800 dollars[1] ? Et dans laquelle nous pourrions emménager lundi prochain.

J'ai terminé l'article sur le rugby il y a trois jours et j'ai demandé à Jim ou George de le dactylographier. Je ne sais pour-

[1] Il s'agit probablement d'Elizabeth Taylor et de Jim Benton. La ville de Palm Springs, en Californie, se situe à 180 kilomètres à l'est de Los Angeles.

quoi, ça a pris deux jours. Je l'ai relu hier soir et c'est nul, je vais le réécrire entièrement.

Crise ou pas nous nageons dans les scénarios, certains ne sont pas mauvais mais aucun ne vaut vraiment la peine. Je n'ai pas encore fini de lire le premier tiers mais il y en a deux qui ont l'air intéressants. *Les Diables* d'Aldous Huxley qui a été adapté et monté au théâtre par la Stratford Company il y a quelques années, et un scénario du frère jumeau de Peter Shaffer qui connaît en ce moment un succès énorme à Londres avec la pièce *Le Limier*[1]. Il n'est pas aussi sophistiqué que son frère apparemment. Tant mieux.

Vendredi 29 – L'idée de réécrire cet article sur le rugby est insupportable, mais il faut bien que je m'y colle. Il faut que j'arrive à m'hypnotiser pour le faire. J'ai lu quelque part que toute création artistique est déclenchée par une autohypnose presque subconsciente. Eh bien, voyons si je peux le faire consciemment et réécrire 3 000 stupides mots sur un match. [...] Il le faut, Richard. Je vais faire semblant que si je termine l'article et qu'il est bien je serai payé 2 millions de dollars. Ça, ça va peut-être marcher.

[...] J'ai parlé à Gwen hier. Ivor est retourné à l'hôpital à Genève. Un de ses reins ne fonctionne pas bien. Je lui souhaite de mourir maintenant. Je ne supporte pas de le voir comme ça, sans défense, retombé en enfance – pas sa tête, qui va bien – mais ses caprices, sa haine de devoir être aidé. Et il a constamment mal depuis qu'un filet de vie moribond est revenu dans son corps. Mais pourquoi est-ce qu'il a fallu qu'il glisse dans le noir ? Une si petite glissade, une si grande chute. Une nuit

---

[1] *Les Diables de Loudun (The Devils of Loudon)* d'Aldous Huxley avait été adapté pour la scène sous le titre *Les Diables (The Devils)* par John Whiting et représenté à Stratford en 1961. Anthony Shaffer, dramaturge et auteur du *Limier* (*Sleuth*, 1970), était le vrai jumeau de Peter Shaffer, dramaturge et auteur d'*Equus* dans lequel Burton jouerait sur scène et à l'écran.

cauchemardesque qui me hantera toute ma vie. Dieux merci, quels qu'ils soient, pour l'argent. De ça, au moins, nous ne manquons pas. Il mourra en première classe, la seule façon dont il a toujours voulu voyager – un Pullman jusqu'à la tombe[1].

Samedi 30 – Trois hommes sont venus me voir hier matin à 11 h pour discuter d'un documentaire sur *Becket* dans lequel je serai le narrateur et ferai quelques apparitions. Le documentaire pourrait durer entre une heure et une heure et demie. Ça me prendra dix jours en septembre. Et ça me donnera l'occasion de faire un bout de voyage intéressant en tout cas. J'en détiendrai les droits en Grande-Bretagne et 50 % dans le reste du monde. Il faut que j'insiste aussi sur les droits des ventes de cassettes. L'idée est de suivre l'itinéraire qu'il a suivi. [...]

[...] Aucune nouvelle d'Hathaway et d'Ed Henry à propos du *Cinquième Commando*[2]. Il faut qu'ils s'y mettent vite s'ils veulent commencer autour du 15 juin.

Dimanche 31 – Rex est venu dîner hier soir. Je suis allé me coucher à 23 h 30, laissant toute la famille discuter avec lui et Brook, et Elizabeth m'a dit ce matin qu'il avait déclaré catégoriquement qu'aucun Américain n'avait jamais été condamné à mort et/ou exécuté par erreur. Quel demeuré, mon Dieu. Et moralisateur satisfait de lui-même, en plus, comme seuls les êtres foncièrement stupides peuvent l'être. Il parle de Nixon comme si c'était un dieu. [...] C'est un parfait embryon de fasciste. Si Hitler venait à percer ici il le qualifierait de grand homme et deviendrait membre du parti nazi en un clin d'œil. Une bonne conférence sur le racisme le rendrait antisémite du

[1] « Pullman » : compagnie construisant des trains de luxe et, par extension, nom de ces trains. (N.d.T.)

[2] Henry Hathaway : réalisateur qui devait travailler avec Burton sur *Le Cinquième Commando*.

jour au lendemain et il les classerait avec enthousiasme pour les envoyer dans les camps. [...]

J'ai passé la journée à lire, et ai juste écrit deux ou trois lettres en plus. Depuis peu quand je me retrouve face à cette machine je me sens aussi ennuyeux qu'un verre d'eau. John[1].

JUIN

Lundi 1er, Beverly Hills Hotel – Nous prenons l'avion pour Palm Springs ce matin à 11 h mais j'y croirai quand nous y serons. Swerdlow et Kennamer sont venus examiner E et ont dit qu'elle pouvait désormais « creuser un fossé » si elle le voulait. Moi je ne vois pas très bien E creuser un fossé mais bon, visiblement, être capable de creuser un fossé représente le zénith de la bonne santé pour les médecins. Et si on commençait par une bonne promenade, hein. Ensuite on monte en intensité pour se mettre à transpirer un peu, qu'est-ce que vous en dites ? [...]

Mardi 2, 925 Crescent Drive, Palm Springs – Nous sommes arrivés ici hier matin en avion, un De Havilland, en vingt-huit minutes. [...] C'est une maison bon marché qui vient d'être repeinte, ça se voit. [...] Elle manque un peu de salles de bains mais il y a trois douches, une grande cuisine et quatre chambres, une grande chambre pour nous, une autre avec des lits simples pour Liz et Brook, une pour Raymond, et une chambre d'amis en plus, sans toilettes ni salle de bains, pour moi, ma machine à écrire, et les « disputes » comme dit E. Elle est d'ailleurs dans la chambre à « disputes » en ce moment, mais pas parce que nous nous disputions. Je ronflais la nuit dernière, a-t-elle dit, et elle

[1] La comparaison de la phrase précédente, « *as dull as drinkwater* », se traduirait littéralement par « ennuyeux comme de l'eau potable ». Burton y rajoute un jeu de mots sur le nom de John Drinkwater (1882-1937), poète et dramaturge anglais. (N.d.T.)

n'a pas réussi à me faire arrêter donc elle est allée trouver refuge dans la chambre d'amis.

Mercredi 3, Palm Springs […] – Jim Benton, Dick Hanley et Springer ont fait tout un foin à NY hier à propos d'un article dans le dernier numéro du magazine *Look* sur la maladie d'E, la star de cinéma sur le déclin, et son appétit impérieux et insatiable pour les choses les plus chères du monde, dont maintenant excusez du peu et par-dessus tout un vison « coja » (?) valant 125 000 dollars offert par le mari tout aussi malade mais vraisemblablement pas sur le déclin, moi[1]. Quel dommage que je gâche tout en ne lui ayant pas du tout offert le vison. Il a été payé par une séance de photos pour Neiman-Marcus et par des plaies et des bosses quand E est mal tombée d'un rocher sur une plage de luxe à Vallarta[2]. […] L'article a été écrit par un homme d'une quarantaine d'années particulièrement gentil mais particulièrement médiocre appelé Jonah Ruddy[3]. Ce détestable article ne parvient qu'à perpétuer la légende de notre immense fortune et inaccessibilité lointaine, le matériau même du « glamour ». […]

J'ai regardé de loin les primaires à la télévision hier soir. Les hommes politiques sont vraiment des gens effrayants. Mon Dieu.

Jeudi 4 – Elizabeth s'est mise à saigner de l'arrière-train hier, des énormes coulées de sang qui faisaient peur à voir. J'ai dû nettoyer régulièrement – à un moment il y en avait partout sur le sol de la salle de bains – et j'ai remercié le ciel d'être à jeun et de ne pas avoir du tout la nausée. Je suis convaincu que

---

[1] Burton veut parler du vison Kojah.

[2] Neiman-Marcus : chaîne de grands magasins de luxe.

[3] Il s'agit en réalité du journaliste Jo Roddy, dont l'article « How Do I Love Thee ? Let me Count the Ways » (littéralement : « Comment je t'aime ? Je vais compter les façons ») fut publié dans le numéro de *Look* du 16 juin 1970. Jonah Ruddy était le correspondant de Hollywood pour le *New Musical Express*.

si j'étais encore le buveur que j'étais avant je n'aurais pas pu m'empêcher de vomir. […] La pauvre a dû avoir près de huit écoulements comme ça avant que nous ne parvenions enfin à l'hôpital. Le malheureux docteur – un nommé Sisler, parent du célèbre joueur de base-ball – lui a donné un calmant qui n'a eu pour effet que de la rendre extrêmement nerveuse et agitée[1]. Interminables coups de fil à Kennamer et à Swerdlow qui croyaient tous les deux, évidemment, que c'était tout à fait bénin et qu'elle essayait encore d'obtenir des piqûres de médicaments forts. Nous avons fini par réussir à faire venir Sisler, qui a une grande expérience en proctologie et que Dick Hanley connaît bien car c'est son médecin. Après d'autres coups de fil nous avons décidé de la transférer au Desert Hospital[2]. Swerdlow est venu en voiture de LA sur les chapeaux de roue – une heure et demie ! – et a attendu pour examiner le prochain écoulement de sang. Ça n'a pas été long, il a décidé de la mettre sous anesthésie générale ne serait-ce que pour jeter un coup d'œil et vérifier qu'elle ne faisait pas une hémorragie, on l'a mise sous anesthésie, ils l'ont emmenée au bloc et ils se sont aperçus qu'un des points de suture avait lâché, ils ont refait le point et en une demi-heure elle était ressortie. J'ai encore pris dix ans. Elle était complètement terrifiée et pendant qu'on l'emmenait dans le couloir elle répétait comme une enfant « Je t'aime Richard ». « Moi aussi je t'aime mon bébé. » C'était vraiment un bébé, et moi un père. […]

Vendredi 5 – […] E est encore à l'hôpital mais va beaucoup beaucoup mieux. Elle a perdu « une unité et demie » de sang, c'est-à-dire presque un litre ; elle se sent donc faible et va devoir

[1] George Sisler, joueur de base-ball élu au *Baseball Hall of Fame* en 1939.
[2] À Palm Springs.

y aller doucement jusqu'à ce qu'elle ait reconstitué son propre stock de sang, ce qui prend de six à huit semaines.

[...] La nuit dernière j'ai fait un cauchemar saisissant dans lequel notre Michael était mort. C'était un squelette dans le désert. Je dois me sentir coupable envers Mike parce que dans le rêve je n'arrêtais pas de l'appeler Absalom et E – une silhouette diffuse – m'accusait[1]. Qu'est-ce que tout ça signifie. Qu'est-ce que ça veut dire ?

***Dimanche* 7** – Je me suis ressaisi et j'ai pris mon courage à deux mains et j'ai sauté le pas et enfin envoyé l'article sur le rugby à Cliff Morgan. J'espère qu'il est d'un niveau acceptable. Sinon c'est atroce. Il faudra que je le vende à un autre journal pour sauver mon honneur. [...]

E encore à l'hôpital avec une numération globulaire très basse qui l'affaiblit et la déprime mais si la numération est restée la même ou si elle a augmenté ce matin elle pourra sortir aujourd'hui. Elle doit se reposer beaucoup, ne pas faire d'effort ni se fatiguer, etc., jusqu'à ce que son sang se soit reconstitué. Ça devrait prendre six à huit semaines. Ce qui veut dire qu'elle ne pourra probablement pas venir au Mexique avec moi pour le tournage du film[2]. Ça sera bizarre sans elle mais peut-être que ce n'est pas une si mauvaise idée après tout parce que j'aurai des horaires de tournage horribles et je la verrai à peine, au lit très tôt et debout à l'aube avec une chaleur étouffante, etc. Autant qu'elle se repose avec quelqu'un de sympathique à LA ou à Malibu. Quelqu'un de sexe féminin bien entendu. Et puis, contrairement à E, quand je commence un film j'ai envie de

---

[1] Absalom, le troisième fils de David, roi d'Israël, se rebella contre son père et fut tué sur le champ de bataille.

[2] Référence à son prochain film, *Le Cinquième Commando*, dont le tournage devait avoir lieu au Mexique.

le terminer le plus vite possible et suis prêt à tourner à n'importe quelle heure sept jours sur sept si nécessaire. E, qui a grandi au sein de la machine MGM, ne leur donne rien gratuitement et considère qu'il est de bonne guerre d'augmenter leurs coûts. Moi je m'en fiche éperdument mais je veux, avec toute l'énergie d'un homme profondément paresseux, en finir le plus vite possible pour pouvoir me remettre à paresser ou aller faire autre chose. Je n'ai jamais été dans un film ou une pièce qui ne m'ait pas ennuyé au bout de six semaines, donc j'aime en finir rapidement.

[…] J'attends anxieusement le coup de fil pour savoir si elle sort de l'hôpital ou pas. Si elle ne sort pas je vais aller m'asseoir à côté d'elle et bosser mes verbes espagnols. Un par jour permet de garder à distance le baragouin espagnol. Ici il y a des émissions de télé toute la journée dans cette langue mais à part les pubs j'ai beaucoup de mal à suivre.

Lundi 8 – Elizabeth est rentrée à la maison hier à 16 h, Dieu merci, elle était toute pâle et faible mais très jolie. Allez c'est parti, lentement mais sûrement, pour le rétablissement.

Mardi 9 – […] J'ai eu Kate au téléphone hier et elle va venir habiter à la maison dès que ses cours se terminent, c'est-à-dire vendredi, donc elle sera ici samedi, grand merci et tout le monde se réjouit. C'est encore une petite fille qui ne s'est pas transformée en hippie sale aux cheveux longs fumant des joints – pas encore en tout cas. J'ai aussi parlé à Aaron de *Don Quichotte* et *Defector* et du documentaire sur *Becket*[1]. Tous dans un flou artistique. Pour *Quichotte* je peux obtenir 1 demi-million de dollars d'avance,

[1] Aucun de ces projets ne semble s'être réalisé.

comme ils disent. Il y a une petite embellie sur le marché, mais ce n'est rien par rapport à ce que c'était.

Je m'attends encore à deux ou trois journées difficiles avec E avant de passer le cap mais à part une catastrophe complète, rien ne pourrait être pire qu'hier. La tension nerveuse qui s'installe en moi quand elle souffre est absolument extraordinaire. Je suis incapable d'être objectif et n'arrête pas de me dire que ce serait super si c'était moi qui devais supporter toute cette douleur, sauf que je serais bien pire qu'elle.

Mercredi 10 – Revirement complet – Elizabeth, en grande forme, débordait de joie de vivre hier et voulait aller voir un film au cinéma et /ou aller boire un verre. Après les cauchemars de la semaine dernière, les souvenirs d'hémorragie et de possibles transfusions sanguines et d'hôpitaux et de douleur impuissante encore tout frais dans ma mémoire, j'ai dit non. Mais peut-être demain. [...] Donc si tout se passe de la même façon aujourd'hui, nous irons au cinéma ce soir. Nous avons le choix entre *Airport*, *Mash* ou *Les Naufragés de l'espace*[1]. Je crois que ça va être *Aiport*. [...]

[...] Excepté avec l'espagnol je n'arrive pas à me poser pour faire la moindre « lecture sérieuse » comme on dit mais j'ingurgite les romans policiers à vitesse grand V. J'ai aussi de très bons livres pas loin.

Jeudi 11 – [...] Reçu un télégramme de Cliff Morgan[2]. [...] Gratifiant. Cliff n'est pas Connolly, mais gratifiant quand même[3]. [...] La meilleure partie de la journée pour moi c'est généralement

---

[1] *Airport* (1969), réalisé par George Seaton. *M*A*S*H* (1970), réalisé par Robert Altman. *Les Naufragés de l'espace* (*Marooned*, 1969), réalisé par John Sturges.

[2] Morgan avait accepté l'article tel quel en le qualifiant de « magique ».

[3] Cyril Connolly, critique littéraire et essayiste.

tôt le matin – de 5 h 30-6 h à environ 9 h, mais maintenant toute la famille s'est mise à se réveiller vers 6 h 30-7 h et c'est la pagaille. Malheureusement ici il n'y a aucun endroit où aller se cacher, la maison est trop petite. Ce sera pire quand Kate sera arrivée. [...] Dois apprendre à me concentrer malgré les distractions. Et ils vont me lire des extraits des journaux alors que je suis en train de taper à la machine. [...] Demain matin je vais essayer d'aller taper dehors sur le patio à côté de la piscine et voir si j'arrive à m'en tirer.

Je viens de manger des œufs, du bacon et des saucisses, je n'en avais pas vraiment envie mais comme je me sens d'humeur revêche j'en ai pris avec un « merci » réticent. Pourquoi est-ce qu'ils ne retournent pas se coucher – ils n'ont rien d'autre à faire. Moi j'ai des tas de choses à faire, des tas et des tas. [...]

Vendredi 12 – [...]

E a passé une bonne journée, à tel point qu'en fin d'après-midi nous avons décidé d'aller dîner dans une « Steak House », mais au bout de dix minutes elle n'en pouvait déjà plus donc je l'ai ramenée à la maison. [...] Kate arrive demain à 14 h 15 heure locale à LA. Je vais la chercher en voiture. J'ai hâte de la voir. [...]

Samedi 13 – [...] [Elizabeth] a regardé un de mes vieux films hier soir – *La Mousson*[1] – et a trouvé que j'étais très beau, et très sexy, et que le film était loin d'être aussi nul que ce que je disais. Peut-être qu'il a bien vieilli. [...]

Aujourd'hui le *LA Times* a annoncé que Larry avait été nommé pair à vie et que Sybil Thorndike avait été faite CH.

---

[1] *The Rains of Ranchipur* (1955), réalisé par Jean Negulesco.

Idem pour Freddie Ashton[1]. Je suis CBE et David Frost OBE. Toujours rien pour Emlyn, qui en aurait eu bien besoin. Larry m'avait dit, il y a des années, qu'il serait le premier « acteur-pair ». Je lui avais demandé quels mondes il lui restait à conquérir dans notre profession, et il m'avait répondu ça. Il était beurré, nous vivions ensemble sur Tower Road à Bev Hills, il était en train de tourner *Spartacus* et moi *Les Aventuriers* ; nos deux carrières n'étaient pas brillantes, et nous tournions du coup de très mauvais films[2]. Larry avait les larmes aux yeux, il n'arrivait pas à trouver de financement pour une adaptation cinématographique de *Macbeth* qu'il voulait faire, et moi j'envisageais d'arrêter ma carrière d'acteur et de me mettre à écrire – mais pas pour gagner ma vie, pas pour l'argent. J'étais déjà millionnaire en dollars et avec Syb qui ne coûtait pas cher j'aurais pu vivre comme un prince pour le restant de mes jours. Je voulais écrire parce que je cherchais une sorte de permanence, une tentative reliée d'atteindre l'immortalité plutôt qu'un film vieillissant à vue d'œil, et un jeu d'acteur du même acabit[3]. Eh bien il a réalisé son ambition de devenir pair, mais pas de tourner *Macbeth*. *Macbeth* suivra peut-être la pairie maintenant, sauf si j'arrive avant lui. J'ai hâte de voir comment la presse britannique va réagir à la pairie de Larry et à mon CBE. L'ascension de Larry est tellement sensationnelle qu'elle va peut-être désamorcer les détracteurs de mon titre et tout le tintouin, que je suis un traître envers la Grande-Bretagne parce que je me suis réfugié en Suisse et que je ne paie pas mes impôts. Je me souviens avoir été mis dans le même sac que Chaplin, Noel, et un troisième, comme exemples de rats fuyant le navire en train de couler et tout et tout. Si ça passe sans bruit

[1] L'actrice Sybil Thorndike et le chorégraphe et danseur Sir Frederick Ahston ont tous les deux reçu l'Ordre des compagnons d'honneur en 1970.
[2] *Spartacus* (1960), réalisé par Stanley Kubrick. *Ice Palace* (1960), réalisé par Vincent Sherman.
[3] Comme un livre relié.

dans la presse je chiperai peut-être un titre de chevalier un de ces jours. Une ou deux saisons sur la scène de l'Old Vic et un ou deux séjours à Oxford et je pourrais en empocher un assez facilement si les travaillistes sont au gouvernement. Mais d'ici là nous serons peut-être tous morts d'asphyxie ou d'un empoisonnement mondial.

Vais envoyer un télégramme à Olivier ce matin[1]. C'est une réussite remarquable compte tenu du fait qu'il n'a jamais été un homme de « clubs » comme Wolfit, Richardson ou Guinness[2]. Il a une endurance incroyable, et il est grand temps qu'on le distingue du reste du troupeau.

Dimanche 14 – Suis allé à LA en voiture avec Brook hier pour récupérer Kate à l'aéroport. [...]

Kate mesure déjà 1,62 mètre et n'a pas encore 13 ans. Elle est aussi grande qu'Elizabeth. Elle est toute blanche, comme tous les habitants de la côte Est, et me dit, à ma grande surprise, qu'elle ne bronze pas du tout. Étonnant, parce que Syb et moi c'est le contraire. Ça doit remonter à un gène bizarre quelque part.

E, elle, a eu une dure journée, Sisler lui a mis le doigt dans l'arrière-train et l'a bougé dans tous les sens pour s'assurer que le passage reste bien ouvert. Elle a hurlé, m'a-t-elle dit ; beaucoup. Content de ne pas avoir été là.

[...] Vais essayer de faire un peu d'espagnol. Kate est en train de lire *Jane Eyre* et a annoncé il y a un quart d'heure : « Rochester vient d'embrasser Jane. Waouh[3]. »

[1] La teneur du télégramme était, raconte-t-on, celle-ci : « *By the Lord Harry, Larry.* » [« Larry » étant le diminutif de Laurence, le prénom d'Olivier, et « By the Lord Harry » une manière euphémisée de jurer : « Lord Harry » est une référence à la fois au diable et à Henry V ou Henry VIII, selon les sources (Laurence Olivier avait joué le rôle de Henry V dans l'adaptation cinématographique de la pièce de Shakespeare sortie en 1944). (N.d.T.)]

[2] Sir Donald Wolfit : acteur et directeur de théâtre, qui avait joué avec Burton dans *Becket*.

[3] *Jane Eyre* : roman de Charlotte Brontë (1847).

Lundi 15 – Suis debout depuis 5 h 45 et pour une fois Kate et E étaient réveillées avant moi, nous sommes tous allés petit-déjeuner au Dunes Hotel Coffee Shop conduits par E dans la voiturette de golf[1]. [...]

Ai relu certaines pages de ce truc. C'est prodigieusement ennuyeux. Mais si je ne le faisais pas je me sentirais coupable de quelque chose. Donc je vais continuer à trimer, même si c'est illisible. Au moins ça me permet d'écrire. Je devrais peut-être faire ça tous les jours et puis écrire un résumé le dimanche dans un bel anglais convenable et réfléchi. Ne plus y toucher jusqu'à la fin de l'année et en faire un gros livre, destiné à personne d'autre que moi. Au moins comme ça ces divagations auraient un but. Peut-être écrire ce dont je me souviens de l'année écoulée, en me basant uniquement sur mes souvenirs. Et puis écrire ce que dit ce livre et comparer les deux. Comparer la colère du lendemain et le détachement de l'année suivante. Se remémorer, comme Tante Wordsworth, dans la tranquillité[2].

[...] Je voudrais aller travailler un peu maintenant, surtout pour savoir comment je réagis, à jeun, au pensum d'un tournage de film. Pas d'alcool pour faire taire la douleur. Et un film médiocre en plus.

Mardi 16 – 7 h 30, suis dehors en maillot de bain sur le béton à côté de la piscine, le dos au soleil. [...] Kate dort encore donc j'écris sur ce bloc-notes, mon journal est dans sa chambre. Je dors incroyablement profondément ces jours-ci, maintenant que mon système évacue – ou a peut-être déjà évacué – l'alcool.

---

[1] Au Bermuda Dunes Hotel de Palm Springs.

[2] Référence à la préface de 1802 de William Wordsworth aux *Lyrical Ballads* (*Ballades lyriques*) dans laquelle il définit la poésie comme le « débordement spontané de sentiments puissants ; elle surgit d'une émotion remémorée dans la tranquillité ».

Pas de longues nuits de sommeil – cinq, sept heures tout au plus –, mais très concentrées. Pas de rêves ou de cauchemars, ou en tout cas aucun dont je me souvienne. Je me demande si c'est comme ça la mort. Si c'est ça, ça ne sera pas mal du tout. [...] Suis allé à la librairie et ai acheté des magazines et une version français-anglais de Rimbaud. N'ai jamais lu cet auteur en français. Elle [Kate] en a acheté un exemplaire pour Jordan Xtoph, le mari de Syb[1]. Je soupçonne qu'elle l'appelle « Papa ». Et que ça lui donne mauvaise conscience. Et je soupçonne qu'il ne lit pas de poésie, mais je peux me tromper. Personne n'a aucun avis sur le gars, que ce soit pour ou contre. Il est calme et gentil, c'est tout ce que j'arrive à tirer de ceux qui le connaissent. [...]

Le fils du Dr Sisler m'a vu dans *The David Frost Show* et m'a entendu dire que quand j'étais petit j'apprenais les grands classiques de Shakespeare par cœur[2]. Plein d'enthousiasme et d'ambition il a appris « Être ou ne pas être » et veut me le réciter. Qu'est-ce que je peux répondre à part oui ? Il a 12 ans. Je recule, je fuis, je meurs, mais il le faut. Merveilleux ce dont le public et la presse parviennent à se persuader. J'ai cette merveilleuse réputation d'être un acteur au potentiel incroyable qui a gâché son talent par paresse. Une réputation que j'aime bien, mais que j'ai acquise alors même que je jouais sur la scène de l'Old Vic, il y a longtemps.

Et à moins de rentrer en Angleterre ou au National Theatre de Cardiff, etc., et de trimer sur les classiques pendant une décennie, je mourrai avec cette réputation.

« Reviendrez-vous jamais à votre premier amour, le théâtre ? » me demande-t-on tout le temps. « Ce n'est pas mon premier

---

[1] Jordan Christopher, le beau-père de Kate.

[2] Burton et Taylor étaient passés dans le *David Frost Show* le 19 mars 1970.

amour », je réponds d'un ton sec. En dehors de l'excitation clinquante des premières et des répétitions parfois intéressantes, le théâtre m'a toujours ennuyé, et lire des pièces m'a toujours ennuyé. Ça fait des années que je n'ai pas lu Shakespeare, à part une plongée occasionnelle dans *Lear* et un coup d'œil à *Macbeth*, mais je peux parler de lui pendant des heures pour vous divertir. Je n'ai aucune envie de concurrencer Olivier, Gielgud, Scofield et Redgrave, etc., car ils sont trop « acteurs » à mon goût. À l'exception de quelques très rares représentations, je ne crois pas un mot de ce qu'ils disent. Larry est expert en artificialité professionnelle. Un monceau d'affectations. Paul aussi. John fait toujours pareil ; quand ça colle au rôle il est plus que regardable, mais quand ce n'est pas le cas c'est regrettable, il n'y a pas d'autre mot. Ils ont tous une présence splendide, sont très travailleurs et aiment véritablement leur métier. Je ne peux aucunement les égaler dans les deux dernières catégories. Et n'en ai aucune envie. [...]

Mercredi 17 – [...] Le fils de Sisler est venu avec sa mère, sa sœur, et Sisler lui-même pour nous faire son « Être ou ne pas être ». Adorable petit garçon, il a fait une lecture très intelligente du monologue, mais il a de toute évidence mal compris un vers que je lui ai expliqué. Moi aussi je lui ai récité un monologue. Elizabeth, prise d'une magnifique frénésie, a joué un bout de la *Mégère*. Nous a fait trembler, la famille Sisler tout entière et moi quand elle a hurlé « Fi ! Fi ! espèce d'enf[1] ». Quelque chose du genre. Nous avons tous décollé de nos chaises. [...]

Après s'être fait examiner le derrière hier matin E était toute tremblante et chamboulée, elle a enchaîné les crises, disant

[1] La première phrase du monologue de Catherine dans *La Mégère apprivoisée* (acte V, scène 2) : « Fi ! Fi ! allons, apaisez ce front dur et menaçant. »

qu'elle n'en pouvait plus de devoir rester dans la maison tout le temps parce qu'il faisait trop chaud dehors, qu'elle n'arrivait pas à lire un livre, qu'elle en avait marre de regarder la télé, qu'elle en avait marre de nous entendre sauter dans la piscine alors qu'elle était confinée, etc. J'ai essayé de la réconforter du mieux que j'ai pu mais je ne suis pas très bon pour ce genre de choses. [...]

Jeudi 18 – [...] Me suis regardé dans un vieux film, *Le Prince des acteurs* à la télé hier soir. Je ne l'avais jamais vu avant. Ne sais pas pourquoi ça a été un tel échec quand il est sorti, en 1956 je crois[1], parce que le film est plutôt supérieur à la moyenne. J'ai été surpris de la vitesse à laquelle je parle, et de mon intonation très clairement galloise par endroits[2]. Kate, E et moi l'avons regardé ensemble dans la chambre et E a dit qu'elle trouvait que c'était un très bon film et Kate a dit qu'elle était fière de moi. Je dois être de moins en moins sensible avec l'âge parce que je n'étais pas aussi désespéré que d'habitude après m'être vu à l'écran. Brook était légèrement bourré, comme tous les soirs ces temps-ci semble-t-il, et le film l'a rendu un tantinet amer ; pendant l'une des pauses il a sorti que ce n'était manifestement pas Ron Berkeley qui m'avait maquillé parce qu'on voyait mes marques de variole. Le petit visage loyal d'E s'est contracté, sur la défensive. Kate m'a dit après, toute candide : « T'avais l'air tellement différent Papa, t'étais tellement beau à l'époque. » Merci, lui ai-je dit. [...] Je vais peut-être faire *Don Quichotte* l'année prochaine. Je pense que je pourrais le faire si je perds 7 kg pour être vraiment très maigre, et si on trouve un Sancho Panza vraiment très gros. Ustinov peut-être, ou Alec

---

[1] 1955.

[2] Burton jouait le rôle de l'acteur américain Edwin Booth mais fredonne la chanson d'amour galloise du XVIIIe siècle « *Bugeilio'r Gwenith Gwyn* » à son épouse souffrante, Mary.

Guinness. Ou Zero Mostel[1]. Si je le fais il faudra que le film sorte rapidement pour devancer la comédie musicale *L'Homme de la Manche*[2]. C'est plus ou moins signé, sous réserve de mon approbation de l'acteur qui jouera Sancho, et du calendrier. Un défi intéressant, encore plus que Harry dans *L'Escalier*.

Hier ai lu Rimbaud en français pour la première fois dans une de ces éditions bilingues. La traduction est abominable. « J'en ai trop pris » est traduit par « *I was fed up*[3] ». Une grande partie des nuances m'échappe, mais je vais quand même apprendre les poèmes petit à petit et coincer Enid Starkie ou un autre et me faire donner un cours gratuit sur ces subtilités[4].

Les élections britanniques ont lieu aujourd'hui. On devrait avoir des résultats relativement fiables vers 22 h, heure d'ici. À moins que ce ne soit tellement serré qu'il faille attendre jusqu'à la dernière seconde.

Le prochain film est encore incroyablement vague. Pas encore de scénario. Un groupe de tailleurs, de chausseurs et de chapeliers sont venus à Palm Springs l'autre jour pour prendre nos mesures à Brook et moi pour les uniformes, mais la moitié du temps le costumier lui-même avait l'air complètement perdu. J'ai l'impression que je serai habillé plus ou moins comme George Peppard dans le film *Tobrouk, commando pour l'enfer* auquel les images d'archives ont été piquées[5]. Donc, en réalité, Peppard est ma

---

[1] Zero Mostel : acteur de théâtre et de cinéma américain, spécialisé dans les rôles comiques, célèbre notamment pour son interprétation dans *Les Producteurs* (*The Producers*, 1967), de Mel Brooks.

[2] *Man of La Mancha*, 1972, réalisé par Arthur Hiller, avec Peter O'Toole et Sophia Loren.

[3] Littéralement : « J'en avais marre. » (N.d.T.)

[4] Enid Starkie, professeur au Exeter College d'Oxford, spécialiste de Rimbaud. La phrase de Rimbaud « J'en ai trop pris » dans *Une saison en enfer* a été traduite très différemment, par exemple « *I've taken too much on* » (« J'en ai trop pris sur mes épaules »), « *I have suffered too much* » (« J'ai trop souffert »), « *I've taken too much [of that]* » (« J'ai trop pris [de ça] »), et même « *I've practised too many* » (« J'ai trop pratiqué/répété »).

[5] George Peppard, à l'affiche de *Tobruk* (1967), réalisé par Arthur Hiller.

doublure cascades. C'est vraiment un film réalisé par ordinateur et je vais noter ses idioties avec la plus grande précision possible. Le scénario doit consister en des « dialogues suffisamment crédibles pour nous mener d'une explosion à l'autre ». Il n'y a aucun effort pour lui conférer le moindre mérite « artistique ». S'il y en a il sera entièrement dû à la personnalité des acteurs concernés, il faut donc que ce soient tous des acteurs de premier plan. Curieuse ironie, le film est basé sur une histoire vraie et la bande d'intrépides Alliés comptait bien un Américain, mais impossible de l'utiliser parce que ça aurait l'air d'un truc évident pour se mettre le marché américain dans la poche. La réalité est plus fantaisiste que la fiction. Le planning a encore été réduit à trois semaines et deux jours. Si le film n'engendre que des profits médiocres je récolterai 1 million de dollars au moins. Je pourrais gagner jusqu'à 1 million de livres sterling. Pour vingt jours de travail. Moralement indéfendable. Mais au moins je n'ai pas la mauvaise conscience d'empocher 1 million de dollars d'acompte pour un film qui pourrait être un échec total. Au moins je mets mon argent en jeu tout autant que les producteurs. [...]

Vendredi 19 – [...] Il y a eu un énorme chamboulement dans les élections britanniques hier et contrairement à ce qu'annonçaient tous les sondages ces satanés Tories ont gagné avec une écrasante majorité. On ne sait pas encore exactement de combien mais il semblerait qu'ils aient une majorité très confortable d'au moins 50 sièges. Je suis furieux. Ces salauds imbus d'eux-mêmes sont de retour, et nous allons de nouveau être dirigés par la vieille élite traditionnelle – même si nous l'étions déjà quand les travaillistes étaient au pouvoir.

Je n'ai rien fait, absolument rien de toute la journée, sauf lire un peu et écrire une ou deux pages de mon journal. Ai regardé un peu la télé et discuté avec Kate et E et regardé *Batman* et de la boxe dans l'auditorium olympique. [...]

Samedi 20 – Nous partons aujourd'hui pour Malibu, l'avion est à midi. [...]

Les Tories ont gagné avec une majorité d'environ 40 sièges. Ce qui veut dire que le parti travailliste peut facilement revenir aux prochaines élections, dans cinq ans. Donc c'est pas trop [*sic*] mal que ça en a l'air.

[...] Je veux rentrer à la maison en Suisse.

Dimanche 21, Colonie de Malibu – Nous sommes arrivés ici vers 13 h 30. [...] Disputes terriblement stupides tout l'après-midi pour savoir qui fera frire les frites pour le dîner. Ai dit pas moi parce que je ne sais pas comment faire. Ça a énervé E qui a dit que ça faisait des années que je vantais ma capacité à faire les frites. Ai dit que c'était une blague, cette vantardise. [...] Suis allé me coucher tôt et ai lu un roman policier français écrit par Japrisot[1]. N'ai pas beaucoup avancé et me suis endormi. [...] Suis allé prendre le petit déjeuner au drugstore avec Kate. [...] Lui ai dit que j'en avais plus que marre des États-Unis et que je voulais rentrer le plus vite possible en Europe, même si le continent européen était en train de devenir aussi mal en point que l'Amérique. J'imagine qu'elle va finir par devenir une Ricaine. Je ne sais pas pourquoi mais être américain ne m'a jamais paru glamour. Je me demande vraiment pourquoi. Xénophobie britannique naturelle ? Après tout, ils sont les premiers à avoir marché sur la lune et n'arrêtent pas de vanter la « grandeur » de leur pays. Je continue à préférer être gallois, irlandais, ou écossais. Ou même anglais, bien que ce soit une bande de sacrés numéros ces temps-ci.

[1] Sébastien Japrisot : romancier.

Viens de parler à Hugh French et Ronnie Lubin à propos de *Don Quichotte*, affiche à partager avec Hoffman, Finney, Topol, ou un autre acteur tout aussi compétent, et qui sera tourné en Colombie parce qu'il fera trop froid en Espagne au début de l'année prochaine mais que ce sera parfait là-bas[1]. Et moins cher. Ils veulent qu'E joue Dulcinante mais je ne pense pas que le rôle soit assez bien pour elle[2]. Mais ils ont un scénario plus long, aussi écrit par Waldo Salt, que je vais lire demain ou mardi. La version actuelle est un peu sommaire. Nous allons essayer de demander à O'Steen de réaliser. Il n'a jamais réalisé de film avant mais a été monteur sur *Woolf*, *Le Lauréat* et *Catch 22*[3]. Donc devrait savoir ce qu'il fait. [...]

Lundi 22, Malibu – Cette année dure et dure et dure. Hier suis resté assis au soleil et ai lu un peu. [...] Fini le roman de Japrisot. Complètement improbable, même pour un roman policier.

Vais à LA aujourd'hui, ou plutôt chez Western Costumes à Hollywood, pour un essayage pour ce film étrange dans lequel je vais jouer. [...]

Dustin Hoffman est soit très craintif soit très arrogant, si je comprends bien, parce qu'il dit qu'il n'arrive pas à se décider à propos du rôle de Sancho Panza ; il a peur que moi, en Quichotte, je lui vole la vedette. Quelle drôle de réaction de la part d'un si bon acteur. Il veut manifestement jouer un seul en scène qui ne laisse aucune chance à un autre acteur. Avec un raisonnement pareil il dirait non à Othello et/ou à Iago. Je dois

---

[1] Possiblement Arthur Lubin, réalisateur. Dustin Hoffman, Albert Finney, Chaim Topol : acteurs.

[2] Le personnage de Dulcinée du Toboso.

[3] Sam O'Steen, qui avait été monteur sur *Qui a peur de Virginia Woolf ?*, *Le Lauréat* (*Graduate*, 1967) et *Catch 22* (1970), entre autres, et qui devint réalisateur, principalement de téléfilms.

être suprêmement sûr de moi pour que de telles considérations ne m'aient jamais traversé l'esprit.

Mardi 23 – Encore une matinée grise et brumeuse. Viens d'emmener les filles petit-déjeuner au drugstore. Maria est un moulin à paroles, du genre 1 000 mots à la minute. Et quand je pense que nous avions peur qu'elle ne parle jamais. [...] Elle est adorable, et aussi câline que des chatons. Elle a 9 ans. Et pas 10 comme je le pensais. [...]

Hier B et moi sommes allés faire un essayage de nos uniformes pour le film à Western Costume co. à Hollywood. Hathaway était là. J'ai toujours considéré ce film comme une vaste blague mais maintenant que ça se rapproche de plus en plus je commence à avoir des scrupules. Je vais lire ce qui devrait être le scénario définitif aujourd'hui et voir si je peux en tirer quoi que ce soit qui vaille. C'est ce qui arrive quand on veut travailler pour travailler et pas pour de meilleures raisons. [...]

Mercredi 24 – [...] Nous sommes allés voir une maison plus grande sur la plage. Nous l'avons prise. [...] Nous emménageons aujourd'hui. J'ai presque fini de lire ma prochaine épopée. Je terminerai tout à l'heure. C'est très laborieux, mais pourrait bien être très regardable au final. Je frémis en pensant aux réactions des critiques snobs. Non, en fait je ne frémis pas. Ça me fera plutôt rire. Ils sont tellement sérieux, ou essaient tellement désespérément de tout tourner en ridicule qu'ils en deviennent tragicomiques et cassants. Il y en a un, Morgenstern, qui écrit pour *Time* ou *Newsweek* et qui est tellement pompeux que ses articles mettent une ambiance garantie quand on les lit à voix haute, surtout ceux concernant les films étrangers[1]. Il grouille

[1] Joe Morgenstern, alors critique de films pour *Newsweek*.

d'insignifiance, comme eux tous. J'imagine que passer son temps à fréquenter des familles célèbres ou notoires dont la plupart sont incroyablement stupides, devoir voir plusieurs films par semaine et devoir écrire des articles sur ces films doit au final calcifier les minuscules croissances dont leur microscopique cerveau pourrait être capable. À ses débuts, Tynan faisait preuve d'une si belle verve, acerbe et caustique, que je lisais ses critiques avec jubilation et pouvais même les citer par cœur. Mais le magnifique foisonnement de sa verve est mort ou presque. C'est devenu un écrivaillon bûcheur. Dénué de tout sens artistique. Avant je les lisais tous, et dans l'ensemble ils ont été excessivement élogieux envers moi, mais je crois que je suis devenu tellement blasé avec l'âge qu'aujourd'hui je les trouve incroyablement fastidieux à lire, quel que soit leur sujet ou objet. Quelqu'un m'a récemment envoyé un long article époustouflant d'adulation de Cecil Smith, dans le *LA Times*, et je n'ai pas réussi à le finir, malgré la légende selon laquelle les acteurs passent leur temps à lire les articles élogieux les concernant[1]. Pas dans mon cas. Je crois que j'ai été durement blessé par la première fournée de mauvaises critiques quand j'ai joué *Henry V* pour la première fois à Stratford, et c'est à ça que remonte mon insensibilité. C'était il y a vingt ans et les critiques n'étaient pas mauvaises du tout en fait, mais elles ne disaient pas que j'étais le meilleur, etc., et donc, pour moi, elles étaient mauvaises. Quand les critiques sont bonnes elles ne sont pas assez bonnes, et quand elles sont mauvaises elles contrarient. La pire critique, bien sûr, c'est de ne pas être remarqué. Ou « Parmi les autres acteurs il y avait aussi... ».

Il faut que j'élague au maximum mon rôle dans *Le Cinquième Commando*. Je parle trop et ça détruit le peu de mystère que comporte le rôle.

---

[1] Cecil Smith, alors critique de télévision pour le *LA Times*, mais précédemment critique de théâtre.

Brook a lu le scénario hier et a dit qu'il voulait jouer Reilly, un rôle de rien du tout, un homme qui conduit le semi-chenillé et est présent pendant tout le film ; il a dit : « Le rôle de l'objecteur de conscience disparaît après une grande réplique dès les premières pages. Dit qu'il ne veut aucunement être impliqué s'il faut tuer qui que ce soit et quitte le film. » Au contraire, j'ai découvert qu'il séduisait l'Italienne, etc., et qu'il est le seul à avoir une « histoire d'amour » dans le scénario[1]. Ça me rappelle Jimmy Granger à qui on avait envoyé le scénario de *Huit heures de sursis* de Carol Reed et qui après avoir feuilleté les pages où il avait des répliques à dire a décidé que le rôle n'était pas assez long[2]. Il n'a pas remarqué les didascalies et a refusé le rôle ; c'est finalement James Mason qui l'a joué, et ça a fait sa carrière. C'est probablement la meilleure chose qu'ait jamais faite Mason et certainement le meilleur film dans lequel il ait jamais joué, alors que le pauvre Granger n'a jamais été dans un bon film classique. Ou, pour autant que je m'en souvienne, dans un bon film tout court. Après tout, on pourrait organiser un « festival James Mason » mais pas un festival « Stewart Granger ». Sauf pour rire. Granger raconte tristement cette histoire à ses dépens. [...]

Jeudi 25 – C'était notre première nuit dans la nouvelle maison que nous venons de louer, et elle n'a pas été bonne. [...] Pour commencer, il y avait une émission qui passait à la télé, le *Des O'Connor Show*, qui suffit à elle seule à vous décourager[3]. Ils ont immédiatement fait référence à moi. « Les bijoux de la couronne ont été volés. » « Le coupable ne peut être qu'un seul

[1] Brook Williams jouerait bien le rôle du sergent Joe Reilly. C'est Christopher Cary qui interpréterait le rôle de l'objecteur de conscience, caporal Peter Merrihew.

[2] Carol Reed a produit et réalisé *Huit heures de sursis* (*Odd Man Out*) en 1947. Jimmy Granger est l'acteur Stewart Granger, dont le véritable prénom était James et qui jouerait avec Burton dans *Les Oies sauvages* (*The Wild Geese*, 1978).

[3] Des O'Connor a présenté sept épisodes américains de son émission au cours de l'été 1970.

homme. » « Qui ? » « Richard Burton. » « Il n'en a pas besoin, il a les siens. » Nous nous sommes engueulés avec Ed Henry d'Universal à propos du salaire de Brook pour le film. Ils ne veulent pas le payer plus de 600 dollars par semaine, c'est insultant. [...] J'ai dit que Brook était resté pour faire le film et qu'il avait refusé une pièce. Henry : « Pourquoi il n'a pas accepté ? » Bonne question. Je crois que Colicos est dans le film[1]. Je me demande s'il va aimer le Burton à jeun. Et si le Burton à jeun va l'aimer. [...] Ils veulent que j'aille à Oxford pour la période de Michaelmas du 11 octobre au 5 décembre ou celle de Hilary de janvier à mars. Qu'est-ce que je vais bien pouvoir enseigner ? Je vais écrire à Francis Warner aujourd'hui et lui demander des conseils et une ligne directrice. Qu'est-ce qu'il enseigne, lui, par exemple ? C'est une formidable plateforme pour évacuer de vastes quantités de spleen. Je pourrais mettre en pièce certaines personnalités, et briser quelques icônes. [...] Je suis très paresseux. Tout travail requiert un effort conscient qui ne me procure que très rarement de la joie ou de l'enthousiasme. Je pourrais rester longtemps à ne rien faire si ça ne me donnait pas tellement mauvaise conscience. Je rêve de vivre avec Elizabeth sur le *Kalizma* ou sur un nouveau bateau plus grand, même si celui-ci convient parfaitement, et de ne plus jamais vivre à terre. Bouger tout le temps, passer quelques jours ici, puis là. Transformer la très convenable petite bibliothèque du yacht en une magnifique bibliothèque. Ne quitter le bateau que deux ou trois mois par an quand il est en cale sèche et habiter alternativement à Vallarta et à Gstaad. Juste nous, et de temps en temps les enfants. Hanter la Méditerranée et chercher plein de petits ports que nous ne connaissons pas. Travailler juste assez pour couvrir nos frais, et uniquement là où nous pouvons continuer à vivre sur le yacht.

[1] John Colicos jouait le rôle du sergent-major Al MacKenzie.

Chercher le plus possible le soleil, et de temps en temps un peu de haute société. Très peu. Les Rothschild sont nos préférés, et un week-end à Ferrières peut-être. Frénésie annuelle de shopping à Paris pour E et des expéditions « gourmet » à terre en Mini-Moke. Et puis une année nous pourrions nous aventurer sur l'Atlantique et remonter la côte jusqu'en Normandie, et plus au nord jusqu'en Scandinavie. Mais de préférence rester dans et près des pays dont je parle la langue. Italie, Espagne, France. Ça coûte environ 110 000 dollars par an de faire marcher le bateau et de bien l'entretenir.

Le monde est dans un état de chaos effrayant, comme le dit Joxer, et je compte l'observer à distance respectueuse, et effectuer une paisible, et je l'espère longue, préparation à la mort[1]. J'adore le monde et sa folie, et bien que je sois un homme très romantique et passionné, je trouve presque tout amusant – surtout la passion et les histoires de cœur des autres. Nos querelles les plus folles à E et moi sont, au fond, à mourir de rire. En tout cas rétrospectivement. Et nos dirigeants sont tous, sans exception, comiques de ridicule et d'absurdité. Brejnev et Heath, Nixon et Agnew, Fred Kennedy et Humphreys et Pompidou et Willy Brandt et Mao Zedong et Cho en Lai et Nasser et Oncle Tom Cobley[2]. Regarder des émissions de télévision

---

[1] Référence à Joxer Daly, un personnage de la pièce de Sean O'Casey *Junon et le paon* (*Juno and the Paycock*, 1924), mais cette réplique, la dernière de la pièce, « *Th' whole worl's in a terrible state o' chassis* » (littéralement : « l'monde entier est dans un état d'chaos effrayant »), est dite par Captain Boyle.

[2] Léonid Brejnev : secrétaire général du parti communiste de l'Union soviétique. Edward Heath, Premier ministre du Royaume-Uni entre 1970 et 1974, membre du parti conservateur. Spiro Agnew : vice-président des États-Unis. Par « Fred » Kennedy Burton entend probablement « Ted » Kennedy. Par « Humphreys » il veut dire Hubert Humphrey. Willy Brandt, chancelier fédéral de l'Allemagne de l'Ouest entre 1969 et 1974. Mao Zedong : chef du parti communiste chinois. Par « Cho en Lai » Burton entend Zhou Enlai, Premier ministre de la République populaire de Chine. Gamal Abdel Nasser, président de l'Égypte entre 1954 et 1970. Oncle Tom Cobley est un personnage de la chanson *Widdencombe Fair* et est souvent utilisé pour signifier « et bien d'autres ».

où Nixon s'adresse aux nations en homme du destin à propos du Cambodge est un divertissement inégalé. Les rodomontades prolixes et sentencieuses d'Agnew sont la risée du pays – son public aussi. Enoch Powell, dont la ressemblance intellectuelle et émotionnelle avec Oswald Mosley est tellement fantastique que je suis stupéfait que personne ne l'ait remarquée, est à hurler de rire[1]. Wilson, enveloppé dans un cocon de suffisance même au cœur d'une défaite écrasante, est à hurler de rire. L'idée de la reine avec tous ses attributs est de la grande comédie – ce qui me rappelle que je vais bientôt jouer un rôle dans ce spectacle quand je recevrai le CBE. Le monde est internationalement fou ; ça a toujours été le cas mais la vitesse des communications modernes accentue sa folie, et ceux qui n'en rient pas deviennent fous. Les rébellions étudiantes, qui font partie intégrante de notre histoire naturelle, sont soit effrayantes soit amusantes, selon la réaction émotionnelle de chacun. Pour moi elles sont amusantes parce que je sais que tous ces connards de hurleurs agitateurs de banderoles sont, à quelques rares exceptions près, des décrocheurs qui cherchent à se défiler. Comme les mineurs en grève quand j'étais gamin dans les vallées. Les dirigeants des syndicats n'avaient rien à perdre. Les perdants étaient les bons mineurs ; les paresseux et les négligents ne faisaient que chercher à prendre des vacances – sans solde, certes, mais il y avait toujours la soupe populaire et un peu de travail ici ou là pour construire un nouveau co-op[2]. Les gens qui sont morts dans les mines étaient des gens comme mes frères qui voulaient travailler. Les grèves les plus ridicules ont été celles des années 1920 quand les mineurs ont repris le travail, après des grèves à rallonge, avec des salaires bien moins

[1] Enoch Powell, député conservateur et ancien ministre fortement opposé à toute immigration des pays du Commonwealth en Grande-Bretagne, et qui a ensuite rejoint le parti unioniste d'Ulster.

[2] Magasin coopératif.

élevés qu'avant la grève[1]. Les seules grèves qui ont marché sont celles qui ont eu lieu pendant la guerre. Et tout le monde peut bien gueuler et brailler autant qu'il veut, ça ne va rien changer de fondamental. On jettera aux protestataires quelques restes pour qu'ils arrêtent d'aboyer mais la nature humaine reste inchangée et inchangeable, excepté à l'échelle de millions d'années. L'humanité n'est aucunement différente maintenant de ce qu'elle était il y a cinq mille ans. La même cruauté, les mêmes vices et les mêmes vertus. La même stupidité et la même intelligence, dans les mêmes proportions. On ne peut aucunement prendre au sérieux un étudiant qui dit « À bas Nixon, Mao pour la vie » ou inversement. Ce sont tous les deux des clowns. Qui ne sont pas à prendre sérieusement, mais seulement à la légère. Les « pensées de Mao Zedong », c'est un éclat de rire par pensée[2]. Rien ne peut advenir du jour au lendemain. L'amélioration de l'humanité marquera le triomphe de l'inévitabilité du changement progressif, comme l'a dit le baron Passfield dans un autre contexte[3]. Si triomphe il y a. Pour l'instant la progression a été si minuscule qu'elle est invisible à l'œil nu. Il y aura certainement un holocauste bientôt. Tout ce que l'homme qui a le sens pratique peut espérer c'est de ne pas être en son centre mais à la périphérie, de faire son devoir pour survivre, et de faire en sorte que sa famille survive avec lui si possible. Voilà quelqu'un qui croit fermement que le monde est un endroit merveilleux dont les délices sont bien contrebalancés par les horreurs. Sans peine, pas de joie. Le bonheur réel est aussi fugace et éphémère que le malheur réel, Dieu merci. *Plus ça change plus c'est la même*

[1] Burton se réfère aux conflits sociaux de 1921 et 1926.

[2] Il était à la mode, dans les cercles gauchistes de la fin des années 1960 et du début des années 1970, d'employer de petites citations qui résumaient la doctrine du maoïsme.

[3] Sidney Webb, premier baron Passfield, socialiste membre de la société fabienne et homme politique du parti travailliste, qui inventa l'expression « l'inévitabilité du changement progressif » (« *the inevitability of gradualness* ») en 1923.

chose★. Les révolutions françaises, américaine et russes n'ont rien changé. L'argent et les privilèges continuent à dominer le monde. La « grande expérience » aux USA est un monumental échec spirituel et matériel[1]. Une poignée d'hommes possèdent le pays tandis que des millions et des millions d'autres sont réduits au statut de serviteurs, aussi proches du statut d'automate que l'on peut l'être dans une société « libre ». Et rien, absolument rien ne peut changer cette grande masse amorphe, cette expansion limitée, cette informité définie. Elle n'est pas même influencée par le dernier argument qu'elle a entendu. Elle ne change pas. Cette grande foule anonyme à mille têtes ne peut être amenée à accepter une nouvelle idée. Impossible de persuader un péquenot du Sud qu'un Noir est un être humain. Ils sont inéducables. On ne peut espérer changer et assouplir ce muscle atrophié qu'en prenant la génération d'après au berceau. Garde quelque chose sept ans et tu lui trouveras peut-être une utilité, comme dit le proverbe. Ou le jésuitisme « Donnez-moi un enfant jusqu'à ses 7 ans », ou est-ce 12 ?, « et il sera à moi pour la vie[2] ». Mais même si l'on commence maintenant, aujourd'hui, à cet instant précis, le processus de rééducation prendra longtemps. Seul un petit pourcentage d'idiots apprendra à parler, d'aveugles à voir, de sourds à entendre ; le processus de rééducation va donc prendre des lustres et des lustres. Le système éducatif même doit être entièrement déraciné et radicalement transformé, mais il est si profondément ancré qu'il semble imperméable à toute chirurgie ou transplantation. Je suis convaincu que dans un groupe de 100 personnes moins d'une demi-douzaine sont capables de changer en profondeur. Elles peuvent facilement être influencées *en masse*★ – je l'ai vécu moi-même et j'ai été influencé – mais

[1] Référence à l'idéalisme de la création de la république américaine.

[2] Référence à la maxime jésuite « Donnez-moi un enfant pour les sept premières années de sa vie et vous pourrez ensuite faire de lui ce qu'il vous plaira ».

elles sont imperméables à toute pensée radicalement nouvelle. Par pensée « nouvelle » je n'entends pas « originale » – il n'y a rien de neuf sous le soleil –, mais nouvelle pour ces personnes, par rapport aux connaissances et aux croyances qu'elles ont intégrées (ou pas) en grandissant. J'ai lu quelque part que les enfants des républicains, des démocrates, des conservateurs et des travaillistes deviennent presque invariablement républicains, démocrates, conservateurs, et travaillistes, respectivement, comme leur papa. Je me souviens que quand la rumeur a circulé dans la famille que mon frère Dai, le policier, était devenu conservateur, nous avons tous cru qu'il était devenu fou. Au cours des récentes élections britanniques qui se sont soldées par ce que les journaux ont appelé, pour faire sensation, un raz-de-marée conservateur et une victoire écrasante, la volte-face électorale sans précédent s'est avérée n'être rien d'autre que l'indifférence de la participation travailliste[1]. Personne n'avait changé. Les mineurs ne sont pas devenus fous et ne se sont pas mis à voter pour les conservateurs. Ils n'ont simplement pas voté du tout. Les travaillistes se remettront inévitablement à gagner quand ils parviendront à faire que leurs sympathisants lèvent leur cul de leur canapé, éteignent la télé et impriment leur marque là où il le faut. Rien n'a changé, et quel que soit son zèle M. Heath sera bientôt noyé dans la grande apathie. Si le monde existe encore dans cinquante ans c'est sûr que rien n'aura changé, c'est sûr. On sera peut-être un

[1] La participation aux élections législatives de 1970 fut de 72 % (75,8 % en 1966). Elle s'éleva à 78,8 % aux élections législatives de février 1974. Les partisans travaillistes sont généralement considérés comme étant plus susceptibles de participer faiblement aux élections que les conservateurs, et pendant la campagne les sondages avaient largement prédit qu'il y aurait une plus grande abstention parmi les partisans travaillistes. En réalité, comme David Butler et Michael Pinto-Duchinsky le remarquent dans leur étude *Les Élections législatives britanniques de 1970* (1971, p. 184) : « Les résultats du nombre réel de votes [...] ne corroborent en rien l'idée que l'abstention travailliste ait été un facteur crucial des résultats » ; selon eux, la différence de participation en faveur des conservateurs n'a été que de 1 %.

peu plus pauvre ou un peu plus riche, mais l'humanité n'aura en rien changé de façon mesurable.

Vendredi 26 – […]

J'ai lu aujourd'hui dans le *LA Times* que « selon la biologie de l'évolution les humains et les moutons – en tant que mammifères – ont évolué séparément, mais proviennent d'un ancêtre commun qui vivait il y a des lustres ». Très pertinent par rapport à mes notes d'hier.

Le Cinquième Commando est un chaos total. Personne ne sait exactement quand je dois commencer. […] Mon avion est mardi, ce qui me donnera une chance de voir Liza avant le début du tournage. […]

Samedi 27 – […] Je viens de lire, au bout d'un mois, le scénario de *Hammersmith is Out* que P. Ustinov avait envoyé. Déchaîné, et informe, mais exactement le genre de chose que j'aimerais faire en ce moment. Surtout qu'il y a un rôle splendide pour E aussi, et que nous cherchons depuis longtemps un film dans lequel nous pourrions jouer tous les deux. Ustinov doit le réaliser donc ça ira. Il doit aussi jouer un des petits rôles[1]. L'histoire commence et finit dans un asile d'aliénés et je jouerais le rôle d'un dangereux tueur complètement fou, Hammersmith. L'idée n'est pas nouvelle. Qui sont les fous ? Ceux qui sont chez les dingues, ou ceux qui sont dehors ? Dans le cas présent, les deux. Nous pourrons peut-être le tourner cet automne. J'ai peur d'avoir laissé passer trop de temps. Nous devrions le savoir dans les prochains jours, j'imagine. Nous pourrions vraiment bien rigoler et bien nous amuser à faire ça, surtout avec quelqu'un d'aussi

[1] Peter Ustinov jouerait le rôle du docteur dans *Hammersmith is Out* (1972), Elizabeth Taylor le rôle de Jimmie Jean Jackson, et Burton celui de Hammersmith.

sympathique et brillant qu'Ustinov, et ça pourrait être un gros succès commercial par-dessus le marché.

[...] [E] est un amour depuis quelque temps et s'est remise à lire. Elle a terminé un livre pour la première fois depuis qu'elle est allée à l'hôpital il y a des lustres. Du coup je suis en pleine forme aussi. [...]

Pas facile de savoir jusqu'où aller avec les étudiants d'Oxford sans tomber dans l'irresponsabilité et pousser ceux qui veulent abandonner leurs études. Je les méprise et ne veux rien leur céder mais ils vont se retrouver inclus dans mes généralisations. Tout ce que ta main trouve à faire avec sa force, c'est vraiment ça le poids de mon message, parce qu'il n'y a ni sagesse, ni pensée, ni science dans le séjour des morts où tu vas[1]. J'ai abusé du temps, dit Richard II, et à présent le temps abuse de moi[2]. Nous n'avons pas fait ce que nous aurions dû faire[3]. En vieillissant je regrette de plus en plus les choses que j'aurais dû faire, je regrette les trous noirs que j'aurais pu remplir de connaissances qui n'auraient été utiles qu'à moi-même, et bien que j'essaie de rattraper le temps perdu mon esprit n'est plus ce qu'il était, et sa capacité spongieuse à absorber de nouvelles informations et à les retenir a été dégradée par ma vie dissipée, et par l'âge. Essayer de me concentrer devient de plus en plus difficile. L'imagination est une créature capricieuse, et la contrôler, une tâche ardue. [...]

Dimanche 28 – Deux jours avant mon départ pour le Mexique. Les histoires que j'entends à propos de cet endroit – San

---

[1] Référence au livre de l'Ecclésiaste, 9 : 10 : « Tout ce que ta main trouve à faire avec ta force, fais-le ; car il n'y a ni œuvre, ni pensée, ni science, ni sagesse, dans le séjour des morts, où tu vas. »

[2] « *I wasted time, and now doth time waste me* » : réplique du roi Richard dans *Richard II*, acte V, scène 5. [Traduction François-Victor Hugo. (N.d.T.)]

[3] Confession de la Prière du matin dans le *Livre de la prière commune* (*Book of Common Prayer*, 1662).

Filipe[1] – ne sont pas très encourageantes. Température moyenne 45 °C. Seulement deux restaurants. 800 habitants. Eaux infestées de requins. Saison des ouragans. Seulement 33 lits dans toute la ville pour accueillir les visiteurs, la plupart des gens vivent dans des caravanes et des tentes. Pas de téléphone. Seuls les pilotes experts parviennent à atterrir là-bas. À part ça, impeccable.

[...] Hier soir ai vu, ou commencé à voir, un film, *M.A.S.H.* Ai détesté et suis parti après deux bobines. Il était projeté ici à la maison. [...] Les enfants ont aimé pour la plupart – Kate et ses amis, les enfants des voisins, deux filles et un garçon, tous entre 12 et 15 ans environ. Maria a détesté et a fait des cauchemars. Il y avait plein de sang à l'écran, l'histoire se passe dans un hôpital chirurgical militaire mobile (Mobile Army Surgical Hospital) en Corée et ils montraient des opérations et des amputations et des ligatures et des jets de sang et des sutures. Ça m'a ennuyé et je suis parti. Suis allé me coucher et ai lu une enquête policière de « Travis Magee » écrite par le très compétent auteur américain John D. Macdonald. C'est un de ces écrivains prolifiques comme Simenon et Erle Stanley Gardner, etc., qui semblent pouvoir pondre un livre par mois. Macdonald est un cran au-dessus de la moyenne et essaie de condamner, sans une once de sentimentalité, la décadence morale, la folie de la production de masse, et le cauchemar publicitaire du mode de vie américain. Finit toujours avec une boule dans la gorge sur l'occasionnelle noblesse innée de l'homme. [...]

Je ne crois pas que je pourrais écrire un roman policier. Je ne crois pas que j'en aurais envie même si je le pouvais. Ce genre de livre est fait pour être lu, pas écrit. Vite lu et rapidement oublié, comme ça on peut le relire deux ans plus tard.

[1] San Felipe, Baja California, Mexico.

Ah si je pouvais être en Europe, maintenant que je dois aller travailler. Je voudrais aller partout en même temps. Je voudrais à la fois être en train d'observer, avec mes jumelles Zeiss, la route qui va de Porto Fino à Santa Margherita, et en train de prendre un bain de soleil sur le pont arrière du *Kalizma*. Je voudrais être assis au coin du feu dans la bibliothèque de Gstaad le soir avec un beau livre sur mes genoux et E assise à côté de moi. Du jambon rôti et un gratin de pommes de terre à Gruyère, dans cet hôtel là-bas. Une truite en haut des Diablerets. Une raclette à l'Olden de Gstaad. Encore de la truite à Weissenbach dans le restaurant au bord de la rivière et le pont en bois avec l'auvent. Selle d'agneau à La Réserve. *Hors d'œuvres** [*sic*] à La Ferme au-dessus de Beaulieu ou chez D'Chez Eux à Paris. Moules marinières à La Mediterranea en face de l'Opéra. Filets de haddock à l'anglaise au Fouquet's. Omelette Arnold Bennett sur la terrasse surplombant le parc de la Terrace Suite du Dorchester par un beau dimanche, avec un bloody mary corsé dans le ventre et cette beauté toujours à côté et autour de moi. Fèves crues, saucisson, vin blanc et pétanque avec E dans la trattoria juste en dessous de l'église sur la colline aux abords de Rome, sur la route secondaire qui va des studios De Laurentiis jusqu'au Raccordo Anulare où le chœur chante à 19 h. Une tournée en voiture des restaurants trois étoiles du Michelin. Annecy et Beaumanière [*sic*] et deux nuits à l'Hôtel de la Poste à Avallon, c'est bien ça ?

Hugh French vient de me dire qu'Ustinov est ravi de notre enthousiasme à propos de *Hammersmith is Out*. Je crois que je vais en toucher un mot rapide au partenaire de Peter, Alex Lucas, aujourd'hui au déjeuner[1].

---

[1] Alex Lucas produirait *Hammersmith is Out*.

JUILLET

Vendredi 3, San Felipe, Mexique – Suis arrivé hier en voiture à Mexicali, ai pris une chambre pour la journée à l'hôtel Lucerna, appelé Elizabeth, emprunté un groom de l'hôtel et dévalisé les supermarchés pour acheter de la nourriture et des bricoles pour l'appartement d'ici[1]. C'était un régal de parler à E. Je m'étais demandé pourquoi je me sentais particulièrement perdu cette fois-ci sans elle, ça nous est pourtant déjà arrivé d'être séparés pendant une quinzaine de jours – quand j'étais à Genève il y a deux ans et qu'Ivor a eu son accident, et deux ou trois ans avant quand elle est allée en Californie quand son père a eu son AVC, et quelques jours quand elle s'est rendue à Paris pour l'enterrement du fils de Gaston – mais j'ai tout à coup réalisé pourquoi je me sentais si seul cette fois-ci. C'est parce que les fois précédentes nous pouvions nous parler autant que nous le voulions par téléphone, mais pas ici. Donc pour la première fois de ma vie j'ai pu apprécier le téléphone que je méprise d'habitude. Je lui ai parlé deux fois en deux heures ! Elle sera là dans deux jours. Hip ! Hip ! Michael ! Elle m'a dit que je lui manquais autant qu'elle me manquait et qu'elle broyait du noir la nuit et qu'elle s'était presque mise à pleurer en voyant une de mes paires de chaussettes qui traînait. [...]

Je me sens extraordinairement en forme depuis que je lui ai parlé, j'ai l'impression d'avoir 25 ans. Arrêter de boire est la meilleure chose que j'aie faite pour mon bien-être physique. Depuis que je suis arrivé j'ai été immensément tenté de boire deux fois – une fois quand j'étais seul. C'est le genre d'endroit et de situation où l'on est naturellement poussé à boire.

[1] Mexicali, capitale de l'État de Baja California, à la frontière entre le Mexique et les États-Unis.

On attend que le film commence, on attend que les chars et les fusils, etc., arrivent jusqu'ici, l'incertitude de l'immigration mexicaine. [...]

Mais nous commençons bien demain, c'est ce qu'ils m'ont dit hier soir.

J'ai commencé à apprendre les phrases en allemand que je dois dire dans le film avec un acteur allemand qui joue le rôle de Schröder[1]. Il est expert en provocation de bâillements. Il est tellement rasoir qu'il en est presque hypnotique. Tout ce que je lui demande c'est de me dire les phrases pour que je puisse les écrire phonétiquement à ma manière et les apprendre ensuite mécaniquement comme une rafale de mitrailleuse. MAIS il fait des grands discours sur chaque phrase. « Che ne crois pas ke un Allemand za komme za à un post de kontroll dirait. » Donc passer en revue une page de scénario avec au pire trois lignes d'allemand pour moi nous prend une bonne heure. Je m'évanouis d'ennui. « Che dézaproufe toutes les choses militäres et che ne defrais pas faire ze film mais il faut pien travailler hein et tu es très atmiré dans mon pays. » Il a un grand visage blanc tout mou et refuse d'aller au soleil, et des fesses et un ventre éléphantesques. Il est laid au possible, avec un sourire horrible. Il donne l'impression d'être incorrigiblement satisfait de lui-même Mais le nouveau Burton dit « Oui je vois, bien sûr, évidemment, tu as raison. Oui *Krankenhaus* est juste mais tu penses qu'un Allemand cultivé dirait "hôpital" avec l'accent sur la dernière syllabe donc très bien allons-y disons ça parce que le public principal du film est anglophone et c'est bien s'ils reconnaissent un mot commun aux deux langues » au lieu de « Écoute mon vieux, contente-toi de me lire les putain de répliques et casse-toi ». Je

[1] Karl-Otto Alberty interprétait le rôle du capitaine Heinz Schröder. Il jouerait aussi avec Burton dans *Barbe-Bleue*.

suis tellement tolérant et compréhensif que je me joue souvent de mauvais tours.

Je suis encore surpris et ravi de l'impact qu'a mon nom sur les gens. Je suis arrivé hier (avec Brook) à l'hôtel à Mexicali sans être annoncé, et dans les minutes qui ont suivi tout le monde était aux petits soins. Les gens dans les supermarchés – nous sommes entrés dans trois en tout – étaient tous sans exception ravis de me voir, et ont tous prodigué des conseils sur où aller et quoi acheter et semblaient tous ravis que je parle espagnol. J'aime être célèbre. Je me demande comment je me sentirai quand je ne le serai plus. Après une vingtaine d'années de célébrité maintenant, encore quelques années et ce sera vraiment bizarre de redevenir R. Jenkins, pour ainsi dire. Le directeur de l'hôtel nous a réservé une chambre – enfin une suite plutôt, l'équivalent de trois chambres – alors que c'est sa plus grosse semaine de l'année, celle du 4 Juillet[1]. [...]

Samedi 4, San Felipe, Baja Californie – [...] C'est le premier jour du tournage et tout le monde est plus stressé que d'habitude – Hathaway a la réputation d'être un connard de la pire espèce une fois que le coup d'envoi est donné. Hier il a voulu que nous fassions un défilé en costume et c'était aussi réaliste qu'une véritable inspection par un véritable commandant dans une véritable guerre. Les pauvres acteurs étaient complètement terrorisés. Il a gueulé, crié et injurié. Il a ordonné à Colicos de se couper les cheveux pas une mais trois fois. Il fallait que les pattes soient rasées jusqu'au-dessus des oreilles, ce qui est problématique pour certains acteurs parce que notre film a un calendrier de tournage très court et un certain nombre d'entre eux sont attendus dans quelques semaines sur le tournage d'autres

[1] 4 Juillet : jour de la fête nationale américaine. (N.d.T.)

films dans lesquels ils doivent avoir des cheveux longs et des coupes modernes. [...]

Nous avons essayé d'aller dîner hier soir, Bob Wilson, Brook et Ron Berk, dans un restaurant appelé « Reuben » qui est dans un parc à caravanes à l'autre extrémité de la ville, mais quelques curieux et un groupe de hippies qui planaient à 8 000 mètres nous ont fait faire demi-tour et nous réfugier dans l'anonymat de notre motel[1]. Un jeune homme absolument immense et complètement défoncé, les yeux perdus dans le vague, a essayé de me mettre quelque chose dans la poche, comme dans un cauchemar. Ron l'a fait partir. Il essayait de me donner un « joint », une cigarette de marijuana. Ron l'a forcé à s'écarter et lui a dit : « C'est très gentil de votre part et M. Burton vous est reconnaissant mais il ne consomme pas ces choses-là. » [...]

J'ai aussi dû quitter la plage hier, j'étais assis en train de lire *An American Melodrama* écrit par trois écrivains anglais du *Sunday Times*, Chester, Hodgson et Page[2]. Tout s'est bien passé pendant deux heures environ. J'avais fait une promenade de 3 km avec E'en So le long de la plage et j'avais piqué deux têtes dans l'océan, avec des intermèdes lecture entre tout ça, quand tout à coup je me suis retrouvé entouré d'une foule de gens qui me dévisageaient. Jacques Charon (un français professeur d'art à Berkeley) est venu à ma rescousse, et j'ai passé le reste de la journée à l'intérieur.

[...] Reçu hier une lettre de Buck House me disant que mon investiture aurait lieu le 28 juillet[3]. Je ne suis pas libre à cette date donc il va falloir organiser les choses différemment. Ça peut être fait par un vice-consul, si j'ai bien compris, ce qui

---

[1] Ruben's Campground Hotel, San Felipe.

[2] Lewis Chester, Godfrey Hodgson et Bruce Page, *An American Melodrama : The Presidential Campaign* of 1968 (1969).

[3] « Buck House » : Buckingham Palace.

sera bien plus satisfaisant et occasionnera bien moins de tapage. Je vais essayer d'arranger ça.

[...] Récemment je suis devenu tellement obsédé par le caractère désespéré de toute rébellion contre l'autorité que je ne peux que supposer que je suis arrivé à une sorte d'âge critique. Je lis les pages politiques tous les jours et suis continuellement ébahi par ce que je lis. Lire qu'un homme intelligent comme William Buckley écrit avec admiration sur Nixon[1] ! [...] Je vais continuer à apprendre des langues étrangères, vivre à l'aise, m'occuper de ma femme et de ma famille, et tourner tout le reste en ridicule. J'adore le monde et je le quitterai à regret mais si je le prends sérieusement je vais devenir fou. Je dois le considérer comme une vaste blague cosmique. Même ses rares éclats de noblesse peuvent être attribués à une vanité autohypnotisée – celle de l'homme. J'ai infiniment plus de chance que des milliards d'autres êtres humains, et c'est le seul fait qui me sidère.

Je vais aller sur le plateau voir le début du film et souhaiter bonne chance à mes compagnons prisonniers. Ça fait longtemps que je n'ai pas été dans un film aussi excentrique, j'ai l'impression. Peut-être depuis *La Nuit de l'iguane*. Hathaway a dit hier à un parfait étranger assis dans le bar : « Va te faire couper les cheveux, putain, et rase-moi ces putain de pattes. Combien de putain de fois il va falloir que je te le répète ? » C'était un innocent touriste stupéfait.

[...]

Dimanche 5, Lucerna Hotel, Mexicali – Je suis dans l'« unité 114 » de l'hôtel en question qui est très agréable, a l'air conditionné, un room service, et est complètement semblable à ses équivalents américains. [...] J'ai tout de suite appelé Elizabeth quand nous

[1] William F. Buckley, chroniqueur et écrivain politique.

sommes arrivés. J'avais oublié à quel point sa voix est douce et à quel point elle fait jeune au téléphone. Elle arrive mardi avec toute la bande de foufous. J'ai hâte, mais hâte de la voir. [...] Il paraît qu'Hathaway a été odieux avec l'acteur allemand Karl-Otto Machin-Chose hier et a fait 57 prises d'une seule scène, prises pour la plupart coupées par Hathaway après la première phrase avec des mots tendres bien sentis comme : « T'es vraiment l'acteur le plus con que j'aie jamais rencontré. » Heureusement que je n'étais pas là. Voir quelqu'un se comporter comme ça envers un acteur de second rôle sans défense me met dans une colère noire. Même un acteur de second rôle allemand. J'ai parlé sur la plage à la petite amie de Greyn qui a l'air très gentille et très intelligente, et à Danielle De Metz qui a l'air gentille mais pas aussi intelligente [...][1].

[...] Cet hôtel-motel est bondé et j'ai dû me contenter d'une chambre au lieu d'une suite. Quelle conception excentrique des vacances ont les gens pour les passer dans un hôtel minable au milieu d'une ville horrible par une chaleur étouffante avec pour seul répit rester dans des chambres de la taille d'un box avec l'air conditionné à fond, ou sauter dans une piscine noire de monde – la piscine n'est pas plus grande qu'une très grande baignoire remplie de nains hurleurs. Bien mieux de camper à San Felipe ou de rester à la maison à manger des boîtes de conserve. L'instinct grégaire est extraordinaire. Comme ces gens en Angleterre qui conduisent pare-chocs contre pare-chocs pendant des heures dans les embouteillages de départs en vacances pour finir par se garer sur un accotement herbeux, sortir les tables et les chaises pliantes et pique-niquer dans la fumée des pots d'échappement en regardant les voitures passer, avant de s'y replonger placidement. [...]

[1] Clinton Greyn : acteur gallois. Danielle De Metz jouait le rôle de Vivi dans *Le Cinquième Commando.*

Lundi 6, San Felipe – Ai reparlé à E hier matin. Elle arrive mardi avec les enfants et je suis tellement excité qu'on dirait que ça fait dix ans que nous ne nous sommes pas vus. [...]

Je me sens terriblement paresseux. Ça fait des mois que j'ai envie de travailler en théorie, et maintenant que j'y suis je n'en ai plus aucune envie.

J'ai lu jusqu'à tard hier soir, toujours le même livre, *Un mélodrame américain*, qui devrait plutôt s'appeler *Un cauchemar américain*. La politique est un jeu dégueulasse, et la politique américaine est la plus dégueulasse de toutes parce qu'il faut faire semblant de défendre le Rêve américain et le Sud raciste. Même les hommes les plus honorables sont obligés de mentir – même des gens comme Adlai Stevenson et Eugene McCarthy ont dû au minimum mentir par omission, sinon plus[1]. Comment un Stevenson ou un McCarthy ou un Bobby Kennedy aurait pu tolérer une seconde les démagogues du Sud « qui détestent les nègres » s'ils n'avaient pas eu besoin des votes du Sud ? En Grande-Bretagne il y a un tout petit peu plus de chances que les hommes politiques restent honnêtes, mais seulement un tout petit peu. Bien sûr, certains mentent purement et simplement à propos de simples faits, comme Reagan par exemple. À un dîner de charité à Minneapolis il a dit, pour le citer, que six policiers avaient été tués à Chicago cette année-là (1968), alors qu'il n'y en avait eu qu'un. On l'a fait remarquer à l'un de ses porte-parole, qui a répondu : « Le gouverneur Reagan se tient à ce qu'il a dit. »

[...]

Belle journée habituelle. Je suis plein de café et d'oisiveté et j'écris ces lignes plus que tout pour remplir la feuille, et pour

[1] Eugene McCarthy : sénateur des États-Unis et l'un des candidats démocrates à la nomination présidentielle.

éviter de lire le scénario, d'apprendre mon texte en allemand, et de faire ma petite dose quotidienne d'espagnol.

***Mardi* 7** – Journée de tournage typique. Je suis arrivé vingt minutes en avance et j'étais sur le tournage à 10 h 40. J'ai attendu jusqu'à 17 h pour commencer à travailler. J'ai conduit un semi-chenillé en faisant semblant d'être inconscient au volant et en zigzaguant dans le désert[1]. C'était mon seul plan. J'ai été libéré pour le reste de la journée et suis rentré directement à la maison, et à la douche. N'avais pas envie d'aller au restaurant donc suis resté dans ma chambre, ai grignoté et ai lu le *LA Times* et alterné entre le bouquin de politique et un roman policier, *Chantage au meurtre*[2].

Ce Hathaway est vraiment un réalisateur idiot. Il ne donne aucun temps de répit aux acteurs entre les prises. Brook et les autres sont restés assis à l'arrière d'un camion pendant plusieurs heures hier avec seulement une seule pause au déjeuner. Selon Brook la plupart du temps ils n'étaient même pas visibles. Je ne comprends vraiment pas ce genre de mentalité, mais comme je l'ai dit hier, un homme qui se fiche si éperdument de savoir s'il est aimé ou pas ne peut pas être complètement mauvais.

[...] J'ai plein de choses à faire le matin et si je ne travaille pas le matin je ne le fais pas le reste de la journée. Je ne suis pas comme certains qui arrivent à travailler dans leur loge entre les prises. [...] J'ai même du mal à faire des mots croisés, mais je vais essayer aujourd'hui. Je ne prends même pas de plaisir à lire, mais pas parce que je pense à la scène suivante. Je ne pense absolument pas au film jusqu'à ce que j'y sois forcé. Et pas que pour ce film – c'est pareil pour tous. Et pour les pièces de théâtre

---

[1] C'est le premier plan du film.

[2] *The Naked Runner*, écrit par Francis Clifford, publié en 1965.

aussi en fait. Les autres acteurs font des histoires toute la journée, et adorent ça. Mon cœur se serre à l'idée de devoir répéter. Moi je suis plutôt du genre « Où est la caméra, où sont mes marques, quelles sont mes répliques ». Elizabeth aussi, autant que je sache. Rex Harrison, par exemple, répète son texte à longueur de journée, et devient, à mon avis, de plus en plus coincé au fur et à mesure qu'il répète. Aujourd'hui j'ai ma première grande scène et je ne l'ai lue que deux fois. Je dois être allongé par terre et faire semblant d'être choqué et déshydraté. La scène fait deux pages et ça va probablement être inconfortable par cette chaleur, mais plus c'est inconfortable physiquement mieux c'est.

Quelqu'un m'a dit à quel point c'était formidable de travailler avec moi. « Merci », j'ai répondu sans conviction. « À mon avis Peter Ustinov et Orson Welles et toi êtes les meilleurs acteurs du monde. Je t'ai trouvé incroyable dans *Les Corps sauvages* mais dans *Anne des mille jours* t'étais un peu là en touriste, hein. » « Eh bien, pas exactement, ai-je dit, pas – hum – exactement. » « Ah oui ça se voyait », a dit l'autre. [...] Il y a de quoi s'inquiéter, surtout juste après avoir entendu son jeu être porté aux nues. [...]

Mercredi 8 – Journée horrible. Il faisait une chaleur insupportable dans le désert et j'ai passé la moitié de la journée allongé dans le sable la bouche ouverte à faire semblant d'être inconscient, pendant que le sable soulevé par le vent, qui soufflait pile dans la mauvaise direction, me rentrait dans le nez et dans la bouche. Mais j'étais ravi à l'idée de voir E donc j'ai été stoïque et bonne pâte. L'avion qui amenait E et les enfants et Norma est passé deux fois au-dessus de nous en rase-mottes ; je mourais d'impatience de finir pour rentrer à la maison. Mais comme toutes les choses qu'on attend trop impatiemment, les retrouvailles ont été un fiasco. Je suis arrivé et suis entré en trombe dans la « suite » – personne ! Kate est entrée et a lancé un « Salut » avant de ressortir. Quelqu'un avait éteint l'air conditionné et le salon était un vrai four. E est entrée en se pavanant et je l'ai prise dans mes bras et embrassée même si j'étais tout sale et recouvert de graisse et de sable, pas vraiment idéal pour prendre quelqu'un dans ses bras. Tout le monde s'est immédiatement mis à faire des blagues sur San Felipe, à quel point c'était un endroit horrible et j'étais tellement sur la défensive qu'on aurait cru qu'ils attaquaient Pontrhydyfen. Jamais homme n'a été aussi chauvin à propos de chiottes. J'ai faiblement fait remarquer la beauté des plages, et ajouté sans conviction que la mer était merveilleuse. Kate a dit qu'elle était trop chaude et que c'était comme prendre un bain chaud. J'ai dit, sans courage ni conviction, qu'on pouvait louer des chevaux. J'ai dit que c'était bien plus cosmopolite que Bucerias, ce qui revient à dire que l'enfer vaut mieux que le purgatoire. Nous sommes tous allés dîner chez Reuben dans un silence renfrogné. [...] En guise de vengeance, E m'a rendu jaloux tout à l'heure en me disant qu'elle avait appelé Marlon et qu'ils s'étaient parlé pendant une heure et qu'il était très déférent envers moi. C'est vraiment un petit connard suffisant et prétentieux, les seuls qu'il ne traite pas avec désinvolture ce sont les Black Panthers et les Indiens[1]. « Il t'a à l'œil », m'a dit E. Ça m'a rendu encore plus furieux. Que ce péteux obèse et complaisant – et sobre – soit déférent envers moi. On ne peut jamais avoir ces ex-champions entourés-de-lèche-bottes au téléphone à moins qu'ils ne veuillent quelque chose de vous. Sinatra c'est la même chose. Des dieux quand ils se regardent dans leur propre miroir. Des miroirs déformants. [...]

---

[1] Marlon Brando a soutenu financièrement les Black Panthers, et a aussi soutenu publiquement les droits des Amérindiens.

Jeudi 9 – Magnifique journée hier. Je suis parti travailler à 7 h, E est venue avec moi, et malgré la chaleur [...] elle est restée jusqu'après le déjeuner. [...] Tout le monde était ravi qu'elle soit là et ils ont dit ensuite que ça avait été la meilleure journée de tournage jusqu'ici. Hathaway était détendu comparé à son niveau habituel et à un moment quand il a commencé à hurler sur un des acteurs je lui ai dit qu'il se trompait et qu'il avait dit à l'acteur de bouger plus tôt. Il a dit : « C'est pas vrai, bordel. » Et j'ai répondu : « C'est vrai, bordel. » « Excuse-moi », a-t-il dit à l'acteur. Tout le monde est resté bouche bée ; un gars a dit à Ron que c'était la première fois en trente ans de travail avec Hathaway qu'il l'avait jamais entendu présenter ses excuses à qui que ce soit. Donc je suis devenu un petit héros, le chef de ma petite troupe, le petit Robert Emmet[1]. Elliott Kastner est arrivé avec « Dirty » Brian Hutton qui a très gentiment conduit Kastner tout le chemin depuis LA dans sa Mercedes[2]. C'est une route difficile qui prend entre six et huit heures. Ils étaient tous les deux épuisés, surtout Elliott parce qu'il avait survolé le Pôle le jour même je crois. Elliott a apporté un scénario intitulé *Plaidoirie pour la défense* ou un autre titre similaire de salle d'audience, qui va être changé[3]. C'est une histoire osée et sadique de gendarmes et de voleurs à Londres – le genre de film « bang bang – à toutes les unités » que j'ai toujours voulu faire et n'ai jamais fait. Ça peut être bien plus que ça en fonction du réalisateur. Mon rôle est celui d'un chef de la pègre cockney, très fils à maman, qui l'emmène chez Southend et lui achète des bulots, etc., mais à Londres

---

[1] Robert Emmet : membre de la Société des Irlandais unis et chef de la rébellion irlandaise de 1803.

[2] Brian Hutton avait réalisé *Quand les aigles attaquent* et devait diriger Elizabeth Taylor dans *Une belle tigresse*.

[3] Le roman de 1968 de James Barlow était intitulé *The Burden of Proof* et le titre du film fut changé pour devenir *Salaud* (*Villain*).

est un monstre incarné, impitoyable mais aussi homosexuel[1]. Que des bonnes choses. Et ce sera fait en un rien de temps. Ils peuvent faire toutes mes scènes en cinq semaines, peut-être six. Il a un scénario bien plus substantiel pour Elizabeth – un scénario original d'Edna O'Brien mais il ne sera terminé que la semaine prochaine[2]. Il dit qu'E pourrait tourner en même temps que moi, ce qui ne serait pas une mauvaise idée. Ce serait aussi à Londres. *Hammersmith is Out* pourrait avoir lieu à la fin de l'année et E veut un gars très à la mode en ce moment qui s'appelle Robert Redford. Elle dit que c'est un très bon acteur mais qu'il ne sera pas libre avant la fin de l'année, ce qui tombe pile bien. Londres peut être vraiment agréable en automne et l'idée d'être en Europe est très motivante. Je vais nous surveiller pour voir au bout de combien de temps nous voudrons revenir dans cet hémisphère-ci. Nous sommes un couple de vieux nomades. Depuis le début de notre année sabbatique nous avons habité en Suisse, en France (Évian), à Monte-Carlo, à Hawaï, à Vallarta, à Beverly Hills, encore à Vallarta, à Beverly Hills, à Malibu, à Beverly Hills, à Palm Springs, à Malibu, et maintenant à San Felipe. À part ça nous n'avons pas bougé.

Buckley a écrit hier dans un article du *LA Times :* « Si j'ai jamais vu, incarnées en un homme, fermeté et justice tempérées de compassion, c'est en Ronald Reagan. »

[...] La politique moderne est telle que si vous n'aviez jamais lu les journaux ou regardé la télé et si vous habitiez dans un petit bourg vous ne sauriez pas quel parti est ou a été au pouvoir au cours des vingt dernières années. Les différences entre eux sont

---

[1] Southend-on-Sea, dans l'Essex.

[2] Edna O'Brien : romancière et scénariste, dont le texte serait publié en 1971 sous le titre *Zee and Co* ; le film sortirait sous le même titre aux USA ; il s'intitule *X, Y and Zee* en Grande-Bretagne [et *Une belle tigresse* en France (N.d.T.)].

quasiment indiscernables. Les grèves éclatent de façon impartiale, le coût de la vie idem, les chiffres du chômage ne bougent pas, le système de santé, le réseau ferroviaire et les services publics sont les mêmes, avec des fluctuations minimes. Une fois dans le Marché commun, si nous y entrons un jour, personne ne remarquera aucune différence, sauf qu'il sera toujours aussi difficile de gagner de l'argent[1]. C'est vraiment du grand n'importe quoi, comme ils disent. [...]

Vendredi 10 [...] Je n'ai commencé à travailler qu'après le déjeuner. [...] Aller et venir le long d'une route en attendant d'être mitraillé par un avion – aucun avion à l'horizon bien sûr, ça a déjà été filmé. La maison avait fait le plein hier matin, avec Kastner, Hutton, Romany Bain et Norma tous dans la même chambre[2]. Ai accepté de faire le film d'Elliott sous réserve du calendrier de *Hammersmith*, ce qui devrait bien se goupiller je crois pour nous permettre de commencer à tourner le film d'Elliott le 14 septembre. J'enchaînerai probablement directement avec *Hammersmith*. Il donnera à E le scénario très vite, et Brian réalisera. Brook a augmenté son texte de deux lignes hier – il a été malin. Il avait remarqué que « Brown » avait deux phrases à me dire mais qu'il avait été placé dans un autre camion du convoi[3]. Et donc quand Hathaway a dit à Sevareid qui était assis à côté de moi dans le camion « Tu connais le texte ? » Brook a dit : « Moi oui, monsieur Hathaway[4]. » Il les lui a données. Il a changé de

[1] Le « Marché commun » était une expression familière à l'époque, utilisée pour décrire ce qui était alors appelé la Communauté économique européenne, à laquelle la Grande-Bretagne adhérerait en 1973.

[2] Romany Bain était un journaliste du show-business.

[3] Le rôle de Brown était joué par l'acteur Greg Mullavey – Burton semble avoir oublié son nom.

[4] Michael Sevareid jouait le rôle de Wembley.

place avec le malheureux Sevareid et s'est retrouvé dans bien plus de plans. C'est du Brookie tout craché ça, ne perd jamais le nord.

J'ai déjeuné ici au motel avec Bain, Elizabeth et Walter, le publicitaire. Il est noir, très beau, et intelligent. Il dit que sa femme a beaucoup de famille blanche et que le seul moment où ils se disent bonjour c'est quand ils se retrouvent aux enterrements. Les membres de la moitié blanche, quand ils le doivent, appellent ceux de la moitié de couleur par leur prénom mais insistent pour qu'ils les appellent par leur nom de famille. Le racisme au sein d'une même famille à cause d'une différence de couleur de peau, je n'avais jamais vu ça. [...] Les filles n'arrêtent pas de rire bêtement et sont en plein dans la phase esprit mal tourné. Quand elle perd au yam's Kate crie : « Ah crotte ! » Le film avance bien et pour l'instant nous sommes tout à fait dans les temps. [...] Hathaway est très soucieux de mon confort et, depuis que j'ai commencé à tourner, s'est plutôt bien conduit après l'horrible premier jour avec l'Allemand Karl Otto Alberty. Il est toujours dur avec lui, mais la terreur s'est transformée en blague maintenant.

Kate part aujourd'hui pour LA, et demain pour NY. Je peux dire au revoir à l'innocence. Quand nous la reverrons elle sera adolescente et l'enfant aura disparu pour toujours. C'est dommage, même si Sybil est adorable, que Kate soit en train d'absorber sa superficialité et son manque d'originalité dans la manière d'aborder les choses. Elle exprime à longueur de temps des opinions à moitié formées sur tout un tas de choses – de la poésie à la politique. Je lui ai dit que personne ne savait ce qu'était la poésie – elle pourrait facilement être aussi passionnée de poésie que moi, elle a l'oreille pour – mais que seuls ceux qui la reconnaissaient pouvaient la connaître. Elle a dit que Rod McKuen était complètement nul comme poète. Je lui ai demandé si elle avait lu ses poèmes. Elle a dit non. Bon, je lui ai dit qu'elle avait tout à fait raison mais qu'elle devait d'abord lire ses poèmes et se forger ensuite sa propre opinion. Prétentieux et fier j'étais et suis encore. [...]

Samedi 11 [...]

J'ai l'impression que nous sommes ici depuis dix semaines, et pas dix jours. Il fait une chaleur terrible, à laquelle nous nous sommes tous complètement acclimatés. Et humide aussi. Sans air conditionné nous serions constamment en train de transpirer matin midi et soir. [...] Mon boulot du jour consistait à balancer un Allemand dans un camion pendant que quatre ou cinq gars le tabassaient. Et après il fallait sauter de l'arrière du camion. Aujourd'hui il va y avoir des couteaux dans le dos et plein de coups de feu, etc. Vais peut-être même pouvoir dire quelques blagues.

[...]

Dimanche 12 – Me suis réveillé tôt [...] d'un rêve dans lequel E et moi n'arrivions à persuader personne de contribuer financièrement aux films que nous voulions faire. Ils refusaient de contribuer et reprenaient même l'argent qu'ils avaient déjà promis si nous avions quoi que ce soit à voir avec le film. Nous étions des parias et nous retrouvions obligés de nous tourner vers les théâtres, qui refusaient aussi de nous engager. Le rêve – ou cauchemar – n'était pas aussi cohérent que ça, il y avait des visages qui apparaissaient très nettement et disparaissaient ; c'est certainement dû à la « discussion de producteur » d'hier avec Harry Tatelman et Hathaway, mais j'ai été soulagé quand je me suis réveillé[1].

[1] Harry Tatelman, producteur du *Cinquième Commando*.

Hier c'était ma première vraie journée entière de tournage. J'ai tourné toute la journée, tué un homme, tiré avec des mitrailleuses, sauté d'un semi-chenillé, grimpé sur des camions, et couru dans le sable par une chaleur torride. Nous avons commencé tôt parce que les Mexicains insistent pour avoir des journées de tournage ininterrompues sans-pause-déj-juste-le-temps-d'un-sandwich jusqu'à 14 h. Début du tournage à 8 h. Ça c'est une bonne journée, et nous pourrions faire de même tous les jours. Des journées sans pause déjeuner où l'on commencerait sur le plateau à 8 h du matin et terminerait à 15 h me conviendraient parfaitement. [...]

Quant au cauchemar – en réalité ça ne peut nous arriver ni à l'un ni à l'autre –, nous sommes tous les deux trop bons acteurs, trop riches et trop célèbres. Les producteurs recommencent à faire la queue et les « stars » redeviennent à la mode après plusieurs tentatives ratées de répéter l'expérience d'*Easy Rider* et d'autres films à petit budget[1]. En fait pour les gens de notre niveau l'âge d'or vient à peine de commencer. Si ce film, le suivant et celui d'après dégagent chacun un bénéfice de 4 millions de dollars, une prévision pessimiste, je pourrais me retrouver avec 3 ou 4 millions de dollars « en poche ». Si les bénéfices étaient un peu plus importants ce serait 5 ou 6 millions. Si l'un d'entre eux faisait un tabac je gagnerais 7 ou 8 millions. En fait je n'arrive à imaginer aucune série d'accidents qui puisse nous appauvrir, même si nous ne travaillions plus jamais. Même s'il y avait une grande guerre – tant que ce n'est pas la catastrophe ultime –, si nous y survivions, nous en ressortirions riches, peut-être même encore plus riches, dans ce monde de fous. Sur le plan matériel, nous aurions difficilement pu faire mieux pour nos familles. Dit-il d'un air suffisant.

1 *Easy Rider* (1969), réalisé par Dennis Hopper.

L'état actuel de l'industrie cinématographique n'est pas favorable aux nouveaux venus, à moins qu'ils ne s'établissent très vite et très bien. Les dernières « stars » en date, comme Elliott Gould et Hoffman, etc., n'ont pas eu de chance, ils ont gagné le jackpot alors qu'il était vide. Bien sûr Hoffman est tellement brillant que l'état du monde du cinéma lui importe peu, mais les gens comme Elliott Gould ne sont pas aussi intelligents, loin s'en faut, et sentent l'artiste au succès unique qui vont peut-être bien se retrouver sur le cul. [...]

Liza est en train de devenir une jeune femme charmante et traverse une phase vulnérable déchirante, très consciente des garçons, elle se trouve moche et pas séduisante et tout et tout. J'ai d'énormes instincts protecteurs et j'ai déjà peur que dans peu de temps un magnifique idiot la rende malheureuse. Elle est venue travailler avec moi hier et est restée tout le temps, même si c'était ennuyeux. [...] Elle est souvent plongée dans ses pensées et doit être ramenée à la réalité par un petit claquement de doigts affectueux. Je me demande à quoi elle pense, en dehors de son cher Derby Day the VII[1].

E est grosse mais heureuse. J'imagine qu'elle va devoir faire attention à sa ligne avant son prochain film, mais elle est très enjouée comme ça. Seulement la caméra est cruelle ; il va falloir qu'elle perde entre 2 et 4 kilos.

Lundi 13 [...] Le reste de la journée d'hier s'est déroulé comme un dimanche classique – lecture, sieste et amour dans l'après-midi, mots croisés (de la collection Penguin *Sunday Telegraph*), picorage, thé, dîner tôt au restaurant, au lit à 21 h avec un bouquin de John D. MacDonald, endormi à 22 h 30.

[1] Peut-être le nom du cheval de Liza. Le second mari d'Elizabeth Taylor, Michael Wilding, avait joué dans le film *Derby Day* (1952).

[...] Ça boit énormément dans le bar après le boulot, m'a-t-on dit, et deux cliques distinctes se sont rapidement formées. Les Allemands d'un côté et les Anglo-Américains de l'autre. Brook m'a dit qu'il ne serait pas surpris si les choses en venaient aux mains un de ces jours. Moi non plus. Même à Stratford-upon-Avon je me souviens de l'exaspération qui montait et des grognements qu'échangeaient les acteurs coincés les uns avec les autres dans une petite ville pendant dix mois. Je me souviens aussi, sur le tournage d'*Amère victoire* à Tripoli, que j'ai fini par en coller une à Nigel Green à propos d'une scène, qui me l'a bien rendu[1].

Elizabeth a bien bronzé hier. [...] Elle a une faculté de récupération remarquable, et a épaté les médecins. [...] Quand elle aura perdu ses kilos en trop cela fera des années qu'elle n'aura pas eu l'air aussi en forme. Ses appétits sexuels sont toujours aussi avides, les miens aussi, mais je crois qu'aucun de nous deux n'y attache l'importance pressante que nous y attachions avant. J'avais peur qu'arrêter complètement de boire fasse diminuer mon désir sexuel, et c'est ce qui s'est passé pendant un temps, probablement parce que je me concentrais tellement sur mon sevrage que tout le reste était devenu diffus – j'avais du mal à me concentrer pour lire, par exemple – et je sentais mon esprit s'emballer et passer d'une chose à un objet à une idée à une vitesse déconcertante. Mais maintenant que mon système a pratiquement évacué le poison – on m'a dit qu'il fallait six mois pour se désintoxiquer complètement – j'ai retrouvé ma clarté d'esprit. Je ne vois pas le monde dans son ensemble, mais je le vois de façon stable. Je ne suis plus assailli par les peurs cauchemardesques de gueule de bois, désastre imminent, morts prématurées, et tout ce qui va

[1] Nigel Green jouait le rôle du soldat Wilkins dans *Amère victoire* (*Bitter Victory*, 1957). Il avait également joué dans *Zoulou* (*Zulu*, 1964).

avec, et je suis plus équilibré. [...] Dans deux ou trois mois je devrais être en mesure de me poser pour écrire quelque chose de plus consistant, et dans ce nouveau contexte sobre je n'ai plus ce sentiment désespérément pressant que j'avais avant que je n'arriverais jamais à produire quoi que ce soit qui puisse perdurer, ou même de semi-permanent. Maintenant je commence doucement à croire que c'est possible, mais pas en écrivant des romans, forme complètement irréelle pour moi. Les romans sont difficiles, artificiels et forcés, et sont tous, à l'exception des vraiment grands, des livres de chevet. Quand j'aurai terminé d'écrire ça je ferai une nouvelle tentative.

Mardi 14 – [...] Hier j'ai travaillé jusqu'à l'heure du déjeuner. [...] J'ai dit ma première réplique en allemand du film, une tirade (de taille filmique), et j'ai eu une scène avec Clinton Greyn qui, j'en ai peur, n'est pas un très bon acteur. Il est grand et beau, le genre de beauté faible, et, quand il force sa voix, il sonne presque comme une mijaurée. J'aimerais bien que Hathaway le laisse être plus naturel. Quand je joue ça fuse comme au ping-pong, *paf* droit au but ; impossible de suivre pour lui. Sa voix devient sifflante quand il y a plusieurs *s* qui se baladent dans une phrase. Hathaway lui demande de faire des choses qui ne s'accordent pas du tout avec sa personnalité – c'est comme demander à feu Leslie Howard d'être dynamique, dur, sec, ou furieux[1].

Aujourd'hui ça va chauffer sur le film, avec des tirs de pistolets, des lance-flammes qui s'enflamment et des grenades qui grenadent, pendant que les gars du commando et moi nous apprenons aux toubibs à être des hommes d'armes. J'ai eu une bonne nouvelle hier, je vais peut-être en avoir fini ici le 26. C'est dans quinze jours et ça nous permettrait de quitter la chaleur de

[1] Leslie Howard : acteur connu pour ses rôles de gentlemen anglais typiques.

ce long été américain et de rentrer à la maison dans la fraîcheur européenne. J'ai hâte de prendre le train et de déjeuner au Pump Room de l'Ambassador East à Chicago et de lire des bouquins dans le train et de prendre d'énormes petits déjeuners pendant que les États-Unis défilent par la fenêtre[1]. Lire les différents journaux régionaux et quelles bandes dessinées ils ont et quels politiciens ils publient.

[...] Hier soir j'étais allongé dans mon lit en train de faire une télé-grille et j'ai cherché une citation dans l'exemplaire de poche du *Dictionnaire des citations* que j'emporte toujours avec moi précisément pour des cas comme celui-ci. Une fois plongé dedans impossible d'en ressortir, j'ai lu toutes les citations de Shakespeare, très lentement. Il n'y en avait pratiquement aucune que je ne reconnaissais pas tout de suite, mais revoir ces mots miraculeux imprimés m'a plongé dans une longue transe nostalgique, dans une stupeur mélancolique, comme quand on écoute de la musique réellement majestueuse, de la musique qui gémit et tonne et sonde les profondeurs infinies. J'ai parcouru le livre pendant longtemps, mais aucun autre écrivain ne m'a touché avec le même impact que William S. Quel prodigieux dieu il était, il est. Quelle combinaison accidentelle de gènes s'est produite pour créer cette imagination imposante, ce brillant don pour les mots, cette compassion impressionnante, cette compréhension de toute la faiblesse humaine, cette absence totale de prétention, cet esprit, ces jeux de mots, cette joie des mots, et cette agonie plus tard. J'ai l'impression qu'il a écrit tout ce qui valait la peine d'être écrit, et que le reste de ses confrères n'a produit que des fugues sur ses millions de thèmes. [...]

[1] Le Pump Room : restaurant de l'hôtel Ambassador East à Chicago.

Mercredi 15 – […] Ai pris une douche, me suis lavé les cheveux après le boulot, et ai dîné tôt (19 h) avec Liza, Maria et Brook. […] Ensuite j'ai lu allongé sur le lit pendant que Maria faisait des additions, et après elle m'a lu quelques pages d'un livre. Elle lit vraiment maintenant, au lieu de se souvenir de lectures précédentes. Je vais travailler avec elle tous les jours et essayer d'en faire un rat de bibliothèque. Ce serait sympa d'avoir un autre rat de bibliothèque dans la famille. C'est une petite fille adorable. Je ne sais pas pourquoi je me fais tellement de souci à son sujet.

J'ai lu hier dans le *LA Times* que Frankie Sinatra s'était « prononcé publiquement en faveur de Reagan ». C'est comme si Laurel s'était prononcé publiquement en faveur de Hardy. Je pense qu'aucun des deux n'a jamais eu une seule pensée originale, excepté à propos d'eux-mêmes. Haber du *Times* a demandé à Frank : « Compte tenu de votre générosité et de votre intérêt bien légitimes pour les organismes caritatifs, et de votre soutien aux minorités ethniques et aux défavorisés, etc., quelle est votre réaction face aux 10 millions de dollars de réduction des aides financières aux personnes âgées et aux aveugles mise en place par le gouverneur Reagan ? » « Est-ce qu'il a fait ça ? a dit Frankie. Il faut que je lui en parle. » Qu'est-ce qu'on en a à foutre, comme ils disent ? Si on apprend bientôt que Reagan a réduit la caisse de secours à 9 900 000 dollars on saura que c'est la belle main sicilienne de Francis Albert Sinatra qui a encore frappé. Tout ce qu'ils savent faire tous les deux, c'est compter – sur leurs doigts, bien sûr. Selon Hathaway il s'agit d'un accès de mauvaise humeur de la part de Frankie. Jack Kennedy l'a envoyé balader. « Ne nous appelle pas, Frankie, on t'appellera », est-il censé avoir dit à Frankie qui le harcelait de coups de fil depuis qu'il était devenu président. Mais même Frankie, malgré sa monomanie, devrait être capable de voir que Reagan est un bout de carton rapiécé dangereusement stupide. Maintenant il n'y a plus qu'à espérer que Jesse Unruh le batte en novembre et que Frankie passe encore pour un idiot[1]. Pauvre con.

Ai lu hier soir le premier acte de *Beaucoup de bruit pour rien* avant d'éteindre la lumière. Délicieux. Il faut que je lise William plus souvent au lieu de me contenter de me le citer. On tire une satisfaction particulière et tangible du fait de voir, sur la page, les mots défier toute mortalité.

Jeudi 16 [...] – J'ai travaillé d'une traite de 7 h 45 à juste avant 15 h, conduisant indéfiniment sur une route dans le désert en parlant à Clinton Greyn et John Colicos. C'est bizarre que je ne puisse pas définir ce qui fait un bon acteur, quelle qualité ou quel style, mais je peux discerner un mauvais acteur immédiatement, et Clinton Greyn est mauvais. Colicos est bon, un peu au-dessus de la moyenne, et dans un rôle approprié pourrait être encore meilleur que ça, mais difficile d'imaginer Greyn être bon ou puissant dans quoi que ce soit. [...]

Ça fait deux jours qu'Elizabeth est partie, elle ne revient pas d'ici samedi et elle me manque tout le temps. J'adore me lever le matin et taper à la machine ou lire et tout à coup réaliser qu'elle s'est levée aussi et qu'elle est en train de boire une vodka-orange, un bloody mary ou un salty dog. Et en train d'embêter le monde. [...]

Vendredi 17 – [...] Le jeu d'acteur dans ce film est vraiment mauvais, et je ne peux qu'espérer qu'il y ait assez d'explosions pour faire disparaître les pires moments, ou au moins pour détourner l'attention. On pourrait faire quelque chose de mieux avec

[1] Jesse Unruh : homme politique démocrate de Californie qui fut, en 1970, candidat malheureux au poste de gouverneur.

Greyn, le plus coupable, mais il n'y a vraiment pas le temps dans un film de ce genre, et j'ai bien peur que ça n'améliorerait pas grand-chose de toute façon. Comme le fait remarquer Brook, c'est un acteur de répertoire typique de médiocrité, et personne ne peut rien y faire – sauf tout réécrire pour coller à sa personnalité. Il n'aurait jamais dû être distribué dans ce film. Mais personne ne s'attend à un chef-d'œuvre, et quand le film sortira je l'aurai complètement oublié. Colicos est extrêmement théâtral, tout le temps, mais il est bien meilleur que Greyn et on peut l'amener assez rapidement à un jeu plus simple. Je pense que lui, ça ira. Brook a tourné deux ou trois bonnes scènes hier, j'étais très content.

Demain Snapshot me revient et ma vie en redeviendra plus riche et un peu plus folle. Sans elle je pourrais assez facilement devenir un ermite et n'apparaître que comme une ombre fugace, aperçu de loin dans des villages distants comme le Scholar Gypsy[1]. Ai dîné avec Liza, Brook et Maria (qui a oublié de venir faire ses devoirs hier soir) et ai lu *Les Armes des Krupp* au lit jusqu'à 22 h[2]. [...] C'est dommage qu'un homme comme Manchester, capable d'un tel travail, n'ait pas appris à écrire et n'ait pas d'ami qui puisse lui servir d'éditeur impitoyable. Exemple : « Cet Alfred (Krupp) considéré comme une mauvaise blague[3]. » Exaspérant de stupidité.

Je me disais hier en les voyant tous se plaindre, épuisés par la chaleur, à quel point je me sens plus fort que les autres. J'ai l'impression que je pourrais continuer pendant des jours alors que d'autres resteraient sur le carreau, et je l'ai toujours pensé. Je me demande si c'est pour ça qu'Ivor et moi méprisons et ne

[1] Référence au poème de Matthew Arnold *The Scholar-Gypsy* (1853).

[2] William Manchester, *The Arms of Krupp*, 1587-1968 (1968).

[3] La référence exacte est la suivante : « Voilà qu'il [Alfred Krupp] proposait de charger ses cannons *par l'arrière*. Le corps des officiers se dit que l'idée relevait de la mauvaise blague. »

tolérons aucune faiblesse chez les autres. Ivor a toujours cru que la maladie était la conséquence d'une faiblesse mentale ou d'une forme de masochisme ; il a été terriblement puni avec sa paralysie, mais ça n'a pas changé sa position d'un iota. Ni la mienne. C'est un sujet tellement délicat qu'il est impossible d'être catégorique. La chute d'Ivor était bien un accident, n'est-ce pas ? Les maladies d'Elizabeth sont bien de la malchance, n'est-ce pas ? Si Ivor n'avait pas été saoul il ne se serait pas cassé le cou, n'est-ce pas ? Les innombrables opérations d'Elizabeth découlent naturellement du fait qu'elle se nourrit n'importe comment et qu'elle boit et qu'elle ne fait pas de sport, n'est-ce pas ? Il n'y a aucune façon de prouver une version ou l'autre, on ne peut pas revenir en arrière et dire « Ivor, essaie de refaire le même trajet demain soir dans les mêmes conditions mais sans alcool et voyons ce qui se passe », ou « Revenons dix ans en arrière, Elizabeth, cours un kilomètre et demi tous les matins et joue au tennis ou monte à cheval une heure par jour et ne prends absolument aucun comprimé et bois modérément et nourris-toi de sorte à ne pas dépasser ton poids idéal et voyons comment tu te sens ». Si j'ai un cancer des poumons ou de la gorge demain je l'aurai bien provoqué en fumant trop, n'est-ce pas ? Ou est-ce que je serais tombé malade de toute façon ? Mon père a fumé toute sa vie et n'a pas eu de cancer. Alors pourquoi je devrais en avoir un ? Il a vécu jusqu'à plus de 80 ans. Alors pourquoi pas moi ? On ne saura jamais. […]

Samedi 18 – Dernier jour de travail de la semaine et nous devrions commencer tôt, peut-être même très tôt si Hathaway donne au nouvel acteur allemand qui joue Rommel l'occasion de dire ses répliques lestement sur la langue[1]. Je me demande si

[1] Référence à *Hamlet*, acte III, scène 2 : « *trippingly on the tongue* ». [Traduction Jean-Michel Déprats (N.d.T.)]

je ne devrais pas intercéder pour l'Allemand ce matin avant que Hank ne le détruise sous mes yeux. Je n'ai pas la moindre sympathie envers le moindre Allemand que ce soit mais n'ai aucune envie de m'ennuyer à mourir pour cause de prises et méprises répétées de l'acteur – un Hun du nom de Wolfgang Preiss, qu'on prononce Price[1]. Je sens, d'instinct je crois, que c'est un bon acteur. Hathaway a dit hier : « Ces connards de Boches veulent soit être aux commandes soit vous lécher le cul. » Churchill avait dit la même chose à propos de l'étrange arrogance servile du peuple allemand, mais en des termes un peu plus classiques : « Les Allemands sont soit à votre gorge, soit à vos pieds[2]. » Enfin, Hank ne mâche pas sa haine des Allemands. Il les déteste. Je les trouve extrêmement comiques, mais tout comme je trouverais comiques les fous les moins dangereux d'un asile, un rire mêlé de pitié et de peur qui finirait par me faire crever. De tous les pays que je suis venu à connaître raisonnablement bien au fil du temps, les Allemands semblent être la nation la plus semblable, la plus homogène, la plus conformiste. Il est facile de voir comment ce peuple peut facilement être commandé. Je n'arrive pas, malgré tous mes efforts, à les apprécier, même si j'essaie depuis que Maria est arrivée dans notre famille. Même quand ils sont à leur meilleur, gloussant de leur gros ventre en fumant gaiement leur meerschaum, je vois la tête de mort tourmenteuse de Juifs sous les trémoussements de la chair, les défilés au pas de l'oie, et les chambres à gaz[3].

[...]

---

[1] Wolfgang Preiss avait précédemment joué dans *Le Jour le plus long*, mais il n'y interprétait pas le rôle de Rommel.

[2] Churchill avait cité le « proverbe » : « Le Hun est toujours soit à votre gorge soit à vos pieds » dans un discours à une session conjointe du Congrès des États-Unis le 19 mai 1943.

[3] Pipe d'écume ornée.

Dimanche 19 – Nous avons effectivement commencé très très tôt hier. Nous avions déjà quatre pages dans la boîte, comme ils disent, à 11 h, et j'étais rentré, douché et habillé à 12 h 30. Je suis allé à l'aéroport trois fois en une heure avant de trouver le bon avion dont a débarqué Elizabeth. Elle avait l'air en forme quoique, d'après sa façon de parler, un peu éméchée – mais je suis devenu hyper-sensible à l'alcool. Enfin bon, il faut bien boire un verre avant un voyage pénible. Entre autres choses elle a apporté un tabloïd avec en couverture une photo de nous et en gros titre « Elizabeth Taylor prend l'avion pour sauver la vie de Burton ». Il y avait un exemplaire du magazine *Look* qui retranscrivait des lettres sur le manteau Cojah que je suis censé avoir offert à E. Pendant deux heures je me suis amusé à écrire une réponse, qui est devenue trop longue et pourrait être développée en un article sur l'argent. Je vais continuer à l'écrire juste pour m'amuser. Pourrais même le faire publier quelque part. Peut-être même dans *Look*. Ou je pourrais l'incorporer à mes cours à Oxford. Ça pourrait amuser les jeunes. Ça fait trois « amuser » en cinq lignes. [...]

Lundi 20 [...] – E retourne demain à LA pour se faire faire une révision générale des dents, elle emmène avec elle enfants et animaux donc je vais à nouveau me retrouver tout seul. Avec un peu de chance ça ne sera que pour une semaine et je les retrouverai bientôt. Entre-temps j'ai quelques jours chauds devant moi. Explosions, chars en feu, se retrouver à l'intérieur d'un char, encore des lance-flammes, et courir en hurlant des mots d'esprit. « Bouge-toi le cul Garth », « Par ici Mackenzie », et autres cris immortels. Mais aujourd'hui nous n'avons qu'une simple scène de dialogue avec Rommel. En parlant de Rommel et de Wolfgang Price [*sic*] – c'est un bon acteur, comme je l'avais senti, et à ma plus grande joie Hathaway l'a laissé tranquille, une vraie bénédiction ; nous n'avons pas fait plus de trois ou quatre prises par scène, ce qui, en dehors de la météo, pourrait être le dernier obstacle à l'achèvement rapide de cette grande œuvre. Nous recevons à nouveau de nombreux télégrammes pour nous dire à quel point le film et moi sommes bons, ce qui n'est pas de très bon augure parce que la même chose est arrivée avec *L'Escalier* – mon plus grand échec avec *Les Corps sauvages* et *Faustus*.

Je suis encore en plein dans les armes de Krupp. C'est un livre au long cours, une description étonnante de l'effondrement de la vertu morale chez les Allemands sous Hitler ; les Krupp en montraient déjà les signes précurseurs avant les années 1920 et le début des années 1930. C'est incroyable qu'Adolf ne soit parvenu au pouvoir qu'en 1933, ait été prêt à attaquer en 1938, et ait attaqué en 1939. Il était furieux que Chamberlain l'ait apaisé à Munich[1]. Il ne voulait pas être apaisé. Il voulait la guerre là maintenant tout de suite. Quel clown. Mais c'est vraiment stupéfiant qu'il ait réussi à révolutionner un pays entier en si peu de temps. Les Ricains et nous pourrions le faire aussi. Mais uniquement sous l'impulsion d'une guerre. Si seulement nous étions capables d'exploiter et de diriger ces forces considérables en temps de paix. On pourrait réussir à faire des choses prodigieuses, des améliorations incroyables, en une décennie seulement. Il semblerait que la démocratie n'aime pas être pressée, sauf dans les tourments de la guerre quand, évidemment, elle cesse d'être une démocratie. Il en résulte par conséquent que la mise en place rapide de la loi pour les droits civiques aux États-Unis, par exemple, ne pourrait advenir rapidement qu'avec une guerre civile immédiate, avec les Indiens, les Chicanos et les Noirs d'un côté et des Wasps perplexes de l'autre. La peur est la clé qui ouvrira la porte. Si une telle chose se produit j'espère que je serai en train de pêcher dans un lac reculé de

[1] Neville Chamberlain, Premier ministre britannique de mai 1937 à mai 1940.

Suisse. Avec toute ma famille. Mon credo : pas de participation sans représentation. [...]

Mardi 21 – [...] Nous avons reçu le bulletin de Liza, les appréciations sont gentilles et affectueuses mais elle n'a la moyenne dans pratiquement aucune matière, toujours par « manque de concentration » et « trop de rêvasserie ». Elle a en moyenne un an de moins que ses camarades, donc qu'elle arrive loin dans la deuxième moitié de la classe est en partie compréhensible. Mais ce n'est pas une intello et tant qu'elle fait vaguement ce qu'elle a à faire, ça nous est un peu égal. Maintenant qu'ils sont tous ados ou presque je trouve les enfants vraiment casse-pieds ; on ne peut pas vivre sans eux mais on ne peut pas vivre avec eux non plus. Ma conception des enfants c'est d'aller rendre visite aux petits-enfants, quand nous en aurons, le dimanche pour le déjeuner, promenade dans le parc, thé à 17 h, et retour à la maison à 18 h en se disant à quel point ils sont charmants et à quel point c'est agréable de les gâter pendant que quelqu'un d'autre s'occupe de protester, punir et réprimander. Je n'ai pas encore rencontré d'enfant qui ne me fasse pas mourir d'ennui au bout d'une heure – la plupart y parviennent en un quart d'heure. J'aurais été le pire professeur de l'histoire de la pédagoguerie, si ce mot existe. Je hais l'enfant que j'étais. Je préfère l'homme que je suis, mais pas de beaucoup. Bien sûr, nous les ennuyons aussi. Pendant ses visites annuelles Kate a hâte de repartir et de retomber dans les bras de ses amis. Idem pour Liza et Maria. Idem pour les garçons, mais pas autant que les filles. Christopher est le seul dont j'apprécie la compagnie comme celle d'un adulte parce qu'il est extrêmement malin, et très honnête. Tous les autres sont évasifs, des crétins finis dans la plupart des domaines. [...]

Mercredi 22 – […]

J'ai travaillé toute la matinée dans le faux char avec Johns Orchard, Colicos et Brook. Nous sommes restés là-dedans un bon moment, serrés comme des sardines, nous mourions de chaud. Mais c'était moins pénible que prévu parce que j'avais imaginé quelque chose de bien pire. J'ai terminé vers 14 h et j'ai pu aller dire au revoir à E et aux enfants à l'aéroport. Je me suis senti vraiment triste quand l'avion s'est mis à s'élever lentement dans les airs ; le train d'atterrissage s'est replié lentement dans le ventre du petit avion – un Cessna bimoteur à quatre places – qui venait à peine de décoller. […]

Tout le monde est convaincu que notre comique d'Allemand – le Karl Otto Alberty – est soit gentiment fou, soit complètement stupide, soit drogué. Hier on m'a raconté qu'il devait s'engouffrer dans une voiture et conduire ou être conduit à toute vitesse à la poursuite de mes hommes et moi. Il a bien couru vers la voiture mais il s'est engouffré dedans en donnant un coup de pied circulaire à la Charlie Chaplin et en poussant un cri sauvage. Hathaway est sorti de ses gonds et s'est mis à faire des bonds, en proie à une crise d'anxiété incontrôlable. Tout le monde a été tellement surpris que personne n'a ri sur le coup ; ils se sont rattrapés après et riaient encore à 22 h…

[…]

Jeudi 23 – […] Hathaway m'a dit que depuis hier il ne nous restait plus que six jours de tournage. Les derniers jours d'un film ou d'une pièce sont toujours les plus longs, et pourtant le temps file quand même. Je suis toujours en train de lire le gros volume de Manchester sur les Krupp que j'avais délaissé pendant quelques jours. Il y a virtuellement une énormité par paragraphe. […]

Vendredi 24 – […] Hier nous avons encore eu très chaud sur le tournage, surtout avec nos bottes et nos uniformes à col haut et nos ceintures militaires serrées et avec les réflecteurs et les lampes à arc toujours allumées. « Plus chaud qu'l'enfer », comme je dis dans le scénario, ce qui pourrait bien devenir le titre du film selon Hathaway. […]

Samedi 25 – Ce devrait être mon dernier week-end ici et dans huit jours nous devrions être à bord du Super-Chief en train de traverser le continent à pleine vapeur jusqu'à New York, puis sur le *QE2* le 6 août[1]. Très très hâte. Qu'est-ce que je vais bien pouvoir emporter comme lecture, je me demande avec délice. *L'Histoire de la décadence et de la chute de l'Empire romain*, que je n'ai toujours pas lu dans son intégralité[2]. Relire mes romans préférés de Dickens – *La Maison d'Âpre-Vent*, *Dombey et fils*, *Les Grandes Espérances*, *Un conte de deux cités*. Quelque chose du genre, et une pile de livres de poche pour lire le soir à la lueur de la veilleuse bercé par le train rugissant. Petit déjeuner avec le journal local et déjeuner au Pump Room à Chicago.

Alex Lucas, le producteur de *Hammersmith is Out*, est arrivé à l'improviste hier matin alors que j'étais assis sur la plage. […] Il avait apporté deux exemplaires du scénario, il en a donné un à lire à Frank Beetson pour qu'il nous fasse une première estimation budgétaire[3]. Nous voudrions le tourner sans avoir recours à un studio et entièrement en extérieur si possible. J'attends la réaction de Frank avec curiosité. Nous prendrons probablement le même cameraman que sur ce film-ci, mais je voudrais d'abord voir son travail sur ce film avant de nous engager définitivement. […]

---

[1] Super-Chief : train de voyageurs qui relie LA à Chicago. *QE2* : le *Queen Elizabeth 2*, paquebot transatlantique.

[2] *The Decline and Fall of the Roman Empire* (1776-1789) d'Edward Gibbon (1737-1794).

[3] Frank Beetson, directeur de production du *Cinquième Commando*.

Dimanche 26 – J'étais d'une humeur massacrante hier sur le tournage, et c'est surprenant parce que c'est le premier film dont le tournage ne m'ait causé ni frustration ni ennui dus aux inévitables retards et attentes interminables. J'avais vraiment mal au dos et c'était évidemment le jour où il fallait que je sois allongé la tête relevée, le dos rond arc-bouté contre le sol, la pire position et la plus inconfortable quand on s'est fait une élongation d'un muscle du dos. [...]

Plus que trois ou quatre jours avant de me retrouver dans les bras aimants de Sheba. C'est une bonne chose d'être un peu séparé d'elle de temps en temps. Je l'apprécie d'autant plus. Très bizarre de n'avoir personne avec qui parler et ragoter. Préférerais quand même être à la maison. À la maison, c'est là où elle est. [...]

À part ce satané muscle que je me suis tiré, je me sens souple et en forme – en grande partie parce que j'ai dû escalader et rentrer et ressortir de chars et de camions et courir dans le sable et me jeter dans des trous quand des explosions étaient censées avoir lieu. Hathaway m'a dit hier que c'était une révélation de travailler avec moi. Il avait entendu dire que j'étais un professionnel accompli mais j'étais pro de chez pro et à l'heure de chez à l'heure, etc. Je lui ai dit à quel point j'admirais sa minutie et que nous devrions essayer de faire quelque chose de vraiment ambitieux ensemble un de ces jours. J'adorerais, m'a-t-il dit. Et toc. Comment se faire un ami. [...]

Lundi 27 – Suis allé me mettre au soleil le matin avant que trop de monde n'arrive sur la plage et puis suis rentré dans mes appartements vers 13 h quand Brook a fait frire de la viande en boîte et des saucisses et des œufs brouillés. Me suis allongé pour lire mais me suis endormi et quand me suis réveillé Elizabeth se tenait dans l'embrasure de la porte. C'était un tel choc que je suis resté paralysé de surprise. Je ne suis pas très doué pour les surprises. Je fais vite comme si de rien n'était, comme si je m'attendais à cette surprise depuis le début. E était comme Nellie Némésis. Tout ce qu'elle avait à me dire était empreint de quasi-tragédie. Évidemment, ses dents avaient causé des problèmes monstrueux et elle avait eu une réaction allergique à quelque chose qui n'avait jamais rendu personne allergique ; ça lui avait donné une attaque de t'a-qui-chardie de cinq minutes qui lui avait fait faire une danse de Saint-Guy endiablée et lui avait flanqué une peur bleue pour le reste de l'intervention. [...]

Ensuite E est apparemment allée en boîte de nuit avec Rex Kennamer et en rentrant à l'hôtel ils ont été poursuivis et embêtés par les assiduités d'un homme dans une Volkswagen qui n'arrêtait pas de faire des embardées au beau milieu de la route pour essayer de les arrêter. [...]

Et puis, à ma stupéfaction, E m'a dit qu'elle était allée dîner chez Joyce Haber. Joyce Haber est la fille naturelle de Hedda Hopper – tout aussi stupide, méchante et narquoise[1]. J'ai montré mon étonnement et ai demandé à E pourquoi diable elle était allée chez une échotière, et elle m'a dit qu'elle avait seulement suivi ce branché de Rex Kennamer pour aller voir un film. Je lui ai demandé depuis quand elle allait chez des personnes pareilles et elle s'est mise sur la défensive, de plus en plus hostile, et au bout d'un moment elle a commencé à gueuler en braillant qu'elle se sentait seule et que sa visite chez le dentiste l'avait chamboulée et qu'elle ne supportait pas d'être seule dans le bungalow, etc. J'ai laissé tomber. [...]

[1] Hedda Hopper, actrice, présentatrice de radio et de télévision, et chroniqueuse de Hollywood pour le *LA Times*. Haber (aucun lien de parenté) avait pris sa succession en 1968.

Mardi 28 – […] Je n'ai travaillé qu'une demi-journée hier et HH [Henry Hathaway] m'a libéré vers 14 h. Entre-temps j'ai dû courir et crier et faire fonctionner le lance-flammes – dont une fois en tombant sur le dos, et, en gros, j'ai eu très chaud. E est arrivée vers 11 h, nous avons déjeuné ensemble et elle m'a raccompagné à la maison dans la Cadillac, quelle élégance. […] Nous avons tous les deux hâte de rentrer à la maison en Europe et sur le *Kalizma*, et aussi hâte de faire le voyage dans le Chief et sur le *QE2*, ce sera un beau cadeau. J'espère que le Chief est aussi bien qu'avant. Probablement beaucoup de boulot à NY avec Aaron qui y sera mais je pourrai peut-être m'avancer un peu dans le train pour que nous puissions avoir un peu de temps libre dans la grande ville, avant l'isolation béate sur le *QE*.

Aujourd'hui j'ai plein de petits bouts à tourner, deux pages de dialogue avec Clinton Greyn, et la fin du film. Je pense qu'il n'y aura pas de doublage donc je devrais avoir complètement terminé demain soir, je croise les doigts.

Frérot Graham, avec son idiote bonhomie habituelle, sa folie des grandeurs, et probablement bourré, a encore régalé la presse d'infos sur ma jeunesse. La presse en question c'est ce torchon de chez torchon – le journal *People*. Le journalisme de bas étage par excellence. Ils sont sur le point de publier un article en plusieurs parties sur ma vie et mes amours. Ça va me faire honte pendant une journée et puis vite retomber dans un oubli bien mérité, mais c'est quand même pénible. Pourquoi est-ce que petit Graham fait ça – même après le monstrueux raté des *News of the World* il y a quelques années. Il avait reçu l'auteur de l'article chez lui et l'avait présenté à d'autres membres de la famille, etc., et avait été son complice en tout. C'est un vrai crétin, il n'apprendra jamais. Je ne sais pas si je dois lui envoyer une lettre incendiaire ou oublier tout ça. La lettre que le gars de *People* a envoyée à Aaron montre qu'il est du même niveau littéraire que Graham, avec des standards de raclures de fond de tiroir. Ah là là. Ah là là.

Mercredi 29 – Aujourd'hui c'est la dernière journée de tournage et nous devrions être de retour à l'hôtel de BH ce soir et nous planter fermement devant la télé ; s'il y a la moindre justice dans ce monde, il y aura un magnifique match de base-ball.

J'ai écrit une page de remontrance à Graham hier matin à propos de *People* et comptais la terminer ce matin mais E m'a fait sagement remarquer que ma lettre était tellement bien écrite qu'elle pouvait impressionner Graham au point que « cet idiot la montre à la presse avec un "Regardez ce que mon frère pense de vous" ». Donc je vais lui écrire une lettre plus courte, et lapidaire.

Hier j'ai été touché par une explosion et blessé à la jambe, et j'ai proféré l'immortelle dernière réplique du film : « Peut-être que Rommel ne voudra pas tuer deux collectionneurs de timbres aussi passionnés que nous. »

E est venue déjeuner et a fait quelques remarques indirectes qui m'ont fait réaliser qu'elle avait lu mon journal intime. Je suis censé écrire quelque chose de gentil aujourd'hui mais je ne vais pas le faire. Elle est pas trop mal faut croire et joue bien aux cartes (j'ai quand même réduit mes pertes à 13 dollars hier), et je préfère quand elle est là que quand elle n'est pas là, « peux pas vivre avec ou sans elle » comme dit l'autre, et elle est très belle, etc., et ne se maquille presque pas et est un peu grassouillette mais en toute honnêteté je ne peux pas faire plus de compliments que ça. Elle ne fait pas mal frire les saucisses, se débrouille en matière de tomates grillées, et sait bien faire revenir un oignon. Ça va comme ça pour l'instant.

Ce soir nous décollons dans le Cessna bimoteur et atterrissons à Mexicali ou à Calexico ou les deux pour passer la douane et prendre l'avion pour Burbank et rentrer en voiture à BH[1]. Tout

[1] Aéroport de Burbank, Los Angeles County, en Californie.

le monde est soulagé d'avoir fini et à part moi, il n'y aura pas grand monde qui se souviendra de ce tournage avec le moindre plaisir. Moi ça m'a ouvert les yeux sur la façon dont on travaille efficacement – bien plus efficacement – avec une équipe réduite. Le film aura coûté bien moins de 1 million de dollars. Je devrais gagner près de 1 demi-million pour sûr, probablement le double ou le triple de ça, et possiblement cinq fois ça. Enfin de toute façon ça sera assez pour payer nos dépenses pendant un ou deux ans et continuer à vivre au train auquel nous sommes habitués.

Hathaway était irascible au possible hier, probablement parce que le film se termine.

Jeudi 30, Beverly Hills Hotel – [...] Ayant survécu sans la moindre tourista dans la petite ville primitive de San Felipe, je me suis réveillé ce matin avec une tourista d'enfer à l'hôtel Beverly Hills, c'est vraiment pervers. À tel point qu'il a failli y avoir un horrible accident dans le lit ce matin. Je suis arrivé à temps, mais c'était moins une. E était très nerveuse en vol et m'a pris la main plusieurs fois en route. [...] Avec le fatalisme que je me suis récemment découvert, ou quelle que soit la nature de cette nouvelle placidité, j'étais aussi détendu que si j'étais assis dans le train.

[...] E dort encore mais elle s'est réveillée au milieu de la nuit quand je me suis réveillé moi, et s'est à nouveau réveillée à 7 h quand j'ai failli avoir mon « accident », et que je me suis levé pour taper tout ça et me faire du café. Elle était très pâle dans l'avion hier mais elle a meilleure mine aujourd'hui. Elle doit retourner chez ce satané dentiste cet après-midi. Je vais m'asseoir dans la salle d'attente et lire, l'oreille tendue à l'affût de grognements et gémissements lointains, mais elle ne fera probablement aucun bruit. S'il y a une librairie près de chez le dentiste j'irai acheter des bons livres pour le train et le bateau. Et maintenant, des œufs durs pour me colmater.

Vendredi 31 […] – Ai emmené E chez le dentiste à 13 h et ça a duré bien moins de temps que prévu – elle en est sortie à 15 h 15, et nous étions rentrés à la maison à 16 h. Ses pauvres petites gencives avaient été bien maltraitées et elle avait mal. Elle doit y retourner tout à l'heure juste pour quelques minutes. Il y avait un magasin Thrifty à côté de chez le dentiste et j'ai acheté quelques livres pour notre long voyage de retour en Europe. […] Quand nous sommes sortis de chez le dentiste nous nous sommes dirigés vers la voiture et en levant les yeux nous avons vu que tout le premier ou deuxième étage de l'immeuble d'en face était rempli de gens qui regardaient et faisaient coucou à Elizabeth. Apparemment ils étaient là à chaque fois qu'elle était allée chez le dentiste mais elle ne les avait jamais remarqués. Ça m'a touché. Et encore surpris. Et ravi.

[…]

Ai regardé *Butch Cassidy et le Kid* hier soir[1]. Un film charmant, qui s'inspire beaucoup de *Bonnie et Clyde*. Ce Redford dont j'avais tellement entendu parler est d'une banalité décevante, Newman est bien plus impressionnant. Ce n'est pas plus mal qu'il ait refusé de faire *Hammersmith* ; il est vraiment fade, et je vois très bien pourquoi il a mis tellement de temps à devenir une star. Je pense qu'il aurait ruiné notre film avec son air tellement mou – il n'évoque pas une seconde le genre d'idiot-ité démoniaque que Billy Breedlove doit avoir. Ce soir nous allons regarder une autre « star » dont le nom est sur toutes les lèvres, Beau Bridges[2]. Nous verrons ce qu'il donne.

[…]

[1] *Butch Cassidy and the Sundance Kid* (1969), réalisé par George Roy Hill, avec Paul Newman et Robert Redford.

[2] Beau Bridges jouerait le rôle de Billy Breedlove dans *Hammersmith is Out*.

1971

[Richard arrêta de tenir son journal intime au début du mois de septembre 1970, alors qu'il était sur le point de commencer le tournage de *Salaud* à Londres. Le 6 octobre Richard et Elizabeth se rendirent au mariage de Michael Wilding Jr et Beth Clutter au bureau d'état civil de Caxton Hall à Londres ; Richard était le témoin de Michael. Le même mois ils firent une apparition, avec Joseph Losey, à l'exposition Cinema City à la Round House, où, après une projection de *Boom !*, une discussion avait été organisée avec le public sur leur travail. Des conversations eurent également lieu à cette période entre Burton et Laurence Olivier sur la possibilité que Burton succède à Olivier en tant que directeur du National Theatre. Le 10 novembre 1970 Burton se rendit au palais de Buckingham pour recevoir son CBE. Le secrétaire de toujours d'Elizabeth, Dick Hanley, mourut à Los Angeles en janvier 1971, mais Taylor, en plein tournage d'*Une belle tigresse* à Londres, ne put se rendre à l'enterrement. Burton et Taylor passèrent une partie du mois de janvier 1971 à tourner *Under Milk Wood* aux alentours de Fishguard, Pembrokeshire, dans le pays de Galles. En mai Richard et Elizabeth commencèrent à tourner *Hammersmith is Out* à Cuernavaca au Mexique. Richard se remit à tenir son journal à la fin du mois de juin 1971.]

JUIN

Dimanche 27, Gstaad – Me sens incroyablement paresseux, et un peu déçu parce que le traitement de Tito n'est pas très bon[1]. Une série de gros boums comme n'importe quel autre bon vieux film de guerre. Je vais essayer de leur faire changer pour qu'il y ait plus de Tito et moins de pistolets et de prouesses partisanes locales, qui, même si elles sont probablement véridiques, ont été vues et revues dans tous les films hollywoodiens. S'ils ne veulent pas je me retirerai du projet. Mais je vais continuer à me battre avec l'apprentissage du serbo-croate. C'est fascinant. [...]

Lundi 28 – Suis debout depuis 7 h du matin. Deux tasses de café et il est maintenant 8 h 30. N'arrive pas à trouver la moindre énergie pour faire quoi que ce soit d'autre que traînasser. Je suis en plein dans ma phase que j'appelle phase mots croisés. Ne peux lire aucun livre, sauf des petits livres d'art illustrés et des choses du même genre. Le *Times*, le *Telegraph*, une collection d'éditions de télé-grilles du *Saturday Review*, et les mots croisés du *Times* et du *Telegraph* marquent la limite présente de mon activité intellectuelle[2]. Et un peu de serbo-croate en plus.

Liza est dans la phase débile la plus énervante de son adolescence – enfin j'espère bien. Pire ce serait insupportable. [...] Je vais dire à Heathfield que Liza rentrera un jour plus tard[3]. Je n'aime pas faire ça mais elle est tellement obstinée que je cède juste pour avoir la paix. Comme W. C. Fields je n'ai vraiment

---

[1] Burton devait jouer le rôle du maréchal Tito, président de la Yougoslavie, dans un film qui recréait la bataille de Sutjeska (1943) entre les partisans de Tito et les forces allemandes.
[2] Le *Saturday Review* était un magazine américain hebdomadaire.
[3] École Heathfield, à Ascot.

aucune patience avec les jeunes gens[1]. Je les trouve tous incroyablement ennuyeux.

Il faut que je fasse quelque chose à propos de Tito aujourd'hui ou demain. À la réflexion je pense que je pourrais en faire quelque chose si j'arrive à convaincre les scénaristes.

Mercredi 30 – Pas écrit hier parce que j'ai de la goutte, de l'arthrite dans mon poignet gauche, extrêmement inconfortable. D'habitude c'est dans la cheville ou le pied gauche. Ça va mieux aujourd'hui ; j'ai encore mal, mais comme Christy Brown a écrit un livre entier, et un bon en plus, une lettre à la fois avec un orteil, je me dis que je devrais pouvoir me débrouiller avec un doigt et un coude[2] ? Ou plutôt deux doigts.

Raymond a retrouvé les volumes de mon journal que j'avais perdus dans la cave à vins – je les avais mis là avant de quitter Gstaad la dernière fois pour aller en Angleterre et tourner *Salaud*. Le film n'est pas mal mais ne réussit pas très bien aux États-Unis ; il n'est pas encore sorti en Angleterre et dans le Commonwealth, j'espère qu'il y réussira mieux. [...]

JUILLET

1er, Gstaad [...] – J'avais tellement mal la nuit dernière que le moindre mouvement dans mon lit me faisait gémir comme un fou. Elizabeth dit que je suis le plus grand « *conyn* » du monde – hypocondriaque pleurnichard en gallois. [...]

[...]

---

[1] W. C. Fields : acteur, comique, et écrivain. On lui attribue de nombreuses citations dénigrant les enfants, dont : « J'aime les enfants – frits. »

[2] Christy Brown : romancier, poète, et artiste atteint de paralysie cérébrale sévère. Son autobiographie, *Du pied gauche* (*My Left Foot*), fut publiée en 1954, et servit de base à son roman *Celui qui regardait passer les jours* (*Down All the Days*).

Je vais, semble-t-il, tourner un film écrit par Tony Shaffer, frère jumeau de l'autre Shaffer dramaturge, au lieu de Tito en septembre[1]. Les Yougos peuvent peut-être repousser l'affaire Tito au printemps prochain quand ils auront un scénario avec des dialogues. Sinon, vais devoir y renoncer. Curieusement Joe Losey a appelé hier et m'a demandé si je voulais jouer Trotsky[2]. Trotsky et Tito en une semaine, deux communistes mondialement connus. [...]

9, Gstaad – Ai écrit [...] l'article pour *Vogue* sur l'injonction de la rédactrice en chef, une dame du nom de Beatrix Miller, qui m'a coincé pendant la fête des Snowdon il y a quinze jours[3]. J'ai toujours de la goutte dans la main et le poignet gauches donc je continue à taper avec deux doigts, mais maintenant je peux me remettre à utiliser la main gauche par intermittence. E s'est fait mal au dos et souffre le martyre. [...] Tout goutteux et coincés, nous sommes allés une demi-heure au cocktail organisé pour le festival de tennis à l'hôtel Palace. Autant que nous ayons pu en juger, aucun joueur de tennis à l'horizon, mais des hordes stupides de chasseurs d'autographes entre deux âges. [...]

Dimanche 11 – Liza est arrivée hier accompagnée d'un énorme orage. [...] Jusqu'à environ 16 h il faisait un temps superbe hier et j'ai pu écrire et réviser mon italien, mon français et mon serbo-croate pratiquement entièrement au soleil. [...]

[...] Le dos d'E va beaucoup mieux. [...]

---

[1] Anthony Shaffer, auteur du scénario qui deviendrait plus tard le film *Absolution*, dans lequel Burton jouerait.

[2] *L'Asssassinat de Trotsky* (*The Assassination of Trotsky*), réalisé par Joseph Losey, dans lequel Burton incarne le rôle-titre de Léon Trotsky.

[3] Par les « Snowdon » Burton désigne la princesse Margaret et son mari, Antony Armstrong-Jones, premier comte de Snowdon. L'article (inséré au milieu des pages du journal) est une première version de « My Day » (« Ma journée »), article paru dans le *Vogue* du 1er septembre 1971.

Lundi 12 – [...]

Ai joué au ping-pong avec Liza après le petit déjeuner, et à nouveau après le déjeuner. Sa conversation est entièrement tissée de clichés et platitudes standard sortis de Heathcliff, euh je veux dire Heathfield. Elle a un accent atroce en ce moment, horrible amalgame raaaaaffiné de Berks et Kensington. Elle a de bonnes rondeurs d'adolescente et dit qu'elle va faire un régime avec E et moi mais je ne pense pas qu'elle va tenir longtemps. Ce dont elle a besoin, c'est d'une bonne grosse dose de sport. Elle est allée monter à cheval ce matin et joue deux heures par jour au ping-pong avec moi, ce qui est une bonne chose pour tout le monde.

Ai écrit cinq lettres hier et les ai même postées. D'habitude j'écris des lettres, j'aime bien faire ça quand je suis d'humeur, et je les retrouve dans ma sacoche six mois plus tard.

[...] Ne suis toujours pas d'humeur à lire de livres. Tout plutôt que ça. *National Geographic*, *Encyclopædia Britannica*, *Larousse*, ânonner péniblement en français ou en italien. Bon, en italien c'est vraiment pénible. En français ça va, j'arrive à lire un Maigret après l'autre, mais pas deux mots d'anglais à la suite. Ce matin ai appris à la papeterie Cadonau que Julie Andrews est ici, et que John Kenneth Galbraith vient de partir[1]. J'aurais préféré que ce soit l'inverse.

15 – C'est l'après-midi et je suis assis sur la pelouse devant la bibliothèque. Julie Andrews et Blake Edwards (mari/réalisateur) sont venus dîner. Ils forment un couple très gentil. [...]

16 – Ai reçu hier [...] un télégramme de la rédactrice en chef de *Vogue*[2]. Pourquoi est-ce que les critiques et appréciations de mes rares écrits me ravissent, et celles concernant ma carrière d'acteur

[1] John Kenneth Galbraith, économiste et écrivain.
[2] Télégramme de Beatrix Miller qui acceptait, enthousiasmée, l'article de Burton.

me laissent totalement indifférent ? J'étais sur un petit nuage toute la journée après avoir reçu le télégramme de Miller, qu'elle fasse preuve de discernement ou pas. Elizabeth m'a fait une blague qui m'a complètement fait marcher l'espace d'un instant. Je dormais profondément et elle [...] m'a réveillé en plein milieu de ma sieste, le télégramme à la main, en m'annonçant : « Ta première lettre de refus. Désolée Rich. » Pendant une seconde, a-t-elle dit, j'ai fait une tête pitoyable, me suis décomposé, l'air tout « chiffonné » comme si j'allais fondre en larmes. Impertinente petite diablesse.

[...] Suis lentement en train d'enregistrer, sur un magnétophone, l'intégralité de la méthode Assimil d'anglais pour notre masseur allemand et sa femme qui veulent absolument apprendre à parler anglais. C'est un anglais un peu archaïque – le texte doit dater d'il y a plusieurs décennies –, mais ça ira pour commencer. Et ça me permet aussi d'intégrer des notions d'allemand en lisant l'allemand et en écoutant l'anglais.

Dimanche 18 – [...] Article très triste hier dans *Ici Paris* sur la mort de la grand-mère de Maria et les tourments endurés par sa mère et son père depuis qu'ils ont autorisé son adoption. Pourquoi est-ce que la presse à scandale française ne les laisse pas tranquilles. J'ai gardé l'article mais l'ai caché. Peut-être que Maria voudra lire tout ça un jour.

Gros titres et première page de tous les journaux, Nixon va rencontrer Mao Zedong à Pékin d'ici mai. Ça alors, Nixon devient un homme d'État. La présidence en a peut-être fait un autre homme, mais j'ai du mal à le croire. Je déteste que des ivrognes (et il était bourré comme un coing la dernière fois que je l'ai vu – avant qu'il ne devienne président) exercent une domination sur les palmiers et les pins, et moi, et les miens[1].

---

[1] « *Dominion over palm and pine* » est un vers du poème de Rudyard Kipling *Recessional* (1897).

C'est délicieux ici dans la bibliothèque avec le feu dans la cheminée et les beaux livres tout autour rangés en rangs serrés. [...]

[...]

Mercredi 21 – Ai passé l'essentiel de la journée d'hier avec les Yougoslaves sur le film de Tito. De grandes conversations fascinantes sur le communisme et la Russie, mais principalement sur Tito. Ai parlé à Aaron qui a dit que nous pouvions repousser l'autre film[1] [...]. Tito nous a invités à venir le voir le 28 de ce mois-ci. Ça devrait être très intéressant, c'est le moins qu'on puisse dire. [...]

Je commence le film le 15 du mois prochain, et l'autre film le 15 du mois d'après. Le premier près de Dubrovnik, et le deuxième sur l'île de Jersey. E et moi ne connaissons ni l'un ni l'autre.

[...]

Samedi 24, Gstaad – Nous partons ce matin en hélicoptère et avion pour Nice puis le *Kalizma*. [...]

Le demi-kilo de chocolat que j'ai mangé avant-hier n'a eu aucun effet sur mon poids, en tout cas sur la balance. Pèse encore environ 79 kg. Devrais bientôt descendre à 77 kg.

Dois voir Mazlanski, Shaffer, Berkeley et les autres sur le *Kalizma* mardi à propos du film *Absolution*[2]. [...]

***Dimanche 25,* Kalizma** – Voyage pour venir ici en hélico et avion sans aucun problème et très rapide. [...] E s'est plainte toute la journée de l'état du bateau. Ne restent que deux verres

[1] Probablement *Absolution*.

[2] *Absolution* sera finalement tourné en 1978 et ne sortira qu'en 1981.

sur les plusieurs vingtaines qu'il y avait. Ont dû être cassés j'imagine. Grosse tache sur le dos d'une des chaises et deux autres sur la tête de lit et sur la cloison d'en face. E furax. Raymond fait une tête de cent pieds de long – le steward et l'intendante ne connaissent manifestement pas leur boulot. Du moins le premier ne sait pas servir à table, et sa femme a annoncé, excusez du peu, qu'elle ne faisait pas la lessive. Il y a une machine à laver parfaite à bord. Tout ce qu'elle a à faire c'est fourrer le linge dans la machine, l'étendre sur la corde à linge, et le repasser. Le nouveau cuisinier est aimable et cuisine bien pour l'instant, un peu vieillissant, mais Raymond dit que la cuisine est sale. Nous verrons. Nous sommes tout de suite partis de Monaco pour Villefranche pour éviter les badauds qui commençaient à s'accumuler. Nous avons jeté l'ancre à Villefranche, à quelques centaines de mètres de la côte. Très joli. [...]

Lundi 26, Monte-Carlo – Le bébé de Beth[1] est né hier à 2 h du matin. Une fille, pas de nom pour l'instant. Nous ne l'avons appris que ce matin parce que nous avons passé samedi et dimanche à l'ancre devant Villefranche. Grande excitation, et j'ai rompu mon jeûne pour la première fois depuis le 15 juin. Ai pris un verre d'un champagne terrible et deux ou peut-être trois martinis assez corsés. M'a mis K-O, j'ai dormi plus de trois heures cet après-midi. Nous partons à Londres demain matin et y restons jusqu'à jeudi pour aller traînailler avec les parents et le bébé.

[...]

Télégramme de Popović pour dire que nous sommes attendus à Pula samedi 31 à 10 h pour rencontrer Tito, etc.[2].

---

[1] Beth Clutter : femme de Michael Wilding Jr.

[2] Nikola Popović : producteur de *La Cinquième Offensive*. Pula : port équipé d'un aéroport situé sur le continent (aujourd'hui en Croatie), près des îles Brijuni.

Mardi 27,* Kalizma, *Carlo – Belle matinée, tôt. […] Impatient de voir le bébé. Monte-Carlo avec tous ses nouveaux immeubles est en train de devenir une horreur. Des séries d'immenses immeubles les uns après les autres, et c'est aussi devenu très bruyant. […]

Je peux faire plein de choses à Londres – rendez-vous avec Shaffer et les autres. Prendre des nouvelles de Wishart, des *Aigles*, et de ce qui se passe au 2, Squire's Mount[1]. Voir Ivor et Gwen et déprimer. Appeler Kate si possible. Appeler Frosch si possible.

E et moi sommes tous les deux de bonne humeur pour l'instant. Ça va continuer si elle est à l'heure. […]

Viens de recevoir le livre de Deakin sur la Yougoslavie et la bataille de Sutjeska[2]. Le lirai à Londres et dans l'avion, mais ferai probablement du français et de l'italien avec les cassettes Assimil. Génial pour faire passer le temps.

Seulement une mention de la naissance du bébé hier dans l'*Express*. Pensais que ça ferait tout un foin. C'est peut-être pour aujourd'hui avec notre arrivée à l'aéroport de Londres. Tout aussi bien s'il n'y en a pas. […]

Mercredi 28, Dorchester – […] Hier, excepté pour le petit bébé – 2,7 kilos à la naissance –, journée horrible. Michael a commencé par annoncer de but en blanc qu'il n'avait aucunement l'intention de continuer à être l'assistant de Gianni Bozzachi et qu'il allait devenir musicien dans un groupe de pop. Comme ni lui ni aucun de ses amis ne sait bien jouer d'aucun instrument connu, c'est, au mieux, une entreprise risquée. Quand il blesse et déçoit E comme il n'arrête pas de le faire je sens parfois une

---

[1] Burton était propriétaire du 2, Squire's Mount Cottages, Hampstead, London, depuis 1960 ; c'était devenu la résidence d'Ivor et de Gwen et, depuis l'accident d'Ivor, celle de Gwen seule.
[2] Sir William Deakin, *The Embattled Mountain* (1971).

violence physique monter en moi. [...] La maison est un vrai bazar apparemment, plein de pique-assiettes et de bons à rien. Ça nous en prenons notre parti mais ce n'est vraiment pas un bon environnement pour un bébé, adorable, et Beth, tout aussi adorable, qui déteste manifestement cette atmosphère. [...] Nous ne pouvons rien faire sauf attendre qu'il grandisse et qu'il pense par lui-même. Et les lacunes de son savoir sont alarmantes. J'avais espéré, quand il a abandonné ses études, qu'il comblerait les crevasses en autodidacte, mais il continue à ne lire que ce qui est à la mode en ce moment dans son cercle d'amis. Le magazine *Mad*, et l'inévitable Hesse, ce charlatan, et Aleister Crowley, une véritable blague[1]. Il avait manifesté sa fascination pour l'Apocalypse dont je lui avais parlé à Cuernavaca – particulièrement le 13e chapitre. Il avait dit qu'il avait hâte de le lire. Je lui ai demandé hier s'il y avait repensé, et s'il avait lu d'autres œuvres de Blacke[2]. Rien. Il n'avait rien fait.

Ivor est proche de la fin. La mort se lit partout sur son visage. Il ne m'a pas reconnu hier quand je suis allé le voir. Il peut à peine parler. Il est déjà mort. J'aimerais qu'il le soit. Voir Ivor, après la perturbation émotionnelle du bébé et de Beth et Michael, a fait fondre E en larmes, elle a sangloté sur tout le chemin pour rentrer au Dorchester, et a continué après notre retour. Liza a été un ange avec Elizabeth et l'a *cwtchée*, positions inversées, Liza était la mère et E la fille[3]. J'adore cette enfant. Elle peut être peau de vache parfois mais dans le fond c'est un ange, et elle est formidable en cas de crise. Donc ça c'était un magnifique moment de la journée. Curieusement la journée avait

---

[1] *Mad*, magazine satirique publié aux États-Unis. Hermann Hesse, romancier, dont l'œuvre la plus célèbre est sans doute *Le Loup des steppes* (1927).

[2] Burton veut probablement parler de William Blake, poète, écrivain mystique, artiste peintre (1757-1828).

[3] Mot gallois dont il n'existe pas de traduction littérale mais qui signifie « prendre dans ses bras pour rassurer et réconforter ».

commencé, à Monte-Carlo, par une dispute entre Liza et E à propos de vêtements et E avait fini par gifler Liza. Liza est dans une phase où elle se trouve grosse et moche. Tout le monde, à part elle, la trouve ravissante, mais pas moyen de la convaincre. Et maintenant place aux affaires, retrouver Kate chez Ivor, aller acheter des livres et, Dieu merci, retour sur le *Kalizma* dans la matinée.

Jeudi 29, Dorchester – Longue longue journée. Ai attendu l'arrivée des huiles hier matin à 11 h mais elles ne sont jamais arrivées et quand j'ai fini par appeler j'ai passé un énorme savon à Ron Berkeley pour avoir complètement foiré le rendez-vous. Finalement je les ai vus à 18 h et ils ont été relativement agréables, il semblerait que nous commencions bien le film le 15 septembre comme prévu. Shaffer est gros, assez grand, prématurément grisonnant, et son œil gauche a quelque chose qui cloche. Il a raconté des histoires étranges de la dernière guerre, du temps où il était Bevin Boy – mais pas n'importe lequel ; il faisait partie, nous a-t-il dit, des services secrets, et faisait du contre-espionnage pour démasquer les agents infiltrés cherchant à saboter les opérations[1]. [...]

Christopher Miles – le frère de l'actrice Sarah Miles –, réalisateur du film, est un gars minuscule, avec des yeux brillants, vifs, et humour[2]. Il a l'air de savoir ce qu'il veut, et de savoir insister pour l'obtenir. Le film sera tourné à Jersey où, si je comprends bien, les habitants sont bilingues. Ça sera intéressant j'espère. Les photos des extérieurs qu'ils m'ont montrées semblent tout à fait justes. [...]

---

[1] Les Bevin Boys étaient les conscrits envoyés dans les mines de charbon au lieu d'être engagés dans l'armée pendant la Deuxième Guerre mondiale.

[2] « *Humouress* » : faute de frappe de Burton qui a soit voulu dire *humourless*, « dénué d'humour », soit *humourous*, « plein d'humour ».

Mon adorable Kate nous a rejoints à midi et a été, comme d'habitude, charmante. Glousse beaucoup et fait semblant d'être atterrée par mes occasionnelles irrévérences. Elle fait ma joie, et est allée voir celui que je ne nommerai pas à l'hôpital pendant que je suis allé à la librairie Claude Gill's pour acheter des livres pour le bateau. Maria est venue avec moi et j'ai acheté une sélection de livres très catholique. Deux ou trois Dickens, quelques thrillers, des histoires d'horreur pour Liza, un roman de la série Hornblower pour Chris et quelques volumes de poésie en français, gallois, et anglais pour moi[1]. Les livres en français ont des traductions en prose qui vont m'éviter pas mal d'enquiquinement. Ai aussi acheté plein de dictionnaires de poche : français, italien, espagnol, et allemand. Ai aussi acheté des livres pour les fils de notre chauffeur Charles Simpson qui s'intéressent à leurs études. Un autre télégramme de Sarajevo. [...] Dieu sait à quoi il faut s'attendre à Brioni avec Tito et ses gars[2]. [...]

Samedi 31, en route pour Lupa, Yougoslavie[3] – [...] Lupa, dont on nous a d'abord dit que c'était à deux heures et demie d'avion puis à une heure et demie d'avion et maintenant à soixante-cinq minutes. [...] Suis en train de lire les épreuves du livre de Deakin sur les partisans rempli de bonnes histoires. Faut que je le voie (Deakin) en rentrant. [...]

Nous sommes bien arrivés, une voiture – Mercedes-Benz – nous a emmenés à Pula que nous avons traversée jusqu'au port où un bateau nous attendait. Horde de photographes, journalistes et gars de la télé à notre arrivée à l'aéroport. Questions habituelles – « Qu'est-ce que ça vous fait de jouer un grand

[1] « La série Hornblower » : série de romans d'aventures maritimes de l'écrivain anglais C. S. Forester parue entre 1937 et 1967. (N.d.T.)
[2] Archipel de Brioni ou Brijuni, dans le nord de l'Adriatique, où Tito avait ses résidences d'été.
[3] Burton veut dire Pula.

homme ? » « Qu'est-ce que vous savez de Tito ? » Ils nous ont donné une villa proche de celle de Tito. Très chaud, pas d'air conditionné. [...]

Mme Broz (elle préfère qu'on l'appelle comme ça plutôt que « Tito ») était à la villa pour nous accueillir[1]. Grande femme, vraiment l'air d'une paysanne, absolument charmante, sourire dévastateur. Parle un peu anglais, comprend plus. On nous a offert des petits-fours (que j'ai mangés en enlevant le pain) et du champagne que j'ai refusé et un café turc délicieux que je n'ai pas refusé.

Au premier étage, notre « appartement » est composé d'une grande chambre et d'un grand salon avec deux énormes salles de bains. C'était la maison de la famille de Jane Swanson quand le territoire était italien, jusqu'en 1945. Jane Swanson est notre secrétaire qui vit sur un demi-salaire quand elle ne travaille pas pour nous. Nous allons prendre des photos de la maison pour les lui montrer. Et maintenant, déjeuner avec Tito.

AOÛT

Dimanche 1er, Brioni – Journée longue mais agréable passée, à l'exception d'une petite sieste dans l'après-midi, avec Tito, jusqu'à 19 h 30. Nous avons été chez lui – à quelques minutes de chez nous, vers midi. Lui, sa femme et les caméras nous attendaient. (Nous nous sommes vus ensuite être accueillis à la télé.) Nous nous sommes assis dans un coin d'une grande pièce, dont une des extrémités servait de salle à manger. Il y avait deux tables. Nous étions assis à celle du président et de Mme Broz avec deux interprètes et deux autres personnes non identifiées. Nous avons offert au président et à sa femme notre cadeau de chez Van Cleef

[1] Jovanka Broz, la (troisième) épouse de Tito.

and Arpels – un morceau de pyrite (?) avec une horloge incrustée dedans[1]. J'ai dit à Tito, après m'être fait demander ce que je pensais du scénario, que je trouvais son image trop faible et qu'il devrait être plus fort et que le rôle était trop petit. Il a dit qu'il était d'accord pour qu'il soit étoffé, ce qui a enchanté le réalisateur, Delić[2]. Donc je vais peut-être avoir un peu plus et mieux à faire que me borner à être là et à avoir l'air de l'homme du destin.

Le président est étonnamment petit et délicat. Petits bras et petites jambes courtes, petite tête, petits traits. Comme il porte des lunettes légèrement teintées je n'ai pas pu discerner la couleur de ses yeux. Il a une bonne bedaine mais le reste de son corps est mince – pas de fesses, poitrine et jambes minces. Il marche lentement, à petits pas. Quand il s'assied à une table il a l'air redoutable. Je suis un peu dérangé par la nervosité des domestiques qui nous servent. Ils vivent dans un luxe remarquable que je n'ai jamais vu ailleurs, et je veux bien croire la princesse Margaret quand elle dit que comparé à tout ça Buckingham fait très petit-bourgeois. Après le déjeuner j'ai beaucoup parlé au président de la guerre et de Sutjeska en particulier. Je lui ai demandé s'il aimait Staline. Il a mis longtemps avant de répondre, et a fini par dire qu'il « l'aimait ou plutôt qu'il l'admirait sur le plan politique mais qu'il ne l'aimait pas sur le plan humain ». Il parlait serbo-croate la plupart du temps, mais quand nous étions tous les deux il s'est mis à parler anglais, lentement mais pas trop mal. Je lui ai dit que j'avais lu qu'il parlait couramment français et qu'il préférerait peut-être s'exprimer dans cette langue, mais je crois qu'il ne m'a pas entendu et a continué en anglais jusqu'à ce que, à son grand soulagement, l'interprète nous rejoigne, après quoi il s'est remis à parler en serbo-croate à toute vitesse.

[1] Van Cleef & Arpels : entreprise française de joaillerie et d'horlogerie.

[2] Stipe Delić.

Il est venu nous chercher à 16 h dans une Lincoln-Continental décapotable – « un cadeau du peuple de Zagreb », a-t-il dit je crois – et s'est mis à conduire, E devant à côté de lui et moi derrière avec Mme Broz. Il a immédiatement crevé le pneu avant droit en heurtant un trottoir à l'arête tranchante à 50 mètres à peine de la maison. Au lieu de s'arrêter et de couper le moteur il a brusquement fait marche arrière : nous avons fait un bond et cahoté pendant dix secondes éprouvantes. Nous avons laissé la voiture et sommes allés à pied visiter un petit zoo avec des éléphants, des bouquetins, des oryx, etc. Et des gazelles aussi. Après l'incident avec la voiture il a tout à coup eu l'air très vieux et encore plus petit, mais il a vite retrouvé sa confiance en lui. Il avait l'air d'avoir un peu peur de l'éléphant quand il lui a donné à manger. Un quart d'heure plus tard, horreur – pour E aussi, m'a-t-elle dit ensuite –, revoilà la Continental, toute réparée, nous y remontons pour reprendre le trajet. Il conduisait à la vitesse d'un corbillard mais j'ai eu mal au cœur (E aussi) pendant le reste du trajet, un tour entier de l'île. J'étais très content d'être de retour dans sa villa. Il est manifestement habitué à conduire et freiner en force, et nous avons manqué de passer à travers le pare-brise chaque fois qu'il s'arrêtait pour nous montrer quelque chose. Mais madame et lui sont tellement charmants qu'on leur pardonne tout. Il adore les animaux et les arbres et a amassé d'énormes collections des deux sur l'île et ailleurs, si nous avons bien compris.

À un moment je lui ai demandé ce qu'il aurait fait si Churchill avait eu gain de cause et si, au lieu d'ouvrir un deuxième front, il était passé directement par les Balkans, l'Autriche, etc., pour couper l'avancée des Russes[1]. Il a répondu sans hésiter : « Nous

[1] À la conférence de Téhéran, en novembre 1943, Churchill avait suggéré d'organiser d'autres opérations anglo-américaines dans l'est de la Méditerranée. Le président américain Franklin D. Roosevelt (1882-1945) avait évoqué la possibilité de débarquer en Yougoslavie pour aider les partisans de Tito. Staline s'est opposé à ces propositions, qui n'ont débouché sur rien.

vous aurions arrêtés. Nous disposions alors de 35 divisions entraînées au combat et de beaucoup d'armes prises aux Italiens et aux Allemands. » Je pense que c'est bien ce qu'il aurait fait, et une autre guerre se serait développée. Presque dans le même souffle il a déclaré avoir confiance en Churchill mais pas dans les Anglais. J'ai l'impression que les Anglais n'ont la confiance de personne. Nous sommes vraiment, pour les étrangers, la « perfide Albion ».

Nous avons fini par rentrer à la maison vers 19 h avec, à nouveau, un énorme repas. Cette fois-ci j'ai faibli et j'ai pris de la glace. Plus tard, ayant déjà faibli, j'ai grignoté deux barres de chocolat en regardant S. Tracy dans un film – plutôt bon –, *Un homme est passé*[1]. La balance affiche 79 kg ce matin, presque 174 lbs. Ai vu beaucoup de photos ce matin. J'ai l'air exténué. Je suis peut-être trop mince. À côté de moi Tito avait l'air d'un Toby Jug rubicond[2]. Mais je passerai bien à la caméra. Aurai certainement l'air d'avoir faim !

Lundi 2 – Encore une journée passée presque entièrement avec le président. Je me suis réveillé tard – pour moi, 7 h 40 – et j'ai pris mon petit déjeuner en bas, face à la mer. Comme d'habitude, il y avait beaucoup trop. De la viande froide, du jambon, du salami, etc. Thé. Omelette. Saucisse épicée. Beaucoup de pâtisseries. Encore du thé. Puis à 9 h 30 ai vu Delić, Popović et un responsable des relations publiques qui m'a posé beaucoup de questions, pourquoi est-ce que je faisais ce film, etc. Pour la énième fois j'ai ressorti mon blabla habituel. « Grand homme », « grande opportunité ». « J'espère que je serai à la hauteur », etc. J'espère, en réalité, que ce sont eux qui seront à ma hauteur. Donnez-moi les outils, c'est-à-dire le rôle, et je me mettrai au

---

[1] *Bad Day at Black Rock*, réalisé par John Sturges (1955).

[2] Une cruche en terre cuite représentant un personnage assis, souvent un roi anglais, à la silhouette ronde, au visage jovial, tenant une chope de bière et une pipe. (N.d.T.)

boulot[1]. En fait, si E n'aimait pas autant le pouvoir et la gloire qui vont de pair avec le projet je ferais tout pour partir en courant, tellement la pression de l'ennui est forte – surtout les interminables conversations traduites. Tito et Mme Broz racontent tous les deux des histoires très longues sans permettre aux interprètes de les interrompre, du coup quand les interprètes finissent de traduire on s'est déjà complètement désintéressé de ce que racontait l'histoire. Madame a une voix très perçante qui, au bout d'un moment, devient extrêmement fatigante. Et le protocole requiert que je sois toujours avec elle, et E avec le président. Et eux ils ont un interprète professionnel alors que moi j'ai la femme d'un ministre dont l'anglais laisse beaucoup à désirer. Mme Broz sourit tout le temps, et l'interprète aussi.

Ce matin nous sommes partis de chez nous à 9 h 50 précises pour nous rendre à la villa du président. Puis directement sur un petit yacht très puissant – 35 nœuds maximum, 160 tonnes, 36 mètres – et nous avons filé à travers les centaines d'îles de cette partie du monde. Des villages charmants et des centaines d'hôtels flambant neufs. Les plages, principalement de galets, grouillaient de touristes. En moyenne 30 millions par an, n'ont-ils pas cessé de répéter. Presque tout le monde agitait la main sur le passage du yacht présidentiel, et il leur rendait leur salut. Dès que nous sommes montés à bord on nous a servi à boire – whisky pour le président, sa femme et E, vin rouge local pour les autres, gin margarita pour certains, et l'inévitable verre d'eau pour moi. À partir de ce moment-là les mêmes boissons ont été resservies à intervalles réguliers pendant tout le reste de la journée. Nous avons débarqué devant la villa du président après deux heures en mer, pendant lesquelles nous avons été escortés par deux

[1] Référence au discours de Churchill du 9 février 1941, qui finissait par : « Donnez-nous les outils et nous finirons le boulot. »

torpilleurs et une vedette de police. Le président m'a dit fièrement que sa côte était la mieux défendue de toute l'Europe et qu'il y avait des pistolets, des sous-marins et des canonnières cachés dans les innombrables grottes et caves de toutes les îles.

Avec les jumelles qui nous ont été fournies en quantité j'ai parfois aperçu un marin au garde-à-vous saluer rigidement sur une butte lointaine. Nous avons déjeuné sur une petite île en face de Brioni, après une insoutenable visite détaillée de la maison et du terrain. « Ça ça vient d'Indonésie, de Sukarno en personne[1]. » « Ça c'est une œuvre du peuple de Macédoine. » « Ça ça vient du Soudan. » J'ai remarqué que la plupart des visages arboraient des sourires figés d'ennui bien avant la fin du déjeuner, et ce malgré l'alcool. Le visage d'E, bien sûr, faisait exception. Elle s'amuse comme une petite folle. C'est tout aussi bien que je ne boive pas parce que sinon je me mettrais peut-être bien à poser des questions embarrassantes. Il y a eu quelques bons moments : Tito en anglais : « J'ai été soulagé quand ma grand-mère est morte. » E : « Pourquoi ? » Tito : « Parce que ça voulait dire qu'elle ne me battrait plus. » E : « C'est horrible. » Tito : « Elle était petite mais forte et toujours en colère. » Il avait vu Churchill qui était dans le coin sur le yacht d'Onassis. Winston C. n'avait accepté qu'un tout petit whisky. Tito, comme d'habitude, en avait pris un énorme. « Pourquoi un si petit verre ? avait demandé Tito. Vous m'avez appris à en boire de grands. » « C'était quand nous avions tous les deux le pouvoir, a dit Winston C. Maintenant je n'en ai plus, mais vous si. »

Le pouvoir corrompt. Je doute que Tito voie le larbin stupide de ses origines, sauf quand il agite un drapeau ou porte une bannière. Au moins il ne fait pas attendre son peuple. Hier soir nous sommes allés voir un film à l'amphithéâtre romain de

---

[1] Sukarno, président de l'Indonésie (1945-1967).

Pula. Les rues étaient bordées de marins rigides au garde-à-vous et derrière eux des hordes de gens qui applaudissaient, sur tout le trajet. E était la star de la soirée – bien plus, ou en tout cas tout autant, que Tito. Quand nous sommes entrés dans le colisée – jauge de 6 000 places – tout le monde s'est levé pour une standing ovation. E aux anges. Moi plus que jamais cynique. Le film était sympa. Les inévitables plateaux de boissons alcoolisées présentés aux mêmes intervalles réguliers pendant le film. Nous avions des écouteurs avec la traduction en anglais. [...]

Mardi 3 – Nous venons de rentrer de la minuscule île de « la Madonna », juste au large de notre villa qui, je viens de l'apprendre, s'appelle « Jadaranda » je crois. Nous voyons le président et madame pour la dernière fois de notre séjour à midi. Il est 11 h 30. Nous nous sommes baignés et avons petit-déjeuné sur la Madonna. Je n'ai rien mangé – à vrai dire, je n'ai rien avalé depuis le déjeuner d'hier, à part une prune et un comprimé de vitamines. Je me suis rarement autant bâfré qu'au déjeuner d'hier sur l'île du président – pas Brioni, l'autre petite retraite. Mme Broz aime faire des farces, si j'ai bien compris, mais se voit restreinte par le maréchal.

Ai eu une conversation de trois heures avec Tito sur Sutjeska, Mihailović, les Tchetniks, les Anglais, Churchill, les Alliés, Staline et les autres, que je taperai tout à l'heure quand je serai de retour sur le *Kaliz* cet après-midi[1]. [...] Je suis encore inquiet de cette atmosphère de terreur qui entoure Tito. N'arrive pas à comprendre. Ni le reste d'entre nous.

---

[1] Draza Mihailović : chef du mouvement serbe Tchenik qui était opposé aux partisans de Tito pendant la Deuxième Guerre mondiale.

Jeudi 5, Villefranche – Nous sommes rentrés depuis mardi. [Monte-]Carlo pénible comme d'habitude, nous avons donc filé jusqu'ici pour avoir un peu la paix. Michael Caine est à bord, depuis le yacht qu'il a loué – un vrai rafiot qui s'agite comme un bouchon[1]. [...] Beaucoup de bons échos d'*Une belle tigresse* de plein de sources différentes donc E va peut-être avoir un nouveau gros succès. [...]

***Mercredi 11,* Kalizma** – Nous avons quitté Monte-Carlo il y a deux ou trois jours et avons été à Portofino, toujours aussi paradisiaque, où bien sûr nous avons inévitablement rencontré Rex Harrison et sa future femme Elizabeth Rees-Williams. Elle était mariée à un acteur – très bon je crois, mais je ne l'ai jamais rencontré ni vu –, Richard Harris. Un pro typiquement irlandais, si j'ai bien compris, qui se saoulait et se battait quand il était assez bourré. Rex est monté à bord du *K* à l'heure du cocktail et était déjà paralysé par l'alcool. Rees-Williams aussi. Près d'une heure extrêmement pénible avec Rex qui se répétait à n'en plus finir, jusqu'à en devenir quasiment grossier. Nous sommes tous tombés d'accord quand ils sont partis que ce couple était le plus désagréable que nous ayons rencontré depuis un bon moment, et que l'idée même de leur mariage avant la fin du mois était une monstrueuse plaisanterie. C'est un genre de blonde effrontée avec un vernis d'école de bonnes manières. Je me sens très protecteur envers Rex, j'ai bien peur que cette femme ne soit pas simplement une tête-brûlée criarde et gueularde comme Rache mais une véritable garce perfide et arriviste. Elle était laide de débauche, et Rex aussi. Son habituelle élégance nonchalante brillait par son absence, et il a

[1] Michael Caine avait joué dans *Zoulou* et était le partenaire d'Elizabeth Taylor dans *Une belle tigresse*.

beaucoup grossi – une énorme bedaine et des bajoues. E et moi nous sommes assis dans notre lit après leur départ et le dîner et avons passé une heure bien contents de nous à nous dire combien nous avions de la chance de nous avoir l'un l'autre et de bien nous entendre. Et tout et tout. Et, bon Dieu, nous avons vraiment de la chance, sur virtuellement tous les plans. E n'arrêtait pas de dire : « Qu'est-ce qu'on a comme chance de s'aimer. » Elle a bien raison.

Nous avions espéré partir de M-C bien avant parce qu'on n'y est jamais en paix et que nous étions envahis de visiteurs. Niven, Van Cleef and Arpels, à qui j'ai acheté un collier « Lion » avec un pendentif en forme de lion pour E comme « cadeau de grand-mère ». Il est très beau et a coûté 27 000 dollars. Elle l'adore. « Lion » est le signe du zodiaque du bébé. M. Caine et Suzy Kendall[1]. Des messages de Grace et Rainier nous invitant au bal de la Croix-Rouge qui se tient devant l'opéra. Ai essayé d'y couper par tous les moyens mais vraiment impossible et au final ça s'est avéré être une soirée amusante. J'avais d'un côté Grace et de l'autre une jeune baronne, la fille – ou plutôt belle-fille – de Paul Gallico, adorable et enthousiaste, et qui veut être actrice[2]. Son nom de scène est, je crois, Ludmilla Kova[3]. Je ne pense pas qu'elle ira bien loin. Gallico, qui a 74 ans et a l'air d'en avoir 55, a beaucoup impressionné E mais son Rainier préféré était aussi drôle que d'habitude, m'a-t-elle dit. C'est un homme extraordinairement gentil et extrêmement intelligent, ce qui, bizarrement, me surprend toujours de la part d'un membre d'une famille royale.

Nous sommes à mi-chemin entre Portofino et Porto Santo Stefano où je vais voir Losey ; j'ai décidé de faire *Trotsky*.

---

[1] Suzy Kendall : actrice britannique.

[2] Paul Gallico : romancier et écrivain sportif.

[3] Possiblement Ludmilla Nova, actrice.

Absolution, en qui j'avais placé de grands espoirs, est tombé à l'eau financièrement et j'ai été obligé d'y renoncer et de faire *Trotsky* entre les tournages de *Tito*. Me suis débarrassé de Hugh French le plus gentiment possible et ai demandé à John Heyman de reprendre pour un temps son vieux boulot d'agent. Il est en ce moment même à Belgrade en train de causer avec les Slaves aux manettes du budget.

Jeudi 12 – En route pour Porto Santo Stefano où nous devrions trouver ou recevrons des nouvelles de Heyman. Si tout va bien je serai en train de jouer Tito lundi mais je me sens tellement paresseux et j'aime tellement être sur le bateau que je ne serais pas contre quelques jours ou même quelques semaines de retard. Ce ne serait pas suicidaire, en fait, si le projet entier était annulé jusqu'au printemps prochain, disons, ou, à la réflexion, annulé tout court.

[...] Les enfants et E ont regardé un de mes vieux films, *Le Prince des acteurs*, que j'ai tourné il y a dix-sept ans[1]. [...] Je me souviens des grands espoirs que j'avais placés dans ce film, et de ma déception face à l'indifférence avec laquelle il avait été reçu. Le scénario original de Moss Hart était vraiment bon quand j'avais accepté de le faire, mais un an plus tard quand nous l'avons tourné il avait été massacré par Zanuck et ses écrivaillons. Le peu de succès que nous avons eu tient à ce que nous avons réussi à en sauver. J'étais, me semble-t-il, excessivement beau à l'époque, et je préfère de beaucoup mon visage d'aujourd'hui, vieux et ravagé. [...] Comme l'année dernière, je suis heureux de ne pas boire, mais une ou deux fois il s'en est fallu de peu. [...] C'est facile quand je suis seul avec E parce qu'elle se saoule rarement. Le seul moment, pratiquement, où je m'irrite contre E

[1] Le film est sorti en 1955.

c'est quand elle a bu un verre ou deux et pris une pilule « rose » (un antidouleur) ou un somnifère mais trop tôt ; ils ne sont pas très puissants mais avec l'alcool elle se met à parler bizarrement, ça lui donne un genre de fausse euphorie et elle devient sentimentale et me fait un peu penser à sa mère. Et comme sa mère est la plus rasoir de tous les temps, c'est dur.
Nous avons eu une quantité phénoménale de publicité en rien sollicitée au cours des dernières semaines – une publicité mondiale. L'incident des couteaux[1]. La petite-fille, Tito – qui est passé aux nouvelles partout dans le monde, m'a-t-on dit – et invités d'honneur au bal de la Croix-Rouge de Grace et de Rainier. Un journal italien a dit hier que la Taylor continuait à stupéfaire le monde et pouvait dire à toutes ses rivales qu'elle restait la plus grande faiseuse de gros titres. C'est des conneries, mais c'est agréable. C'est phénoménal l'attention continue qu'on nous porte. Il doit littéralement y avoir des millions de mots écrits sur nous et des centaines de milliers de photos. Une fois, les filles se sont dit qu'elles allaient garder toutes les photos d'E, de moi, ou de nous deux en couverture des magazines et les accrocher sur les murs de la salle de jeux à Gstaad – mais il y en a eu tellement, même en peu de temps, qu'elles ont abandonné l'idée en se disant que les couvertures recouvriraient la maison entière. [...]

Vendredi 13, Porto Santo Stefano[2] – Télégramme et messages peu clairs de John Heyman. [...] Télégramme de Heyman disant quelque chose du genre « M'attends à conclure marché satisfaisant ce week-end. Selon Popović tu (c'est-à-dire moi, RB) n'es pas intéressé par argent et tu fais film parce que tu es grand fan de

[1] Richard et Elizabeth avaient apparemment joué un rôle central dans un numéro de lancer de couteaux d'un cirque mexicain, que Richard raconte dans son article « My Day » publié dans le *Vogue* du 1er septembre 1971.
[2] Porto Santo Stefano, sur la côte ouest de l'Italie, à une centaine de kilomètres de Rome.

Tito. Tu es attendu à Dubrovnik lundi », et puis quatre points d'interrogation : ???? Nous sommes à l'ancre juste devant le port de Stefano – il y en a deux en fait –, vais aller à terre avec E et Raymond à 9 h pour l'appeler [...] et essayer d'en savoir un peu plus.

L'autre raison pour laquelle nous allons à terre c'est que nous voulons visiter le café où nous avons bu notre premier verre, presque fatal, un matin un peu avant l'aube, en chemin pour aller jusqu'à la baie d'à côté pour un week-end clandestin. Nous étions partis de Rome avec E au milieu de la nuit dans une voiture de location – une petite Fiat à deux places, si je me souviens bien – pour échapper aux paparazzi. Le village était une tombe à cette heure-ci et il n'y avait dans le bar-café que deux gars, un garçon, un chien et un serveur. Toute la presse mondiale nous cherchait. Nous pensions que nous leur avions faussé compagnie. L'un des messieurs anonymes du bar était un journaliste dont la mission de routine consistait à couvrir l'arrivée de membres de la famille royale hollandaise. Et voilà qu'apparaît devant ses yeux le couple le plus « sexy » et le plus scandaleux du monde. Nous sommes partis après un café-cognac chacun, ou peut-être deux, et avons continué notre trajet en voiture, insouciants et très contents de nous, jusqu'à l'hôtel qui nous avait réservé une petite villa à moitié terminée à 800 mètres de l'établissement, complètement isolée et avec une vue magnifique sur la mer. Nous gambadions comme des enfants, crapahutant sur les rochers vers la mer, en nous amusant comme si ce devait être nos dernières vacances. Nous nous sommes vite rendu compte que chaque buisson – et il y en avait des centaines – cachait un paparazzi. Nous étions faits, complètement faits. D'idylle le week-end s'est immédiatement transformé en cauchemar. Nous avons bu jusqu'à nous trouver dans un état d'hébétement et de stupidité. Nous ne pouvions pas sortir. Nous n'étions pas mariés. Nous nous sentions très coupables. Nous avons essayé de lire.

Nous n'avons pas réussi. Nous ne pouvions pas aller dehors. Nous avons fait l'amour, désespérés. Nous avons joué au gin rami. E n'arrêtait pas de gagner et bizarrement c'est de ce jeu stupide qu'est survenue la crise. Pour une raison quelconque que j'ai oubliée – qui sait quelle conversation nous avait menés jusque-là ? – E a dit qu'elle était prête à se tuer pour moi. Facile à dire, ai-je dit en m'apitoyant sur mon sort, mais aucune femme ne se tuerait pour moi, etc., en en faisant des caisses. Qui sait quelles autres conneries ont fusé. Et qui pourrait se souvenir de ce qui a été dit il y a si longtemps dans un brouillard d'alcool ? Tout à coup E est arrivée devant moi, une boîte ou un flacon de somnifères à la main, me disant qu'elle en était capable. Vas-y, je lui ai dit, ou quelque chose du genre ; elle en a pris une poignée et elle les a avalés avec enthousiasme, sans aucune théâtralité. Au début je n'ai pas cru que c'étaient des somnifères. Après tout ce pouvait être des cachets de vitamine C ou autre. Et puis je crois qu'elle est allée se coucher dans la chambre d'à côté. À partir de ce moment-là je ne me souviens quasiment d'aucun détail. Vague réminiscence d'avoir essayé de la réveiller, de réaliser que ce n'était pas une blague, de courir comme un fou pour aller chercher cette horrible « contessa » qui, je l'ai découvert plus tard, avait une aventure avec Mario, le chauffeur que nous employions parfois, et que je cherchais aussi. Avoir mis E dans la voiture puis un trajet à tombeau ouvert jusqu'à Rome, elle à l'hôpital et moi caché à la maison parce qu'officiellement E avait mal au ventre ou une autre excuse du genre que la presse n'a pas crue une seule seconde. Impossible d'aller à l'hôpital à cause des photographes et je refusais de répondre au téléphone à tous les bousiers comme Roddy McDowal et Mankiewicz et pratiquement tout le monde[1].

[1] Joseph L. Mankiewicz : réalisateur de *Cléopâtre*.

Nous venons de rentrer de ce même café où E a pris un café latte et un cognac comme elle l'avait fait alors, et j'ai remarqué que nous étions vendredi 13. Aujourd'hui, je veux dire, et j'ai décidé qu'il n'était pas question que cet horrible week-end de Pâques se répète. Bon Dieu, et si elle était morte ? Ou pire, si elle s'en était tirée mais avec des lésions cérébrales ? Je suis absolument certain d'être incapable de me suicider donc je serais probablement encore en vie. Qu'est-ce que je serais en train de faire aujourd'hui ? Je me serais peut-être noyé dans l'alcool entre-temps. Enfin, c'est du passé, mais jamais oublié. En tout cas, ça a détruit toute velléité de suicide dans cette famille. Cette même année Sybil aussi avait essayé d'en finir. J'étais furieux contre elle mais bizarrement pas contre E. J'imagine que je pensais à Kate qui se serait retrouvée sans mère, et n'ai pas pensé la même chose pour Liza, Maria, et les autres parce que je ne les connaissais et ne les aimais qu'à peine à l'époque. [...]

Toujours vendredi 13, à l'approche d'Anzio[1] – [...] Tito m'a dit qu'il n'avait, de toute sa vie, absolument jamais haussé la voix au-dessus du niveau d'une conversation normale, sauf quand il fallait couvrir une certaine distance – crier d'un bout à l'autre d'une vallée par exemple –, et qu'il avait toujours trouvé ça infiniment plus efficace, et par moments bien plus meurtrier, que les orages hitlériens et mussoliniens.

Kate et moi avons discuté de nos vies quotidiennes et à quel point ce doit être étrange pour les gens qui ont des boulots ordinaires avec un salaire régulier de comprendre des vies dans lesquelles, comme aujourd'hui, on ne sait pas où l'on sera demain, en Yougoslavie, à Naples, ou les deux. J'espère que ce

[1] Anzio, ville portuaire italienne à 56 kilomètres au sud de Rome.

sera Naples, ou plutôt Ischia, qui est, enfin était, l'un de nos endroits préférés[1]. On m'a dit que c'était rempli de touristes allemands maintenant.
Presque à Anzio. Adorable petit port sale. Et en activité par-dessus le marché, ce que j'aime toujours.

Samedi 14, Anzio – Nous avons enfin conclu la négociation pour *Tito*. Je commence lundi en huit – c'est-à-dire le 23 août et je serai payé 50 000 dollars de frais et 250 000 en liquide, plus un bon pourcentage, 10 % dès le premier dollar et jusqu'à 50 % des bénéfices mondiaux. Si le film a un rendement moyen je devrais me retrouver avec plusieurs centaines de milliers de dollars. Si c'est un gros succès, bien sûr, ça rapportera des sommes énormes mais nous sommes déjà parfaitement satisfaits avec ce que nous avons. […]

J'ai reçu aujourd'hui mon genre de cadeau préféré, même si c'est un cadeau de boulot – l'un des assistants de Losey a apporté une épaisse édition de poche, en trois volumes, du *Trotsky* d'Isaac Deutscher. Des journées de splendide lecture. Et sur un bateau en plus, en mer, sans coups de fil, sans télégrammes, et avec du boulot calé pour les six mois à venir. Bonheur total.

[…] Mes séances de révision d'italien ont merveilleusement bien fonctionné et je discute comme un fou. Le serbo-croate est au point mort parce que les disques qu'ils m'ont envoyés ont été complètement foutus en l'air par la personne qui les a transférés sur des cassettes à Nice. À la moitié de la première cassette les voix enregistrées deviennent folles et sautent d'une leçon à l'autre comme une bande-son déroulée en arrière.

[1] L'île d'Ischia, près de Naples.

Dimanche 15, Capri – [...] E a vu *Cléopâtre* hier soir avec tous les enfants. J'ai passé une tête dix secondes à un moment et suis reparti et ai dormi deux heures de plus. Aucune réflexion sur le film ! Mais ce matin E a dit que le film n'était pas mal du tout – un spectacle formidable, et tout et tout. Mon manque d'intérêt pour ma propre carrière, passée, présente et future, est pratiquement total. Je crois que toute ma vie j'ai eu secrètement honte d'être acteur, et plus je vieillis plus j'en ai honte. Ce qui, je crois, prend la forme d'être fermement persuadé que l'acteur en train de jouer est quelqu'un d'autre. C'est probablement pour ça que je suis hors de moi quand on me montre quoi que ce soit sur mon jeu d'acteur dans les magazines et les revues. Je me fiche des ragots du genre « vu en train de marcher sur la Via Veneto hier soir » ou « Les Burton sur leur yacht de luxe », etc. Qu'on me complimente ou qu'on me condamne, je suis tout aussi en colère, surtout quand on me complimente. La presse rabâche le même refrain depuis des années – depuis que je suis allé à Hollywood au début des années 1950, en fait ; je suis, ou j'étais, potentiellement le plus grand acteur du monde et le successeur de Gielgud, Olivier, etc., mais j'ai dilapidé mon génie et je me suis entièrement vendu au cinéma, à l'alcool et aux femmes. Une réputation intéressante à avoir, et en aucune manière terne, mais complètement fausse. [...]

Lundi 16, Ischia-Messina – Assis sur la poupe avec une tasse de vrai café [...] et le *Kalizma* qui avance à pleine vapeur sans le moindre remous sur les vagues. [...] Les Italiens sont en train de crier à la radio et E est assise en face de moi en train de prendre son « petit déjeuner », une vodka orange. Une habitude qui lui vient de moi, à l'époque où je buvais. Un bon moyen de commencer la journée, si l'on se contente d'un seul verre. Dans mon cas c'était malheureusement devenu trois et parfois plus s'il y avait quelqu'un de partant pour m'accompagner. Une bouteille avant le déjeuner n'était pas du tout inhabituel, et une matinée agréable, mais complètement foutue, derrière moi.

Nous avons quitté Capri, la Marina Grande, vers 16 h, et nous sommes dirigés vers Ischia où nous avons jeté l'ancre devant l'Isabella Regina, là où nous avions vécu dans le péché pendant le tournage des scènes d'extérieur de *Cléopâtre*[1]. Nous sommes allés à terre à la pizzeria où nous allions alors. Chacun a pris sa pizza et nous avons ensuite essayé d'aller faire du shopping. Je dis « essayé » parce que la foule est devenue tellement dense que nous avons dû abandonner et courir vers le Riva et le *Kalizma*. [...] Comme d'habitude je commence à avoir le ventre noué à l'idée de recommencer à travailler, et je n'ai même pas de scénario-calmant à apprendre puisque je sais qu'il est en train d'être entièrement réécrit. Enfin j'espère que c'est le cas. Donc je continue avec l'italien, le français, le journal de Frances Stevenson à propos de Lloyd George, et la vie de Trotsky[2]. [...]

Mardi 17, mer Ionienne – [...] E a lu mon journal hier et m'a dit que j'avais oublié de mentionner le porte-cigarette que Tito lui a offert – le fameux, si souvent caricaturé, qu'il brandissait tout le temps à l'ONU et dans les autres assemblées, en le tenant comme si c'était un stylo, extrémité chaude vers le haut. Elle n'a pas arrêté de répéter à quel point il était beau et singulier, en assurant à Tito que ce devait être un Fabergé. J'ai eu l'impression que personne là-bas ne savait ce qu'était un Fabergé. Mais après s'être fait subtilement forcer la main pendant deux jours, il le lui a donné. Elle l'a embrassé sur les deux joues, ce qui lui a fait un plaisir immense. Il m'a donné un bouquet de

---

[1] L'Albergo della Regina Isabella.

[2] A. J. P. Taylor (dir.), *Lloyd George : A Diary by Frances Stevenson* (1971). Frances Stevenson : secrétaire et deuxième épouse du Premier ministre britannique David Lloyd George.

fleurs. Il nous a aussi donné beaucoup de bouteilles de son vin fait maison, à partir de ses propres vignes. [...]

Mercredi 18, Adriatique – [...] Je suis encore en plein dans *Trotsky* et pour l'instant celui qui ressort comme le plus énigmatique et fascinant, c'est Staline. Il faut que je me procure le livre que Deutscher a écrit sur lui dès que je trouve une librairie anglaise[1]. Je pourrais le commander et le faire livrer à Rome pour le début du tournage du film sur Trotsky.

[...] Nous devons arriver à Dubrovnik dans quatre heures environ et je recommence à être anxieux à propos de *Tito*. Bon Dieu j'espère qu'ils ont un rôle auquel je puisse me raccrocher. Je détiens tous les droits en dehors de la Yougoslavie donc il faut que je fasse tout pour qu'ils tournent ça de façon que je puisse refaire un montage et si besoin couper ce qu'ils vont fabriquer. Si, bien sûr, comme il en a l'air, le réalisateur n'est pas trop mauvais. Nous allons vite le savoir. Qu'est-ce que ce serait bien si le réalisateur était vraiment bon.

Je veux les convaincre – j'ai réussi en partie – d'insérer beaucoup plus de choses sur la réaction de la mission militaire britannique envers Tito et son combat. Insister beaucoup plus sur son refus de convaincre les Britanniques – et principalement Deakin – d'obtenir le soutien des Alliés uniquement par des mots, mais au contraire de leur <u>montrer</u> par les actions de ses partisans qu'ils combattaient réellement les armées allemande, italienne et bulgare. Je veux aussi montrer, le plus sobrement possible, le refus constant de Tito, tout au long de sa vie, de tuer les prisonniers ennemis, même les traîtres tchetniks. [...]

[1] Isaac Deutscher, *Stalin* (1949).

Jeudi 19, Dubrovnik – Nous sommes arrivés en face de Dubrovnik à 17 h 15 hier. [...]

Vendredi 20 – [...]

Je me suis réveillé ce matin [...] et je suis descendu pour lire le « nouveau » scénario. Autant que je m'en souvienne, c'est le même que le précédent, auquel ont été rajoutés quelques grands extraits des Mémoires et des discours de Tito, qui ont précisément l'air de Mémoires et de discours, et que je vais modifier moi-même en un jargon crédible. Pour le reste, j'ai suggéré qu'ils engagent un écrivain anglophone lambda bon marché pour transformer la traduction en répliques jouables. Exemple : jeune partisane qui crie à ses compagnes en plein milieu d'une bataille : « Souvenez-vous des Dalmatiens », ce qui évoque tout de suite une horde furieuse de chiens Disney. [...] Enfin bref, tout à fait égoïstement, si le film est un navet ce ne sera de la faute que d'un seul d'entre nous parce que les échecs sont toujours de notre faute et les succès sont toujours dus au réalisateur. Je ne compte plus le nombre de fois où j'ai lu que « le réalisateur X a réussi à tirer une performance brillante d'Elizabeth Taylor ». Ça nous surprend toujours E et moi car dans nos deux carrières combinées nous n'avons pas le souvenir d'avoir reçu plus d'une douzaine d'indications de mise en scène, tous réalisateurs confondus. Et depuis que j'ai atteint ma majorité d'acteur, pour ainsi dire, je ne me souviens d'absolument aucune indication particulière. Les seuls dont j'ai le souvenir qu'ils aient suscité en moi, en tant qu'acteur, quelque chose que je n'avais pas vu avant, sont Phil, Emlyn et John Gielgud. Ces choses inestimables, je les ai apprises avant mes 23 ans. Depuis, et parfois avec de tristes résultats, je me suis dirigé moi-même. Le dernier qui m'a dirigé d'une façon intéressante, faisable, et parfois passionnément brillante était Mike Nichols, dans les séquences comiques de *Woolf*. Beaucoup m'ont dit que, dans ce même film, mes très longues répliques sous l'arbre et sur la balançoire à côté de la maison sont l'une des meilleures démonstrations de jeu d'acteur, etc. Je me souviens de l'avoir fait en une prise et sans indications de Mike excepté : « Tu devrais peut-être passer de la balançoire à l'arbre. » Et en ce qui concerne les autres « grands réalisateurs » comme Marty Ritt, Mankiewicz, Tony Richardson le bavard, etc., je ne me souviens de rien de ce qu'ils ont dit, sauf d'idioties que je n'ai pas prises en compte.

Samedi 21 – Magnifique matinée, comme l'ont été, jusqu'à présent, toutes les matinées ici. Je suis assis dans un hélicoptère très bruyant qui sent très mauvais, notre moyen de transport pour aller travailler dans les montagnes. [...] Ai reçu un télégramme [...] de Nat Cohen disant que les critiques [pour *Salaud*] sont formidables et le box-office super, et un autre télégramme disait qu'ils s'attendaient à gagner 1 million de livres sterling rien qu'au Royaume-Uni. Ce qui veut dire 1 demi-million pour moi, si je me souviens bien.

Il n'y a pas d'explication aux différences d'appréciation entre les critiques ricains et anglais. *Salaud* a été mal reçu aux USA et acclamé en G-B. Je sais que c'est du cockney et du coup difficile à suivre pour les Ricains mais on pourrait penser que les critiques sont suffisamment instruits et ouverts pour ne pas s'en formaliser. Après tout, ça ne dérange pas les critiques anglais quand ils voient un film tourné en brooklynois. Enfin bref je suis ravi que le film marche en G-B. Sinon j'aurais eu des doutes sur notre jugement en la matière, à E et moi. Je trouve que c'est un bon film, et elle a dit qu'elle était certaine que c'était un bon film. Nous avons donc été surpris par la réaction américaine.

22, Zablja – [...]

À ma grande surprise l'acteur avec lequel j'ai le plus de choses à faire dans le film ne parle pas un mot d'anglais et était prêt à dire tout son texte en serbo-croate. J'ai refusé en disant que ça rendrait la tâche du doubleur anglais impossible et que ça ruinerait les possibilités de distribution du film en Occident. Et même comme ça, je ne vois pas comment il aurait la moindre chance, même s'ils disent tout leur texte en mauvais anglais et moi avec un parfait anglais d'Oxford. Je crois qu'on peut passer ce film par pertes et profits avant même d'avoir commencé. Les Yougos sont particulièrement bêtes quand on essaie de le leur expliquer, et j'ai presque laissé tomber. Même les Anglais, Deakin, Stewart, etc., sont serbes. C'est à s'arracher les cheveux. J'invoque que Deakin et Stewart sont issus de la classe supérieure britannique, et que l'un des deux, Deakin, est professeur à Oxford. En vain. Bon, s'ils peuvent dire leur texte raisonnablement bien en anglais on pourra les doubler sans que ce soit trop visible, mais ça aura quand même l'air bas de gamme.

J'aurais été tout à fait d'accord pour apprendre mon rôle en serbo-croate s'ils m'en avaient donné le temps mais je ne peux pas le faire à la dernière minute. Je suis entouré d'un tas d'amateurs enfantins, et je dois en prendre mon parti.

Mais c'est magnifique ici et les gens sont adorables et pleins de bonne volonté, je dois prendre tout ça comme des vacances travaillées. Je vais faire de mon mieux, et croiser les doigts. [...]

23, Zablja – [...] Ai laissé tomber le film en tant que film, vais maintenant me concentrer sur mes scènes pour les faire le mieux possible. [...]

24, Cavtat-Stefani – Nous sommes sur le *Kalizma* en route vers Stefani (je crois) où, si je comprends bien, Carlo Ponti et Sophia ont une maison[1]. [...]

E est une formidable sage-femme pour accoucher du blues – c'était son idée d'aller sur le yacht dès que nous sommes redescendus des montagnes. Elle ne m'a même pas consulté. Et j'étais sur le point de craquer. J'ai été très cruel envers Liza ce matin – violemment. Elle a dit que je devrais garder le chien du film avec moi pendant tout le temps du tournage[2]. J'ai répondu que ce con de clebs était tellement amoureux de son maître qu'il passerait ses nuits à couiner et gratter et que de toute façon son con de maître me laissait à peine lui chatouiller les oreilles. Liza a dit : « Mais c'est ton chien. » Et de cette latrine de cruauté froide que certains appellent cerveau est sorti : « T'es vraiment complètement stupide. C'est pas plus mon chien que tu es ma fille. » Liza a été courageuse comme tout et a répondu, avec un petit rire forcé : « Eh ben c'est gentil ça. » E est devenue livide, à juste titre, et j'ai eu envie de pleurer, ou de me couper la gorge. Je n'ai fait ni l'un ni l'autre sauf empirer encore davantage mon crime en disant dans un grognement à E que Liza était tellement insensible qu'elle était probablement imperméable à une telle insulte. J'ai tellement honte d'avoir dit une chose pareille à une créature que j'aime tellement aveuglément, et d'un amour follement dédoublé. Je l'aime parce qu'elle est l'alter ego d'Elizabeth, parce qu'elle est charmante et tellement aimante, parce qu'elle fait preuve d'une détermination implacable pour obtenir ce qu'elle peut en toute impunité, parce qu'elle est réellement belle, c'en est parfois sidérant, et parce que même si comme moi elle ne l'exprime pas clairement en raison d'un

---

[1] Cavtat, port au sud de Dubrovnik. Carlo Ponti, producteur, et sa femme Sophia Loren. Ponti produirait *Le Voyage*, avec Burton et Loren.

[2] Le chien jouait le rôle du chien de Tito, « Lux ».

refus inné de se trahir je suis certain qu'elle m'aime. J'aurais pu couper mon infâme langue avec un rasoir émoussé. De quelle racine tordue cet arbre bâtard a-t-il poussé ? Je recommence encore et encore. La plupart du temps, quand j'attaque et mets en pièce une victime je peux généralement l'expliquer d'une façon ou d'une autre. Comment est-ce que je peux m'attaquer à moi-même, c'est incroyable – c'est moi qui insiste pour qu'elle soit Liza Todd Burton. C'est moi qui vante sa beauté, son talent équestre, ses bons bulletins à l'école, et même ses mauvais. « Son orthographe est parfois amusante de phonétisme. » Comme sa foutue mère, à un iota près.

J'ai fini par me faire pardonner par elles deux. Mais suffit pas.

[…]

Mardi 31, Tjentiste – J'ai fini par dire à Elizabeth ce matin que ça faisait neuf jours que sa mère était très malade. Je n'ai même pas pu le confier à ce journal parce qu'E y jette parfois un coup d'œil. Quoi qu'il en soit, sa mère a été opérée il y a deux jours et nous avons reçu un télégramme hier qui disait que les cinq jours suivant l'opération étaient décisifs, aujourd'hui ça fait trois jours. […] Le dernier télégramme dont je viens de parler était signé par des gens du nom de Karl et Mary Frances Voldeng, et bien sûr de Valerie, qui signe depuis une semaine environ. […] E l'a mal pris parce qu'elle se sent coupable envers sa mère, de façon complètement injustifiée. Impossible d'en appeler à la raison, donc je n'essaie pas. Et puis je sens aussi que je n'ai réellement pas la capacité de souffrance qu'ont les autres, et E en particulier. Je suis aussi froid qu'il est donné d'être à un être humain sans devenir une machine, et il m'est pratiquement impossible d'exprimer le peu de compassion que j'ai. Dieu sait ce que je sentirais si quelque chose arrivait à quelqu'un que j'aime énormément, mais je me console généralement en me disant que j'aurai rejoint ma maison éternelle bien avant eux. Je suis prêt pour Ivor, et même pour Cis. Mais pas pour les enfants et encore moins pour E. S'il arrivait quoi que ce soit à E je suis presque certain que je ne lui survivrais pas longtemps parce que je n'arrive pas à croire que la vie vaudrait la peine d'être vécue sans elle, et j'ai même du mal à croire que j'aie jamais pu. Vivre sans elle, je veux dire. C'était une telle morne plaine, avec seulement quelques pics d'excitation occasionnels. [...]

SEPTEMBRE

Mercredi 1er, Tjentiste – [...] Soleil radieux hier jusqu'au déjeuner, mais ensuite un vent violent s'est levé et quand j'ai fini le boulot – vers 16 h 30 – il s'est mis à pleuvoir, et à l'exception de quelques brèves accalmies ça n'a pas cessé depuis. Là tout de suite il pleut à verse, ça a été comme ça toute la nuit. [...] Je me demande s'ils peuvent tourner par un temps de mousson pareil. [...] J'ai envie de travailler parce que a) j'ai mauvaise conscience quand je ne travaille pas, je coûte tellement cher, et b) j'aime vraiment beaucoup ces Yougoslaves. Quand je travaille pour un gros studio je n'ai absolument pas mauvaise conscience, je me sens simplement frustré de ne pas pouvoir finir le satané film le plus vite possible. L'idée que le mauvais temps ou un coup de malchance fasse pleurer un Zanuck, un Warner ou un Wasserman dans son whisky me fait infiniment plaisir. [...]

Jeudi 2, Kupari – [...] Les nouvelles de Sara s'améliorent de jour en jour, et nous pouvons à présent espérer que ni E ni moi n'ayons besoin d'aller en Arizona. [...]

Vendredi 3 – [...]

Nous retournons à Tjentiste demain [...] pour voir Tito. Apparemment il veut nous voir avant de voir tous les autres gugusses.

Samedi 4, Kupari – James Wishart est venu avec moi [à Tjentiste] pour me raconter en détail les histoires de Harlech TV. Il avait l'air en bonne forme, rouge et jovial comme une tête de poupée animée. Il m'a dit que les actions Harlech que nous avions payées une demi-couronne pièce seraient probablement mises sur le marché à une livre sterling pièce[1]. Nous pourrions, si nous le voulions, vendre la moitié de nos actions, récolter près de 1 demi-million de livres, et rester de riches actionnaires – nous sommes actuellement les actionnaires principaux, et de très loin. Je suis habitué à gagner de grosses sommes d'argent, mais je les ai gagnées en travaillant. Empocher des millions grâce à un investissement initial de 100 000 livres je crois, c'est un truc de conte de fées. Donc après l'horreur des quatre premiers jours de cette semaine, c'est le retour de l'âge d'or. Sara va se rétablir, nous croisons les doigts, *Milk Wood* a reçu de formidables critiques non seulement à Londres et en Italie mais à NY aussi maintenant, *Salaud* attire les foules en Angleterre, idem pour *Le Cinquième Commando* à Paris, Rome et Milan. Et, surtout, E est revenue à la vie après avoir été moribonde durant ces derniers jours – horribles.

[...]

Nous sommes arrivés à Tjentiste vingt minutes en avance pour voir Tito. [...] Puis à 11 h pétantes nous avons été convoqués en sa présence. Pendant la première demi-heure environ il n'y avait que Tito et madame, Popović, Delić et bien sûr l'interprète de Tito. Delić, Popović et moi avons dit à Tito à quel point tout se passait bien. J'ai dit que Popović était très efficace et il a dit que j'étais très pro, j'ai dit que Delić était un

[1] Jusqu'en 1971 la livre sterling était divisée en quatre couronnes et huit demi-couronnes. (N.d.T.)

superbe réalisateur et Delić a dit que j'étais un acteur magnifique, etc. Tito était d'une humeur particulièrement joviale et a fichu une peur bleue aux deux autres qui ont cru que leur dernière heure était arrivée quand il leur a dit qu'il s'attendait à ce que je sois dans son vieil uniforme demain pour la cérémonie. Ils le croyaient dur comme fer jusqu'à ce que je dise : « Allez, le Président vous fait marcher ! » Ce qui était le cas, évidemment. [...]

Dimanche 5 – Et nous y voilà une fois de plus, prêts à partir pour le redouté Tjentiste, cette fois-ci en hélicoptère j'espère. La journée comporte absolument tous les ingrédients pour être horrible. Des milliers de personnes. Des discours. L'hymne national. *L'Internationale.* Et pour couronner le tout ils veulent que je travaille ! Juste pour que Tito voie un peu d'action. Après tout ça ils veulent que nous prenions l'avion pour Niš (prononcer « Nich ») pour la fête annuelle du milieu théâtral yougoslave[1]. Nous devons y passer la nuit et revenir demain matin pour nous remettre à travailler. Étrange fonctionnement. Le film semble parfois arriver à la deuxième place loin derrière toutes sortes d'activités sociales. [...]

Plus tard aujourd'hui :

Eh bien, comme prédit par Dr et Mme Burton, ça a été une journée horrible. [...]

E est dans un état de lassitude sans précédent – je ne l'ai jamais vue comme ça. Elle a toujours été d'un naturel plutôt indolent – pas le genre de fille qui court jouer au golf ou au tennis, Dieu nous préserve – mais là, je veux dire depuis deux jours, elle peut à peine mettre un pied devant l'autre. C'est en grande partie,

[1] La ville de Niš, aujourd'hui en Serbie, où se trouvait le Théâtre national yougoslave.

bien sûr, en réaction à la tension de la semaine dernière, mais c'est sacrément inquiétant. [...]

[...]

Mardi 7, Tjentiste – [...]

Et maintenant j'attends le déjeuner, puis boulot, puis ma ravissante petite E ce soir. Ce n'est pas horrible, comme vie. Pas vraiment. Pas comme l'autre jour où j'étais en train d'analyser les répercussions de mon suicide sur ceux qui m'aiment.

Mercredi 8 – [...] Dispute amère avec E ce matin. [...] Qui s'est conclue par elle me disant qu'elle allait aller sur le bateau, et moi répondant bonne idée, et elle que quand je suis à jeun je suis un emmerdeur et que je devrais peut-être me remettre à boire. Un vrai choix cornélien. [...]

Jeudi 7, Tjentiste[1] – [...] Ai reçu hier un chèque de la Vicky de Ron de 3 350 dollars – ce qui revient à un retour sur investissement de 10 000 dollars en six ans environ sur un investissement initial de 40 000 dollars ; pas mal. C'est à coup sûr la seule de nos amis qui nous ait jamais remboursés. John Sullivan, plus de 100 000 dollars et pas un centime remboursé. Heyman, idem. Tim Hardy, 12 000 livres et remboursement nul, etc., etc. En prenant en compte l'ensemble de nos amis, on nous doit sans doute 1 million de dollars. Alexandre de Paris aussi nous doit environ 125 000 dollars. Pas l'ombre d'un remboursement – pas même les intérêts. [...]

[...]

[1] Il s'agit en fait du jeudi 9 septembre.

Samedi 9, Kupari[1] – […]

Tout le monde, c'est-à-dire principalement E, est d'une humeur de chien à l'idée de devoir aller à Niš cet après-midi pour cette satanée cérémonie des acteurs où nous allons remettre un prix, etc. ; nous devons rencontrer des maires et des présidents de la République, participer à des cocktails et voir un film en serbo-croate que nous sommes bien déterminés à ne pas voir. Et un autre cocktail demain matin à 10 h, excusez du peu, avant de revenir ici. Tout ce que nous détestons le plus au monde mais que nous sommes obligés de faire. Parfois.

S'il ne s'agissait pas d'un pays communiste, et en plus d'un pays aussi agréable que celui-ci, nous leur dirions sans passer par quatre chemins qu'ils peuvent se mettre leurs récompenses et leurs cocktails et leurs maires et leurs présidents là où je pense. Mais nous sommes des diplomates-sourire-figé. Merde. […]

Dimanche 12 – […]

Avion […]

Après le dîner […] nous sommes allés à la cérémonie. J'avais dit que la meilleure organisation pour nous serait d'arriver, d'être annoncés, d'aller directement sur scène pour saluer et recevoir nos prix – les « Constantins », le prix pour les hommes s'appelle le Tsar et pour les femmes la Tsarine. Et puis, toujours flanqués de notre escorte bien sûr, foutre le camp, rentrer à l'hôtel Ambassador et s'évanouir complètement[2]. […] Le directeur du festival nous a annoncés et nous sommes montés sur scène accueillis par une standing ovation. Il y avait deux micros, ce pauvre bougre de maire a lu un discours de bienvenue au grand

---

[1] Il s'agit du samedi 11 septembre.

[2] Ambasador Hotel, Niš.

couple mondialement connu, et j'ai ensuite été invité à leur dire quelques mots immortels. J'avais pensé à quelque chose dans la lignée du discours de Gettysburg mais j'ai fini par me rabattre sur : « Camarades, je suis très stressé à l'idée d'incarner le plus grand Yougoslave (ovation) et probablement le plus grand Yougoslave qui ait jamais existé. (Ovation.) Surtout que, si je ne fais pas bien mon travail aujourd'hui, il peut me déporter demain. (Rires et applaudissements.) Merci[1]. » C'était ensuite au tour de la Libération de la Femme incarnée, la Mme Pankhurst de Culver City, qui a dit : « J'adore votre pays et votre peuple. (Tonnerres d'applaudissements ravis.) J'adore votre président et sa femme (extase) et j'aimerais vivre ici pour toujours, si vous voulez bien de nous[2]. » (Fin du discours partiellement noyé dans un paroxysme d'approbation cosmique et de musique des sphères.) Et voilà, c'en est fait de nos visas américains, avons-nous pensé tous les deux. Nous avons ensuite reçu nos prix – E des mains d'un très bon acteur qui avait reçu le Grand Prix ce soir-là, et moi des mains d'une actrice du même acabit. [...]

[...]

***Vendredi 24*, Kalizma** – [...]

E m'a dit ce soir qu'elle était tout à fait sûre d'elle-même au début des années 1950, quand, elle le savait, elle était en position de deuxième violon par rapport aux Jean Simmons, Grace Kelly, Coleen Gray et Audrey Hepburn, parce qu'elle pouvait toujours compter sur un fond d'expérience artistique ou

[1] Le discours de Gettysburg a été prononcé par le président Abraham Lincoln le 19 novembre 1863 au cours de la consécration du cimetière national militaire de Gettysburg en Pennsylvanie.

[2] Emmeline Pankhurst, suffragette. Culver City est dans le comté de Los Angeles ; c'est là que se situaient les studios MGM.

culturelle profondément ancré. Elle n'arrive pas à définir plus précisément ce qu'elle veut dire, et moi non plus, [...] mais elle pense qu'avoir grandi comme elle l'a fait entourée de grandes œuvres d'art, Van Gogh, Monet, Renoir, etc., lui a donné un sens des proportions lui permettant de discerner qu'il importait peu, finalement, que ce soit elle qui joue la « reine vierge » ou quelqu'un d'autre – en l'occurrence, Jean Simmons[1]. E dit que ça la fait passer pour une sorte d'intello égoïste mais je ne crois pas du tout. J'étais et suis toujours, dans une certaine mesure, incroyablement snob intellectuellement. Pas un esprit, que G. B. Shaw me pardonne la paraphrase, que je ne méprise dans le milieu du cinéma, comparé au mien[2]. Il faut dire qu'il n'y a pas grand-chose à quoi le comparer. Difficile de décrire Darryl Zanuck, Lew Schreiber, L. B. Mayer, Jack Warner, et tous leurs petits satellites, comme possédant des cerveaux imposants[3]. Comme dit E, c'était pour elle un port dans lequel elle observait avec une certaine impartialité les multiples allées et venues, alors que pour moi, de façon bien plus arrogante, c'était un pic montagneux d'où je regardais de haut ces misérables fourmis. [...]

[...]

OCTOBRE

[...]

---

[1] *Young Bess* (1953), réalisé par George Sidney.

[2] George Bernard Shaw, *Dramatic Opinions and Essays* (1907), vol. 2, p. 52 : « À la seule exception d'Homère, il n'y a aucun écrivain célèbre, pas même Sir Walter Scott, que je méprise aussi complètement que Shakespeare quand je compare mon esprit au sien. »

[3] Lew Schreiber : directeur de casting de la Twentieth Century Fox. Louis Burt Mayer : producteur de films chez MGM. Jack L. Warner : producteur délégué chez Warner Bros.

Mercredi 5, Mostar[1] – [...]

E retourne à Kupari demain et moi samedi soir, charmant trajet en voiture de six-sept heures, la nuit, sur ces interminables routes en lacet. Ce qui veut dire que je ne serai probablement pas de retour sur le yacht avant minuit, puis cap vers Rome le lendemain, juste le temps de reprendre mon souffle à la hâte ; j'enchaîne directement avec *Trotsky* lundi matin. [...]

Jeudi 7 – [...] Je ne suis pas sûr mais je crois que j'ai hâte de faire ce film [sur Trotsky]. Beaucoup va dépendre de l'ambiance créée à l'écran, mais je préfère de loin jouer les rôles d'« auguste » plutôt que de « clown blanc ». En témoigne l'immense plaisir que j'ai eu à jouer l'homosexuel chauve dans *L'Escalier*. Bizarrement je me sens beaucoup plus sûr de moi quand le personnage que j'incarne n'est pas un simple prolongement de moi-même. Et je pense que je joue mieux les rôles d'auguste que de clown blanc. J'ai adoré jouer Toby Belch et Caliban à l'époque où j'étais à l'Old Vic, sauf la partie maquillage, vraiment pénible, surtout pour Caliban[2]. Un autre bon point c'est qu'à part trois scènes je ne vais pas avoir à travailler avec Delon, qui n'est tellement pas un acteur que j'en serais gêné je crois[3]. Mais il devrait bien passer dans ce rôle, E dit qu'il est formidable dans les rôles de gangsters-assassins, etc. J'ai relu le scénario ce matin et je pense que Joe va devoir beaucoup bouger sa caméra dans les grandes scènes – il y en a deux – entre Delon et Romy Schneider (bizarre qu'en allemand son nom veuille dire Taylor – je veux dire Tailor), parce que ce sont deux scènes très

---

[1] Il s'agit du mercredi 6 octobre.

[2] Burton avait joué le rôle de Sir Toby Belch dans *La Nuit des rois* et Caliban dans *La Tempête* à l'Old Vic.

[3] Alain Delon jouait le rôle de Frank Jackson dans *L'Assassinat de Trotsky*.

statiques et sans effusion[1]. Suis aussi content de n'avoir qu'une scène avec Mademoiselle Schneider : d'après ce que j'en sais elle n'est pas une partenaire commode. [...] Ron, avec son air habituel d'oiseau de mauvais augure, dit qu'elle a ruiné le film qu'ils ont fait en Israël pour John Heyman. Richard Harris y jouait le rôle masculin principal, et réalisait. Selon Ron c'était censé être un film très mignon sur le culte voué par un petit garçon à un grand footballeur à la retraite, mais, a dit Ron aux augures de plus en plus sombres, elle a violé M. Harris et, via la chambre à coucher, a littéralement foutu le film en l'air en le transformant en histoire d'amour entre elle et M. Harris, le footballeur[2]. « Ouvre l'œil et sois vigilant, m'a dit Ron. Fais attention aux Ides d'octobre. » « Mais Ron, lui ai-je répondu avec de grands yeux innocents, c'est plutôt Joe Losey qui va devoir garder ses mains sur sa braguette, après tout c'est lui le réalisateur, pas moi ! » « Ne le prends pas mal Rich, m'a-t-il dit avec une expression de sagesse ancestrale, tu es très séduisant et tout et tout, mais Romy donnerait tout pour te piquer à Elizabeth Taylor. » « Très bien Ron, ai-je dit, Elizabeth viendra sur le plateau à chaque fois que je travaillerai avec la redoutable Brunhilde, et comme je ne vais pas travailler plus de deux jours avec elle et qu'on n'a qu'une scène, je pense qu'on peut considérer, sans trop s'avancer, que le passage de ce golfe de Gascogne-là a été bien géré. » « Ah, a-t-il rétorqué, c'est le genre à venir un jour où elle ne tourne pas sous prétexte de t'observer travailler parce que tu es un grand acteur ; tout ce que je suis en train de te dire, Rich, c'est qu'il faut que tu fasses gaffe. » « Mais Ron, je l'ai rencontrée et j'ai trouvé qu'elle ressemblait à un chien, elle ne m'aurait pas intéressé même quand j'étais jeune. » « Ah !

[1] Romy Schneider jouait le rôle de Gita Samuels dans *L'Assassinat de Trotsky*. [*Schneider* en allemand et *tailor* en anglais (l'orthographe du nom d'Elizabeth est probablement une variante) signifient tous deux « tailleur ». (N.d.T.)]

[2] Il s'agit du film *Bloomfield* (1971), réalisé par Richard Harris et Uri Zohar.

Mais elle est devenue très belle ces dernières années. Attends de la voir et tu verras. » « OK Ron, OK. »

[…] Mademoiselle Schneider m'a fait une telle impression – je l'ai beaucoup vue quand nous tournions *Le Chevalier des sables* à Paris et qu'elle tournait *Pussycat* avec les Peter O'Toole et Sellers et qu'elle passait son temps au bar et nous aussi – que je ne me souviens absolument pas de sa tête. Je me souviens vaguement qu'elle est petite, je crois, et blonde, mais c'est à peu près tout. Je pense que les augures de Ron seraient plus solidement fondés s'il me disait de faire attention à Delon qui, apparemment, serait prêt à suivre un cygne pour faire avancer sa carrière[1]. Ça c'est un gars qui donnerait tout pour piquer Elizabeth Taylor à Richard Burton, pour ainsi dire. Et, Ron, ne crois pas qu'il ne va pas essayer. Regarde la publicité que ça ferait, bon sang, et à Rome en plus. Il adorerait faire un coup de Burton à Burton. Et je parle d'un gars qui a fait des avances à E via un émissaire quand E et moi étions amants à Rome au plus haut de notre scandale. C'est un homme que rien n'arrête, ou presque. Je ne le connais pas et E non plus mais j'ai comme l'impression que je connais très bien les types dans son genre. Une sorte d'éternel jeune délinquant qui prend son pied par procuration en fréquentant la pègre. Les femmes le trouvent très séduisant. Un peu comme Frank Sinatra, George Raft et Stanley Baker dans leur milieu respectif, mais sans, au moins dans le cas de Frank, leur talent. En réalité je ne sais presque rien de la façon dont il joue ; autant que je sache, je ne l'ai vu qu'une fois dans un film, *Rocco et ses frères*, qui a dû être tourné vers 1960. Un film de Visconti, je crois, dans lequel Delon avait l'air pédé comme un phoque mais très très beau, et Visconti (avec lequel j'ai entendu dire qu'il s'était installé pendant quelques années) et la caméra

[1] Référence à Zeus qui s'était transformé en cygne pour séduire Léda.

traînaient amoureusement, presque lascivement, sur ses exquis petits os, un très gros plan après l'autre. Il doit quand même avoir quelque chose parce que c'est la seule chose dont je me souvienne de tout le film, alors que c'est un autre acteur qui a eu le plus de succès dans ce film et qui a gagné toutes les récompenses, est devenu le chouchou des critiques, etc. Récemment – il y a un an ou deux – il a été impliqué dans un meurtre de la pègre. Son compagnon-chauffeur, un malfrat avec un casier judiciaire qui était aussi « garde du corps » de Delon, a été tué par balle à Paris dans la maison, ou peut-être l'appartement, de Delon. Ça a fait la une en France – dans *Paris Presse*, *Ici Paris*, *France-Soir*, etc. – mais ça s'est tassé au bout d'un moment et je ne sais pas exactement à quel point Delon a été compromis. Enfin bon, il n'a pas été mis derrière les verrous ou autre mais il a été très longuement interrogé par la police[1].

[...]

Vendredi 9, Sarajevo[2] – [...]

J'imagine que quand j'en aurai fini avec *Trot* et que je serai revenu ici pour en finir avec *Tit* j'en aurai par-dessus la tête de ces enfantillages communistes. Je baigne tellement dans les vies et la littérature communistes que j'aurai besoin de toute la brutalité de l'impitoyable capitalisme de l'Occident pour me laver de tout ça.

E est mon seul isme ; elle est un très bon but à avoir dans la vie. Elizabethisme. « Monsieur Burton, y a-t-il des croyances,

---

[1] Delon avait été interrogé en lien avec l'enquête de police sur le meurtre de Stevan Markovic (1937-1968), l'un de ses gardes du corps, en 1968. Le corps de Markovic avait été retrouvé devant le domicile parisien de Delon. Cette affaire de meurtre, dans laquelle Georges Pompidou a aussi fini par être impliqué, a occasionné un tollé considérable dans la presse.

[2] Il s'agit du vendredi 8 octobre.

principes ou opinions politiques auxquels vous croyez dur comme fer ? » « Oui, je crois en l'Elizabethisme. Elizabeth la grande, bien sûr. » « Bien sûr. » Fin de l'interview. Gros titres du lendemain : BURTON AVOUE ÊTRE ELIZABETHISTE.

[...]

Samedi 10[1] – [...] Dernière journée de tournage du film, il fait tellement beau que je pense que je vais prendre l'avion cet après-midi pour Londres, si je finis à temps, et prendrai un vol pour Rome demain matin. [...]

<u>Plus tard. Londres.</u>

Ai pris un avion direct aujourd'hui de Sarajevo à Londres. [...]

Dimanche 10, aéroport de Londres – Ce matin, à ma consternation, je me suis réveillé et j'ai vu qu'il était 7 h 50 au lieu des 6 h ou 6 h 30 habituelles. Consternation parce que j'avais promis à Gwen que je serais dans le NW3 pour les voir avec Ivor à 8 h 30. La douche du Dorchester était froide et sans pression (cet hôtel est vraiment en train de tomber en ruine) donc j'ai abandonné toute idée de douche [...] et j'ai filé après m'être rasé et aspergé en vitesse ; j'étais au 2, Squire's Mount à 8 h 30 passé de quelques minutes. Gwen avait l'air en bien meilleure forme qu'il y a quelques mois, et Ivor aussi, incroyablement, bien que ça fasse des semaines qu'il rejette toute la nourriture qu'il mange, et qu'il ait en permanence une température élevée. Tout homme normalement constitué serait mort depuis longtemps, mais sa volonté stoïque de vivre est phénoménale – les médecins sont d'accord. Son esprit est toujours aussi lucide. J'ai commencé

[1] Il s'agit du samedi 9 octobre.

à écrire cette page sur la piste de décollage et nous sommes maintenant à mi-chemin du trajet pour rejoindre Rome. [...]

Nous avons atterri sans incident à Ciampino [...] et je suis allé directement sur le plateau, à dix minutes environ du studio ; Rome était toujours aussi délicieusement folle. [...] Tout a l'air de bien se passer sur le film, Joe était gentil, angoissé, et ne montrait aucun signe d'avoir bu. Ron m'a maquillé très sérieusement et très nerveusement ; moi je trouve que je ressemble à un parent proche de Ho Chi Minh mais tout le monde était aux anges donc si ça leur plaît autant à l'écran qu'en vrai ça fait un problème de réglé. Ils pourront voir le résultat, miracle, demain matin à 7 h. Je suis appelé pour répéter à 9 h sans maquillage. C'est un peu déconcertant, ça fait tellement longtemps que je n'ai pas fait de film pour lequel je dois répéter. [...]

[...]

Dimanche 23, Rome[1] – Nous avons travaillé tard hier soir et je suis rentré à la maison après 19 h. E était très impatiente de me voir : elle avait des nouvelles importantes de Brian Hutton, qui l'avait dirigée dans *Une belle tigresse*. C'est d'habitude un pessimiste désabusé qui, contrairement à la plupart des Américains dans le milieu du cinéma, n'est pas amateur de superlatifs, mais E dit que les exploitants se battent pour avoir le privilège de diffuser *Une belle tigresse* et que Harry Saltzman, qui a eu le bon goût de produire *Les Corps sauvages* et la bonne idée de produire les James Bond, leur a offert 6 millions pour le film. Tout ça selon Hutton. J'imagine qu'ils ne vont pas accepter l'offre de Saltzman – je ne crois pas qu'ils le puissent de toute façon sans l'accord d'E – parce que s'il propose 6 millions de dollars ça doit vou-

[1] Il s'agit du dimanche 24 octobre.

loir dire qu'il pense que le film gagnera plus. Peut-être même beaucoup plus. S'ils vendent le film pour 6 millions de dollars E pourrait empocher son million de dollars garanti, mais au final, puisque son pourcentage concerne les bénéfices totaux et sans limite de temps, Saltzman devra toujours payer son pourcentage à E. Il faut que je demande à Aaron si E devrait les convaincre de vendre, d'empocher son million garanti, et puis d'attendre tranquillement – croisons les doigts – que l'argent tombe tout cuit. Nous allons suivre de près comment tout ça se goupille. On parle même d'Oscars et ma Dame doit – si l'on en croit cet enthousiasme préprojection – devrait au moins être nommée. Ça la mettra au même niveau que moi, dit-il avec un rire narquois et un peu amer. C'est intéressant de penser que si un – juste un – des films que nous avons faits au cours des douze derniers mois décrochait le gros lot, notre compensation financière serait fantastique. Si *Une belle tigresse*, *Hammersmith*, *Tito* ou *Trotsky* étaient d'aussi gros *blockbusters* que *Cléo*, *Woolf* et les *Aigles*, nos retours financiers se chiffreraient en millions, beaucoup de millions. Et même si ce ne sont que des films à gros succès – entre 10 et 20 millions de bénéfices – comme *Becket*, *Le Chevalier des sables*, *La Mégère*, ou *Hôtel international*, ce sera encore considérable – bien plus qu'avant quand nous avions 1 million d'avance et 10 % des bénéfices. J'ai calculé que si on ne nous avait donné aucune avance mais les mêmes pourcentages que ceux que l'on nous a proposés depuis douze mois, nous aurions gagné plus d'argent qu'avec les anciens contrats, même sur des films qui n'ont pas dégagé d'énormes bénéfices comme *Cérémonie*, *L'espion* ou *Iguane* – 8 à 10 millions chacun. C'est plus excitant comme ça pour tout le monde. Le contre-argument bien sûr c'est que pour *L'Escalier* et *Las Vegas, un couple*, qui ont été d'énormes flops, nous serions simplement rentrés dans nos frais, plus, avec un peu de chance, 100 000 à 200 000.

[…]

La chose la plus importante pour nous, bien sûr, c'est de faire, ou au moins d'essayer de faire, des films gratifiants sur le plan cinématographique plus que financier. Nous sommes tous les deux assez riches pour le restant de nos jours, même en cas de catastrophe économique mondiale. Je préférerais de beaucoup, par exemple, qu'E et moi gagnions un Oscar plutôt qu'un film engrange les mêmes bénéfices que les *Aigles* sans avoir la moindre valeur artistique. Mais il est vrai que les Oscars vont aussi inévitablement de pair avec de bons résultats au box-office. De tous les films que nous avons tournés depuis que nous ne sommes plus sous contrat je ne me souviens que de deux dont nous savions qu'ils n'étaient pas sérieux avant même de commencer. *Le Chevalier des sables* pour nous deux, et *Le Cinquième Commando* pour moi. Tous les autres ont été d'honnêtes tentatives de réaliser de bons films, même ceux qui ont fait un flop au cinéma comme *Boom !*, *L'Escalier*, *Les Comédiens*, et *Las Vegas, un couple*. Nous avons accepté *Le Chevalier des sables* parce que nous avions peur de ne plus avoir de boulot et que nous voulions travailler ensemble, alors que *Le Cinquième Commando* était une blague. Mais une blague lucrative. Comme l'autre blague du *Chevalier des sables*.

Enfin bon, assez parlé de films. Je suis juste enthousiaste que la *Belle tigresse* soit un « gros succès » pour E. En termes de mérite et en termes d'Oscars. Je sais qu'elle est brillante dans le film et je sais que c'est un bon film, mais j'avais une opinion presque aussi haute de *Boom !* et ça a fait BOUM. [...]

C'était très bizarre au boulot hier parce que pour la deuxième fois cette semaine – je croyais avoir laissé tout ça en Yougoslavie – j'ai à nouveau joué une scène avec deux acteurs qui ne parlaient pas un mot d'anglais et qui se sont avérés incapables d'apprendre, même comme des perroquets, les quelques répliques qu'ils avaient à dire. [...] C'est déjà suffisamment difficile avec Valentina Cortese – relativement bonne actrice mais dont le jeu est plein de clichés, et comme elle n'est pas à l'aise avec la langue anglaise, elle rend les banalités qu'elle est obligée de proférer encore plus banales. Une réplique comme celle-ci, quand les Rosmer se lamentent de la chute de la France, devient le gouffre aux bâillements de Triffouillis-l'Ennui à cause de son élocution infiniment lente et pourtant incertaine. « Ni rire ni pleurer mais comprendre[1]. » Je commence à me demander si ce qu'ils ont tourné à Mexico avec Delon et Schneider est aussi mauvais. Et si Joe a baissé les bras. De par sa nature ce film est rempli de slogans communistes et le boulot des acteurs c'est de les rendre frais, désespérément intenses. On ne peut pas faire ça sans une maîtrise parfaite de la langue anglaise. J'espère vraiment que je suis pessimiste à l'excès.

Il y a eu un incident très drôle. Joe est venu me voir pendant mon maquillage et m'a dit que les deux acteurs français parlaient tellement mal anglais qu'il allait peut-être falloir que nous fassions tout le film, ou une partie, en français. Dès qu'il est parti j'ai traduit mes répliques en français en cinq minutes et, avec l'aide de Gaston, j'ai corrigé la grammaire et les expressions. Une heure plus tard Joe m'appelle pour tourner après avoir répété et je lui dis que je connais aussi mes répliques en français. OK. Donc je commence en français, en parlant à mille à l'heure comme c'était le cas de Trotsky apparemment, et je me rends compte, à ma grande surprise, que les acteurs français sont aussi mauvais en français qu'en anglais. Finalement nous sommes repassés en anglais tout du long, et ils n'ont pas réussi à dire leurs répliques correctement. Ce n'est même pas assez bien pour être doublé. Ils devront être hors champ pratiquement à chaque fois qu'ils parlent, et à l'image quand c'est moi qui parle, j'imagine. Conne-

[1] Baruch Spinoza, *Traité de l'autorité politique* (1677) : « J'ai pris grand soin de ne pas tourner en dérision les actions humaines, de ne pas les déplorer ni les maudire, mais de les comprendre » [trad. de Madeleine Francès, Folio-Gallimard (N.d.T.)].

rie de merde de nullité, ta mère, Joe Losey. Enfin bon, c'est une magnifique journée et nous allons déjeuner à L'Escargot sur la Via Appia Antica, ils ont une très bonne entrée qui s'appelle la Bouchée Caruso, pas recommandée en cas de régime mais c'est indéniablement une journée sans et je me remettrai à surveiller ma ligne demain. De toute façon je suis retombé à 75 kg et des poussières. Je vais peut-être boire un ou deux verres de Mouton ou de Lafitte.

[...]

Mercredi 27, Rome – [...] Hier nous avons fait du bon boulot. [...] J'ai travaillé avec Romy Schneider pour la première fois. Elle est très maligne. Elle n'a montré aucun signe de son « tempérament » qui se manifeste apparemment par des cris à l'encontre du coiffeur, du maquilleur, etc., et a été, au contraire, l'incarnation même de la modestie. [...]

Mercredi 27, Rome – [...] J'ai tourné deux scènes aujourd'hui, une avec Schneider et une avec Delon. Delon est étonnamment petit. De loin, il donne l'impression de mesurer 1,80 mètre, mais en fait, de près, il ne mesure que 1,75 mètre environ. [...]

Jeudi 28, Rome[1] – [...]

Elizabeth a arrêté de boire d'un seul coup d'un seul – ou presque, elle a bu une bière, pas par manque désespéré d'alcool mais parce que ça allait bien avec son repas. On ne peut tout de même pas boire un jus d'orange ou un Pepsi-Cola avec une pizza. Je vais noter en rouge les dates de ce journal pour chaque

[1] Les dates, à partir de ce jour-ci jusqu'au 10 novembre, sont soit tapées à l'encre rouge, soit soulignées en rouge.

jour qu'elle passe loin du démon de l'alcool. Je suis ravi. J'ai toujours voulu qu'elle s'arrête de boire de temps en temps car c'est certainement bon pour la santé et le bien-être mental. Pour le mental parce que c'est bien de savoir qu'on est capable de s'arrêter, qu'on n'est pas devenu alcoolique, qu'on ne vit pas pour et par l'alcool. D'habitude j'ai besoin de diminuer ma dose pendant plusieurs jours de suite avant d'arrêter complètement, mais E a l'air de pouvoir faire ça d'un coup.

En plus de tout le charme de la journée d'hier, nous avons reçu des nouvelles de New York et de Californie disant que la projection d'*Une belle tigresse* a eu un succès phénoménal et que les distributeurs se sont battus pour l'avoir.

Encore une journée magnifique, je suis appelé en répétition à 9 h 30 pour continuer la scène que nous avons tournée hier, puis nous devrions enchaîner avec la première de mes deux scènes avec Delon ; dans la première il vient pour me tuer mais ne passe pas à l'acte, et dans la deuxième il le fait. Joe n'est définitivement pas dans son assiette. Il a l'air de ne pas connaître le scénario aussi bien que d'habitude. La script-girl et moi n'arrêtons pas de lui rappeler des choses plus qu'évidentes. [...]

Jeudi 28, Rome – Nous avons travaillé toute la journée jusqu'à ce qu'il n'y ait plus de lumière. Il est maintenant 20 h 10 et, joie suprême, notre Liza arrive ce soir à 22 h et devrait nous avoir rejoints vers 23 h. Nous allons l'attendre. E a déjà bu trois bières ce matin mais comme je ne considère pas vraiment la bière comme de l'alcool, sauf quand on descend vraiment beaucoup de pintes, je lui accorde une date « en rouge ». [...] Bizarrement E n'avait bu que deux bières quand elle a vu que j'avais écrit trois et elle a du coup décidé de transformer la présomption en fait. En ce moment même.

[...]

Samedi 30, Rome – Notes quotidiennes très brèves. Principalement parce que je ne me lève pas assez tôt le matin. [...] J'ai travaillé avec Delon toute la journée hier. C'est un bien meilleur acteur que je ne le croyais. Très sensible, et tout. Agréable surprise. Liza est ici, un peu enrobée, rondeurs d'adolescente et un tantinet d'acné mais tout ça ça fait partie de la puberté, ou de l'adolescence ? Glousse beaucoup aux blagues en dessous de la ceinture, ce qui, bizarrement, me pousse à faire d'innombrables blagues de cul – puériles, inoffensives, et très mauvaises. [...] Viens d'avoir une longue discussion avec Liza sur la masturbation – causée par la rubrique Dear Abby qu'elle vient de lire[1]. Je lui ai dit que ça faisait partie intégrante du fait de grandir – particulièrement chez les garçons, ai-je dit. Pourquoi particulièrement chez les garçons ? Parce que, ai-je répondu, j'en suis sûr pour les garçons, puisque j'en ai été un, aussi incroyable que ça puisse paraître, mais comme je n'ai jamais été une fille je n'en suis pas sûr pour elles. Je lui ai raconté les choses stupides et effrayantes qu'on m'avait dites quand j'étais petit. Que nous deviendrions aveugles et chauves avant d'avoir 21 ans, etc. Que des conneries. Lui ai aussi dit que trop de masturbation pouvait mener à l'onanisme qui pouvait entraver les relations sexuelles plus normales, mais je ne suis pas très sûr de ça non plus.

NOVEMBRE

Lundi 1er, Anzio – [...] Je me demande si ce film que je suis en train de tourner est vraiment bien ? Je ne suis pas obsédé par son succès comme E l'est avec *Une belle tigresse* mais j'aime-

[1] « Dear Abby » (Chère Abby) était une rubrique de courrier du cœur, écrite à l'époque par Pauline Phillips sous le pseudonyme Abigail (Abby) Van Buren.

rais bien quand même. En fait je m'en fiche un peu. Attitude dangereuse. Où est passée ton ambition, mon gars ? L'ai perdue depuis longtemps, monsieur. Tss-tss.

[...]

Mardi 2, Rome – Ai travaillé toute la journée hier. [...] Aujourd'hui j'ai une scène avec Val Cortese puis nous commençons la scène d'assassinat bien dégoûtante avec Delon. Du faux sang absolument partout. [...]

Mercredi 3 – [...]

[...] Hier, malgré toutes les excuses du monde, E a seulement bu une bière et un verre de vin, ce qui fait qu'après une semaine de « break » elle a bu en tout et pour tout un verre de vin, un délicieux martini dimanche, cadeau de son mari si fier d'elle, et environ dix bières. Une belle diminution par rapport à la dose quotidienne d'une demi-bouteille ou plus d'alcool fort. Comme elle dit, l'habitude de boire est devenue simplement ça – une habitude odieuse où l'enthousiasme de la bonne vieille cuite est dissipé par l'habitude. Nous étions tous les deux d'accord pour dire que la vodka-martini glacée du dimanche avant le déjeuner était d'autant meilleure qu'on l'attendait avec impatience, etc. E vient de me corriger et m'a rappelé qu'elle avait bu une vodka-orange hier. Bon, donc ça fait deux vodkas en une semaine. Et alors.

[...] Tout à l'heure quand je suis rentré vers 18 h E m'attendait, rayonnante de satisfaction. Elle était allée faire des courses chez Gucci et s'était bien amusée, et voilà que nous étions là tous les deux heureux comme tout, impatients de passer une autre soirée délicieuse, moi avec des mots croisés et E avec un livre, à discuter pour savoir si nous devions aller à Gstaad, Vallarta, ou – idée soudaine qui m'est venue – à Quogue pour Noël. Nous

nous sommes aussi dit que nous irions chez les Rothschild (à Ferrières) pour une fête que Guy et Marie-Hélène donnent le 2 novembre, une de leurs fêtes incroyablement chics qui peut être vraiment amusante[1]. La dernière fois j'étais assis à table à côté de Mme Pompidou et j'ai bu un verre après avec le président Pompidou, à l'époque évidemment où il n'était qu'ex-Premier ministre, un peu en disgrâce auprès de De Gaulle. Ce soir-là j'ai aussi vu Brigitte Bardot pour la première fois depuis qu'elle était une toute jeune fille, qu'elle était mariée ou vivait avec Vadim et était loin d'être aussi célèbre que maintenant. J'ai dit à Ron après que j'avais du mal à croire que c'était la même fille, à tel point que j'ai presque été tenté de penser que j'avais mal retenu son nom et qu'il s'agissait d'une autre starlette à l'époque. « Ah, a dit Ron, j'imagine que tu l'as rencontrée quand elle avait encore des dents de lapin. » Effectivement, ceci explique probablement cela.

Jeudi 4, Grand Hotel – [...] J'ai lu *Les Fleurs du mal* de Baudelaire... *Tout là-haut, tout là-haut, loin de la route sûre... Sous mes pieds, sur ma tête et partout, le silence, le silence qui fait qu'on voudrait se sauver, Le silence éternel*★[2]...

Jeudi 3, Grand[3] – Je me demande combien de temps Frank va rester « à la retraite »[4]. Qu'est-ce qu'il prépare ? Je doute qu'il sache écrire, il n'a pas le genre d'esprit qui laisse penser ça. Certaines personnes, Bob Mitchum, Marlon, Monty Clift, et parfois O'Toole, dans mon milieu, me donnent l'impression – dans le cas de Monty, à mettre au passé – qu'avec un peu de volonté

[1] Le bal était en fait prévu pour le 2 décembre. (N.d.T.)
[2] Ces vers sont tirés du poème « Incompatibilité » en appendice des *Fleurs du mal* de Baudelaire.
[3] Il s'agissait en fait du jeudi 4 novembre, comme Burton l'avait noté précédemment.
[4] Frank Sinatra avait annoncé qu'il quittait la scène le 12 juin 1971. Il a fait son retour en 1973.

et de discipline, ils ont des talents innés d'écrivain, mais je parie que ce bon vieux Sinatra, vieille canaille, va devoir prendre un nègre, et si je connais Francis aussi bien que je le crois, ce nègre aura là sa tâche la plus invisible. Personne ne va dire : « Eh bien, en fait c'est moi qui l'ai écrit, ce n'était pas Frank du tout. » C'est étrange que Frank, qui interprète les paroles des chansons connues mieux que tous ses rivaux et qui est, comme je l'appelle, un magnifique interprète de poésie de coin de rue – *One for My Baby and One More for the Road* et autres belles chansons qu'il transforme, par un tour de passe-passe, en brillante poésie de deuxième ordre – se retrouve complètement démuni face à quelque chose de massif – comme *Hamlet*, par exemple. Je parle de *Hamlet* parce qu'un jour où il avait le cafard, encalminé dans l'océan de Hollywood, sans aucune perspective de boulot (c'était au début des années 1950), il m'a demandé de lire *Hamlet* avec lui parce qu'il comptait faire un retour grâce aux classiques et qu'il allait montrer à tous ces connards de quel bois il se chauffait.

Vendredi 5 – E m'a dit hier soir que j'étais très snob à propos de Sinatra et qu'il était vraiment gentil et plein de bonne volonté. [...]

La journée d'hier a été très inconfortable. Nous avons tourné la scène de l'assassinat dans laquelle il y a plein de sang. Ron a attaché et caché dans mes cheveux un tube en caoutchouc très fin qui me descendait le long du dos et allait jusqu'au sol. Delon me frappe, je me lève et me mets à hurler et Ron, allongé par terre, actionne la pompe pour faire couler le sang artificiel dans le tube. Après un faux départ où Joe, comme un imbécile, a crié « Coupez ! » juste après que le faux truc rouge a commencé à couler, ce qui nous a fait perdre une heure entière pour tout nettoyer et refaire le maquillage, quelle plaie, nous avons tout bouclé en une prise. Et comme je suis trop paresseux pour faire du sport je me suis bien sûr fait une élongation ou froissé un muscle dans le dos pendant la prise, et donc ce matin je peux à peine bouger. En plus j'ai reçu plein de sang dans les yeux et je crois que j'en ai avalé, du coup j'ai eu les yeux irrités pendant plusieurs heures après le tournage, j'ai presque perdu ma voix et j'ai eu très mal à la gorge. J'ai toujours mal aux yeux et à la gorge ce matin, mais moins. Il va encore y avoir du sang ce matin mais j'espère vraiment que nous n'allons pas devoir refaire tout ce que nous avons fait hier.

Un groupe d'Italiens veut que je joue Mussolini !

J'ai lu beaucoup de romans qui m'ont plu ces dernières semaines ; c'est inhabituel pour moi – que je lise des romans, j'entends, pas qu'ils me plaisent. Sur le plateau, réplique de la maison de Trotsky, il y a des centaines de livres qui ont été achetés en lots, j'en suis sûr. Je me suis mis à les lire, enfin certains, au boulot entre les prises. [...]

Le fait que je lise des romans est nouveau pour moi. Excepté mes quelques romans modernes préférés – Waugh, Greene, Powell, Huxley et Snow – ma lecture de roman se limite à de la relecture de livres que je connais depuis des années. Mais maintenant, tout à coup, j'ai envie de relire des livres qui m'avaient paru rebutants mais que tout le monde considère comme des chefs-d'œuvre. Je veux et vais lire Dostoïevski, Tolstoï et Proust, et je veux et vais lire Balzac, Dumas et Stendhal en français. Je vais peut-être aimer les trois premiers auteurs plus qu'avant, et je me réjouis à l'idée de lire les trois autres dans leur langue maternelle. Tellement de choses à faire et pas si peu de temps. J'espère.

[...]

Ma plus grande joie en ce moment c'est de lire Baudelaire. C'est magnifique de découvrir de nouveaux poèmes lorsqu'on a passé la quarantaine. La plupart des hommes absorbent leur quota de poésie avant l'âge de 25 ans et en vivent pour le restant de leurs jours – enfin ceux qui ont l'oreille poétique en tout cas.

Quand je dis découvrir je veux dire découvrir de la poésie qu'ils ne connaissaient pas, nouvelle pour eux, au lieu de régurgiter la vieille poésie qu'ils connaissaient déjà. J'avais, bien sûr, déjà lu Baudelaire en anglais, mais la langue était méconnaissable. Pourquoi est-ce que je n'ai pas bien appris le français quand j'étais jeune, mais je préfère peut-être ça comme ça. C'est assez incroyable de découvrir un monde littéraire entièrement nouveau, de le découvrir, si je puis dire, avec tout l'enthousiasme d'un étudiant en première année, à l'âge mûr de 46 ans la semaine prochaine. Imaginez tous ces filons d'or intouchés. Imaginez tous ces trésors qu'il reste à découvrir dans l'immense entrepôt de la littérature française. J'ai hâte d'être à mon prochain jour de repos pour accroître ma bibliothèque. [...]

Je n'ai pas eu autant de sang dans les yeux aujourd'hui mais j'ai quand même à nouveau mal, et j'ai réussi à ne pas en avaler non plus donc je suis en bien meilleur état qu'hier. [...] La scène où je crie et me bats avec Delon a l'air de très bien fonctionner, nous n'avons donc pas besoin de la refaire, Dieu merci. [...]

Samedi 6 – [...] Avons déjeuné dans un restaurant appelé Passetto. Visiblement nous avons mal choisi. Mon agneau – grillé, sans goût, sec. Le foie de veau au lard d'E – pas inspiré. J'ai pris des *cozze marinera* pour commencer qui étaient délicieuses[1]. Nous avons partagé une bouteille de Lafite 63. Qui était bonne, elle. Nous en avons bu deux verres chacun. J'ai bien l'impression que j'ai définitivement réglé mon problème de boisson. Pour la quatrième fois en un mois hier, j'ai bu un ou deux verres de vin au déjeuner, plus un martini une fois, sans ressentir le besoin de continuer et boire comme un trou comme je le faisais avant.

---

[1] En italien dans le texte – moules marinières. (N.d.T.)

Le livre écrit sur moi par Cottrell et Cashin intitulé, tout simplement, *Richard Burton*, est arrivé hier[1]. J'ai encore essayé de le lire mais je n'ai pas réussi à faire plus que le feuilleter en regardant les photos et en me moquant de Claire Bloom. Le livre était accompagné d'une lettre de leur agent me proposant d'en faire une critique pour un hebdomadaire « de qualité ». Je vais lui répondre que d'après les petits extraits que j'ai pu entrevoir je suis certain que ma critique serait défavorable, et comme j'apprécie les deux écrivains et leur souhaite beaucoup de succès, il serait mieux que je me taise. [...] Le seul effet que le livre ait sur moi c'est de me décider quelque peu à écrire ma propre histoire un de ces jours – en plusieurs volumes. Quand je me rappelle mes années d'écolier, je pense souvent à un garçon qui, à l'école, nous semblait à tous être un acteur-né. [...] Je crois [...] qu'il m'a écrit il y a une dizaine d'années, guère plus, disons quinze, pour me demander de l'aider à devenir acteur. [...]

Je me demande s'il sait à quel point le milieu est monstrueusement injuste. L'homme de 30 ans encore tout brûlant d'ambition se retrouve perplexe de frustration quand, grand, élégant, beau, voix de stentor, sous les feux des projecteurs de la scène, il se rend compte, sait, que le public ne s'intéresse absolument pas à lui mais à l'autre, pesant et disgracieux, visage grêlé, voix cassée. Pourquoi est-ce que le public regarde Alec Guinness et pas moi ? Ou Marlon Brando. Ou Alan Badel. Ou Paul Scofield. Non mais regardez-moi Scofield. Démarche de maquereau, voix très manifestement fausse, cul d'éléphant, thorax étroit, épaules riquiqui, et moi, superbe et brillant rejeton d'une lignée centenaire de comtes, je suis là, et pourtant ils regardent Scofield et son jeu minable. Et Larry, mon cher, un lord encore. Enfin c'est absurde. C'est pratiquement un nain. Sa voix est complètement

[1] John Cottrell et Fergus Cashin, *Richard Burton* (1971).

artificielle, tout en maniérisme. Et ce côté vulgaire qu'il a, c'est honteux. Quand il jouait Othello je ne pouvais pas le regarder. Mais le public si, bien sûr. Enfin le public est un troupeau de moutons, il croit les critiques. Idiots. Et Brando. Franchement, est-ce que vous avez jamais compris un mot de ce qu'il raconte ? Soyez francs. Quant à Burton. Les mots me manquent.

Dimanche 7, Rome – [...] Le fait d'avoir virtuellement arrêté de boire a eu un effet formidable sur E. Elle est plus active, plus animée, et en même temps plus détendue. Et encore plus belle qu'avant. Son visage s'est très subtilement aminci et le mini-double menton qu'elle a toujours a beaucoup diminué. Et même chez E il y a forcément une certaine dose de boursouflage dû à l'alcool. Si elle perd 2-3 kilos en faisant un régime elle aura à nouveau l'air d'avoir 25 ans. Et c'est sûr qu'avoir moins de cheveux gris fait aussi gagner quelques années. (Pour la première fois de sa vie, parce que pendant des années j'avais refusé qu'elle le fasse, elle s'est un peu teint les cheveux, c'est-à-dire qu'elle a fait des « mèches » qui ont laissé des cheveux gris.) Ça faisait deux ou trois ans que, pour la première fois de sa vie, E avait le teint un peu marqué le matin quand elle se réveillait. Je le lui ai dit et pour la première fois lui ai suggéré de se maquiller un peu si quelqu'un venait nous voir tôt. Mais maintenant son visage du matin est redevenu aussi frais et radieux que celui de la veille au soir. [...]

Lundi 8, Rome – Hier a été, dans l'ensemble, une journée peu satisfaisante. Brook Williams est venu à 10 h et J. Heyman à 11 h 20. [...] Il semblerait que je n'aie pas besoin de retourner en Yougoslavie avant janvier, nous avons donc décidé d'attendre jusque-là et de prendre sept grandes semaines de vacances. [...] Je ne veux plus jamais avoir de visiteurs le dimanche matin. Ils détruisent le rythme du dimanche parfait, lire les journaux avec

E qui me lit des extraits choisis des journaux bas de gamme, particulièrement de *News of the World*, pendant que je parcours la rubrique sports – Longhurst, McIlvanney et Parkinson –, puis la rubrique politique et, pour finir, luxueuse orgie dans la rubrique critiques de livres, crayon et papier prêts pour pouvoir noter les livres à acheter tout de suite ou est-ce qu'il faut attendre qu'ils sortent en format de poche ? J'ai depuis longtemps renoncé à lire les rubriques théâtre et cinéma. Je les trouve, et les ai toujours trouvées, illisibles, sauf quand elles me concernent. [...]

J'ai lu hier l'autobiographie de David Niven d'un seul trait[1]. C'est très drôle, mais pas très bien écrit et très anecdotique, comme toutes les biographies d'acteur, rempli de « Et puis Mike Todd m'a appelé et m'a dit "Ramène ta fraise" », etc. Il décrit une scène sur le bateau de Bogart qui ne s'est pas du tout passée comme ça, j'y étais. Il décrit Sinatra en train de chanter toute la nuit sur un bateau à moteur, avec beaucoup d'autres bateaux tout autour « muets d'admiration », dit-il. Frankie a bien chanté toute la nuit, c'est vrai, et il y avait plein de monde assis sur les bateaux en train de se saouler, c'est vrai, mais Bogie et moi sommes allés poser des casiers à homards avec Dumbum [...] pendant que Frankie était en train de chanter et nous n'arrêtions pas de faire des blagues sur Betty [Bacall] assise aux pieds de Sinatra, etc., et Frankie s'est vraiment énervé contre Bogie[2]. David Niv, qui se décrit comme ayant été envoûté toute la nuit, a essayé à un moment de mettre le feu au *Santana* parce que personne n'arrivait à faire taire Francis qui chantait et chantait et chantait. Je buvais des « boilermaker » avec Bogie, du rye qu'on faisait ensuite descendre avec des cannettes de bière, donc je n'ai qu'un souvenir assez embrumé de la nuit, mais je crois

[1] David Niven, *Décrocher la lune* (*The Moon's a Balloon*, 1971).

[2] « Dumbum » ou « Dum Bum » était le marin danois du bateau de Bogart, le *Santana*.

me souvenir qu'une fille qui se disputait avec son mari ou son petit ami dans un petit canot à rame s'est fait jeter à l'eau par son compagnon furieux. Je ne sais pas pourquoi mais j'imagine que c'est parce qu'elle voulait rester à écouter Frankie et que lui voulait partir. Bogie et Frankie en sont presque venus aux mains le lendemain à cause de la nuit passée à chanter ; j'ai dû raccompagner Betty furieuse que Bogie se soit moqué de Frankie quand il chantait. À cette époque Frankie n'avait pas de travail, il était particulièrement vulnérable, et Bogie avait été inutilement cruel. Mais bon de toute façon ça ne ressemble pas du tout à la description de Niv. Il écrit des choses adorables sur E, et sur presque tout le monde, en fait.

Alexandre vient d'arriver avec un message de Marie-Hélène Rothschild nous invitant

Mardi 9, Rome (suite d'hier) à une fête à Ferrières le 2 décembre et à venir dormir la nuit d'avant, un mercredi, et à rester le week-end suivant. Grâce aux nouvelles que nous venons de recevoir de Yougoslavie, nous allons pouvoir y aller. J'avais dit que nous irions à la fête à la condition que nous puissions rester dormir à Ferrières la nuit d'avant et la nuit d'après. Deux raisons : j'adore Ferrières. Et je n'ai pas à me préoccuper qu'E soit à l'heure.

La vraie raison, c'est la première. L'immensité du château et, en même temps, son côté chaleureux me procurent une satisfaction immense. Le terrain, qui semble interminable, rempli de lacs, de forêts et de pistes cavalières, est un immense monde à lui tout seul, et je m'y promène en long et en large pendant des kilomètres. J'aime aussi beaucoup les Rothschild. Je ne suis pas très mondain mais Marie-Hélène et Guy m'inspireront toujours respect et fidélité ; ils ont été vraiment gentils avec nous quand personne d'autre ne l'était. À l'époque du Scandale ils se sont démenés pour être polis et chaleureux envers nous alors que nous étions de la chair à sensationnalisme vulgaire en couverture de tous les journaux un jour sur deux. Des gens bien moins haut placés qu'eux se sont mis à nous ignorer complètement, même, excusez du peu, des gens de notre milieu. Cette idiote d'Audrey Hepburn par exemple, qui était soi-disant une vieille amie d'E, n'était plus joignable au téléphone, et n'a jamais témoigné de reconnaissance pour les fleurs que nous lui avions envoyées pour son anniversaire. David Niven s'est aussi comporté comme un snobinard, mais s'est excusé depuis. Grace ne se serait même pas en rêve affichée en notre compagnie, mais je suis certain, aujourd'hui, que Rainier n'en avait rien à foutre. Nous n'en avions rien à foutre non plus, nous étions très contents qu'on nous foute la paix, et donc la gentille attitude de Guy et M-H n'avait aucun impact réel sur notre bonheur, mais c'était un splendide revers pour les corbeaux noirs qui croassaient de notre « disgrâce ».

Je crois comprendre que la fête est donnée en l'honneur du centenaire de la naissance de Proust. Mon Dieu, il est mort en 1922 à 51 ans ; et moi, à cinq ans de l'âge où il est mort, je me retrouve sans un seul livre à mon actif. Je n'ai jamais aimé les sept volumes d'*A la Recerche* [*sic*] mais reconnais tout de même l'énormité de l'entreprise[1]. Je vais peut-être le comprendre et l'apprécier plus que la première fois que je l'ai lu. Je devais être adolescent. Je referai une tentative à notre retour à Gstaad.

Les dames sont priées de s'habiller dans le style de l'époque, avec des coiffures d'époque, uniquement ornées de « fleurs, plumes ou diamants ». Les hommes sont priés de mettre une queue-de-pie ! Marie-Hélène a failli recevoir, en réponse à cette dernière requête, « Va te faire voir chez les poissons du lac

[1] En 1972, Burton s'intéressa à un scénario de Harold Pinter basé sur *À la recherche du temps perdu*, mais le film resta à l'état de projet.

de Ferrières », mais E m'a fait changer d'avis. En fait, j'ai hâte d'y être.

Hier a été une journée de sang et de sueur. On me poussait en train de mourir d'un terrible coup à la tête dans un couloir d'hôpital jusqu'au bloc opératoire des urgences. Journée bordélique au possible avec le faux sang qui séchait tout visqueux dans mes cheveux et Cortese qui pleurait sur ma mort même en répétition. Qu'est-ce que je déteste les gens qui « jouent » vraiment comme ça. Ils sont toujours tellement mauvais en plus. Mais ils ont l'impression d'être formidables, au lieu des pauvres imbéciles qu'ils sont, imbéciles complaisants. Tellement gênant que ça fout les jetons. [...]

N'ai pas noté que dimanche E et moi avons bu un martini chacun et deux verres de vin, et hier E a bu un Jack Daniel's. [...]

Mercredi 10, Rome – Aujourd'hui j'ai 46 ans. Parfois je suis surpris d'être arrivé jusque-là. J'ai toujours eu le sentiment que je mourrais entre 30 et 40 ans, et quand j'avais une vingtaine d'années j'étais fermement convaincu que je mourrais à 33 ans. Je tenais ça d'un idiot d'Irlandais (Irlando-Gallois) il y a très longtemps au ML Club de Londres, un dimanche après-midi pluvieux, en fin d'après-midi ; nous prenions une pause après avoir lu de la poésie. Il y avait Dylan, Constant Lambert, Louis MacNeice et Esmé Percy – bon Dieu ils sont tous morts – et nous buvions allègrement, sans nous soucier le moins du monde du fait qu'une heure plus tard nous devions faire une lecture de vers compliqués en direct à la radio – en tout cas Esmé et moi[1]. Non, ce n'est pas ça, nous devions faire une lecture de *L'Abbaye*

[1] Constant Lambert (1905-1951) : compositeur et chef d'orchestre. Esmé Percy (1887-1957) : acteur.

du cauchemar de Thomas Love Peacock[1]. Le ML Club était, et est toujours, une gargote hideuse, mal tenue, et sale au possible, juste au coin de Upper Regent Street. Je n'ai jamais su si j'en étais membre mais je dois sûrement en être un maintenant que je leur ai « prêté » 500 livres l'hiver dernier via John Dearth[2]. Sa seule utilité était d'offrir un endroit pour boire quand les pubs étaient fermés. Personne ne songeait à y mettre les pieds si le « George » était ouvert à quelques centaines de mètres de là. Enfin bref, cet après-midi-là, nous venions d'entendre l'injonction habituelle, « Pause jusqu'à 18 h 30, filage jusqu'à 19 h 30, ampoule rouge allumée à 20 h », et nous sommes allés au ML avec Esmé. C'était ma version du bonheur total. Un dimanche à Londres dans les studios de la BBC pour leur troisième chaîne, Third Programme – certainement la meilleure chaîne de radio du monde – en train de jouer Shelley dans la merveilleuse pièce de Peacock, entouré d'une sarabande de brillants acteurs britanniques – Esmé lui-même, Count Robert Farquarson du Saint-Empire romain, qui avait la réputation d'être sataniste, Ernest Thesiger, Andrew Cruikshank, Robert Speaight, Michael Hordern, et parfois Dylan et James Crock de Gold Stephens, et toujours les acteurs de la troupe de la BBC, dont un était véritablement, si c'est possible à la radio, un grand acteur – James McKechnie[3]. Nous voilà donc un dimanche, dans mon terne paradis de langue magnifique que nous étions payés à dire, incroyablement, au studio 8 de la BBC sur Portland Place, les journaux du dimanche éparpillés partout, et les gars qui rivalisaient à coups d'histoires et d'anecdotes ; la

---

[1] *Nightmare Abbey*, publié en 1818. Burton était au générique de la production radio de la BBC du 7 novembre 1949, dans le rôle de Scythrop Glowry.

[2] John Dearth avait joué avec Burton dans *Les Corps sauvages*.

[3] Robert Farquarson (1878-1966) et Ernest Thesiger (1879-1961) étaient aussi à l'affiche de *La Tunique*, dont Burton interprétait le rôle principal. Andrew Cruikshank (1907-1988). Robert Speaight (1904-1976). James Stephens (1882-1950), auteur de *The Crock of Gold* (1912). James McKechnie (1911-1964).

compétition était tellement intense que personne ne parvenait à garder la parole longtemps, même quand Dylan était là ; il avait beau être l'orateur le plus captivant que j'aie jamais rencontré, il était bizarrement étouffé par ces acteurs anglais froids et précis à l'accent impeccable. [...] Mais ce qui était véritablement merveilleux, c'était le travail lui-même. Le public n'était qu'une considération secondaire tellement il était réduit. Non seulement la fréquence de la Third Programme était introuvable dans la majorité de la Grande-Bretagne, mais la chaîne, concept original de la BBC, diffusait des pièces en grec ancien et était délibérément tournée dans la direction opposée au public de masse. S'ils obtenaient, par hasard, un succès foudroyant, celui-ci était presque toujours rediffusé sur les deux autres chaînes de la BBC, BBC Home Service et BBC Light Programme. Les meilleurs projets auxquels j'aie jamais contribué se sont faits sur cette chaîne. J'ai participé à d'innombrables lectures de poésie et à toutes sortes d'adaptations de grandes œuvres, en particulier parmi les moins connues. Les *Hamlet* et *Henry V* étaient monnaie courante et diffusés sur les ondes grand public, mais *Dommage qu'elle soit une putain*, Love Peacock, *Bussy d'Amboise*, Chaucer, *In Parenthesis* et *Anathema* de Jones, *Finnegans Wake* et *Ulysse*, etc., ont tous été faits sur « notre » chaîne[1].

Bref ce Gallois de Cardiff, pilier des bars louches de l'époque – je me souviens très bien de lui mais impossible de me rappeler son nom –, écrivain qui n'avait jamais été publié et acteur qui n'avait jamais joué, s'est proposé de nous prédire, en regardant nos mains, quand nous allions mourir. Il a prédit à mon père, qui était venu me voir du pays de Galles pour une semaine

---

[1] *Dommage qu'elle soit une putain* (*'Tis Pity She's a Whore*, 1633) de John Ford. *Bussy d'Amboise* (*The Tragedy of Bussy D'Ambois*, 1607) de George Chapman. Geoffrey Chaucer (env. 1343-1400). *In Parenthesis* (1937), *Anathema* (1952), de Davis Jones. *Finnegans Wake* (1939) et *Ulysse* (1922), de James Joyce.

– je l'avais emmené à la BBC pour qu'il voie comment c'était et je m'apprêtais à le renvoyer à Hampstead après notre session alcoolisée de l'après-midi – qu'il mourrait à 81 ans ; Dylan à 39 ans, Lambert à 55 ans, et moi à 33 ans. Ça m'a fait une telle impression que je m'en souviens encore aujourd'hui. Tout ça est devenu encore plus effrayant quand Dylan est bien mort à 39 ans (j'en avais 29) et qu'à peu près à la même époque mon père Dic est mort à 81 ans. Selon mes frères mon père avait 83 ans mais il y a toujours eu une incertitude concernant l'âge de mon père, et dans mon cas je n'avais, selon le prophète, que quelques années à tirer. Lambert est mort, mais je ne sais pas à quel âge ; je ne me souviens pas s'il avait prédit la date de mort d'Esmé, mais Esmé est mort aussi. Pour toute personne qui n'était pas au courant, mon comportement au cours de ma 33e année sous le ciel s'apparentait à de la haute comédie[1]. Je me déplaçais en voiture, en train ou en bateau quand je devais voyager. J'ai refusé de faire un film réalisé par John Huston avec Burt Lancaster et Audrey Hepburn à Durango parce que j'aurais été obligé de prendre l'avion[2]. Si je n'avais pas eu honte de le dire à tout le monde je n'aurais pas travaillé du tout cette année-là, et j'ai fêté mon 34e anniversaire par une cuite monumentale. J'étais déjà très riche et n'arrêtais pas de me dire quand les offres tombaient : « Pourquoi est-ce que je devrais risquer ma vie pour 150 000 petits dollars alors que j'ai déjà 1 million de dollars sur mon compte, pourquoi est-ce que je ne m'établis pas ici à Céligny sans jamais m'éloigner des alentours de la maison jusqu'à la fin de l'année ? Je pourrais apprendre l'hébreu, ou autre chose. Il faut juste ne pas donner la moindre chance aux dieux vengeurs. » C'est très étrange parce que je ne suis pas le moins du monde

---

[1] « Ma 33e année sous le ciel » : Burton veut dire sa 34e année, celle de ses 33 ans. (N.d.T.)
[2] *Le Vent de la plaine* (*The Unforgiven*), tourné à Durango, au Mexique. (N.d.T.)

superstitieux en temps normal, et ne suis aucunement fataliste. Il faut que je me renseigne, juste par curiosité, pour savoir à quel âge Lambert est mort. Je me demande aussi si depuis qu'il est mort Lambert est toujours considéré comme le génie qu'on disait qu'il était de son vivant.

Aujourd'hui et demain je ne travaille pas je crois. J'ai reçu des cadeaux magnifiques. E m'a donné deux briquets – un en or et noyer poli, exquis, très léger et très fin, et un plus robuste pour tous les jours, en or massif, fabriqué spécialement pour elle par Braun en Allemagne – malheureusement, les meilleurs briquets du monde. [...] Claudye et Gianni m'ont offert une grande mallette fabriquée spécialement pour moi en cuir ancien avec plein de compartiments ordonnés très pratiques. Le genre de choses que j'adore.

E continue à être raisonnable niveau alcool. Hier elle n'a bu qu'un verre de vin au déjeuner et un Jack Daniel's le soir. Elle continue à être plus belle que dans les rêves les plus fous, et est heureuse.

Deux livres sont arrivés de la part de Jane Swanson et de sa fille Sarah, et Bob m'a offert un pull de chez Battistoni[1]. Plusieurs télégrammes dont un de Grace et Rainier et nous avons réalisé que nous n'en avions pas envoyé un à Grace alors que son anniversaire tombe également ces jours-ci.

J'ai fait une interview hier pour *L'Express* pour leur article de couverture. Le journaliste était un jeune homme sérieux qui portait des lunettes, ne pipait pas un mot d'anglais, et parlait à 1 000 km/h ; j'ai dû lui faire répéter virtuellement toutes les questions qu'il me posait. Au bout d'une heure j'en suis presque venu à hurler. Désespéré je leur ai demandé de lui repasser les enregistrements pour qu'il se rende compte à quel point c'était

[1] Boutique Battistoni, Via Condotti.

impossible. Il a alors avoué qu'il n'avait jamais été aussi stressé de sa vie parce qu'il avait entendu dire que j'étais quelqu'un d'extrêmement dangereux ! [...]

Jeudi 11, Rome – Le lecteur perspicace remarquera immédiatement que la date du jour n'est pas en rouge. Nous avons tous les deux célébré mon anniversaire par une demi-cuite. Le délabrement a commencé lorsque je nous ai préparé un grand martini chacun vers 13 h. Puis je suis descendu pour aller discuter avec un journaliste du *Daily Mirror*, Donald Zec. Elizabeth était incroyablement en retard, même pour elle, et M. Zec n'est pas commode du tout donc fatalement, comme il s'est avéré plus tard, j'ai pris un deuxième martini. Nous sommes partis déjeuner chez Valentino[1]. C'est apparemment un haut couturier très chic ; c'est lui qui crée la robe d'E pour le bal Rothschild. Je m'étais invité avec Zec qui était complètement dépassé par la situation et manifestait sa gêne en se comportant comme un stupide M. Je-Sais-Tout. De mon côté je faisais semblant, avec l'aide de plusieurs verres de vin, d'être antisémite, anti-Noirs, anti-Anglo-Saxons, anti-Américains, et anti-tout ce que je pouvais trouver d'autre, de façon assez désagréable. Par respect pour mon hôte je me suis abstenu d'y mettre les Italiens, et pour Claudye, les Corses. Le résultat s'est manifesté plus tard quand je suis rentré à la maison et ai refusé d'essayer mes nouveaux costumes ; je me suis traîné jusqu'au lit où j'ai dormi plusieurs heures. J'étais grognon bien comme il faut et n'ai pas arrêté d'aboyer sur E – une indication de plus que la vie est plus douce <u>sans</u> bibine. Donc aujourd'hui je me sens un peu fragile et E, qui a décidé que quand l'ennemi est trop fort, autant rejoindre son camp, a une gueule de bois monumentale.

---

[1] Valentino, Via del Babuino.

Nous sommes tous les deux d'accord : boire beaucoup ne nous convient plus du tout.

Cadeaux : excepté ceux que j'ai déjà mentionnés, un grand sac de voyage en cuir mou de la part de Joe Losey et Patricia, et beaucoup de pulls en cachemire de la part de Ron, Bob et Ray Stark qui est ici pour essayer de persuader E de faire un film pour lui, mais le cadeau des cadeaux c'est le *Complete Oxford Dictionary* en micro-format, les 17 (je crois) volumes réduits à 2 avec une loupe sur un petit pupitre en bois. Il faut fermer un œil. Pour un bibliomane c'est un cadeau génial. Et pour ne pas être radine E m'en a offert trois, un pour Gstaad, un pour le bateau et un pour Vallarta.

[...]

Nous allons tous voir *Une belle tigresse* au cinéma privé de Columbia ce soir. Nous avons invité plusieurs personnes qui ne l'ont pas vu à venir, en espérant découvrir quels sont les passages qu'ils trouvent drôles, mais il n'y a que 30 places.

Vendredi 12, Grand Hotel – Encore une date pas en rouge parce qu'E a bu plusieurs bières, un bloody mary (j'ai insisté) et deux Jack Daniel's pendant que je buvais un bloody mary. (Je me souviens qu'E a dit qu'elle n'avait bu qu'une bière et demie.) [...] Si la chance continue à être en notre faveur à Joe et moi nous devrions terminer ce plan aujourd'hui. Sinon il nous faudra travailler demain et peut-être même lundi, à moins qu'ils n'arrivent à filmer le plan sans soleil. C'est un plan bizarre qui utilise une technique dont je n'avais jamais entendu parler. Je parle de Staline, m'arrête pour réfléchir, et les techniciens envoient une photo de Staline suspendue au-dessus de mon épaule. J'espère que ça ne fait pas trop gadget. Ce sont – il y en a plusieurs – les plans « presque subliminaux » décrits dans le scénario dont je me suis tellement moqué devant Joe. Allez, au boulot. Écrirai à propos du film qui a été pour moi, et qui sera pour beaucoup je crois, complètement dévastateur. J'y ai pensé pendant plusieurs heures après la fin de la projection.

Soir[1].

Eh bien nous avons eu de la chance et j'ai terminé le film avec deux plans « presque subliminaux » en technicolor radieux par un soleil tout aussi radieux. Et puis le temps a viré et est à nouveau sombre et menaçant. Il y a une fête pour toute l'équipe ce soir à Tor Vaianica mais au dernier moment nous avons décidé de ne pas y aller parce que a) les fêtes de tournage sont invariablement plates comme des crêpes, surtout si l'équipe doit encore travailler le lendemain, et b), raison principale, il faut quarante minutes pour y aller avec les embouteillages habituels de fin de journée, et probablement beaucoup plus encore un vendredi soir. Donc *nous resterons chez nous tranquillement avec des livres, des journaux et cette machine a ecrire*★.

Le film dont je parle plus haut est bien sûr *Une belle tigresse* ; en le voyant pour la première fois entièrement terminé – synchronisé, musique, générique de début (que j'ai adoré) et générique de fin, etc., je l'ai trouvé encore plus réussi. Je ne suis pas très bon juge parce que je vois très peu de films mais je serais très surpris si j'étais le seul à trouver que la performance d'E est une des meilleures qui ait jamais été réalisée par quiconque, depuis toujours. Elle parcourt l'éventail entier, de la grande comédie à la farce clownesque en passant par le pathétique et la quasi-tragédie, avec un brio éblouissant. Le film est lui-même d'une grande beauté intrigante, et à un ou deux moments j'ai eu la gorge très inhabituellement (pour moi) serrée. Surtout quand E était seule et avait peur. Ce qui est remarquable aussi c'est qu'on s'attache beaucoup à E bien qu'elle soit prête à toutes les cruautés pour

[1] En rouge.

garder son homme à n'importe quel prix. Les autres sont bons aussi, mais E les éclipse complètement. Maintenant il n'y a plus qu'à observer les réactions ; j'espère juste que nous ne serons pas déçus. Je n'ai jamais réussi à sortir *L'Escalier* et *Les Corps sauvages* de mon système. [...]

[...]

Lundi 15[1] – [...]

Ce soir nous dînons avec Peter Sellers et un mystique indien qui prédit l'avenir et qui, dixit Peter, s'appelle Gandhi.

Mardi 16, Rome – Hier nous avons tous les deux replongé, pour moi une violente rechute qui s'est soldée par une soirée assez agréable mais stupide de ma part. Le diable ivrognard habituel, pervers comme un lutin, a dominé ma conversation, et comme je n'ai du coup pratiquement pas permis aux autres d'en placer une, j'ai bien failli gâcher toute la soirée. Mais j'ai écrit une lettre d'excuse à Sellers et ses amis ce matin et y ai joint le micro-*Oxford Dictionary* qu'E a promis à Peter hier soir.

[...]

J'ai bu une vodka-orange et un bloody mary à l'heure du déjeuner, et j'ai un martini au frigo prêt à me remonter avant le dîner – il est 19 h 30 environ ; demain retour à la sobriété. Je n'aime vraiment pas boire au rythme où je l'ai fait hier, je suis vraiment idiot de faire ça.

[...]

[...]

[1] Date en rouge.

Samedi 20, Rome – […] Ce sont nos dernières heures à Rome. Nous partons en milieu de journée pour Paris ; de l'aéroport nous irons directement à la clinique où le bon docteur enlèvera un kyste du nez d'E et un grain de beauté que j'ai sur le menton. Ensuite nous irons au Ritz où nous n'avons jamais dormi, autant que je m'en souvienne. Puisque nous avons le vrai diamant gros comme le Ritz nous verrons bien si nous réussissons à entrer à l'intérieur[1]. Nous restons à Paris jusqu'à mardi et faisons ensuite un saut à Gstaad où j'ai hâte d'aller.

Un cadeau d'anniversaire est arrivé en retard de la part de Liza. Deux livres – l'un intitulé *Mythologie romaine* et l'autre *L'Âge de la révolution*. Le premier relié et cher, le second en format de poche. Ça m'a beaucoup touché et je les ai montrés à tout le monde. J'étais absurdement comblé que le nom de l'expéditeur soit, de sa propre main, Todd-Burton. Dans le deuxième livre il y a une note de Liza qui dit : « Voir page 237. » C'est la page qui concerne Trotsky. J'aime cette enfant de façon insurpassable.

[…] J'ai écrit la date du jour en noir parce qu'E est tellement anxieuse à la perspective de cette opération que j'ai décidé qu'elle pouvait boire de temps en temps jusqu'à ce que le martyre soit passé. Et hier j'ai bu un bloody mary et avant-hier un martini et deux verres de vin.

Je lis pour la première fois depuis plus de vingt ans *À la recherche du temps perdu*. En anglais. Je vais trouver la version française en livre de poche à Paris et les lirai côte à côte. Scott Moncrieff et Gerard Hopkins, moins connu, sont les meilleurs traducteurs du français que je connaisse. Le Proust me plaît beaucoup plus que les souvenirs que j'en avais gardés de la dernière

[1] Référence au recueil de F. Scott Fitzgerald *Un diamant gros comme le Ritz* (*The Diamond as Big as the Ritz*).

fois – et je crois que la dernière fois que je l'avais péniblement épluché, c'était à Oxford. Il s'agit bien d'un « épluchage pénible ». C'était un vrai pensum, partie intégrante de mes cours, et tout ce dont je me souviens c'est que le seul que je connaissais qui avait tous les volumes était Emlyn Williams, qui a dit que je devais les lire dans sa maison parce qu'il refusait de les quitter des yeux. Dans ces circonstances il n'est peut-être pas surprenant que j'aie trouvé l'œuvre commune. Elle est tout sauf ça, quand je la lis aujourd'hui.

[…]

Dimanche 21, hôtel Ritz, Paris[1] – […] E a l'air d'avoir affronté Clay sur le ring en 15 longs rounds éprouvants, alors que je n'ai qu'un pansement sur le visage qui donne l'impression que j'ai une énorme blessure alors qu'en fait excepté le point de suture il n'y a rien à voir, sauf un petit trou. […]

Lundi 22[2] – […] Pour la troisième fois de ma vie j'ai commencé à apprendre l'espagnol hier. La troisième fois sera la bonne, j'espère. […]

Je fais face, depuis quelque temps, à une pression de plus en plus forte pour jouer les derniers jours de Mussolini ; trois sociétés différentes sont en compétition. Il y a un groupe de néo-fascistes à mes trousses, un autre groupe Shaftel à mes trousses et à celles de Marlon, tandis qu'un troisième groupe tente George Scott[3]. Soldati est en train d'en écrire un pour moi, dit-il, avec Elizabeth dans le rôle de Clara Petacci[4]. Il ne ressortira probablement rien de ma participation. Tito, Trotsky et Mussolini ce serait un peu

[1] En rouge.
[2] En rouge.
[3] Josef Shaftel : réalisateur.
[4] Mario Soldati : réalisateur. Clara Petacci était la maîtresse de Mussolini.

trop en un an j'imagine. Mais ce serait certainement idiot qu'il y ait trois Mussolini qui sortent en même temps. Les critiques avides se feraient une joie de les comparer.

Je suis à nouveau dans une de mes phases de lecture de non-fiction et excepté les *Fleurs du mal* qui sont toujours avec moi je n'ai que des livres de fiction à lire.

[…]

Mardi 23[1] – […] Kurt (*Stormtrooper*) Frings est arrivé vers 18 h et nous avons discuté du scénario que j'avais lu dans l'après-midi. Il est pourri, mais c'est quelque chose que je n'ai jamais fait : un « film d'horreur » ; ça fait des années que les enfants attendent avec impatience que l'un de nous en fasse un. Je jouerais le rôle de Barbe-Bleue, un comte ou marquis allemand ou d'Europe de l'Est, doté comme il se doit d'un château ruritanien ou, encore mieux, transylvanien. Botté, éperonné, en queue-de-pie, impotent, tue huit femmes – toutes très belles – dès qu'elles s'attendent à ce que je couche avec elles. Mais il y a beaucoup d'horreur, partout. N'arrive pas à me décider, est-ce que je dois le faire ou pas ? En tout cas s'ils veulent le tourner en janvier comme ils le disent je vais devoir dire non. L'autre point séduisant du projet c'est que le tournage aura lieu en Hongrie, pays où je ne suis jamais allé, et je ne serais pas du tout contre un peu de légèreté après *Tit* et *Trot*. Suis censé déjeuner au Fouquet's avec le réalisateur – un certain Dmytryk que, je viens de m'en apercevoir ce matin, je confonds depuis des années avec Siodmak[2]. Ils ont des points communs – ils ont tous les deux bien commencé et sont tous les deux lentement tombés dans la médiocrité habituelle.

---

[1] En rouge.

[2] Edward Dmytryk réaliserait *Barbe-Bleue*. Robert Siodmak : réalisateur.

J'ai parcouru mes leçons d'espagnol hier matin et tard hier soir – ce sont les deux moments où j'apprends le mieux, comme je l'ai découvert en préparant les innombrables examens de mon enfance et de ma jeunesse. Je devrais être capable de lire les journaux dans un mois environ [...].

[...]

Frings veut à nouveau être l'agent d'E, et le mien aussi maintenant. Nous lui avons dit qu'il pouvait y aller pour *Barbe-Bleue* et *Au-dessous du volcan* – ce dernier nous importe particulièrement s'il y a un scénario correct[1]. Ce serait un très bon vélocipède pour nous deux. S'il est bien adapté, bien joué et bien réalisé, ça pourrait être un film extrêmement intéressant – peut-être même aussi bon que le roman de Lowry, ouvrage massif qui, comme je l'ai découvert en le relisant cette année, vieillit magnifiquement. Et qui nécessite un très bon réalisateur. [...]

[...]

Vendredi 26, Ritz – [...]

J'ai bu plusieurs verres de beaujolais nouveau hier soir pour Thanksgiving ; bien que ce vin semble parfaitement inoffensif, il ne l'est pas. Je suis dans un état épouvantable ce matin malgré le thé, les tartines et les nombreuses gorgées de café que j'ai avalées. [...]

Je n'aurais aimé avoir la journée d'hier d'E pour rien au monde. Elle a passé la journée entière à essayer d'innombrables robes et d'incalculables coiffures. Mais elle a l'air incroyablement sexy et je plains toutes les autres bonnes femmes comme Marie-Hélène, les pauvres. Cette dernière fait venir, excusez du peu,

---

[1] Malcom Lowry, *Under the Volcano* (1947).

Di Rossi d'Italie (Rome) pour qu'elle la maquille[1]. Il n'y a rien à faire pour aider cette *druan* Rothschild – *dim ond yr arglwydd*[2]. Une cause perdue.

E est horripilante de vivacité et rayonne d'une joie de vivre adolescente. J'ai très envie de lui donner un bon coup de pied dans les dents. En route pour Gstaad.

Samedi 27, Gstaad – Trajet par Trans-Europ-Express très agréable. […] Nous avons bu du vin et, ce qui est rare pour moi, un whisky. Nous avons bu une deuxième demi-bouteille de retour à nos places. […] Mais que ce soit par train ou par avion, à moins que l'hélicoptère ne soit disponible, les deux dernières heures environ (en fonction de si nous arrivons en voiture de Genève ou de Lausanne) sont extrêmement pénibles. Quand nous sommes arrivés nous étions déjà à cran ; au moment d'aller nous coucher une dispute enflammée et complètement puérile battait son plein. Je suis sorti deux fois, excédé, pour aller dormir dans l'autre chambre. Je suis revenu deux fois. Tout un tas de petites choses exacerbaient la fatigue du voyage. […] Le volet de ma pièce, la bibliothèque de mes rêves, est cassé, du coup la pièce est plongée dans l'obscurité, et l'une des choses que je me réjouissais de voir le lendemain – (ce) matin – c'était la bibliothèque avec les rayons du soleil tombant sur la lisière du jardin par la fenêtre. […]
Quelques lettres (copies) d'Aaron via Jane à Rome. Dans l'une il mentionne un M. Charles qui, selon la biographie de moi-même désormais publiée, aurait essayé, avec la complicité du reste du village de Pontrhydyfen, de me faire « casquer 5 000 livres » pour l'achat du 2, Danybont – la maison où je suis né et où j'ai

[1] Burton fait possiblement référence à Grazia De Rossi, la coiffeuse qui avait travaillé sur *La Mégère apprivoisée*.
[2] *Druan* : « pauvre » en gallois. « *Dim ond yr arglwydd* » : « Seulement le Seigneur ».

passé les heures les plus heureuses de ma vie. Le village entier, et M. Charles, sont furieux – pas étonnant. Il faut que je fasse quelque chose[1]. [...]

Je pourrais tuer ces deux stupides bons à rien qui ont écrit le livre. La seule chose que je leur ai demandée c'est de s'assurer qu'aucune personne mentionnée dans le livre ne soit blessée par ce qu'ils y disaient, excepté moi. Connards de clowns de mes deux. [...]

[...]

Lundi 29 – [...] J'avais du mal à dormir hier soir donc – pour ne pas déranger E qui s'était vite endormie – je me suis faufilé dans la cuisine et me suis fait un sandwich jambon-fromage et une tasse de thé, et puis en lisant un livre de John MacDonald je suis allé dans l'autre pièce pour engloutir, en guise de dessert, des pastilles Rowntree, un paquet et demi au moins et un paquet d'autres bonbons suisses aux fruits. Le résultat c'est que je pèse 77 kg sur une balance et 76,5 kg sur l'autre. Ça fait longtemps que je n'ai pas pesé autant, je vais devoir perdre quelques kilos dans les jours à venir. Ce qui veut dire, pour moi, suivre strictement le régime du buveur, moins la boisson. Ça fait trop longtemps que les dates sont en noir pour moi de toute façon. J'ai repris l'habitude de boire un verre avant le déjeuner et un avant le dîner. Donc nouveau point final. Et puis je veux être en pleine possession de mes moyens pour le bal Proust ; il va y avoir de très belles choses à voir et plein de choses à entendre, et je veux voir et écouter et non être vu et écouté.

[...]

[1] Ceci semble se référer à la page 350 de la biographie de Cottrell et Cashin dans laquelle ils relatent l'arrivée sur le marché de Dan-y-bont.

Le diable au-dessus de mon épaule, E, est en train d'essayer de me convaincre de boire un martini avant le déjeuner parce qu'elle en veut un et n'aime pas boire seule. Je suis en train de négocier mentalement, mais je pense que je n'en boirai un que ce soir, ou pas du tout. Comme je l'ai expliqué *ad nauseam* à E, un verre ça ne me suffit pas. Je ne suis pas satisfait à moins de deux ou trois verres bien corsés, mais ça voudrait dire retomber lentement dans l'alcoolisme, et il n'est pas question que je tolère une telle rechute. [...]

Mardi 30[1] – [...]

Désespérément à la recherche, enfin pas désespérément mais constamment, d'un livre que je pourrais écrire qui ne soit pas autobiographique, ou du moins pas ouvertement, j'ai trouvé un prétexte. J'ai été très impressionné par un « roman » yougoslave intitulé *Le Pont sur la Drina* que je dois déjà avoir cité avant au cours de cet exercice quotidien quelque peu désordonné. Car ce n'est pas un roman du tout mais une série d'histoires semi-légendaires censées s'être déroulées autour du pont. Par ce biais l'auteur offre au lecteur une saga des innombrables invasions et tours, détours et retours des familles et fortunes de tous les Slaves du sud de la Yougoslavie. Et j'ai pensé à notre perle, la fameuse – sulfureuse – Pérégrine, et à son histoire extraordinaire[2]. Trouvée par un esclave au XVIe siècle ou peut-être même à la fin du XVe siècle, elle a été rapportée à la cour d'Espagne par une flotte. L'esclave qui l'avait trouvée a été libéré. Qui était cet esclave ? A-t-il eu des descendants identifiables ? Est-ce que les fils d'esclaves étaient libres aussi ? Où étaient mes ancêtres à cette époque ? Où étaient ceux d'Elizabeth ? Retracer l'histoire de la perle ne va pas

[1] En rouge.
[2] Burton avait acheté la perle Pérégrine pour Taylor en 1969 pour 37 000 dollars.

être facile mais bien plus simple [que de résoudre ces questions], j'imagine, je vais devoir imaginer nos ancêtres à E et à moi, à moins que l'histoire de la mère d'E selon laquelle elle serait une descendante de Mary, reine d'Écosse, puisse être prouvée ! Ce serait un coup formidable pour le livre. Tout ça prendrait, évidemment, des années à écrire, et nécessiterait de lire beaucoup de livres spécialisés et d'engager, à coup sûr, des chercheurs, c'est comme ça qu'ils s'appellent je crois. Ça a déjà été fait. Je me souviens qu'il y a eu un assez bon film là-dessus – à propos d'une queue-de-pie. Mais l'histoire de la Perle est liée à des dynasties célèbres et est, en elle-même, authentiquement historique. Je pourrais développer mes opinions cynicomiques à propos de l'humanité et en résumer l'histoire en une petite page ou deux. Mais la grande question, sur le plan personnel, est la suivante : ai-je une endurance intellectuelle suffisante pour mener à bien une entreprise de cette taille, et est-ce que j'écris assez bien ? Il faudra que je sois près d'une assez grande bibliothèque, ce qui veut dire Oxford ou Londres. Pas tout le temps, mais assez régulièrement, au moins. Il faut que je commence par en parler à Nevill Coghill ; lui pourrait me montrer les méthodes de recherche, me dire qui engager et qui consulter. Et maintenant dormons dessus pendant six mois, jusqu'à ce que nous revenions en Angleterre. [...]

DÉCEMBRE

Mercredi 1er, Gstaad[1] – [...] Hier j'ai pris la décision de faire *Barbe-Bleue.* J'ai dit que je pouvais le faire en février-mars et un peu en avril, mais qu'après ça le calendrier serait trop morcelé et chamboulé pour toutes les parties concernées. Ils ont dit qu'ils étaient prêts à tourner « où je veux mais de préférence en

---

[1] En rouge.

Hongrie et en deuxième position en Espagne » et que je pouvais faire tous les changements que je voulais ! Eh bien, me suis-je dit, pour des gens qui insistaient tellement pour que le film soit tourné en janvier… J'ai dit que nous préférions la Hongrie parce que ni E ni moi n'y étions jamais allés, mais que nous adorions l'Espagne aussi. Je dois voir Frings demain matin. Ce que je dois vraiment parvenir à décrocher après c'est *Au-dessous du volcan*. Ça c'est une œuvre importante, si tant est qu'un film puisse l'être.

[…]

Jeudi 2, Ritz[1] – Nous sommes partis du chalet à 13 h et étions à Paris à 14 h 45. […] Gianni et les deux Cadillac nous attendaient, et nous nous sommes dirigés vers le Ritz. La radio et la télé nous ont dit, ou plutôt leur a dit, aux Parisiens je veux dire, que *Le Grand Bal, le Bal du Siecle*★ verrait la présence de fortunes immenses, qu'il y aurait 500 gardes autour de la maison, et que *la Reine elle-meme*★ Elizabeth Taylor porterait 3 millions de dollars rien qu'au-dessus du cou. Et c'est vrai, mais qui leur a donné des informations aussi exactes – ils ont décrit l'emplacement exact de tout le tintouin. Van Cleef ? Valentino ? Alexandre ? Quand nous sommes arrivés au Ritz tout était envahi de grosses voitures noires pare-chocs contre pare-chocs ; à l'intérieur, réception en grande pompe pour la République du Congo avec nombre d'élégants messieurs noirs en uniforme de diplomate, les messieurs et les uniformes aussi noirs qu'un chapeau de mineur sortant d'une mine de charbon. Nous nous sommes frayé un chemin entre deux courbettes, et dans un brouhaha de *c'est Liz Taylor et son mari Burton*★ nous sommes entrés dans l'ascenseur qui a filé au troisième étage, et nous nous sommes retrouvés dans une suite avec terrasse. […]

---

[1] En rouge.

La suite est très mignonne, bien plus jolie que celle que nous avions eue la dernière fois ; il y a même un piano à queue qui je parie a bien besoin d'être accordé, je ne l'ai pas encore essayé mais je vais le faire de ce pas. E vient de se réveiller et a envahi le salon où je suis en train de taper ces mots, une des raisons pour lesquelles l'autre suite est plus pratique – il y avait une pièce entre celle où je tapais à la machine et la chambre d'Elizabeth. En l'occurrence nous ne sommes ici que pour une nuit, mais si nous restions beaucoup ici, je veux dire longtemps – si nous tournions un film par exemple –, je demanderais à avoir la chambre d'à côté de <u>l'autre</u> côté du salon. Ça empêcherait que le bruit de ma machine à écrire ne réveille E trop tôt, et ça nous permettrait aussi d'avoir une deuxième salle de bains – ceci étant extrêmement souhaitable car il ne faut qu'un jour ou deux à E pour mettre le bazar total dans une salle de bains. Elle a toujours avec elle son coffret à « maquillage » façon corne d'abondance que Malthée et Jupiter lui envieraient sûrement[1]. Il mesure 30 cm de haut, 30 cm de large, et 35-40 cm de long je dirais, et est « dur ». C'est-à-dire que ce n'est pas une de ces trousses en tissu mou dont le couvercle se ferme par une fermeture Éclair ; il est dur, rigide, et semble pourtant pouvoir contenir un nombre infini de choses – crayons à sourcils, stylos, nécessaire à maquillage habituel, déodorants, parfums, pilules contre toutes les maladies et tous les malaises du monde, baumes, élixirs, en veux-tu en voilà il y en a dans le coffret. Il y a peut-être même des pièces de rechange pour la Rolls. Enfin bref tout ça pour dire qu'au bout d'un jour ou deux le contenu du coffret déborde et envahit la salle de bains comme de la lave, et il n'y a plus de place pour ma misérable petite collection : un

---

[1] Amalthée, nymphe mythologique qui nourrit le bébé Jupiter en lui donnant du lait de chèvre, puis, lorsque la chèvre cassa l'une de ses cornes, en remplissant celle-ci de fruits, donnant ainsi naissance à la légende de la corne d'abondance.

dentifrice, deux brosses à dents, un déodorant, un après-rasage, un rasoir et un peigne.

Nous avons défini quels étaient nos coins, c'est-à-dire la petite chambre d'amis pour moi, mes livres et mes vêtements, nous avons commandé du thé, et je me suis posé avec ma grammaire espagnole qui est vraiment casse-pieds – je n'arrête pas de la confondre avec l'italien. *Esta Questa Esto Questo.* [...] E m'a fait un défilé pour me montrer la tiare de diamants qu'elle doit porter ce soir. Même moi qui n'ai aucun goût, j'ai trouvé ça superbe. Elle a été réalisée spécialement pour E par Van Cleef and Arpels, et coûte en réalité bien plus de 1 million de livres. Je ne parle pas de dollars, bien de LIVRES STERLING. La peste si je ne l'achète pas dans un avenir lointain. Ça restera toujours quelque chose d'ahurissant à voir, et en savoir le prix rehausse encore davantage sa beauté, malgré le philistinisme.

Il y a eu moult conversations téléphoniques entre E et Marie-Hélène, et E et Grace, qui dit que Rainier va chasser au lieu d'aller à Ferrières et qu'elle est trop timide pour se rendre seule à Ferrières donc est-ce qu'E, a demandé Marie-Hélène, pourrait appeler Grace et lui demander de venir avec nous ; on ne sait toujours pas si le problème est que Rainier ne veut pas aller à la sauterie alors que Grace oui mais pas sans lui, ou si c'est que Grace n'est pas sûre du protocole à suivre si des Mags se pointent, et Marie-Hélène, dans tous ses états, a dit à un moment à E : « Il faut absolument que vous la fassiez venir, enfin, j'ai même une place pour elle », ce qui veut dire qu'elle (Grace) est censée être assise à la droite de Guy[1]. Et mon E a dit à M-H que si elle (M-H) plaçait E entre des crétins ne pipant pas un mot d'anglais elle (E) ne parlerait plus jamais à M-H. Grace a dit qu'elle rappellerait E avant 23 h pour lui donner sa décision mais elle ne

[1] « Des Mags » : possiblement « des majestés ».

l'a pas fait et E, qui en avait par-dessus la tête d'être la secrétaire mondaine de M-H, a dit et puis merde, pourquoi est-ce que je (moi) n'appelais pas Grace et ne la persuadais pas de venir ? Pourquoi moi ? J'imagine qu'il va falloir que je fasse une tentative. J'ai demandé où Grace passait la nuit et à ma grande surprise on m'a dit qu'elle était à l'ambassade. « Quelle ambassade ? » j'ai demandé. « Celle de Monaco. » Celle de Monaco ! Bon je viens d'appeler et de demander à parler à Son Altesse mais elle est déjà au bigophone, a dit la dame. Elle va peut-être décider d'être « *occupie** » [*sic*] toute la journée. En fait je crois que ni Rainier ni Grace ne se sentent vraiment heureux en dehors de leur royaume car ils ne peuvent jamais savoir comment ils seront reçus, tous les deux terrorisés d'être de l'opéra bouffe. Niven, dont toutes les histoires doivent être prises avec précaution et tout autant de délice, dit qu'un jour dans un restaurant de la Côte d'Azur un serveur n'a visiblement pas fait preuve d'assez de déférence ; ils étaient censés être là incognito mais Rainier est devenu très violent. J'ai oublié quoi et comment mais vraiment méchamment violent.

Vers 19 h nous nous sommes rendu compte que nous n'avions rien avalé de la journée et que nous étions affamés, nous nous sommes donc procuré de la nourriture. [...] À mon soulagement je viens d'apprendre que Grace vient et qu'elle vient avec nous. Donc ça c'est réglé. Ouf ! comme on dit dans les *comics*. Et de fait, c'est comique.

Vendredi 3 – Samedi 4, Ferrières[1] – Le bal a eu lieu. Il a eu lieu jusqu'à 7 h du matin quand la musique a fini par s'arrêter et que les jusqu'au-boutistes ont rampé jusqu'à leur voiture et se sont pesamment mis en branle vers Paris dans les embouteillages

[1] En rouge.

du petit matin. Nous sommes remontés dans nos chambres vers 4 h 30 mais après avoir rangé les « gros » bijoux et les avoir mis dans le coffre de la maison, nous nous sommes assis et nous sommes lancés dans une grande discussion décousue jusqu'à ce que l'orchestre s'arrête à 7 h. Bien que j'en aie été fortement tenté pendant le dîner j'ai réussi à ne pas boire la moindre goutte d'alcool, et donc malgré une courte nuit de quatre heures je me sens très en forme. Nous venons de prendre le thé, comme nous l'avions fait à 5 h ce matin aussi. Il est 13 h 15.

Nous sommes passés chercher Grace au 32 avenue Foche [*sic*] qui ne semble pas être une ambassade, j'ai oublié de demander à Son Altesse si c'en était une ou pas. Un Rainier très avenant a accompagné Grace jusqu'à la grille en portant ses deux petits sacs – différence considérable par rapport à Son Altesse ETB, même en tenant compte du fait que Grace n'y passait pas la nuit. [...]

Dans les derniers kilomètres avant d'arriver à Ferrières nous avons vu des policiers, la plupart en moto, à chaque centaine de mètres ; nous avons appris plus tard que Guy s'était arrangé pour qu'il y ait un policier ou un camion de police tous les demi-kilomètres depuis Paris. Tout le chemin depuis Paris !

Le président Pompidou était employé par Guy de Rothschild avant et après qu'il soit devenu Premier ministre, et le nouveau Premier ministre devait aussi venir hier soir mais n'a pas pu ; il a appelé M-H cet après-midi, pendant que nous étions là, non seulement pour s'excuser auprès de M-H de ne pas avoir pu venir et lui en donner la raison, mais aussi pour lui demander le nom des deux femmes entre lesquelles il devait être assis pour pouvoir s'excuser auprès d'elles également. *Toujours la politesse**. Donc ce n'est pas étonnant que Guy puisse réquisitionner l'intégralité des forces de police parisiennes s'il le désire. Quand nous avons tourné dans l'allée nous nous sommes retrouvés face à la maison ; pour la première fois depuis que nous venons ici elle était éclairée. C'était magnifique ; si nous avions entendu le clop-clop des chevaux, senti l'odeur du cuir de selle, et eu les genoux sous des couvertures au lieu du ronronnement de la Cadillac chauffée, nous aurions pu nous croire cent ans plus tôt. L'entrée principale était réservée au troupeau – nous sommes entrés par la porte latérale, comme d'habitude, et sommes directement montés dans nos chambres. [...]

Je me suis assis et ai attendu que les filles soient prêtes – les filles, c'est-à-dire la duchesse de Windsor, la princesse de Monaco, et bien sûr mon beau brin de fille à moi. Grace était prête et attendait dix minutes avant l'heure, et est venue prendre un verre dans notre chambre. E aurait été prête mais Alexandre, le coiffeur, a mis des siècles à arriver et encore plus de temps à réaliser la coiffure de M-H. On nous avait dit que nous devions descendre à 21 h 10 précises et être assis à table à 21 h 30. Nous sommes descendus à 22 h 30 et passés à table à 23 h. Le grand hall avait été transformé en salle à manger pour l'occasion ; un véritable bazar avant le dîner. Il m'a fallu quinze minutes – montre en main – pour aller de la porte à ma place, et après avoir marché sur d'innombrables traînes, heurté plusieurs coiffures hors de prix, et littéralement grimpé sur une demi-douzaine de gens, je me suis retrouvé à la table n° 11 avec Mme de Montesquieu à ma gauche et l'ex-Mme Louis Malle à ma droite – je les connaissais toutes les deux, Dieu merci[1]. Puis une heure ou plus d'agonie totale. Les serveurs n'avaient aucun moyen de faire le tour des tables ; la plupart des tables, dont la nôtre, ont donc dû choisir une personne pour recevoir les plats et les faire passer d'une personne à l'autre. [...] Mon attention a tout de suite été happée par l'homme assis en face de moi. Il ressemblait à un cadavre quand il ne bougeait pas et à un essai raté de chirurgie esthétique quand il bougeait, ce

[1] Anne-Marie Deschodt avait été mariée au réalisateur Louis Malle jusqu'en 1967.

qui arrivait assez rarement. Il n'avait ni sourcils ni cils, et une perruque horrible, ou les cheveux teints, blancs comme neige sur le devant de la tête et au sommet du crâne, et d'un brun quelconque, un peu comme moi, à l'arrière de la tête. Son visage était recouvert d'un maquillage hideux avec des bosses bizarres, un visage fait de pâte à modeler par un enfant incompétent. Je venais de demander à l'oreille de Mme Malle qui était cette extraordinaire chose là-bas quand il s'est penché en avant et a dit : « Où est mon Elizabeth ? » « Ah, ai-je dit, eh bien, euh, elle est à l'autre bout, euh, assise, et euh, en train de dîner à la table, euh, correspondante à celle-ci mais, euh, à l'autre bout si vous voyez ce que je veux dire. » « J'aurais aimé qu'elle soit ici », a-t-il dit, sous-entendant clairement que mieux aurait valu elle que moi. « À vrai dire, moi aussi », ai-je dit à une vitesse que le Rev Sydney Smith aurait pu admirer sans peine[1].

Après cette question bizarrement formulée d'Andy Warhol, car tel était le monsieur tout droit sorti d'un film d'horreur, nous nous sommes tous lancés dans la bataille de la nourriture. J'ai discuté à ma gauche avec Mme de Montesquieu qui est effectivement une descendante du grand Charles Louis Secondat, baron de la Brede [*sic*] et de Montesquieu, auteur de *L'Esprit des lois*. [...] Nous avons parlé de poésie française que, lui ai-je dit, je venais de commencer à lire et à apprécier. C'était un moulin à platitudes ; elle n'a manifestement hérité d'absolument rien du grand baron, excepté son nom. Elle était, est, grande, blonde, nez retroussé, 35 ans environ. Mme Malle et son voisin de droite étaient bien plus amusants – je pense qu'E aimerait bien Mme Malle. Elle est gentiment malheureuse, presque désespérée

---

[1] Sydney Smith, membre du clergé et essayiste, dont le personnage Lady Holland, dans *Memoir* (1855), déclare que le mariage « ressemble à une paire de grands ciseaux, joints de telle sorte qu'ils ne peuvent être séparés ; ils se meuvent souvent dans des directions opposées, et pourtant punissent toujours quiconque vient s'interposer entre eux ».

je dirais, et elle et moi et son voisin de droite avons discuté de peinture. J'ai dit ce que je dis d'habitude sur l'art, et qui est vrai, à savoir que je ne le comprenais pas du tout, que je ne ressentais de plaisir qu'occasionnellement devant un tableau mais que j'étais clairement « sourd comme un pot » artistiquement. J'ai dit que nous possédions un Van Gogh que tout le monde s'accordait à trouver très beau ; de mon côté j'avais beau être impressionné par le tableau je n'avais aucune idée de ce qui le rendait remarquable, et pour moi sa caractéristique la plus impressionnante était la valeur à laquelle il avait été estimé – énorme. À l'exception du mot écrit et parlé – et de préférence le premier –, la seule autre forme artistique réellement capable de me troubler est la musique, parfois facile, parfois profonde. [...]

Pendant ce temps-là, à l'autre table, E et Grace passaient un moment merveilleux. Ces sacrées veinardes étaient entourées de Guy, de la duchesse de Windsor, de Maurice Herzog, de Jean-Paul Binet et de quelques autres[1]. La vedette, selon E et Grace, était la duchesse, qui est peut-être un peu en train de perdre la boule. Elle avait une énorme plume dans les cheveux qui trempait dans tout, la soupe, la sauce, la glace, et à chaque fois qu'elle tournait un peu vivement la tête Guy se la prenait en pleine figure, dans les yeux, dans la bouche ; une fois elle a failli se prendre dans la fausse moustache collée de Guy. Elle a fait un bon mot qui a littéralement fait pleurer de rire Grace. Après que son incroyable plume se fut fourrée dans absolument tous les endroits possibles, elle a demandé de sa voix si pénétrante, parce qu'elle voulait noter son numéro de téléphone qui a changé depuis qu'ils ont vendu leur maison pour nous le donner à E et à moi : « *Est-ce-que quelle-qu'n qui a une plume*★ *?* » Elle a

[1] Maurice Herzog : alpiniste ayant escaladé l'Himalaya, et politicien. Jean-Paul Binet : éminent chirurgien cardio-vasculaire et collectionneur d'art.

très fortement insisté pour qu'E et moi voyions le duc avant de repartir à Gstaad, d'où E en a déduit qu'il est probablement en fin de course. Nous dînons avec eux lundi soir. Binet a flirté très ouvertement avec E mais dans la meilleure tradition française, et ils ont été sujets à la même hystérie concernant le service des plats – c'est Grace qui les a passés.

Après le dîner Guy a demandé à E si elle pouvait l'aider à retirer sa moustache qui devenait vraiment pénible. Ils sont allés dans les toilettes des hommes, ou plutôt des toilettes unisexes, pendant qu'un serveur montait la garde dehors. Bettina a choisi cet instant précis pour essayer d'entrer dans les mêmes toilettes sans savoir que Guy et E étaient dedans. E avait enlevé la moustache de Guy et lui nettoyait la bouche quand Bettina a fini par passer outre le serveur et les a trouvés dans cette situation. On aurait dit pour tout l'or du monde qu'E et Guy s'étaient bécotés et qu'E était en train de faire disparaître les preuves. L'incident a réjoui Bettina.

À ce moment le reste des invités, la liste B, en quelque sorte, était en train d'arriver. Ils étaient annoncés d'une voix de stentor par un monsieur avec une grosse voix et un gros bâton sculpté d'ornements très élaborés – j'ai oublié comment on appelle ça – avec lequel il martelait le sol et hurlait : « Madame et monsieur Henri Tartempion », information fascinante à qui personne, excepté ceux qui venaient de lui murmurer le nom, ne prêtait la moindre attention. Je me suis faufilé derrière eux, suivi par Mme Malle et son ami, Elsa Martinelli, et quelqu'un d'autre (qui n'avait pas été invité), pour les emmener aux toilettes dans notre chambre[1]. E était déjà dans la chambre en train de refaire son maquillage avec Bettina. J'ai saisi avec gratitude

[1] Elsa Martinelli avait joué avec Burton et Taylor dans *Hôtel international* et avec Burton dans *Candy*.

cette occasion de m'asseoir et j'ai fumé avant que nous ne redescendions dans le tourbillon du dessous. Nous nous sommes tous les deux assis pendant un moment avec Grace et Ricardo ? de Madrid dans ce qui est normalement le coin tranquille de la première pièce. Des vingtaines, des centaines peut-être de gens sont passés en masse devant nous, sous un prétexte ou sous un autre, pour voir E et Grace. Au bout d'un moment je suis allé faire un tour, discutant avec les uns et les autres, dont Jaqueline [*sic*] de Ribes, Pierre Salinger et sa femme, Sam Spiegel, et le charmant grand frère de M-H que nous appelons « Nez-Cassé » ; j'apercevais de temps en temps E que tout le monde dévisageait avidement, mais à la dérobée, où qu'elle aille[1]. [...] Plus tard de Ribes s'est jetée flatteusement dans mes bras, jouant plus que jamais son numéro social de la Grande Dame avec ses amants ; je lui ai demandé comment allait sa vie amoureuse, elle m'a dit qu'elle avait un nouvel amant formidable, « Où est-il ? » lui ai-je demandé, elle a regardé et n'a pas réussi à le trouver, mais avec lui elle avait l'impression d'avoir retrouvé ses 18 ans ; je n'ai pas dit qu'elle avait peut-être l'impression d'en avoir 18 mais qu'elle avait bien l'air d'en avoir 80 – 80 belles années, mais 80 quand même [...].

Nous avons déjeuné, déjeuner trop peu jeûné à mon goût, avec soupe, côtelettes d'agneau, pommes de terre nouvelles en chemise à l'eau, et haricots verts, suivis d'un splendide gâteau, puis repos. J'ai raconté beaucoup d'histoires sur le théâtre et sur la royauté britannique. Et après la tisane que je bois tout le temps ici, E et moi et une jeune fille charmante, une actrice anglaise, Charlotte quelque chose, sommes allés nous promener autour du lac[2]. C'était magnifique, il y avait des millions d'oiseaux qui

[1] Pierre Salinger, porte-parole de la Maison-Blanche pour les présidents Kennedy et Johnson. Il a publié *Avec Kennedy* (*With Kennedy*, 1966).
[2] Charlotte Rampling.

gazouillaient dans un bosquet – quel genre d'oiseaux, je n'ai aucun moyen de le savoir, mais la marche, très plaisante, n'a pas réussi à me faire éliminer le dîner.

[…]

Après avoir erré un moment Grace m'a demandé de l'accompagner en haut et de l'aider à enlever le collier ras-du-cou qu'elle avait emprunté et de l'accompagner à sa voiture. Il devait être 1 h 30. Je me suis exécuté et ai presque étranglé Grace en essayant de lui retirer le collier. […] Nous sommes redescendus tous les deux. Sam Spiegel était au bas des escaliers, seul. « Où allez-vous tous les deux ? » « Pour l'amour de Dieu, Sam, a dit G, ne dis pas un mot à E. Elle est au bal, elle danse, elle est heureuse, laisse-nous passer. Richard va parler à Elizabeth. Ça va être un gros choc mais… ça arrive. » Etc. Pendant une demi-minute, Sam, parce que Grace est d'habitude très sérieuse, qu'elle joue très bien, et que j'ai pris un air délibérément coupable, a marché. Nous avons filé. Nous avons trouvé la voiture de Grace après avoir attendu longtemps dans un froid glacial, et elle est partie. Elle n'avait jamais été d'aussi bonne compagnie ; David Rothschild était stupéfait qu'elle puisse se montrer si enjouée. « Elle a toujours été, a-t-il dit, un peu rabat-joie. » « Au contraire, avons-nous répondu, mais elle a besoin d'un peu d'encouragement. » Cela dit, effectivement, elle n'avait jamais été d'aussi bonne compagnie depuis que nous la connaissons en tant que princesse. À un moment, quand j'étais en train de l'étrangler avec le ras-du-cou, j'ai vu mentalement les gros titres racoleurs des couvertures de *France-Soir* et *News of the World :* « Acteur célèbre étrangle princesse dans la chambre du manoir Rothschild pendant le grand bal ».

Nous avons passé le reste de la soirée à aller de-ci, de-là ; nous avons croisé Audrey Hepburn et son psychiatre italien de mari au nom ridicule, le docteur Dotti, que je ne trouve pas très sympathique[1]. Nous nous sommes fait tirer le portrait par Cecil Beaton, qui lui non plus n'est pas très sympathique, mais dans un genre différent[2]. Puis dans une autre pièce nous nous sommes fait prendre en photo avec Audrey Hepburn et M. Dotti, et le docteur Troques et sa femme, et avons ensuite eu un échange très bizarre avec la belle-sœur de M-H, Gabby Van Zuylen, qui a affirmé avec insistance être la tsarine de toutes les Russies. Je lui ai demandé poliment si elle se sentait telle parce qu'elle avait du sang Romanov – du sang Mike Romanov, ai-je ajouté. « Non, a-t-elle dit, tout le monde est quelqu'un d'autre, et moi je suis la petite tsarine. Et vous ? » a-t-elle dit. « Je veux être professeur des All Souls », ai-je dit[3]. « Quoi ? » a-t-elle demandé – elle n'était déjà plus intéressée. J'ai été sauvé par un homme du nom de Valéry, le fils du poète. Il était charmant et nous avons à nouveau discuté poésie. Il m'a raconté qu'à un moment tout le monde assurait à son père qu'il allait, c'était absolument certain, gagner le prix Nobel de littérature cette année-là ; grande excitation quand, assis dans le jardin, la domestique est arrivée en courant pour le prévenir qu'il y avait un appel longue distance de Stockholm pour lui. Il est rentré d'un bond dans la maison pour s'entendre dire la superbe nouvelle – et il s'est avéré que c'était un mauvais numéro. Il n'a jamais eu le prix Nobel.

Il y avait aussi un jeune homme avec de longs cheveux blonds bouclés qui suivait E partout, complètement retourné par une passion dévastatrice, l'adorant comme un chien ; il me faisait un peu penser au pianiste américain Van Cliburn, la bave coulant sur ses bajoues – dont il était dépourvu –, en proie à un désir sans espoir ; il lui a écrit un mot qui lui promettait de lui dédier son prochain roman. Il s'appelle François-Marie Banier et a déjà fait quelques vagues avec son second roman qu'il m'a promis de

[1] Andrea Dotti, second mari d'Audrey Hepburn.
[2] Cecil Beaton, photographe.
[3] All Souls est un des collèges d'Oxford dont le nom signifie « toutes les âmes ».

m'envoyer ou me déposer, je ne me souviens plus, lundi au Ritz. Il était plein d'une ferveur entraînante, je vais lire ça avec intérêt.

[...]

Dimanche 5, Ritz[1] – Enfin de retour au Ritz, même si je pourrais rester à Ferrières indéfiniment. [...] Il y avait un déjeuner tard aujourd'hui – un de ces splendides brunchs aristocratiques anglais. [...] Alex [de] Redé était là avec une très belle femme eurasienne, ainsi qu'Étienne (réputé pour être l'amant de M-H mais il se peut qu'il ne soit qu'un « bon ami ») et l'homme blond – Olivier[2] ? Nous avons reparlé de poésie. Peut-être parce qu'hier soir après le dîner, dans la pièce au coin tranquille, ils m'ont demandé d'en réciter, ce que j'ai fait ; selon E ils ont été très impressionnés et ils en ont parlé quand j'ai quitté la pièce pour aller aux toilettes faire pipi, ce que j'ai l'impression d'avoir passé la soirée à faire. À part le dénommé Étienne, ils semblent tous aimer la poésie quand quelqu'un leur en récite, mais ils ne la recherchent d'eux-mêmes que rarement. J'étais un peu circonspect à l'idée de réciter ne serait-ce qu'un minuscule extrait de *Hamlet* devant un public constitué, entre autres, de deux actrices professionnelles – la petite amie de David, Marisa, et Charlotte, l'amie de Marisa – mais E m'a assuré qu'elles aussi étaient en haleine, et admiratives. Donc ça va. Il y a aussi le fait qu'E et moi sommes de très mauvais clients lorsque nous sentons la moindre incitation implicite à « chanter pour mériter notre dîner ». Ce n'est jamais le cas chez les Rothschild. Ils sont vraiment – tous, dont Philip (16) et l'autre qui a 14 ans – extrêmement bien élevés. Nous avions discuté des bonnes manières en tant qu'art à part entière la veille au soir pendant un moment,

[1] Le mot « Ritz » est en rouge.
[2] Alexis von Rosenberg, baron de Redé.

et sommes tous tombés d'accord pour dire que celui qui avait les meilleures manières et les plus raffinées, parmi toutes nos connaissances, était le duc de Windsor. C'est Guy qui a suggéré son nom comme prétendant au titre. Et bien que je n'aie auparavant jamais pensé à lui comme étant superbement bien élevé, j'ai tout de suite approuvé. C'est un fait, ai-je dit, que les bonnes manières ne sont pas le résultat d'une bonne éducation ou de l'intelligence – nous connaissons tous beaucoup de gens bien nés et extrêmement intelligents qui sont de véritables malotrus, et je connais beaucoup de mineurs qui sont superbement bien élevés sans en être conscients ; les manières, les vraies bonnes manières, sont comme le charme ; soit on en a, soit on n'en a pas. On ne peut apprendre à quelqu'un à avoir du charme, et s'il pourrait sembler que les manières soient uniquement une question d'ouvrir et de fermer les portes, d'ajuster les chaises, de se lever quand une femme entre dans la pièce, etc., ce sont des choses qui doivent être faites avec une grâce indéfinissablement discrète. Tim Hardy par exemple, méticuleusement bien élevé, n'en manque pas moins d'attirer un peu l'attention sur lui, on est conscient de ses bonnes manières. Celles du duc sont tellement délicieuses que je n'aurais jamais pensé à dire de lui qu'il était bien élevé si Guy ne l'avait pas fait remarquer. Je suis moi-même incapable d'un tel comportement – et ce n'est pas de la fausse modestie – parce que je n'ai pas été bien ficelé. À dire vrai Elizabeth et moi avons tous les deux d'affreuses manières, mais le bon fond évident et le charme naturel d'E (si elle vous aime), et bien sûr sa beauté renversante, font que ça passe ; de mon côté j'opte pour le mode paysan bourru qui (si je vous aime) fait que ça passe. Enfin j'espère. [...]

[...]

Mardi 7, Ritz[1] – Nous partons pour Rome demain soir par le train de nuit qui part d'ici à 18 h et arrive à Rome à 9 h le lendemain matin. Leur slogan : « Bonsoir Paris – Bonjour Rome ». Les Romains ont dit que les boucles ne pourraient en aucun cas être prêtes jeudi, ce à quoi E a répondu : « Ah bon très bien dans ce cas il ne pourra pas venir avant mi-janvier[2]. » Ils ont rappelé tout de suite et ont dit que ça serait prêt jeudi.

La journée d'hier était complètement décousue, et aujourd'hui je sens que ça va être pareil. [...] Je suis descendu à 17 h pour parler à Dmytryk et six autres personnes dont Frings, le seul que je connaissais, et j'ai dit qu'E trouvait la fin du film trop sombre et idiote mais que moi je trouvais qu'il ne fallait pas prendre un film d'horreur trop au sérieux de toute façon, du moment qu'il était bien fait. [...]

Nous sommes allés dîner chez le duc et la duchesse hier soir avec une demi-douzaine des bonnets de nuit les plus assommants de Paris. Je ne connais pas leur noms mais je n'aurai jamais besoin de m'en souvenir parce que j'ai comme l'impression que ce sont des gens qui ne vont que chez les Windsor, et l'un d'entre eux – probablement le vieux duc – va certainement mourir très bientôt – alors que c'est elle qui est complètement gaga maintenant. La soirée était pénible, et attristante ; elle nécessiterait beaucoup de temps pour être racontée, ce que je n'ai pas. Le duc et la duchesse n'ont pas cessé de rappeler qu'à un moment il était roi. « Et empereur », ai-je dit à un moment. « Et empereur, a-t-elle répété après moi, et empereur, on l'oublie toujours. Et empereur. » Il est très mal en point physiquement, son œil gauche ne

[1] Le mot Ritz est en rouge, la date est soulignée en rouge.

[2] Le terme « boucle » désigne ici un segment de pellicule dont les extrémités ont été soudées afin de répéter continuellement la même séquence. Cette technique est notamment utilisée pour permettre aux acteurs de se synchroniser avec les images dans le but de doubler ou réenregistrer un dialogue. (N.d.T.)

s'ouvre plus, il boite énormément, et marche avec une canne. Elle a complètement perdu la mémoire, à l'exception de vifs éclairs de lucidité. Elle a passé la soirée à ridiculiser Grace Kelly en disant qu'elle était snob et barbante. Je l'ai défendue mais elle n'a rien voulu entendre. J'ai fini par laisser tomber, je savais que la moitié du temps elle ne savait pas ce qu'elle disait. Il y avait une femme, une Française, qui s'est violemment défendue d'être suisse – qu'est-ce qu'il y a de mal à être suisse –, mariée à un comte hongrois qui n'avait manifestement pas réalisé que la duchesse nous avait quittés mentalement et qui tentait lamentablement d'avancer des arguments rationnels. Je l'ai mis au jus. [...]

Mercredi 8, Ritz[1] – [...] Hier soir chez le baron de Redé, dîner pour Liza Minnelli. [...]

Nous y sommes allés, E en caftan d'origine slavo-turque, lourd comme du plomb, et moi en smoking avec une chemise noire à jabot et une épingle scintillante en diamants empruntée à Van Cleef qui me montait jusqu'au menton. [...] Pendant ses premiers numéros Liza était en proie à un trac intense, effrayant, et à l'exception de Lena Horne (et possiblement de moi quand je bois par une vague de chaleur), je n'ai jamais vu quelqu'un transpirer autant[2]. Au bout d'un moment ça allait mieux, mais j'étais à l'agonie pendant le premier quart d'heure. Rocky Brynner (le fils de Yul) était assis devant moi et il avait tellement le trac pour elle, il la suit depuis son enfance apparemment, qu'il me rendait encore plus nerveux. Mais son énergie nerveuse, bouleversante, a fini par se transmettre à son public désespérément terne, jusqu'à ce qu'ils aillent trop loin et ne veuillent plus la laisser quitter la scène, applaudissant en rythme et à l'unisson ;

---

[1] En rouge.

[2] Lena Horne : chanteuse et actrice.

elle a fait un autre numéro en bis mais le public, désormais vraiment idiot, en redemandait encore ; j'ai dit à Rocky de lui faire un signe de la main pour qu'elle sorte – elle était tout à côté de lui – et elle est sortie.

[...] Nous croisons les mêmes visages à toutes les fêtes. Nous avons passé un moment à bavarder avec Salvador Dalí, qui a fait le pitre de façon charmante comme d'habitude, nous donnant sa prononciation catalane de « papillon » impossible à reproduire par écrit. Les Anglais vivent dans le brouillard et donc tout, y compris leur langue, est rempli d'imprécision, a-t-il dit, mais notre catalan est tranchant, entièrement défini, et fortement dominant, comme notre manière de parler. N'importe quoi, ai-je dit. Votre langue, avec tous ses *s* élidés en sons *ths*, est liquide, mais pas limpide, elle est boueuse, comme vos esprits. Il est parti en disant « papillon ». Il y avait une blonde frappante à côté de lui, grande et mince, qui n'arrêtait pas de me dévisager pendant le dîner et Guy (cheveux blonds qui tombaient tout le temps sur son front) Barrault (?), dans un fou rire défoncé, me dit : « *Tu as ton ticket, c'est drôle, tu as ton ticket et la dame est un homme**[1]. » Et c'était vrai. La fille était un homme. [...]

Nous partons pour Rome ce soir en train, j'ai hâte. J'ai eu ma dose de haute société française. Leurs visages commençaient à devenir familiers et nous commencions à mettre des noms sur certains d'entre eux, tant ce sont les mêmes que l'on croise à toutes les fêtes. Je veux me retirer dans le monde silencieux des Alpes, m'enterrer dans les promenades, les livres, et les chiens, et hiberner jusqu'à ce que les fêtes de fin d'année, que je déteste tellement, soient passées. Des sapins de Noël qui en mettent partout et la maison qui déborde de gens.

---

[1] Burton veut peut-être dire Jean-Louis Barrault, qui avait joué avec lui dans *Le Jour le plus long*, mais d'après la description ce n'est guère probable.

Et maintenant allons rencontrer un certain Robert (je crois) Hakim, un des innombrables frères Hakim (égyptiens) à propos de *Au-dessous du volcan*[1].

Vendredi 10, Grand[2] – Dois être au boulot à 9 h ce matin et avec un peu de chance j'aurai fini à l'heure du déjeuner, mais je vais peut-être être ivre de mots vers midi, auquel cas il serait probablement préférable de prendre une pause avant le dernier tour de piste. Je viens aussi de me souvenir que j'ai beaucoup de dialogue à dire hors champ – rien de spécial mais le genre de diatribe que Joe peut fourrer n'importe où. Joe dit que les visions au-dessus de mes épaules ne marchaient pas et qu'il a dû toutes les couper. Elles étaient mal réalisées, a-t-il dit, la machine était manipulée de façon tout à fait incompétente, il a vu la même technique utilisée à la télévision britannique il y a deux soirs et c'était absolument brillant. C'est quelque chose quand le parent pauvre réalise de meilleures prouesses techniques que le riche oncle. Il me semblait bien, au moment du tournage, que les techniciens qui s'en occupaient étaient trop familiers, des visages que je voyais depuis des années sur les tournages italiens, et je m'étais dit alors qu'un nouveau processus comme celui-ci aurait dû nécessiter de nouvelles personnes – en particulier ceux qui avaient inventé cette technique, et en toute logique, des jeunes. Ils étaient tous vieux. Enfin mon âge au moins, une bonne quarantaine.

E mange comme si elle était sur le point d'être frappée d'une horrible maladie qui lui ferait perdre l'appétit, et donc tant qu'elle a encore faim elle mange et mange et mange. Je n'arrête pas de lui dire qu'elle est aussi large que haute, mensonge éhonté parce que, excepté son ventre absurde et son double menton héréditaire,

[1] Robert Hakim : producteur. Ses frères Raymond et André étaient aussi producteurs. Ils détenaient ensemble une option sur les droits cinématographiques d'*Au-dessous du volcan*.

[2] En rouge.

elle n'est pas si ronde. Mais elle est bien en chair. C'est une de ces personnes qui ne peut se mettre au régime que quand l'envie lui prend, et quand elle s'y met elle va trop loin. Puisqu'elle n'a pas de problème de poids conséquent elle pourrait tout à fait manger très bien et rester mince relativement facilement sans faire de régime, mais milady est aussi disciplinée qu'un poney des montagnes. Moi j'aime la discipline que je m'impose, je dois avoir un côté masochiste caché quelque part, mais en ce qui concerne les régimes je ne trouve pas ça difficile du tout. [...]

Soir

J'ai terminé mes prétendus deux jours de boulot en moins d'un jour puisque hier nous n'avons travaillé que de 15 h à 17 h 45 et aujourd'hui je me suis tiré du studio à l'heure du déjeuner. Je me suis réjoui intérieurement, je déteste cet aspect du boulot. Quand nous avons eu fini j'ai vu une bobine du film, celle des scènes avant l'assassinat, et l'assassinat lui-même. Je suis sûr que ce sera très bien quand tous les boums et les bruits auront été insérés, le sang fait forte impression, et en fera une plus forte encore quand la copie sera meilleure.

[...]

Samedi 18, Ariel[1] – Je suis resté au lit aussi longtemps que j'ai pu tenir mais finalement – pied ou pas pied – j'ai levé ma carcasse et grâce à d'habiles contorsions suis parvenu à m'habiller, m'asseoir dans une chaise dans la chambre, placer une autre chaise en guise de table, et écrire mes notes sur hier. J'ai ensuite commencé [...] l'article pour le *Mail*[2]. J'ai une vague idée de la structure en

[1] En rouge.

[2] Burton avait été invité à écrire un article pour le numéro de Noël du *Daily Mail*. Il a été publié sous le titre « A story of Christmas, in the Twenties » (« Une histoire de Noël, dans les années 1920 ») le 23 décembre 1971.

tête et j'ai écrit 200 mots environ, mais je vais devoir revoir et équilibrer tout ça. Pour l'instant je n'ai qu'une notion très vague de la longueur totale – entre 1 000 et 3 000 mots, je dirais. [...]

Chris est arrivé hier soir très tard et j'étais tellement claqué qu'il n'y avait pas moyen que je reste réveillé pour l'attendre. [...] Chris est superbe et n'a pas changé – toujours le même dénigreur sarcastique rien-n'est-bien. Ron et E ont dit qu'il s'était surpassé hier soir et Ron a dit : « Tu ferais bien de le dégager de cette école chez les Boches, Richard – ils sont en train de le transformer en nazi. » J'ai répondu que personne n'avait à craindre qu'il se transforme en Attila le Hun – c'est Attila qu'il fallait craindre. « Qu'est-ce qu'il a dit, ou fait ? » ai-je demandé. Ils ont dit que quand il est arrivé Vicky lui a demandé s'il voulait jouer au yam's, ce à quoi il a répondu : « Non, c'est un jeu ennuyeux, stupide et répétitif. » « Eh bien, ai-je dit, à la décharge de Chris il a raison, c'est vrai. » Mais je suis d'accord qu'il aurait pu être un peu moins définitif parce que tous les autres étaient manifestement ravis de jouer à ce jeu. Quoi qu'il en soit je préférerai toujours, chez n'importe qui, plus d'aigreur et de cynisme que de sentimentalisme débordant.

[...]

Mardi 21, Ariel[1] – Hier je n'ai pas écrit parce que, comme l'essentiel de la journée précédente, j'ai travaillé toute la journée et jusqu'à tard dans la nuit sur l'article pour le *Mail*. Elizabeth, à qui, me mouillant jusqu'au cou, j'ai lu sans hésitation cette première version, m'a dit qu'il fallait que je simplifie ; ça m'a vexé sur le coup, mais juste une seconde. J'ai remis l'ouvrage sur le métier, équilibré, redimensionné, et pour la seule fois de

[1] En rouge.

ma vie inexistante d'écrivain j'ai cherché quelque chose dans le Roget, ce que je n'avais jamais fait avant sauf pour des mots croisés ou pour m'amuser. Je ne me souviens pas du mot qui me causait des difficultés mais en tout cas le Roget ne m'a pas aidé, et j'ai continué avec mon propre dictionnaire intégré. [...] Je n'ai jamais rien écrit d'aussi long (pour publication j'entends) en si peu de temps. Jusqu'alors, la période la plus courte qu'il m'ait fallu pour écrire 2 000 ou 3 000 mots avait été de six semaines environ. Cette fois-ci j'ai écrit environ 3 400 mots en trois jours. Ouf ! J'aurais aimé avoir une semaine de plus. E trouve l'article formidable donc ça va, et le rédacteur en chef a été débordant d'enthousiasme, utilisant des mots comme « scoop ». « Nous pensons tous que c'est un scoop. L'équipe est ravie, etc. », ce qui est aussi une bonne chose. [...] Je suis inquiet à propos de ma douce E. Elle a l'air de ne pas aller bien du tout et son dos lui fait à nouveau mal à hurler. C'est une pensée terrifiante, parce que nous sommes si attachés à cette maison, mais je commence à soupçonner que l'altitude est trop importante pour elle. Elle était étincelante à Dubrovnik, radieuse à Rome, jeune fille à Paris, mais ici elle est apathique et a l'air de s'ennuyer tout le temps, pas simplement avec moi mais avec tout et tout le monde. J'ai l'impression qu'elle aurait déjà envie que nous ne soyons ici que tous les deux. Ce séjour va nous servir de test, parce que s'il s'agit bien de l'altitude, alors il faudra que nous descendions.

David Niven et sa femme Hjordis sont venus boire un verre post-déjeuner (à l'Olden), ils étaient en grande forme et David nous a fait beaucoup rire, comme d'habitude. Il est incroyablement enthousiasmé par le succès de son autobiographie, c'est formidable à voir et à partager avec lui.

Je me sens tellement détendu et content de moi d'avoir réussi à rendre l'article à temps et que le *Mail* l'ait aimé, mais surtout et en particulier E.

Brook et Liza sont arrivés hier après-midi et Claudye et Gianni sont arrivés aujourd'hui, la maison est donc pleine comme un œuf même si Claudye et Gianni n'habitent pas chez nous mais sont à l'Olden.

Liza est une boule d'énergie et je la gâte effrontément, mais je dois la frapper mentalement de temps à autre.

Brook est irrémédiablement seul et triste. Il est encore alcoolique, bien qu'il dise que chez lui il ne boit que le week-end, et que du vin. Je suis tellement désolé pour lui, j'aimerais pouvoir l'aider davantage.

[...]

[Richard Burton cessa de tenir son journal de 1971 après le 21 décembre.]

• Richard Burton et Elizabeth Taylor dans le film *The Comedians* (*Les Comédiens*, 1967), réalisé par Peter Glenville •

POSTFACE DE L'ÉDITEUR

Ainsi s'achève le journal pour l'année 1971. Entre 1972 et le 2 avril 1983, date de l'ultime entrée enregistrée, Richard Burton le tint de moins en moins régulièrement, laissant parfois s'écouler plusieurs années sans rien y consigner. Sur les événements de cette période, les divorces et les retrouvailles d'Elizabeth et de Richard, les mariages ultérieurs de l'acteur, les films qu'il tourna durant la dernière partie de sa carrière, les sources ne manquent évidemment pas, et le lecteur trouvera dans les archives de la presse ou sur le Web des informations bien plus complètes que dans ce « semblant de journal » – ainsi que Burton le nomme lui-même à la date du 18 septembre 1980. Au fond, ces différents carnets intimes n'ont jamais visé l'exhaustivité. Ils témoignent surtout d'une singulière aventure *littéraire* : celle d'un homme qui, exposé au tourbillon de la célébrité, recruté par l'industrie hollywoodienne pour la fabrication de rêves plus ou moins formatés, tenta malgré tout, à travers l'écriture, de poser un regard lucide sur le monde et sur lui-même, et d'affirmer ses goûts et sa voix dans un environnement loin de lui ressembler.

RICHARD BURTON
en sons et en images

Enregistrements audio

David Copperfield (1950)
Conversation Piece (1951)
Under Milk Wood (1954)
Homage to Dylan Thomas (1954)
The World of Dylan Thomas (1955)
Fifteen Poems by Dylan Thomas (1955)
The English Poets (1955)
Brad (1958)
The Love Poems of John Donne (1958)
The Poetry of Thomas Hardy (1958)
The Rape of Lucrece and Other Poems (1960)
The Rime of the Ancient Mariner (1960)
King Henry V (1961)
Camelot (1961)
Coriolanus (1962)
Henry V (1963)
Hamlet (1964)
Zulu (1964)
« A Married Man », *Baker Street* (1965)
The Days of Wilfred Owen (1966)
The Tragical History of Doctor Faustus (1966)
The Little Prince (1974)
A Personal Anthology : The Hound of Heaven and Other Poems (1978)
The War of the Worlds (1978)
« All on a Summer's Day », BBC, 31 décembre 1981
« Thanksgiving Service for the Life of Richard Burton », BBC, 30 août 1984
« Tribute to Richard Burton », BBC, 3 septembre 1984
Burton at the BBC (1995)

The Richard Burton Poetry Collection (2010)

Interviews

Richard Burton : My Time Again, BBC, 19 août 1965
24 Hours, BBC, 2 février 1966
Acting in the Sixties, BBC, 1er avril 1967
Burton and Taylor at Oxford, BBC, 25 octobre 1967
The Making of Milkwood, HTV, 14 avril 1972
Parkinson, BBC, 23 novembre 1974
Dick Cavett Show, PBS, 25 juillet 1980
Kane's Classics, BBC, 9 avril 1998

Apparitions au cinéma et à la télévision

The Last Days of Dolwyn (1949)
Green Grow the Rushes (1951)
Ma cousine Rachel (*My Cousin Rachel*, 1952)
Les Rats du désert (*The Desert Rats*, 1953)
La Tunique (*The Robe*, 1953)
Prince of Players, 1955
La Mousson (*The Rains of Ranchipur*, 1955)
Alexandre le Grand (*Alexander the Great*, 1956)
L'Épouse de la mer (*Sea Wife*, 1957)
Amère victoire (*Bitter Victory*, 1957)
Les Corps sauvages (*Look Back in Anger*, 1959)
The Tempest (1960)
A Subject of Scandal and Concern (1960)
Dylan Thomas (1962)
Le Jour le plus long (*The Longest Day*, 1962)
Cléopâtre (*Cleopatra*, 1963)
Hôtel international (*The VIPs*, 1963)
Becket (1964)
La Nuit de l'iguane (*The Night of the Iguana*, 1964)
Hamlet (1964)
Quoi de neuf, Pussycat ? (*What's New Pussycat ?*, 1965)
Le Chevalier des sables (*The Sandpiper, 1965)*
L'espion qui venait du froid (*The Spy Who Came in from the Cold*, 1965)
Qui a peur de Virginia Woolf ? (*Who's Afraid of Virginia Woolf ?*, 1966)
La Mégère apprivoisée (*The Taming of the Shrew*, 1967)
Les Comédiens (*The Comedians*, 1967)

Doctor Faustus (1967)
Boom ! (1968)
Candy (1968)
Quand les aigles attaquent (*When Eagles Dare*, 1968)
Anne des mille jours (*Anne of the Thousand Days*, 1969)
L'Escalier (*Staircasc* (1969)
Le Cinquième Commando (*Raid on Rommel*, 1971)
Salaud (*Villain*, 1971)
L'Assassinat de Trotsky (*The Assassination of Trotsky*, 1972)
Hammersmith is Out (1972)
Barbe-Bleue (*Bluebeard*, 1972)
Under Milk Wood (1972)
La Cinquième Offensive (*The Battle of Sutjeska*, 1973)
Divorce (*Divorce His, Divorce Hers*, 1973)
Représailles (*Massacre in Rome*, 1973)
The Gathering Storm (1974)
L'Homme du clan (*The Klansman*, 1974)
Le Voyage (*The Voyage*, 1974)
Brève rencontre (*Brief Encounter*, 1974)
L'Exorciste II : l'hérétique (*Exorcist II : The Heretic*, 1977)
Equus (1977)
La Grande Menace (*The Medusa Touch*, 1978)
Les Oies sauvages (*The Wild Geese*, 1978)
La Percée d'Avranches (*Breakthrough*, 1979)
Lovespell, Tristan and Isolt (1979)
Circle of Two (1980)
Absolution (1981)
L'homme qui tombe à pic (*The Fall Guy*, 1982)
Wagner (1983)
1984 (1984)
Ellis, les portes de l'espoir (*Ellis Island*, 1984)

Narrations

Le Songe d'une nuit d'été (*A Midsummer Night's Dream*, 1959)
Borrowed Pasture (1960)
Zoulou Zulu (1964)
The Days of Wilfred Owen (1966)
Robert Kennedy Remembered (1968)
Volcano : An Inquiry into the Life and Death of Malcolm Lowry (1976)

A Touch of Glory : 100 Years of Welsh Rugby (1980)
To The Ends of the Earth (1983)
Elizabeth R : A New Film Biography (1985)
Pays de Galles : héritage d'une nation (*Wales : Heritage of a Nation*, 1987)

Émissions de télévision et films sur Burton

Burton : Portrait of a Superstar, BBC (1983)
In From The Cold ? The World of Richard Burton, BBC/PBS (1989)
Richard Burton : An Actor's Life, A&E (1995)
Tin Gods : Richard Burton – Gone for a Burton, HTV (2001)
Reputations : Richard Burton : Taylor-Made for Stardom, BBC (2001)
Welsh Greats : Richard Burton, BBC (2008)

REMERCIEMENTS
de Chris Williams

Mes premiers remerciements vont à Sally Burton qui a rendu possible cette publication en faisant don des journaux intimes à l'université de Swansea et a accordé un intérêt bienveillant et particulièrement attentionné à ce projet à tous les stades de son développement. Kate Burton s'est montrée aussi merveilleusement encourageante et je lui suis extrêmement reconnaissant de son enthousiasme et de sa compréhension. Parmi les autres membres de la famille dont le soutien s'est avéré vital pour mener ce projet à bien, je citerai Graham Jenkins, Hilary Jenkins et Christopher Wilding.

L'acquisition par l'université de Swansea des journaux intimes de Burton et plus largement d'une masse de documents lui ayant appartenu n'aurait pas été possible sans l'implication et le soutien du docteur Hywel Francis, député d'Aberavon, et du professeur Richard B. Davies, vice-chancelier de l'université de Swansea. Les professeurs Noel Thompson, John Spurr, Kevin Williams, M. Wynn Thomas, officier de l'ordre de l'Empire britannique, tous rattachés au collège universitaire des arts et des sciences humaines, et la professeure Helen Fulton (aujourd'hui à l'université de York), ont également joué des rôles-clés. Jasmine Donahaye et Diane Green ont accompli quant à elles un travail critique préparatoire sur les journaux, tandis que les docteurs Louise Miskell et Martin Johnes, collègues au sein du département d'histoire et de lettres classiques, ont dit et fait ce qui était nécessaire au moment opportun pour que ce projet puisse aboutir. Je suis également très reconnaissant au docteur Elaine Canning, à Helen Baldwin et à Sara Robb, de l'institut de recherches en art et en sciences humaines, avec lesquelles j'ai collaboré étroitement au cours des ultimes étapes de ce travail.

On ne soulignera jamais assez la contribution essentielle de mes collègues de la bibliothèque et des archives de l'université à l'ensemble du projet Richard Burton. Chris West et Kevin Daniels nous ont encouragé et assuré le soutien de la direction. Elisabeth Bennett, l'archiviste de l'université, s'y est profondément impliquée dès l'origine et à tous les stades et continue, avec l'aide compétente de Sue Thomas, à nous prodiguer soutien et conseils avisés. Le docteur Katrina Legg a entrepris la transcription des journaux et l'a menée à bien avec un professionnalisme scrupuleux dont je soupçonne que j'aurais été incapable, même avec un temps illimité. Son travail a constitué les fondations sur lesquelles tant de choses ont ensuite reposé. Je tiens aussi à remercier pour leur expertise juridique Lee Fisher et Emyr Lewis de Morgan Cole, le cabinet d'avocats de l'université, Gordon Andrews et Emma Wilcox du conseil d'arrondissement du comté de Neath Port Talbot, Bethan Jones et Judith Winnan de Cymru, l'antenne galloise de la BBC, et Catrin Brace du cabinet du Premier ministre du gouvernement gallois à New York.

De nombreuses personnes ont répondu à mes demandes d'assistance et de conseil concernant divers aspects de la vie et de l'époque de Richard Burton, ou m'ont fourni spontanément des informations précieuses. Parmi elles : le professeur Gino Bedani, David Leslie Davies, Gerwyn Davies, Hubert Davies, Rona Davies, Geoffrey Evans, Keith Evans, Paul Ferris, Mme Llewella Gibbon, John Julian, Jack Lowe, le docteur Gethin Matthews, Glen Parkhouse, le docteur Rees Pryce, le docteur Robert Shail, Hilary Smith et le chroniqueur culturel Peter Stead.

Travailler en collaboration avec les Presses universitaires de Yale s'est avéré une expérience très agréable. Je suis particulièrement reconnaissant à Robert Baldock d'avoir manifesté dès le début tant d'intérêt et de foi pour ce projet, qui a aussi été merveilleusement soutenu par Candida Brazil, Tami Halliday, Katie Harris et Stephen Kent du bureau de Londres, ainsi que par Jennifer Doerr aux États-Unis. Je remercie également la secrétaire de rédaction Beth Humphries, la correctrice Loulou Brown, et Douglas Matthews pour la réalisation de l'index.

Des amis m'ont prodigué d'inestimables encouragements à tant d'étapes qu'il semble parfaitement incongru de les réduire à une simple énumération. Je suis, comme toujours, profondément reconnaissant à mon très cher ami et ex-directeur de thèse, le professeur Dai Smith. Alun Burge, le professeur Trevor Herbert de l'université libre du pays de Galles, la professeure Angela V. John, le professeur Gareth Williams de l'université de Glamorgan, Siân Williams de la bibliothèque des mineurs des Galles du Sud et feu la professeure Nina Fishman m'ont également apporté une aide significative.

Si des amis ont apporté leur contribution sous la forme de mots d'encouragements et de messages bienveillants, mon père Richard Williams m'a permis de rester connecté en permanence aux derniers développements du cirque médiatique grâce aux coupures de presse compilées de manière informelle sur le site Burtonmania, et les « bakestones » (connus de la plupart des gens sous le nom de gâteaux gallois) de ma mère Josephine Lewis ont été le carburant de bien des séances de travail tardives. Je remercie également mes fils adultes Philip Watt et le révérend Harri Williams, qui ont déjà vécu ça par le passé, et mes enfants plus jeunes, Samuel Williams (7 ans) et Owen Williams (5 ans), qui sont désormais passés maîtres dans l'art de reconnaître Richard Burton sur un écran ou dans un enregistrement sonore. Mes remerciements les plus sincères et mon amour le plus profond vont à mon épouse, Sara Spalding sans laquelle je ne me serais pas présenté sur la ligne de départ de ce projet, et aurais encore moins réussi à le mener à terme.

CHRIS WILLIAMS, Pontypridd, juillet 2012.

INDEX DES NOMS[1]

A

ABEL, Elie : 166
ABRAHAM, William (dit Mabon) : 17
ACKERLEY, Joe Randolph : 129
AGNEW, Spiro : 413-414
AINLEY, Henry Hinchliffe : 134
ALAIN, Pierre : 271
ALBEE, Edward : 72-73, 309
ALBERTY, Karl-Otto : 423, 427, 435, 450
ALDERSON, Christian (Richard de son vrai prénom) : 129
ALDRIN, Edwin (dit Buzz) : 313
ALEX (infirmier) : 90, 92
ALEXANDRE DE PARIS (Louis Alexandre de Raimon) : 53, 72, 94, 96, 177, 188, 195, 497, 521, 540, 545
ALI, Mohamed (né Cassius Clay) : 105, 533
ALIGHIERI, Dante : 114
AMALIA (épouse du cuisinier du *Kalizma*) : 184
ANDREWS, Julie : 365, 463
ARCHERD, Army : 372-373
ARISTOTE : 312
ARMSTRONG, Neil : 313
AUDEN, Wystan Hugh : 96, 190, 293

B

BACALL, Lauren (épouse de Humphrey Bogart, dite Betty) : 520-521
BACH, Johann Sebastian : 199
BACON, James : 242
BADEL, Alan : 518
BAIN, Romany : 434-435
BAKER, Carlos : 340
BAKER, Stanley : 503
BALL, Lucille : 381
BALZAC, Honoré de : 516
BANIER, François-Marie : 551
BARDOT, Brigitte : 514
BARRAULT, Jean-Louis : 351, 556
BATES, H. E. : 277
BAUDELAIRE, Charles : 514, 516-517
BEA (gouvernante des enfants) : 67-68
BEATON, Cecil : 551
BEATTY, Robert : 325
BEATTY, Warren : 200-204, 211, 216, 219-220, 248, 284-285
BEAUMONT, Hugh (dit Binkie) : 24, 388
BEETSON, Frank : 451
BENTON, Jim : 206, 235, 263, 266, 289, 296, 313, 326, 335, 355, 377, 389, 393
BERGMAN, Ingrid : 220

[1] Elizabeth Taylor étant mentionnée à quasiment toutes les pages du présent volume, il a semblé superflu de lui dédier une entrée dans cet index. Les initiales « RB » se réfèrent à Richard Burton, et « ET » à Elizabeth Taylor. (N.d.É.)

BERKELEY, Craig : 266
BERKELEY, Leah : 157
BERKELEY, Ron : 91, 105-106, 122, 130, 136, 140-141, 151, 156-157, 189, 222, 235, 252, 254, 256, 265-266, 307, 335, 388, 404, 425, 432, 465, 469, 497, 502-503, 506, 514-515, 529, 559
BERNHARDT, Sarah : 299, 361
BESANÇON, André (dit Bobo) : 52, 58, 199-200, 252
BETTI, Ugo : 73
BINET, Jean-Paul : 547-548
BISMARCK, Otto Christian Archibald, prince von, et Anne-Marie, princesse von : 238
BISSET, Jacqueline : 374
BLAKE, William : 468
BLOOM, Claire : 28, 42, 53, 299, 518
BOGART, Humphrey : 520-521
BOHAN, Marc : 257
BOLKAN, Florinda : 209
BOND, Gary : 307
BOYD, Stephen : 27
BOZZACCHI, Claudye (née Ettori) : 157, 195, 203, 207, 236, 527-528, 561
BOZZACCHI, Gianni : 137, 195, 203, 236, 467, 527, 540, 561
BRADDON, Russell : 107, 110
BRAGG, Melvyn : 37-38, 40, 47-48
BRANDO, Marlon : 56, 134, 140, 142-143, 145, 147, 158, 235, 284, 431, 514, 518-519, 533
BRANDT, Willy : 413
BREJNEV, Léonid : 413
BRIDGES, Beau : 457
BROOKE, Rupert : 241
BROWN, Carter : 275
BROWN, Christy : 461
BROWN, Pamela : 291, 299
BROZ, Jovanka (épouse de Tito) : 471, 473, 475, 477, 495
BRYANT, John : 142
BRYNNER, Rocky : 203, 555-556
BRYNNER, Yul : 223
BUCKLEY, William F. : 426, 433
BUJOLD, Geneviève : 41-42, 215, 301, 308, 332-334, 336, 360
BURTON, Jessica (fille de RB) : 26, 29, 125, 312
BURTON, Kate (fille de RB) : 26, 29, 60, 66-67, 69-70, 101, 125, 160, 166-168, 193, 198-200, 208, 219, 249, 288, 296, 298, 311-312, 324, 335, 382, 396, 398, 400-402, 404, 406-407, 420, 430-431, 435, 449, 467, 469-470, 484
BURTON, Maria (fille d'ET et RB) : 28, 30, 58, 68, 74, 77, 85-86, 88, 91, 98, 106, 109, 112, 119, 125, 143, 160, 166, 168, 178, 199, 208, 259, 269-270, 288, 342-343, 358-359, 367, 409, 420, 442, 444, 446, 449, 464, 470, 484
BURTON, Philip : 21-23, 67, 129, 179-180, 228, 263-264, 355, 359, 489
BURTON, Sally (préc. Hay, quatrième épouse de RB) : 32, 39
BURTON, Susan (préc. Hunt, troisième épouse de RB) : 33, 39
BURTON, Sybil (née Williams, première épouse de RB) : 11, 24-29, 31-32, 52, 65-67, 70, 125-126, 134-135, 193, 247, 249, 292, 345, 399-400, 402, 435, 484

C

CACOYANNIS, Michael : 103
CAINE, Michael : 57, 478-479
CALLAS, Maria : 207, 215-216, 219, 230-231
CAMUS, Albert : 309
CAPOTE, Truman : 84
CAROL, Reed : 411
CASHIN, Fergus : 42, 48, 518, 537
CAVETT, Dick : 36
CECIL, David (Lord) : 189-190, 410
CHAMBERLAIN, Neville : 448
CHAPLIN, Charlie : 62, 399, 450

CHAPMAN, John : 277
CHARON, Jacques : 214, 425
CHAUCER, Geoffrey : 525
CHESTER, Lewis : 425
CHESTERTON, G. K. : 289
CHRISTIANSEN, Michael : 67
CHRISTIE, Agatha : 113, 120, 170
CHRISTOPHER, Jordan (né Jordan Zankoff) : 65-66, 402
CHURCHILL, Randolph : 120
CHURCHILL, Winston (Sir) : 65, 79, 118, 120, 137, 139, 192, 211, 308-309, 446, 473-477
CLELAND, John : 148
CLIBURN, Harvey Lavan (dit Van) : 551
CLIFT, Montgomery : 115, 120-121, 514
CLOWES, Dick : 388
COGHILL, Marmaduke Nevill Patrick (Sir) : 371
COGHILL, Nevill : 23, 71, 88, 90-91, 115, 189-190, 335, 371, 539
COHEN, Alexander H. : 315
COHEN, Nat : 490
COLICOS, John : 295, 300-301, 306, 308, 313, 412, 424, 443-444, 450
COLOMB, Christophe : 65, 135, 311
COMPTON, Fay : 299
CONGREVE, William : 126
CONNOLLY, Cyril : 397
COOK, Anthony : 356
COOPER, Barrington : 202
COOPER, Henry : 105
CORTESE, Valentina : 508, 513, 523
COTTRELL, John : 42, 48, 518, 537
COWARD, Noel (Sir) : 172, 178-181, 185, 309-310, 332, 399
CROSBY, Joan : 214
CROSSE, Rupert : 378
CROWLEY, Aleister : 334, 468
CROWTHER, Bosley : 108
CRUIKSHANK, Andrew : 524
CUKOR, George : 376
CUSACK, Cyril : 83-86, 96-97, 101, 306-307
CUSACK, Maureen : 96-97

D

DALEY, Robert : 162
DALÍ, Salvador : 556
DARWIN, Charles : 312
DAVIDSON, Lionel : 120
DAVIS, George : 203, 377, 389
DAVIS, Sammy, Jr : 170
DE LAURENTIIS, Dino : 100, 127-128, 137, 174
DE METZ, Danielle : 427
DE ROSSI, Giannetto : 137
DE ROSSI, Grazia : 536
DE SICA, Vittorio : 72
DEACON, Richard : 135
DEAKIN, William (Sir) : 467, 470, 488, 491
DEARTH, John : 524
DEHN, Paul : 97
DELIĆ, Stipe : 472, 474, 495-496
DELON, Alain : 501, 503-504, 509-513, 515, 517
DEUTSCHER, Isaac : 485, 488
DICKENS, Charles : 228, 252, 270, 281, 350, 451, 470
DMYTRYK, Edward : 534, 554
DONEN, Stanley : 236, 267
DONNE, John : 226
DORSEY, Hebe : 256
DOSTOÏEVSKI, Fiodor : 516
DOTTI, Andrea : 550-551
DOUGLAS, Valerie : 70, 254, 377, 493
DOWSON, Ernest Christopher : 330
DUMAS, Alexandre : 516
DUNBAR, William : 293
DUNDY, Elaine : 162
DUNN, Michael : 178, 184
DURRELL, Lawrence : 124
DUSE (Eleonora Duse, dite la) : 299, 361

E

EASTWOOD, Clint : 375
EDWARDS, Blake : 365, 463
EINSTEIN, Albert : 290, 312

EKLAND, Britt : 170
ELDRIDGE, Mildred : 191
ELIOT, T. S. : 139, 190-191, 293, 300
ELISHEBA, princesse de Yougoslavie : 272, 274
ELLIN, Stanley : 136
ENLAI, Zhou : 413
EPSTEIN, Jacob (Sir) : 211
ÉRASME : 312
EVANS, Edith : 299
EVANS, Peter : 117-118

F

FAIRBANKS, Douglas, Jr : 62
FARQUARSON, Count Robert : 524
FARROW, Mia : 84-85, 87, 253
FELLINI, Federico : 127-128
FFORDE, Jean (comtesse d'Arran, Lady) : 358
FIELDS, W. C. : 460-461
FILISTORF, Janine : 199
FINNEY, Albert : 408
FISHER, Eddie : 28, 30, 58, 147, 180, 248
FITZGIBBON, Constantine : 69
FLANAGAN, Agnes : 114, 136, 159
FLANAGAN, Frank : 114, 136, 159
FLINK, Stanley : 246
FONDA, Jane : 378
FONSSAGRIVES, Mia : 203
FONTEYN, Margot (Dame) : 62, 314
FOREMAN, Carl : 124
FORESTER, C. S. : 277
FORSYTHE, Rosemary : 70
FOTHERGILL, Robert : 39
FRANCO, Francisco (général) : 131, 321
FRANKENHEIMER, John : 142
FRANKOVICH, Mike : 95
FRENCH, Hugh : 54, 108, 116-117, 162-164, 202, 206, 256, 266, 297, 299, 381, 388, 408, 421, 480
FREUD, Sigmund : 290, 312
FRINGS, Kurt : 99, 534-535, 540, 554
FROSCH, Aaron : 37, 67, 69, 84, 108-110, 136, 142, 221, 242-243, 292, 326, 328, 355-356, 373, 377, 386, 388, 396, 454, 465, 467, 507, 536
FROSCH, Bobby : 136-137
FROST, David : 117, 137, 399
FRY, Christopher : 25
FURSE, Margaret : 300
FÜRSTENBERG, Ira (princesse de) : 100

G

GALBRAITH, John Kenneth : 463
GALLICO, Paul : 479
GARDNER, Ava : 29, 41, 299
GARDNER, Erle Stanley : 420
GARLAND, Judy : 375-376
GARY, Romain : 259
GASSMAN, Vittorio : 133, 172
GAULLE, Charles de : 188, 233, 245, 514
GETTY, J. Paul : 331
GIBBON, Edward : 350, 451
GIELGUD, John (Sir) : 30, 78, 134, 162, 309, 315, 403, 486, 489
GLAVIN, William (dit Bill) : 164-165
GLENVILLE, Peter : 56-57, 128, 131, 142, 153, 155
GOETZ, Edie : 253
GOLDWYN, Samuel : 131
GOULD, Elliott : 378, 438
GRACE, princesse de Monaco (née Grace Kelly) : 158, 177, 259-260, 341, 350, 356-358, 479, 481, 499, 522, 527, 542-545, 547-550, 555
GRANGER, Stewart : 411
GRANT, Cary : 162
GRAVES, Robert : 131
GRAY, Coleen : 499
GREEN, Nigel : 439
GREENE, Graham : 131, 139, 516
GREENFORD, Bernard : 292
GREENFORD, Helen : 67, 345-346
GRENIER, Richard : 63

GREYN, Clinton : 427, 440, 443-444, 454
GRIMES, Stephen : 101
GROSS, John (fiancé de Simmy Taylor) : 272
GROTE, George : 350
GUINNESS, Alec (Sir) : 131, 153, 155, 400, 405, 518
GWYN, R. S. : 139

H

HABER, Joyce : 453
HAGGIAG, Robert : 74
HAKIM, Robert : 557
HALDANE, J. B. S. : 256-257
HANLEY, Richard (dit Dick) : 63, 68, 89, 94, 101, 110, 175, 203-204, 218, 230, 237, 271, 326, 377, 379, 393-394, 459
HARDY, Robert (dit Tim) : 497, 553
HARLECH, David Ormsby-Gore (cinquième baron) : 287
HARRIS, Elizabeth (plus tard Harrison, née Rees-Williams) : 217, 266
HARRIS, Michael : 341
HARRIS, Richard : 104, 217, 478, 502
HARRIS, Rosemary : 225, 299
HARRISON, Rex : 27, 42, 54, 65, 163-165, 186-187, 201-204, 206-207, 209, 213-214, 216-217, 219, 224-225, 228, 230-231, 234-236, 238-239, 241-243, 253, 257, 266, 284, 295, 391, 430, 478
HART, Moss : 480
HARTLEY, Neil : 128
HATHAWAY, Henry : 391, 409, 412, 424, 426-427, 429, 432, 434-436, 440, 442, 445-447, 450-452, 454, 456
HAVILLAND, Olivia de : 25, 299
HAWN, Goldie : 375, 377
HAYES, Helen : 299
HEATH, Edward (Sir) : 413, 417
HEFFER, Richard : 128
HEMINGWAY, Ernest : 340
HENRY, Ed : 207, 360, 391, 412
HEPBURN, Audrey : 499, 522, 526, 550-551
HERBERT, George : 226
HERZOG, Maurice : 547
HESSE, Hermann : 468
HEYMAN, John : 52-53, 57, 164-165, 176-177, 179, 181, 257, 480-481, 497, 502, 519
HEYMAN, Norma (épouse de John) : 176, 181-184, 200, 265-266, 366, 368-370, 377, 430, 434
HILDYARD, Dave : 122
HILTON, Conrad (dit Nicky) : 28, 287, 382-385
HILTON, Conrad (père) : 384
HILTON, Patricia : 383-384
HITLER, Adolf : 255, 321, 343, 391, 448
HOCHHUTH, Rolf : 192
HODGSON, Godfrey : 425
HOFFENBERG, Mason : 148
HOFFMAN, Dustin : 375, 408, 438
HOLDER, Roy : 97
HOLROYD, Michael : 196
HOPE, Bob : 372
HOPPER, Hedda : 453
HORDERN, Michael : 53, 86, 90, 96-97, 109, 295, 333, 524
HORNBY, Ann Sheran (née Cazalet) : 210-211, 266, 313, 329
HORNBY, Simon : 210-211
HORNE, Lena : 555
HOUSMAN, Alfred Edward : 330
HOWARD, Leslie : 440
HUGHES, Howard : 385
HUMPHREY, Hubert : 222, 413
HUSTON, John : 56, 100, 137, 140, 291, 526
HUTTON, Brian : 432, 434, 506
HUXLEY, Aldous : 390, 516

J

JACKS, Robert : 122
JAMES, Cecilia (née Jenkins, sœur de RB, dite Cis) : 13, 15-16, 19, 54, 118, 202, 251, 494
JAMES, Elfed (beau-frère de RB, mari de Cecilia) : 15-16, 19-20, 22, 32, 54, 202
JAMES, Marian (fille de Cis et Elfed) : 16
JAMES, Rhianon (fille de Cis et Elfed) : 16
JAPRISOT, Sébastien : 407-408
JAZY, Michel : 66
JEAKINS, Dorothy : 140-141
JENKINS, Cassie (épouse de Tom) : 15
JENKINS, Catherine (sœur de RB, dite Cassie) : 13, 291
JENKINS, Clive : 17
JENKINS, David (frère de RB, dit Dai) : 13, 15, 118
JENKINS, Edith Maud (mère de RB, née Thomas) : 13, 15-16
JENKINS, Edith (sœur de RB) : 13, 115, 118-119, 126
JENKINS, Graham (frère de RB) : 15, 70, 118, 252, 254, 267, 454-455
JENKINS, Gwen (épouse d'Ivor) : 69, 125, 178, 193, 199-200, 227, 303, 338, 355, 359, 390, 467, 505
JENKINS, Hilary (épouse de Graham) : 267
JENKINS, Hilda (sœur de RB) : 13
JENKINS, Hyral (deuxième épouse de Tom) : 202
JENKINS, Ivor (frère de RB) : 13, 15, 54, 67, 69-70, 118, 125, 178, 193, 199-202, 212, 223, 251-252, 264, 267, 273, 284, 287, 293, 303, 320, 325, 341-342, 344, 347-348, 354-355, 359, 371, 390, 422, 444-445, 467-469, 494, 505
JENKINS, Richard Walter (père de RB) : 13, 15, 26, 320, 336, 445, 525-526
JENKINS, Thomas Henry (frère de RB) : 13, 15, 118, 202
JENKINS, Verdun (frère de RB) : 13, 15, 118, 156
JENKINS, William (frère de RB) : 13, 15, 118, 326
JOHNSON, Lady Bird : 247
JOHNSON, Lyndon B. : 247
JOHNSON, Samuel : 352
JONES, David : 190-191, 293, 525
JONES, James : 375
JONES, Meredith : 18, 20
JONES, Owen : 22
JOYCE, James : 260, 525
JÜRGENS, Curd : 188, 273-274

K

KANTER, Jay : 206
KAREN (nounou) : 74, 88, 101, 104, 112, 119, 136, 143
KARL, Harry : 297
KARLSON, Phil : 77
KASTNER, Elliott : 205, 223-224, 234, 236, 287, 432, 434
KELLY, Gene : 120
KELLY, Margaret Katherine (dite Peggy) : 357-358
KENDALL, Kay : 165
KENDALL, Suzy : 479
KENNAMER, Rexford (docteur) : 365, 378-379, 382-384, 386, 392, 394, 453
KENNEDY, Edward : 314-315, 413
KENNEDY, Ethel : 114, 195
KENNEDY, John F. : 27, 166, 243, 315, 321, 442
KENNEDY, Ludovic : 74
KENNEDY, Robert : 27, 114, 195, 208-209, 258, 314, 428
KENT, Edward (duc de) et Katherine (duchesse de) : 192
KERR, Deborah : 30, 41, 299
KHROUCHTCHEV, Nikita : 166
KING, Martin Luther : 321

KINGSMILL, Hugh : 149
KISLING, Moïse : 281
KNIGHT, Esmond : 347
KORDA, Alexander (Sir) : 25
KOSSOFF, David : 341
KRAHMER, Bettina : 193, 210, 216, 220, 548
KRAHMER, Lili (née de Rothschild) : 246, 259, 261

L

LA RUE, Frank : 156, 169, 203
LAMBERT, Constant : 523, 526-527
LANCASTER, Burt : 526
LANDIS, Carole : 164-165
LANTZ, Robbie : 37
LASTRICATI, Carlo : 106
LAVAL, Pierre : 233
LAWRENCE, D. H. : 148
LEE, John : 110, 136, 175, 203-204, 237, 377, 379
LEE, Laurie : 319
LEHMAN, Ernest : 71
LEIGH, Vivien : 301
LENNON, John : 242
LESLEY, Cole : 179-180
LEVINE, Joseph : 108-109
LEWES, George Henry : 93
LEWIN, David : 189-190
LEWIS, Stephen : 243
LINCOLN, Abraham : 321
LINDROTH, Arne : 215
LISI, Virna : 133, 217
LLOYD GEORGE, David : 487
LLOYD, Leo : 21
LOGAN, Joshua : 104
LOREN, Sophia : 77, 356, 405, 492
LOSEY, Joseph : 164-165, 174-177, 193, 202, 206, 257, 304, 459, 462, 479, 485, 501-502, 506, 509-511, 515, 529, 557
LOSEY, Patricia : 304, 529
LOUISE, Tina : 307
LOUKES, Nicholas : 134
LOWRY, Malcolm : 535
LUBLIN, Ronald A. : 124
LUCAS (du *Christian Science Monitor*) : 129
LUCAS, Alex : 421, 451
LYNCH, Alfred : 97
LYON, Sue : 41

M

MACAULAY, Thomas Babington (premier baron) : 88
MACDONALD, James Ramsay : 17
MACDONALD, John D. : 386, 420, 438, 537
MACHEN, Arthur : 89
MACLEISH, Archibald : 190-191, 280, 293, 340
MACNEICE, Louis : 139, 190-191, 523
MACPHERSON, Sandy : 132
MAGNANI, Anna : 104
MAGUY, Alex : 281
MAITLAND, Marne : 324
MALAMUD, Bernard : 127, 142
MALLARMÉ, Stéphane : 312
MALLE, Madame (Anne-Marie Deschodt) : 545-546, 548
MALLON, Thomas : 31
MANCHESTER, William : 444, 450
MANCINI, Henry : 299
MANKIEWICZ, Joseph L. : 483, 490
MANKOVITZ, Wolf : 95, 171
MANN, Roderick (dit Roddy) : 116, 227-228
MARGARET (princesse) : 157, 352, 462, 472
MARIA (steward) : 194
MARLOWE, Christopher : 71
MARQUAND, Christian : 147
MARQUET, Albert : 281
MARTIN, Dean : 77
MARTINELLI, Elsa : 548
MARX, Karl : 290
MASON, James : 163, 411

MASTROIANNI, Marcello : 133
MATTHAU, Walter : 120
MAUGHAM, William Somerset : 309
MAYER, Louis B. : 500
McCANN, Hugh Wray : 120
McCARTHY, Eugene : 428
McCARTHY, Joseph : 321
McDIVITT, James Alton : 64
McDONNELL, Jeannette : 359
McDOWALL, Roddy : 28, 67, 120, 205, 483
McGONAGALL, William : 331
McGUIRE, Dorothy : 299
McKECHNIE, James : 524
McKEE, Alexander : 162
McKENNA, T. P. : 307, 331
McKUEN, Rod : 435
McWHORTER, Richard F. : 72, 81, 86, 102, 106, 108, 111, 142, 169
MÉRIMÉE, Prosper : 120
MILES, Christopher : 469
MILES, Sylvia : 378
MILLER, Beatrix : 462-464
MILLER, Henry : 148
MINNELLI, Liza : 375-376, 555
MITCHELL, Stephen : 388
MITCHUM, Robert : 514
MONET, Claude : 210-211, 500
MONROE, Marilyn : 28
MONTESQUIEU, Madame de : 545-546
MOODY, Dwight L. : 368
MOORE, George : 316
MOOREHEAD, Alan : 380
MOREAU, Jeanne : 128
MORECAMBE, Eric : 299
MORGAN, Cliff : 387, 395, 397
MORGAN, John : 234
MORGENSTERN, Joe : 409
MORRIS, Oswald (dit Ossie) : 103-104, 106
MORTIMER, Henry : 218
MORTIMER, Linda : 218
MOSLEY, Oswald (Sir) : 234, 255, 414
MOSTEL, Zero : 405
MOUNT, Peggy : 341
MUGGERIDGE, Malcolm : 148-149
MURDOCH, Iris : 138
MUSSOLINI, Benito : 255, 342, 516, 533-534

N

NABOKOV, Vladimir Vladimirovich : 196, 223-224
NASSER, Gamal Abdel : 413
NELLA (femme de chambre d'ET) : 237
NESBITT, Cathleen : 213, 216, 227, 235, 241-242
NESHAMKIN, Paul : 59
NEWCOMB, Pat : 206, 214
NEWTON, Isaac (Sir) : 244, 312
NICHOLS, Mike : 70, 84-85, 88, 93, 310, 489-490
NICKERBOCKER, Suzy (Aileen Mehle) : 239
NINO (garde du corps) : 141
NIVEN, David : 51, 180, 274, 356, 520-522, 543, 560
NIVEN, David, Jr : 51
NIVEN, Hjordis : 356, 560
NIXON, Richard : 230, 232, 237, 391, 413-415, 426, 464
NORMAN, Barry : 85, 262
NOVA, Ludmilla : 479

O

O'BRIEN, Edna : 433
O'CONNOR, Caroline : 203, 207, 212-213, 231, 235, 237, 244, 256, 259, 263, 268-269, 271, 274, 277, 285, 289, 296
O'NEAL, Patrick : 100
O'STEEN, Sam : 408
O'TOOLE, Peter : 29, 129, 171-172, 208, 375, 405, 503, 514
OBER, Phil : 367-368
OBERON, Merle : 62
OLIVIER, Laurence (baron) : 22, 78, 134, 162, 398-400, 403, 459, 486, 518

ONASSIS, Aristote : 207, 215, 218, 220-221, 223, 331, 355-356, 476
ONASSIS, Jacqueline (préc. Kennedy) : 215, 218, 220-221, 223, 232, 331, 356
ORKIN, Harvey : 135
ORWELL, George : 47, 219
OSBORNE, John : 27, 309
OWEN, Wilfried : 54

P

PAGE, Bruce : 425
PALMER, Lilli : 165
PALMER, Raymond E. : 54
PAYN, Graham : 179-180
PAZ, Octavio : 290
PEACOCK, Thomas Love : 524-525
PECK, Gregory : 125, 375-376
PEDRO (steward) : 185
PELLISSIER, Tony : 266
PENNINGTON, William : 73
PEPPARD, George : 405
PERCY, Esmé : 523-524, 526
PERRY, John : 388
PETRIDES, Paul C. : 284
PHILIPPS, Siân (épouse de Peter O'Toole) : 171
PICASSO, Pablo : 210-211, 281, 284, 306, 309
PICKLES, Sheila : 128-129, 133
PIGNATELLI, Luciana (princesse) : 114
PODESTA, Rossana : 133
POLANSKI, Roman : 332
POMPIDOU, Claude : 245, 514
POMPIDOU, Georges : 245, 413, 514
PONSONBY, Arthur : 43
PONTI, Carlo : 492
POPOVIĆ, Nikola : 466, 474, 481, 495
POSTON, Ron : 373
POUCHKINE, Alexandre : 312
POUND, Ezra : 293
POWELL, Anthony : 516
POWELL, Enoch : 414
PREISS, Wolfgang : 446-447
PROUST, Marcel : 516, 522, 532
PYNE, Natasha : 97-98
PYTHAGORE : 312

Q

QUAYLE, Anthony (Sir) : 25, 298, 300-301, 306, 308, 325, 330
QUILLEY, Denis : 306-307
QUINN, Anthony : 373
QUINN, Mannock : 345

R

RACHEL (Élisabeth-Rachel Félix, dite) : 299, 361
RAFT, George : 503
RAINIER, prince de Monaco : 158, 260, 341, 357-358, 479, 481, 522, 527, 542-544
RAMPLING, Charlotte : 549
RATTNER (docteur) : 323
REAGAN, Ronald : 428, 433, 442
REDÉ, Alexis von Rosenberg (troisième baron de) : 207, 217, 220, 246, 552, 555
REDFIELD, William : 11
REDFORD, Robert : 433, 457
REDGRAVE, Michael (Sir) : 403
REDGRAVE, Vanessa : 128
REES, John Caerau : 19
REES-WILLIAMS, Elizabeth : 478
RENOIR, Auguste : 500
REYNOLDS, Christopher T. (dit Pop) : 21
REYNOLDS, Debbie : 297
RIBES, Édouard de (comte) : 186, 188
RIBES, Jacqueline de : 186, 188, 217, 220-221, 549
RICHARDS, Evan : 141, 174, 177, 180
RICHARDSON, Tony : 128, 196, 252, 400, 490
RIMBAUD, Arthur : 402, 405
RITT, Martin : 53-54, 490
ROBARDS, Jason : 306

ROBERTS, Meade : 147
ROBERTS, Rachel (épouse de Rex Harrison) : 163-165, 186-187, 216-217, 219, 224-225, 238, 241, 255, 299, 478
ROCKEFELLER, Winthrop : 359
RODDY, Jo : 114, 374, 393
ROMANOFF, Mike : 364
RON (beau-frère de RB, mari de sa sœur Edith) : 119
ROSENBERG, Marvin : 189-190
ROSSIER, Alain : 342, 347-348, 353
ROTHSCHILD, David René de : 550
ROTHSCHILD, Élie de (baron) : 57, 186
ROTHSCHILD, Guy de (baron) : 186, 207-208, 216, 243-244, 257, 259, 413, 514, 521-522, 544, 547-548, 553, 556
ROTHSCHILD, Marie-Hélène de (baronne) : 207-208, 215, 217, 220-221, 243-246, 257, 259-260, 413, 514, 521-522, 535, 542-545, 549
RUDIN, Milton (dit Mickey) : 88
RYE, Daphne : 24-25

S

SALINGER, Pierre : 314, 549
SALT, Jennifer : 378
SALT, Waldo : 378, 408
SALTZMAN, Harry : 506-507
SANKEY, Ira D. : 368
SANZ, Gaston : 52, 63, 98, 123, 136, 139, 141, 153-154, 156, 175, 189, 216, 235, 252, 260, 335, 338, 422, 509
SARTRE, Jean-Paul : 351
SCHLESINGER, Arthur : 272-273
SCHNEIDER, Romy : 501-503, 509-510
SCHREIBER, Lew : 500
SCHREYECK, Elaine : 103
SCOFIELD, Paul : 134, 158, 160, 167, 403, 518
SCOTT, Walter : 350, 500
SEBERG, Jean : 259
SELLERS, Peter : 54, 77, 118, 170, 503, 531
SEVAREID, Michael : 434-435
SHAFFER, Anthony : 390, 462, 465, 467, 469
SHAFFER, Peter (Sir) : 390, 462
SHAFTEL, Josef : 533
SHAKESPEARE, William : 102, 114, 126, 176, 236, 246, 258, 262, 281, 288, 297, 312, 327, 350, 400, 402-403, 441, 443, 500
SHARAFF, Irene : 72, 78-81, 94
SHAW, George Bernard : 21, 500
SHAW, Robert : 311
SHIMKUS, Joanna : 181
SIMENON, Georges : 420
SIMMONS, Jean : 299, 499-500
SINATRA, Frank : 88, 200, 253, 315, 363-364, 373, 431, 442-443, 503, 514-515, 520-521
SIODMAK, Robert : 534
SISLER (docteur) : 394, 400, 402-403
SMITH, Basil Fenton : 122
SMITH, Cecil : 410
SMITH, Hardy William (dit Bill) : 56
SNOW, Charles P. (Baron) : 516
SNOWDON, Antony Armstrong-Jones (premier comte de) : 157, 462
SOCRATE : 312
SOGLO, Christophe : 154, 156, 158
SOLDATI, Mario : 533
SORDI, Alberto : 133
SOUTHERN, Terry : 148
SPARK, Muriel : 197
SPEAIGHT, Robert : 524
SPENDER, Stephen (Sir) : 131, 139
SPIEGEL, Sam : 244, 549-550
SPINETTI, Victor : 83-86, 90, 97, 106, 204
SPRINGER, John : 54, 68-69, 91, 213, 376, 393
ST. JACQUES, Raymond : 157

STALINE, Joseph : 321, 472-473, 477, 488
STARK, Ray : 57, 142-143, 145, 529
STARKIE, Enid : 405
STARR, Maureen : 267
STARR, Ringo : 267
STEIGER, Rod : 120
STENDHAL : 516
STEPHENS, James : 524
STEVENS, George : 203, 285
STEVENSON, Adlai : 376, 428
STEVENSON, Frances (comtesse Lloyd George) : 487
STEVENSON, Robert Louis : 131, 147
STRASBERG, Lee : 169
STRASBERG, Paula : 169
STRASBERG, Susan : 28, 169
STREISAND, Barbra : 376
STRINDBERG, August : 312
SUCKLING, John (Sir) : 90
SULLIVAN, John : 83-84, 234, 320-321, 497
SWANSON, Jane : 237, 261, 263, 471, 527, 536
SWANSON, Sarah : 527
SWERDLOW (docteur) : 386, 392, 394
SWINLEY, Ion : 134
SYNGE, John Millington : 316

T

TATE, Sharon : 332
TATELMAN, Harry : 436
TAYLOR, Francis (père d'ET) : 51, 69, 237, 250-254, 281, 520
TAYLOR, Howard (frère d'ET) : 71, 175-177, 185, 252, 254, 288, 326
TAYLOR, Mara (épouse de Howard) : 175-177, 185
TAYLOR, Sara (mère d'ET) : 51, 69, 237, 250-251, 253, 259, 267, 269, 271, 277-278, 281, 284, 296, 326, 377, 481, 493-495
TAYLOR, Simoleke (fille de Howard et Mara) : 226, 228, 259, 270, 272
TEUBER, Andreas : 119
TEY, Josephine : 136
THESIGER, Ernest : 524
THOMAS, Dylan : 26, 69, 139, 147, 190-191, 249, 280, 293, 309, 368, 523-526
THOMAS, George : 17
THOMAS, Gwydion : 123, 128
THOMAS, Gwyn : 139, 309
THOMAS, R. S. : 123, 191
THOMPSON, Tommy : 95, 214, 219, 285-286
THOREAU, Henry David : 316
TIEL, Vicky : 140-141, 157, 195, 198, 203, 266, 497, 559
TITO, Josip Broz : 460, 462, 465-466, 470-477, 481-482, 484-485, 487-489, 492, 494-496, 507, 533
TODD, Liza (fille d'ET) : 28, 58-59, 74, 76-77, 82, 91, 98, 106, 109, 113, 119, 147, 160, 166, 168, 176, 178, 186, 193-194, 197-200, 208, 213, 233, 238, 259, 262-263, 269-270, 288, 317, 322, 324-325, 328-330, 357, 367, 382, 418, 438, 442, 444, 449, 460, 462-463, 468-470, 484, 492-493, 511-512, 532, 561
TODD, Mike : 28, 63, 80, 520, 532
TODD, Mike, Jr : 80, 83-84, 92, 175
TOLSTOÏ, Léon : 352, 516
TOPOL, Chaim : 408
TOURGUENIEV, Ivan : 312
TRACY, Spencer : 474
TRAHERNE, Thomas : 226
TRENCH, Mme (institutrice) : 259, 263
TROQUES (docteur) : 551
TROTSKY, Léon : 462, 485, 487-488, 501, 509, 516, 532-533
TRUMAN, Harry S. : 75
TURNER, Lana : 298-299
TYNAN, Kenneth : 84, 192, 410

U

UNRUH, Jesse : 443
UPDIKE, John : 42
URE, Mary : 298-299
USTINOV, Peter (Sir) : 404, 418-419, 421, 430

V

VADIM, Roger : 514
VALÉRY, Paul : 551
VAN GOGH, Vincent : 210-211, 281, 306, 500, 547
VAN ZUYLEN, Gabrielle (baronne) : 260, 551
VAUGHAN, Henry : 226
VICTOR, Collette : 214
VICTOR, Paul-Émile : 217
VIDAL, Gore : 100, 300
VIGNALE, Raymond : 197, 357, 369-370, 392, 461, 466, 482
VINCI, Léonard de : 312
VISCONTI, Luchino : 503
VITTI, Monica : 133
VLAMINCK, Maurice de : 211, 281, 306
VOIGHT, Jon : 375, 378
VOLDENG, Karl E. et Mary Frances : 493
VOLTAIRE : 131
VUILLARD, Édouard : 281

W

WALKER, Alexander : 189
WALKER, Zena : 299
WALLACE, George : 321
WALLIS, Hal B. : 142
WALSH, J. J. : 348
WALTER (publicitaire) : 435
WARD, John Guthrie (Sir) et Daphne Norah (Lady) : 108
WARHOL, Andy : 546
WARNER, Francis : 225, 412
WARNER, Jack L. : 494, 500
WASSERMAN, Lew : 206-207, 494
WATSON, James D. : 237
WAUGH, Don : 237
WAUGH, Evelyn : 295, 342, 516
WAYNE, John : 375-377
WEBB, Alan : 86, 90, 97
WEBB, Sidney (baron Passfield) : 415
WEIBEL, René : 52
WEILLER, Paul-Louis (commandant) : 62
WELCH, Raquel : 48
WELLES, Orson : 167, 430
WERNER, Oskar : 53, 87
WEST, Morris : 162
WHITE, Edward Higgins : 64-65
WHITE, Terence Hanbury : 305, 309, 370
WILDING, Beth (née Clutter, épouse de Michael Jr) : 459, 466, 468
WILDING, Christopher (fils d'ET) : 28, 58-59, 68, 76-77, 85, 90-92, 94, 101, 109, 114, 136, 145, 168, 170, 175, 179, 212, 219, 229, 265-266, 269-270, 277, 288, 351, 379, 449, 470, 559
WILDING, Michael : 25, 28, 265, 337
WILDING, Michael, Jr (fils d'ET) : 28, 58-59, 67, 76-77, 85, 90-92, 94, 101, 109-110, 114, 136, 145, 168, 170, 179, 219, 229, 265-266, 269-270, 277, 281, 288, 334, 336-337, 351, 354, 364, 379, 395, 449, 459, 466-468
WILLIAMS, Brook : 33, 200, 312-313, 342-343, 346-349, 357, 367, 374, 376-377, 379-381, 388, 391-392, 400, 404-405, 409, 411-412, 424-425, 429, 434-435, 439, 442, 444, 450, 452, 519, 561
WILLIAMS, Elizabeth (épouse de Brook, dite Liz ou Lillabetta) : 312, 342, 367, 377, 381, 388-389, 392
WILLIAMS, Emlyn : 11, 23-24, 104, 144, 200, 309, 388, 399, 489, 533
WILLIAMS, Hugh : 128

WILLIAMS, Tennessee : 162, 164-165
WILLIAMSON, Nicol : 196
WILSON, Alice (dite Gwladys) : 331
WILSON, Harold : 75, 386, 414
WILSON, Otis : 378
WILSON, Robert (dit Bob) : 105, 110, 114, 136, 143, 151, 153, 159, 174-175, 189, 235, 256, 263, 266, 313, 326, 331, 335, 425, 527, 529
WILSON, Sally : 110, 114, 159
WINDSOR, Edward (duc de) : 159, 186, 238-239, 259, 267, 271, 548, 553-554
WINDSOR, Wallis (duchesse de) : 159, 186-187, 238-240, 259-260, 267, 545, 547, 554-555
WISE, Ernie : 299
WISHART, James : 242, 467, 495
WOLFE, Thomas : 317, 373
WOLFIT, Donald (Sir) : 400
WOOD, Natalie : 51
WOOLF, Virginia : 44
WORDSWORTH, William : 120, 308, 401

Y

YEATS, William Butler : 190, 240, 293, 317
YORK, Michael : 90
YORK, Susannah : 378
YOUNG, Gig : 377
YOUNG, Howard : 254
YOUNG, Nicholas : 116

Z

ZANUCK, Darryl F. : 116, 480, 494, 500
ZANUCK, Richard : 202-203, 236, 242
ZEC, Donald : 528
ZEDONG, Mao : 413, 415, 464
ZEFFIRELLI, Franco : 54-55, 72-74, 78-83, 86, 93-97, 102-104, 106-107, 111, 117, 119, 127-129, 133, 142, 146, 150, 160

TABLE DES MATIÈRES

AVANT-PROPOS DE L'ÉDITEUR 9
INTRODUCTION 11

RICHARD BURTON, Journal intime

1965

Janvier 51
Mai 55
Juin 62
Juillet 69

1966

Mars 72
Avril 80
Mai 97
Juin 110
Août 115
Septembre 116
Octobre 129
Novembre 143

1967

Janvier 153
Mars 157
Avril 159
Mai 160
Juin 163
Juillet 168

Août 174
Septembre 177
Octobre 189

1968
Juillet 196
Septembre 201
Octobre 202
Novembre 229
Décembre 252

1969
Janvier 277
Mars 287
Mai 291
Juin 307
Juillet 311
Août 325
Septembre 337
Octobre 346
Novembre 354
Décembre 358

1970
Mars 363
Avril 372
Mai 379
Juin 392
Juillet 422

1971
Juin 460
Juillet 461
Août 471
Septembre 494

Octobre 500
Novembre 512
Décembre 539

POSTFACE DE L'ÉDITEUR 563
RICHARD BURTON, *en sons et en images* 565
REMERCIEMENTS 569
INDEX DES NOMS 573

Imprimé en France par CPI
en décembre 2020

MIXTE
Papier issu de
sources responsables
FSC® C003309

L'éditeur de cet ouvrage s'engage dans une démarche
de certification FSC® qui contribue à la préservation
des forêts pour les générations futures.

Pour en savoir plus :
www.editis.com/engagement-rse/

Dépôt légal : octobre 2020
N° d'édition : 61658/03
N° d'impression : 161876